哲学的年轮

江苏省社会科学院哲学与文化研究所
六十周年纪念文集

胡发贵 主编

南京大学出版社

图书在版编目(CIP)数据

哲学的年轮:江苏省社会科学院哲学与文化研究所 60 周年纪念文集/胡发贵主编. —南京:南京大学出版社,2022.7

ISBN 978 - 7 - 305 - 25892 - 3

Ⅰ. ①哲… Ⅱ. ①胡… Ⅲ. ①哲学—文集 Ⅳ. ①B - 53

中国版本图书馆 CIP 数据核字(2022)第 111480 号

出版发行 南京大学出版社
社　　址 南京市汉口路 22 号　　　　邮　编 210093
出 版 人 金鑫荣

书　　名 哲学的年轮——江苏省社会科学院哲学与文化研究所60周年纪念文集
主　　编 胡发贵
责任编辑 胡　豪

照　　排 南京紫藤制版印务中心
印　　刷 徐州绪权印刷有限公司
开　　本 718×1000　1/16　印张 31.5　字数 480 千
版　　次 2022 年 7 月第 1 版　2022 年 7 月第 1 次印刷
ISBN 978 - 7 - 305 - 25892 - 3
定　　价 98.00 元

网　　址:http://www.njupco.com
官方微博:http://weibo.com/njupco
官方微信:njupress
销售咨询热线:(025)83594756

目 录

序 言 …………………………………………… 虞友谦 / 001

关于中国哲学史研究工作的几点意见 ………………… 孙叔平 / 001

论一般和个别规律 …………………………………… 周向阳 / 007

黑格尔逻辑学范畴体系的批判继承 ………………… 李 廉 / 019

关于辩证法科学形态的探索 ………………………… 萧焜焘 / 033

关于莱布尼兹自然哲学的几个问题 ………………… 祖庆年 / 072

实践要素及其认识论意义 …………………………… 钟克钊 / 091

马克思主义的生命力在于同革命实践相结合 ………… 秦向阳 / 101

美学与科学 …………………………………………… 陈华中 / 112

两个文明建设结合点的哲学思考 …………………… 王 灿 / 122

略论生产力的各种因素 ……………………………… 汤敬昭 / 127

论度和关节点 ………………… 杨六奇 蒋兆年 张锡金 / 138

生产力价值论 ………………………………………… 应克复 / 155

论生产力发展的动力系统 …………………………… 黄明理 / 163

论五行之不可废 ……………………… 俞天印 李国春 / 174

《周易·谦卦》与泛谦德传统 ……………………… 虞友谦 / 183

有实无名的乡村建设 ………………………………… 金一虹 / 193

辩证法体系的雏形 …………………………………… 卞 敏 / 199

实践与自由 …………………………………………… 陈 刚 / 217

作为道德判断和评价范畴的"恶"的文化阐释 ……… 吕 方 / 233

高雅民族文化、大众文化的传播及其对社会生活方式的影响 …… 吴 芸 / 242

系统自组织与自然目的性 ·················· 钟　明 / 250

中国社会大众伦理道德发展的文化共识要素初探 ·········· 樊和平 / 261

从"天下尽亲戚"到"礼新亲旧" ·············· 胡发贵 / 287

思想的现象学 ························ 余日昌 / 306

信仰的起源 ························· 胡传胜 / 318

浅议企业文化建设中的知行问题 ············· 马　军 / 327

禅宗戒律思想初探 ····················· 王月清 / 334

东晋初渡江高僧研究 ··················· 张　华 / 347

作为人类一种存在方式的虚拟 ·············· 朱　珊 / 362

超出形而上学之外 ····················· 陆月宏 / 369

古典禅:它的问题与方法 ················· 蒋海怒 / 383

从文化记忆到人类记忆共同体:意义生产中的道德固守 ······ 李　昕 / 402

试论"君子爱财,取之有道"的现代意蕴 ·········· 杨明辉 / 416

《论语》"君子不器"涵义探讨 ··············· 李　宁 / 426

论法国新尼采主义生命哲学的理论特征 ·········· 蒋　阳 / 440

船山论"情" ························· 孙钦香 / 453

道德与幸福同一性的精神哲学形态 ············ 任春强 / 468

"心为太极"说在朱子学中的诠释 ············· 焦德明 / 479

后　记 ··························· 495

序 言

虞友谦[*]

江苏省社会科学院哲学研究所(1997年更名为哲学与文化研究所)从成立至今已度过一个甲子。2020年岁末,时任所长胡发贵先生发心选辑本所同仁各个时期的理论、学术文章汇编成册、付梓,名曰《哲学的年轮》,以志纪念。我作为曾经哲学所的一员,对此举由衷赞佩!

中国传统干支纪年,六十年回环,选择这个点纪念,有特别的意义:一是与现代通常五十、一百年庆典有所区分;二是六十年并非表示简单循环往复,证以周易最后既济、未济两卦,用意在于表达哲学新一轮的发展正在起步。另外,"年轮"两字使用非常精当,对本所而言,一方面,客观反映了存在的现状,而深层的一面,则更是标示了哲学"生命"发展、流布的过程。这种选择,正是传统文化的特色与哲学特色。当然也体现了本所的特色!

现在,本书出版在即,胡所长就几十年历史回顾、心路历程方面垂询我的看法,我的确有些感慨、感悟、感想,希望就正于本所同仁与广大读者。

就历史而言,江苏省社科院哲学与文化研究所走过的是一条不求辉煌,而求低调、平稳发展的道路,颇合辙于当年胡锦涛总书记所谓的"不折腾",内斗、文人相轻之类低俗现象在所内毫无市场,长期无内耗,其蓄积的能量,也是惊人的。下面我想简述一下哲学所的成就。

首先,保持着一支有活力,有较强实力的科研队伍,所谓人才优势,构成了本所各项工作顺利推进的基础。建所早期,有孙叔平先生的卓越领导,又有萧焜焘先生的羽翼、协助。他们都是国内知名的大师级的学者,"文革"期间,社会政治环境极端困难、纷扰,他们为保全科研力量,做了许多工作。以致拨乱反正后,科研秩序迅速恢复,哲学所开始了新的局面。二十世纪八十年代以来,陆续引进人才,从社会招聘、延揽一批热衷社科事业的人员,加上大学高才生入围,成为骨干与核心。其中不少人,如卞敏、陈刚等都可谓是学界一时之选,堪称翘楚。而薪火相传,流水不腐,后起之秀,不断涌现,他们也正在为哲学所进一步发展蓄志发力。

再说科研特色与成果。科研工作是一项高级、复杂的精神劳动,必赖个人创造力的自由发挥,才能有所成效,哲学研究更是如此。因此哲学所充分尊重个性,肯定个人研究的兴趣所在,倡导"自由思想,独立精神"。另一方面,个人生活于群体中,非孤立之存在,社会热点问题,突发性问题,国家大政方针的阐释与解读等问题,置于面前,自然增益我们的家国情怀与对现实的普遍关切,需要我们自觉承担起智囊团、思想库的使命。因此,既鼓励基础理论、纯学术研究,也关注、强调与社会实际密切相关的实用性研究;对个人独立研究项目与集体合作研究项目也是一视同仁,无分轩轾。由于哲学所贯彻、弘扬这种特色,故几十年间,大量涉及学术前沿、社会热点的科研成果,令学界瞩目,产生了广泛影响。如孙叔平先生古稀之后独立完成的《中国哲学史稿》,包含了一系列前瞻性、原创性的见解。其他如萧焜焘先生的《关于辩证法科学形态的探索》《科学认识史论》,黄明理先生的《大历史观》,应克复先生的《西方民主史》,卞敏先生的《哲学与道德智慧》,陈刚先生的《西方精神史》,皆可视为传世不刊之作。另外,对现实热点问题的敏感也催生了一些集中全所人员通力合作的项目,成果得到了社会的肯定和政府部门的表彰。如《社会主义精神文明建设》《当代中国文化走向》《第三种文明》等等,均走在全国理论学术界的前列。

尤其值得一提的是,胡传胜先生打开与国外学术同行联系的窗口,大力推介美国哲学家巴姆的著述,并在领导的支持下成立巴姆哲学研究室,当时应属创举。

再说说学风与传承。老一辈学者留下了宝贵财富,他们往往治学勤奋、严谨,做人低调、谦恭。我常常回忆起恩师刘毓璜先生在课堂讲述正考父鼎铭的场景,铭曰:"一命而偻,再命而伛,三命而俯,循墙而走……"正考父是宋国上卿,孔子七世祖。他的官当得愈大,则愈显卑微,最后是沿着墙根走路。刘先生一面学着弯腰、躬身,靠边走的姿态,一面说明孔子的伟大,有其家族遗留的渊源。这使我终生难忘!我想,我们研究所也一直延续了老一辈学人的基因,形成淳厚、和谐的氛围。二十世纪九十年代,研究所曾制定过一个八字所训,原为:民主、宽容、自律、创新。当时曾就此事去请教萧焜焘先生,他认真思考后指出:"创新"较一般化,不如改为"求真"。新、旧往往只显示在器物层面或操作手段上之区别,仅属于表象,而科学研究则需要深入事物之里层,探求本质,揭示规律;这就无所谓新、旧,而只存在真、伪的判别了,所以求真才是最重要的、根本的。何况现在"创新"两字用得过滥,信誉已大打折扣,还是不用为好。这一番话如同醍醐灌顶,使我茅塞顿开。我也由此体会到真正的学者、有独立个性的哲学家之深刻思想的风采。现在,我欣慰地看到,在我们研究所里,年轻人、新生代的学者,正延续、弘扬、光大着这一传统。

最后,说两点感悟,也许属于纯个人的私见。

其一,关于治学。研究对象的确立,往往取决于学者的知识结构与对客观现实的认知。前者选择空间小,姑置不论,后者则与价值取向相关。我且引两段古人的话作喻。第一段,《庄子·达生篇》:"……闻之夫子曰:'善养生者若牧羊然,视其后者而鞭之。'"第二段,《战国策·冯谖客孟尝君》,冯谖为孟尝君收债于薛,临行问:"责[债]毕收,以何市而反?"孟尝君回答:"视吾家所寡有者。"前者以放羊为喻,放羊娃只要鞭赶落后的羊,便可确保羊群不散,稳步前行了。它告诉我们,养生之道,在于随时关注身体的薄弱环节,加以调整。推而广之,对国家、民族,也是如此。后者可视为生活常识,缺少什么,就补充什么。这两者的启示:社会、人群、国家、民族,无论如何进步,也总有落后的"羊",需要驱赶,也有不足之处,需要补救。而这正是学者义不容辞地通过科研、学术来加以推进、改善的重要使命。

其二,关于做人,或者说是学术人格的养成。《左传》有"立德、立功、立言"三不朽之说,《中庸》则有"智、仁、勇"三达德之论,此皆古人之理想人格。我认为作为学者、文化人、知识分子,亦应具备特有的人格修养。而成就这种人格,至少须防五弊:1. 有知识而无智慧;2. 重学问而轻思想;3. 炫文化而弃担当;4. 求风采而失风骨;5. 逐功利而丧道德。其理由,不遑细论。我愿以此与本所同仁及广大学者共勉!

是为序。

关于中国哲学史研究工作的几点意见

孙叔平 *

一

把中国哲学钻了一遍以后，我认为，中国哲学是十分丰富的。中国有哲学、有哲学史，不过，它不同于西方的哲学史。西方社会、中国社会，服从共同的规律，但各有特点。西方哲学、中国哲学也服从共同的规律，也各有特点。不可以用西方哲学史范围中国哲学史，也不可以用中国哲学史范围西方哲学史。西方哲学史最精彩的是古代和近代两段。中国哲学史最精彩的是由春秋到清初的一段。这是由不同的社会原因造成的。西方有高度发展的奴隶制度和资产阶级革命，中国没有。中国所有的是灿烂的封建时代的文化，从而也就有灿烂的封建时代的哲学，不过和西方哲学有不同的风格而已。记得侯外庐同志有这样的论断：西方哲学家有哲人作风，中国哲学家有贤人作风。我有同感。西方哲学，谈论最多的是认识和知识问题，中国哲学家谈论最多的是政治和道德问题。共同的，所谈的都不过是自然、社会、人类思维的一般规律。这个马克思主义的哲学定义，是放之东西方而皆准的。有人说过，日丹诺夫给哲学史下了定义，说哲学史该是唯物主义发生、发展的历史。书不在手，我无从查考。但我觉得这样的说法狭了一点。哲学史该讲人类对自然、社会、人类思维的认识发展的历史。其中有唯物主义的发生、发展的历史，也有唯心主义发生、发展的历史。二者交织起来，才是完整的哲学史。我是这样了解的，对否不知。姑且根据我自己的了解来写吧，不

* 孙叔平(1905—1983)，1960—1969年任中国科学院江苏分院哲学研究所所长。

然我无从下笔。

中国哲学有特殊的范畴。中国哲学发生最早的范畴是"天"。"天"的原意是主宰,是天命,也就是上帝。周人灭殷,给"天命"加了新的解释,叫作"天命无常"。天下不一定是哪一姓的,唯有"德"者受之。到了春秋,开明的思想家作了更进一步的解释,叫作"天与人与"。这个解释不一定自孟轲始。人们早就说过:"民之所欲,天必从之。"这是在唯心主义范围内对"天"所作的递次进步的解释。荀况把"天"直接还原为苍苍之天,说"天人相分",它不管人事。人还可以顺应天的规律,创造"天"所没有的东西。这就由唯心主义转到了唯物主义。可是,在地主阶级转向保守以后,他们又要假"天"以自重了。到董仲舒手里,"天"又成了有意志的上帝。此后,在唯物主义者,"天"一直是苍苍之天,不过是人类生存的自然条件。在唯心主义者,"天"一直是上帝。

在中国哲学史上,首先要用理智的范畴来表明宇宙的起源的,是道家。它的最高的范畴是"道",认为"道生天地"。这显然是客观唯心主义,这虽然是错的,也表明他们有较高的抽象思维的能力。在"道生天地"的前提下,庄周又提出"通天下一气耳"的命题。在他们,是道生气。经过"道"的物质性的逐渐增加。到了王充,虽然不无动摇,却提出了天是气。到了柳宗元,就明确提出化生世界的只有元气。宋代道学家提出理与气、道与器的关系问题。他们说是"理生气""道生器"。张载、王夫之把它们翻过来,指出理为气之理,道为器之道,唯物主义地理解了理与气、道与器的关系问题。我们赞扬他们推进哲学思想的功绩。从来没有独立发展的唯物主义,只有与唯心主义相斗争而发展的唯物主义。中华民族不亚于西方民族,它有发展哲学思维的能力。我们不要有民族虚无主义的观点,跟着某些西方人的偏见,认为中国人没有哲学思维。实际上,远在两千多年以前,中国哲人已经有了较高的抽象思维能力。他们敢于根据当时的科学水平,探讨宇宙起源的问题。

历史观问题,是旧哲学解决不了的问题。旧唯物主义在自然观上是唯物主义的,但在历史观上他们摆脱不了历史唯心主义。这不是说,在中国哲学史上就没有原则的斗争。不!原则的分歧还是有的。唯心主义者照例认为,历史是天意的历史,是圣贤豪杰创造的历史,是自上古或三代以来日益堕落的历史。与此相反,开明的唯物主义者,则认为历史是进化的历史,是时势决定制度的历史,是治乱不由人的历史。他们还探讨了三代或秦汉以来治乱的根源,指出农民有土地,轻徭薄赋,必治。豪强兼并土地,高租重税,农民流离失所,必乱。治乱自有规律:时当治,桀纣不能乱;时当乱,尧舜不能治。这在某种程度上看出了历史有不以人的愿望为转移一治一乱的规律。人主的优劣也不由自主。开国君主略知民情,衰亡的君主则多于昏聩无知。用仲长统的话来说,这叫"富贵生不仁,沉溺致愚疾"。这种见解相当深刻地说明了中国封建社会一治一乱的规律。当然,这不是社会主义社会发展的规律。

人性问题也是旧哲学解决不了的问题。这个问题,中国哲人谈论很多。在这个问题上的意见的分歧,主要的不在于历史上有名的"性善论""性恶论""性无善恶论""性善恶混论""性善情恶论"。而在落后的思想家只承认"天赋人性",开明的思想家则还承认后天人性,近似承认生活决定人性。孔丘的"性相近也,习相远也",是骑墙的说法。王夫之的"习与性成""性日生而日成也",是最高的结论。这个问题牵涉到所谓"天理"与"人欲"的关系问题。可恶的假道学要人们"去人欲,存天理",开明的思想家则确认欲不可灭,承认"穿衣吃饭就是人伦物理"。可笑可恶的是前些年"四人帮"的"批儒",他们实际上是"去人欲、存天理"的假道学,自己挥霍无度,却让人民喝西北风。他们自己的享受超过了王侯的人欲,却禁止人民要求最低限度的物质利益。他们讳言人民的福利。他们"批"什么"儒"呢,他们实际上正是"无廉耻而嗜饮食"的贱儒。假道学正好是他们的祖师。

在知识问题上,中国哲学有明显的两条路线的对立。一条的代表者是主张"不出户,知天下","不窥牖,见天道"的老聃。孔丘认为有"生而知之者",这一点也可以归入这条路线。但他以"学而知之者"以至"困而知之者"自居。我们不可以厚诬孔丘。一条承认知从"天官"接触外界得来,确认"不闻不见,虽圣人亦不能知"。谁说中国哲学史上没有唯物主义的认识论呢?

历史到近代,中国也产生了半殖民地半封建的资产阶级哲学,其中的进步者,宇宙观是自然科学的唯物主义,历史观上达到进化论。资产阶级改良派如此,革命派也是如此。他们明显受到西方的影响。但比之西方前辈大为逊色。不过较之中国古代,他们也提出了一些新的东西,构成从古代哲学转向马克思主义哲学的阶梯。五四运动的崛起,李大钊的出现,标志着中国旧哲学的结束，新哲学的开始。所以，一部中国哲学史，从其主流来看，是从素朴唯物主义、辩证法，经过资产阶级形而上学唯物主义，向辩证唯物主义、历史唯物主义前进的历史，同时也是自己发展，又受外来影响（先是印度，后是西方），各种唯心主义改变面貌的历史。中国哲学史发展的大圆圈大体如此。至于大圆圈中的小圆圈，我还画不出来，就不牵强附会了，请同志们继续努力。

末了，我要说，我现在明确地认为，正如历史上没有"农民政权"一样，历史上也没有"农民哲学"。"农民哲学""农民政权"的提法是误解了历史唯物主义关于阶级斗争的学说，好像认为有地主政权就有"农民政权"，有地主哲学就有"农民哲学"，否则阶级斗争就构不成对子。要知道，历史上，地主政权是有的，"农民政权"是没有的；地主哲学是有的，"农民哲学"是没有的。农民当然是和地主敌对的阶级，有自己的利益、自己的政治要求、自己的思想意识。但他们是一个不能用新生产方式代替旧生产方式，新社会制度代替旧社会制度的阶级，从而他们也就不能建立自己的政权，自己的思想体系。看看历史，农民有三种出路：在封建制度依然存在的时代，他们是改朝换代的工具；在资产阶级革命时代，他们是资产阶级革命的同盟军；在无产阶级革命时代，他们是无产阶级革命的同盟军。要在无产阶级领导之下，他们才能参加政权，走上社会主义道路。他们独立的道路是没有的。人们把陈胜的"王侯将相宁有种乎？"估计很高，把洪秀全的《天朝田亩制度》估计得更高。其实，"王侯将相宁有种乎？"仅仅是"取而代之"的思想。《天朝田亩制度》仅仅是平均主义的幻想，根本没有实施，也不可能真正实施。一接触实际，农民的"平均""平等"就要变成森严的封建等级！不论陈胜，不论洪秀全，在思想上、实际上，都没有超出封建主义。陈胜不是在起义开始就谣传"大楚兴，陈胜王"么？洪秀全一打进全州，不是就立了"天朝"的秩序么？一进南京，不就成了"真命天子"么？"农民政权""农民哲学"也者，虚构而已！

二

《史稿》是写出来了，若问我方法是什么，我难于圆满回答。但想了一想，"不以规矩，不能成方圆"。人造个器皿，也有个方法，写一本书，怎能没有方法呢？这个方法是什么呢？我答道：观点与资料相结合便是我的方法。

我所谓观点是指马克思主义观点。在马克思主义著作里有中国哲学史问题的现成答案吗？没有。马克思主义的经典著作，谈到中国哲学的话没有几句。但他们的理论却是我们分析中国哲学必不可少的工具，正如他们的理论是我们分析现实问题的工具。作为工具，我们不可以片刻离开它。离开它们，对于问题我就无法分析了。在写作过程中，我深深体会到，马克思主义为我们准备的不是答案，而是工具或武器。作为答案，那是拿他们的语言来贴标签。我们可以在文章中贴满标签，但在内容上可以说毫无马克思主义。作为工具，我们可以在文章中很少采用语录，但在内容上，却可以有点马克思主义。遗憾的是对经典哲学，我摘录过一些论点。经过1966年的一场大劫，全部散失了。卡片是不见了，可凭的仅仅是一点模糊的记忆，能记多少呢？在行文中，我感到中国古代哲人的见解，有可以和马克思主义合拍或接近的东西。假如我能引几句经典，文章可以生色得多，道理也可以清晰得多。可惜的是，卡片不在手头，我要引也无从引起。"书到用时方恨少。"我没有后悔，我曾经读了几年书。我只懊悔自己没有熟读万卷书。我奉劝年轻的同志，趁着年富力强，要读破万卷书。这并不是"教条主义"。食而不化，生搬硬套，才是教条主义。林彪、"四人帮"专用语录来唬人，正是欺我们读书不多。

我所说的资料是指古人的原著。学校教育给我一点读普通古汉语的能力。在音韵学、文字学、训诂、考证、校勘上，我没有下过功夫。今天我认为，不能把这些当作做学问的全部工作，但这些却是做学问必做的工作。至于版本，我更没有机会选择。有，就算好了。我没有见过所谓的"善本书"。看见的古书，大多密密麻麻都是小字，连个圈点都没有，更不用说新式标点了。这真使人望而生畏，怕读古书。也有一些校注本，对我帮助很大。但几年来也出了一些选本，受"突出政治""儒法斗争"的影响，反而把人引入迷误。现在，是科学地整理古籍的时候了。选择善本，加标点符号及字音、字义、典故的校注。有的可以全选，如《论语》《道德经》，有的可以选节本（如《朱子语类》《日知录》），集成丛书，使后来的学者减少找书、看书之苦。这对学术工作该是很有贡献的。北洋军阀时代，尚能出几部丛书，为什么我们就不能呢？

总之，观点与资料，是缺一不可的。有观点而无资料，那观点将是空洞的；有资料而无观点，那资料将是散乱的。二者要得结合起来，水乳交融，才能写成有价值的专著。我呢，两方面的功夫都差，仅仅能做到勉强成书。我能看到初稿写成并且印出来，已经喜出望外了。谈不上这部书能给读者有多少帮助。

现在，大部头的中国哲学史已经出了几部了。不久，也许还要出几部。这些不算太多。当前的任务，是向研究工作的广度和深度发展。写几部断代的、学派的历史，增加广度；写几部专家的、专书的论述，增加深度。以便若干年后，有人能作出更高的综合，写出新的通史。这是几代人的工作，请大家努力。

"高山仰止，景行行止。虽不能至，然心向往之。"我今天的心情正是如此。

（本文发表于《哲学研究》1980年第2期）

论一般和个别规律

周向阳[*]

毛泽东同志在《矛盾论》中，揭示了一般和个别、共性和个性的关系，指出："关于共性个性、绝对相对的道理，是关于事物矛盾问题的精髓，不懂得它，就等于抛弃了辩证法。"一般和个别的辩证法，在几十年的中国革命和建设中，已成为我党指导实际斗争，坚持辩证唯物义认识路线的生命线。正如胡耀邦同志在今年我党纪念马克思逝世一百周年大会上，要求人们在认识方面，"必须正确理解和处理一般和个别的关系问题"。他说："关于一般和个别的这种辩证关系，毛泽东同志认为是辩证唯物论认识论的一个精髓。我们必须很好地掌握它，这对我们认识世界和改造世界，对在我国建设工业、农业、国防和科学技术现代化，建设具有高度文明、高度民主的社会主义强国，将有极大的现实意义和深远的历史意义。"

毛泽东同志继承和发展了马克思、恩格斯、列宁关于一般和个别这一辩证法思想。《矛盾论》实质上就是对"客观性"这个"自在之物"本身所做的一般和个别、普遍和特殊、共性和个性精辟的矛盾分析。《矛盾论》指出：任何一种矛盾运动，都是既有普遍性和绝对性，同时又有特殊性和相对性。如果不认识矛盾的普遍性，就无从发现事物运动发展的一般规律，如果不研究矛盾的特殊性，就无法确定这一事物区别于他种事物的特殊本质，也就无从辨别事物。尤其重要的是，"必须注意它的特殊性，这就是说，注意它和其他运动形式的质的区别。只有注意了这一点，才有可能区别事物"（《毛泽东选集》第 2 卷第 775 页）。因为，矛盾的特殊性构成一事物的特殊本质，是这一事物运动的内部原因。人们认识了矛盾的特殊性，也就掌握了这一事物的

* 周向阳（1917—1999），1982—1985 年任哲学研究所所长。

本质和具体属性,掌握了真理的具体性,就有可能对这一事物进行有效的改造。接着,《矛盾论》就一步一步地深入揭示矛盾特殊性的五种情况,即"各项物质运动形式的矛盾,各个运动形式在各个发展过程中的矛盾,各个发展过程的矛盾的各方面,各个发展过程在其发展阶段上的矛盾以及各个发展阶段上的矛盾的各方面"(《毛泽东选集》第 2 卷第 783 页)。他还把"主要的矛盾和主要的矛盾方面,"作为矛盾特殊性的两种情形,把"对抗和非对抗"作为矛盾斗争的两种特殊形式,单独提出来分别加以论证。这样,就一步一步地对对立统一规律作了深刻而全面的阐述。列宁指出:"可以把辩证法简要地确定为关于对立统一的学说。这样就会抓住辩证法的核心,不过这需要说明和发挥。"(《列宁全集》第 38 卷第 240 页)如果离开一般和个别这个精髓,就不可能完成对辩证法的核心加以说明和发挥的历史任务。

在《矛盾论》中,毛泽东同志还运用一般和个别这个精髓,概括总结人类的认识运动,指出:"就人类认识运动的秩序说来,总是由认识个别的和特殊的事物,逐步扩大到认识一般的事物。人们总是首先认识了许多不同事物的特殊本质,然后才可能更进一步地进行概括工作、认识诸种事物的共同的本质。当人们已经认识了这种共同的本质以后,就以这种共同的认识为指导,继续地向着尚未研究过的或者尚未深入地研究过的各种具体的事物进行研究,找出其特殊的本质,这样才可以补充"丰富和发展这种共同的本质的认识,而使这种共同的本质的认识不致变成枯槁的僵死的东西。这是两个认识过程:一个是由特殊到一般,一个是由一般到特殊,人类的认识总是这样循环往复地进行的(《毛泽东选集》第 2 卷第 776 页)。实际上,思想的秩序和联系,也就是事物的秩序和联系。在这里,毛泽东同志关于一般和个别的循环往复是人认识运动的秩序,和《实践论》中讲的实践和认识的循环往复是人类认识的规律,是有内在联系的,本质上是一致的。当马克思开始强调理论变为实践的力量,理论和实践相联系时,就明确提出了理论和实践,个别、特殊和一般的辩证关系和内在联系。

毛泽东同志不仅从理论上深刻论述了一般和个别、普遍和特殊、共性和个性是辩证法的精髓和认识秩序这一基本原理,并且在革命实践和理论研究中普遍加以应用和推广。他在《中国社会各阶级的分析》中,不仅分析了各阶级的普遍性、共性,还分析了他们的特殊性、个性。并且联系世界普遍性的矛盾,着重研究解决中国革命的特殊问题,在世界革命总运动中,确定中国革命的特殊性质,正确解决中国新民主主义革命的性质问题。在《星星之火,可以燎原》等著作中,从小块农村根据地的建立,就总结概括了中国革命的发展道路。还有,毛泽东同志对每一事物,不论是政治的,经济的,还是军事的,都首先竭力找出它的具体特点,着眼其特点,着眼其发展。因为,这些具体特点,归根到底都是由它的矛盾的特点决定的。例如,毛泽东同志在《中国革命战争的战略问题》一文中说:"我们现在是从事战争,我们的战争是革命战争,我们的革命战争是在中国这个半殖民地的半封建的国家进行的。因此,我们不但要研究一般战争的规律,还要研究特殊的革命战争的规律,还要研究更加特殊的中国革命战争的规律。"又说:"战争情况的不同,决定着不同的战争指导规律,有时间、地点和性质的差别,战争和战争指导规律是发展的,各个历史阶段有各个历史阶段的特点,因而战争规律也各有其特点,不能呆板地移用于不同阶段。"(《毛泽东选集》第 1 卷第 167、169 页)这就是说,掌握了事物的特点,就避免观察的主观性和表面性。这样,毛泽东同志运用一般和个别这个辩证法、认识论的精髓,就解决了中国革命的性质、道路和一系列方针政策等重大问题。特别有重大意义的是,毛泽东同志在这个基础上,总结概括提出了"马克思列宁主义普遍真理与中国革命的具体实践相结合"的原理,"实事求是,一切从实际出发","从群众中来,到群众中去"的思想路线,"一般号召和个别指导相结合,领导和群众相结合"的领导方法,"调查研究、解剖麻雀和一切经过试验,由点到面逐步推开"的工作方法,以及"理论联系实际,密切联系群众,批评和自我批评"的优良作风,等等,从多方面丰富和发展了一般和个别、普遍和特殊、共性和个性这个辩证法的精髓。

研究对立统一规律,进一步揭示一般和个别、普遍和特殊、共性和个性这个精髓,是毛泽东同志对唯物辩证法的重大贡献。马克思列宁主义创始人从理论上探讨辩证法时,比如恩格斯在《自然辩证法》的"辩证法"一章中,列宁在《谈谈辩证法问题》一文中,在深入论述对立统一规律之后,都以相当的篇幅论述了一般和个别。恩格斯并且指出,判断思维形式的个别性、特殊性和普遍性的分类法,"不仅以思维规律为根据,而且还以自然规律为根据"。又说:"在这里,从个别到特殊,并从特殊到普遍的上升运动,并不是在一种样式中,而是在许多样式中实现的。"(《自然辩证法》第 202、204 页)这样,在对立统一、质量互变和否定之否定这三个基本规律之外,恩格斯又作出了一般和个别是辩证法规律的论断,并且认定是自然界(包括人类社会)和思维运动中普遍存在着的。在这里,恩格斯所说的规律,毛泽东同志所说的精髓和秩序,撇开他们表述上的差别,在实质上则是同一序列和同等程度的哲学范畴,都是关于"宇宙运动中本质的东西的反映。"(《列宁全集》第 38 卷 160 页)整个宇宙都同样遵循这一规律发展的。

一般和个别规律说明,宇宙中各种物质形态之间没有绝对的界限。通过个别而存在的物质运动形态,在一定条件下经常转化为另一种形态。实物和电磁场,基本粒子和原子;原子和分子,无机物和有机物以及意识等等,无不依据某种一定不移的发展秩序,由此及彼地、互相隶属地由简单到复杂、由低级到高级、从一种运动形态转化到另一种运动形态,形成事物的无限发展系列。在这个无限发展系列中,一切事物和现象都互为中介,通过一般和个别的内在联系而连成一起,又通过矛盾发展而互相转化。正如恩格斯所说:"任何运动形式都证明自己能够而且不得不转变为其他任何运动形式。到了这种形式,规律便获得了自己最后的表述。由于有了新的发现,我们可以给它提供新的论据,提供新的丰富的内容。但是,对于如此表述规律本身,我们是不能再增加什么了……这个规律是不可能再扩大了,它是绝对的自然规律。"(《自然辩证法》第 203 页)

辩证法的要素及其规律、范畴等等,必然随着人类实践和认识的不断发展,随着自然科学和社会科学的发展而不断增加和发展。因为自然界、人类社会和思维运动自身所包含的规律是极其丰富的。我国现代马克思主义哲学家艾思奇、华岗等人都肯定一般和个别为辩证法的规律或基本规律。华岗在《规律论》中认为,辩证法"除了三个主要和基本规律之外,还有许多辩证运动规律反映着自然界、社会和思维运动和发展的各个方面",一般和个别的规律就是其一。(《规律论》第 304 页)华岗还认为一般和个别规律是"同对立统一和斗争这一辩证法基本规律联系着的。"(同上,第 305 页)实际上《矛盾论》就是从理论方面所作的生动的描述。一般和个别既是矛盾引起的发展,我们必须以对立统一规律为依据,才能理解一般和个别规律。艾思奇在《辩证唯物主义纲要》一书中,则肯定一般和个别规律与量和质的互相转化规律有密切联系。他说:"伴随着质变而出现的量的扩张过程,也具有一定的规律。……这个规律就是,新质的出现是由个别到特殊再成为普通的。"(《辩证唯物主义纲要》第 223 页)这就是说,新事物或新质因素最初只是在旧事物的广泛地盘中,在某些点上个别地出现。这时个别出现的新事物或新质因素,多数还不稳定,有时且可能复归于消灭,好像带有偶然性。但是新事物终究是不可战胜的,经过与旧事物的一定斗争,迟早总会进一步扩展开来,由个别的点到特殊的面,然后再由特殊向普遍或一般推移,而取得支配的地位。"个别到特殊又成为普遍的,这是伴随着新事物或新质出现时的量的扩张过程的重要基本规律……。一般地说来,新事物的出现总是采取这样的程序的。"(同上)艾思奇还指出,这个规律对于实际工作有很大的意义:它要求我们经常对新事物保持敏感,从个别中看出它的普遍意义,从偶然中看到它的必然前途,及时加以培养推广。我党在长期斗争中创造了一套培养新事物的方法,如"个别突破""典型试验""普遍推广"的方法。

同样,一般和个别规律还和否定之否定规律有着切的联系。恩格斯说:"否定的方式在这里首先取决于过程的一般性质,其次取决于过程的特殊性质。""每一事物都有它的特殊的否定方式。"(《马克思恩格斯选集》第 8 卷第 182 页)例如,社会主义的否定方式就不同于所有阶级社会通过革命斗争而实现否定,它是按照社会发展的必然性自觉地进行自我否定,即按照生产力发展水平和群众觉悟程度,采取逐步过渡的原则,实事求是地确定进行自我否定的形式、道路和方法。而否定也是有秩序地从个别开始,逐步发展,然后进到一般或普遍。

一般和个别规律表现一切事物是依着某种一定不移的秩序,由一种形态转变为另一种形态,稳定地、无限系列地发展着。但是事物之间的相互联系是极其复杂的。事物在发展过程中,还要受多种多样的周围事物直接的或间接的影响,因此事物的发展又好像没有什么一定不移的秩序,而预见它的发展前途。这就是说,事物联系和发展,除存在必然性的根本属性,同时还存在偶然性。偶然性在事物发展过程中是不断出现的,不过它是暂时的、易逝的,它使事物的发展起着各种不同程度的摇摆和偏差,加速或延缓,出现更加复杂和多样的情景,却不可能大到根本改变事物发展的秩序。正如恩格斯所说:"必然的东西通过无穷无尽的偶然事件……向前发展。"(《马克思恩格斯选集》第 3 卷第 477 页）一般和个别规律还同本质和现象、形式和内容、因果性和目的性等辩证法范畴有密切联系。

列宁说："辩证法是一种学说，它研究对立面怎样才能够同一，是怎样（怎样成为）同一的——在什么条件下它们是同一的，是相互转化的——为什么人的头脑不应该把这些对立面当作僵死的、凝固的东西，而应该当作活生生的、有条件的、活动的、互相转化的东西。"（《列宁全集》第 38 卷第 111 页）辩证法各个基本规律，就是从各自所处的地位和作用对此作不同的回答。对立统一规律回答的是发展的泉源，即为什么有发展的问题；量和质的相互转化规律回答发展是怎样进行的问题；否定之否定规律回答的是发展的方面，即向哪里发展的问题；一般和个别规律回答的是一切事物按照什么秩序相互联系和发展的问题。这样，在这些主要和基本规律的共同作用下，我们就可以从整个宇宙变化多端的混乱现象中，看到一幅无限多样性的完整的世界统一图景。

个别就是指一个个具体事物、现象、过程及其运动形式（形态），人们通过感觉或科学仪器可以感知的东西。恩格斯说："我们在观察运动着的物质时，首先遇到的就是单个物质的单个运动的相互联系，它们的相互制约。"（《自然辩证法》第 208 页）因为，抽象物质和运动，还没有人看到和体验到，而看到和体验到的只有各种不同的、现实存在的实物和运动形式（形态）。人们只有从个别的实物和个别的运动形式，才能认识物质和运动本身，发现它特有的、不同于其他物质的特性，即特殊矛盾、特殊的质、属性和个性，等等。这样，我们就发现"许多不同的事物通过特性而处于本质的相互作用中，特性（属性）就是这种相互作用本身，事物离开特性就什么也不是"（《列宁全集》第 38 卷第 157 页）。

所以，个别是辩证法，也是认识论的开端和起点。个别是辩证唯物主义的基础和细胞。列宁曾针对米海洛夫斯基对马克思的攻击，尖锐地指出："从分析事实（个别）开始，是从头开始，是唯物主义的；而从一般的概念开始，则是从尾开始，是唯心主义的。"（《列宁全集》第 1 卷第 123、124 页）运用辩证法考察和研究任何问题，都必须坚持唯物主义这个基础，以个别为起点。人们从个别出发，就可以发现辩证法的一切要素的萌芽。所以，毛泽东同志说："一切运动形式的每一个实在的非臆造的发展过程内都是不同

质的,我们的研究工作必须……从这一点开始。"(《毛泽东选集》第 2 卷第777 页)

一般既是具体的,又是抽象的。就具体而言,事物的发展顺序都是由个别进到一般,又由一般再到个别。所谓一般,就是具有共性、矛盾普遍性的相类似的许许多多个别事物、现象的有机总和,它们之间互相交错、互为前提、互为条件、内在联系着,处于相互的一定的发展过程之中。其中"任何个别(不论怎样)都是一般"(《列宁全集》第 38 卷第 409 页),这是人们把许多有限的东西综合为无限的东西。我们不能设想,在个别的房子之外还存在一般的房子,在个别的马之外还存在一般的马,在个别的商品之外还存在一般的商品,等等。所有个别的房子、马、商品等都是各自处于相互联系、相互作用的一般发展过程之中。所以,一般不是孤立地存在于什么地方,而存在于个别之中,否认个别中存在一般的客观性是不可能的。正如列宁说的,"个别就是一般"(同上),在这里,已经有了辩证法。

就抽象而言,一般又不是感性存在的东西,是人们由感觉到的个别,抽象上升为一般。因为"一般只能在个别中,只能通过个别而存在"(同上)所以,人们只有通过辩证分析的方法,将包含在个别中的具有普遍性、一般性、共性、共同点的东西抽出来,而撇开所有一切其他特性、特征或个性等等。或者说,一般就是对许许多多具体特殊性、属性等的概括和总结,依照其共性、一般性去把握它。马克思说:"生产一般是个抽象,只要它把共同点提出来,就是一个合理的抽象。……生产一般经过比较而抽象出来的共同点,本身就是许多组成分部的,分别有不同规定的东西。其中有些属于一切时代的,另一些是几个时代所共有的,'有些'规定是最新时代和最古时代共有的,没有它们,任何生产都无从设想。"(《政治经济学批判》第 199 页)马克思又说:"一般说来,最普遍的抽象,只能产生在丰富而具体的发展条件下,同一种特性为许多因素所共有。这时人们就不再就特殊的形式来理解这种特性了。"(《同上》第 166 页)这就是说,我们不可能从一件孤立的事件中发现一般规律,从一定特定的现象中发现事物本质。商品从个别到一般的发展情况就是这样。经济的商品形式,早在原始公社后期就产生了,开始作为个别的、偶然的情况出现,但它代表两个公社或两个人的关系,并已具有价值的萌芽。进入奴隶社会和后来封建社会,商品经济逐步发展起来,并已产生货币,价值规律也开始发生作用。但在自然经济基础上,商品仍处于特殊的从属的地位,商品的特性还没有充分显示出来。资本主义商品生产,摧毁了封建的自然经济,货币转化为资本,价值规律转化为剩余价值规律,商品没有任何界限地扩展着,而成为商品生产社会。在商品生产社会中,人们彼此之间也都作为交换价值而发生关系,无产阶级则把自己的劳动力作为商品出卖给资本家,医生、律师、教师、诗人和学者等则变成资本的雇佣劳动者,资产阶级的婚姻家庭关系也成为赤裸裸的金钱关系;商品这个简单的东西,就成为资产阶级社会的财富的元素形式,它从简单的关系进到比较复杂的关系,上升为社会关系、阶级关系、国家关系以及国际交换和世界市场等等。马克思从这个商品经济充分发展的形式中,才能揭示资本主义社会产生、发展和灭亡的规律。在资本主义社会以前,这完全是不可能的。

任何一个事物都是个别、特殊和一般的统一体,正如列宁所说的,任何一个概念都是个别、特殊和一般的统一体一样。因为主观辩证法只不过是客观辩证法的真实反映。任何事物既是对象上的一,同时又具有多样性。即在它里面包含着许多内容和本质,特征和属性,也就是多。一和多各自处在不同的发展关系中。恩格斯指出,再没有什么比一这个数量单位更简单了,但是只要我们把它和相应的多联系起来,就知道再没有什么比一更多样化了。"一和多是不能分离的、相互渗透的两个概念,而且多包含于一中,正如一包含在多中一样。"(《自然辩证法》第 238 页),所以,科学的研究总是从具体的典型开始,解剖麻雀,抓住它的特性,即特殊矛盾、本质和属性等,并注意它与其他事物的联系,找出、概括出一些带一般意义的规律来。马克思列宁主义、毛泽东思想的普遍真理之所以能对具体实际有指导意义,正是由于它本身是从大量的具体的历史事物的研究中总结概括出来的。

总之,我们要善于从个别中发现一般,从特殊性中发现普遍性,从个性中概括出共性;同时,又要善于在一般原理指导下,具体分析事物的特殊性和个性,进一步丰富和充实普遍性和共性等等。

毛泽东同志教导我们:"矛盾的普遍性和矛盾的特殊性的关系,就是矛盾的共性和个性的关系。其共性是矛盾存在于一切过程中,并贯串于一切过程的始终。矛盾即是事物,即是过程,也即是思想。否认事物的矛盾就是否认了一切,所以它是共性,是绝对性。然而这种共性,即包含于一切个性之中,无个性即无共性。假如除了一切个性还有什么共性呢?因为矛盾是各各特殊的,所以造成了个性。一切个性都是有条件地、暂时地存在的,所以是相对的。"这种一般和个别的关系、普遍性和特殊性的关系、共性和个性的关系,也就是毛泽东同志经常指出的马克思列宁主义普遍真理和革命具体实际的关系,也就是实事求是,一切从实际出发,理论联系实际的思想路线,所以,它是毛泽东思想的精髓。

一般和个别的关系,本质上是对立统一的关系。"这就是说,对立面(个别跟一般相对立)是同一的。"(《列宁全集》第 38 卷第 409 页)对立同一是一般和个别规律的真实内容,也是对立统一规律在辩证法中的核心地位的表现。因为任何事物不仅自身都包含着矛盾,是矛盾统一体,不作为对立统一的事物世界上是不存在的,而且某一类东西(如桌子、牛、羊等等)中的一个与其余的各个,都是有某些区别的。这就是说,个别和一般是有差别的,这是一方面。另一方面,一般和个别又都借对方而反映自身,都是由于对方的存在而保持其自身的存在。没有个别无所谓一般,没有一般无所谓个别。这样,我们就从根本上理解了一般和个别规律。个别和一般的发展,既是个别事物内部的必然的自己的运动,又是某一类事物之间的相互制约、相互作用的结果。一般和个别这种既对立又统一的关系,正是它的真正的发展动力,是它发展的不可缺少的要素。

形而上学的同一性是抽象的同一性,他们认为每一事物和它自身同一,而与他同类的其他个别又绝对对立,因而一切事物都是永久不变的,这在客观实际中是不存在的。辩证法的同一是具体的同一,一般和个别这两个对立面是互相依存的,在发展过程中表现为一定的互相制约作用;这一方面的发展,依赖于另一方面的存在和发展作为条件。所以,真实的、具体的同一性包含着差异和变化;与自身同一,从一开始就必须与其他一切的东西的差异作为补充。同一和差异这是两个主要的对立,所以一般和个别的对立统一是辩证法的普遍原理,是我们观察问题解决问题时可以广泛应用的方法和原则。这就是说,"辩证法永远在分离和区别同一的东西和不同的东西"(《列宁全集》第 38 卷 第 214 页)。它既反对把事物之间的区别和确定界限的绝对化的形而上学思想,也反对抹杀事物之间的区别和确定界限的相对主义。主张从事物的区别中发现联系,从相互联系中把握事物的区别。辩证法认为，"除了'非此即彼'，又在适当的地方承认'亦此亦彼'，并且使对立互为中介"（《自然辩证法》第 190 页）。

辩证法的同一，是既互相区别，又互相联系的。如果我们从事物的区别中发现联系，从相互联系中把握区别，我们就会发现，"个别一定与一般相联系而存在。一般只能在个别中存在，只能通过个别而存在"（《列宁全集》第 38 卷第 409 页）。这就是说，一般和个别的关系，是本质上相互联系的关系。我们所面对的自然界（包括人类社会）是一个整体，没有任何事物孤立地存在着，事物都是相互联系、相互作用的。我们所说的物体，就是指所有的一切物质存在。从星球到原子到粒子、超子，从无机界到有机界到人类。"我们连同我们的肉、血和头脑都是属于自然界，存在于自然界的。"（《自然辩证法》第 159 页）宇宙中所有这些物体，就是通过一般和个别的相互作用，构成一个相互交织的普遍联系的网。

一般和个别规律的作用，就在于它把发展的一切过程都联系起来，确立各种事物形式的无限系列的联系和统一，决定物质从一种具体形态过渡到另一种具体形态。如果个别不与一般相联系而存在，每一种事物就只有特殊性或个性，而无任何共性、一般性可言，那么，自然界在我们面前就成为一堆彼此没有任何内在联系的、没有确定关系的庞大的杂乱堆积，那么，人们对于这个千变万化的客观世界，也就无法理解，而陷入不可知论。

马克思指出，一般和个别的联系存在于现实之中，而思维形式则反映这种联系。马克思、恩格斯、列宁和毛泽东同志在分析一定事物的时候，总是把事物放在一定的相互联系中分析，揭露它的一般和个别、普遍和特殊、共性和个性及其相互联系的本质，而不是对事物的任何一个方面作孤立的考察。毛泽东同志教导说："由于特殊的事物是和普遍的事物联结的，由于每一个事物内部不但包含了矛盾的特殊性，而且包含了矛盾的普遍性，普遍性即存在于特殊之中。所以，当我们研究一定事物的时候，就应当去发现这两方面及其互相联结，发现一切事物内部的特殊性和普遍性的两个方面及其互相联结，发现一事物和它以外许多事物的互相联结。"（《毛泽东选集》第 2 卷第 784、785 页）只有这样，我们才能把握事物矛盾统一体及与其他事物在总的联系上的特点、特性，从而把握事物发展过程中的联系本质。

一般和个别联系的多样性，要求人们对每一事物形式作具体的分析，才能把握事物及其相互联系,如果不对联系的形式作具体分析研究,所谓普遍联系就是一句空话。所以一般和个别规律就是研究整个世界的本质的、内部的、必然的一般联系、普遍联系。这是唯物辩证法,特别是一般和个别规律的根本原则,离开世界的普遍联系去考察事物,就离开了真理。事物就不可能由一种形态过渡到另一种形态。

列宁说:"任何一般只是大概地包括一切个别事物。任何个别都不能完全地包括在一般之中等等。"(《列宁全集》第 38 卷第 409 页)因此,任何一般都只是个别的一部分或一个方面,等等。从如此众多的复杂情况中"发现一事物和它以外的许多事物的互相联结"(《毛泽东选集》第 2 卷第 785 页),概括出一般原理和原则,至多只是基本的一般的东西,只是相对静止的粗糙的东西,而不可能完全地反映事物的实际复杂情况。因为一切事物的具体演变,"要新奇得多,特殊得多,复杂得多"(《列宁全集》第 26 卷第 387 页)。因此,这样的原理、原则只具有相对性。所以,一般原理并不能解决具体问题。具体情况要复杂得多;要解决具体问题,必须在一般原理指导下,对于所研究的对象本身的特点和复杂内容,进行实事求是的深入的全面的分析,才能获得科学的认识。列宁多次把理论的东西比作公式世界。因为公式的东西总是从许多现实中抽象出来的,具有一定的适用范围和一定质的规定性。而现实总比一般公式更复杂,更多样化,更生动,更丰富。

教条主义把一般原理当作直接解决一切具体问题的死公式,而不知道应用一般原理作观察问题的向导,深入全面地分析具体实际中所存在的问题。机械唯物主义企图把任何一种个别原理或特殊规律当作普遍的东西,简单地移用到其他部门或方面,而不注意其他部门或方面的矛盾特殊性。经验主义把局部经验误认为普遍原理,而到处生搬硬套。这些都是由于不懂得一般和个别规律的实质,而违反了辩证法。这样,他们就不懂得如何从抽象世界转入现实世界,去研究新情况,总结新经验,不断探索新途径,开拓新局面。

一般和个别的对立统一,还表现为相互作用,相互转化。"任何个别经过千万次的转化而与另一类的个别(事物、现象、过程)相联系。诸如此类等等。"(《列宁全集》第 38 卷 409、410 页)

个别和一般的相互转化,首先表现为个别向空间扩张,在质的稳定的情况下,不断增加它的数量。在这个扩张过程中,产生的新质、新的因素和新的矛盾,首先表现为偶然性的差异,非本质的、非主要方面的差异。随着个别向一般的转化,这些新质、新的因素和新的矛盾也逐步发展起来,使个别在自我转化中产生量的变化。当矛盾从非主要矛盾上升到主要方面,新质、新的矛盾占明显优势时,个别就出现飞跃,渐进过程的中断,事物发生突变,由一般转化为新的个别。这样,一般和个别就完成一个循环,使事物由一种形态转化为另一种形态。个别是无限的,一般也同样是无限的,这种一般和个别的循环往复,就使事物呈现由简单到复杂,由低级到高级的前进、上升运动。

由此可知,事物不从个别转化为一般,就不可能由一般转化为个别。如果个别不向一般转化并在自我转化中得到充分的发展,它也绝不可能产生新的个别。而如果一般不向新的个别转化,事物就不可能循环往复地无限发展起来,整个宇宙也不可能有物质的无限多样性存在,人的认识也就不可能把自然界"看作一串圆圈"(《列宁全集》第38卷第410页),并且是一幅无限发展的圆圈。而各种物质运动形态都是具有转化能力的,由于事物有这种转化能力,才有像今天这样的宇宙,和今天的人类社会。正如列宁所说:"一切都互为中介,连成一体,通过转化而联系的。"(《列宁全集》第38卷103页)

一般和个别规律,是随着人类社会实践(包括科学实验)的发展而历史地演变的。特别是一百多年来,由于马克思主义的产生和发展,国际工人运动和社会主义运动的发展,这一规律逐步为人们所认识和掌握,自觉地运用于革命理论研究和具体实际斗争之中。周恩来同志在《学习毛泽东》中指出:"毛泽东思想的特点,就是把普遍真理具体化,运用到中国的土壤上。"(《周恩来选集》第236页)邓小平同志说:"实事求是是毛泽东思想的出发点、根本点。"(《邓小平文选》第109页)这表明一般和个别、普遍和特殊、共性和个性这一规律和精髓的强大生命力。我党六十多年来的革命斗争史,就是马克思列宁主义普遍真理和中国革命具体实际相结合的历史。因而我们党在任何情况下,都有能力解决中国革命中的一切复杂问题,战胜各种困难,克服各种错误,将革命和建设引向胜利。所以,我们一定要很好地正确地学习和理解这一规律和精髓,并在实际工作中自觉地掌握和运用它。

(本文发表于《社会科学》1984年第6期)

黑格尔逻辑学范畴体系的批判继承

——读《小逻辑》札记

李　廉*

一、问题提起

近两年来,我国逻辑学界在讨论建立辩证逻辑范畴体系的同时,涉及批判继承黑格尔思辨逻辑范畴体系的问题,主要的看法有三种。

一种看法认为:辩证逻辑的范畴体系,应该基本上包括黑格尔逻辑学范畴体系的三方面内容,即存在论、本质论、概念论的主要内容。理由是:这样才能实现列宁指出的辩证逻辑的研究任务,即揭示"世界的全部具体内容及对它的认识的发展规律……对世界的认识的历史的总计,总和、结论",并且认为应该继承黑格尔的"辩证推演方法"。

我认为这些看法有一定道理,但也隐含着一个问题:辩证逻辑是研究思维的规律和思维形式的科学,这方面的范畴及其系列,在黑格尔逻辑学中都属"主观逻辑"的内容,按照上述看法,辩证逻辑思维规律和思维形式的范畴体系是不是从"存在论""本质论"构成的"客观逻辑""推演"出来的呢?

与上述看法相对立,另有一种看法,认为辩证逻辑是一门研究辩证思维形式、规律和方法的哲学科学,它是以主观辩证法,即黑格尔《逻辑学》中的"主观逻辑"部分为其研究对象,并不直接研究客观辩证法或"客观逻辑",因此,那些构成马克思哲学内容的,直接反映和表现客观辩证法或"客观逻辑"的范畴,也就不直接构成辩证逻辑的范畴。否则,辩证逻辑的范畴体系如果

* 李廉(1920—2011),1960 年任中国科学院江苏分院哲学研究所组长。

既包括"主观逻辑"又包括"客观逻辑",辩证逻辑的范畴体系就同马克思主义哲学范畴体系没有区别了,因而也就否认了辩证逻辑存在的必要性。

我认为这些说法,也有道理,但也隐含着一个问题:辩证逻辑的思维规律是主观反映客观,制作思维形式,进行论证的规律,辩证逻辑的思维形式,是反映客观的精神形式,是内容与形式、主观与客观相一致的,没有主观与客观断然割绝的主观形式。如果没有反映内容的范畴作为自己的范畴,那么辩证思维思维什么、思维形式反映什么呢?

与上述看法有关的第三种看法,认为黑格尔逻辑学范畴的"存在—本质—概念"三序列是列宁肯定的认识的"一般进程",如果把"第三序列"具体化,从逻辑形式上加以改造,就是范畴的体系化,从总体上看,便成了"三个序列"在逻辑上统一的体现者,辩证逻辑应从逻辑角度分析客观世界本质的序列,把"存在的逻辑"纳入逻辑学中。

我认为这个说法也有道理,但问题在于如何"化"法,即如何将黑格尔的"存在论""本质论"范畴"化"到"概念化"范畴体系中?如果"概念论"中的"三个序列",仍然是"存在—本质—概念"的"三序列",这与不把"客观逻辑"范畴"化"到"第三序列"中,又有什么区别呢?若然,则这样对逻辑序列的安排,不是同第一种看法基本相同吗?问题依然存在。

我认为这些看法和问题,都同关于黑格尔逻辑范畴体系的认识有关,如果能够弄清楚黑格尔逻辑范畴体系的"合理内核",对于妥善解决上述问题,正确对待黑格尔思辨逻辑范畴体系,有决定性的意义。所以本文先从黑格尔逻辑学范畴体系的"合理内核"考察起。

二、思辨逻辑范畴体系的"合理内核"

思辨逻辑范畴体系的批判继承,实质上就是黑格尔逻辑学说的批判继承,论述这个问题不是本文所能胜任,这里只谈几点有关的看法以参加上述问题的讨论。

(一)思辨逻辑的范畴体系

黑格尔的思辨逻辑范畴体系,是关于绝对理念自我认识的全部发展过程及其环节的体系,它包含两个方面,一是绝对理念从"纯存在"(纯有)到绝对理念的各个概念形式的体系,也就是通常说的思辨逻辑的范畴体系,另一是绝对理念从纯存在到绝对理念自我运动、自我认识的方法,这一方面,往往不被逻辑学家视为思辨逻辑的范畴,

思辨逻辑的概念形式体系共分三大部分,也就是概念自我认识逐步深入发展的三大阶段,它的主要范畴是:一、存在(质、量、度);二、本质(作为实存根据的本质、现象、现实);三、概念(主观概念、客体、理念)。按照黑格尔客观唯心主义的说法,存在是绝对理念(上帝)的异化或外化,它是具有直接性的,本质是存在的否定,是具有间接性的:概念是存在和本质的统一,是返回到绝对理念。

概念是怎样从具有直接性的存在,回到绝对理念呢?由于概念自身的否定之否定。例如纯存在自我否定而成为定在,定在自我否定而成为自为存在。自为存在是纯存在与定在的统一,形成肯定—否定—否定之否定的圆圈。也就是正—反—合的圆圈,这就是存在的质。质否定自身而为量。量又是从纯量自我否定为定量,定量自我否定为程度。程度是纯量和定量的统一,于是形成纯量—定量—程度的量的圆圈。量又发展为度,度是质和量的统一,于是形成质—量—度的较大的圆圈,这就是存在。存在为本质所否定。本质是作为实存根据的本质——现象——现实形成的否定之否定的圆圈。本质自我否定而成为概念,概念是存在和本质的统一,于是存在—本质—概念便形成一个更大的、自我封闭的、否定之否定的圆圈,这就是绝对理念或绝对真理。

在这个概念的否定之否定的小圆圈、中圆圈、大圆圈环环相扣的运动中,体现着黑格尔所说的"思辨方法"。

思辨方法是绝对理念展开的普遍形式,是作为"概念的各环节"内容的"灵魂和概念"。思辨内容与思辨方法都是绝对理念所固有的。正如黑格尔所说,"我们前此所考察过的每一个阶段,都是对于绝对的一种写照,不过是最初仅在有限方式下的写照。因此每一阶段尚须努力向前进发以求达到全体,这种全体的展开,我们就称之为方法"。"方法并不是外在的形式,而是内容的灵魂和概念。方法与内容的区别,只在于概念的各环节,即使就它们本身,就它们的规定来说,也表现为概念的全体。由于概念的这种规定性或

内容自身和形式要返回到理念,所以理念便被表述为系统的全体,这系统的全体就是唯一的理念。"(《小逻辑》第 423—424、427 页)。

思辨方法包含三个环节:开始—进展—目的,这三个环节是与存在—本质—概念的展开相对应的,而每一个环节的方法,都是分析综合法。例如在"开始"阶段:"逻辑的理念既是普遍的,又是存在着的,既是以概念为前提,又直接地是概念本身,所以它的开始既是综合的开始,又是分析的开始。""哲学的方法既是分析的又是综合的。"(同上,第 429 页)在"进展"阶段,"这种进展也同样既是分析的,由于通过它的内在辩证法只是发挥出那已包含在直接的概念的东西,又是综合的,因为在这概念里,这些差别尚未明白发挥出来"(同上,第 425 页)。在"目的"阶段,黑格尔没有直接说明思辨方法仍然是分析综合法,实际上却说明了这一点:"惟有在目的里,那相区别的事物才被设定为象它们在概念里那样。……因此目的即是一统一体","概念以它的自在存在为中介,它的差异,和对它的差异的扬弃而达到它自己与它自己本身的结合,这就是实现了概念"(同上,第 426 页)。

思辨方法是黑格尔论述概念自身发展辩证法的一个方面,在逻辑学中,还贯穿着对立、统一、对立统一的辩证法,量变、质变、质量互变的辩证法,肯定、否定、否定之否定的辩证法。所有这些,都属于概念自己运动的辩证法。按照黑格尔把分析综合看作是概念固有的"形式",则对立统一、量变、质变、否定之否定,也是属于概念"形式"之列。

因此,被黑格尔称之为"思辨内容"的环节(即分析、综合、量变、质变等)都属于"理念便被表达为系统的全体"(同上,第 427 页)

以上所述,可以说大体上就是黑格尔逻辑学范畴体系的主要内容。

(二)思辨逻辑范畴体系的"合理内核"

从哲学的角度来看,黑格尔逻辑学体系是客观唯心主义和形而上学,其中的糟粕和谬误是显而易见的,但是从辩证唯物主义和辩证逻辑的角度来看,黑格尔思辨逻辑思想中的"合理内核",也是比较突出的。这里先论述他的"合理内核",然后再谈他在逻辑学范畴体系方面的谬误和糟粕。

1. 认识过程
黑格尔论述的存在—本质—概念依次发展的过程,虽然是理念自我认识,自我开展的过程,其中也有符合认识实际的"合理内核",不仅表现在存在、本质、概念的"序列"中,也表现在这三序列所包含的某些范畴(但不是所有范畴)中,例如,在存在阶段的质、量、度,在本质阶段的同一、差别、根据、内容与形式、因果关系等。

但是,黑格尔的存在—本质—概念序列,是从感性认识发展为理性认识的角度来论述存在和本质的,即存在阶段是具有"直接性"的环节,本质阶段是"反思"的、间接性的环节。对于辩证唯物主义认识论来说,黑格尔将认识区分为"直接性"的阶段和间接性的,反思的阶段显然是"合理"的,但是对于以思维(即理性认识)为对象的逻辑学来说,虽然也是合理的,然而作为"直接性"的存在的范畴(或感性认识的范畴),就不属于逻辑学继承的范畴了。如果摆脱黑格尔关于存在阶段的"直接性"的规定,而将存在阶段的范畴及其序列看作是被认识对象的属性和理性认识发展的序列,对于逻辑学就有着不可或缺的意义了。

2. 思维方式

黑格尔关于思维方式论述的"合理内核"可分为三个方面。这里所说的"思维方式"是指思维发展的不同水平,不同阶段的方式。与此有关,黑格尔的理论有三点:

(1)黑格尔将逻辑思维划分为三个不同的发展阶段,这就是:"(a) 抽象的或知性(理智)的方面,(b) 辩证的或否定的理性方面,(c) 思辨的或肯定理性的方面"(同上,第172页)。

(2)按照思维从低到高以及思维形式反映的内容来划分,黑格尔将思维划分为抽象(或抽象同一)和具体(或具体同一)两个阶段。抽象同一也就是知性同一,具体同一分为两级,一是本质阶段的具体同一,一是概念阶段的具体同一,本质上都是同一与差别的统一,因此,可以说都是理性的同一。黑格尔在《小逻辑》中对于上述两种同一的内涵,有如下一些说明:"本质映现于自身内,或者说本质是纯粹的反思;因此本质只是自身联系,不过不是直接的,而是反思的自身联系,亦即自身同一。""(说明)这种同一,就其坚持同一,脱离差别来说,只是形式的或知性的同一。换言之,抽象作用就是建立这种形式的同一性并将一个本身具体的事物转变成这种简单性形式的作用。""而具体的同一,我们将会看到,最初(在本质阶段)是真正的根据,然后

在较高的真理里(在概念阶段),即是概念。"(同上第 247～248 页)

(3) 理论的理念和实践的理念——认识和意志,理论的理念和实践的理念的统一——"善的真理"或绝对理论。理论的理念就是认识活动,"认识这世界是如此",实践的理念就是意志的努力,"使得这世界成为如此"。理论的理念和实践的理念的统一,就是通过意志的努力,实现认识的假设。正如《小逻辑》所说:"意志的过程本身即是通过意志活动将有限性和有限性包含的矛盾予以扬弃的过程。要达到这种和解,即在于意志在它的结果回归到认识所假定的前提,换言之,回归到理论的理念和实践的理念的统一。"(同上,第 420 页)用普通的话来说,理论的理念和实践的理念的统一,就是按照理论实现了对世界的改造。认识与意志作为逻辑学的一对范畴,应该引起足够的重视。

3. 思维形式

(1) 概念

黑格尔对概念作了两方面的划分和论述。一方面,黑格尔将概念分为三个"环节":即(一) 普遍性概念,(二) 特殊性概念,(三) 个体性概念。概念这三个"环节",也叫概念的三个"样式"。按照黑格尔的说法,普遍性,"这是它在它的规定性里和它自身有自由的等同性",特殊性,"亦即规定性,在特殊性中,普遍性纯粹不变继续和它自身等同",个体性,"这是指普遍与特殊两种规定性返回到自身内。这种自身否定的统一性是自在自为的特定东西,并且同时是自身同一体或普遍的东西"。(同上,第 331 页)很明显,黑格尔关于概念的普遍性、特殊性、个体性的规定是晦涩难解的,但是,他已经把握到现实生活中存在普遍的、特殊的、个体的概念,则是值得我们注意的。

另一方面,黑格尔将概念区分为抽象概念和具体概念。关于具体概念,黑格尔说:"概念是完全具体的东西。因为概念同它自身的否定的统一,作为自在自为的特定存在,这就是个体性,构成它(概念)自身联系和普遍性。"(同上,第 334 页)概念的具体性,可以解释为概念三个环节的不可分离或有机联系。关于抽象概念,黑格尔说:"我们最常听见的说法,无过于说,概念是某种抽象的东西。这话在一定范围内是对的,一方面是因为概念指一般的思想,而不以经验中具体的感官材料为要素,一方面是因为概念还不是理念。在这种意义下,主观的概念还是形式的。至于一般人所说的概念,诚然是特定的概念,例如人、房子、动物等等,只是单纯的规定和抽象的观念。这是一些抽象的东西,它们从概念中只采取普遍性成分,而将特殊性、个体性丢掉,因而并不是从特殊性、个体性发展而来,而是从概念里抽象出来的。"(同上,第335页)黑格尔关于抽象概念和具体概念,讲的是比较清楚的,这里和前面的抽象同一与具体同一、知性同一与理性同一或思辨同一,是一致的。

（2）判断

按照黑格尔的说法:"判断是概念在它的特殊中。判断是对概念的各环节予以区别,由区别而予以联系。在判断里,概念的各环节被设定为独立的环节,它们同时和自身同一而不和别的环节同一。"(同上,第337页)关于这些,不必细说。这里只涉及有关判断的范畴,因而从他的判断分类谈起。

黑格尔按照理念自我认识的三个阶段,即存在、本质、概念,将判断也划分为同样的三类,即定在判断(亦叫"实在判断")、本质判断、概念判断。由于本质具有差别的性格(成双成对的性格),本质判断又分为反思判断和必然判断。

这就是恩格斯在《自然辩证法》中评述的四类判断,即"实在判断""反省判断""必然判断"和"概念判断"。这是黑格尔按照判断发展的顺序分类的判断。恩格斯将这四类概括为个别判断、特殊判断(包括二、三类)和普遍判断。

实在判断是判断的简单形式,是肯定地或否定地表明某一单个事物的某一般的性质,又叫"质的判断"或"直言判断"。它包括三种形式:肯定判断、否定判断和无限判断。

反思判断(反省判断)是关于主语的某种关系规定、某种关联,它包括三种形式:单称判断、特称判断和全称判断。

必然判断是关于主语的实在的规定性。它包括三种形式:直言判断、假言判断和选言判断。概念判断是表明主语对自己的一般本性,也就是黑格尔说的,对自己的概念符合到什么程度。它包括两种:实然判断和或然判断。

（3）推论

按照黑格尔的说法:"推论是概念和判断的统一",是判断发展的结果。

推论是概念的实现或明白发挥,是一与多的对立统一。一切事物都是一推论。

黑格尔将推论区分为知性与理性两级。

知性推论就是"形式逻辑"的推论,黑格尔称之为"形式的理智推论"。这种推论的两端(个体性和普遍性)以及联结这两端的中项(特殊性),都是抽象的、独立的,相互间只有外在联系。在黑格尔看来,知性推论虽然只是一种主观思维的活动形式,却仍然具有一定客观意义理性推论与知性推论相反,不是主词通过中项与一个外在的普遍性相结合,相同一,而是通过中项"使自己与自己相结合,"即通过中项所达到的结论中的主词与谓词之间的同一性,是真实的,这样与谓词保持真实的具体同一的主词,才是"真正的主体",不是抽象的主体。

因此,可以说黑格尔的知性推论,就是抽象同一的推论,理性推论,就是具体同一的推论。

黑格尔在将推论区分为知性推论和理性推论的同时,也按照他的三分法,将推论区分为依次发展的质的推论,反思推论和必然推论。质的推论也叫接推论,是知性推论,黑格尔称之为"抽象的理智推论"。它有三个式,第一式是 E(个体性)—B(特殊性)—A(普遍性),即以特殊为个体和普遍的中项,第二式是 A—E—B,即以个体为普遍和特殊的中项,第三式是 B—A—E,即以普遍性为个体和特殊的中项。这些推论式,也就是亚里士多德首先发现的三假论诸"式"。

质的推论的发展,就过渡到量的推论。黑格尔称之为"各个环节之间无差别式的推论"或"量的或数的推论",也就是现行普通逻辑所讲的"传递关系推理",黑格尔把它表述为"普遍—普遍—普遍",即 E、B、A 都可以作大项、中项、小项。"量的推论实际上是质的推论或直接推论的最切近的结果。"

反思推论是质的推论的发展,它是以结合两端于一体的东西为中项。反思推论的第一种形式"全称的推论"。全称的推论是建立在归纳推论基础上的。归纳推论是反思推论的第二种形式。归纳推论导致类比推论的形式。

必然推论是以类——"本质的普遍性"为中项,因而使两极端的联系是必然的。必然推论依次发展为直言推论、假言推论和选言推论。

3. 思维方法

思维方法,黑格尔称之为"思辨方法""哲学方法"或"绝对方法",主要是前面已经说明的分析综合方法,它包含三个范畴:分析、综合、分析综合的统一。

此外,黑格尔关于逻辑与历史一致的思想,也是思维的一个原则、一种方法。例如《小逻辑》中说:"在哲学历史上所表述的思维进展的过程,也同样是在哲学本身里所表达思维进展的过程,不过在哲学本身里,它是摆脱了那历史的外在性或偶然性,而纯粹从思维的本质去发挥思维进展的逻辑过程罢了。"(同上,第 55 页)列宁认为这是"非常深刻、正确、实质上是唯物主义思想,现实的历史是意识追随的基础、根据、存在"(《列宁全集》第 38 卷,第 292 页)。

4. 辩证法范畴

黑格尔从理论的自我认识,自我发展中,猜测到并着重地论述了概念发展的辩证法,它的范畴系列就是:对立、同一、对立统一;量变、质变、质量互变;肯定、否定、否定之否定等。

对立统一规律,贯穿于概念运动的全部过程,特别是在本质论阶段,黑格尔有精辟的讲解。他说:"差别自在地就是本质的差别,即肯定与否定两方面的差别:肯定的一面是一种同一的自身联系,而不是否定的东西,否定的一面,是自为的差别物,而不是肯定的东西。因此每一方面之所以各有其自为的存在,只是由于它不是它的对方,同时每一方面都映现在它的对方内,只由于对方存在,它自己才存在。因此本质的差别即是"对立"。在对立中,有差别之物并不是一般的他物,而是与它正相反对的他物,这就是说,每一方只有在它与另一方的联系中才能获得它自己的(本质)规定,此一方只有反映另一方,才能反映自己,另一方也是如此,所以,每一方都是它自己的对方"。(同上,第 254—255 页)恩格斯曾经指出:"对立的相互渗透的规律"占据了他的《逻辑学》的整个第二部分。

质量互变规律,在《逻辑学》的存在论部分讲得比较多。黑格尔说"质是与存在同一的直接规定,……某物之所以是某物,乃由于其质,如失掉其质,便会停止其为某物。"(同上,第 203 页)"量不是别的,只是扬弃了的质……但这被扬弃了的质既非一抽象的无,也非一同样抽象而且无任何规定性的

"有"或存在,而只是中立于任何规定性的存在,存在的这种形态,在我们通常的表象里,就叫做量。"(同上,第 217 页)关于量变质变,也可以引用黑格尔的原话来说明:"量本身似乎是与质对立的。然而,量本身就是一个质,是自身相关的一般规定性,区别于它不同的规定性,区别于质本身。但是,量不仅是一个质,而质本身的真理就是量;质表明自己要过渡为量。另一方面,量在它的真理中是回复到自身的量,并非漠不相关的外在性。因此,量就是质本身,以致在这个规定之外,质本身就不会还是什么东西了。"(《逻辑学》上卷,第 351 页)

否定之否定规律,是黑格尔逻辑学体系的基本规律。绝对理念的自我发展过程,就是从纯存在开始,有—无—变,正—反—合,小圆圈—中圆圈—大圆圈,直到绝对理念为止,一系列否定之否定运动过程。马克思在《哲学的贫困》中对黑格尔否定之否定理论,有精彩的评述:"理性在自身中把自己和自身区别开来。这是什么意思呢?因为无自身的理性在自身之外既没有可以按置自己的地盘,又没有可与自己对置的客体,也没有自己可与之结合的主体,所以它只得把自己颠来倒去,安置自己,自己跟自己对置起来,自己跟自己结合——安置、对置、结合。用希腊语来说,这就是:正题、反题、合题。对于不懂黑格尔语言的读者,我们将告诉他们一个神圣的公式:肯定、否定、否定的否定。这就是措词的含意,是脱离了个体的纯理性的语言,这里看到的不是一个用普通方式说话和思考的普通个体,而是没有个体的纯粹普通方式。"(《马克思恩格斯全集》第 4 卷,第 140 页)

马克思在这里说"脱离了个体的纯理性的语言"和"没有个体的纯粹普通方式"可以说是对黑格尔全部范畴的评论。

(三)思辨范畴体系的谬误与糟粕

首先,黑格尔的思辨逻辑范畴体系是唯心主义的体系,他的范畴都是绝对理论——上帝自我运动的环节,都带有唯心主义的本色,其中的"合理内核",也是唯心主义理论体系中的"合理内核"。抛弃他的唯心主义,才能改造和继承其中的"合理内核"。

其次,黑格尔的思辨逻辑范畴体系,从总的方面来说,是形而上学的体系,是从绝对理念出发再回归到绝对理念的封闭大圆圈。抛弃他的形而上学,才能改造和继承其中的辩证法。

第三,黑格尔的思辨逻辑范畴体系包含着违反历史,死拼硬凑、牵强附会、荒谬无稽的东西。例如,在逻辑学中,黑格尔将"存在""现实""客体"分割在三个阶段中,似乎"存在"不是"现实","现实"不是"客体","客体"不是"存在"。关于"本质""现象""现实"的关系,不是先有现实,然后才认识现象,即现象是现实的现象,然后才认识本质,即本质是现象的本质,而黑格尔出于他的概念自我发展,违反认识的历史,本末倒置。关于存在,本质与概念的关系,不是通过人的实践,在感性认识的基础上,由人的思维制作出概念来,而是从"本质"直接"推演"为概念,将认识对象与认识成果直接联系起来,说成是"存在与本质的统一"。本质与现象是对立面的统一,存在与本质又如何对立统一呢?"生命"不是"客体",不是"存在",不是"现实",而是"直接性的理念","存在"不也是"直接性的理念"吗?再说,凡是有生命的,就都是能认识的吗?在"客体"阶段,硬塞进了"机械性""化学性""目的性",不是有了"生命"才有"目的性",而是相反,难道"客体"仅仅只是黑格尔所知道的"机械性"和"化学性"吗?显然是为拼凑自己的"体系"而牵强附会地捏造出来的。再说"认识",从"存在"到"本质"到"概念",这不都是绝对理念——上帝在自我认识吗?特别是,没有认识怎么生产"概念"呢?认识的"思辨方法"不是从一"开始"就有了吗?为什么只有到了"理念"才出现呢?如此等等,这里只是提一些荦荦大者,由此也可以看出,黑格尔的思辨逻辑范畴体系,是不能笼统地按照他的"存在论"—"本质论"—"概念论"体系和内容继承的,必须按照人类认识历史发展的实际,打破他的理论体系,吸取他的"合理内核"。

三、简单的结论

黑格尔思辨逻辑范畴体系中的谬误与糟粕:是不能继承的,只能继承他的"合理内核"。

(一)从认识的发展进程来看

人们在实践的基础上,总是先接触到"存在"的事物,然后认识到它的本质,从现象到本质,通过思维产生概念以及各种思维形式包含的思想。这个存在—本质—概念的逻辑是合理的。从认识论、逻辑学、辩证法三者一致的观点出发,辩证逻辑应该继承思辨逻辑这一合理内核,这就是说,"存在—本质"被称为"客观逻辑"的范畴,作为认识发展的次序,作为认识经验的总结和作为思维内容(思维形式反映的客观事物本质的共同性)的范畴,是辩证逻辑范畴体系的组成部分。继承黑格尔"客观逻辑"范畴体系中的合理部分,就像批判继承亚里士多德的"十范畴"和康德的"范畴表"那样。但是,这种认识发展的过程和环节,只能先感性认识(感觉—知觉—表象),后理性认识(知性—理性),而不是什么"有—无—变",更不是先"本质"而后"现象",而后"现实"。也不能将 这些范畴"化"入"概念论",作为思维自身的范畴,也不是纯"客观逻辑",而是作为认识过程的逻辑范畴系统(简称"认识范畴系统"),纳入辩证逻辑范畴体系的。对于他这方面的范畴,需要逐个研究,保留其合理的,淘汰其糟粕。

（二）黑格尔将"形式的概念"和"思辨方法"都看作理念自身的环节或形式

"形式的概念"就是我们通常说的思维形式(概念、判断等),"思辨方法"就是我们通常说的思维方法,二者都是思维的环节或形式。

黑格尔讲的"形式的概念",就是概念、判断、推理,以及它们各自包含的思维形式,例如推理的质的推论、反思推论,反思推论的全称推论、归纳推论、类比推论等等。

黑格尔讲的思辨方法,就是分析综合法,它的范畴便是分析、综合、分析综合的统一。

黑格尔讲的对立统一、质量互变、否定之否定,也是方法,不过并非仅是思维的方法,而是一般方法,与分析综合方法相比,可以说是思维的一般方法。

逻辑与历史的一致原则,是符合认识发展历史的,也可以作为思维方法列在这里。

（三）思维的三个方面和思维的两级形式

思维的三个方面，就是黑格尔说的"逻辑思想"形式的三个方面，即（1）"抽象的或知性（理智）的方面"，（2）"辩证的或否定的理性方面"，（3）"思辨的或肯定理性的方面"。一般称之为"同一—对立—对立同一"三个阶段。这是符合思维发展实际的。但是对立阶段只是同一和对立同一的"中介"，它的一部分内容存在于同一阶段，一部分内容存在于对立同一阶段，认识发展史上，并没有一个独立的"对立"时期或阶段，因此，由这三个思维环节所产生的思维形式，一般辩证论者认为只有两级思维形式：知性思维形式和理性思维形式。

黑格尔的知性思维形式和思辨形式，也属于上述看法，他并且明确地认为，知性思维形式就是形式逻辑的思维形式，思辨思维形式就是思辨逻辑的思维形式。此外，黑格尔并没有提及"对立"的逻辑学，这是很值得我们注意的。

（四）理论的理念和实践的理念

黑格尔提出的这一对范畴，对于逻辑学和认识论都有重要意义。一般说来，思维或思想包含着这样两个阶段。前一阶段是理论认识阶段，毛泽东称之为解决"是什么"或"不是什么"问题的阶段。后一阶段是为实践制作理论的阶段，毛泽东称之为解决"怎样做"或"不怎样做"问题的阶段。黑格尔称后一阶段为"意志"，很有见地。理论与实践活动的统一，黑格尔称之为"善的真理"，也就是我们说的真理。

总的来说，我们能够从黑格尔思辨逻辑范体系中继承的，是两个系列的范畴。一个系列是作为认识发展环节和思维形式所反映客观事物普遍性的范畴，这就是亚里士多德所说的能够担当的"谓词"的范畴，也就是列宁说的"认识世界过程中的一些小阶段，是帮助我们认识和掌握自然现象之网的网上纽结"。这些范畴是从抽象上升到具体的理性认识范畴系列，而不是从直接到间接（从感性理性）的系列。思辨逻辑范畴体系的另一系列是人的头脑如何将客观事物反映为主观思想的范畴。这一系列范畴又包含思维形式与思维方法相统一的两个方面。过去，我们一般只注意思维形式方面的范畴系列，而忽略思维方法方面的范畴系列，是应该引起我们注意的。

在思维形式方面,黑格尔将思维形式区分为知性和理性(思辨)两级,即形式逻辑与辩证逻辑两种思维形式,这也应该引起我们注意。特别是,黑格尔将思维活动和思维成果区分为"理论的理念"和"实践的理念"或"认识的理念"和"意志的理念",也就是"认识"与意志。我们认为,无论哲学界还是逻辑学界,对于黑格尔这一"合理内核"应引起普遍重视,要对思维的内容,建立全面的理论。

(本文发表于《南京大学学报(哲学社会科学版)》1985 年第 3 期)

关于辩证法科学形态的探索

萧焜焘[*]

  辩证法的宣传与教育工作已进行多年了,它在国家的政治生活中、生产与科研活动中,日益显示其指导作用。但是,关于它的理论内容、科学形态,相当多的人并不是十分确切清楚的,因此在理论研究与现实生活中造成相当大的混乱。

  其实,辩证法是人类社会实践的伟大成果,是人类几千年思维活动的结晶,是人类有别于其他高等生物成其为一个文明族类的根本标志。人类理论思维有其漫长的历史发展过程。辩证法的以赫拉克利特为代表的古希腊形态,是理论思维发展的肯定阶段;以黑格尔为代表的德国古典形态,是理论思维发展的否定阶段;以马克思为代表的现代科学形态,是理论思维发展的否定之否定阶段。马克思主义辩证法的科学形态,经过一百多年的发展,基本内容已经确定,但作为一个完整的严格的科学体系,还有待我们进一步加以研究与探索。

  但是,多年来这种探索,由于种种原因未能得到深入的展开;而长期以来关于辩证法的通俗化的宣传,又造成了不少误解。当然,为了使广大群众易于接受抽象的哲学原理,在理论宣传上通俗化是必要的,然而,通俗化"有其不可避免的危险,这种危险就在于人们会把仅仅属于表象而不属于思想的成分当作本质的东西"(黑格尔:《哲学史讲演录》第 2 卷,第 170 页)。以现象代替本质,这样就会引导人误入歧途,贻患无穷。因此,恩格斯认为,对辩证法的规律与范畴的本质属性的研究、理论内容与逻辑结构的研究是有益

---

  * 萧焜焘(1922—1999),1963 年 3 月至 1969 年 12 月,任江苏省哲学社会科学研究所哲学专业组长;1983 年 10 月至 1990 年,任江苏省社会科学院副院长。

的和必要的。

我认为理论思维的逻辑结构正是表现理论思维自身的理论内容。自然界和人类社会中按辩证形式进行的现实发展是客观辩证法;它在人们头脑中,即在人们的思维活动中的反映是主观辩证法,即逻辑学;这个客观与主观的统一,便是认识论。它们自身构成肯定、否定、否定之否定的辩证发展过程。辩证法、逻辑学构成理论思维发展的两个环节,认识论才是理论思维的真理。

一、辩证法

客观世界,广义来讲,包括自然界和人类社会,狭义来讲,指自然界。恩格斯在《自然辩证法》一书所讲的"客观辩证法"指的是自然界发展的根本规律。

长期以来,我们反复谈论的是自然、社会、思维的普遍规律与范畴,但是,辩证法无论作为自然、社会、思维的普遍规律,或作为自然界的根本规律,都需要进一步加以研究。关于这一问题我有如下一些粗浅的看法。

(1)客观存在的辩证性

"客观存在"是列宁关于物质的哲学定义。这个客观存在的最根本的特性是什么?我们说:"客观存在"意味着不依赖于我们的主观或一个外在的神而独立存在的实体。这当然是对的,但这一点,不但是我们马克思主义者所承认的,也是形而上学唯物主义者以及一般自然科学家实际上承认的。显然承认它的独立实体性尚不足以成为一个马克思唯物主义者。也就是说:必须承认客观存在的内在否定性与自身完备性,亦即客观存在的辩证法,才是一个马克思唯物主义者。

客观存在不是孤立的、静止的、不动的,而是发展运动的,它之所以发展运动,不是外力推动,而是由于自身具备的内在否定引起的矛盾。客观存在的自身完备性,主要指它的发展不是那种向外延伸的无穷进展,即黑格尔所宣称的坏的或恶的无限发展,而是一个有起有迄的有限过程,而这个有限过程又由于其自身的内在否定性而不断被突破,向另一个新的过程转化。

首先,这个客观存在作为一个整体而为部分所构成。因此,一切存在的事物都是全与分的统一。这个全与分的有机构成,不能机械地加以理解。全不是分的外在的机械的相加,各自独立存在,漠不相关。黑格尔指出:"机械关系之肤浅性即在于部分间既彼此独立,部分又离全体而独立。"(《小逻辑》,第 225 页)

在无机自然界里,将物质分解为独立的成分,这是有一定科学意义的:如水为氢与氧所构成,盐为氯与钠所构成,这些都是对的。即令如此,水也不是氢与氧简单的相加,盐也不是氯与钠简单的相加。当它们"化合"以后就丧失了氢、氧、氯、钠独立存在的特性,只能综合地具有水与盐的特性了。

进而言之,物质之声、光、热、电、磁等特性,便很难以一般手段分离出它们的独立的可靠的质料。它们是物质整体的一种性能,一种运动状态。要去分析什么热素、电素、磁素……黑格尔认为只能是我们的"知性的单纯虚构"(同上,第 213 页)。

至于有机自然界里,如恩格斯所讲:"部分和整体已经是在有机界中愈来愈不够的范畴。"(《自然辩证法》,第 191 页)如黑格尔所指出的:"一个有机体的官能和肢体并不能仅视作有机体的各部分,唯有在它们的统一里,它们才是它们那样,它们对于那有机的统一体是互有影响,并非毫不相干的。只有在解剖学者的手里这些官能和肢体才是机械的部分。但解剖学者的工作乃在解剖尸体,并不在于处理一个活的身体。"(《小逻辑》,第 224 页)

因此,这种视整体与部分之间只是外在的机械的对立的形而上学的看法,不但愈来愈不够正确说明客观存在本质特征,相反,它造成了科研究中的障碍。

客观存在,从无机物到有机物到生命,必须作为一个整体,它才成为确定的某物。一个作为整体的物,其构成绝不可能是"同一色"的,特别是有机物、生物更加如此,它们是由不同质的起不同作用的部分所构成,这种构成,不是拼凑,而是有机联系,在联系中引起了性质的变化,即成为在扬弃了各组成部分的特性下的整体性。这样,部分根据一定法则相互结合,水乳交融、浑然一体,形成了一个不可分割的整全实体,于是就过渡事物的单纯一致性。这个单纯一致性,是全与分的统一,但它不是那个作为起点的抽象的全,而是被分所否定、而分自身又被否定而复归的全。它是具体的全,即确定的某物。

第二，从事物的单纯一致性，必然过渡到事物的数量关系的揭示。这样就进入简单与复杂，即一与多的范畴。我们不能从知性范围的纯量的"一与多"的抽象对立来理解事物的单纯一致性，而必须将一、多视为"质的量"。

从知性出发，从纯数量观点出发，所谓"一"，只是数目的起点，"多"不过是"一"的叠加。如果将其赋予可感的性质，"一"就是一个单位，"多"就是杂多。一多问题从巴门尼德斯时代起就是哲学上一个极富思辨性的问题。巴门尼德斯曾论证存在是一，不是多。因为存在如果是多，则两个存在之间必有一个间隙。间隙为"有"，而"有"即"存在"，那么间隙也为一存在，于是存在之间便没有间隙了，无间隙，便为一而不为多。巴门尼德斯运用知性逻辑的两难推理方法，达到了无多的纯一概念。

作为质的量来讲，纯一是没有的，一与多是相对的。多中有一，一中有多。太阳系是一，但它由多个星体(恒星、行星、卫星)所组成，它们之间以一定的规律相互联成一体。原子是一，但它也不是纯一，而是由电子、质子、中子等所组成。

作为质的量来讲，那个"一"就是那事物的单纯一致性，即那单纯的质。这个单纯的质的自身分化，便是"多"。"多"是致变的否定因素，体现那作为"一"的量的变化。从一到多，反映了质转化为量的过程。每一确定的物，是一个具体的"一"，它的量的变化，即"多"，是一个确定的量，量的变化如超越了量的一定界限，便导致那个确定的物转化为另一新物，这就是从多到一，反映了量转化为质的过程。"质→量→质"，"一→多→一"，表现了发展由质到量，由量到质的全过程。只有一与多的统一，才是具体的同一。这样，一多问题就过渡到同异问题。

第三，在同一与差异问题上，在常识范围内，给人们一种不言而喻的感觉，而且离开了它，你在日常生活中就不能前进一步。"$a=a$.每一个事物和它自身同一"。(《自然辩证法》，第193页)。形式逻辑的同一律，正是以这种认识为根据的。这种同一性是抽象的同一性。芝诺说："对于一句话，只说一次，与永远说它，乃是一样的。"布尔在他的代数逻辑里明白表述为 $a+a=a$，$a \times a=a$，是有道理的。"套套逻辑"(Tautology)，同语反复，这就是形式逻辑的实质，亦即黑格尔称为的知性逻辑的全部智慧。

抽象的同一性，要求概念与命题的确定性，要求在判断、推论过程中，对概念、命题加以置断（assert），即概念不能偷换，不能有歧义，命题必须先被确定为自身同一的，只有这样，才能从"如果……则……"的不确定状态，过渡到"因为……所以……"的推断状态。这些都是必要的。正如恩格斯所讲的，在家事范围内，它还是必要的和有效的。但是，如果想用这种抽象的同一性，作为观察与分析客观事物的工具，那就不够了。

抽象的同一性，强调"自身相同"而与他物相异的外在的抽象对立，这种极端贫乏的抽象的对立，都是以恰好与对立双方各自相反的具备不同的感性外观的互不相干为依据的，这种认识的无思想性是显而易见的。

基于这种"同异观"的比较法，"尚不足以究极的满足科学的需要"（《小逻辑》，第 197 页）。二十世纪以前的生物学，一般止于材料的搜集与外部性状的比较，林奈分类学的成果，大约在于这种比较的范围之内。二十世纪生物学的发展，特别是四十年代通过薛定谔而发展起来的分子生物学，已突破了这种外在的抽象的同异比较，深入到生物体内部同异的生理机制了。生物科学的跃进，反映了方法论的跃进，即不以这些自然科学家的意志为转移，他们不得不根据辩证法办事了。与这种抽象的同一性相对立的是杂多（die Vershiedenheit）之异，"所谓杂多即不同的事物间各自独立，其性质与别物发生关系后互不受影响，而这关系对于双方是外在的"（同上，第 196 页）。这种外在的互不相干，完全谈不上本质的必然关联，因此，是没有严格的科学意义的，这种杂多之异，其实无所谓异。

具体的同一性，即辩证的同一性，乃是包含差异性于其中的同一性，即事物的本身包含有异或自身的区别。因此辩证法所说的差异性或异，绝不是彼此不相干。本质的异，表现为自身相同而与其对方殊异，双方均由于其对方的存在而保持其自身的存在。因此，本质的异便是"对立"。"对立"的同一，便是具体的同一性的实质之所在。

关于具体的同一性问题，已不仅仅具有哲学的理论的兴趣。黑格尔指出："在物理学中所盛行的两极观念似乎包含了比较正确的关于对立的界说。"（同上，第 201 页）恩格斯举出了磁石与蚯蚓在科学实验中的两极化的例证，粒子的波粒二象性更深刻地说明了两极的对立与转化。但是，如恩格斯所言：虽然总的说来，这种抽象的同一性"已经在实践中被排除，但是在理论中，它仍然统治着人们的头脑，大多数自然科学家还以为同一和差异是不可调和的对立,而不是同一个东西的两极,这两极只是由于它们相互作用,由于差异性包含在同一性中,才具有真理性"(《自然辩证法》,第 194 页)。

客观存在不是单一的、僵化的,它是全与分的统一,一与多的统一,同与异的统一。这三个统一,又不是孤立、并列的。"全分统一"反映客观存在发展的肯定阶段,"一多统一"反映客观存在发展的否定阶段,"同异统一"反映客观存在发展的否定之否定阶段。

(2)客观联系的规律性

客观事物存在于世界性的普遍联系之中,恩格斯特别着重这个"普遍联系",甚至说:"辩证法就是关于普遍联系的科学。"这个普遍联系不能绝对化、唯一化,认为只要讲到联系就只有对立面的联系,这种讲法是有问题的。应该承认联系的多样性及转化性。

客观事物最简单、最基本的联系是因果联系。世界上任何事物无不处于"因果关系的运动"之中。列宁指出:"因果关系运动实际上乃是在不同广度或深度上被抓住、被把握住内部联系的物质运动以及历史运动。"[①]

物质运动以及历史运动的内部联系,这一提法的深刻性,在于它大大超出了新老经验主义的水平,它从事物内部联系,从事物运动发展中来把握因果关系。它不将因果关系看成"因为……所以……"的僵化公式,而看成物质的内在的历史运动。因此,列宁说:"黑格尔充分地用因果性把历史归纳起来,而且他对因果性的理解要比现在的许许多多'学者们'深刻和丰富千百倍。"(《哲学笔记》,第 169 页)

老经验主义者如休谟这类人,用心理习惯这种主观联系来代替客观因果联系,认为事件发生前后相继,前者为原因,后者为结果,这种情况反复出现,于是人们心中造成了一种习惯,便以为两个事件之间有因果联系了。照他们看来,这种联系是没有客观保证的。

新经验主义者,即列宁称为的经验批判论者、物理学的唯心主义者,追随休谟、贝克莱们,说什么"我们叫作物理的东西,是由心理的要素构成的","任何科学所能达到的唯一目标是主观的信念,而不是客观的真相(Gewisssheit)"。

---

① 参阅《哲学笔记》,第 170 页。

当代有名的量子力学家玻恩在因果与机遇问题上的哲学思考，也没有超过休谟的看法。他说："通常总是假设原因先于结果；我提议将这称为居先原则。此外一般认为，一件事如果假设不是在当地引起一个结果，或者假设不能用其他事物与结果联系起来的话，这个假设是说不通的；我将把它称为接近原则。"玻恩还把对客观因果性的无限信任，解释为机械论、决定论，并在这个问题上争论不休。

玻恩的"居先原则""接近原则"不是什么新东西：原因在先，因果应无限接近。这正是休谟的观点。黑格尔曾经批判所谓无限接近的观点，他说："无限近本身就意味着邻近和接近的否定。"（《逻辑学》上卷，第 293 页）因为所谓"无限近"就意味着"不是紧邻"和"永远不可接近"。黑格尔沉思所产生的智慧是这些自然科学家有限的智力无法比拟的。玻恩本人还是颇有自知之明的，他说："的确，许多科学家都是没有哲学头脑的，他们迄今虽已表现出具有很大的技能和发明才能，但是并不聪明。"因此，列宁说："把新经验论（即'物理学的唯心主义'）的'挣扎'同黑格尔解决问题的方法，更确切些说，同他的辩证方法加以比较，是极有教益的。"（《哲学笔记》，第 172 页）

黑格尔说："原因只有在效果里才有效，才是原因"，"雨，原因，湿，效果，两者都是同一存在的水"，"果之为果依赖它的因"（《小逻辑》，第 255—256 页）。因此，因果性首先表现为事物之间一种相互依存性。"原因和结果只是各种事件的世界性的相互依存，（普遍）联系和相互联结的环节，只是物质发展这一链条上的一环。"（《哲学笔记》，第 168 页）恩格斯说：辩证法要研究的就是世界性的普遍联系，它具有世界联系的全面性和包罗万象的性质。相互依存只是它的片面地、断续地、不完全地表现。如前所述，因果联系是普遍联系的最简单最基本的表现。因果联系扬弃了客观事物之间表面的彼此漠不相干的独立隔绝的外观，揭示了它们彼此之间的依赖关系。这种相互依存性是事物的内在辩证联系最初的表现，它成为辩证法的起点。

其次，这种相互依存，进一步表现为对立面的相互依存关系，这种依存关系的特点是互相否定，否定形成依存与转化的环节，导致矛盾，引起运动。因此，因果关系不是静止的关系，而是"因果关系运动"。

再次，这种因果关系运动只能从内部联系与运动发展之中来把握。把握的广度与深度问题已不是一个单纯的理论问题，而是一个实践问题。客观事物的因果分析是极其复杂的,特别是对有机生命、历史精神生活中的事件之分析是极不容易的。例如毛孩的返祖现象的确定迄今尚无定论。对"文化大革命"这一中国现代史上影响不可估量的事件的因果分析,更是难以贸然论断的。但是有一点是明显的,即只以某些人的恶劣品质是不足以解释这一巨大的历史事件的,那不是科学的历史因果分析。如黑格尔所讲的,"不过是一种机缘,或外在的激发"(《逻辑学》下卷,第221页)。这是一种极肤浅的办法,有如一幅阿拉伯式的彩画,即硕大的花朵,配上纤细的枝叶。不要说复杂的科学课题与巨大的历史事件的因果分析,就是日常生活中的因果联系也不是一下子能准确抓住的。譬如说:因为突然下雨,所以迟到。下雨只是一种机缘,真正的原因在于缺乏纪律观念或其他更深刻的原因。

因果联系的推断性质,表明客观联系的肯定性。客观联系的肯定性的扬弃,便过渡到客观联系的可能性。可能性表明:对客观联系的不肯定,对客观联系种种情况的估计。关于客观联系的可能性的分析,是科学探讨的一个主要问题,是科学思维的一种能动状态。

我们只有加强理论思维的锻炼,深入到研究对象中,深入到客观的因果关系中,进行具体分析,掌握客观联系的各个环节,探明其发展的诸倾向,才能了解真实的可能性。不具备气象学的知识,就不能有根据地估计晴雨冷热的可能性。任何人都可说,今天可能下雨,也可能不下雨。这句话总是对的,但却无任何科学价值。黑格尔说:"一个人愈是缺乏教育,一个人对于客观事物的确定关系愈是缺乏认识,则他于观察事物时,他便愈会驰骛于各式各样的空疏可能性里。"(《小逻辑》,第239页)可能性不能是抽象的、形式的,而应该是具体的、确定的。

可能性的实现,即可能性扬弃其自身变成了直接现实性,往往被误解为列举多种可能,备供选择。但这只是形式的知性游戏,而不是科学的估计及其实现。真实的可能性是一种科学的估计或预见,它通过实践而被证实,使自己成为现实的东西从而证明了自身的必然性。如天气预报,不能说明天晴或不晴,如晴,则晴的可能实现了;不晴,则不晴的可能实现了。这都是空话、废话。预报说:明天晴,这是一种可能性或科学估计,即对将要发生的事件的明确的预断,如若果然明天确是晴天,则可能变为现实。

因果性—可能性—现实性,构成了客观联系推移、过渡的三个环节,成为发现客观规律的前提。什么叫"规律"(Gesetze)？黑格尔下了一个特别的定义,规律,"即没有存在物的存在命题"(《逻辑学》上卷,第 296 页)。这个定义用我们的话来解释就是:摆脱了客观实体的自然形态,掌握包含于自然形态内部的客观必然联系。这个联系的掌握,决不能单单依靠计算、依靠数学证明便可成功。数学公式、数学证明也许可以简洁地表述与确证客观规律。黑格尔讥笑人们由于牛顿对规律的数学证明而把牛顿捧上了天,实在是愚昧无知。其实规律的发现,只能依靠实践、依靠理论思维对客观实践的结果的辩证分析。数学只是一种极其有用的不可缺少的表达方式与推导方法而已。而且它本身也只能依靠实践和辩证思维才能建立。

规律,当然是要超出经验的,它是一种更加接近自然的科学的抽象。因此,我们又决不能以为规律既然来自实践,就在自然的外部形态上兜圈子。列宁指出:"黑格尔雄辩地说明,一味赞美自然现象的丰富多彩和变化多端是无济于事的",必须要像黑格尔宣称的那样"进一步去更确切地理解自然界的内部谐和及规律性"。列宁认为:黑格尔在这一点上"接近于唯物主义"(《哲学笔记》,第 166 页)。

因此,世界性的普遍联系的核心问题是客观规律性问题,亦即偶然性与必然性的关系问题,在恩格斯关于辩证法总共四十二段的札记和片段中,唯独关于这个问题的一段做了较详尽充分的论述,而且这些论述十分精彩,我就不重复了。科学家们往往陷入偶然性与必然性的抽象的对立之中而无法自拔。现代科学技术的发展,也没有挽救他们的哲学的厄运。一九四四年九月七日,爱因斯坦给玻恩一封信中说:"我们对科学的展望是极端相反的。你相信玩骰子的上帝,而我相信作为客观实在存在的物质世界是规律的。"而玻恩却回答说:"为了我们预测未知的小小目的,我们这些凡人还是要掷掷骰子!"这里表现了一个量子力学的创始人的哲学见解:他屈从于偶然性。分子生物学的杰出研究者、诺贝尔奖得主莫诺,在七十年代初期仍然认为人类的出现是偶然的。他说:"我们人类是蒙特卡洛赌窟里中签得彩的一个号码。"他还认为人类应该知道"他在宇宙的冷冰冰的无限空间中是孤独的,他的出现是偶然的"。由此可见,偶然性与必然性的关系问题在自然科学领域仍然是一个难题。黑格尔说:"科学,特别哲学的职责,诚属不错,在于从偶然性的假象里去认知潜蕴着的必然性"(《小逻辑》,第 243 页)。科学与哲学的责任在于从偶然性中找出必然性，从必然性中发现偶然因素。但不能误解：可以脱离偶然性来谈必然性，或者析出偶然性，强调纯粹的必然性。因此，黑格尔继续说："任何科学的研究，如果太片面地采取排斥偶然性单求必然性的趋向，将不免受到空疏的'把戏'和'固执的学究'的正当的讥评。"（同上）

那种脱离偶然的必然，是形式的、抽象的，因而不是现实的。现实的必然在于："它在自身中具有其否定，即偶然。"（《逻辑学》下卷，第 204 页）必然之所以是现实的，在于它同时自身表明为偶然。这个道理从知性推导而言是难于理解的。

黑格尔提出了一个前所未有的命题："因此，偶然的东西，因为它是偶然的，所以没有根据；同样也因为它是偶然的，所以有一个根据。"（《逻辑学》下卷，第 197 页）恩格斯说："自然科学把这些命题当着奇异的文字游戏、当着自相矛盾的胡说抛在一旁。"（《自然辩证法》，第 198 页）这绝不是什么胡说，而是对自然深刻的观察、长年沉思的结果。

恩格斯认为要正确解决偶然与必然的辩证关系，"必须求助于'根据'"（同上，第 194 页）。所谓根据，指的是事物赖以存在的客观前提，一般也可以从因果关系加以解释。偶然的东西由于它不是按规律出现的，因此，它就没有根据；但是，它的出现又不是任意的、没有任何原因的，因此，它又是有根据的。黑格尔这段话的奇异性，实际上是利用了"根据"的多义性，而作出了耸人听闻的论断。

如果将黑格尔的话明白地说出来，就是：偶然性的东西，不是合乎规律性的东西，但它的出现与存在仍然是有原因的，客观的。偶然性并不等于奇迹。

偶然性是科学的敌人，以前李森科便是这样讲的。其实，偶然性并不是科学的敌人，而是科学的研究分析对象。偶然的东西是一个客观的东西。由于它是客观的，因此它既具有现象形态又具有本质规定。现实的东西在它的发展过程中证明它自身的必然性，即是说它的本质规定的充分展开就是必然性，也就是它的合乎规律的发展。但是与时推移，它又可以丧失其必然性，因而转化为不现实的东西，而注定迟早要走上彻底灭亡的道路。

科学的目的一方面就在于克服偶然性，抓住事物的本质规定，掌握其发展的必然性,这就是形成科学概念,发现客观规律。另一方面就是要在实践范围内摆脱意志的偶然性,克服任性(Willkür),从而尊重科学概念,服从客观规律。

(3)客观世界的过程性

恩格斯在《路德维希·费尔巴哈和德国古典哲学的终结》中指出:"一个伟大的基本的思想,即认为世界不是既成事物的复合体,而是各种过程的复合体,在这个复合体中事物以及它在人们头脑中的思想映象,即概念,表面上好象都是一成不变的,其实都处于生灭交替的不断变化之中,而且,在这个复合体中,不管有任何表面上的偶然性以及暂时的倒退,一种前进的发展,却使自己贯彻始终。"①这段话便是恩格斯关于辩证法的总结。

客观世界表明自己是一个"过程",一成不变的事物是没有的。事物的可感性质的积极方面是证明了存在的客观性,消极方面在于它的假象性质,五光十色的不确定性掩盖了事物作为一个过程的本质性,即发展的规律性。因此,我们的任务就是要透过假象,揭示过程的本质特征。

过程的中介、推移、过渡是通过普遍的相互作用的。在过程的普遍的相互作用中,客观存在表现为一个无限发展的有限过程;客观联系表现为原因结果、可能现实、偶然必然之彼此交替,相互包摄,以及向自身之回复。因此,黑格尔说:"交互关系表明为因果关系之充分的发展";"这种纯粹的自身交互历程,因此就是发扬了的或实现了的必然性"(《小逻辑》第258、259页)。这一切,也就是说,这些对立面,在过程中达到了辩证的同一。过程摆脱了依他性,它本身自足。正如斯宾诺莎所讲:"实体(Substance),我理解为在自身内并通过自身而被认识的东西。换言之,形成实体的概念,可以无须借助于他物的概念。"(《伦理学》,第3页)斯宾诺莎的实体的自足性就是我们所讲的过程的自足性。世界便是"各种过程的复合体",即是一个本身自足、自己运动、自我分裂、推移转化的有限过程的无限发展。这个无限发展是有限过程的无限突破,是有限与无限的统一。

客观存在的辩证法("全分"→"一多"→"同异"),客观联系的规律性("原因与结果"→"可能与现实"→"偶然与必然"),客观世界的过程性("客

_____

① 见《马克思恩格斯选集》第四卷,第239—240页,参照原文及英译,对中译略有变动。

观存在"→"客观联系"→"客观过程"),三者推移、过渡,这就是客观辩证法的理论内容。它是自然界内部隐蔽的法则,它必然要符合自然的发展,因为它就是自然发展本身,并指导我们去认识自然、改造自然。

二、逻辑学

思维方法辩证化,必须由知性向理性过渡,由形式逻辑向辩证逻辑转化,亦即要由知性逻辑范畴的抽象对立性向理性逻辑范畴的对立面的统摄过渡。这里我们要借助黑格尔的主观逻辑。黑格尔的逻辑学分为三大部分:即存在论、本质论、总念论。第一、二部分构成客观逻辑体系,第三部分构成主观逻辑体系。在"总念论"的前言中,黑格尔说:"关于前两部分,因为很少有前人的工作能够对我提供支持、材料和进行的线索,我可以要求公平的评判者的鉴谅。至于现在这一部分,我倒是以相反的理由要求这样的鉴谅,因为就概念的逻辑而言,有完全现成的、牢固的、甚至可以说是僵化的材料,而任务就在于要使这些材料流动起来,把在这样陈死材料中的生动的概念燃烧起来。"(《逻辑学》下卷,第237页)形式逻辑的内容是大家所熟知的。形式逻辑关于思想律、概念、判断、推理的论述,不但为人所遵循,如恩格斯所讲:某些高等动物也本能地会作初步的简单的判断、推理、分析与综合。这样一个体系从亚里士多德以来业已定型。要改造一个二千多年中形成,经过宗教神学统治而僵化了的逻辑体系,比创建一个新体系难得多。这方面黑格尔的卓越的开创工作是令人钦佩的。列宁说:"从逻辑的一般概念和范畴的发展与运用的观点出发的思想史——这才是需要的东西!"(《哲学笔记》,第188页)黑格尔的《逻辑学》正是这样一部思想史。

为了探索客观真理,为了发展科学技术,为了提高理论思维的能力,逻辑作为认识方法、科学方法、思想方法,必须上升到辩证法的高度。这也就是说:必须从发展的观点研究逻辑的范畴与规律,而且还要从历史的角度探索其演变过程。这就是辩证逻辑的任务。恩格斯好像是试图借助于黑格尔的主观逻辑体系来建立逻辑学与认识论。

辩证逻辑不是简单地抛弃式逻辑,而是对形式逻辑的扬弃。(一)辩证逻辑扬弃形式逻辑的空洞的名词而探索概念的对立与转化;(二)辩证逻辑扬弃形式逻辑的僵硬的程式而研究过程的推移;(三)辩证逻辑扬弃形式逻辑的孤立平列的格律而将它们看成是相互联系回旋上升的前进运动。因此,个别→特殊→普遍,演绎→归纳→类比,分析→综合→实践,形成了思维过程上升发展的阶梯。于是,材料流动了,生动的概念燃烧了,辩证逻辑的科学结构萌发了。

(1)个别性、特殊性、普遍性

恩格斯说:"个别性、特殊性、普遍性,这就是全部《概念论》(按:即总念论,指黑格尔《逻辑学》第三编)在其中运动的三个规定。在这里,从个别到特殊并从特殊到普遍的上升运动,并不是在一种样式中,而是在许多样式中实现的"(《自然辩证法》,第 204 页)。这个个别、特殊、普遍,贯穿于概念、判断、推理等多种多样的形式之中,随着思维的前进运动,它们的内容愈来愈丰富、愈来愈深刻,充分体现了辩证逻辑的规律与范畴的流动性与燃烧性的特点。

在形式逻辑中,概念反映事物的本质属性。概念表现为名词,名词构成命题或判断的主宾词,等等,这些都是常识了。而辩证逻辑中的总念则不同。拿黑格尔的话来讲:"总念并不象知性所假想那样固执不动,没有发展过程,而乃是一无限的范型,绝对健动(Tätigkeit),好似一切生命的脉搏,因而自己区别其自身。"(《小逻辑》,第 275 页)总念乃客观世界过程性的反映。它是一个自身分化、绝对健动、无限发展的总体过程。

总体过程由于自身的活动而起分化作用,将自己区别为它的各个环节,就是判断。判断可以认为是总念的联结。在形式逻辑中,判断或命题的形式是我们所熟知的了,一般分为 A、E、I、O 四类。这四类是并列的,机械结合的。由全称、特称、单称、肯定、否定,排列组合而成。单称则并入全称。这只是一种量的外在的排列,没有什么有机联系。自辩证逻辑观点看来,不同种类的判断并不是经验的杂凑体,也不是量的排列组合,而必须反映思维从低级向高级的发展,如黑格尔所讲:"各种不同的判断并不列在同一水平,具有同等价值,而须认作构成有阶层的次序。"我们"有了判断进展的知识,我们便可于通常所列举的判断的种类里,发现一种意义和联系"(同上,第280、278 页)。恩格斯说:"辩证逻辑由此及彼地推出这些形式,不把它们互相平列起来,而使它们互相隶属,从低级形式发展出高级形式。"(《自然辩证法》,第201页)这正是上述黑格尔观点的阐发。

接着,恩格斯介绍了黑格尔的四类判断,并指出:"第一类是个别的判断,第二和第三两类是特殊的判断,第四类是普遍的判断。"(同上,第202页)恩格斯还由衷地指出:对于仔细研究过黑格尔《大逻辑》中的天才阐述的人来说,这种分类法的内在真理性和内在必然性是明明白白的。这种分类法在多大程度上不仅以思维规律为根据,而且还以自然规律为根据。

实在判断,或译为质的判断、实有判断。这种判断是属于感性范围的判断,指出我们的表象和它的内容有了形式的符合。如对某一事物的个别的可感性质之有无作是与否的判断。黑格尔指出:"这类判断是不错的",但不是真的。在日常生活中"真理"与"不错"常被当作同义的名词,其实在逻辑上是有区别的:"真理"是与客观规律符合的,而"不错"是外在形式的符合。这种判断,表现一个人判断的幼稚水平。"这朵玫瑰花是红的不是蓝的",幼儿园的孩子可以作出这样的正确判断。这种判断的直接性在于主宾词统一于它的可感性质。这种判断从思维的抽象作用来加以分析:它表明了个别的是特殊的,又是普遍的。玫瑰花是一个体,色、香、刺等是它的特性。这些属性作为一种通性又具有普遍性。

这种直接性的判断的宾词的发展,要求个体的诸特性的尽举,如玫瑰花是红的,有香味,多刺……这样宾词对主词诸特征的尽举就等同于这个体。于是有:个体就是个体,玫瑰花就是玫瑰花。这就是同一判断。这是一种什么也没有说的空的同一关系。其次,从否定方面看,直接判断的否定是有限的否定,玫瑰花不是蓝的,并不排斥它仍然是有色的。这种否定是在肯定主词某种特性(如有色)之内的否定,否定的发展必然导致主宾词完全不相干的判断,这就是无限判断,黑格尔指出:"主词与宾词毫无任何关系之否定的无限判断在普通形式逻辑里常被当作毫无意识的玩意儿。"其实不然,"无限判断乃是前面的直接判断(肯定的和简单否定的直接判断)之最切近的矛盾发展的结果。因此,直接判断之有限性和不真性便明朗表示出来了。"(《小逻辑》,第282页)

反省判断,也可译为反映判断、反思判断。这些词都不好理解。英文译为 Judge-ment of subsumption,"subsumption"有概括归类的意义。这近乎意译。这类判断,谈到主宾词关系时,确有从量的大小多少进行概括,以及包含、归类的意思。因此，黑格尔相对于将第一种判断叫质的判断，而将这一种称为量的判断。他还说反思判断也可以说是蕴含判断。恩格斯宣称"这里所表明的是关于主语的某种关系规定"（《自然辩证法》，第 201 页）。"某种"？恩格斯未说明。既然他明确指出来自黑格尔，那么我们可以认定是从量的方面进行概括，从而阐明个别、特殊、普遍。因而，在这里相应也有：单称（Singulär）、特称（Partikulär）、全称（Universell）.

普遍、特殊、个别，进入到反思判断中，就不同于在实有判断中那样了。在那里，普遍是抽象的，相互关系是外在附属的。在这里，主词由单一性进入复多性再进入整全性，简言之：即一多全。多为一的叠加；全为一的总括，多的无限递增。于此，一种外在的量的进展，使我们感觉到了那坏的无限及其幻影。而且，这里的"全"根本就是一种经验的普遍性。这种经验的普遍性的成立，只能依靠默许与反证。即只要举不出相反的情况，多数的事例便应该当作是全体。"应该"是主观的，因此，这种普遍性没有客观的确证。

必然性判断，或必然断。这种判断涉及主词的本质的或实在的规定性，也就是被规定为类和属。普遍性在这一层次，表现为客观的普遍性，它对于判断而言，是内在固有的。从类的观点考察事物，并确认事物必然为类所决定时所下的判断，才算得上真正的判断。例如，从物质本性来观察黄金，说"黄金是金属"，和说"黄金是昂贵的"，不能平列于同一种阶段，如果平列就显得那人缺乏逻辑训练。但如我们从经济范畴来观察黄金，说黄金是昂贵的，就触及黄金的价值实体，那么比如说"黄金是金属"就深刻得多了。又如说：张三是有两只眼睛的，张三是人，人是生物，人是社会关系的总和。这样的判断的层次高低就非常明显了。

在必然判断中，直言、假言、选言，又不能视为平列的。直言指明了客观事物的实体性，假言估量了客观事物的因果联系，选言表明了客观事物两极对立的圆周运动。因此，在必然性判断中，反映了从种属关系到因果关系的进展，然后达到两极对立的复归运动。也就是说，它深刻地反映了客观事物的辩证进程。

总念判断，或概念判断，是真理性判断。黑格尔评论道："懂得发出'玫瑰花是红的'、'雪是白的'之类实有判断，这很难说是表现了很大的判断力。反思判断还不如说更是命题；在必然判断中，对象诚然是在它的客观普遍性

中,但要在现在所考察的判断中,才会呈现对象与概念(总念)的关系。"(《逻辑学》下卷,第 333 页)

在总念判断中,照黑格尔讲是表明主词对自己的概念(总念)符合到什么程度。从我们的角度而言是表明主词符合客观世界的发展过程的规律性到什么程度。符合的我们说它是真的、善的、美的,不符合的我们说它是假的、劣的、丑的。这种判断,康德曾称为模式(程态)判断,一般也称为价值判断。

总念判断,根据它的发展层次可分为 assertoric,problematic,apodeictic 三种。第一种,一般译为断然的判断,即在于人们认为它是真的,即现实的、合乎规律性的。第二种,一般译为或然的判断,是估量性的,即对事物的发展合乎规律性的可能性进行估计。第三种,apodeictic 很难找出一个现成的中文词汇来表达,它的意思是具有必然真理的,可以明确表示可证实的,无可置疑的,绝对肯定的。它的判断形式是:这房子在状态如何如何时是好的,这行为在如何如何时是对的。它的主词表明它应该是的东西,它体现了具体的普遍性,即客观普遍的东西与个别的东西的统一。即一般与个别的统一,普遍性通过它的对立面,个别性或特殊性而成为现实的、具体的,成为真正的普遍性。这样的判断,才是真理性的判断,规律性的判断。

客观世界的过程性进入思维领域:首先反映为总念。总念是"过程的抽象"。总念潜存的内在两极的展开,便是判断。判断是"过程的展开"。判断的上升前进运动,即这个判断发展的历程,就是推论。推论是"过程的实现"。在总念与判断里,展开了从个别、特殊上升到普遍的进程,以及普遍由抽象、客观上升到具体,即上升到真理的过程。真理总是具体的。这个具体的真理性的判断,通过推论的展开,达到真理的证明,即达到通过实践检验的真理。

(2)演绎、归纳、类比

a. 形式逻辑里所讨论的推论,事实上不是别的,仅是一种感性推论。我们熟悉的三段论,黑格尔认为:"已被认作空疏的学院智慧,对于实践的生活以及科学的研究均不复有何用处。"(《小逻辑》,第 293 页)三段论是演绎推理的标准的经典的形式,它由大前提、小前提和结论三个判断组成。三个判断,又由三个词,大词、中词、小词组成。例如前例 A、E、I、O 四个命题,任意其三加以组合,可有六十四个式。六十四个式中合乎格式推论规则的只有十九个。这一切从亚里士多德以来差不多没有多大变化。后来莱布尼兹创造符号逻辑,将主谓命题进一步量化成为命题演算。这种演绎推论,大、中、小三项规定完全是偶然的,空洞的,只是一个无任何实际内容的符号,它发展到符号逻辑便达到了顶峰。符号逻辑是数学式的推论在逻辑中的运用,它们有两个严重的缺憾。第一,三段论表示出一种新的无限进展。因为每一个前提,均要求一新的三段论法加以证明,而新的三段论法又需要另外的三段论来证明它的前提。如此推进,直至无穷。因此,从根本上来讲,结论是无法确定的。第二,三段论发展到数学的推论。按数学体系,它的推论从公理出发。成为公理的命题,既不能够也不需要证明,也不能从任何其他东西引导出来。这种公理是极端贫乏而抽象的,它抽去了一切质的差异,往往剩下量的相等、不相等。因而往往成为毫无意义的同语反复的形式与符号的变换。

这一类符号的变换,从哲学的本体论的角度看是毫无价值的。正如黑格尔所讲,这一类推论的"智慧所经受的轻蔑,是由于这种智慧毫无价值招来的"(《逻辑学》下卷,第 363 页)。但是,黑格尔也有片面性,思维形式的研究,特别是从科学实验出发抽象出、设想出的一些物理模型、数学模型等,成了当前科学研究的重要手段,因此,这类推论并非全无价值。而且,由于控制论的发展,自动化技术、计算机技术的突飞猛进,符号逻辑在科学家心目中恢复了荣誉。它已变成了一个数学分支,反而在它的母家逐渐衰落了。

演绎推论及其发展的极端——数学式的推论,在其整理与分析科学素材、证明与发展科学结论、提供科学预断等方面有其不可缺少的作用。但它起作用的基础,在于前提是否正确,即基本命题有无充分可靠的客观根据。这就得求助于归纳。

b. 归纳,不是与演绎并列的一种推论,它是演绎的基础,演绎的根据。例如,凡金属皆传电。这是一个全称判断。它的根据是科学实验。通过实验得知:金、银、铜、铁、锡、铝等金属皆传电。由此得出结论:凡金属皆传电。这个"凡"显示的全体性质由金、银等个体所组成。因此,我们所处理的对象仍然是个体事物,于是我们又陷入无穷的进展(E、E、E……)[E:为个别性,Einzelnheit 的第一字母]。因为在归纳之中,我们无法穷尽所有的个体事物。当我们说,所有金属,只意味着到目前为止我知道的金属。因此,黑格尔讲:"每一种归纳总是不完备的。"(《小逻辑》,第 300 页)"只有甲、乙、丙、丁、戊等以至无限,才构成类并提供完全的经验。归纳的结论在这种情况下,仍然是成问题的(或然的)。"(《逻辑学》下卷,第 372—373 页)。而"无限",在经验上采取个体递增的办法,是不能达到的。因此,"类"中包含的个体是不可能穷尽的,因而经验的结果总是近似的,而不是完全的。这样一来,归纳的结果总是不完备的,概率性的,即或然的。

c. 在科学的类比推论中,却避免了归纳推论的缺点。我们分析某类事物具有某种特质,而进行类比推论,断定同类的别的事物亦当具有同样的特质。说明什么是蒸汽机,列举一万台,不如分析解剖一台,从而推知其他各台具备什么特质。黑格尔高度评价这种方法,认为"类推(即类比)的方法很应份地在经验科学里占很高的地位……类推可说是理性的本能"(《小逻辑》,第 300 页)。这就是说,事物的特质是事物的内在性质,而不是来自表面的相似,因此,这种类比有其科学的内在联系。那种从外在的表面的相似而作的类比,是一种肤浅的坏的推论。

(3) 分析、综合、实践

"分析"是类比推论的核心。没有分析,顶多只有形式的类比,而无科学的类比。那么,什么是分析的方法呢? 分析从具体的对象,即个体事物开始,通过科学抽象的方法,概括出那普遍的东西。例如,化学家对蛋白质进行分解,找出复杂的元素。1839 年荷兰马尔德找出了构成蛋白质的基本式子为 $C_{40}H_{62}O_{12}N_{10}$,其中碳、氢、氧、氮等一般元素以一定比例结合构成蛋白质。随后,通过生物化学进一步分析,知道蛋白质是由氨基酸组成的大分子物质。这些分析出来的普遍成分,是个体事物、具体对象构成的元素。但是,这一个体一经分析出来成为 C、H、O、N,这样一些孤立的元素,那就不再是蛋白质了。歌德在其《浮士德》中嘲笑化学家片面抓住分析,丢掉了综合时,写道:"化学家所谓自然的化验,不过嘲笑自己,而不知其所以然。各部分很清楚地摆在他面前,可惜地,就只是没有精神的联系。"黑格尔曾经打了一个生动的比喻:"用分析的方法来研究对象就好像剥葱一样,将葱皮一层又一层地剥掉,但原葱已不在了。"(《小逻辑》,第 339 页)

因此,必须通过科学的分析,进展到综合。一般讲来,分析是由个别到普遍、由具体到抽象的过程,而综合则是由普遍复归于个别,抽象复归于具体的过程。照黑格尔的讲法是:分析的认识"只是去把握有",即抓住当前的具体事物加以解剖;而综合的认识,则是"以规定的统一性去把握规定的多样性",即通过对具体事物诸因素的剖析,然后把握其间的必然联系,也就是歌德说的那种"精神的联系",使因素的多样性统率于事物的整体性,从而达到对事物的深刻的理解(Begreifen)。①

分析与综合,对于科学体系的构成,是一种必不可少的认识方法。首先对客观的确定的具体对象加以分析,然后在分析的基础上进行综合,使对象的本质显露出来,上升到概念理论系统,于是就形成了有关该对象的一个科学体系。

一个科学体系,首先是它的基本概念的规定,在逻辑上讲,就叫作下定义。形式逻辑中,采取种、属、差的方式下定义。但是,下一个准确的定义并不容易。一个被定义的对象的最邻近的类的确定,就不是随意的。被定义的对象与同类其他对象之间本质差别的确定是更加困难的。耶拿大学比较解剖学和生理学教授布鲁姆巴赫(Blu-menbach,1752—1840)认为,人作为动物与其他动物的差别,在于耳垂为人所独有而为其他动物所缺少的东西。因此,完全有理由说:"人是有耳垂的动物。"但是,这种用事物外部形态的某种特征来下定义,只是一种纯粹应急的办法,完全是偶然的东西。这样的"定义"当然不是一种科学的综合,在科学中是没有地位的。

科学概念的规定,即为一个认识对象下定义,是对个别、特殊、普遍的综合认识。这种综合认识就是辩证法的表现。且不说科学概念的规定,如列宁所讲的:"从任何一个命题开始,如树叶是绿的,伊万是人,哈巴狗是狗等等。在这里(正如黑格尔天才地指出过的)就已经有了辩证法:个别就是一般。"(《哲学笔记》,第409页)一个科学定义正是"个别与一般的统一"。被定义者是个别,通过属差即特殊作为中介,而与定义者普遍统一。

一个科学概念,通过人的理论思维过程加以抽象、隔离,然后又就其整体、过程、总和、趋势、泉源加以综合而形成。它体现了主观与客观的辩证统一。因此,列宁说:"人的概念就其抽象性、隔离性来说是主观的,可是就整

---

① 参阅《逻辑学》下卷,第495页。

体、过程、总和、趋势、泉源来说却是客观的。"(同上,第 223 页)

科学概念的规定,乃是通过对概念内涵的揭示,从而确定某物之所以为某物。它的必然发展是:从内涵的揭示到外延的展开,所有个别物,甲、乙、丙、丁……都符合某物之定义,因此,它是某物之一员。例如,桌子,方桌、圆桌、书桌、餐桌……都是桌子。这样,某物就成了一个普遍的"类"。于是,定义就向分类过渡。也就是,由普遍回到个别,由抽象回到具体。这样一来,从定义到分类,完成了概念辩证运动的全过程,即"个别—普遍—个别","具体—抽象—具体"。

科学概念是客观存在的辩证反映。科学公理与定理则是客观联系的反映。公理表现那无须证明便可确信的联系。对于公理只能视为当然,而不能问"为什么"。它是一个科学体系的论证的根据,但它本身不能有根据。因此,若干不证自明的公理成为一个体系的基本命题。定理,是基本概念与命题的逻辑引申。它的真假有待证明。证明是根据基本概念与命题的推论过程。定理是推论的结果。"定理"在未加证明之先只是一种假设。黑格尔指出:"定理内容不管多么不完善或多么完善,总之必须证明。"(《逻辑学》下卷,第 514 页)从概念、公理、到定理,这便是综合的全过程,这个综合全程形成一个科学体系。

现在,需要探讨的是公理的自明性问题。"自明性"不是理性推导为依据,如黑格尔所讲的:"自明性是一般感性的东西所具有的。"(《逻辑学》下卷,第 517 页)因此,自明性乃是凭感性直观。几何学中宣称:"两点之间,直线最短",这是不言而喻的。但黑格尔对这一点提出异议。他说:"人们把几何以感性直观为基础这一点,宣称并以为是它的最高的优点,甚至它的高度科学性也根据于这一点,而且它的证明也依靠直观。为了反对这种庸俗,不妨庸俗地提醒一下,任何科学不是由直观达成,而唯有由思维来达成。"(同上,第 516 页)由于科学之所以成其为科学,必须扬弃事物的感性外观而达到对事物的抽象本质的把握。因此,几何学以及与它类似的科学体系,便陷入理性推导系统却以非理性的感性直观为依据的矛盾。

这个矛盾的解决是:认识向实践过渡,思维向行动过渡,真向善过渡。列宁深刻地说明了这一过渡的实质。他说:"毫无疑问,在黑格尔那里,在分析认识过程中,实践是一个环节,并且也就是向客观的(在黑格尔看来是'绝对的')真理的过渡。因此,当马克思把实践的标准列入认识论时,他的观点是直接和黑格尔接近的"(《哲学笔记》,第 228 页)。实践是体系的起点也是体系的归宿,是分析与综合的根据。这样,我们就从逻辑学进入到认识论。

三、认识论

(1) 认识的基础——论革命实践

马克思说:"从前的一切唯物主义——包括费尔巴哈的唯物主义——的主要缺点是:对事物、现实、感性,只是从客体的或者直观的形式去理解,而不是把它们当着人的感性活动,当着实践去理解。"(《马克思恩格斯全集》第三卷,第 3 页)这样,就使自己陷入另一极端,未能正确理解人们的认识问题。例如,费尔巴哈把认识主体(人的感觉、思维)与认识对象(客观世界)对立起来,不了解人的认识活动本身也是一种客观活动,而且人们头脑里的设想的东西,将通过人的活动转化为客观的东西,即通过实践,使主观见之于客观。费尔巴哈将认识与实践,精神与物质隔离开来,他将人们的实践活动看作是犹太人的原则而加以鄙弃。他说:"直到今天,犹太人还不变其特性。他们的原则、他们的上帝,乃是最实践的处世原则,是利己主义。"(《费尔巴哈哲学著作选集》下卷,第 146 页)因此,照尔巴哈看来,从人的实践活动方面,从主观方面去理解,就是利己主义,就是"使自然仅仅屈从于利己主义之目的"(同上,第 149 页)。正因为如此,费尔巴哈便将"实践"作为利己活动而加以排斥了。

费尔巴哈排斥认识过程中的利己活动是有理由的,这一点在今天看来仍然没有过时。资产阶级的实用主义哲学正是从利己原则、效用原则来看待认识与真理问题。费尔巴哈指出:"功用主义、效用,乃是犹太教之至高原则。"(同上,第 145 页)同样,功用主义、效用,也是实用主义哲学的至高原则。实用主义者在"讲求实效"的美名之下,否定认识的客观内容,宣扬主观唯心论、唯我论,他们是犹太教的直接继承人。费尔巴哈拒绝将这种"实践"观纳入认识过程中,完全是正确的、必要的。

但是,费尔巴哈不该在反对这种利己主义的"实践"的同时,将认识过程中的主观的自觉能动性也一齐反掉了。以至"结果竟是这样,和唯物主义相反,能动的方面却被唯心主义发展了"(《马克思恩格斯全集》第 3 卷,第 3 页)。例如,黑格尔站在完全唯心主义的立场论述了"目的性""能动性""实践"等问题。

黑格尔在他的《逻辑学》(即《大逻辑》)中,论述了"善的理念",在《小逻辑》中,谈到了"目的性"问题。黑格尔的这些篇章,虽然是从唯心主义角度出发,但却十分精确地分析了主观与客观的关系,接近了实践高于理论的观点。

黑格尔的所谓"善的理念",不是一个道德范畴,而是一个认识论的范畴。他说:"……这种包括个体的外在的现实性的要求于其自身之内的规定性,就是善。"(《逻辑学》第 2 卷,英译本,第 460 页)黑格尔的这句话的实质是:善不停留在抽象的理论的认识阶段,而要求具有个体的外在的现实性,亦即通过实践使主观见之于客观,使客观成为主观的实现。因此,黑格尔的"善"实际上指的是:合乎客观现实的主观目的与趋向;人们想实现自己的目的的趋向;人们想在客观世界中通过自己给自己提供客观性的趋向。黑格尔说:"实现了的目的因此即是主观性和客观性之显著的统一。"(《小逻辑》第 323 页)由此看来,黑格尔不将人们的认识活动看成只是消极的、被动的,而是自觉的、能动的,而且达到了主观与客观辩证统一的观点。列宁解释说:"换句话说,人的意识不仅反映客观世界,并且创造客观世界。"又说:"这就是说,世界不会满足人,人决心以自己的行动来改变世界。"(《哲学笔记》,第 228、229 页)黑格尔自己也认为,这个"善的理念"亦即"实践的理念"比他在"上面已经考察过的认识的理念更高,因为它不但具有普遍性的品格(dignity),而且具有单纯现实性的品格"(《逻辑学》第 2 卷,英译第 460 页)。这就是说:"善"或"实践"并不停留在想想而已的阶段,而是以行动促其实现;它是主观转化为客观的环节,是主观与客观的统一,抽象与具体的统一。因此,实践是认识的基础。

马克思不满意费尔巴哈的直观唯物论,十分注意黑格尔的实践观。他从唯物主义的立场出发,批判地改造了黑格尔的实践观,即认识过程中自觉的能动的观点,从而制定了科学的"革命实践"的原理。

"把实践的标准列入认识论"是认识的发展的一个飞跃。黑格尔只是思辨地接触到这一问题,只有马克思主义者才唯物地论述了这一问题,马克思主义的革命实践观点是"掌握客观规律,能动改造世界"的有目的自觉活动。

人,作为动物,和其他动物一样,有其本能活动。本能活动是一种无意识的活动,一种自然的活动。此时,人尚未从自然界分化出来。因此,人的活动,如同风驰电掣、虎啸猿啼、花开叶落、日月升沉一样,是纯客观的活动。

人的进化,大脑高度发达,意识活动迅速发展,当他能意识到自己的存在,意识到自己的活动,抱着一定的目的自觉行动时,例如,进行驯养牲畜、定居种植等一类生产活动,这时,人从自然界化分出来,而与自然界相对立,人有了"我之自觉",人的活动就成为一种有意识的活动,产生于自然而又与自然相对立的活动,有目的、有意志、有感情参与其中的活动。这样的活动是本能的活动、纯客观的活动的否定,是人所特有的主观的活动。

人的生存与发展,决不能脱离群体,从原始公社起,几十万年的生活经验,造成了这样一种几乎等于天性一样的合群性。离群索居是不可能的。狼孩离开了人群,实际上成了人形的狼,是野兽,而不是人;鲁滨孙是小说家的假想,即令那样,他还是要以破船上的人造物作为他开始孤独生活的基础。合群性就是社会性,因此,人的活动又是一种社会活动。社会活动意味着每一个人的主观活动在社会群体中,是互为客观的、相互制约的。每一个人怀抱既定目的而活动,但结果往往不是预期的,因而产生盲目性。盲目性是目的性的否定形式,是人的有意识的活动,决不能与无意识的本能活动混同。人的活动的合群性、社会性,使人不能那样随心所欲、主观任性,在彼此相互制约之中,产生人类的不以个人意志为转移的必然的客观行动。于是,人的活动扬弃了它的主观性,复归于客观。这是一种社会客观运动,是纯客观的否定之否定。

人类的活动继续前进,经过多次盲目行动,碰了不少钉子,逐渐使自己的主观目的符合于自然社会运动的客观规律性,从而达到目的与目的的实现的统一。这时,人的活动又成为主观活动,但与始初的主观活动不同,而是一种包含客观性于其中的主观活动。于是,从始初的主观活动,达到社会的客观活动,复归于合乎客观规律的主观活动,从而又形成一个否定之否定过程。这就是马克思主义的革命实践观点的辩证发展的过程,革命实践的科学的含义。

这样的实践,当然不是什么动物性的本能的求生活动,也不是什么与客观存在隔离的纯主观活动；而是思维与存在的统一，主观与客观的统一，普遍性与现实性的统一，目的与目的的实现的统一。

这样的实践，当然不是什么绝对的精神辩证发展的一个环节；也不是什么主观任意的行动；更不是什么贪图个人实惠的利己主义活动；而是在认识过程中从头到尾起作用的社会的革命实践活动。没有彻底的辩证的观点，是不可能正确地、深刻地理解马克思主义的革命实践论的。

（2）认识的否定——评不可知论

通过实践人们可以确知自己的认识是否符合客观，从而证明自己的认识有无真理性；通过实践人们可以合乎规律地改造客观，从而显示自己的主观能动性。因此，任何否认认识世界的可能性的想法，例如，在哲学的发展上起过很重要的作用的休谟、康德的不可知论就被驳倒了。正如恩格斯宣称的："对这些以及其他一切哲学上的怪论的最令人信服的驳斥是实践，即实验和工业。"（《马克思恩格斯选集》第 4 卷，第 221 页）

不可知论，在十八世纪时叫作怀疑论。黑格尔说："怀疑论不容许自己说"有物"；近代唯心论不容许自己把认识看作是关于"自在之物"的知识；怀疑论映象总之不该具有一个有的基础，在近代唯心论的认识里，不应出现自在之物。但是怀疑论同时又容许它的映象有多种多样的规定，或者不如说它的映象以整个世界的丰富多彩为内容。同样，唯心论的现象把全部多种多样的规定性都掌握在现象自身之内。……这种内容尽管可以没有有，没有事物或自在之物作基础，它对自己说来仍然是原来的样子，它只是从有转移为映象"（《逻辑学》下卷，第 10—11 页）。恩格斯《自然辩证法》里不厌其长地摘引了这段话，并在引语最后一句加上着重号，然后评论道："黑格尔在这里比起现代的自然科学家来，是一个更加坚决得多的唯物主义者。"（《自然辩证法》，第 220 页）

只要我们不将黑格尔的"有"（存在，Sein），根据他自己的唯心论的观点，解释为绝对精神在纯逻辑阶段的一个环节，而是如实地将"有"（存在）解释为客观存在，即我们生存的这个自然界，那么，黑格尔对怀疑论及唯心论的批判，便完全是唯物主义的。

休谟便不承认我的知觉之外，还"有物"。他认为客观世界以及反映客观世界的人类认识的主体都没有客观实在性。他说：这一切"只是一束或一团以不可思议的速度前后相继并处于不断变迁和运动中的纷杂的知觉。"

康德则不许自己把认识看作是关于"自在之物"的知识。康德在《形而上学入门》一书中写道："规定我的观念论的基本原则是：只由纯粹悟性或纯粹理性而得的关于事物的认识，只是假现；真理只存在于经验之中。"而经验的来源是那个"自在之物"(Dingansich，即物自体)。在这一点上，康德有唯物论的倾向。"自在之物"尽管对知识的形成有激发作用，但是，它本身不可知，可知的是那个激发起来的经过悟性、理性综合而成的"假现"或"表象"。而休谟的"知觉"及康德的"表象"，即黑格尔所称的"映象"，又包括了整个世界丰富多彩的内容。恩格斯曾讽刺他们，这是一种公开反对唯物论又暗中剽窃唯物论的行为。列宁也指出他们把世界的全部丰富性都包括在映象里，而他们又否认映象的客观性！因此，黑格尔一语揭穿了怀疑论、不可知论的秘密："它只是从有转移为映象。"这就是说：映象是存在(有)的反映，它包含有不以人的主观意志为转移的客观内容。不可知论把客观世界的全部丰富性包括于映象之中，但又否认映象的物质根源。这种认识上的矛盾必须克服。而克服之道就是：实践。

关于认识的限度问题，是不可知论赖以存在的一个依据。耐格里就认为"我们只能认识有限的东西"。因此，对于耐格里而言，恩格斯指出：对于他"无限的不可理解"(《自然辩证法》，第 214 页)。也就是说，耐格里不能理解有限与无限的辩证关系。其实，关于有限与无限的关系问题，远远没有得到详尽正确的论述。在这个问题上持不可知论态度的，古今中外，比比皆是。而有限与无限的辩证统一观，恰好又是哲学上一个极其重要的问题。它是我们的世界观的核心问题，认识论的重要基础之一。不在这个问题上肃清不可知论的影响，我们的理论思维就不能前进，我们的认识的辩证发展过程就不能完成，我们的科学体系就难以建立。

(3) 认识的进程——论否定性的辩证法

马克思指出：黑格尔哲学的最后成果乃是"作为推动原则和创造原则的否定性的辩证法。"(《马克思恩格斯全集》第 42 卷，第 163 页)恩格斯将马克思在《资本论》中所运用的辩证法概括为："按本性说是对抗的，包含着矛盾的过程，每个极端向它的反面的转化，最后，作为整个过程的核心的否定的否定。"(《马克思恩格斯全集》第 20 卷，第 153 页)可见，否定问题是深入了解辩证法的关键问题,列宁认定这乃是"辩证法的精华"之所在。

否定作为一个简单的思想范畴,其意义是十分明白的。它与"是"相对立,是形式逻辑的出发点。"是"与"否"乃客观上"有"与"无"在思想上的反映。对客观存在的东西我们称:"是";不存在的东西我们称:"否"。因此,是、否、有、无,彼此之间是界限分明的。如果我们说:是即否,否即是;有中含无,从无到有,一般都认为这是不合乎常识的。

从孤立静止的存在的观点来看,是、否、有、无,的确是那样简单而一目了然。但是,我们如从联系、过渡或变化的观点来看,则凡存在物本身都是一个生灭变化过程。它是存在的,因此为"是",为"有";但它又不断在变化,以至于消亡,因此又为"否",为"无"。由此可见,是和否、有和无就其本质而言,又是不能截然划分的。是即否、否即是;有中含无,从无到有,这是扬弃了常识之见的真理。

我们必须从过程或变化的角度来探索否定的意义,才能懂得:为什么马克思将辩证法说成是"否定性的"? 为什么恩格斯将"否定的否定"作为整个过程的核心? 为什么列宁将"否定性"视为辩证法的精华?

a. 规定性就是否定性。

黑格尔说:"规定性是被视为肯定的否定,这就是斯宾诺莎的'Omnis determination est negatio'(规定性就是否定)一语的含义,这一命题有无限的重要性。"(《逻辑学》第一卷,德文版第100页,英译本第125页)。黑格尔之所以认为斯宾诺莎的命题有无限的重要性,在于这一命题揭示了否定的辩证性质,也就是恩格斯说明斯宾诺莎的命题时所明白指出的:"在辩证法中,否定不是简单地说不,或宣布某一事物不存在,或用任何一种方法把它消灭。"(《马克思恩格斯全集》第20卷,第154—155页)拿黑格尔的话来说:"否定恰好是肯定,或自相矛盾的东西并不消解于零,消解于抽象的虚无之中,而主要的只是消解于对其特殊内容的否定中,或者此种否定并不是全盘否定,而是对取消自身的确定的某物的否定,亦即确定的否定;这样结果主要地就包含了其所从出的东西。"(《逻辑学》第一卷,德文版第35—36页,英译本第64—65页)"因此,每一种事物都有它的特殊的否定方式,经过这样的否定,它同时就获得发展。"(《马克思恩格斯全集》第20卷,第155页)

因此,否定的辩证性质在于其结果不是消极的,不是与其对立面孤立隔绝的,而是推陈出新、不断发展的。此种肯定的否定,便是斯宾诺莎与黑格尔所谓的"规定性"(规定性,Die Bestimmtheit,也可译作"决定")。

黑格尔在《小逻辑》中指出:"一切决定(或性质)的基础就是否定。"(《小逻辑》第152页)决定、规定性、性质等是一个意思,即指物之所以为物,有之所以为有者。它乃是变化之大流中某一有始有终的稳定状态,是无限发展中的有限环节。事物如成其为一个事物,一定在与他物相关之中与他物有差别,这种事物之间的差别性,构成该事物有别于他物的质,形成了两物之间的界限。某物如越出其界限,就不成其为某物而转化为他物了。我们常说:"红得发紫",即是说红色当逾越其一定界限时,就不复是红色而变成紫色了。黑格尔说:"差别毋宁说是事情的界限,界限就是事情终止的地方,或者说,界限就是那种不复是这个事情的东西。"(《精神现象学》上卷,第2—3页)。差别性、界限就是事物的规定性,在无限发展的变化大流中,差别或界限构成彼此有别的诸有限环节,这样就构成了事物一定的质,我们可从而肯定其存在,称之为"是"、为"有"。但界限又表明旧事物之终结,表明该事物不复是该事物而向他物转化,因此又为"否"、为"无"。花开蕾逝,花谢果存,蕾、花、果构成一发展变化之流,开、谢形成界限,显示了蕾、花、果的差别性,在植物不断发展的生命中构成三个有限环节。然而开谢固然肯定了蕾、花、果的性质,但也表明了作为彼此之间的界限的否定性;花开表明花蕾为花朵所否定、花谢表明花朵为果实所否定。由此看来,规定性、决定、质、界限就是否定。否定有继往开来、承前启后、区分事物、延续发展之功。无怪乎马克思将这个否定性誉为推动原则与创造原则了。

这种辩证的否定观,科学地解决了哲学上一个千古聚讼的问题:世界是有始有终的还是无始无终的? 是有限的还是无限的? 孤立强调世界是有始有终的、有限的,其结果必然是承认上帝创造世界,并信奉世界末日的鬼话,也就是说,必然成为宗教的奴仆。片面强调世界是无始无终的、无限的,其结果必然陷于黑格尔所谓的"恶的无限性",这种无限性与有限性对立隔绝,是一种彼此交往反复的无穷进展。柏格森的直觉主义强调世界是一个绵绵不断的生命之流,就是以这种绝对的无限性为依据的。这样的世界将是神秘的、不可言说的、不可思议的。康德看到了这个矛盾,提出了有名的二律背反,这种见解,如黑格尔所评价,虽然"必须认作是近代哲学界一个最重要的和最深刻的进步,但康德的见解是如此的深远,而他的解答却又如此的琐屑。"(《小逻辑》,第 87 页)康德对有限与无限只是分别地作了似是而非的证明,揭示了它们之间的矛盾,而没有阐明它们的统一。通过黑格尔而形成的辩证的否定观,则作了深刻而圆满的回答。

我们都知道,物质和运动是既不能创造也不能毁灭的,世界作为无限而存在着,它是一个自身无限发展的过程。但是,世界并不是那样一个混沌一体的无始无终,它的发展经历了极为短暂有限的每一瞬间。这有限的瞬间是现实存在的,有起有讫的,可以捉摸的,它就是"眼前"或"当下"。然而,这个"当下"并不是常驻不动的。它刹那即逝,为相继而来的另一"当下"所否定,而这一续至的"当下"亦同样归于消逝,而为更后来的"当下"所否定。这种现实的有限性不断地被否定,有如"长江后浪推前浪,一代新人换旧人"。有限不断地被否定就构成了无限,换言之,有限的否定过程就是无限,这种无限性是真实的无限性,黑格尔称之为"有理的无限",以别于"无理的无限"或"恶的无限"。这个有限与无限的否定的统一,首先由黑格尔从思辨哲学的角度做了全面的论述。恩格斯指出:"真无限性已经被黑格尔正确地安置在充实了的空间和时间中,安置在自然过程和历史中。"(《自然辩证法》,第215 页)黑格尔由于其唯心主义体系之故,他的否定观不但出发点是错误的,而且否定的辩证性质也是不彻底的。我们的有限与无限的否定的统一的世界观是对黑格尔的唯心的辩证的世界观的扬弃,我们的出发点是物质及其运动,而其否定的发展过程是贯彻始终的。我们认为:不但精神界不断推陈出新,而且首先由于物质世界有推陈出新,才有精神世界的推陈出新。

我们所生存其中的这个自然界,外推是无穷的,这就是所谓的天外有天,无底无边;内析是无尽的,这就是所谓核中有核,永无止境。大至恒河系也未能穷宇宙之边;小至原子核也未能探极微之极。因此,自然界是无限的,然而,自然界中任何一件事物又都是有始有终的,有限的。小如蜉蝣,方生方死,只有瞬间存在,旋即消失,其有限性是十分明显的;大如太阳,虽然它经历了而且继续经历着无法数计的岁月,但它也是一个有限的生灭过程,并不是亘古长存的。一般认为:弥漫的星前物质由于内部吸引和排斥、凝聚和扩散的矛盾运动而收缩变密,形成了各种类型的发光发热的恒星天体,太阳便是这样的天体之一。这种由弥漫的星前物质凝聚而成的太阳,因为不断地进行微粒辐射而波浪式地朝着质量小、温度低的方向变化。当太阳靠收缩再不足以引起热核反应,不再发光发热时,就会逐渐死灭,转化为其他东西。宇宙万事万物的有限过程,各依据其自身条件而否定其自身向他物转化,这样就构成了真实的宇宙的无限生命。人类社会的发展也是有限与无限的否定的统一。每一个社会形态是有限的,但由于其内在的否定性而引起矛盾的斗争,从而突破其限制而向另一新的社会形态转化。这样就构成了人类社会发展的无限性。秦始皇幻想万世一系,封建社会永恒不变;资产阶级诡称他们建立了永恒的理性王国,妄图论证其绝对统治。这些都是妄想把有限的东西视为绝对无限的东西,他们不敢正视有限之扬弃才成其为无限的真理。共产党人认为共产主义社会是人类社会发展的高级形态,但并不认为共产主义社会是一个僵化的不变的社会,是人类历史的终结。共产主义社会之所以是更高的社会,乃是由于在这种社会形态中,人们能不断自觉地解决矛盾,进行自我否定,自我更新。正由于它不将自己固持于某一点上,却否定自己在某一点上的存在,所以才得以在另一点继续存在。犹如人处于摆动的浪桥之上,想自始至终立于不倒之地,就要相应于浪桥之摆动而运动。共产主义社会正由于能自觉否定其自身的有限性,因而实现了无限性。

人类的认识、思维、精神无非是自然与社会的客观发展过程的反映,因此,人们的认识也是有限与无限的否定的统一。人类的个体生命是有限的,但由个体生命的否定过程而形成的人类世代是无限的。作为个别人来讲,他只能在他所处的时代条件下认识事物,而且他只能认识到那些条件所允许的程度,因此他的认识是有限的。这种个人认识的有限性是相应于个体生命的有限性而来,但个体生命的否定过程形成了人类世代的无限连续系列,从而使人类具有无限的认识能力,得以不断认识无限发展的客观世界,因此个人认识的有限性之否定便构成人类认识能力的无限性。

由此可见,无论是自然界、社会、思维都是有限不断被否定而趋于无限的过程。这个过程概括讲来是:有限正由于它是有限的,它便有其肇始有其终结。因其肇始必仰承逝者;因其终结必启发来者。仰承启发之间,有限自己否定了自己而成为无限。有限的这种自我的内在否定性就是无限的现实性。无限正因为它是无限的,它便无待无求。因其无待,自依而不依他;因其无求,自足而臻于圆满。自依自足,无求于他而自身圆满,这样无限就显现自身为绝对的真实的肯定性。无限的这种真实肯定性就是有限的变易性(否定性)。有限与无限的否定的统一观便是如此。

b. 事物内在的否定性构成了真正的辩证进程。

黑格尔在论述他的概念辩证法时说:"因此概念自身继续前进便是上述否定,否定为概念自身所固有;它构成了真正的辩证进程。"(《逻辑学》第 1 卷,德文版,第 37 页,英译本,第 66 页)黑格尔在这里指出了自身所固有的否定是运动的源泉,这一点是合理的。但是,他却颠倒了因果关系。概念的自我运动乃是自然和历史的辩证发展的反映,而在黑格尔看来,恰好相反,自然和历史的客观运动,"只是概念的自己运动的翻版,而这种概念的自己运动是从来就有的、不知道在什么地方发生的,但无论如何是同任何能思维的人脑无关的"。恩格斯指出:"这种意识形态的颠倒是应该消除的。"(《马克思恩格斯全集》第 4 卷,第 239 页)其实概念自身所固有的否定性不过是事物内在的否定性的反映。因此,从唯物主义的观点看来,应该是事物内在的否定性构成了真正的辩证进程。

这种事物内在的否定性,列宁指出:是"辩证法的特征的和本质的东西",它"并不是单纯的否定,并不是任意的否定,并不是怀疑的否定、动摇、疑惑(当然,辩证法自身包含着否定的因素,并且这是它的最重要的因素),并不是这些,而是作为联系环节、作为发展环节的否定,是保持肯定的东西的、即没有任何动摇、没有任何折衷的否定。"(《哲学笔记》,第 244 页)列宁于此否认了外在的单纯的否定,揭示了否定的辩证进程。所谓外在的单纯的否定,如列宁所归结的,其主要特点是:主观任性,动摇怀疑,消解于无。黑格尔谈到一般人对辩证法的误解时,也有类似说法:"辩证法一般被看成是一种外在的否定的进程,而不属于事物本身,它仅仅基于一种无用的主观欲望,或者最多除了将辩证地探讨的东西化为空虚之外,再无其他。"(《逻辑学》第 1 卷,德文版,第 37—38 页,英译本,第 66—67 页)由此看来,否定不能归结为虚无,它不是排除肯定的绝对否定,不是外在的简单的抛弃。如列宁所指出的:它是保持肯定于其中的否定,是作为联系与发展的环节的否定,一句话,它是辩证的否定。

大家都熟知黑格尔将辩证的否定叫作"扬弃",扬弃乃德文"奥伏赫变"

(Aufheben)的意译。黑格尔指出这个词有双层的意义:"有时含有取消或舍弃之意","又含有保持或保存之意"(《小逻辑》,第 160 页)。事物之间之所以没有"绝对分明的界限",乃是由于事物之间是相互联系、交替发展的。事物之间这个联系的"挂钩"、转化的"桥梁"是什么呢? 就是否定或扬弃。新事物由旧事物脱胎演化而来,因此是旧事物在新形态下之保存,但旧事物在新事物之中又不是原封不动的转移,而是被新事物作为养料加以吸收而成为其不可分割的一个有机组成部分,因此又是旧事物之舍弃,取舍之间便完成了新旧之交替,显现了其内在联系。这个否定不但表现了辩证进程,而且它本身就是辩证进程。马克思说辩证法是否定性的,列宁说否定性是辩证法的特征和本质的东西,就是这个意思。

辩证的否定作为新旧递嬗,事物转化的环节,此意尚只是上述否定即规定性、界限的进一步发挥与阐明,而它所包含的更为深刻的意义尚未充分显现。我们应进一步将"否定"与"矛盾"统一加以理解,才能看出否定之所以为真正的辩证的进程。

事物的矛盾法则,作为唯物辩证法的根本的法则之一,已为马克思主义经典作家,特别是为毛泽东同志着重加以探讨。矛盾是事物运动变化之源泉,没有矛盾就没有运动,也就没有世界。矛盾之所以引起运动变化,乃是由于矛盾的斗争,而斗争的引起,正是由于事物内在的否定性。黑格尔说:"它(按:即矛盾)是在其本质规定中的否定的东西,它是一切自己运动的原则,而自己运动就是矛盾的表现。"又说:"如果现存的某物不能在自己肯定的规定中同时转化为自己否定的规定,并且使一方面保持在另一方面中,如果它不能在自身中包含矛盾,那末这个某物就不是活生生的统一物,或根据,而毁灭于矛盾之中。"(《逻辑学》第 2 卷,英译本第 67—68 页)黑格尔于此深刻地分析了矛盾的本质,指出了矛盾,即对立双方相互否定、相互包摄,从而构成了一活生生的统一体。列宁认为黑格尔关于否定的一些议论,虽然有许多神秘主义和空洞的学究气,可是基本的思想是天才的。列宁在概括黑格尔关于否定的思想时写道:"只有那上升到矛盾顶峰的多样性在相互关系中才是活动的(regsam)和活生生的——才能得到那作为自己运动和生命力的内部博动的否定性。"(《哲学笔记》,第 149 页)由此看来,矛盾的本质就是否定,否定构成了事物的真正的内在活动的源泉。事物正由于内在地包含了自我否定的因素,才形成矛盾的斗争,导致转化。事物的内在否定性引起矛盾运动,构成万物之间的世界性的、全面的、活生生的联系。我们可以说:没有事物内在的否定性,就没有矛盾,因而也就没有运动,没有世界。因此,如果说:事物的矛盾法则是唯物辩证法的根本的法则,那么,事物的内在否定性就是事物矛盾运动中的能动的革命因素。不懂得这个事物内部搏动的否定性,就不可能真正理解事物的矛盾运动,正因为如此,列宁才将这个否定性称之为"辩证法的精华"。

那么,这个构成矛盾的核心的事物的内在否定性或事物的内部搏动的否定性又是什么呢?

它乃是对立面的互相排斥,排斥就是一种否定。对立双方,互相否定,从而将矛盾推向顶峰,形成内部搏动,表现为能动的活生生的生命力量。因此,否定绝不是一个导致毁灭、归结为虚无的消极力量,而是一个燃烧的激荡的生命的火流。

上面我们论述了否定性就是对立面的互相排斥,这种否定性又如何贯穿于矛盾运动之中呢? 当事物处于相对静止的状态时,事物表现为自我肯定,事物毫不含糊地就是它自己而绝不是其他。事物的内在否定性只是理想的潜在的因素,不能认为事物内部已具备了某种现成的否定因素。我们说,种子包括了植物的萌芽、生长、结果,但不能认为茎、叶、果真实地具体而微地存在于种子之中;我们说,鸡蛋可以孵出毛茸茸的小鸡,但不能从而作出"卵有毛"的结论。黑格尔指出:这乃是一种所谓"原形先蕴"的假设(Ein-schachtelungs Hypothese),"其错误在将最初只是在理想方式内的东西认作业已真实存在"(《小逻辑》,第 267 页)。这就意味着:正在发生的东西,预先就已经是现成的了。因此,事物的内在否定性处于运动的第一种状态中时,它不是作为一个现成的因素包含于事物之中,它只是事物致变的一种性能,是变化的除旧状态,还没有跃进到变化的更新状态。在这一情况下,虽然事物的内在否定性处于理想的潜在状态,但仍然不是抽象的存在,而是在肯定的形式下不断实现自己,最终导致一种过程过渡到他种过程的变化,即进入显著的变动状态。

黑格尔描述精神发展一段话,其实有普遍意义:"事实上,精神从来没有停止不动,它永远是在前进运动着,但是犹如在母亲长期怀胎之后,第一次呼吸才把过去仅仅是逐渐增长的那种渐变性打断——一个质的飞跃——从而生出一个小孩来那样,成长着的精神也是慢慢静悄悄地向着它新的形态发展,一块一块地拆除了它旧有的世界结构。"(《精神现象学》上卷,第7页)小孩呱呱坠地,种子破土出芽,小鸡脱壳而出,就是这种状态。这时,事物的内在否定性将矛盾推向顶峰,内部搏动达到高潮;呈现出一片生机活跃的气象,从而充分实现了自己,旋即又在甫现的新事物中潜在地开始酝酿新的变化。内在的否定性像一根红线一样一起一伏地贯穿于事物的两种状态之中,导致矛盾的不断产生与不断解决,从而构成了真正的辩证进程。

c. 不断否定过程的节奏性。

客观事物以及反映客观事物的精神,通过不断地否定,向前进展,否定的起伏形成不断扩大的波澜,犹如投石于水,圆圈形的波纹一个套一个、一个大一个地四散漫开,这就是"辩证进程"的全貌。黑格尔称之为"圆圈",列宁称之为"螺旋形上升",毛泽东称之为"波浪式前进"。

黑格尔在论述概念范畴的发展时说:"这种具体运动,乃是一系列的发展,并非象一条直线抽象地向着无穷发展,必须认作象一个圆圈那样,乃是回复到自身的发展。这个圆圈又是许多圆圈所构成;而那整体乃是许多自己回复到自己的发展过程所构成的。"(《哲学史讲演录》第1卷,第31—32页)黑格尔在论述哲学的发展时也说了类似的话:"哲学的每一部分都是一哲学的全体,一个自身完整的圆圈。但哲学的理念在每一部分里只表达出一特殊的性质或成分。每一单独的圆圈,因它自身亦是整体,就要打破那特殊的情境所给它的限制,而形成一较大的圆圈。这样,哲学的全体便有如许多圆圈所构成的大圆圈。"(《小逻辑》第18—19页)列宁认为黑格尔将认识的发展比做圆圈,是"一个非常深刻而确切的比喻!"并注解说:"每一种思想=整个人类思想发展的大圆圈(螺旋)上的一个圆圈。"(《哲学笔记》,第271页)黑格尔所谓的圆圈形的发展是什么意思呢? 就是"否定之否定"。其实,不但概念范畴以及哲学的发展如此,世界万事万物莫不如此。恩格斯指出:"它是一个极其普遍的,因而极其广泛地起作用的,重要的自然、历史和思维的发展规律",还说:"否定的否定这个规律在自然界和历史中起着作用,而在它被认识以前,它也在我们头脑中不自觉地起着作用;这个规律只是被黑格尔第一次明确地表述出来而已。"(《马克思恩格斯全集》第20卷,第154、

155页)恩格斯对这个规律从自然、历史到思维作了详尽的分析与实例的证明。现在试图对这个规律的理论内容作一些探讨。

黑格尔虽然第一次明确地表述了"否定之否定",但却充满了神秘的、唯心主义的色彩。马克思指出了黑格尔辩证法的积极因素,他说,否定亦即"扬弃起了一种独特作用,在这里否定与保持即肯定便结合起来了",从而形成"使外在化回复到自身的客观运动"(参见《马克思恩格斯全集》第42卷,第172、174页)。但这种通过扬弃(否定)回复到自身的客观运动,并不是客观对象的运动,而是与人们思维主体无关的概念的客观运动。马克思指出:在黑格尔那里存在着彼此完全颠倒的关系,黑格尔的通过扬弃外在化而达到的"主客同一体"(Subjekt-Objekt)或"统摄客体的主体性"是神秘的,也就是说,黑格尔的"否定之否定"过程是一个"抽象—具体—抽象"的过程。所谓使外在化回复到自身,乃是使外化的自然回复到神、绝对精神、自己知道自己和自己确证自己的理念,这是黑格尔辩证法的神秘的、唯心主义的糟粕。

然而,黑格尔的关于通过否定而回复到自身的思想却是十分卓越的。他认定:他的那个主客同一体乃是:"一个纯粹的,不息的内在的圆圈。"(同上,第28页)这个圆圈"看来是一个返回于自身的圆圈,它的末端通过中介转回到它的开端或单纯的根据。进而言之,这个圆圈是诸圆圈的圆圈;……于返回开端的同时,又是新成分的开端。"(《逻辑学》第2卷,英译本第484页)

黑格尔的整个哲学思维体系就正是这样一个圆圈套一个圆圈,一个圆圈大似一个圆圈地向前发展的。马克思概括黑格尔体系不断进行否定之否定的过程如下:"扬弃了的质就等于量,扬弃了的量等于尺度,扬弃了的尺度等于本质,扬弃了的本质等于现象,扬弃了的现象等于现实性,扬弃了的现实性等于概念,扬弃了的概念等于客观性,扬弃了的客观性等于绝对理念,扬弃了的绝对理念等于自然,扬弃了的自然等于主观精神,扬弃了的主观精神等于伦理的客观精神,扬弃了的伦理的客观精神等于艺术,扬弃了的艺术等于宗教,扬弃了的宗教等于绝对知识。"(参见《马克思恩格斯全集》,第42卷,第173页)

这里面黑格尔的出发点当然是完全错误的,这只是从抽象到抽象的概念的自我的圆圈运动,而且没有说清前一环节如何向后一环节转化过渡,其中虽然有很多地方天才地猜测到了客观对象的转化过渡,但总的讲是十分勉强的。读过他的逻辑学和法哲学的人,就知道这点。恩格斯指出:"由于"体系"的需要,他(按:指黑格尔)在这里常常不得不求救于强制性的结构。"(《马克思恩格斯选集》第 4 卷,第 215 页)我们对这些东西自然没有必要去穷究底蕴。黑格尔重要的贡献在于:"在所有这些不同的历史领域中,黑格尔都力求找出并指出贯穿这些领域的发展线索。"(同上)还在于:他具体地探索了世界通过否定性的前进运动而发展的节奏性与全貌。简言之:这一发展的线索就是"否定",这一发展的节奏性与全貌就是"否定之否定"。

那么,这个"否定之否定"的最根本的特征是什么呢? 概括讲来可分为三点:

第一,否定或扬弃不是平板的,不是直线形的上升,不是一种单纯的无限前进,不是简单的由此及彼的流动,而是前进之中的复归,上升之中有曲折,简言之,否定之否定乃是通过自身之否定向起点返回,是前进与复归的统一的上升运动。

第二,这种返回并不是循环,不是旧事物之重演,"它从一些简单的规定性开始,而每一个接踵而来的规定性就愈来愈丰富,愈来愈具体。因为结果包含着自己的开端,而开端的发展用某种新的规定性使它更加丰富。……它不仅没有因其辩证的前进运动而丧失什么遗留什么,而且还带着一切收获物,使自己的内部不断丰富和集聚起来"(《逻辑学》第 2 卷,英译本第 482 页)。列宁认为黑格尔"这一段话对于什么是辩证法这个问题,非常不坏地做了某种总结"(《哲学笔记》,第 250 页)。简言之,这个前进的上升运动,由简单到复杂,愈来愈丰富,愈来愈具体。

第三,它的基本进程是"三个环节两度否定",具有"三拍一顿"的节奏性,这就是有名的格尔的正、反、合的"三分法"。所谓正,照黑格尔解释:"表示那范围内之单纯性质";反,"表示那范围内的思想之分化阶段";合,"表示由分化而回复到单纯自我相关"(《小逻辑》,第 137 页)。黑格尔在这里讲的是思想概念运动的三个阶段,即思想的直接性,思想的反映或间接性,思想之回复到自身。① 我们且不管黑格尔这些玄虚之辞。明白说来,黑格尔的正反合的过程其实就是"肯定→否定→否定之否定"的过程。

---

① 参阅《小逻辑》第 135—136 页。

这个三环节两否定的形式,不能将其视为一个死板的绝对的公式到处乱套,甚至连黑格尔本人也反对这样做。他说:"形式主义者也掌握了三分法,并固持其骨架;这种形式由于现代的哲学构成之肤浅滥用及干瘪无物,弄得冗长讨厌而声名狼藉,这个构成,在于简单地将没有概念与内在规定的形式的框架套在各种东西上面,而且用它来建立外在的排列"(《逻辑学》第2卷,英译本第479页)。因此,辩证法的"三分法"只是它的完全表面的与外在的方面。黑格尔反对将这个三分法变成没有内容的形式,这自然是对的,但他却从精神发展本身去抓这个形式的本质内容,认为这个形式的内容乃是概念与内在规定,这当然是错误的。在我们看来,应该从事物发展本身去找这个形式的根据,并且根据事物的特殊性灵活地运用这个形式,这样才能避免形式主义的错误。

其实这个三分法:"肯定→否定→否定之否定",正是事物的发展变化过程的表现形式,换言之,"发展变化过程"是这个三分法的本质内容。黑格尔从唯心主义角度出发,也看到了这一点,他认为这个第三项,否定之否定,"不是静止的第三项,而是统一,这个统一是自身中介的运动与活动"(同上)。这里所谓的统一,列宁认为正是相互否定的双方的统一,因此,肯定、否定、否定之否定,不能视为外在的互不相涉的三项,而是一个发展变化过程的次第蜕变的三项,或接踵而来的三个阶段。在这里,第二项看来就是发展变化过程中的否定因素,第三项,即否定之否定,乃是上述矛盾的扬弃,即统一物之分解,转化为新东西。这个新的东西便是新的统一物,否定之否定在新的统一物中成为新的肯定,由第三项变为新的第一项,开始其新的变化。列宁指出:"向'第三项'即合题的辩证转化的结果是新前提,是论断等等,这个新前提又成为进一步分析的泉源。"(《哲学笔记》,第249页)由此看来,这个使人迷乱的"正反合"不过是"发展变化过程"的表现形式而已,因此,这个三分法只有与"发展变化过程"相结合,才不致成为一个僵化的公式。

否定之否定过程的根本特征,或者说,否定之否定的普遍性,看来便是上述三个方面,即:第一,向起点的复归性;第二,由简单上升到复杂的前进性;第三,表现为"三个环节两度否定"的形式,然而,除此以外,否定之否定尚有其特殊性。

所谓否定之否定的特殊性，首先就是要研究每一个具体过程在实现第一个否定以后，如何才有可能使第二个否定发生，即如何才有可能导致向起点复归。恩格斯指出：要做到这一点，就要研究每一个别场合的特殊性质，即掌握它的特种否定。碾碎麦粒，虽然对麦粒实现了否定，但不能出现第二个否定，因为这种外在的否定性不能实现发展转化，而只有麦粒自身具备的萌发力量，才是它的内在否定性，麦粒在一定的土壤气候等条件下萌发，于是麦秆就否定了麦粒，生长成熟，麦秆又被否定，复归于麦粒。没有关于麦子生长变化的具体知识，是不能了解其否定之否定过程的，当然更谈不上促进这一过程的实现。

其次，必须注意否定之否定过程的逻辑理论顺序不一定与历史上发生的时间先后总是一致的。这个过程应从一个总的历史发展阶段来看，从事物的全局来看，而不应拘泥于历史事件发生或人物出现的先后。列宁在研究哲学思想的否定之否定过程，即所谓哲学的"圆圈"时，认为不必拘泥于人物的年代先后。他在《论我国革命》一文中曾说："世界历史发展的一般规律，不仅丝毫不排斥个别发展阶段在发展的形式或顺序上表现出特殊性，反而是以此为前提的。"(《列宁选集》第4卷，第690页)因此研究事物的否定之否定过程，应从过程的总体加以分析，孤立隔绝、拘泥小节是不可能认识事物的辩证规律性的。

再次，事物发展的总趋势是由简单到复杂不断前进的，这是发展的必然性，但又如恩格斯在《路德维希·费尔巴哈和德国古典哲学的终结》中所言："人类历史将不但有向上的分枝，而且也有向下的分枝。"(《马克思恩格斯选集》第4卷，第213页。新译将"分枝"改为"过程"，不如旧译。该词原文为Ast，英译为branch)在自然中虽然总的趋势是进化，但也可以是退化，或进化往往伴随着退化。恩格斯曾经认为生物的适应作用"总的说来可以是进化，也可以是退化"，而且"有机物发展中的每一进化同时又是退化，因为它巩固一个方面的发展，排除其他许多方面的发展的可能性"(《自然辩证法》，第283页)。在社会斗争中，也可以出现两败俱伤、发展中断的情况，如《共产党宣言》中所言："……而每一次斗争的结局，不是整个社会受到革命改造，就是斗争的各阶级同归于尽。"(《马克思恩格斯全集》第4卷，第466页)古罗马奴隶斗争便是这样的例子。至于历史倒退的情况也是存在的，在中外历史中都可以找到封建复辟的例子,甚至在业已取得社会主义胜利的国家也可能发生资本主义,甚至封建法西斯主义复辟的逆流。因此,"下降的分枝""退化""同归于尽""历史倒退"等,在自然和社会的发展中是确实存在的。必须善于认识这些现象,力求变坏事为好事,绕过暗礁,继续前进,决不能从而得出"世界末日""前途渺茫"等悲观的结论。恩格斯反驳这类悲观论调说:"我们还是确信:物质在它的一切变化中永远是同一的,它的任何一个属性都永远不会丧失,因此,它虽然在某个时候一定以铁的必然性毁灭自己在地球上的最美的花朵——思维着的精神,而在另外的某个地方和某个时候一定又以同样的铁的必然性把它重新产生出来。"(《自然辩证法》,第 24 页)因此,一个真正的马克思主义者对自然与历史发展的前景,总是充满了乐观与自信的。我们必须看到:"下降的分枝""历史的倒退"等现象只是暂时的,终归要为前进的趋势所克服的。

根据上面分析,否定之否定的特殊性主要也有三个方面:第一,必须研究特种否定,即事物借之以获得发展的否定;第二,必须具体分析客观发展的时间顺序与逻辑顺序的关系;第三,必须充分估计前进运动中逆流的出现。

事物的圆圈形运动、螺旋形上升运动或波浪式前进运动大致讲来就是如此。它不但深刻地揭示了客观事物辩证发展的全程,而且充分地展开了辩证否定这一概念的内涵。矛盾的本质就是否定,就是对立双方的相互否定。事物内在的否定性就是事物矛盾运动中的能动的革命因素,由此而导致矛盾的不断产生与解决,形成螺旋式的上升运动。从我们的论述中可见:辩证思维自身发展的逻辑,也体现了辩证的前进运动。我们从肯定与否定、有限与无限开始,逐步揭开了它的内在矛盾,展现了它的不断丰富的内容,从而达到否定之否定,而否定之否定正是向肯定之复归。辩证思维自身发展的逻辑现身说法地为我们勾勒出了这个次第展开的圆圈形运动。这个运动,详言之,如上所述,简言之,即恩格斯的那个经典性的概括:"按本性说是对抗的、包含着矛盾的过程,每个极端向它的反面的转化,最后,作为整个过程的核心的否定的否定。"(《马克思恩格斯全集》第 20 卷,第 153 页)

全部否定性的辩证法便是如此。

否定作为一个哲学、逻辑范畴,内容是异常丰富的,甚至我们可以认为

"否定"与"辩证法"是同义的,它正确地全面地本质地反映了客观事物发展的辩证进程,将辩证法的三个规律联成一个整体,从而有机地反映了事物发展的全貌。否定,构成了辩证法的灵魂。

恩格斯告诉我们:"对思维形式、逻辑范畴的研究,是有益的和必要的,而且从亚里斯多德以来,只有黑格尔才系统地做到了这一点。"(《自然辩证法》,第218页)黑格尔用"否定"贯穿起来的逻辑、哲学系统,其中包含了一个从错误观点出发的,然而内容却十分丰富的辩证法纲要。这个纲要值得我们批判地加以研究。

黑格尔的这个唯心的否定的辩证法被马克思首先唯物地加以改造,并在政治经济学中加以应用,获得了巨大的成功。他在《资本论》中具体地分析了经济现象,天才地运用与发展了这个否定的辩证法,辩证法在马克思手中第一次获得了一个科学的形态。于此,马克思绝不是什么硬套黑格尔公式,而是从丰富的现实材料中引出规律性与普遍公式。马克思说:"研究必须充分地占有材料,分析它的各种发展形式,探寻这些形式的内在联系。只有这项工作完成以后,现实的运动才能适当地叙述出来。这点一旦做到,材料的生命一旦观念地反映出来,呈现在我们面前的就好象是一个先验的结构了。"(《马克思恩格斯全集》第23卷,第23—24页)马克思几十年如一日艰苦卓绝地仔细研究了"经济"这一形态的特殊性,从而合乎规律地将它上升为一个科学的理论系统,这个系统的理论线索就是唯物的否定的辩证法。

因此,我们如要对辩证法作一番探本索源的工作,就必须全面研究黑格尔的《逻辑学》与马克思的《资本论》、恩格斯的《自然辩证法》,本文只能算是对这种研究的一种理论准备,还不能算是研究的开始。

作者附言:这篇文章全文较长,这里发表的是其中的一部分,并作了一些删节。一九八〇年一月八日定稿于北京,恰值周总理逝世四周年之日,谨以此文作为奉献。

(本文发表于《中国社会科学》1980年第2期)

关于莱布尼兹自然哲学的几个问题

祖庆年[*]

17世纪末至18世纪初的德国哲学家莱布尼兹(1646—1716),是创立著名的"单子论"体系的客观唯心论者,是上承希腊哲学、下启德国古典哲学的关键人物,费尔巴哈曾称他为"近代哲学领域内继笛卡儿和斯宾诺莎之后,内容最为丰富的哲学家"[①]。莱布尼兹同时又是一个杰出的自然科学家,他和雅各·波迈(1575—1624)一同建立了德国的自然哲学。马克思曾称赞他"在数学、物理以及与它有密切联系的其它精密科学方面都有所发现"[②]。列宁也曾指出,在莱布尼兹的学说中,富有非常深刻的辩证法。[③] 对于莱布尼兹的哲学思想,一直是哲学史上人们感兴趣的论题,但对于在他的学说中占重要地位的自然哲学,则论述较少。本文试图对莱布尼兹的自然哲学的几个重要问题,作一些初步探讨,以期从这一侧面来了解莱布尼兹。

一、力和"力的守恒"

莱布尼兹对物理学的研究,从年轻时起就已开始。1671年,他25岁时,写成《物理学新假说》一书,深刻地论述了抽象运动和具体运动。此后,他先后旅居伦敦、巴黎、荷兰等地,结识了当代著名学者洛克、N.马勒伯朗士、牛顿、惠更斯、斯宾诺莎等人,和他们讨论哲学、数学和物理学问题,并保持了长期的通信关系。他在物理学上最重要的贡献是对笛卡儿提出的动量守恒

[*] **祖庆年**(1923—2015),主要研究领域为西方哲学。

① 《费尔巴哈哲学史著作选》第2卷,第5页。
② 《马克思恩格斯全集》第2卷,第161页。
③ 参见《列宁全集》第38卷,第431页。

原理进行了认真的探索和必要的修正。

人们对于作为物质的属性和存在的形式的运动的认识是不断发展的。笛卡儿首先提出宇宙间运动量的总和是一个常数,即"运动的量是不变的"这一命题。这是能量守恒与转化定律的先声。但笛卡儿是从哲学的角度得出这一物理学的命题的。他认为,由于上帝在一开始时把物质、运动和静止一道创造出来,因此宇宙永远保存着同量的运动,即所谓"动量守恒"。① 恩格斯对笛卡儿的这一发现曾经给予高度的评价,指出这一伟大原理是能量守恒理论的萌芽,在两百年之后才为自然科学家所证实。但同时又指出这一原理的缺陷,并指出"莱布尼兹是看出笛卡儿运动量和落体定律相矛盾的第一个人"②。

莱布尼兹提出了与笛卡儿和笛卡儿派不同的表述动量守恒原理的内容和公式,即以 $mv^2 = c$(质量和速度的平方的积为一常数)的公式,补正了笛卡儿的 $mv = c$(质量和速度的积为一常数),形成了力学中长期争论的两个派别。莱布尼兹是从以下几个方面提出新的解释的。

首先,他认为运动本身不是某种实在的东西,它仅仅是某种连续的东西,它从来不是完整地存在着。当物体静止和开始运动时,一定有某种东西作为运动的根源,他把这种东西称之为"力"。唯有"力"才是某种实在的东西,它每时每刻都存在着。空间也只是力的表现或显现。"力"的含义是广泛的,它包括力、作用力和意向。在《关于实体的本性和交通,兼论灵魂和身体之间的联系的新系统》(以下简称《新系统》)一文中,他回顾了对"力"的探索过程,他说:"我发觉仅仅考察到一个有广延的质量(质量一词是牛顿在1688 年所创用的,莱布尼兹在这里首次使用这个词,无疑是从牛顿那里借来的。——引者)是不够的,还必须用"力"这一概念,这一概念是十分明确的,虽是它属于形而上学的范围。"③在这里,他之所以把"力"看作是形而上学的概念,是由于在他看来,"力"不单纯是像其他的物理的东西一样,是能被知觉到的一种物理的东西。例如,一个质量的势能,能为我们所理解,却无法知觉到它。在《新系统》第三节中,他把原始的力,看成和亚里士多德的隐泰

① 参见笛卡儿《哲学原理》第 2 篇,第 36 节。
② 恩格斯:《自然辩证法》,第 54、70 页。
③ Philip P. Wiener,*Leibniz Selections*,1951',New York,p.107.以下简称 S 本。

来希一样的东西,认为其中不仅包含现实性,也包含原始活动。在该文的原稿中,他有以下一段话:

> 关于力或潜能,我并不意指能力或仅仅是功能,因为后者只是行动的接近可能性,它好象死的一样,在不受外部刺激的情况下,永远不会产生活动。我所意指的是,介乎动力和活动之间的某些东西,它们包括一种作用力,一种实际的活动,一个隐泰来希。力通过自身化为活动,只要没有东西加以阻碍的话。这就是为什么我把力当作实体的构成部分,因为它是活动的原则,而这正是实体的特性。①

在这里,莱布尼兹否定了斯宾诺莎认为实体是一种自身独立、不必思考他物就能被理解的东西(广延和思想是它的属性,实体是心与物的统一体。)斯宾诺莎的这种实体是"自因"说,坚持了从世界本身来说明世界,表明了自然全体对自己本身的依存性,是含有辩证法因素的。但斯宾诺莎的实体和心物统一说,是静止的直观的统一,是有着他的唯物论的形而上学的局限性的。在莱布尼兹看来,实体不是一个普遍的实体,而是无限多的,实体概念与作用力、活动这些概念是分不开的。他用动态的自然观取代了斯宾诺莎的静态的自然观。正如列宁所指出的,"莱布尼兹不同于斯宾诺莎的特点:莱布尼兹在实体的概念上增添了力的概念,而且是活动的力的概念……,'自己活动'的原则";"因此,莱布尼兹通过神学而接近了物质和运动的不可分割的(并且是普遍的绝对的)联系的原则"。②

在《论哲学和神学中的正确方法》一文中,莱布尼兹提出,必须给广延的概念加上活动,才能构成"物体"的完整概念。他说:"物体是延伸的活动力(广延的动因),如果我们认为每一个实体都是活动的,而每一个活动的物体被称作实体的话,那么,一个实体可以是延伸。这样,我们可以从形而上学的内在的真理表明:没有活动就没有一切,因为并没有只作为单纯的潜在的活动而没有任何原初的活动的那种东西。绷紧的弓的力决不是一个很小的

---

① Robert Latta, Leibniz, *The Monadology and Other Philosophical Writings*, 1925, London,《新系统》一文注释。以下简称 M 本。

② 《列宁全集》第 38 卷,第 427 页。

力,只是我们说它尚未活动。在任何情况下,这种力在弓进行发射之前早已存在,因为弓是用力拉着的,而每一个力都是一种活动。"①在这里,莱布尼兹否定了笛卡儿认为有三种实体,即上帝、心灵和物质,而广延是物质的本质属性这种观点,莱布尼兹认为广延不是实体的属性,唯有力本身构成物质的最内在的本质,没有力,就不存在广延,力是比广延更加原初的东西,力是实体的构成部分,也是实体的特性,它先于广延而存在。这样,实体就不再是像笛卡儿认为的那样,只是具有广延的、僵死的、由外力推动的块体,而是在自身中就具有活动力,具有永不静止的活动原则的实体。列宁非常重视莱布尼兹关于力的这种观点,并说:"大概马克思就是因为这一点而重视莱布尼兹……"②莱布尼兹进一步把力分为本原的和派生的两种。本原的力是实体所固有的,早已存在于实体自身之中;派生的力只是本原的力的样态,正如形状是物质的样态一样,它能对实体的存在加以某种限制或否定,但不能给实体增加任何新的、积极的东西。他认为,前者是固定不变的,后者则处于经常变化之中,因此,在宇宙中,甚至在宇宙的每一部分中,每时每刻都有无限众多的运动和形状在产生和消逝。莱布尼兹在《动力学实例》中,又根据物理学,把本原的和派生的力分别称为活力和死力。活力是内在于物体的力,它是物体的真正的运动,其量度是质量和速度平方的积,即 mv^2,象落体运动和弹性物体的碰撞。死力是静止物体的"压力"或"拉力",这种力是外来的,其量度是物体的质量和这个物体由静止状态到运动状态时具有的速度的积,即 mv。

莱布尼兹指出,如果只用 mv 这一种量度的话,那么"活力"(mv^2)在自然界不断地增加或减少时,也就是用 mv 去量度落体运动时,就会导致 mv 的不守恒。他分析了落体中的一个试验,即把四磅重的一个物体举起一英尺和把一磅重的物体举起四英尺,需要的"力"是一样的。相反的,这两个物体在不同高度下落时所获得的"力"也相等。由此他得出结论,认为两者下落的运动量相等,而如果用 mv 作为运动的量度,两者的运动量则是不等的,因此,他认为 mv 不适合作为运动的量度。他根据伽利略的落体定律,成功

① S本,第 64 页。莱布尼兹的这种关于力的见解,和中国《墨经》中的"力,形之所由奋也"十分类似。《墨经》曾提出了世界上最早的静力学理论。

② 《列宁全集》第 38 卷,第 427—428 页。

地计算出物体下落距离与时间的平方成正比($S=1/2gt^2$),也可以成功地计算物体下落距离与速度的平方成正比($S=1/2gv^2$),因此他试图用 mv^2 作为"力"的量度,这样才能表明两个物体的运动量相等($m_1 V_{12}=m_2 V_{22}$)。[1]

在《新系统》第二次解说中,莱布尼兹却提出用"力的守恒"来代替"动量守恒"。他说:"笛卡儿曾相信物体中同一运动量是守恒的,在这个问题上已经表明他是错的,但我已经表明,代替他所说明的运动量,有一个同一运动力的守恒,这是更加真实的。"他进而提出:"必须把运动力的量和方向区别开来,不仅有一个运动力的等量守恒,也有在这个世界上所取的任何线上的方向的等量守恒。"他称这个为另一个自然规律。他说:"按照我的系统,有一个力和方向的守恒,没有任何物体的自然规律能违反它。"[2] 1687 年 4 月 30 日,他在《致阿尔诺的信》中说:"上帝之创造这个世界,在最初的时候,就把创造成为无论在什么时候,都不会与那两条大的自然律(就是关于力量的定律及关于方向的定律)相违背,而是使它正确地遵照这两条大的自然律的……"[3]在《以理性为基础,自然和神恩的原则》这篇被黑格尔称为集中讲述他的真正的哲学思想的论文中,他指出:"上帝的最高智慧导致他特地去选择运动的规律,这些规律对抽象的或形而上学的理由是最适合的和最一致的。"又指出:"单独考虑有效原因或物质,是不能说明这些运动的规律的……我们必须求助于终极原因……"[4]换言之,求助于"特地选择这些运动的规律"的上帝,这正说明了莱布尼兹的自然哲学的唯心主义和僧侣主义的特点。

对于莱布尼兹和笛卡儿派的长期争论,恩格斯曾给予公正的评价,指出:"不能把这场争论这样完全归结为一场毫无益处的咬文嚼字的争论",同时,又用辩证唯物主义的观点,通过对机械运动不同情况的具体分析,揭示了机械运动向其他运动形式的转化,从而杰出地解决了运动量度问题,并用

---

① 莱布尼兹在《新系统》"第二次解说"一文第 20 节中,详细论述了这一原理。在他《致贝尔努依的信》(1696)中,明确区别了在不同方向上 mv 和 mv^2 的不同,不过 mv^2 在运动过程中保持不变,是惠更斯(1629—1695)最先发现的,但莱布尼兹却把它"实体化"了,即认为它的守恒是一个普遍的物理原理。

② 莱布尼兹:《新系统》,第二次解说,第 20 节。

③ 莱布尼兹:《形而上学序论》,陈德荣译,台湾商务印书馆 1979 年版,第 259 页。

④ 莱布尼兹:《以理性为基础,自然和神恩的原则》第 11 节,见 S 本及 M 本。

"功"这个物理学的新概念,在数量上使各种运动形式联系起来,因为功(A)在数值上等于作用力(F)和物体在力的方向上移动的距离(S)之乘积:A＝FS,而活力(mv^2)无非是一定量的机械运动作功的能力。恩格斯还指出:无论用"力的守恒"或用"能量守恒"去表达能量守恒与转化定律,都只是从数量上去把握,而"运动的不灭不能仅仅从数量上去把握,而且还必须从质量上去理解",恩格斯恰当地把它命名为"能量守恒和转化定律"[①],这样就对莱布尼兹和笛卡儿派的长期的形而上学机械论的争论做出了科学的总结。

二、数和"普遍文字"

莱布尼兹沿袭唯理主义的思想,用高度思辨的头脑,构造出他的自然图景。和当时机械唯物主义相反,他认为自然界是一个有机整体,由无限众多的单子的族所组成,受内在活动的精神所渗透,为一个居统治地位的统一体所主宰,这个"宇宙的居统治地位的统一体不仅支配世界,而且还创造和形成了它。比世界更高,可以说:超越世界之上,因而是事物的最后理由"[②]。这个统一体,在他看来,就是众单子的太上单子——上帝。上帝在创造世界时,把一切都事先安排好了,他所创造的世界又是一切可能的世界中最好的,所以世界的一切都是和谐一致的,他称之为"前定的和谐"[③]。正是以上述思想为基础,他认为宇宙是一个由数学-逻辑原则所统率的和谐的整体,唯有数学和形而上学才是基本的科学,唯有理性才能阐明它,因为在"理性的灵魂或精神"中,"比在单子或单纯的灵魂中有着更多的东西。它不仅是创造物的宇宙的一面镜子,而且也是上帝的一个形相。精神不仅有一个对上帝的作品的知觉,它甚至能够产生和这些作品类似的某些东西,虽然是在小规模上"[④]。

理性如何去阐明宇宙? 莱布尼兹认为亚里士多德的逻辑和斯多葛派已

---

① 参见恩格斯《自然辩证法》:"运动的量度——功"及其他章节。

② 莱布尼兹:《论事物的最后根源》,见 S 本及 M 本。

③ 莱布尼兹开始使用的术语是"一致的体系"。1695 年,在《新系统》一文中,他首次采用"前定的和谐"这一术语。见 Paul Edwards, *The Encyclopedia of Philo-sophy*, Vol Ⅲ, p.429, 1972, London.

④ 莱布尼兹:《以理性为基础,自然和神恩的原则》第 14 节。见 S 本及 M 本。

经为人类的认识通向确证之路，提供了一些重要的东西。但后来这条路不为人所遵循，这是由于它所采用的计数的步骤不够简便。因此，他一直设想能以数字为基础，去建立一种新的逻辑，这种新的逻辑和数学原理一样精确、简便，能够确证物理学、伦理学、形而上学乃至人类的一切知识。这种新的逻辑和传统的形式逻辑不同，后者只是证明的手段，而前者则是"发现的技术"。他称这种新的逻辑为"普遍文字"①，这种"普遍文字"，包括表现概念的字和对这些字的演算推理，即是通过字母和符号进行逻辑分析和综合，使人们有一个通用语言，即一套既能表达思想和事物，又能进行演算的符号系统，来代替自然语言。他认为全部人类知识都能通过字母表的字母而表达出来，凡是懂得字母表的用法的人就能认识一切，就能发现和判断任何事物。他在多处把这种普遍文字对全部思想的应用比作算术对数、几何学对线一样明确和精确，他称之为"人类思想的字母表"，"采用这种普遍文字，无异于建立了和理智分担内在和谐的真正宗教"。② 足见，这种"普遍文字"是莱布尼兹企图建立的形而上学体系中的一部分，并作为一种工具为这个体系服务的。

莱布尼兹在 1677 年写的《通向一种普遍文字》一文中，详细地论述了他这种思想的来龙去脉。他认为，在数之中隐藏了最深奥的秘密，数可以说是一个基本的形而上学的形式，算术是一种宇宙的静力学，在其中显示出事物的种种动力。自毕达哥拉斯以来，就一直为人们所重视，但还没有人识破这个真正原理的奥秘，即是我们可以对一切对象指派其确定的特征数字(characteristic number)。他说，自孩提时起，就早已被引入这些反思，此后，它们一直极其深刻地烙印在他的心上。他说，在青年时期，"我所探索的其中之

---

① "普遍文字""通用语言""万能算术"。莱布尼兹在《论普遍性的方法》(1674)残篇第 4 节中写道："……我习惯于称呼这门伟大的科学为'符号语言'，对于它，我们称之为代数或分析的那个东西，只是其极其微小的分科，由于它是符号语言，它给语言以词，给词以字母，给算术以数字，给音乐以音符。它教导我们如何去确定我们的推理，可以说，为了从容不迫地检查记录下来的明显的线索，我们需要它。最后，它还使我们合算地通过用字代替事物来进行推理，并借以摆脱空想……"在《论逻辑句法》的残篇中，他写道："全部符号语言在于一个词组的构成和从词组到词词的过渡。一个简单的或被很好地构成词组，是通过同格或结合而构成的。通过同格而形成规则，通过结合而形成新字。"(以上引文分别见 S 本第 4 页、第 8 页。)

② S 本，第 17—25 页。

一是范畴的问题。我特别想要说明的是，正和我们有许多范畴来判断简单概念的类别一样，也必然有一种新的范畴，以其自然的顺序包摄命题本身或复合的诸项……我思考出，必然会创造出一种人类思想的字母，通过由它组成的联系和词的分析，其它一切都能被发现和判断。"①在他 20 岁时，他的大学学位论文即是《论组合术》，这篇论文于 1666 年出版，其主要思想导致他以后一系列关于普遍文字和逻辑演算论文的写作。他说："不管我是如何忙碌或闲散，我总是坚定不移地持续在这方面的反思。我终于发现了这种方法，为了制订这种文字……完全需要按照一种新的方法，去创立一种数学——哲学的研究过程。"②他认为这是一种惊人的和简易的方法，人们只要五年就可以全部掌握它。"一旦人们对最大部分的概念建立起语言数字，那时人类将会拥有一种新工具，它提高智能的能力，远胜过光学工具之加强人眼，而理智之优越于视力，和显微镜及望远镜之取代视力一样。它的用途之大，犹如给水手以指南针，它比星座带给所有在海上从事调查和实验的人的用途更大得多"。他甚至不无夸张地说："这是人类心灵的最高成果。"③1684 年，他在《对于认识、真理和观念的沉思》一文中，从人类认识的角度指出，唯有数的认识才能达到清楚的和充足的观念。"在大多数情况下，特别是在更为冗长的分析之中，我们不能立刻觉察出对象的全部本性，但我们却能用观念的符号来替代这些对象自身，对这些符号的说明，则为了简洁而加以省略。"④

在莱布尼兹看来，模糊表象和清楚表象之间的区别归根到底也仅仅是数量上的。他认为自然界只不过是一架计算机，甚至音乐也只不过是一种混乱模糊的计算技巧。因此，他说："由于所有事物的奇妙的相互联系，使得明确地用公式阐述各个事物的语言数字极为困难，为此，我曾创制了一种精美的技巧，通过它，确凿的诸关系可以用数字加以表述和固定，然后又能在数字计算中进一步加以确定。"⑤这是他在 1677 年写的。他所提到的这个"精美的技巧"，是否即是他所亲自制成的人类第一台手摇计算机？ 对此，说

---

① S 本，第 17—25 页。
② S 本，第 17—25 页。
③ S 本，第 17—25 页。
④ S 本，第 285 页。
⑤ S 本，第 25 页。

法不一。较为可靠的说法是，在此以前三年，即 1674 年，他对法国巴斯噶（1623—1662）所制造的加法器的轮子和齿轮加以改装，使之成为可以进行四则运算和开方的手摇计算机。① 他曾带着这部计算机到伦敦、巴黎表演，发现还不够灵敏，并经常出现误差。

1701 年，莱布尼兹从法国来华传教士白晋神父（1656—1730，1687 年来华）处得到两个《易》图，即伏羲 64 卦次序图和方位图，惊异地发现"这恰恰是二进位制算术，这种算术是这位伟大的创造者（指孔子——引者）所掌握，而在几千年之后由我发现的。在这个算术中，只有两个符号：0 和 1，用这两个符号可以写出一切数字"②。0（零）就是阴爻"— —"，1 就是阳爻"—"。两年后，他在《皇家科学院科学论文集》中发表了著名的《二进位制计算的阐述》一文，为计算机原理奠定了基础。这个原理在今天的电子计算机中得到了广泛的运用，不同的是，电子计算机进一步简化了设备，用加负数的加法代替了减法，从而使四则运算简化为加法和移位两种操作。

莱布尼兹在他逝世那一年，致书俄国彼得大帝，追忆他从几位来华神父尤其是白晋神父的通信中，看到 64 卦时的经过和惊喜，他说："我自己成功地发现一种新的计算方式，我发现他们的新方法对全部数学都投射出大量光辉。而依靠它，我们才能了解我们过去难以处理的东西。"③莱布尼兹在他生前尽管实际上已经发现了符号逻辑的若干重要原则及定理，但他未能使这种他称之为"普遍文字"的新的逻辑形成完整的体系，他自己也遗憾地说："如果上帝给我以足够的时间，去完成这个方案是我的志向之一。"莱布尼兹的这个方案理所当然地被看作是他的最伟大的发现之一，也是人类精神的最精彩的发现之一，但是由于莱布尼兹不了解"数是我们所知道的最纯粹的量的规定。但是它充满了质的差异"④。他把一切物体（概念）以及物体（概念）之间的联系，统统归结为数和数的联系，并进一步把物体（概念）都无条件地复原为数，这是把数绝对化为脱离物体而独立存在的纯粹原因，从而颠

---

① 参见《世界科学译丛》1978 年 1 月号，第 19 页。*The Encyclopedia of Philosophy* 认为莱氏在 1672—1676 年旅法期间，发现微积分和制造计算机的。见该书 Vol. Ⅲ，p.423

② 莱布尼兹：《致德雷蒙的信：论中国哲学》，庞景仁译。见《中国哲学史研究》1982 年第 1 期，第 105 页。

③ 莱布尼兹：《致彼得大帝的信》，1716 年，见 S 本，第 598—9 页。

④ 《自然辩证法》，第 236 页。

倒了数是从现实中产生出来的这个关系,因而陷入了唯心主义,陷入了否认质的差异的形而上学。后来,他这种思想,得到了多方面的继承和发展。以新实证主义为指导思想的语义学派,继承了他这种思想的唯心主义和形而上学的一面,把语言当作是唯一的、或至少是主要的哲学的对象,即所谓记号学;数理逻辑和机器数学则继承和发展了他这种思想的有用的、积极的一面,并形成了计算机这门独立的科学分支,他们把莱布尼兹尊为数理逻辑的创始人和"计算机之父"。正如德国著名逻辑史家肖尔兹所说的,"人们提起莱布尼兹的名字就好象是谈到日出一样,他使亚里士多德逻辑开始了'新生',这种新生的逻辑在今天最完美的表现就是采用逻辑斯蒂形式的现代精确逻辑"①。

三、无限和"神秘的微分"

约在 1873—1883 年间,恩格斯在论述自然科学和哲学的关系时,提到莱布尼兹是研究无限的数学的创始人。② 两年之后,恩格斯又指出微分和积分是由牛顿和莱布尼兹大体上完成的。③ 莱布尼兹之所以是无限的数学的创始人,并和牛顿几乎同时各自独立地发明了微积分——它曾被恩格斯称为人类精神的最高胜利④,除了当时自然科学发展的条件和要求之外,还有其自然哲学的思想基础。在莱布尼兹的学说中,数学和哲学是紧密关联甚至是融为一体的。无限的概念始终贯穿在他的整个学说之中。"无限"这个概念早在亚里士多德的《物理学》中已加以探讨,后来,托马斯·阿奎那、笛卡儿、斯宾诺莎,对此都有所论述,莱布尼兹是在前人研究的基础上,进一步发挥的。⑤ 早在 1677 年,即莱布尼兹创立微积分的次年,他在论述亚里士多德

---

① 肖尔兹:《简明逻辑史》,第 48 页。
② 参见恩格斯《自然辩证法》,第 182 页。
③ 参见恩格斯《自然辩证法》,第 236 页。
④ 参见恩格斯《自然辩证法》,第 244 页。
⑤ 此处据黑格尔《哲学史讲演录》第 4 卷,第 165 页。罗素在他的《西方哲学史》中,则认为系在 1675—1676 年,见该书英文版第 582 页。莱布尼兹关于微积分的著作:《关于极大和极小以及切线的新方法》发表于 1684 年,而牛顿关于微积分的著作发表于 1687 年,晚于莱氏三年。

和笛卡儿的物质（matter）原理时，就明确指出："物质实际上分成无限的部分，在任何已知的物体中都有无限的创造物……从没有这样的原子或物体，其部分是决不能为力所分离的。"①

1711年，莱布尼兹在《致贝尔努依的信》中说："自然界的每一微细的东西都趋向无限。"②这实际上是指空间而言的。1716年，他在《数学的形而上学基础》一文中说："时间是一个无限的进程。"③这实际上是指时间而言的。1714年，他在《以理性为基础，自然和神恩的原则》中说："自然界的任何东西都是在向无限前进。"④这是既指空间也指时间，既指物质也指精神而言的。这不禁使人联想起英国著名讽刺作家《格列弗游记》作者，江奈生·斯威夫特（1667—1745）在他的《诗论》中的以下颇富哲理的诗句：

> 这样，博物学家看到，一只跳蚤
>
> 有更小的跳蚤在攫食他，
>
> 而这些又有更小的去叮他们，
>
> 就这样向无限前进。

1716年，即莱布尼兹逝世的一年，他在《致安吉考特的信》中，明确提出了无限空间中的无限次数这个重要的概念，提出了自然界结构各种层次的无限系列，就是数学中无限次微分的原型。这是一种难能可贵的辩证法思想。现摘译如下：

> 例如，我们必须把以下五点：（1）一粒沙中的一个微小分子的直径；（2）这一粒沙自身的直径；（3）地球的球体的直径；（4）一颗恒星离开我们的距离；（5）整个恒星系统的大小；分别设想为：① 二次微分；② 一次微分；③ 一条通常可指定的线；④ 一条无限的线；⑤ 一条无限地无限

---

① S本，第91页。

② M本，《以理性为基础，自然和神恩的原则》一文注释。

③ S本，第207页。

④ S本，第527页。

的线。①

在他的主要代表作之一《单子论》中,他把物质的无限和精神的无限巧妙地完全结合在一起,他说:"物质的每一部分不仅如古人所承认的那样无限可分,而且实际上被无限地再分割,部分更分为部分,这些小部分中的每一个都有其固有的运动……""在物质的最小的部分中,也有一个创造物、生物、动物、隐德泰希、灵魂的世界。"②

需要指出的是,莱布尼兹的"无限"概念,仅仅适用于身体(物体),而不适用于灵魂;仅仅适用于物质,而不适用于精神。尽管他把二者统称为"实体的形式"③,但又坚持二者的属性是完全不同的。他认为由于物体(物质)占有空间性,因而是可以加以分割,乃至无限分割的;而灵魂(精神)则不占有空间性,因而是不可能加以分割的④。他在《新系统》的三篇解说中,力图说明身体和灵魂二者之间的密切联系,这比笛卡儿前进了一大步。笛卡儿认为"在身体中有一部分,其中灵魂所起的特殊作用,超过其它部分,这一灵魂的特殊的位置,在脑子中的松果腺"⑤。而莱布尼兹则认为灵魂是"直接地"显现在身体之中,因此并没有特殊的位置,而是在身体的任何部分,正如单元在整体的任何部分中一样。⑥ 他认为松果腺只不过是感觉中枢。⑦ 他这种看法,从今天的生物科学看来,显然和笛卡儿一样,是错误的。莱布尼兹

---

① M本,《以理性为基础,自然和神恩的原则》一文注释。
② 莱布尼兹:《单子论》第65—70节,见《西方哲学原著选读》上卷,第488—489页。
③ "实体的形式",是经院哲学家常用的术语,他们认为每一类实体,各有一种特殊的实质,构成其实在性和"种差",而与这个实体的各部无关。这种实质称为"实体的形式",经院哲学家还对它们进行分类。莱布尼兹在《新系统》一文第3节中,提出需要恢复和还原实体的形式,并提出实体的形式的本性在于"力",由"力"产生的是类似知觉和欲望的某些东西。参见《形而上学序论》第10—12节。以上均见S本。
④ 莱布尼兹:《单子论》第3节:"在没有部分的地方,是不可能有广延、形状、可分性的"。
⑤ 笛卡儿:《论心灵的各种感情》第一部分,第30—33节。
⑥ 《新系统》第15节。
⑦ 莱布尼兹:《论牛顿的"哲学的数学原理",致塞缪尔·克拉克的信》第三封信,第26节,S本。松果腺即松果体、脑上腺,系一种内分泌腺。人的松果腺位于丘脑后上部,有柄与丘脑相连,形似松果,故名。幼年发达,至成年渐趋退化。目前对其功能了解尚少,有人认为它在受到某些感觉传导后,有改变其激素的合成与释放以调节内分泌的功能。但显然它不同于感觉中枢,更与智力、思维、精神无关。

尽管强调了身体与灵魂(物质与精神)的密切联系,却没有正确阐明二者的先后、主次的关系。在他看来,"精神、灵魂和单纯实体或单子不能被感官和想象所理解,因为它们没有部分"①。那么,有部分的物体(物质)和没有部分的灵魂(精神),二者又如何联系呢? 后者又是如何直接地显现在前者之中呢? 他无法自圆其说。他说:"我觉察到,仅仅在物质中,或者在那些只是被动的东西中,不可能找到一个真正的统一体的原则,因为在那些东西中,一切只不过是可以无限分割的一些部分的聚集或凑合。"②就这样,他排除了物质作为真正的统一体的原则。于是,他只好求助于精神。他说:"唯有实体的原子,也就是说,绝对没有部分的真实的单元,才是行动的源泉,才是构成事物的绝对第一原则,才是在对实体的分析中的最终元素。它们可被称作形而上学的点,它们具有生命的本性的某些东西,它们具有一种知觉,而数学的点则是它们用以表达宇宙的观察点。但是,当一个有形的实体收缩时,它的所有器官对我们却一起成为一个物理的点。这样物理的点只在表面上是不可分割的。数学的点是不可分割的,但它们只是样式。只有形而上学的或实体的点(由形式或灵魂所组成)是不可分割的和真实的……"③莱布尼兹只承认形而上学的点(精神)是不可分割的;作为其观察点的数学的点只是在形式上是不可分割的,物理的点(有形实体,即物质)则是可以无限分割的,在他看来,物质无非是精神的"被动的东西",物质只不过是一种现象而不是真正的"实体"。和主观唯心论者不同,他并不一般地否定物质的存在,而是力图把"能动的精神"和"被动的物质"结合起来。在他看来,这种结合是由于上帝的"前定一致",即"前定的和谐",正如他在《新系统》第三次解说中所比喻的,灵魂和形体的一致和交感,像两个走得完全一致的大钟一样,这两个大钟的摆,固定在一块木头上,即使有意地把它们的摆动搅乱,这两个钟摆也会立刻恢复一同摆动,简直像两根拉直的弦一样。④ 列宁曾深刻地揭示和分析了莱布尼兹哲学的这个要害之处。他说,在莱布尼兹那里,"物质与运动的分离是在唯心主义基础上加以克服的。各类单子是能动的精神

---

① 《致贝尔努依的信》,1711 年,见 M 本,《以理性为基础,自然和神恩的原则》一文注释。
② 《新系统》第 2 节。
③ 同上,第 11 节。在 S 本中"不可分割的和真实的"为"精确的和真实的"。
④ 《新系统》第三次解说。这是惠更斯的著名实验。

实体,它们处在不绝的运动之中,而物质是灵魂的异在或是一种用世俗的肉体的联系把单子粘在一起的浆糊"①。但莱布尼兹在这一点上不可能逗留很久,他最终仍然走向一切唯心主义者的共同点,即根本否认物质的客观存在,认为物质只是从属于精神的第二性的东西。他在致吕南博格尔公爵及其他人的信中,指出人的心灵根植于一个不朽的身体的核心,即使当身体的其余部分消失时,这个核心也仍然作为心灵的位置保留下来。稍后,在他的巴黎时期的著作中,他把心灵和旋涡联结起来,提出身体的统一性来自心灵。甚至认为"物体是刹那间的心灵,只是没有记忆"②。就这样,在莱布尼兹那里,物质终于消失了。

足见莱布尼兹的"无限"这个概念只适用于物质(物体、身体)而不适用于精神(灵魂、单子),换言之,"无限"只来自前者,而是后者所不具有的。这就割裂并最终颠倒了物质和精神的第一性和第二性的关系,是和唯物论者的观点截然相反的。莱布尼兹也直率地承认这一点,他在一封信中说"在自然哲学中,也许我是最先完全证明地球在运动和不存在真空的人;我的证明并不是通过实验,因为它们是毫无用处的,我是通过几何学的证明而得到的"③。恩格斯说:"数学的无限是从现实中借来的,尽管是不自觉地借来的,所以它不能从它自身、从数学的抽象来说明,而只能从现实来说明。"又说:"只要数学家退入他们的不可攻克的抽象堡垒,即所谓纯数学……无限就变成完全神秘的东西。"④正是这样,马克思研究了以莱布尼兹和牛顿为代表的创始阶段的微积分的历史发展,正确地把这一阶段的微积分称为"神秘的微分学"。"因为在实际建立微分学的时候,是由最后结果出发的,即由预想出来的微分元出发的,它们不是导出来的,而是通过解释假定的,所以符号微分系数 dy/dx 或 y/x 也是通过解释预想出来的。"⑤因此,无论是莱布尼兹还是牛顿,他们都还不理解微积分本身的客观辩证实质,即还不理解无穷小量

---

① 《列宁全集》第 38 卷,第 430 页。
② *The Encyclopedia of Philosophy*,Vol. Ⅲ,p.422
③ 《致费里德利希的信》,1671 年。转引自 S 本导言。
④ 恩格斯:《自然辩证法》,第 249、248 页。
⑤ 马克思:《数学手稿》,第 85 页。莱布尼兹虽然和牛顿几乎同时各自独立地发明了微积分,但莱布尼兹使之具有更加完善的形式,他首先引入了直到今天仍然使用的符号:0/0(=dy/dx)。

实际上不过是无穷小量在客观世界的矛盾运动中的"零"与"非零"的对立统一关系,而整个微分可以概括为否定之否定的过程。

四、连续性定律和"自然界无飞跃"

莱布尼兹的自然哲学,不仅把自然界看作是一个到处充满了"力",由数学—逻辑原则所统率的和谐的整体,在物质上,它是无限可分的,在精神上,它是由无数能动的、不可分割的单子所组成,而且,它还把自然界的一切看作是互相关联的,单子表象着整个宇宙,无限的单子构成了宇宙的"连续性",每个物体都被宇宙中所发生的一切牵连着;自然界中的一切还是相似的,尽管我们无法找到两片相同的树叶,但在每个存在物中都可以认识无限之物。

"由于事物全都一劳永逸地用尽可能多的秩序加以调节,最高智慧和至善只能和完满的和谐一道起作用,现在孕育着未来,未来可能为过去所预言,遥远在近处被表达。"[①]"静止中的事物的定律,在某种意义上,只是运动着的物体的普遍法则的一个特殊事例,等式的定律,在某种意义上,只是不等式的定律的一个事例,曲线的定律同样是直线定律的一个亚种。每当属于设想中的纲的一个普遍的种的元素向被设想的纲的一个相反的种转变时,这一点也十分普遍地适用。"[②]总之,在莱布尼兹看来,自然界中没有任何绝对间断的东西,一切对立面,空间、时间和方式的一切界限都消失在世界的绝对连续性和无限联系面前。自然界无飞跃,甚至运动本身也不可能飞跃,因为物体从一处向另一处移动时,必须通过限定的中间的地方,他把运动分析为连续的状态,在每个状态中,物体占有一个和下一个状态不同的位置,在两个位置之间存在着间断,物体之所以能从一个位置移到下一个位置,只是由于上帝的"再创造",有时他称之为"超创造",因此,运动就成了一系列的静止,不存在任何飞跃。他认为自然物的全部秩序组成一条统一的链条,在其中,各个不同的种属,像许多环节那样紧密地相互衔接着,以致无

---

① 莱布尼兹:《以理性为基础,自然和神恩的原则》第13节。
② 莱布尼兹:《数学的形而上学基础》,见S本,第201—216页。

法确定一个种属结束而另一个种属开始的那一点。他甚至认为自然界没有真正的生，也没有真正的死。"不只是灵魂，也包括动物，是不会有产生，也不会毁灭的；它们只是展开、封闭、掩盖、暴露、变形。灵魂永远不会丢弃它们的整个形体，也不从一个形体过渡到另一个对它们是完全陌生的形体。因此，没有轮回，唯有变形。"①这个形而上学的原则——世界的绝对不间断性，他称之为"连续性定律"，其中包括两个方面，即数学的连续性和物理的连续性，前者是从数学的连续性的概念中引出的数学连续性的无限性，后者是从充足理由律中引出的物理连续性的无限性。由于连续性潜藏在自然界的一切进程中，因而任何停顿或终止都是没有理由的。

莱布尼兹根据"连续性定律"，先验地推断出植物和动物之间，存在着某种中介的生物。他在《致赫尔曼的信》中说："我深信这样的生物一定存在着，自然科学今后可能会发现它们。"②他的预言由于水螅虫的发现而得到证实，因为水螅虫以及它们的珊瑚的确是动物，甚至具有有性生殖，但又有植物的特征，例如固定的生活方式和割去头部又会重新生长出来等。恩格斯在《自然辩证法》一书中所提到的无脊椎动物植虫亦属此类③。

莱布尼兹进一步提出，自然界不仅不存在飞跃，而且只存在虚假的飞跃。他说："……自然的美，愿意有分明的知觉，要求现象中显得有飞跃和可以说是有音乐般的抑扬顿挫的韵律，并且喜欢把各物种混合起来。"④

莱布尼兹的"连续律"，作为宇宙的普遍的绝对的联系的法则，是一种深刻的辩证法。但它只承认量的差异而否定质的差异，否定量的差异转化为质的飞跃⑤，则是十分错误的。从形而上学的观点出发，莱布尼兹当然无法了解运动是连续性和非连续性的统一，运动是矛盾，是矛盾的统一，而辩证

---

① 莱布尼兹：《以理性为基础，自然和神恩的原则》第 6 节。后来，康德在他的《判断力批判》中，从自然界的目的性原理出发，提出"自然连续律"，即自然界"没有跳跃，无论是在它的变化过程中，还是在不同形式的并存中"。见该书 1892 年英文版，第 20—24 页。

② 转引自《费尔巴哈哲学史著作选》第 2 卷，第 256 页。

③ 恩格斯：《自然辩证法》，第 280 页。

④ 莱布尼兹：《人类理智新论》第 4 卷，第 16 章，第 12 节。见陈修斋中译本，第 566 页。

⑤ 莱布尼兹否认质变，例如，他说："也没有办法解释一个单子怎样能从某个别的创造物在它的内部造成变化或改变，因为在单子里面不能移动任何东西，也不能设想其中可以激起、引导、增加或减少任何内部运动，这在复合物中是可以的，那里有部分之间的变换"。（《单子论》，第 7 节）

的推移和非辩证的推移的根本区别,正在于飞跃,在于矛盾,在于渐进性的中断,在于存在与非存在的统一(同一性)。恩格斯对此曾正确地指出,所谓"一切差异都在中间阶段融合,一切对立都经过中间环节而互相过渡",不存在"绝对分明的固定不变的界限",是旧的形而上学的思维方法所得出的自然观,它只适用于"日常应用"和"科学的小买卖",唯有辩证法才是最高度地适合于自然观的这一发展阶段的思维方法,而发现中间环节,或者是自然界构造层次间飞跃的过渡,或者是层次间新的中间层次,都只能证明"自然界没有飞跃,是因为自然界自身完全由飞跃所组成"①。但莱布尼兹的连续性定律仍然有其积极意义,除了作为普遍的绝对的联系的法则而外,似乎还表现在以下几点:

首先,他根据连续性定律推断出自然界无真空。莱布尼兹认为德谟克利特和伊壁鸠鲁主张在量上,世界有更多的物质,"在这一点上,我想他们的意见应该是可取的,因为,有愈多的物质存在,上帝就会有愈多的时机去行使他的智慧和权力,这正是何以我主张根本无真空的许多理由之一"。"承认自然有真空,就是把一个非常不完满的产品归之于上帝,这是违反充足理由的必然性的伟大原则的。""必然完全无真空,因为物质的完满性之于真空的完满性,正如某些东西之于没有东西。"②在这一点上,他和牛顿针锋相对。牛顿认为,物质是宇宙中最无足轻重的部分,因为除了物质而外,他还承认空洞的空间。按照牛顿的看法,物质仅仅充满空间的一个非常小的部分。莱布尼兹则认为牛顿的上述主张只是纯粹的诡辩。是否存在真空,一直是科学史上长期争论的问题,根据现代物理学的认识,的确"真空不空",真空是以量子场形式存在的物质的一种特殊运动的状态。

其次,连续性定律提出自然界的一切形体都在一个永恒的流动之中,好像河流一样,连续不断地流出和流进。莱布尼兹认为这种永恒的流动即发展的过程,不是直线式的,而是要经过曲折的。他说:"……在自然界也是如此,正象一颗谷粒被撒进泥土,在它结谷之前要经受折磨一样。……正象在物理学中,液体要经过长时间的缓慢的发酵,才能达到净化,而那些经过更

———————

① 恩格斯:《自然辩证法》,第190、248页。

② 《论牛顿的"哲学的数学原理",致塞缪尔·克拉克的信》,第2封信第2节;第4封信附言。

大激动的，要用更大的力量抛掉其成分中的某些东西，才能更迅速地达到精馏。这正是所谓："为了更有力地向前飞跃，你必须先向后退（Qu'on rece'de pour mioux Sautor）。"①1706 年，他在《致苏菲娅王妃的信》中写道："由于有理由认为宇宙本身越来越发展，一切都趋向于某个终点，因为一切都来自一个创造者，他的智慧是完满的，我们能同样信那个和宇宙一样万古长存的灵魂，至少是自然而然地越来越好，而它们的完满性不断增加，尽管经常是难以觉察地进行，有时还要向后迁回。"②在一个残篇中，他指出，"一切运动都是迂回的，或者由许多环流所组成，或者至少反回到自身。"③在这里，是否可以说，莱布尼兹从形而上学的原则出发，天才地推断出自然界（包括精神）的发展，不是直线式地进行的，而是近似于螺旋的曲线，即经过迂回曲折和暂时退步，而由低级到高级的前进运动，以及他早于黑格尔近一个世纪，已经天才地、但模糊地窥见到了这一运动的辩证法？ 这是完全合乎辩证的自然观的，只是它在僧侣的袈裟掩饰之下。

最后，和莱布尼兹的连续性的发展的自然观相联系的，是他的伦理观。1716 年，他在《致鲍修埃的信》中写道："虽然宇宙经常是相对地完满的，宇宙的每一个短暂的状态和其它的状态是相对地完满的，但它决不会是最高的完满，因为它经常变化并得到新的完满性，不过要失去旧的完满性。"④他这种认为宇宙不断地向最高完满发展，认为在发展过程中新的完满性不断代替旧的完满性的观点，和他认为"我们的世界是上帝所创造的一切可能的世界中最好的"这一观点相结合，形成了莱布尼兹的乐观主义的伦理观。1690 年，在《致阿尔诺的信》中说："智慧是关于幸福的科学，或关于达到永久满意的方法的科学。所谓永久的满意，就是继续不断越来越得到更大的完满性。"⑤在《论权利和正义的概念》一文中，他希望"每个人都能尽可能多地对别人行善，每个人都能通过别人的幸福来增加自己的幸福"⑥。尽管这种乐观主义的伦理观，曾遭到伏尔泰的无情的嘲笑，认为是为现存的神权和王权

----

① 见《论事物的最后根源》。
② 《致苏菲娅王妃的信》，见 M 本。
③ 莱布尼兹：《人类理智新论》英译本，附录Ⅱ.
④ 《致鲍修埃的信》，见 M 本。
⑤ 《致阿尔诺的信》，见 M 本。
⑥ 莱布尼兹：《论权利和正义的概念》，见 M 本。

辩护的哲学①,但费尔巴哈却把莱布尼兹的单子论称为"乐天的、充满生气的多神教",把莱布尼兹的学说称为"一种聪明绝顶、感情充沛和思想丰富的唯心主义"②。因此,我们把莱布尼兹视为代表 17 世纪末至 18 世纪初,正在充满信心、奋勇突破封建枷锁的德国新兴资产阶级的利益和愿望的重要思想家,应该是符合历史实际的。

莱布尼兹在自然哲学上的成就,和他在其他方面的成就一样,是值得重视的。他终生未娶,轻财重义,生活俭朴,始终孜孜不倦地致力于学术研究。他力图创立一个以数学和形而上学为核心的自然哲学的体系,尽管实际上这个目的未能达到,但他作为开拓者的功绩是不朽的,他在历史上应占有的地位也是毋庸置疑。德国伟大诗人海涅曾说过:"莱布尼兹当然没有留下什么体系的构造,他只留下了构成体系所必需的思想,一个巨人从地下深处掘起了大理石层并且把它们凿成了巨大的方块和圆柱,但要把它们结合起来就需要另一个巨人。这样才能构成一座华丽的神殿。"③费尔巴哈也曾说过:"人们只禀赋有这种或那种天才,可是莱布尼兹却集中各种各样的天才于一身,他的哲学象一条充满灿烂光辉的思想的银河,而不是太阳系或行星系。"④这些都是对莱布尼兹的崇高和公正的评价。

(本文发表于《外国哲学》第 6 辑)

---

① 伏尔泰(1694—1778)法国启蒙学者、哲学家和文学家,在他的著名小说《老实人》中,把莱布尼兹的乐观主义集中为主人公邦葛罗斯的世界观,当作一种盲目的乐观主义加以嘲笑。见傅雷译:《伏尔泰小说选》,人民文学出版社 1980 年版。

② 《费尔巴哈哲学史著作选》第 2 卷,第 162、171 页。

③ 海涅:《论德国》,第 270 页。

④ 《费尔巴哈哲学史著作选》第 2 卷,第 19 页。

实践要素及其认识论意义

钟克钊[*]

实践包括哪些要素？目的是不是实践的一个要素？实践要素在认识论上有何意义？本文就这些问题发表一些看法,参加讨论。

一、目的是实践的一个要素

关于实践的要素问题,当前的主要分歧是在于目的是不是要素之一,因此在这里主要谈谈这个问题。马克思在《资本论》中对劳动过程诸要素的系统论述,实质上就是对人类最基本的实践活动诸要素的系统论述,不过他是从政治经济学角度进行研究,而不是直接谈哲学问题,但其基本精神也适用于一般实践。马克思说:"劳动过程的简单要素是:有目的的活动或劳动本身,劳动对象和劳动资料。"(《马克思恩格斯全集》第 23 卷,第 202 页)马克思在这里,把"有目的的活动"直接与"劳动自身"等同起来,是发人深省的。

马克思的论述还告诉我们,他研究劳动过程的要素时运用的是科学抽象的方法。他说:"劳动过程首先要撇开各种特定的社会形式来加以考察。"(同上书,第 201 页)

目的作为实践的要素,在实践过程中有些什么特点呢？马克思对劳动过程中的目的的论述,实际上也已经回答了这个问题。马克思指出:"劳动过程结束时得到的结果,在这个过程开始时就已经在劳动者的表象中存在着,即已经观念地存在着。他不仅使自然物发生形式变化,同时他还在自然物中实现自己的目的,这个目的是他所知道的,是作为规律决定着他的活动

---

* **钟克钊**(1931—2021),主要研究领域为马克思主义哲学。

的方式和方法的,他必须使他的意志服从这个目的。"(同上书,第 202 页)马克思在这里虽然是讲劳动目的的特点,但也适用于一般实践活动的目的。实践的目的也具有这样三个特点:(1)在实践过程开始时,它就已经以观念的形式存在于实践者的头脑中;(2)从实践者本身来说,实践过程就是要使对象发生变化,并"实现自己的目的";(3)这个目的"是作为规律决定着他的活动的方式方法的",即他根据自己的目的,把物质手段和对象用一定的方式方法联系起来,发生物质运动,改造对象。这些特点,决定了实践过程是主体发挥能动性、积极地改造客观事物的过程。

实践的目的当然比劳动的目的更广泛得多,劳动是为了制造使用价值,而实践的目的是为了改造世界,以满足人类的需要。列宁说:"世界不会满足人,人决心以自己的行动来改变世界。"(《列宁全集》第 38 卷,第 229 页)"改变世界"正是人的实践目的的根本特点,从而与动物的活动区别开来。

我们常说,有没有目的是人的活动和动物活动相区别的一个标志。这样讲并不太确切。恩格斯在《劳动在从猿到人转变过程中的作用》一文中指出:"动物从事有意志有计划的行动的能力,和神经系统的发展相应地发展起来了,而在哺乳动物那里则达到了已经相当高的阶段。"那么动物的目的和人的目的又有什么本质的不同呢? 恩格斯说:"但是一切动物的一切有计划的行动,都不能在自然界上打下它们的意志的印记。这一点只有人才能做到。""一句话,动物仅仅利用外部自然界,单纯地以自己的存在来使自然界改变;而人则通过他所作出的改变来使自然界为自己的目的服务,来支配自然界。这便是人同其他动物的最后的本质的区别。"(《马克思恩格斯选集》第 3 卷,第 516—517 页)人类今天对某些智能动物的研究和认识还是很不够的,很可能低估了它们活动的目的性、计划性的水平,但无论如何它们没有人类高度发达的思维活动能力,不可能像人类这样认识客观规律,改造世界、支配世界。所以,虽然人和动物的活动都有一定的目的,但人的目的与动物的目的在性质上和水平上有根本的区别。正是这种区别,才使人的实践活动同动物的活动从根本上区别开来。

在研究实践的要素时,目的仍然是很一般、很抽象的,还没有具体地涉及目的是从哪里来的、目的是否合乎客观实际、目的能不能实现等问题。有的同志在分析实践的一般抽象要素时,过分强调了目的的正确性,给人这样的印象:似乎只有正确的(反映客观规律的)目的才是实践的要素,实践过程就是这种目的的实现。在实践之前,人们总希望自己的目的很正确,一定能实现,但往往办不到。在一个从未进行过的实践活动之前,仅仅依靠逻辑证明还不能确保目的、计划的正确性,只有在实践中才能得到最可靠的检验。历史的和现实的许多事实证明,开始时,实践的目的并不合乎实际,或不完全合乎实际,在实践中经历了许多曲折,犯了许多错误,才认识了某些客观规律和有关的客观条件,经过修正,才有了比较切合实际的目的、计划。如果只有合乎实际的目的才是实践的要素,就必然把很大一部分实践或实践的很大一阶段排斥在实践之外,或者把这一分实践活动看成是没有目的的实践。从目的性这个要素的特点,我们知道,实践的主体确实是根据自己的目的,去决定实践的方式方法,以便在实践过程中实现自己的目的。这是从实践的主体方面说的,这与主观唯心主义毫无关系。要在目的性这个要素问题上坚持唯物主义,并不在于强调在实践之前一定要有一个正确的目的(这只能是一个良好的愿望),而在于用辩证唯物主义的认识论原则,去阐明目的产生的客观根源以及形成合乎实际的目的的途径。

有些同志认为,目的是属于精神范畴的东西,虽然对实践有巨大的反作用,但它并不进入实践过程,因此,不是实践的要素。这个论据是没有说服力的。不错,目的是精神的东西,但精神的东西仍然能够进入实践过程;而且只有进入实践过程,才有现实的实践活动,才能改造客观世界。

精神性的目的是怎样进入实践过程、成为实践的内在要素的呢?

首先,目的存在于人的头脑中,而人总是带着自己的头脑参加实践过程,并运用头脑中的目的指挥自己的实践活动。除非把实践活动看作是没有人参加的,或者把实践活动看作是没有头脑的人参加的,才能否认这一点。

其次,目的不仅随着人参加实践活动而进入实践,而且也体现在实践的手段和对象这些物质因素身上。人们总是根据自己的目的,去选择改造的对象,根据自己的目的和对象的特点,去选一定的手段,并根据自己的目的按一定的方式使手段和对象发生物质变换过程。总之,任何一个特定过程中的手段、对象和它们之间的结合方式,都无不体现着目的。这时,目的已经不单纯作为精神因素存在于头脑中,而是体现在一定的物质条件中。正因为是这样，人们只要分析一下具体实践中的手段、对象及其结合的方式，就能找到实践的目的是什么。也正是因为实践的手段、对象的选择及其结合方式都是目的的体现，因而也才有可能在实践的结果中实现自己的目的。如果目的仅仅存在于头脑中，而不通过实践的物质性要素体现出来，从而参加实践过程，实践又如何发生？目的又怎样在实践中实现呢？自然界的一般物理化学运动，是没有人参加的，也没有人的目的性因素的体现，因而也谈不上人的目的对自然的自发的物质运动有什么影响。否认目的进入实践过程，岂不是把实践活动等同于没有人参加的自然界的物质运动了吗？

当然，目的作为实践的要素，在实践过程中起作用是有自己的特点的，与手段、对象这些要素有所不同。手段和对象是直接作为物质性因素发生直接的相互作用，而目的是精神性要素，并不是以赤裸裸的"精神原子"的身份从头脑中钻出来参加实践过程，而是躲在头脑中，进行"幕后指挥"，指挥人的实践活动。在"电脑"的时代，理性的活动也由"电脑"代替了一部分，虽然还是很有限的一部分。"电脑"作为人脑的"延长"，使实践活动的目的要素更直接更有效地参加了实践过程，但是，它比之手工工具、机械化来说，人及其目的又似乎更加远离了实践过程，人似乎是遥遥地站在实践之旁。但这都只是目的的要素参加实践过程的方式的变化，而不能说目的不介入实践过程。实际上，不仅精神因素的目的介入实践过程有其特点，就是物质因素的手段、对象介入实践过程中的方式，也各有其特点。不能以介入实践过程的个性，否定介入实践过程的共性。可见，目的性或有目的性活动，是实践的一个内在的重要的因素。

二、实践的本质及其特性

分析实践的要素本身并不是目的，目的是为了把握实践范畴的本质。实践的要素并不是一些外在于实践的偶然因素，而是实践过程的内在的必然因素，正是这些因素的内在联系构成实践的本质及其特性。

有同志认为，把目的引入实践，成为实践的内在规定性，会把实践歪曲成精神过程，或者精神活动和物质活动的混杂过程。这种顾虑是多余的。

目的虽然是精神性因素，但它并不能任意支配实践过程，它要受到实践的主体条件的限制和实践过程其他物质要素的限制。人的头脑是善于幻想的,能够提出许多离奇古怪的目的、计划,并希望能够在实践中实现。但是,如果没有相应的对象和物质手段去体现,没有把这种对象和手段联结起来的形式,幻想只是幻想,实践是无法进行的。同时,即使是体现主体目的的各种物质要素完全具备,但主体也只能根据目的把它们选择出来,结合起来,使之发生相互作用,而当各种物质条件实际地发生相互作用时,实践将按照物质条件本身的特性及其相互作用的客观规律而发展,而不以人的目的、意志和计划为转移。只有当人的目的、计划本身反映了客观规律和客观条件时,实践发展过程才似乎是"合目的"地发展着,实践的结果才恰好是预期目的的实现;反之,实践的发展方向和结果就会与人的目的、意志、计划背道而驰,并迫使人们放弃或修改原来的目的、计划,否则,就不可能在实践中实现原来的目的。可见,实践过程中有两方面的作用,一方面是实践的主体根据自己的目的决定实践的对象、手段以及实践的方式方法,使之发生相互作用,这是实践过程中的主观性。另一方面是实践的物质条件既经确定,并使之发生作用后,实践的发展又是一个不以人的主观因素为转移的客观物质过程,这是实践过程的客观性。当我们分析实践的诸要素时,这些要素是被单独地加以考虑的,因此,我们可以把它们区分为精神因素和物质因素两大类。但实践的诸要素发生相互关系、形成实践的运动时,实践的诸要素将发挥其特有的功能,并表现为一个规律性的物质变换过程。改造自然的斗争是如此,改造社会的斗争也是如此。总之,实践过程,从主体面向客观世界、决心改造客观世界这方面看,它具有主动性或主观性,但从实践的物质要素对精神要素的制约方面看,从实践发展的过程之不以人的目的、意志为转移这方面看,它又是一个物质的过程,因而具有客观性。主观性体现人对客观世界的斗争;客观性体现这一斗争过程的客观规律性。这听起来似乎是"矛盾"的,但这是实践过程本身的矛盾,是它的特性,正是由于这一特性,使之与所谓纯精神运动相区别,与一般动物活动相区别,也使之与自然界发生的没有人参加的一般物质运动相区别。实践是人类有目的地使用物质手段改造客观世界的物质活动。

实践既然是人类有目的地改造客观世界的物质活动,而人类为了有效地改造客观世界,不能不有目的地结成一定的社会关系,使实践又具有社会性。但人们又不能任意地去建立某种社会关系,社会关系的建立受到实践过程的物质要素、特别是物质手段的制约,只有与物质手段相适应的社会关系才有利于对客观世界的改造,否则将阻碍这种改造,迫使人们去改变这种不相适应的社会关系,建立起新的相适应的社会关系。实践的物质要素是不断发展的,不仅有量的增长,而且会有质的变化。人类在改造自然的生产斗争中,生产工具的发展已经发生多次惊人的变化。生产关系必须适应生产力的发展而发展。当人们认识到生产关系不再适应生产力的发展要求时,人们便会奋不顾身地去改变旧的生产关系,建立新的社会关系。因此,实践不仅具有社会性,而且具体的社会性是随着实践的发展而发展的。有些同志把实践看作是纯粹作为"物质实体"的人参加的、如同自然界发生的物质运动,不承认人的目的要素介入实践过程,但又承认实践具有社会性、历史性,那么实践的社会性从何而来? 实践中的社会关系怎么会发生变化?须知,纯粹的物质实体的人是无社会性可言的,当然,自然界的某些生物也具有"社会性",也有其严密的"社会组织",但这与人类的社会性、人类实践的社会性是不能相提并论的。

既然实践是人类有目的地改造客观世界的物质运动,因而它必然具有自觉能动性的特性。自觉能动性表现在两方面:一方面,实践总是在人类特有的理性指导下进行的;另一方面,实践的结果是人对客观世界的改造和对客观世界的支配。这两个方面是互为表里的,没有理性的指导,也就谈不上对客观世界的改造和支配;如果不能改造世界和支配世界,也就不能够充分体现理性的作用,因为理性的作用不仅在于能够认识世界、解释世界,而且能够指导人们改造世界,理性因而能够外化为物质的现实。

有些同志不承认实践包括目的这个要素,因而便不承认实践的能动性。但是这些同志又认为实践是改造世界的感性活动,而且人的目的、意志等精神因素对实践有"巨大的反作用"。这就未必合乎逻辑。因为人的精神因素对实践的能动性,必须表现出来才行。人的精神因素只有介入实践过程,并在实践过程中体现出来,才能真正地表现人的能动性。人的精神因素如果不介入实践过程,实践过程不与人的精神发生任何内在的联系,精神因素又如何"反作用"于实践呢? 如果人有能动性,但表现这种能动性的人的实践活动又没有能动性,岂不是说,能动性表现为没有能动性的事实上? 实践正是人的能动性的主要表现,人的能动性又是实践的能动性的表现。人的能动性同实践的能动性是不能割裂的。把实践活动单纯地看成纯粹物质的人使用物质手段与物质对象发生的物质运动,就既排斥了实践的能动性,也否认了人的能动性,甚至否认了实践本身。

三、实践要素的认识论意义

明确了实践的要素以及这些要素的相互作用所决定的实践的本质特性,我们才有科学的实践范畴,才能理解实践范畴引入认识论的重大意义。

有些同志认为,如果把目的纳入实践范畴,就意味着"一切认识纳入实践范畴","我们也就再也没有谈论认识与实践的关系的权利,再也没有谈论实践是认识的基础、源泉、动力以及检验其正确与否的标准的权利"。但在笔者看来,并非如此。

首先要把这样两个问题区别开来。一个是研究实践的要素,目的是为揭示实践范畴的本质。它研究的对象是实践本身,而不是实践和认识的关系。另一个是目的从何而来,这才是属于物质和意识、实践和认识的关系问题,属于认识论的根本问题,对这一问题如何回答才能区分唯物主义与唯心主义。有些同志也许正是把这两个问题混在一起,才不敢承认目的是实践的一个要素。

其次,把目的作为实践的一个要素,也并不排斥实践是认识的基础、源泉。

我们不能把实践和目的的关系,等同于物质和意识的关系。物质总是第一性的,先有物质,后有意识。实践和目的的关系却并不无条件地总是先有实践后有目的的关系。

从某一特定的实践过程来说,总有某种特殊的具体目的。这种目的是以人类实践为基础的,总是在以往实践基础上产生的,从这一方面来看,是先有实践,后有目的。但是。实践又是具体的、表现为一个过程接着一个过程的实践,各个新旧实践过程有区别有联系,新实践过程的目的往往是旧实践过程的产物,而不是新实践过程的产物,因此对新实践过程来说,是先有目的,而后才有新实践过程的产生。就人类的产生历史来看,真正的人类实践和人的目的是同时产生的,不能有先后之分。人是由类人猿转变而来。类人猿也能"劳动",但这是动物式的"劳动",与人类的劳动(不带引号的劳动)有本质的区别。它们在"劳动"中锻炼、改造了自己,先是变成了半兽半人类的东西,从而有了极不健全的"脑"和"意识",这是在"劳动"的前提下产生的。尔后,又在继续的"劳动"中改造了自己,才有了人类的脑、语言和人类的意识,才成了真正的人类。所以人类劳动和人类劳动的目的是同时在以往动物式和半动物式的"劳动"基础上发展起来的,在这里并没有什么先后之分。人类以及大脑本身都是自然界的产物,人的劳动、目的对于大自然来说,都是派生的,大自然才是最后的基础、根源,先有大自然,后有人类、人类的实践和目的。

所以,实践是认识的源泉,是在承认物质第一性、意识第二性的前提下,从实践是认识的手段、道路的意义上讲的。并不能说在任何条件下,都是先有实践,后有目的。实践总是有目的的实践,目的总是实践的一个要素,实践和目的以及人类本身,都是大自然的长期发展的产物,都是在长期"劳动"的基础上产生的。

同时,前面已经说明,实践的各个要素并不是孤立地存在着的,而是相互依赖和相互作用的。而实践诸要素的相互作用,便形成一个客观物质运动过程。当我们说实践是认识的源泉或基础时,实践是作为一个现实的物质运动过程来把握,而不是作为一个一个的实践要素来把握,实践的各个要素孤立起来都不是认识的基础,不仅目的这个精神要素不是认识的基础,就是其他单个的物质要素(手段、对象、结果)也不能代表或代替实践作为认识的基础。

实践的目的要素也并不妨碍实践是作为检验真理的客观标准,进一步说,只有明确实践的诸要素(包括目的),才能真正坚持实践标准。

实践检验认识是不是真理主要是看实践的结果。列宁说:"行动的结果是对主观认识的检验和真实存在着的客观性的标准。"(《列宁全集》第38卷,第235页)毛泽东同志也说:"判定认识或理论之是否真理,不依主观上觉得如何而定,而是依客观上社会实践的结果而定。"(《毛泽东选集》第1卷,第261页)任何实践过程总是表现为一定的客观结果,即客观事实。这种客观结果又为什么能够检验认识之是否真理呢? 因为实践的结果同实践的其他要素有关。

实践的结果与实践的目的有关。为了检验某种认识或理论是不是真理,就要把这种理论具体化为某种实践目的,并选择相应的手段和对象。人们运用逻辑推理的方法,提出:如果这种认识或理论是正确的,就应当在运用这些物质手段作用于对象时,在实践中必然出现某种结果,即所谓"预期的结果";反之,如果这种认识或理论是错误的,在上述条件下,就会出现非预期的结果。在检验认识之正确与否时,必须有明确的预期结果。人们在实践中,主观符合客观规律的认识——真理在实践中的必然结果,这种结果在实践中完全实现了,就是成功的实践,证明某种认识是真理;否则就是错误。如果实践没有目的要素,目的不介入实践过程,那么又如何组织和实施检验真理的实践过程呢?即使组织了,实施了,实践的结果又同目的、同被检验的认识有什么必然联系呢?实践的结果又怎么能作为检验真理的客观标准呢?为了坚持实践标准而排斥实践的目的要素,其结果势必排斥了实践标准本身。

检验真理的实践结果还同实践的手段有直接关系。实践的手段如果不合乎检验某种认识或理论的要求,实践的目的也就不能通过手段体现出来,这种实践的结果也就不是某种认识或理论的必然结果,因而也就无法证实或驳倒某种认识或理论。在科学史上,有些结论是根据不标准的实验手段进行实验所得的结果做出的,不得不为尔后标准条件下的实验结果所否定。某种理论(假说)本来是正确的,但由于实验条件(仪器、设备等)不合乎要求,便无法进行实验检验,或者即使勉强做了,得到的恰恰是对理论的否定。反之,某种实验的结果同理论符合得很好,但后来发现,原来是不合要求的实验条件欺骗了人们。不能认为,只有在社会科学中,实践的条件(如力量对比等)对实践的结果有影响,因此要反复实践,才能检验真理,而自然科学则似乎简单些,只要达到预期的目的就行了。应当说无论哪个领域都是如此,实践的物质要素(手段等等)对检验认识之是否真理,都有极大关系,都要反复进行实践检验。在分析实践的结果时,不能忽视它是在什么条件下进行实践检验的。

实践的结果还同对象有密切联系。例如,有些对象在实践中的变化过程很短暂,有些对象的变化有一个规律性的长周期,实践的结果在各个阶段并不相同。因此,对于实践结果,必须联系对象的特点,分析它是不是一个完整周期的结果,还是只是某一阶段的结果;如果是某一阶段的,这一阶段在整个周期中处何等地位,是不是关键性的阶段,如此等等。弄清这些问题,对于坚持实践标准十分重要,不能一见结果就贸然下结论。

总之,根据实践的结果检验某种认识或理论时,必须全面地客观地分析实践过程、该过程的各个阶段以及其各个要素同结果的联系。任何真理都是由一定历史条件下的具体实践(各种具体要素的综合运动)检验的,是相对于这种具体实践而说的。实践的要素是发展的,实践的水平是不断提高的,实践检验真理的能力是不断提高的。因此,真理也是不断发展的。正确认识实践要素,对于坚持实践标准、对于理解相对真理与绝对真理的关系,都有重大意义。

(本文发表于《哲学研究》1981 年第 6 期)

马克思主义的生命力在于同革命实践相结合

秦向阳[*]

对伟大人物的最好纪念，就是忠诚地继承他们的事业。我们认真学习和研究马克思主义理论与实践的关系，就是为了更好地发展马克思所开创的伟大的共产主义事业。

国际共产主义运动的实践表明，各国无产阶级无论是领导人民进行夺取政权的革命还是进行社会主义建设，要想取得胜利，都必须把马克思主义的科学原理同本国的具体实践正确地结合起来，并在实践中把马克思主义理论推向前进。如果不结合或结合得不好，就会遭到这样或那样的挫折和失败，马克思主义理论也会变成枯槁僵化的东西。马克思主义的生命力就在于它同各国革命和建设的具体实践相结合。

一

马克思主义是发展的理论。它是适应无产阶级革命运动的需要而产生，并在实践中不断得到验证、丰富和发展的。当代马克思主义者应当在新的实践中，继续把它推向前进。

十九世纪四十年代，西欧各国资本主义制度已经确立，资产阶级和无产阶级之间的矛盾日益尖锐化。当时马克思就在资本主义最发达的巴黎和伦敦，实地考察了资本主义社会经济和政治的状况，并积极参加工人运动。刚刚登上历史舞台的无产阶级，在斗争中不断显示出自己的巨大作用，迫切需要科学的理论指导。当时社会上曾出现过形形色色的社会主义流派，但都

---

* 秦向阳：1933 年生，1982—1986 年任哲学研究所所长。

是"社会庸医",不能正确指出无产阶级解放的道路。面对这种情况,马克思和他的亲密战友恩格斯认为,为了无产阶级的彻底解放,"有义务科学地论证我们的观点"。

马克思恩格斯亲自参加了无产阶级革命斗争的实践,进行了长期的科学研究,批判地吸收了德国古典哲学中的辩证法和唯物主义思想,形成了辩证唯物主义;又用辩证唯物主义去考察人类历史,形成了唯物史观。这个完整的世界观,科学地揭示了人类社会发展的客观规律,指出了资本主义社会灭亡和社会主义、共产主义社会胜利的历史必然性;同时指明了通过无产阶级革命斗争实现社会主义的正确途径。马克思恩格斯又运用唯物史观考察了资本主义的生产关系,创立了剩余价值学说,第一次揭开了资本家剥削工人的秘密,找到了无产阶级贫困的根源,科学地论证了无产阶级是团结其他劳动人民为实现社会主义而进行斗争的伟大的社会力量。

随着无产阶级革命运动的发展,马克思和恩格斯认真总结斗争实践的经验教训,不断验证、丰富自己提出的理论。1848 年,马克思恩格斯共同起草了国际共产主义运动的第一个纲领性文件——《共产党宣言》,标志着马克思主义的正式诞生。以后,马克思和恩格斯及时地总结了 1848 年欧洲革命中的无产阶级革命斗争的经验教训,1871 年巴黎公社革命的经验教训,建立和指导了第一国际和第二国际的革命活动。在极其困难的条件下,撰写了浩瀚的科学著作,使科学共产主义理论,特别是无产阶级革命和无产阶级专政的学说,得到了进一步的发展,给我们留下了极其宝贵的精神财富。

一百年来,世界历史的发展,使马克思主义的真理性不断得到证实。无产阶级革命突破了资本主义链条上的一个又一个薄弱环节而获得胜利,共产主义已经真正发展成为国际性的运动。无论世界上的反动势力如何咒骂和反对马克思主义,无论国际共产主义运动还会出现什么样的曲折,社会主义制度终究要代替资本主义制度,这是一个不以人的意志为转移的客观规律。

但是,任何一个伟大的理论家都只能立足于自己时代的社会实践,马克思和恩格斯当然也不例外。正如列宁指出:"我们并不苛求马克思或马克思主义者知道走向社会主义道路上的一切具体情况",我们只知道这条道路的方向,至于具体情况,"那只有千百万人的实践经验才能表明"(《列宁全集》

第 25 卷第 273 页）。

在马克思恩格斯的时代,社会主义还只是一种科学预见。列宁在世的时候,世界上只有一个刚建立不久的社会主义国家。现在,社会主义已经在一批国家成为现实。社会主义的实践在许多方面超出了他们当时的预言和设想,积累了极其丰富的经验和教训,也提出了一系列新的问题。比如:在经济比较落后的条件下,如何进行社会主义革命,如何建设社会主义的物质文明和精神文明;无产阶级在执政的条件下,如何建设自己的党,如何建设国家机构,如何发扬社会主义民主,等等,都迫切需要当代的马克思主义者从理论上作出新的概括,给以科学的回答。

资本主义世界的情况也有巨大的变化。在十九世纪末和二十世纪初,自由资本主义发展为垄断资本主义。列宁对这种现象作过深刻的理论分析。第二次世界大战以来,资本主义的发展又出现了许多新的情况。资本主义经济虽然一再遭到“危机”的袭击,却仍时断时续地,有时甚至是突飞猛进地发展着,资本主义的经济形式和资产阶级的统治方法,也有不少变化。原来的殖民地和附属国已基本上实现了政治独立,成为今天第三世界的重要力量。国际政治、经济形势出现了前所未有的复杂情况。马克思主义者也必须对这些问题给以科学的说明,才能更好地指导今天的革命运动。

再从自然科学和技术的发展状况看,一百年来,特别是近几十年来,自然科学有惊人的发展。现代科学知识在工业和其他领域的实际运用,出现了许多奇迹。这使马克思主义进一步得到了大量的科学论证,同时也面临着许多亟待回答的新课题。正如恩格斯所说:“随着自然科学领域中每一个划时代的发现,唯物主义必然要改变自己的形式。”(《马克思恩格斯选集》第4 卷第 224 页)

从我国的社会主义实践来看,马克思主义仍不失为我们行动的指南,然而,某种意义上说,理论不能适应实际工作的需要,已经成为一个突出的问题。经过最近几年的努力,我们党完成了指导思想上的拨乱反正,坚持和发展了马克思主义。但是,我们对过去的丰富的实践经验和深刻教训,还没有能够完全从理论上深入地加以研究,使之上升为系统的科学理论;对社会主义现代化建设中提出的许多新问题,也还没有给以充分的科学说明。

所有这些都足以表明,当代马克思主义者只有努力把马列主义理论同当前面临的新的实际紧密地结合起来,使它获得新的活力,才能适应今天革命和建设发展的需要。

坚持马克思主义和发展马克思主义是一致的。马克思主义的科学原理是被实践证明了的真理,尽管随着历史的发展,出现了许多新情况,但马克思主义的基本原则并没有"过时",它具有强大的生命力。马克思主义永远是我们胜利前进的指路明灯。然而,马克思主义并没有穷尽真理,而只是在实践中不断开辟认识真理的道路。因此,马克思主义要随着实践的发展而发展。如果只是重复前人说过的话,不能回答现实生活中提出的新问题,它就没有生命了。因此,我们对待马克思主义的科学态度,就是一要坚持,二要发展。只有坚持,才能发展,也只有发展,才能真正地坚持。正如列宁指出:"我们决不能把马克思的理论看作某种一成不变的和神圣不可侵犯的东西,恰恰相反,我们深信:它只是给一种科学奠定了基础,社会主义者如果不愿落后于实际生活,就应当在各方面把这门科学向前推进。"(《列宁选集》第1卷第 202 页)

二

历史事实表明,马克思主义的伟大力量,就在于同革命实践相结合。我国革命的胜利,以及其他许多国家社会主义革命的胜利,都是马克思主义在新的历史条件下同各国革命的具体实践相结合的产物。

大家知道,继马克思恩格斯以后,对马克思主义的发展作出最重要贡献的是列宁。他科学地分析了资本主义已经发展到帝国主义阶段,指出无产阶级的解放斗争必然同世界被压迫民族的解放斗争联合起来,社会主义革命在帝国主义统治的薄弱环节有可能首先取得胜利。1917 年,俄国人民在列宁和布尔什维克党的领导下,取得了十月革命的伟大胜利,建立了世界上第一个社会主义国家。在资本主义国家只有中等发展的俄国建设社会主义,是一个崭新的课题。列宁认为,国家支配着一切生产资料,无产阶级掌握国家政权,工农结成联盟,"这已是建成社会主义社会所必需而且足够的一切"(《列宁选集》第4卷第 682 页)。俄国人民在马克思主义、列宁主义的指导下,结合本国的实际情况,成功地进行着社会主义革命和社会主义建设,并在伟大的实践中,极大地丰富和发展了马克思主义。列宁主义便是马克思主义科学理论同俄国革命的具体实践相结合的产物。

我国人民经过曲折的道路,终于找到了马克思主义这个唯一正确的指导思想。早在十九世纪末,一些先进的中国人为了救亡图存,拜西方为师,马克思和他的一些主要观点开始被介绍到中国。当时这些志士仁人还醉心于进化论、天赋人权论和资产阶级共和国等救国方案,他们虽然开始接触到了马克思主义,却并不真正理解。俄国十月革命的胜利,极大地鼓舞了中国人民,使他们看到了马克思主义的无比威力,产生了民族解放的新希望。李大钊同志热烈欢呼:"1917年的俄国革命,是二十世纪中世界革命的先声""试看将来的环球,必是赤旗的世界!"1919年我国爆发了伟大的五四运动,由于马克思主义在中国的广泛传播,并同中国工人运动相结合,1921年诞生了中国共产党。毛泽东同志说:"我党从它一开始,就是一个以马克思列宁主义的理论为基础的党,这是因为这个主义是全世界无产阶级的最正确最革命的科学思想的结晶。"(《毛泽东选集》第3卷第994页)

但是,我们党在较长的一时间里,对于马列主义理论同中国革命的具体实践相结合的认识,还不是那么深刻、自觉的。旧中国是一个半殖民地、半封建的东方大国,在这样一个国度里进行社会革命,必然要遇到许多特殊的复杂的问题。靠背诵马克思主义的一般原理和照搬外国的经验,是不可能解决这些问题的。大革命时期,我们党还比较幼稚,陈独秀就没有处理好马列主义理论与中国革命实践的关系,犯了右倾投降主义的错误,导致了大革命的失败。三十年代,我们党又犯了以王明为代表的"左"倾冒险主义的严重错误,他们把马克思主义教条化、把共产国际决议和苏联经验神圣化,又使我国革命遭到了严重损失。

毛泽东同志和其他老一辈无产阶级革命家的最伟大的历史功勋,就在于创造性地运用马克思列宁主义的基本原理,把它同中国革命的具体实践紧密结合起来,找到了夺取中国革命胜利的正确道路。我们党为实现马克思主义中国化,同教条主义的错误倾向作了坚决的斗争,并深刻地总结这方面的历史经验,毛泽东同志和其他老一辈无产阶级革命家,撰写了一系列科学的理论著作。后来通过延安整风,从世界观和方法论的高度,进一步清算了主观主义、宗派主义、党八股等违背马克思列宁主义的思想作风,使我们党在运用马列主义于中国革命的实践中,逐步达到成熟的程度。

以毛泽东同志为主要代表的中国共产党人,根据马列主义的科学原理,把中国长期革命实践中的一系列独创性经验作了理论概括,形成了中国化的马克思主义——毛泽东思想。我国人民就是在毛泽东思想的指引下,取得了一个又一个伟大的胜利。在新民主主义革命过程中,我们党坚持从中国的历史状况和社会状况出发,认真研究中国革命的特点和规律,发展了马克思列宁主义关于无产阶级在民主革命中的领导权思想,创立了无产阶级领导的,工农联盟为基础的,人民大众的,反对帝国主义、封建主义和官僚资本主义的新民主主义的革命理论,并且开创了一条以农村包围城市,最后夺取全国胜利的革命道路。在从新民主主义到社会主义的转变过程中,我们党从中国经济文化较落后的国情出发,采取了社会主义工业化和社会主义改造同时并举的方针,创造性地开辟了一条适合中国特点的对生产资料私有制的社会主义改造的道路。尤其是对资本主义工商业的社会主义改造,我们创造了一系列从低级到高级的国家资本主义的具体过渡形式,最后实现了马克思和列宁曾经设想过的对资产阶级的和平赎买。1956 年我们党的"八大"正确指出,社会主义制度在我国已经基本上建立起来,我们的根本任务已经是在新的生产关系下面保护和发展生产力。接着,我们党领导全国人民开始转入全面的社会主义建设,并提出了探索适合我国国情的社会主义建设道路的新任务。

诚然,我们党在把马克思主义的科学原理应用于我国社会主义建设的过程中,也曾发生过结合得不大好以至出现严重失误的情况。这是由于我们对社会主义建设缺乏经验,对经济发展规律和我国的基本情况认识不足,还由于有的同志在胜利面前滋长了骄傲自满情绪,急于求成,夸大了主观意志的作用,使我们党的工作指导方针上出现了严重的错误,以致后来发动了不符合马列主义,也不符合中国实际的"文化大革命",给我们党、国家和人民带来严重的灾难。这个教训是极其深刻的。

粉碎"四人帮"之后,特别是党的十一届三中全会以来,在党中央的正确领导下,我们在指导思想上完成了拨乱反正的艰巨任务,重新确立了马克思主义的路线,制定了一系列适合我国国情的方针政策,把社会主义事业引上了健康发展的道,正在各个领域打开新的局面,并获得了重大的成就。胡耀邦同志在十二大的报告中指出,我们党所以能够取得许多方面的胜利,"归根到底,是由于坚持了马克思主义的理论和实际相结合的科学原理"。

在新的历史时期中,我们要把中国这样原来经济文化较落后的国家,建设成为现代化的高度文明、高度民主的社会主义强国,这无疑是伟大的创造性的事业。这个伟大工程的许多课题,在以前的马克思主义经典著作中没有也不可能提出和解决的。我们必须把马克思主义的科学原理同社会主义建设的实际更好地结合起来,才能解决好这些问题。邓小平同志在十二大开幕词中指出:"我们的现代化建设,必须从中国的实际出发。无论是革命还是建设,都要注意学习和借鉴外国经验。但是,照抄照搬别国经验、别国模式,从来不能得到成功。这方面我们有不少教训。把马克思主义的普遍真理同我国的具体实际结合起来,走自己的道路,建设有中国特色的社会主义,这就是我们总结长期历史经验得出的基本结论。"新民主主义革命时期,由于我们党坚持把马克思主义的普遍原理与中国革命的具体实践相结合,开辟了一条世界无产阶级革命史上不曾有过的中国革命的特殊道路。在社会主义建设时期,我们坚持把马克思主义原理与中国建设的具体实践相结合,也一定能够胜利建设起有中国特色的社会主义。我们应当坚定地沿着党的十二大指明的道路,为全面开创社会主义现代化建设的新局面而努力奋斗。

三

马克思主义科学原理同革命的具体实践相结合,是一个反复认识和实践的历史过程。只有认真总结经验,不断端正思想路线,才能逐步提高结合的水平。在如何实现"结合"方面,几十年来的革命和建设实践,我们是有不少经验教训的。

要实现结合,首先必须精通马克思主义的科学理论。指导一个伟大革命运动的政党,如果没有革命理论,光凭良好的"愿望",朴素的阶级感情,那是不能把革命引向胜利的。由于国家面临的特殊情况,我们党成立不久,就领导人民投入长期艰苦的武装斗争,许多同志没有条件对马列主义进行系统的学习和深入的研究。正因为这样,我们党在指导思想上曾多次发生失误，几乎使中国革命陷入绝境。这些沉痛的教训使我们认识到不学习马克思主义理论，就不能保证革命事业沿着正确的道路胜利前进。因此，当红军长征到达陕北后，毛泽东同志就从提倡学哲学入手，领导全党认真总结历史经验，经过延安整风，我们党从政治上、思想上彻底地清算了历史上遗留下来的右倾和"左"倾错误的影响，特别是彻底清算了王明教条主义的流毒，使全党对毛泽东同志倡导的实事求是、理论联系实际、把马克思列宁主义的普遍真理同中国革命的具体实践相结合的思想原则，取得了完全一致的认识，在思想上达到了空前的统一，马克思主义理论水平有很大的提高，为取得抗日战争的最后胜利和建立新中国奠定了坚实的基础。全国解放后，我们党仍然十分重视用马克思主义武装广大干部，把认真学习马克思列宁主义、毛泽东思想，作为党员必须履行的第一条义务。党的各级组织和国家机关建立了经常性的学习制度，取得了很好的效果，有力地推动着社会主义革命和建设事业的发展。学习马克思主义理论，最重要的就是要完整、准确地掌握马克思主义科学著作的精神实质，不能满足于一知半解。对马列主义了解肤浅，就容易陷入迷误。我们在社会主义改造基本完成之后，曾一度把马克思所说的"资产阶级权利"应该限制和批判的论点，误解成对按劳分配原则和物质利益原则，也要限制和批判；把列宁在十月革命初期说的"小生产还会每日每时地大批地产生资本主义和资产阶级"的论点，误解成社会主义改造完成以后仍然如此。从而形成了一系列"左"倾政策；把党内的思想分歧，误解为都是党内的阶级斗争，从而形成频繁的过火的党内斗争。而且还把这些阶级斗争扩大化的"迷误"，当成保卫马克思主义纯洁性的"圣战"，造成了众所周知的严重后果。这些历史教训是十分深刻的。我们要熟练地运用马列主义的立场、观点和方法，就必须坚持不懈地学习和研究马克思主义的科学体系，掌握其精神实质，真正弄通马克思主义。这是革命和建设事业取得胜利的根本保证。

要实现结合，就必须深入研究本国的国情。怎样才能掌握我国各方面的实际情况呢？基本的方法就是认真进行调查研究。这是把理论与实际结合起来的桥梁。如果对本国的历史和现状若明若暗，那就没有多少"发言权"，即便手里有最好的理论武器，也不起什么作用。"无的放矢"是没有不失败的。在新民主主义革命时期，那些犯机会主义错误的人，有一个共同的特点,就是不肯作调查研究。他们对中国的过去和现状一概不感兴趣,主观主义地发号施令,结果不是犯右的错误,就是犯"左"的错误。以毛泽东同志为代表的老一辈无产阶级革命家,坚持从中国的实际出发,作了许多的调查研究,形成了适合我国情况的科学指导思想,才把我国的革命引向胜利。在社会主义时期,我们所以能够在许多方面取得成就,在于坚持理论联系实际,重视调查研究,制定了符合我国实际的路线、方针、政策。相反,在一些工作中所以发生失误,甚至犯了严重错误,就在于理论脱离了实际,对我国的政治、经济等形势,作了不符合实际的估量,主观主义地决定方针政策。客观实际是纷繁复杂的,又是不断发展变化的,因此对国情认识必须经历由浅入深的过程。只有坚持不懈地进行认真的调查研究,才能对国情的认识不断深化。在社会主义现代化建设的实践中,不论是国内、国外,自然界和社会生活的各个方面,需要了解的新情况、亟待解决的新问题,实在是层出不穷。我们必须切实研究国情,加强调查研究,才能为全面开创社会主义现代化建设的新局面作出贡献。

要实现结合,必须特别注意把马列主义科学原理同不断发展着的新情况紧密联系起来。革命运动是不断发展的,当一个历史阶段的革命任务完成之后,就要转变到另一个阶段,面临着新的任务。就是在同一个发展阶段,还有许多小的发展段落,面临的实际是不同的。如果拿民主革命时期的具体经验,去指导社会主义建设的实践,显然不能奏效。因此,要正确地实现结合,必须把马克思主义同时代的发展所面临的实际联系起来,同各条战线的不同实际联系起来。就"结合"本身来说,又是一个探索的过程。比如消灭剥削制度,建立生产资料的公有制,这是社会主义的一个重要特征。但是这个原则在生产力发展水平不同的国家,应当采取何种形式,并没有固定不变的模式。我国在五十年代就已提出并动手解决这个问题;现在到了八十年代,我们仍然继续在解决这个重大的课题。可见,这种"结合"的过程可能是很长的、曲折的,需要在实践中不断探索。那种以为一经结合,就一劳永逸的"一次完成论";以为在前进过程中不会发生曲折的"一箭中的论",是形而上学的观点,应当加以摒弃。

要实现结合,必须坚持同各种错误倾向作斗争。十月革命后,当马克思列宁主义在中国传播的时候,我们就经历过多次与各种反马克思主义思潮的斗争。马列主义就是在斗争中得到发展和壮大的。同样，把马列主义同中国革命的具体实践相结合，也不是一帆风顺的。历史经验表明，干扰最大的是教条主义和经验主义。对书本上的东西和外国的经验是要学习和借鉴的，但不能迷信，就是对本国革命实践中总结出来的理论，也不能搞"凡是"。如果把这些看作是一成不变的灵丹圣药，不管实际情况如何，照抄照搬，一定不会得到成功。我们党在这方面有过不少教训，人们对教条主义的危害体会是比较深的。我们在实践中获得的经验，当然是很宝贵的，其中某些共性的东西，对现实和今后都有指导作用。但客观事物是不断变化的，人们对客观规律的认识是不断深化的。有些经验只适用于特定的条件，并不具有普遍意义。如果把经验一概看作是不可更易的公式，到处套用，就会犯经验主义的错误。我们在社会主义改造基本完成之后，在观察和处理社会主义发展过程中出现的各种新矛盾时，把不属于阶级斗争的问题，仍然看作阶级斗争，并沿用大规模的急风暴雨式的群众阶级斗争的方法，从而导致阶级斗争的严重扩大化。可见，经验主义是危害很大的主观主义，它同教条主义一样，应该坚决加以防止和反对的。

要实现结合，必须紧紧依靠党的集体智慧和人民群众的力量。社会革命的实践是千百万人民群众的实践，社会主义事业是千百万人民群众自己的事业。把马克思主义正确地同本国革命和建设的实践结合起来，必须集中集体智慧、依靠人民的力量，走群众路线。靠少数几个人苦思冥想是不能完成的。我们党从建党以来到建国初期，在大部分时间里比较好地执行了民主集中制原则，实现了集体领导。毛泽东思想就是我们党集体智慧的结晶。可是，从五十年后期开始，有的领导同志在胜利面前滋长了骄傲自满情绪，夸大了主观意志和个人作用，致使个人崇拜现象逐步发展，党和国家的政治生活越来越不正常，终于导致了"十年内乱"的灾难，给社会主义事业造成严重损失。党的十一届三中全会以来，我们党的政治生活，逐步恢复到了马克思主义的正确轨道。正如胡耀邦同志在十二大的报告中说："现在的党中央，是团结的和谐的领导集体，是能够驾驭复杂局势的坚强核心"，得到了全国人民的拥护和爱戴。历史的严重曲折告诉我们，党的领导机构的政治生活是否正常，是否坚持集体领导的原则，确实是关系到马克思主义能否同革命实践正确结合的根本问题。

要实现结合,还必须认真总结实现结合的实践经验。人们创造历史的能力是在不断总结实践经验当中逐步得到提高的。以我国的民主革命来说,开始的时候,并没有现成的经验和方法,经过胜利和挫折,多次比较和总结,逐步认识了中国革命的特点和规律,才产生了反映这些特点和规律的毛泽东思想,从而引导中国革命走向胜利。对于社会主义革命和建设的规律,也是在实践中不断总结,才逐步认识和掌握的。《关于建国以来党的若干历史问题的决议》,在马克思主义的指导下,总结了新中国成立以来的正反两个方面的经验,党的十二大的报告和一系列文件,也是对历史经验的科学总结,这都使我们对于社会主义建设规律的认识,有了很大的前进。人们在社会主义道路的探索中,走些弯路,这是很难避免的。马克思主义者在困难和失败面前,绝不能动摇自己的理想和信念,表现出任何悲观失望的情绪,唯一应取的态度就是坚持理论联系实际,在实践中检验真理和发展真理,认真总结经验,勇于抛弃为实践否定了的东西,努力探索正确"结合"的道路。只有这样,我们对客观规律的认识,才能一次比一次更全面、更深刻,真正实现理性认识到革命实践的飞跃,把马克思主义理论同革命实践相结合的水平不断推向前进。

马克思播下的革命火种,已在全世界燃起了燎原大火。国际共产主义运动正沿着自己的道路继续前进。回顾过去的历史,展望未来的前景,正如列宁考察马克思主义学说的历史命运时所说:"即将来临的历史时代,定会使马克思主义这个无产阶级学说获得更大的胜利!"

(本文发表于《江海学刊》1983 年第 2 期)

美学与科学

陈华中[*]

"天地有大美而不言,四时有明法而不议,万物有成理而不说,圣人者,原天地之美而达万物之理。"(《庄子·知北游》)

我国哲人在两千多年前就把"原天地之美"和"达万物之理"并举为圣人的两大使命。用今天的语言表述,前者研究美,归于美学领域,后者研究真理,则归于科学领域,两者都为人类文化宝库创造了斑驳灿烂的财富。

西方早期的哲人也留下相仿的记录。绵延两个世纪的毕达哥拉斯学派,不少人都热心研究天文学、数学和物理学,追求"达万物之理"。他们在观察研究中发现,天体间存在着数学比例关系,构成了宇宙和谐之美。他们从音乐、建筑等艺术的审美效应上也注意到同样的比例和谐:"如果乐器的音调定得太高,我们就减弱张力,这样就减少了振动降低了音高。由此可见,音调是由一些必定通过数的比例彼此关联起来的部分组成的。"[①]这些"原天地之美"的活动与庄子同属于一个历史时代,虽然各处西方和东方,却表现出人类文化发展的一些共同特色。关于音乐与数理科学关系的这种见解,在历史长河中不断传出回声。直到二十世纪三十年代,从爱因斯坦的言论中还可听到这种回声:"这个世界可以由音乐的音符组成,也可以由数学的公式组成。""音乐和物理学领域的研究工作在起源上是不同的,可是它们互相补充着。"[②]

如果说美学与科学在其童稚时代曾有过青梅竹马的关系,随后的两千年间就各说各的话,各走各的路了。美学长期留在哲学门下,寄情于务虚思

---

[*] **陈华中**(1933—2005),主要研究领域为西方哲学、美学。

[①] 吉尔伯特·库恩:《美学史》第18页,上海版。

[②] 《爱因斯坦文集》第1卷第281页,北京版。

辨;科学则志在四方,务实求精,做出一番番惊天动地的事业。

随着科学的分科日益精细化,它与美学的关系也就日益疏远隔离,受到有识之士的关注。德国物理学家赫尔姆霍兹(1821—1884)在其力作《乐感理论》中说:"本书的宗旨在于联结两种科学的边界,两方虽然出于多种天然的亲缘而相互接近,却迄今依然各不相谋——我说的一方是物理音响学和生理音响学的边界,另一方是音乐科学和美学的边界……近期以来,物理学和哲学、艺术的分野日益隔离,结果是,其间任何一种学科的目的、所用的方法和语言,对于其余学科的研究者都显得困难重重。这可能也是一个主要原因,说明本书探讨的问题,长期以来都未受到比较彻底的考虑,没有提出来逐步加以解决。"[①]事实也果真如此,他的《乐感理论》(1863)和《生理光学》(1856—1866)考察论证了人类视听感官对声色之美的感受机制,至今仍是这一科学领域的奠基性经典著作。特别是《乐感理论》,问世后不断受到达尔文、汉斯里克等人的援引和推崇。[②] 达尔文在 1859 年发表震惊世界的《物种起源》,以翔实丰富的材料论证了优胜劣汰、自然选择的进化原理。人们注意到,书中也以科学求实的精神提出了一些尚待解决的问题,如声色美感问题:"最简单的美感,就是说对于某种色彩、声音或形状所得的快感,最初怎样在人类及低等动物的心理中发展的呢? 实在是一个很难解的问题。"[③]不好说赫尔姆茨在达尔文的巨著问世四五年后陆续发表的两部专著,就是致力于回答上述的问题;却可以说,在科学精神深入人心的十九世纪,美学问题受到科学家们的关注是美学之大幸。达尔文在提出美感难题二十年后发表的《人类的由来》中,详细论述了动物世界在性选择中展示声色之美的有趣材料,于是将当初的"自然选择"理论修订成"性选择"理论,将新著题名为《人类的由来及性选择》。

美学与科学的关系,是两个知识体系间相互影响彼此促进的关系,分别来说,就是科学中的美学和美学中的科学。两者归属不同的知识领域,也就表现出不同的特色和形态。科学中的美学,主要表现为科学理论发现和科

[①]　赫尔姆霍茨:《乐感理论·序言》英译本,伦敦版。

[②]　参阅汉斯里克《论音乐之美》第 71 页,北京版。达尔文《人类的由来》第 687 页,科学出版社译本,北京版。

[③]　达尔文:《物种起源》,第 126 页,北京版。

学创造性思维中的审美特色,表现为数学形式的美感在建构科学理论中的启示作用和规范意义。英国物理学家狄拉克(1902—1984)的理论成就硕果累累,他总结自己的经验认为,如果一种新的物理定律表现在数学形式上还不美,那就说明该定律在理论上还不成熟,还要改进。他认为数学形式之美有时比一两次实验与某种理论相一致更为重要。因为理论与实验相符往往和某些细节相关,而数学形式之美则与普遍的自然规律相关。自然规律很可能因那些细节的存在而呈现不出纯粹的形态。他认为,爱因斯坦的广义相对论只有两三个实验事实可以判定其正确性,然而对它在数学形式上的美,却完全可以依靠数理思维加以正确判断。因此,爱因斯坦的理论之所以受到广泛推崇,与其说因为它正确,还不如说是由于它具有一种伟大的美,一种巨大的数学形式美。许多自然定理的科学表述和论证,往往都借助于各类公式和图表,公式是抽象符号的数学关系,完全没有什么感性形象,有的科学图表如高分子化合物的结构式和生物基因的双螺旋结构图等,其间的形象因素也是一种抽象的图解,完全不同于生活形态的直观形象。这些定理公式和图表所包含的科学美,是一种深层的理性美,需要相当的理解力和推理活动才能接受,就不容易见出普遍认同的审美经验和美学特征。值得注意的是,随着科学理论与技术开发、生产工艺的结合发展,特别是电脑与音像技术的日新月异,影视广播的美妙天地和艺术世界不断融进了变幻无穷的科技之美,构成了亿万大众日常文化生活不可或缺的组成部分,可以预料,科技美学将成为当代美学的重要课题。①

美学中的科学是一个尚待探讨的课题,它使我们看到,美学由于不断向相关科学结缘而日益扩大了研究领域,充满勃勃生机。西方美学发展到黑格尔的《美学》,就理论体系的完备而言已是登峰造极,后继者老是围着“美的本质”问题兜圈子,路子越来越窄。这与当时科学实验和科技开发方面翻天覆地的变化(细胞学说、电磁场理论、能量守恒理论、发电机制造、铁路铺轨等)形成了鲜明的反差。在这个大时代背景下,科学的发展不断将触须伸向美学领域。科学家们并没有纠缠在“美是什么”这类思辨题目里,他们感兴趣的是事实数据和观察实验。于是,如上所述,首先受到关注的就是实实

① 参阅徐纪敏《科学美学思想史》第 11 章,长沙版。

在在的美感经验问题。特别是其中的乐感、色感和人类近亲的动物美感问题。由此形成的契机导致了美学发展的大转折,即由思辨务虚为主流转向以实验务实为主流,由研究美的本质为主题,转向研究美感经验审美文化为主题。格罗塞评论旧美学的衰落时说:"狭义的艺术哲学的种种尝试,向来差不多都是希图和某种思辨的哲学体系直接联结的,那些尝试一时固然随着哲学多少得了些承认,但是过了不久,就又和哲学一同没落了……如果我们以严格的科学标准评价,我们不得不承认它们遇到那样命运是活该。我们固然不惜赞赏它们的光怪陆离,可是我们不能因此就疏于审察,这些摇摇欲坠的体系缺乏充分的事实做基础,也没有任何保障可传之久远。黑格尔派和赫尔巴特派的艺术哲学,现在都只有历史意义了。"这些话可能偏激些,当时却具有广泛代表性。赫尔姆霍兹在《乐感理论》第三章中论述了不同和弦的愉悦性、音阶的构成和曲调的一些基本规律,他第一个揭示出,作为音乐特质的音色决定于泛音的频率。在小提琴和钢琴上奏出的基音虽然相同,而音色的差异却明显可见。其原因在于,每种乐器发出的不仅是某个基音,同时还夹进了比基音的振速更快的泛音。他根据自己的理论设计制造出对各种频率十分敏感的玻璃球谐振器,通过变换泛音强度的方法,可以产生每种乐器的音色,甚至可以发出某个人的声音,由此也就证实了他的谐振理论。他在美学上主张,艺术家与客观世界的关系,不是抄录自然,而应当是翻译自然解释自然。这位物理学家多年致力于沟通美学与视听生理学、声色科学间的隔阂,为后来者开辟了道路。

与此同时,另一位德国人则从另一侧面深入美学领域展开实验研究,开拓了美学视野,以实验美学著称于世,他就是在莱比锡大学任职物理学教授六十年的费希纳(1801—1887),他以物理学家严谨的定量观试验人类感觉的可测性。在他涉足美学的十余年(1865—1876)间,以其敏锐的洞察力和科学实验方法促成了西方美学的重大转折。费希纳的美学活动是由黑格尔学派美学家蔡辛引发的。蔡辛从 1854 年起连续发表《人体比例新论》和《美学研究》,宣称黄金分割就是长期寻求的那个美的比例关系。他广泛地从绘画、雕塑、建筑中找出黄金分割,断定它是解开自然美和艺术美中奥秘的万能钥匙,还进一步企图证明黄金分割是人类和动植物形态的结构原则。这些武断的论点引起费希纳的注意,他本着务实求真的科学精神,对蔡辛所举的《西斯廷圣母》和"拉斐尔的其余作品进行了测算,结果发现其间的比率从100∶112一步步升到了100∶231(黄金分割比率为100∶162)。他看出了,往往很难知道要用什么截割法去测量才好。"[①]到了这一步,人们大都会对蔡辛的理论漠然弃之,费希纳则不然,蔡辛的失误使他认识到,只有用科学实验的方法才能有说服力地显示出,黄金分割究竟有多少内在的审美价值。费希纳长期从事测试各种刺激与感觉反应间数据关系的实验,于是他在五年后发表了《实验美学》的演说(1871),将自己专长的心理物理学的实验方法广泛应用于美感研究。在继续不断地实验研究中,他取得了丰富的数据记录,他对这些实验数据加以条分缕析,总结出了十三条美感原理,写进他的传世之作《美学导论》(1876)。

《美学导论》在《序言》里宣称,过去的美学都是由形而上学的基本命题出发,用演绎法向美学领域推论,这种"自上而下"的美学貌似完备却华而不实,缺乏充分的事实基础。他主张用科学实验方法获取充分的事实数据,用归纳法总结成一般性原理,走"自下而上"的研究道路。"自上而下"的评论揭示了旧美学的病根,"自下而上"的口号也表述了科学理论的基本精神,这就使《美学导论》像一面旗帜飘扬在美学上空,标志着一场方法革命、观念革命展开了,标志着美学走向科学的大转折时期到来了。

费希纳最负盛名的实验是用白纸板做成面积为 64 cm^2 却长宽不一的十种从1∶1的正方形递增到5∶2的长方形,将这些纸板散放在黑桌布上,由应试者指出自己偏爱的和反感的纸板形。所选应试者都出身有教养阶级,却不问其艺术修养如何,在多年试验中,参加男性228人,女性119人。实验结果显示,从3∶2到23∶13这个区域集中了大多数男女的偏爱,其间的高峰就在34∶21这个纸形上,这正是黄金分割所在之处。费希纳把这场实验的尺度设置为"偏爱"(preferrence)与否以解释美感经验,显然并不准确,加以应试者代表性偏窄等缺点,实验结果自然受到不少非议。尽管如此,在对黄金分割的肯定上就分明表现出,他的实验比起蔡辛的形而上学更有说服力,由此也强烈地对比出科学实验方法对旧美学的优越性。

于是人们看到,从十九世纪中叶以降,除了实验美学蓬勃发展外,与美

---

① 格罗塞:《艺术的起源》第2—3页,北京版。

学沾边的科学都先后打开旗号介入美学领域,特别是内涵深广的心理学和社会学更是不断涌现出各种学说学派,使美学园地百家争鸣,蔚为壮观。当然,许多科学家包括赫尔姆霍兹和费希纳,都是沿着自己的科研方向客串地涉猎到美感之类的美学领域。在美学界,应用科学方法科学思想分析审美经验解释艺术史问题而构成系统理论者,首推法国艺术评论家丹纳。

丹纳在《艺术哲学》(1865—1869)中开宗明义把美学比作实用植物学:"科学同情各种艺术形式和各种艺术流派,对完全相反的形式和流派一视同仁,把它们看做人类精神的不同的表现,认为形式与派别越多越相反,人类的精神面貌就表现得越多越新颖。植物学用同样的兴趣时而研究桔树和棕树,时而研究松树和桦树;美学的态度也一样,美学本身便是一种实用植物学,不过对象不是植物,而是人的作品。因此,美学跟着目前科学与自然科学日益接近的潮流前进。"[①]丹纳把自己的美学称为"实用植物学"也并非哗众取宠的矫饰之词,仔细考察他的美学理论基石的三大原则——种族、环境、时代,就使人感到与植物栽培中的品种、土壤气候、季节有某些对应关系。在对艺术家及艺术品的分析中,都使人联想到,他的理论明显地受过植物学的强烈启示。对于当时的艺术理论家和美学家而言,向自然科学攀亲结缘正是时代的风尚,连尼采也主张美学就是实用生理学。

美学发展到当代水平,已成为一个多侧面多层次的动态知识结构,其领域和许多分类科学存在着错综交叉的关系,不明白这些关系也就很难说清楚美学的基本面貌。大致说来,美学与相关科学的紧密关系表现在下列几方面:

1. 外物的状况及变化与人类审美经验的关系最早为人们注意和研究,《乐记》在战国时代就指出"人心之动,物使之然也。感于物而动,故形于声。"另一方面,艺术家的审美体验和情感世界,通过创作活动又转化为物质形态的艺术品,反过来又不断影响人们的审美趣味和精神世界。可见审美感受的起点和艺术创造的终点都落在客观的物质世界,研究物质世界的声音、颜色、形状、线条的数学物理学就自然首先与美学发生交叉关系,赫尔姆霍兹和费希纳就是代表这种关系的物理学家、数学家。

---

① 钱德勒(A.Chandler):《美与人性》第34页,纽约版。

2. 考察游戏活动与审美活动的内在联系,研究人类感官结构与审美功能的关系,是艺术起源论与审美发生论的中心课题,这就构成美学与生物学、生理学的密切关系。这方面的代表性学者有达尔文、斯宾塞、格兰特·阿伦和格鲁斯。

3. 实验美学打开了美学通向心理学的大门,由此不断涌现出三个方面的研究热流:一是承费希纳的余绪以威特麦、布洛、瓦伦坦等为代表的审美实验心理学;二是围绕审美知觉的心理活动规律不断出现的各派学说,如以小费肖尔、格鲁斯为代表的移情说和以韦特海默尔、安海姆为代表的格式塔学派等;三是有关艺术创作机制的学派,如弗洛伊德的心理分析论等;这些学说和流派都先后各领风骚,活跃一时。

4. 审美活动从微观着眼是人类个体的生命现象心理现象,从宏观上看则是人类集体的社会现象和意识形态。前者涉及上述各门科学,后者则涉及不少社会科学,如社会学、经济学、民族学和文化人类学,这方面的代表有丹纳、普列汉诺夫、格罗塞等。

5. 人类的审美活动和艺术表现都是通过语言、符号这类载体进行的,符号、语言及其含义间的复杂关系构成了美学研究又一广阔的科学领域,罗兰·巴特、苏珊·朗格可称为这方面的代表。

在科学思想科学方法的不断渗透冲击下,美学已走出学院派大院成为开放性的领域,它不断接受科学创见和时代思潮的启示和惠顾以扩大研究的广度和深度。二战后,流变频繁的某些西方理论,多以论点新奇时兴取胜而缺乏充分可核的事实数据作基础,往往时来则兴,时去则废,难言真正的科学性,对美学的影响也很有限。另一方面,也有不少领域有待开拓,如脑科学和思维科学等,其间的重大发现都势必改写人们对审美真相的认识,美学对这类科学理论是永远开放的。

人们也注意到,美学在不断与科学结缘的过程中,也不时流露出还原主义倾向。其显著特点就是把复杂微妙的审美现象简单化,还原成单纯的心理现象加以解释,或者还原成简单的生理现象生物现象加以类比,或者干脆还原成物理学上机械运动的力学模式加以解释。不可否认,自十七世纪产业革命以来,从蒸汽机时代、电力时代直到今天电脑时代,社会物质生产和物质生活无不受惠于物理科技日新月异的伟大成就。物理科学的一般原理和基本方法日益深入人心，日益渗透到一切文化领域，物理学语言逐渐成了权威语言以至科学的标准。不可否认，某些物理学中说明的现象，如惯性现象等，在无机界和有机界，在植物界和动物界，甚至在人类的生理活动、心理活动乃至审美文化方面都普遍存在。一定的审美趣味和艺术风格总是顽强地支配着人们的审美习惯，然而人类的审美文化又总是在新与旧的矛盾冲突中向前发展的；审美活动也和艺术创造一样，最看重的是不断创新，最不断前进，最忌讳的就是因循守旧，就是惯性中的陈词旧套。

从某些美学经典著作中，也时常透露出还原主义的消息。丹纳的《艺术哲学》力倡艺术作品的根底在社会状况和时代风尚，艺术家的创造离不开流派群体的风格特色，这在破除艺术创作神秘论上功不可没。然而他应用植物学方法把艺术家看成种子，把艺术品看成在特定土壤、气候下开出的花朵，却分明地把艺术创作简单化、草木化了。他称自己的艺术理论对种族、环境、时代的效应分析"不过是一个力学问题"，更是将千姿百态各具个性的艺术创作还原成毫无灵气的机械产品了。其他如弗洛伊德的著作在解释创作秘奥上说明了潜意识的重要作用。受到了普遍的认同，理论贡献应相当肯定。可是他把"力必多"作为人类心灵世界和艺术活动的根本动因，也同样是把问题简单化了，把思想情感世界美妙结晶的审美创造还原成与动物世界相仿佛的性动力行为了。[1]

我国学术界在美学讨论中也出现过类似的记录。个别学者征引热力学第二定律作为自己论点的科学佐证，引出了不少争论，争论中有人坚持说："一切审美现象，都无不具有生命的意味。事实上审美的能力本身就是一种高度增强了的生命力。所以为了了解美，必须了解生命。为了了解生命，必须了解死亡，必须了解熵。这就是我们强调把熵定律应用于美学研究的理由。"[2]这里通过简单的逻辑推理强调研究生命是美学的重大课题，通过一再重复"为了……必须"的使命语气层层递进地把美学的任务还原成生物学生理学中的生死问题，最后再还原成物理学中的热力学第二定律。这对于纯哲理思辨可能有一定启示，但要把物理世界的某条定律套到美学领域

---

[1] 丹纳:《艺术哲学》第 11 页,北京版。

[2] 高尔泰:《美学可以应用熵定律吗？——对批评的答复》,《文学评论》1988 年第 1 期,第 84 页。

去切实解决问题就有嫌轻飘了。这类情况国外学者也有所注意有所论述："在社会科学家涉足的领域——宏观行为领域和内心体验领域——热力学第二定律就不再适用了……设想一下专门用来在特定地方集中"热"或"冷"的成千上万的火炉和冰箱吧!(还有人们在闷热的天气里放入饮料中的冰块呢!)这同热力学第二定律所说的情况截然相反。人类的宏观行为是反嫡的,在这个领域中,热力学第二定律不起作用,内心体验领域也是如此。"①谁都会同意生物界是由物质世界演化派生出的,物理学某些原理如杠杆原理浮力原理都可解释生物的一些活动;却不能简单地把生物学研究还原到遵守物理学原理,想用能量守恒原理去解释动物生长中的细胞分裂现象就无能为力。物理世界对审美活动具有某些制约规范作用,却不可说,物理学的某些定律可以指导以至包办某些美学研究。更不可说,美学必须还原到遵守物理学的某条定律。物理还原主义是人类认识的后退,是科学的后退,而不是前进。②

科学与美学之间相互渗透彼此补充是有益的,替代包办是徒劳的,结果总是科学包办不了美学,美学也替代不了科学。歌德与牛顿的例子给后世留下不少启示。歌德曾醉心于研究光与色彩学,自认为他的传世之作不在诗歌,而在这种研究。他花了十五年时间写成了一部一千四百余页的《色彩学》,不少论点与牛顿针锋相对。③

牛顿的《光学》(1704)通过棱镜实验把一束入射的白光分解成彩虹一样的彩色光带,由此说明白光是由红、橙、黄、绿、蓝、青、紫七种色光组成的。歌德的主张恰恰相反,认为白光是中心本源,一切颜色都是在光与暗交互作用中产生的。云朵遮暗了阳光,就形成了晚霞的各种色彩,平时的云朵在天光的背影上就呈现出灰色外观。在牛顿的《光学》中,许多论证全仗实验的测算和数学公式的推演。歌德的著作虽也不乏简单的试验(他设计的色彩圆形图,任一直径两端的色彩都成补色),而基本内容均为直觉经验的描述,当时受到科学界的冷落完全可以想见。④

① 勒赛、马格瑙:《爱因斯坦的空间与梵高的天空》第 193 页、第 251 页,北京版。
② 黑格尔:《美学》第 3 册上册第 236 页,北京版。
③ 鲍桑葵:《美学史》第 531 页,北京版。
④ 《歌德自然科学著作选集》俄译本第 337 页,莫斯科版。

　　值得注意的是,由于歌德的《色彩学》总结了他艺术生涯中对色彩的观察和审美感受,处处从艺术家精微的真知灼见落笔,在美学界艺术界都受到相当支持。黑格尔在他的美学讲义中就支持他的观点说:"光受到暗的侵入而变暗,而暗也受到光的渗透和照明,颜色这个原素就是这样产生的……把光看成是由不同颜色,即不同程度的昏暗化所合成的那种看法是错误的。"往后美学家不少人都相沿在自己美学中发挥一些色彩理论,其中如夏斯勒等人与黑格尔相仿佛。"对歌德的(颜色)理论加以维护,又在歌德理论的基础上建立自己的理论。"《色彩学》共分三部,第一部在论述和谐色时说:"如果往后可以从音乐中借用'曲调'一词,或者勿宁说'调性'一词,以应用于绘画,那么在和谐色上就会比到目前为止的成就更上一层楼。"可以看出,歌德的色彩理论虽然没有严密的论证和系统结构,多是一些零散的观察体验随笔,却能够亲切地道出审美观照和艺术欣赏中精微的真谛。他时常从人的心理感受上描述色彩,认为红黄色"造成一种温暖和欢愉的感觉",开暖色说之先河,这从物理学上是无法证明的,却受到普遍的认可。[①]

　　牛顿的光学理论由于设计望远镜成功而受到科学界公认,对另一方则可借用当代权威物理学家海森堡的话说:"歌德的色彩理论为我们构筑了一种和谐的秩序,在这种秩序中,就连最微小的细节都具有生命的内容,并囊括了色彩的客观的和主观的整个表现领域。"即是说,《色彩学》是一部客观真实、主观亲切,充满审美经验谈的著作。由于歌德的色彩论在五分之一的篇幅以牛顿的挑战者的姿态出现,就很容易造成一种误会,像黑格尔那样认为如果支持一方势必反对另一方。历史证明双方并无这种势不两立的关系,而是各有各的兴趣中心,也各有各的事实根据,谁也替代不了谁。也许由此可以得到某种启示:美学与科学的关系,既不能用一方包办替代另一方,也不可用一方否定另一方。从历史上考察,两者是相互补充彼此促进的关系,走的是一条协调发展的道路。展望新世纪,这道路会越走越宽阔。

(本文发表于《学海》1996 年第 1 期)

---

① 　勒赛、马格瑙:《爱因斯坦的空间与梵高的天空》第 193 页、第 251 页,北京版。

两个文明建设结合点的哲学思考

王　灿[*]

一

社会主义精神文明和物质文明建设两者"结合""齐抓,共管"等等,已成为中国特色社会主义理论和实践的重大课题之一。但是,人们对这一课题在认识的深度和贯彻的力度上还存在差异。究其原因,在思想上对于两者的结合点,认识模糊、浅薄;在行动上将结合扭曲或出现偏差。因此,找准、找好两者的结合点,这里既有方法上的问题,又有实施方案务实、协调和科学预见性的问题。但是,具有先导义的还在于从哲学的理性高度,对两者关系、结合点首先有一个清晰、深刻的认识。而哲学的理性高度的认识,又不同于就事论事的具体意见。它要能体现时代精神的风采、要求;符合历史传统的社会条件;面向实际,又不为纷繁的现象干扰,而是经过全面剖析、冷静思考,透过现象获取本质性的认知。这样,把握好两个文明建设关系的结合点,就能在两个文明建设的理论和实践上,具有明确的目标、优化的决策、科学的方法、从而获得最佳的效果,使具有中国特色的社会主义建设伟大事业能够顺利、健康发展。

当前,我国的两个文明建设实践表明,对于要不要结合,已无争议;对于如何结合,其方法和经验真是"百花齐放"各有特色。但是,对于两个文明建设的出发点,终极目标或称结合点,则有多种观点,存在歧议。只有提倡"百家争鸣",才能求得具有深度又有远见,符合科学原则的认识。

---

* 王灿(1933—2017),1986—1994年任哲学研究所所长。

社会主义物质文明与精神文明建设的相互关系,相互结合,其出发点、结合点及其最终归宿是什么?尽管众说纷纭,但归纳起来,不外乎"钱财"或"人才"两种说法。下面作一些哲学思考,供商榷。

二

关于"钱财"能否作为两个文明建设结合点的问题,必须作具体分析。不可否认钱财或称经济效益、经济实力,是两个文明建设的物质基础,必要条件。广义而言,两个文明建设的成果,都是物质和精神财富的积累。市场经济运行中,作为一般等价物的金钱、货币具有特殊的魅力,容易产生拜金主义的倾向。拜金主义者为了追逐金钱,干尽违法、缺德的坏事。今天,我们实行社会主义条件下的市场经济,它要求人们在符合伦理规范和法律制约的前提下,通过辛勤劳动获取金钱形式的报酬,乃至一部分人先富,直至共同富裕起来。这样,才能最大限度地调动人民群众的积极性和创造性;使资源配置达到优化程度;使经济效益实现良性循环;使整个社会主义事业兴旺发达。因此,社会主义市场经济发展过程中,要反对拜金主义,但不是简单排斥人们的物质利益,而是将经济物质利益同道德伦理、社会责任和国家法制统一起来,决不能把"拜金主义"作为理想目标和两个文明建设的结合点。

我国在实行市场经济的过程中,某些方面出现了市场经济消极因素滋长的现象,如拜金主义思想的泛滥。有人认为"金钱万能",追逐金钱成为唯一目的,这一歪风不仅表现在损害消费者利益的假冒、伪劣物质产品的生产和流通,甚至金钱的铜臭气也污染了文化、意识形态的精神产品,例如标以高价的"贵族子女学校"的出现、文化成果的拍卖市场甚至连体现国家交通管理手段的车辆牌照验发也搞起拍卖或变相拍卖的招标认购。还有就是报刊出版物的假广告、印制毒害青少年的黄色的、黑色的书刊等等。这些书刊,误导人们厚颜无耻、心黑手辣地去追逐金钱。这些精神鸦片,对社会主义条件下商品经济健康发展,只能起消极作用。这些人眼里,商品交换、市场经济产生的公平竞争,讲究质量,视"顾客为上帝",重信誉,讲法年,激励先进等积极作用均被抛弃,代之而起的只是资本主义原始积累时期,腐朽的尔虞我诈消极的那一套。这些即使在今天经济发达的资本主义国家中也是受到唾弃和批判的了。

有人将"拜金主义"美化为讲究社会价值。不可否认，社会主义条件下的两个文明建设，同样要讲究社会价值、社会效益，某些价值和效益是经济形态的，也就是说，要通过价值符号——货币、金钱来表现、比较的。但是，金钱不是衡量两个文明建设社会价值的唯一标准。例如，花了很多投资，搞了破坏生态平衡的污染工程，这不是两个文明的成果，反而成了祸害；又如，经过艰苦的努力，社会风气、党风的好转，其社会价值也不是用金钱能统计出来的。

有人以钱财为两个文明建设结合点的又一理由是"富而后治"，也就是说先富起来，精神文明会自发发展的。历史和当代许多国家发展轨迹表明：即使生产发展了，富裕以后贪婪、腐败等社会不文明现象和动乱、暴力相随而来的事实；也有富了以后，反腐法规严密，惩处严厉；人们团结互助，重伦理；社会安定；两个文明都有发展。可见不在富与不富，而在两个文明建设是否能协调发展；社会富裕的同时，教育和法制是否搞好了；社会风气、人的素质是否都进步了。我国在建设有中国特色的社会主义实践中，对两个文明的建设，始终是强调"两手抓，两手都要硬"，做到经济发展上新台阶，精神文明建设提高到新水平。如果只顾钻"钱"眼，即使一时经济搞上去也会被封建主义、资本主义的腐朽毒菌和国内外种种敌对势力所侵蚀腐化，就不可能建设有中国特色的社会主义。这是关系到党和国家前途和命运的大是大非。

三

社会主义制度解放生产力，发展生产力，消灭剥削、消除两极分化，最终达到共同富裕等本质特征，决定了两个文明建设的出发点，终极目的或称结合点，绝不是"拜金主义"的钱财，而是人才。这里讲的"人才"的结合点，当然是指建设中国特色社会主义所需的德才兼备的人才，也可概括为"有共产主义理想，有道德，有文化，有纪律"的"四有"人才。邓小平同志 1985 年曾指出："现在我们国内形势很好。有一点要提醒大家，就是我们在建设具有中国特色的社会主义社会时,一定要坚持发展物质文明和精神文明,坚持五讲四美三热爱,教育全国人民做到有理想、有道德、有文化、有纪律。"这样,才能提高整个民族的素质,使中华民族跻身于世界先进的行列。

我们强调两个文明建设结合点是人才,以人作为整个社会发展的主体,这正是马克思主义的基本观点。马克思主义理论中心是以人们的劳动实践及其相应的生产关系总和作为出发点,其归宿是人的全面发展和人的解放。在实践中,以"人才"作为结合点,就能形成"人才创造两个文明的成果,两个文明建设实践又培育更多更优秀的人才"的良性循环态势;就能最大限度开发人才资源,以适应社会主义事业的需要。有人怀疑,两个文明建设以"人"为结合点和归宿,是否是历史上"人本主义"的重复。

历史上人本主义是一种哲学派别,最早可追溯到公元前 5 世纪古希腊智者派普罗泰戈拉提出的"人是万物的尺度",他从主观唯心主义出发把人的感觉作为世界万物的前提。中国儒家学者的民本思想,如孟子的"民为贵,社稷次之,君为轻"等观点也有人本主义倾向。19 世纪德国唯物主义哲学家费尔巴哈创立"人本学",他的人本观点,脱离了人的劳动实践和社会性,按照人的生理规律来解释人的作用,是形而上学的人本思想。欧洲文艺复兴时期,新兴资产阶级反封建的人文主义、人道主义等思潮,也在不同程度上体现了人本主义的世界观。这些思潮对反封建神学禁锢,解放思想,促进社会的发展都是有积极意义和进步作用的。当代西方存在主义、人格主义等学派,也是强调以人为中心塑造世界的"人本"思想,有的甚至极端地夸大人本作用,宣扬人的意志、科技力量和个性"自我选择"可以达到为所欲为的荒唐程度。当然,也有与此相反的观点,西方有些学者只看到科技发展的消极作用,反对人本主义、人道主义,认为以人为中心的人本思想指导下,科技的盲目发展,破坏了人与整个自然界的和谐关系,提出"熵"的理论,描述的能源枯竭和人类自我毁灭的危机,鼓吹"回归大自然"等悲观论调。这种观点,总体上是不利于科技发展和社会的进步,但他们发出的某些警语,却有利于提醒人们在发展生产的同时,要重视生态平衡、防止环境的污染。

由此可见,今天我们以中国特色社会主义理论为指导的两个文明建设,绝不是历史上或当代任何人本主义的翻版,更不是听天由命,无所作为的悲观理论。我们坚持马克思主义的唯物史观,对于两个文明建设结合点,我们选择了居于改造自然、改造社会和改造人自身主体、中心地位的人民群众。毛泽东同志 1945 年《论联合政府》一文中指出："人民，只有人民，才是创造世界历史的动力。"中国共产党的根本宗旨是"全心全意为人民服务"。人民群众中的"优秀"人才，更是创造历史的中枢力量，他们也是全心全意为人民服务的先进模范人物。但是，今天在建设有中国特色的社会主义的伟大实践中，有人强调人本地位，并且将这种人本地位局限于个人、个性解放，这种认识不够全面。马克思主义唯物史观在肯定人民群众对历史发展决定作用的同时，也承认杰出人物、个人、个性解放的重大作用。二者应是辩证统一、相互促进的关系。国家在处理物质利益关系时，特别强调国家、集体和个人三者结合、三者兼顾；个人面对物质利益三者关系发生矛盾时，强调个人服从集体和国家，这是人之伦理常情，也是社会主义应有之义。可是，有人在处理物质利益分配时，将社会群体的利益同个人利益绝对对立起来，一味强调个人的存在决定一切，个人选择、个人利益至上，一切从自我出发，这样就陷入了极端个人主义。邓小平同志在论述《党和国家领导制度的改革》时指出："我们提倡按劳分配，承认物质利益，是要为全体人民的物质利益奋斗。每个人都应该有他一定的物质利益，但是这决不是提倡各人抛开国家、集体和别人，专门为自己的物质利益奋斗，决不是提倡各人都向'钱'看。"

总之，建设有中国特色的社会主义实践中把握两个文明建设的关系，可以有不同层次，不同侧面的理解，可以用多种多样的方式方法。但是，总的指导思想却是唯物史观所决定的"一切为了人"和"一切为了培育更多更好的人才"的两个文明建设的结合点。这一结合点，既符合崇尚科学技术的时代特征，又体现了发展生产力、振兴民族的历史重任。

我们肯定发展生产力是社会主义建设的根本任务，尤其在贫穷、落后的中国建设社会主义，发展生产力更是艰巨、复杂的任务。生产力诸要素中人是决定性的主要因素，所以，提高全民族人的素质，培养、使用好"人才"又是根本中的根本。因此，我们坚持将两个文明建设结合点，落实在人才问题上，才是抓住了关键和根本，同样也为建设有中国特色的社会主义真正找到了胜利发展的动力。

（本文发表于《学海》1995 年第 2 期）

略论生产力的各种因素

汤敬昭 *

任何社会生产都包含着生产力和生产关系两个方面。在一定的生产关系基础上，又竖立着一定的社会上层建筑。现实的社会生产力总是和一定的生产关系相结合，并且受到一定的上层建筑影响的生产力。孤立自在的生产力是没有的。但为了论述的简便，本文不拟涉及生产力与生产关系及上层建筑的相互关系，只谈有关生产力因素的问题。

一、劳动对象是不是生产力的一个因素

生产首先是人与自然间的物质变换过程。人同自然进行物质变换的能力，即人对自然进行斗争的能力，表现为生产力。生产力中包含着人的因素和物的因素，这是大家一致承认的。物的因素包含着劳动手段（首先是劳动工具），也是大家一致承认的。但对生产力因素中是否包括劳动对象，却有不同的看法。

有一种看法是：生产力不包括劳动对象。理由主要是：（1）生产力如同战斗力，战斗力只是战士加武器，并不包括敌人力量，所以生产力也不应包括劳动对象。（2）把劳动对象看作生产力的因素，就会把地理环境、自然条件都算作生产力。（3）生产力是最活跃的因素，而劳动对象则是被动、消极的，长期不变的，对生产力的发展变化没有什么意义。

我认为，这些理由不一定能够成立。

就拿战斗力来比吧。现实的战斗力总是表现为对敌人进行战斗的能

　＊　**汤敬昭**（1933—2016），1982—1985 年任哲学研究所副所长。

力。现实战斗力的大小,最后总要按战胜多少敌人和战胜什么敌人来估计。战士和武器虽是构成战斗力的基本因素,但离开对一定敌人的战斗,仍然不能表现出现实的战斗力。同样,现实生产力表现为对劳动对象进行改造的能力。生产劳动总是劳动者使用劳动手段,作用于劳动对象,从而创造生产物的活动。没有劳动对象,就没有生产过程;没有生产过程就谈不上什么现实生产力。不生产的工人,不使用的机器,并不能构成实际起作用的生产力。矿源枯竭了的矿井,停工待料的工厂,也不能构成实际起作用的生产力。社会生产力不能是脱离了现实生产过程的抽象的生产力。

而且,生产和战斗并不完全相同,不能作简单的类比。战斗以消灭掉敌人力量为目的,生产却是要利用与改造劳动对象,创造出合乎需要的产品,创造出某种使用价值。生产是人与自然间的物质变换,在这个变换中,劳动和对象结合起来了,对象变成了产品,劳动则凝固在产品当中。马克思说:"过程在生产物中消灭了。它的生产物是一个使用价值,是一个由形态变化而变为与人类需要相适合的自然物质。劳动与对象结合着。劳动是对象化了,对象是被加工了。在劳动者方面在动的形态上表现的东西,在生产物方面,是当作静的性质,在存在的形态上表现。他纺织了,并且生产物是一个纺织品。"①正因为生产中劳动和对象结合了起来,所以我们对于社会生产力可以从动态和静态两方面来考察。动态就是现实的生产劳动过程,这里所要考察的,是什么样的劳动者,使用什么样的劳动手段,作用于什么样的劳动对象。静态就是劳动对象化的结果,是生产物,这里所要考察的,是生产劳动提供了什么的生产物,提供了多少生产物。这两方面都表现着人把劳动对象改造为产品的能力,表现着人对自然进行物质变换的能力。从这两方面,我们都可估计到一定社会生产力所达到的程度。而离开劳动对象,就既没有生产过程,也没有生产物,当然也就没有动态的或静态的生产力。所以,战斗力可以不包括敌人力量,但生产力却不能不包括劳动对象。拿性质并不全同的事情打比,并不能恰当地说明问题。

生产力是否包括劳动对象的问题,必然牵涉到生产力是否包括自然力问题。自然不仅给生产劳动提供对象,而且给生产劳动提供手段。"土地是

---

① 马克思:《资本论》,人民出版社 1958 年版,第一卷,第 196 页。

人本来的食料仓,又是他本来的劳动手段的仓库。"①一切劳动对象和劳动手段,归根到底都是自然物质。虽然在人类进入文明阶段以后,大部分工具和一部分劳动对象(原料)已经不是单纯的自然物,而是由人类劳动创造出来的生产物,但它们的原始材料总还是某种自然物质。人类生产的发展过程,就是日益发现更多的自然对象和日渐控制、利用更多自然物质的过程,人类社会生产力中无论如何不能不包括自然力。马克思说:"劳动者没有自然,没有感性的外部世界就不能创造什么。感性的外部世界是材料,他的劳动在材料上实现自己,在材料里面进行活动,从材料里面并且利用材料进行生产。"②又说:"不说社会生产形态的发展程度有大小不等,劳动生产率总是和各种自然条件结合在一起。那些条件可以拢总还原为人类自身(如人种等)的自然和围绕着人类的自然。"③这些指示都说明:生产力是社会力量,不是自然力量,但它却包括为人类所征服的自然力。

确认生产力包括劳动对象,包括人们所征服的自然力,会不会把一切自然条件都看成生产力呢? 会不会陷入地理环境决定论呢? 不会。没有被人利用的自然条件,只在可能性上是生产力,并不是现实的生产力。没有开采的矿藏,没有耕种的土地,当然不构成生产力。能够成为生产力因素的,只是进入了生产过程的劳动对象,只是为人所征服、利用的自然力。所以,确认生产力包括劳动对象、包括为人类所征服的自然力,与地理环境决定论是毫无共同之处的。

至于劳动对象是不是完全处于消极地位,对生产力发展是不是没有任何积极作用,这是我们在下面分析各种生产力因素的作用时所要考察的问题。

二、各种因素在生产力中的作用

根据以上的分析,我认为生产力是劳动者、劳动手段和劳动对象在一定

---

① 马克思:《资本论》,第一卷,第 194 页。
② 马克思:《经济学—哲学手稿》,人民出版社 1958 年版,第 53 页。
③ 马克思:《资本论》,第一卷,第 629 页。

生产关系下结合起来的时候所发生的力量。缺少任何一个因素，都没有现实的生产力。但这是不是说，这三个因素的作用完全一样呢？不。这三个因素，由于各有不同的特点并在生产中处于不同的地位，它们在生产力中的作用也是不同的。

劳动者是生产力中的能动因素，是第一个生产力。生产活动是人的"一种有目的的产生使用价值，使自然物适于满足人类需要的活动"①。生产过程，是人征服自然，改造自然的过程。人总是生产的主体。在生产中，劳动手段和劳动对象总是被人使用的东西。工具是人制造的，劳动对象是人选择的，还有一部分是经人的劳动洗练过的。没有人的劳动，"手段"和"对象"便毫无意义。马克思说："不参加劳动过程的机器，是无用的。不仅如此，它还会在自然物质变化的破坏力下解体。铁会生锈，木会腐朽。不织也不编的纱，会成为废棉。它必须被活的劳动捉住，并从死梦中被唤醒，从只是可能的使用价值，变为现实的发生作用的使用价值。"②

劳动者所以是生产力中的能动因素，是因为劳动者不仅有体力活动的能力，而且有精神活动的能力。马克思指出，应把劳动者的劳动能力"理解为肉体力和精神力的总和"③。在一定物质条件下，劳动者的积极性对劳动生产率的提高，具有决定意义。同样的机器，在资本主义生产方式下和在社会主义生产方式下，会起不同的作用。同样的物质条件，为干劲充足的人所利用，和为干劲不足的人所利用，也会发生不同的作用。我国"大跃进"中许多事实是生动的证明。革命干劲永远是宝贵的，只要和相应的物质条件结合起来，它就能产生巨大的物质力量。

除了劳动者的积极性以外，劳动组织的状况也对生产率的提高具有重大意义。马克思说："就在劳动方法不变的场合，多数劳动者的同时使用，也会在劳动过程的对象条件上引起革命。"④事实是很明显的，同样使用手工工具，适当地实行分工协作，便提高了我国的农业劳动生产率。

劳动手段，特别是机械性的劳动手段，标志着生产力的性质，决定着生

① 马克思：《资本论》，第一卷，第 200 页。
② 马克思：《资本论》，第一卷，第 199 页。
③ 马克思：《资本论》，第一卷，第 176 页。
④ 马克思：《资本论》，第一卷，第 387 页。

产力发展的水平。人的生产劳动所以不同于动物的本能活动,就在于人能制造和使用工具。各个社会发展阶段所以有不同的生产力水平,归根到底就是由于使用不同的劳动工具。生产力的发展总是首先表现在劳动工具的变化上。从石头工具过渡到金属工具,标志着不同的生产力。从手工工具过渡到机械化工具,也标志着不同的生产力。劳动者的能动作用的重要表现,就是熟练使用已有的生产工具,并创造新的生产工具。但不论是制造工具,不论是使用工具,人都不能为所欲为。在制造工具上,他们不能脱离已有物质技术条件而任意作为。在使用工具上,他们的操作方法必须适应工具本身的结构和性能,依据于工具本身的运动规律。劳动的协作分工虽然对提高劳动生产率有重大作用,但协作、分工的具体形式、规模、程度,决不能按照人的主观愿望随意安排,而必须适应劳动工具的性质。生产力的发展是无限的,但在一定的物质技术条件下又是有限的。人有能动作用,但只在他们制造了并且使用了新的工具以后,他们才能改变生产力的性质。所以,在考察生产力的性质和水平的时候,只能以劳动工具作为客观标志。事情总是这样:劳动手段(特别是劳动工具)性质发生了变化,生产力的性质才发生变化,劳动工具是人类劳动力发展程度的测量器。

还不止此,劳动工具的变革或迟或早都要导致生产方式及社会关系的变革。"手工磨产生的是封建主为首的社会,蒸汽磨产生的是资本家为首的社会。"[①]"蒸汽时代是资产阶级的时代,电气时代是共产主义的时代。"[②]社会经历了一个技术革命的时期,接着就要经历一个社会革命的时期。斯大林在《辩证唯物主义与历史唯物主义》一书中分析了人类历史上五种基本生产关系的发展以后,指出生产关系的发展依赖于生产力的发展,首先是依赖于生产工具的发展[③],其道理就在这里。

这样的看法是不是陷入了"生产工具决定论"呢? 不是。生产工具决定论认为应该根据生产工具的性质来划分社会阶段,认为新的生产工具一经出现,就会自然而然地改变社会性质。我们坚决反对"生产工具决定论"。我们认为,划分社会阶段的是社会经济政治制度的变革。我们只是说:人们

---

① 《马克思恩格斯全集》第六卷,第144页。
② 《列宁全集》第三十卷,第303页。
③ 斯大林:《辩证唯物主义与历史唯物主义》,人民出版社1956年单行本,第38页。

制造了新的生产工具,人们就获得了新的生产力。而为了能充分利用和发展这种生产力,人们迟早要改变自己的生产方式和社会组织。马克思说:"社会关系和生产力密切相联。随着新生产力的获得,人们改变自己的生产方式,随着生产方式即保证自己生活的方式的改变,人们也就会改变自己的一切社会关系。"①我们所理解的劳动手段的变革对社会关系变革的意义,就是这样的,也仅仅是这样的。

至于劳动对象,它们对生产力的提高也有作用,并不完全是消极的。在人类社会生产的历史发展中,劳动对象的利用也是生产力发展的一种表现。新的劳动对象或新的利用方法的发现,往往对生产发展起巨大推动作用。例如,家畜的驯养,农作物的种植,金属的提炼,电力的利用,原子能的利用,都表现着生产的发展,有些还引起过生产技术的革命。又如:动植物品种的改良,高分子化学的发展,各种自然资源的综合利用,也从劳动对象的变化方面表现着生产力的水平。

还有,在同样的技术条件下,劳动对象的不同还对生产力以及生产方式有着重大的影响。例如农业和畜牧业,手工业和农业,在同样的技术条件下也有不同的劳动方法和不同的劳动组织。其所以如此主要就是由于劳动对象不同。马克思甚至认为,生活于不同自然环境中,具有不同的生产资料和生活资料的原始共同体,有不同的"生产方式"②应该理解,马克思这里所说的生产方式,和标志社会发展不同阶段的生产方式,含意是不尽相同的。但也可以看出,劳动对象对生产的类型、方式也有作为一种标志的作用。

至于劳动对象是不是完全消极的东西,我们可以说:在一般情况下,对劳动者和劳动手段而营,劳动对象确是被动的东西。人有了某种劳动手段,才能利用某种劳动对象。但它也有起积极促进作用的一面。为了从矿石中炼出铁,才有高炉产生。为了使铀等原子核有控制地放出原子能,才有必要去制造原子核反应堆。正是为了利用某种劳动对象,人才从事于某种创造发明。

更具有现实意义的是,在社会生产力的配置上,必须考虑自然资源的分

---

① 《马克思恩格斯全集》,第四卷,第 144 页。
② 《资本论》,第一卷,第 423—424 页。

布状况。虽然不同的社会有不同的生产配置,但在任何社会,生产都是劳动者、劳动手段和劳动对象在一定方式下的结合,都不能不考虑到一个地区的劳动对象而配置生产力。在社会主义制度下,尽可能使生产接近原料、燃料产地,更是决定生产力配置的重要原则。正是自然资源和劳动对象的分布状况,使一个地区的生产力具有特殊的面貌和特殊的意义。

还有,在具体生产过程中,劳动对象的质和量对劳动生产率也起很大影响。同样的工具,同量的劳动,从丰矿比从贫矿可以取得更多的金属。同样的土壤,同样的耕作,利用优良的种子比利用低劣的种子可以得到更好的收获。而且,劳动工具都是由劳动对象制成的,劳动对象的质和量影响工具的质和量,从而也影响劳动生产率。正因为劳动对象对劳动生产率的提高具有重要作用,所以它们在现实生产中总受到应有的重视。在我国"农业八字宪法"中,"种"就是一项重要内容。在我国经济建设中,扩大原材料来源,对资源进行综合利用,就是一个重要课题。认为劳动对象对生产力发展完全不起积极作用的观点,是与事实不相符的。

总之,生产力不仅包含着三种因素,而且每种因素又起不同的作用。我的看法是:劳动者是生产力中的能动的因素,劳动手段是生产力性质和水平的标志,劳动对象对生产力发展也有一定作用。忽视了任何一方面的作用,都不能对一定的社会生产力作全面的分析。

三、生产中人的作用和物的作用的辩证关系

生产力的因素虽然有三个,但大别之不过是两个。劳动者是人的因素,劳动手段和劳动对象是物的因素。所以生产力因素问题,总起来说,就是人的作用和物的作用问题。它们的关系是怎样的呢?

首先,人作用于物。马克思在谈到劳动过程时说:"……在这个过程中,人由他自己的活动,来引起,来调节,来统制人与自然之间的物质变换。"①这个指示具有深刻的意义。人是以一种自然力的资格与外界自然进行"物质变换"的。但它们具有"引起""调节""就制"这种变换的能力。它们是这种

---

① 《资本论》,第一卷,第191—192页。

变换中的主动方面。人不同于动物的根本之点在于，动物只能消极地适应自然，人却能积极地改造自然。恩格斯说："动物仅仅利用外面的自然界并且只是由于自己在场才使自然界中有所变化，而人则以自己所作出的改变来迫使自然界服务于他自己的目的，支配着自然界。"①这就是说，人有自觉能动作用，有认识物和有目的地改造物的能力。毛主席说："思想等等是主观的东西，做或行动是主观见之于客观的东西，都是人类特殊的能动性。这种能动性我们名之曰'自觉的能动性'，是人之所以区别物的特点。"②人的自觉能动性在改造自然和改造社会的斗争中都起巨大的作用，在一定条件下甚至起决定性的作用。人对客观事物的认识是在能动地改造世界的实践中获得的。客观条件提供的可能性，必须通过人的主观能动作用，才能转变为现实。事在人为：当客观条件已经具备的时候，主观条件便起决定作用。毛主席说："指导战争的人们不能超越客观条件许可的限度期求战争的胜利，然而可以而且必须在客观条件的限度之内，能动地争取战争的胜利。战争指挥员活动的舞台，必须建筑在客观条件的许可之上，然而他们凭借这个舞台，却可以导演出很多有声有色、威武雄壮的戏剧来。"③其实这个原理不仅对战争适用，对生产也适用。

人民群众主观能动作用的发挥，在不同的社会制度和历史条件下，有不同情况。人民群众是历史的创造者，也是新的生产技术的创造者。但在阶级社会，劳动人民的每一创造都要转化为剥削者奴役他们的手段。马克思说："……劳动替富者生产了惊人作品（奇迹），然而，劳动替劳动者生产了赤贫。劳动生产了宫殿，但是替劳动者生产了洞窟。劳动生产了美，但是给劳动者生产了畸形。劳动用机器代替自己，但这样就使一部分劳动者倒退到野蛮的劳动上去并且使另一部分变成机器。劳动生产了精神（智慧），然而替劳动者生产了无知、痴癫。"④因此，劳动人民的主观能动作用，在阶级社会不能不受到严重的压抑。只有在社会主义制度下，劳动人民才获得经济上、政治上、思想上的解放，变成社会的主人，人民群众的主观能动性才提高到

---

① 《马克思恩格斯文选》，两卷集，第二卷，第 89 页。
② 《毛泽东选集》，第二版，第二卷，第 467 页。
③ 同上书，第 468 页。
④ 马克思：《经济学——哲学手稿》，第 54 页。

空前的高度,获得了自由翱翔的天地。这在我国社会主义建设中表现得最为明显。新中国成立以来的短短十余年中,我国在物质生产上的巨大成就,都是我国人民在党的领导下,鼓足干劲,积极奋斗的结果,这是我国六亿五千万人民的伟大能动作用的充分证明。

所以,在考察生产力因素的时候,一定要充分估计到人的自觉能动作用。忘掉这一点,把人看作只能适应自然条件而不能改造自然条件的力量;那就违反了辩证唯物主义。

但是,在考察生产力因素的时候,除了须看到人对物的作用外,还须看到物对人的作用。不看这一面,把人的能动作用理解为脱离物的限制、脱离客观条件的能动作用,或者把人的能动作用理解为对物的任意决定作用,也要违反辩证唯物主义。

物对人的作用,可以从几个方面来理解。

其一,人不能自由选择社会生产的物质条件,他必须在前人留下的已有的物质基础上进行活动。一定要有某种社会条件,才会产生掌握某种科学文化知识的人;一定要有某种技术条件,才会形成具有某种劳动技能和生产经验的人。蒸汽机决不会被原始社会的人发明出来,宇宙火箭决不会被奴隶社会的人制造出来。生产技术的发展、变化,像任何变化一样,有它的必经的历史过程,并不能凭空产生。人的能力并不是天生的,而是在社会实践过程中养成的。人们必须首先利用前人遗留的物质技术条件来进行生产,然后才能作出自己的创造。每代人都能改变自己的生活环境,但他们都必须以前代人的成就作为前提和出发点。马克思和恩格斯在《德意志意识形态》一书中说:"……历史的每一发展阶段都遇到有一定的物质结果、一定数量的生产力总和,人和自然以及人与人之间在历史上形成的关系,都遇到有前一代传给后一代的大量生产力、资金和环境,尽管一方面这些生产力、资金和环境为新的一代所改变,但另一方面,它们预先规定新一代的生活条件,使它得到一定的发展和具有特殊的性质。由此可见,这种观点表明:人创造环境,同样环境也创造人。"①

其二,人利用物和改造物必须遵循物的规律。物是客观存在的,物的运

---

① 《马克思恩格斯全集》,第三卷,第43页。

动规律也是客观存在的。土壤有自己的变化规律，植物有自己的生长规律，矿藏有自己的分布规律，机器有自己的运转规律。只有认识了这些规律，按照这些规律要求行事，人才能驾取物质，改造物质。所谓人有主观能动性，就是说，人能认识客观规律和利用客观规律。恩格斯说："我们必须时时记住：我们统治自然界，决不象征服者统治异民族一样，决不象站在自然界以外的人一样，相反地，我们同我们的肉、血和头脑一起都属于自然界，存在于自然界中；我们对自然界的这个支配，仅仅是因为我们胜于其他一切动物，能够认识和正确运用自然规律而已。"①因此，人是不可以无根据地胡思乱想的，人决不可超越客观条件许可的范围去计划自己的行动。毛主席教导我们："人们要想得到工作的胜利即得到预想的结果，一定要使自己的思想合于客观外界的规律性，如果不合，就会在实践中失败。"②

其三，人在改造自然的时候，同时改造自己。生产劳动是人与自然间的"物质变换"。人在改造自然的时候，必须付出自己的劳动，付出肉体的和精神的活动，不断革新劳动工具，不断征服新的劳动对象。在这种活动过程中，人的体力和智力也就同时发展起来了，因而，人在改造客观自然的同时，也改造着自己。"马克思说："人以一种自然力的资格，与自然物质相对立。他因为要在一种对于他自己生活有用的形态上占有自然物质，才推动各种属于人身体的自然力，推动臂膀和腿，头和手。但当他由这种运动，作用于他以外的自然，并且变化它时，他也就变化了他自己的自然。"③只要回顾一下人类历史，便可看到，人类的体力和智力是在不断发展变化的。茹毛饮血时代的人和宇宙航行时代的人，决不是一样的人。他们无论在智力作用方面或体力作用方面，都有很大差别。他们驾取自然的能力根本不能同日而语。这些变化是如何产生的呢？这是生产发展的结果，是自然与人"物质变换"的结果。随着新的劳动工具的产生和新的劳动对象的被征服，人的劳动力的性质也就改变了。"人创造环境，环境也创造人"，人在改变环境中改变自己。

考察生产力因素的时候，正确估计人的作用和物的作用具有十分重要

---

① 恩格斯：《自然辩证法》，1957年版，第146页。
② 《毛泽东选集》，第二版，第一卷，第283页。
③ 《资本论》，第一卷，第192页。

的意义。应该看到,人作用于物,物也作用于人。不能见"物"不见"人",也不能见"人"不见"物"。马克思主义极其重视人的能动作用,但马克思主义所理解的人的能动作用,绝不是离开物的作用的能动作用。恰恰相反,它正是意味着人和物的相互作用。人越能充分发挥主观能动性,就越能深刻认识物的规律;越能深刻认识规律和遵循规律,就越有能力利用物和改造物,越有能力作物的主人。所以,人的作用和物的作用的关系,就是主观和客观辩证统一的关系。只有把这种关系处理好了,人的作用和物的作用才能统一起来,人才能胜利地进行改造自然的斗争,把科学的理想变为现实。

(本文发表于《江海学刊》1962 年第 10 期)

论度和关节点

杨六奇　蒋兆年　张锡金[*]

凡事物都有一个适度,这种适度又有它的极限,超出这种适度,或者叫越过这种适度的极限,就成为别的事物了。这样的适度和它的极限,在哲学上就叫度和关节点。

度和关节点是唯物辩证法的重要范畴,它同唯物辩证法的三大基本规律都有不可分割的内在联系。哪里有事物及其运动、变化、发展,哪里就有度和关节点。因而,研究度和关节点对掌握事物运动规律、指导社会实践,不能不具有重要的意义。

一

如何认识度和关节点的基本含义以及它们的相互关系呢?

在人类认识史上第一次明确提出和系统阐发这个问题的是黑格尔。让我们先来分析一下黑格尔在这个问题上的基本思想。

不用多说,黑格尔把"质""量""度"(即"尺度")看成是"绝对观念"外化的一些环节,是十分荒谬的,而且他在阐述"度"的时候,有些概念也不是十分清晰的。然而,黑格尔对度和关节点的基本观点还是明确的,不失为他的"合理内核"中的一个重要组成部分。

从总体上看,黑格尔认为在存在(即"有")的范围内,包含着质、量、度这样的正、反、合三层。其中,质是对存在的肯定,量是对质的否定,度是质和

* **杨六奇**(1935—2003),曾在哲学所工作,后调入《群众》杂志社;**蒋兆年**,1938年生,1960—1978年在哲学所工作,曾任哲学所副所长;**张锡金**,1942年生,1980—2003年在哲学所工作。

量的统一,是否定之否定,是对质的回复。这是否说明,在黑格尔看来,只是到了事物量变的极限,才达到质和量的统一,因此度也就是事物量的极限,也就是关节点本身呢?我们认为,从黑格尔上述三段式的义中,并不能引出这样的结论。

黑格尔所说的质、量、度,并不是说事物发展进程中的三阶段,而是指在存在的范围内逻辑理念发展的三个层次,或"存在"的三重意义。也就是说,人们在认识一个事物的时候,从抽象概念来说,首先认为它有一种质,其次认为它是有量的,最后才把质、量统一起来,把它看成是质量统一体,要是把度当作事物发展进程中的第三阶段,那么势必要得出结论,认为在达到这第三阶段之前,已经经历了只有质没有量和只有量没有质的这样两个发展阶段,而这显然是不对的。如果说在度和关节点问题上存在着事物发展进程意义上的否定之否定的话,那就是黑格尔在说到作为"中介"的界限时所说的:对于某物来说,"界限是单纯的否定,或第一个否定,同时他物又是否定之否定,是某物的内在之有"(《逻辑学》上卷,第122页)。换句话说,就是"某物-界限-他物"这样一个正、反、合的体系。

在说到尺度是质与量的直接的统一时,黑格尔还分析了事物在质量互变过程中"尺度-无尺度-尺度"的无限进展。他认为:"如果在某一质量统一体或尺度中之量超出了某种极限,则与它相应的质,亦随之被扬弃了","质量统一体(尺度)的这种变化过程,即不断地交替着由单纯的量的变化,而突然由量的改变转变为质的改变的过程。"(《小逻辑》,1962年版,第246—247页)显然,这里的"尺度"和"极限"并不是同一含义的概念。黑格尔还明确指出:"一个尺度比率,即一种独立的实在","它有一个幅度,在这个幅度内,它对于变化仍然是漠不相关的。它的质也不改变。但是,在这种量变中,出现了一个点,在那个点上,质也将改变,定量表明自己在特殊化,以致改变了的量的比率转化为一个尺度,因而转化为一种新质、一个新的某物。……新的质或新的某物又受自己的同一变化进程支配,如此以至无限。"(《逻辑学》上卷,第401页)这里所说的在新旧尺度交替过程中出现的那个"点",黑格尔称之为"质变点""交错点"。而由这样的关节点所联成的新旧尺度交替的链条,黑格尔把它叫作"尺度交错线""质的环节的交错线",或"度量关系的关节线",可见,黑格是把度作为贯穿某种事物整体的东西来看待的,而把关节点作为该事物的边界和极限、极点同义的东西。

"尺度是有质的限量……是具有一确定的限有或质之限量。"(《小逻辑》,第243页)理解黑格尔给度下的这一定义,关键在于弄清黑格尔在这里所说的"限量"指的是什么。我们认为,黑格尔并没有把限量归结为量的极限,而是首先把限量看作限度以内的总量。他在给"限量"下定义的时候,明确指出:"量本质上具有排他的性格,具有这种排他性的量便是限量,或有限度的量。"(《小逻辑》,第243页)黑格尔常常把质、量、度这一体系中第二层的"量"称为"外在定量"或"外延定量",而把其中第三层的"尺度"称为"特殊定量(比量)"或"内涵定量",并一再指出"在实有中量的规定性是双重的,一方面是它与质相连,另一方面是它可以反复增减,而于质无损。"(《逻辑学》上卷,第363页)"内涵定量与外延定量,乃是同一个定量,在一方面以内涵的形式出现,而另一方面则以外延的形式出现。"(《逻辑学》上卷,第367页)可见作为尺度的限量,不仅是事物质的量的极限,而且包括了事物质的量的整体。

有时候黑格尔也把度和"界限"相提并论,这似乎是把度和关节点等同起来了。但实际上,黑格尔通常是在两种意义上使用"界限"这一概念的:其一是在谈到某物和他物之间的界限的时候,是把它作为两者之间的"中介"看待的。这样的界限,当然和某物的量的极限是一致的,就是关节点。其二是在谈到事物本身有其界限以及"超出界限"的时候,则是指的任何事物都具有的某种限度,而这样的限度,当然是指的事物质的总量。正如黑格尔所说:"限度与限量的全体是同一的。"(《小逻辑》,第234页)

此外,黑格尔在论述事物量变转到质变,也就是达到关节点时,还认为,此时"虽说是无尺度,但仍然是具有质的,因此无尺度仍然同样是一种尺度(或质量统一体)。"(同上,第246页)看起来这可以说是黑格尔把度和关节点混同的最明显的表现之一了。其实,黑格尔在这里讲的"无尺度"和"同样是一种尺度"这前后两个"尺度"的含义是显然不同的。黑格尔首先认为作为新旧两种尺度(或质量统一体)之界限的关节点,亦即交错点,可以说是"无尺度"的,也就是达到对原有质量统一体的尺度的否定,但是这个关节点,它作为一个环节,也是一个有质有量的独立物,所以它同样有一个尺度。当然这个关节点自身作为独立物所具有的尺度和这个关节点所联结的前后两个事物的尺度是在不同意义上讲的两种尺度。可见,这种情况所反映的是度和关节点的相对意义,而不是两者的等同。

按照马克思主义的质量统一观,究竟应该怎样理解度和关节点以及它们的相互关系呢?

马克思、恩格斯批判地吸取了黑格尔的辩证法思想,并从根本上改造了这种思想,真正地把辩证法思想,包括关于度和关节点的思想,从唯心主义体系的束缚中解放出来,放到了唯物主义的科学基础之上。同时,马克思、恩格斯还把这个思想实际应用到革命实践中去,并使它进一步丰富、发展、完善起来。

翻开马克思、恩格斯的著作,我们不难发现,革命导师是把度和关节点作为既有联系又有区别的两个概念的。恩格斯在论证关节点问题时,曾经援引马克思关于货币向资本转化的一段著名论述:"单纯的量的变化到一定点时就转化为质的区别。"(《马克思恩格斯全集》第 23 卷,第 342—343 页)不言而喻,马克思和恩格斯都认为这里的关节点,就是一定货币量的极限。而在论述尺度的时候,例如,论述价值尺度时,马克思则认为:"金的第一个职能是为商品世界提供表现价值的材料,或者说,是把商品价值表现为同名的量,使它们在质的方面相同,在量的方面可以比较。因此,金执行一般的价值尺度的职能。"(同上,第 1—2 页)无疑的,作为价值尺度的一定的货币量是指它的总量,而用以衡量的一定商品的价值量,也是指的生产一定商品所需的社会必要劳动的总量。

由此可见,所谓度,是和事物的质相统一的限量,也就是事物的质所能容纳的总量。而所谓关节点,它是事物质的量的极限,是不同质态的两个事物、过程之间相互转化的交错点,也是不同事物、过程之间的界限所在。度和关节点之间,是一种整体和其边缘的关系,是特定质态的事物的总量和它的极限的关系。正是在关节点上,才明显地反映出事物是质与量的统一,才充分地体现一个事物的度,也正是在这样的关节点上,出了事物渐进过程的中断,出现了飞跃,从而破坏原有事物质和量的统一,并越出旧质的度,实现新旧质态的转化。鉴于关节点在度及其发展链条上所处于的关键性的地位,因此,深入剖析关节点,应该是研究度的问题的重点所在。

二

关节点是普遍存在的。它存在于一切过程之中。

现代科学揭示，亚核现象、中子-质子、原子核、原子、分子、大分子（生命）、晶体，都依次处在一个量子阶梯中，其中每一级都有能量的一定极限。而且，"从一种运动形式转变到另一种运动形式，总是一种飞跃，一种决定性的转折"（《马克思恩格斯选集》第 3 卷，第 105 页）。

在微观运动中，基本粒子的强相互作用和弱相互作用的作用力、作用范围都有一定的临界点。核内核子转化为其他重子和介子，从而使原子核的常态转变为反常核态，也有一个核子位能增加的临界点。不同性质的基本粒子又无不具有一定极限的量子数。

在以分子运动为特征的宏观物理现象中，各种金属都有自己的白热点、溶解点以及超导态的临界点；每种液体在一定的压力下都有特定的冰点和沸点，各种气体都有它的液化点。"一句话，物理学的所谓常数，大部分不外是这样一些关节点的名称，在这些关节点上，运动的量的增加或减少会引起该物体的状态的质的变化，所以在这些关节点上，量转化为质。"（同上，第487 页）

在以原子运动为特征的化学现象中，原子间离析力和亲和力消长的一定极限，核外电子数增减的一定临界点，以及最外层电子数的一定饱和点，都是关节点。

以生命运动为特征的生物现象中，遗传性和变异性因素消长的一定临界点，就是生物进化链条上的一个个的关节点，就每个有机体来说，其生成和死亡，各种生理功能的正常状态和病态，也都有特定的临界点。

在人类社会领域中，一定的生产关系，在生产力发展过程中，其适度都有一定极限。阶级社会中各阶级、阶层之间，有一个占有生产资料的数量界限，以及剥削量和被剥削量的界限。此外，国民经济各种比例的协调和失调；法律上的罪和非罪、刑事罪和反革命罪；社会主义和资本主义；政治挂帅和空头政治；正当的物质奖励和滥发奖金；自力更生和闭关自守；正当的国际交往和崇洋媚外；发扬民主和无政府主义等等，彼此之间都有一定的界限,都存在着特定的关节点。

客观世界千差万别的事物所固有的关节点,在思维领域里的反映也是十分明显的。不仅感性认识向理性认识的转化,发明创造的实现,科学领域的开辟,都是通过决定性的飞跃完成的,而且真理和谬误之间也有一定的界限。一个真理,如果任意夸大,超过了一定的极限,就会走向反面。正如列宁所指出的,即使是无可争辩的真理,"然而,只要再多走一小步,仿佛是向同一方向迈出一小步,真理便会变成错误"(《列宁选集》第 4 卷,第 257 页)。曾经给我们造成严重危害的极"左"思潮和极"左"路线,正是这种把真理变成谬误的典型表现。当然,我们一些犯有"左"倾错误的同志是由于不懂得唯物辩证法而造成革命和建设事业的失度的。而林彪、"四人帮"那样的野心家、阴谋家则是出于反革命复辟的罪恶目的,故意用夸大真理的手法来糟蹋马克思主义的革命真理,致使我们在广阔的领域里出现了大幅度失度的严重情况。

那么,究竟为什么事物的关节点是普遍存在的呢?

首先,从事物的内在结构来说,任何事物都有两个矛盾的方面,事物的性质主要地是由取得支配地位的矛盾的主要方面决定的。随着矛盾两个方面量的消长达到一定的临界点,矛盾主次两个方面的地位就会发生转化,事物也就随之发生质的变化。而矛盾主次两个方面地位发生转化的转折点,就是事物发展中的关节点。由于事物的这种矛盾运动是无时无处不有的,因而关节点存在的普遍性当然是无疑的了。

其次,从一事物和他事物相比较来说,任何事物都是矛盾的普遍性和特殊性的统一,也就是共性和个性的统一。一方面,"两种不同的物体总有某些质(至少在物体性这个属性上)是它们所共有的"(《马克思恩格斯选集》第 3 卷,第 553 页)。另一方面,任何事物内部都包含着本身特殊的矛盾。"这种特殊的矛盾,就构成一事物区别于他事物的特殊的本质。这就是世界上诸种事物所以有千差万别的内在的原因,或者叫做根据。"(《毛泽东选集》,第 283—284 页)事物、过程个性的存在,决定了事物、过程之间具有某种界限;而共性的存在,则决定事物之间实现相互转化的可能性(当然,这种转化是有条件的,而且有些事物互相之间的转化还必须经过若干中间环节)。如果只有共性没有个性,那么万物都是一回事,没边没际,没有界限,当然也就不存在什么由此及彼的转折点、交错点了；反之，要是只有个性没有共性，那么事物、过程之间就不会有什么相互转化，因而也谈不上什么转折点、临界点。总之，普遍存在着的事物矛盾的这种共性和个性的统一，是事物之间既有区别，又发生联系、互相转化的内在原因，因而也是在事物相互关系中普遍存在着关节点的内在根据。

第三，从事物的广延性和延续性来说，也就是把事物放到广阔的天地和历史的过程中来看，任何事物都是有限性和无限性的统一。从一个方面来说，在无边无际、无穷无尽的客观世界中，任何一个具体事物，都是有边有际、有始有终的，而且在事物特定质的范围内，"纯粹的量的分割是有一个极限的，到了这个极限它就转化为质的差别：物体纯粹是由分子构成的，但它是本质上不同于分子的东西，正如分子又不同于原子一样。"（《马克思恩格斯选集》第 3 卷，第 486 页）由于事物的这种有限性，便形成了世界上各种各样的具有一定限量的独立物。而从另一个方面来说，任何一个具体事物，无不具有超出它自身的本性，也就是具有无限性。正是无数具体事物的这种无限性，构成了整个客观世界的无限性，也造成了不同质态的独立物之间的互相转化，因而造成了事物发展过程中一个个的交错点。黑格尔曾经说过："有限自身的本性，就是超越自己，否定自己的否定，并成为无限"，而使有限转化为无限的，不是外在的力量，而是它（有限）的本性。对此，列宁作了高度的评价：这是"事物本身、自然界本身、事件进程本身的辩证法"（《列宁全集》第 38 卷，第 114 页）。由此可见，这种有限性和无限性的统一，就是任何事物都存在着关节点的又一个内在根据。

事物的关节点又是多样的。

由于不同事物有不同的质，即使是同一事物的质也往往有若干不同的方面，因此，作为和质相统一的量的极限自然是复杂多样的。从原子外层打出一个电子只需要十个电子伏的能量；要从原子核中打出质子或中子，没有八百万个电子伏的能量就不行；而为要剖析质子、中子所需要的能量，则高达几十亿、几百亿电子伏，以至更高。在社会生产领域，不同质的经济结构所能容纳的生产力发展水平的极限也是极不相同的。再拿遗传工程中切割遗传物质来看，切割块儿的大小有它的关节点，太大了载体负荷不了，太小了支离破碎，面目全非；切割部位又有它的关节点，把握不好就会破坏遗传单位的完整性,而且一个完整基因的两端,不一定恰好是某种限制性核酸内切酶的切点;此外在各式各样的重组体中,究竟具有什么样适度的重组体是合适的,其中还有相当复杂的关节点需要人们去探索和把握。

由于在事物的普遍联系中,既有事物的纵向联系(历史联系),又有事物的横向联系,因此,既有历史发展过程中前后不同事物、过程之间的转折点,又有同时存在着的不同事物、过程之间的交错点。当然从本质上看,这后一种情况的关节点,也是事物变化过程中的关节点,这是因为同时存在着的两个不同事物都处在不断的运动、变化中,而且只是由于彼此之间在一定条件下会发生相互交往、相互转化,所以才存在着某种交错点的。但是,这里毕竟是两种不同情况的关节点,正如对于一个国家来说,它在历史发展中的转折点和它跟邻国之间的国界,显然是具有不同意义的。

由于事物矛盾运动和飞跃形式的多样性,事物关节点的明晰程度也是多种多样的。有些关节点是非常明显的,是一个极其精确的量的极限。但是有的关节点却是比较模糊不清的,例如我国文言文向白话文转化过程中的关节点就比较难于说得很精确。一般来说,通过爆发式飞跃实现质变的过程中,关节点比较明显,而通过新质要素逐渐积累、旧质要素逐渐衰亡而实现质变的过程中,关节点就不那么明显。

此外,关节点并不是僵化不变的,而是有条件的,可变的,因而更是多样的。

应该说,在特定的范围、条件下,事物、过程的量的极限是明确无误的,抹杀这一点,就是抹杀不同事物的质的界限,一切事物就会混淆不清,无法辨认。但同时,我们又必须看到这种界限绝不是凝固不变的,恰恰相反,它是随着内部条件和外部条件的变化而发生变化的。例如,压力条件发生了变化,水的沸点和冰点就会相应地发生变化。同一种农作物合理密植的适度的临界点,随着品种、土质、机械化程度、劳动力强弱多寡、施肥水平以及水利等条件的变化,也必然发生变化。我国发展国民经济的积累率,在目前经济水平上,可能是以 25% 左右为宜,但是随着经济水平的发展,还可以有所提高。

关节点的可变性,还表现在不改变事物构成成分的情况下,调整事物各个因素的排列次序或组织结构,也会引起关节点的变化。例如,在经济建设中,同样的投资额,在国民经济各个部门之间不同的投资结构,所能取得的最大经济效果,是差别很大的。

三

事物的一种基本格局,具有一个度和两个关节点(以下我们简称为"一度两点")。这是我们研究关节点的普遍性和多样性必须注意的又一个重要问题。

事物都有一定的量的规定性和质的规定性,都有一个作为质、量统一的度。每个度都有它的上限和下限两个关节点,或者说,每一个关节点都联结着两个度。

这种"一度两点"的现象是普遍存在着的。例如,在标准压力下,0℃和100℃就是水的聚集状态发生变化的两个关节点。80毫克和120毫克,一般来说,就是人的每100毫升血液中葡萄糖正常含量的两个极限,也就是健康人向低血糖或糖尿病两个方向发生病变的两个关节点。我们坚持马列主义、毛泽东思想的科学体系也有两个关节点,即在同所谓"句句照办"之间和同公然否定马克思主义基本原理之间各有一个临界点。

事物之所以存在着"一度两点"的基本格局,首先是由于事物的发展是无限的,每一个发展阶段,都处在前后两个阶段之间。一定发展阶段的事物,与它邻近的前后两个发展阶段的事物之间,必然存在着临界点。其次是由于任何一种质都有无限多的量的等级,每一个量的等级都处在上下两个等级之间。任意一种量级的事物,无不和它邻近的上下两个量级的对象之间存在着临界点。同时又由于事物有无限多的层次,每一个层次都处于内外两个层次之间。任何一个层次上的事物,在和邻近的内外两个层次上的事物之间,也必然存在着关节点。

所以,不仅"一度两点"的现象是普遍存在的,而且每一个事物在发展阶段、量的等级和层次等不同的序列中,都分别具有不同的两个关节点。

如果把这种"一度两点"的基本格局看成是一个事物只有两个关节点,那就错了。恰恰相反,事物的质往往是多方面的,其中的每一种基本要素量的增减,都有各自的临界点。但就"基本格局"来说,仍然是"一度两点"的。

因为在一定质态下,构成事物的各种基本要素,都分别有两个临界点。例如,每个企业或生产者,从生产上的先进和后进程度来看,都处于特定等级的进展情况中。衡量这种进展程度的主要标准之一,则要看对一系列主要生产指标的完成情况。每个等级的每一项基本生产指标都有上下两个极限,分别和上下两个等级相接连。即使像一个国家的国界是一条国境线那样,看起来似乎跟"一度两点"毫不相干,但是剖析一个国家的版图,任何一个角度的两个相反的方向上,仍然是两个临界点。从某种意义上讲,一个国家的整个国境线,可以说是上述那无数的两个临界点接连起来的一条特定的关节线。

在化学元素的变化中,每一个核外电子数的增减都会立即引起化学元素根本性质的变化。有的同志认为,在这种情况下,从核外电子数来看,每一个化学元素的限量和它的极限就合二为一了,换句话说,在这里,度和关节点也是合一的。其实,这也是一种误解。

试看氮、氧、氟这三个元素的核外电子数,分别是七个、八个、九个。作为氧元素的度,应该是八个核外电子的总量。它的极限,则不能是这一总量,而是分别和氮、氟交错的两个极点。在氧和氮之间,由于从有七个核外电子的氮向有八个核外电子的氧的转化,或是相反方向的转化,关键在于第八个核外电子的增减。在氧和氟的相互转化过程中,关键在于第九个核外电子的增减。这第八个和第九个核外电子,正是氧元素度的两个极限,前者是和氮的交错点,后者是和氟的交错点。可见,化学元素变化过程纵然具有某种特点,但是每一个化学元素核外电子数的总量和它的两个极限还是明确可分的,因而"一度两点"的基本格局仍然是明确无误的。

四

关节点之所以叫作"点",是相对的。它本身也是一个过程。

作为两个事物、过程之间的临界点,关节点本身并不是几何学意义上的没有大小的"点",而是一个质态向另一个质态的飞跃过程本身。恩格斯在谈到水的聚集状态变化的关节点时,就明确指出,纯粹量的增减,"在一定的关节点上就引起质的飞跃"。紧接着他又指出,"在这种关节点上⋯⋯完成了进入新的聚集状态的飞跃"(《马克思恩格斯选集》第 3 卷,第 84 页)。这就清楚地告诉我们,关节点包含着从"引起质的飞跃"到"完成进入新质态的飞跃"这样一个过程。为了进一步论证这个问题,恩格斯还对水的冰点和沸点作了深入的分析,他指出:"如果把处于冰点的一磅冰在标准气压下加热变成具有同样温度的一磅水,那末所消失的热量就足够把同一磅水从摄氏零度加热到七十九点四度……。如果把这一磅水加热到沸点,即一百度,再使它变成一百度的蒸汽,那末,当最后一滴水变成蒸汽的时候,所消失的几乎是七倍大的热量。"(同上,第 102 页)

关节点的这种过程性,决定了度和关节点的区别也具相对的意义。以我国从半殖民地半封建社会到社会主义社会的过渡时期为例,一方面作为两种形态的社会之间的转折点,它是一个关节点;另一方面它本身作为一个历史过程,又包含着特定的质,在这个过渡时期的量和这种特定的质又是统一的,所以它也有一个度,在这个度的两端也有两个关节点,它的起点和旧社会相连接,它的终点和社会主义社会相衔接。

可见,把一个过程剖析来看,它有一个度,它的两端是两个关节点。然而把这个过程放到事物发展的长的链条当中来看,再长的过程也只不过是"弹指一挥间"了,它的限量的总体,可能就是别的更长过程的量的一个极限,这个过程就可能是它前后两个过程之间的一个联结点了。

诚然,由于事物矛盾的多样性,飞跃过程也是形形色色的,因而关节点的过程性有着种种不同的特点。从猿到人的飞跃过程经历了大约四十万年;从无机物到有机物,从无生命的物质向有生命物质的飞跃过程还要长得多。而某些基本粒子的衰变过程则短到几十亿分之一秒;由基本粒子间的弱相互作用决定的物理过程更是可以短到一百亿分之一秒(10^{-10} 秒);由强相互作用决定的物理过程,甚至还可以短到 10^{-23} 秒。不能否认,我们目前对许多看起来"转瞬即逝"的关节点还无法勾画出它本身的起点、终点以及其中的细节。然而,并不能因此而抹杀关节点的过程性。恰恰相反,当人们认识到 10^{-23} 秒的物理过程的时候,10^{-10} 秒的物理现象的过程性就显示出来了。正如今天人们对一系列微观物理过程的认识是前人不能想象的一样,若干年后人类对关节点过程性认识的新发展,必将是今天的认识水平所不能比拟的。当代许多边缘科学的兴起,正在愈来愈充分地显示出:不同科学领域之间的连结点它本身就是一个宽广的领域。

事实上,人们在实践中把握关节点的角度和侧重点是有所不同的。其中,常见的有以下三种角度和侧重点:

其一,是着重把握关节点的起点。例如,工程上的最大负荷量,就是建筑物、机械或构件由完好状态向毁坏方向转化的关节点的起点,也就是事物量变过程的极限,是量变转向质变的临界点。

其二,是着重把握关节点的终点。例如,富农的最低剥削率,就是作为劳动者的中农向作为剥削者的富农转化的关节点的终点。

其三,是把握关节点的整体。例如,从资本主义向社会主义的过渡时期,就是资本主义向社会主义的整个飞跃过程。

以上三种情况,大致又可以分为两种类型。其中第一、二两种情况,属于一种类型,因为从一个发展方向上看是关节点的起点,那么从相反方向上看就是关节点的终点。而第三种情况则是另一种类型的。所有这些,都足以表明关节点的过程性。

五

关节点和度是不可分割的。度是一定事物质的规定性和它所能容许的量变的幅度的统一。关节点则是作为决定事物质的规定性的量的极限,关节点既是不同事物、过程界限所在,又是不同事物、过程的连结点。因此,正确认识事物的度,从而把握好关节点,对于我们认识世界、改造世界是必不可少的。

正确把握度和关节点,其重大意义是人们在常识范围内就不难理解的。所谓掌握火候,注意分寸,留有余地,有所节制,实质上就是把握度和关节点的问题。古人说的"过犹不及""物极必反",也是这个意思。饮食、穿着过多过少人们会受不了。车船违章超载或越出一定的轨道、航道,机械超负荷操作,就会捅娄子。阶级斗争扩大化或者忽视了抓阶级斗争,不讲民主或绝对民主化,就会引起社会的混乱。要是整个党的思想政治路线背离正确的轨道,那更有亡党亡国的危险。所有这些,都证明了一个道理:能不能正确把握关节点从而正确把握事物适度的问题,不但关系到能不能建立和维护正常的生活秩序、社会秩序,而且关系到革命的成败,关系到党和国家的生死存亡。

当前,正确把握事物的度和关节点,对于我国社会主义现代化的胜利实现,具有重大的现实意义。例如,在各项工作中,只有把现代化建设和阶级斗争放到适当的分寸上,才能真正实现工作着重点的战略转移,切实保证党在新时期的总路线的贯彻执行;只有恰当地把握生产关系变革的适度及其临界点,才能保持生产关系对生产力的适应状态,充分发挥社会主义的优越性;只有把握好国民经济各种比例的适度及其临界点,才能把整个国民经济引上持久地高速度发展的正确轨道;现代科学技术发展中对许多重大新课题的研究,实际上也就是对客观世界各个领域中一系列重要关节点的研究和探索,等等。如果我们对所有这些关节点茫然无知,或掉以轻心,那么"四化"的目标必将成为泡影。

在矛盾运动复杂多样的现实世界中,度是多种多样的,因而关节点按其地位和作用来说,在不同情况的矛盾运动中也是很不一样的。例如,处在同一过程中的不同发展阶段之间的关节点(如社会发展过程中不同历史阶段之间的转折点),体现了事物不同发展阶段的历史联系和历史界限;处在两个并存的事物、过程之间的关节点(如不同国家、不同地区、不同单位、不同战线之间的临界点),体现的是同时存在着的事物、过程之间的区别和联系;处在不同内外层次的事物之间的关节点(如国家、集体、个人相互关系中的交错点),则是体现了整体、局部和个别之间的区别和联系。因此,必须具体地去认识和把握不同事物的度和关节点的特点。

诸如此类,还可举出其他一些例子。如,矛盾对立面作用方向的不同,关节点的地位和作用也就不同;作用方向相反的对立面之的关节点(如剥削者和被剥削者之间的界限),突出地体现对立面之间的区别;而作用大方向一致的对立面之间的关节点(如在我国工农之间、城乡之间、脑力劳动和体力劳动之间的界限),更多的是体现矛盾双方的相互联系。

再如,从一个事物过程的度来讲,它的前后两个关节点,其地位和作用也各有它们的特殊性。这是因为:由于连接和区别的是两个不同的事物过程(如社会主义社会前后的两个关节点,一是和资本主义社会相联系、相区别,一是和共产主义社会相联系、相区别);在前进的方向上,后边的关节点意味着对这个事物的肯定,而前边的关节点则意味着对这一事物的否定;但是,这种事物过程前后两个关节点的地位和作用的差别性,只具有相对的意义,在需要维持某一事物过程的度的情况下,无论朝哪个方向越过关节点,都是对这一事物的破坏性倒退性的否定。倒过来越过后边的关节点,很明显是意味着事物的倒退,而顺着前进方向过早地越过前边的关节点,看起来是前进了,实际上也必然造成事物的倒退。所谓"'左'比右好"的论点其所以谬误,道理即在于此。

各个关节点在事物发展中和事物相互关系中的地位和作用的不同,不但表现在不同情况的关节点之间,而且还表现在各个关节点本身的不同环节和不同部分之间。换句话说,同一个关节点,它的整体和它的不同环节,在事物发展过程中和事物相互关系中的地位和作用也是各有差别的。因此,从不同的角度去把握关节点,其意义也各有特色,其中:

关节点的起点和终点,一般说来更多地体现不同事物、过程之间的原则界限。比如前面说过的最大负荷量或最小剥削率,就是把机械、建筑物的完好状态和毁坏状态严格区别开来的一个标志,或是把剥削者和劳动者加以严格区分的一个标志。在这里,如果热衷于寻找机械、建筑物的完好状态和毁坏状态共有的负荷量,或是一味探求富裕中农和富农共有的剥削量,在实践上显然是有害无益的。

作为整体的关节点,则相对来说更多地体现不同事物、过程之间的联系。我们所说的从资本主义到社会主义的过渡时期,就是社会主义逐步战胜资本主义,从而实现资本主义向社会主义过渡的革命转变时期。很显然,为了实现这个过渡,我们不仅要把握这个过渡时期的起点和终点,还必须谨慎地把握它的每一个环节。而且在不同的发展程度上还必须掌握不同的侧重点。

这一切又进一步表明,不仅在不同的事物中关节点的不同环节、不同部分其地位和作用不尽相同,而且同一个关节点中,各个环节的地位和作用在整个过程的不同发展阶段上也是有所变化的。切实注意这些不同特点,对于我们在实践中根据不同情况把握不同的侧重点,是十分必要的。

六

究竟怎样才能把握好事物的关节点，从而保持事物的适度使之恰到好处呢？

如前所述，度和关节点是客观事物固有的质的限量和它的极限。所以，要把握好事物的度和关节点，首先必须严格按照客观事物本来的面目去进行量的分析，尤其必须从质和量统一的角度去把握事物量的幅度及其界限。

不能否认，人们使用何种计量单位，这包含着主观的因素。在有些情况下，对同一个对象的同一种量的规定性，甚至可以使用多种计量单位进行衡量和表述。然而，使用计量单位的主观因素绝不能排斥事物量的规定性的客观实在性。这是因为任何计量单位，都只不过是客观事物的量的规定性的反映。谁都知道，一切客观事物，无论它获得什么样的名称，无论它具有多少种名称，都丝毫无损于事物本身的客观实在性。所以，事物量的规定性，以及它的量的极限，也绝不可能因为人们使用计量单位而丧失其客观性。由此可见，对事物进行数量分析，划清事物的数量界限，来不得半点主观随意性，胸中有数这个"数"，一定要是实在的数，而不能要虚假的数。如果根本无视客观事物的质都有一定量的极限，根本无视事物度的客观实在性，而认为凭自己想当然的估量就可以产生方针大计，凭自己的主观意志就可以决定事物的变化，那就必然要犯极大的错误，特别是容易犯极"左"的错误。若干年来，唯心主义的阶级估量导致政治路线的重大偏差，随心所欲地制订国民经济的指标和比例导致经济政策上的严重失误，诸如此类的教训是够深刻的了。

况且，我们的数量分析，即使是"解剖麻雀"的结果，但是由于典型单位的情况不一定都带有普遍意义，所以如果把这种数量分析绝对化，当作模式到处乱套，那也势必会背离唯物主义的估量。再说，事物的量又是不断变化的，关节点也并不是凝固不变的，所以只有从事物的运动、变化、发展中，才能真正做到如实地把握事物的度和关节点，真正做到对事物进行唯物主义的估量。而离开了发展的观点，思想陷入僵化状态，势必会背离唯物主义路线，陷入对事物的唯心主义估量。在我国社会阶级关系已经发生了根本性变化的今天，要是我们思想僵化，那就不可能如实地认识到阶级状况、阶级关系的变化，不可能正确认识和把握各项工作的新的适度，因而在新时期总任务面前就不能不是被动的、盲目的，甚至还有可能成为前进的阻力。

如前所述，一度两点这是基本格局，当我们要维护一个事物的相对稳定的时候，就要在两个关节点上把好关，防止两种走极端的倾向。就每一个关节点而言，在前进方向上，能不能超越它，也是有条件的。当具备了适当条件的时候，就要勇于越过关节点，而防止右的倾向。而在突破关节点的条件尚不成熟的时候，则应当在维护这个关节点的同时，为突破关节点积极创造条件，而防止"左"的倾向。所以，要把握好事物的度和关节点，必须开展两条战线的斗争。

二十多年来，我们只反右，不反"左"，制造反右斗争扩大化，甚至把主观臆想的"右倾"作为斗争的对象；只讲不断革命论，不讲革命发展阶段论；只讲斗争，不讲统一；只讲不平衡，不讲平衡，一句话，只怕向倒退方向超越关节点，而不顾在前进方向上过早地越过关节点。多年来，"矫枉必须过正"被利用来为极"左"行为辩护，凡事"左"三分，竟成了时髦。在反对所谓"机械论""唯条件论"的名义下，主观能动作用被夸大到唯意志论的荒谬程度。在"反修防变"的幌子下，社会主义的"按劳分配"被当成了"资本主义"的东西加以批判。在所谓"全面专政"的反动口号下，根本破坏了党的民主制度和国家的民主制度。这是造成我们的革命和建设事业严重失度的一个重要原因。

应当说，针对反动派把腐朽的制度捧为天经地义的正规这样一种反动的形而上学，提出"矫枉必须过正"，是有积极意义的。或者作为纠正某些事物的偏差的方法来说（"过正"是方法，而不是结果），也是有一定积极意义的。但从根本上来说，这并不是一个无条件普遍适用的科学的口号。按照马克思主义的质量统一观，只有客观事物应有的适度，才是真正的"正"。作为方法来说，"过正"的目的是为了至正，而不能过正。如果矫枉的结果过了正，那无异于从一个极端走到另一个极端。尤其是在社会主义的新制度正日益显示它的优越性的情况下，宣传这一口号，除了造成破坏安定团结的政治局面、破坏社会主义制度的严重后果以外，不会有任何积极意义。

某事物的质和量的统一,贯穿于它的全过程。而在这个总的适度内,还存在着优良程度不同的无数等级的适应状态,在一定条件下,其中又必有一个最优适度。这个最优适度,作为一个相对独立的过程来说,它也有上下两个临界点。因此,一定意义上说,它也是具有两个关节点的一个度。所以,要把握好事物的度和关节点,必须进而区别事物的一般适度和最优适度,注意把握事物在各种不同条件下的最优适度及其临界点。

在事物总的适度内,当尚未达到最优适度时,应当自觉越过这个进入最优适度的关节点,使之进入最优适度;达到最优适度以后,就应防止随意超越关节点,使之保持最优适度;而当条件发生变化,最优适度及其关节点相应变化时,则应跟上这种变化,使之继续保持最优适度;对于一个复杂的事物来说,甚至还应该把握其各个基本因素的最优适度。只有这样,我们才能使工作得到最大的效应,使我们事业的发展达到更高的速度。在社会主义建设中,我们就需要研究国民经济的各种结构(包括产业结构、技术结构、组织结构、所有制结构、进出口产品结构、投资结构、就业结构、价格结构,以及积累和消费的结构等等)在各个不同发展阶段上的最佳适度及其临界点。正确解决这一重大课题,对于实现国民经济持续的高速度发展,将是至关重要的。

然而,必须指出,所谓最优适度,也是相对的,有条件的。相对于甲坐标而言的最优适度,不一定适用于乙坐标。例如生产关系的最优适度,并不等于最高程度的公有化,而应该是能够最大限度地推动生产力的发展。并且,随着生产力的不断发展,生产关系的最优适度也是变化的。曾经流行一时的所谓"越大越好""越公越好",以及"越穷越革命""越乱形势越好"这一类看起来"非常革命",实际上是十分有害的口号,其理论根源之一,便在于把不同坐标的最优适度混为一谈。此外,关节点本身也是个过程,尚需注意对关节点本身进行深入的研究,以便根据不同事物、不同情况的具体特点,侧重把握关节点内不同的某些环节。前面已有论述,这里不再重复。

综上所述,度和关节点在认识论中占有重要地位。理论上不讲度和关节点,实践上必然要失误。其所以失误,就在于失度。这正是我们付出了巨大的代价而取得的一条极其深刻的教训。

(本文发表于《中国社会科学》1980 年第 3 期)

生产力价值论

应克复[*]

一、概念

所谓"生产力价值论",是指生产过程中所形成的价值(财富),是由投入生产的各生产要素所聚合而形成的合力,即生产力所创造的。我们通常说,人力是一种生产力,自然力是一种生产力,物力是一种生产力,科学技术更称为第一生产力等。严格地说,它们都是生产力的要素。特别是进入工业社会以来,仅有某几种生产力要素,还无法形成生产力,因而无法进行生产;必须将各种生产力要素加以有机聚合,继之,按一定目标,循一定次序,协力运动,才能达到生产的目的,创造社会财富(价值)。因此,生产力是各种要素有机组合而产生的一种力量,而生产是生产力中各要素所形成的合力之发挥。因此,"生产力价值论"就是生产力中各生产要素共同创造价值的理论。

生产力价值论与劳动价值论的区别是显而易见的,但这种区别却是原则性的:劳动价值论只承认劳动者的劳动才创造价值,劳动之外的生产要素在生产中不创造价值;生产力价值论则认为,包括劳动在内的各生产要素在生产中共同创造价值。

二、生产要素的历史演进

理解生产力价值论,首先要考察生产要素的历史演进。

---

* **应克复**,1939 年 1 月生,主要研究领域为政治哲学。

　　人类社会已经历了若干经济发展阶段。大体有资源经济阶段，劳动经济阶段，资本经济阶段，目前正向着知识经济阶段迈进。推动经济向前发展的根本原因是什么呢？是生产力中要素的变化。简单的低级的生产要素与低水平的经济发展阶段相联系。复杂的高级的生产要素的出现，标志社会的经济发展已达到较高的水平了。资源经济阶段，相当于狩猎与采集业阶段，人类以自然界提供的资源为生。自然资源状况决定着该阶段人们获得价值（财富）的主要源泉。劳动经济阶段，大体是农业经济阶段。在这一时期，土地是自然提供的，劳动工具简单，人们从事生产活动主要依靠人的体力劳动。所谓种豆得豆，种瓜得瓜，一分劳动才有一分收获。劳动力成为主要的生产要素，劳动是人们获得价值（财富）的主要源泉。到了资本经济阶段，人类步入社会化大生产时代，人的手工劳动愈来愈被机器所取代，生产要素开始多元化、复杂化了。除了劳动力和以土地为代表的自然力要素之外，还需要有强大的物力资本。资本这一要素开始独居鳌头，并成为其他生产要素的统帅，担当了组合各生产要素进行生产的使命，因此被称为资本主义时代。资产阶级在大生产的舞台上殚精竭虑、东奔西走、呼风唤雨，成了生产活动的组织者和指挥者。目前，人类正在向知识经济时代迈进，以知识创新为前导的科学技术开始成为生产中最突出的要素，所以，有人称这一时代是"知本家"主宰的时代。

　　各种生产力要素的先后登台以及在生产过程中重要性的角色更替的历史现象启示我们，无论是"劳动价值论"还是"三元价值论"（土地、劳动、资本），不过是那一时期生产力状况在人们头脑中的反映。

　　斯密这样论述了资本主义时代之前人的劳动在价值形成中的决定意义。他写道："在资本积累和土地私有尚未发生以前的初期野蛮社会，获取各种物品所需要的劳动量之间的比例，似乎是各种物品相互交换的唯一标准。例如，一般地说，狩猎民族捕杀海狸一头所需的劳动，若二倍于捕杀鹿一头所需要的劳动，那么，海狸一头当然换鹿二头。所以，一般地说，二日劳动的生产物的价值二倍于一日劳动的生产物，两点钟劳动的生产物的价值二倍于一点钟劳动的生产物，这是很自然的"。① 这段话被视为"劳动价值

---

① 亚当·斯密：《国富论》上卷，商务印出版 1994 年版，第 42 页。

论"的经典论述,但是我们不应忽视斯密对劳动价值论的限定,这就是"在资本积累和土地私有尚未发生以前的初期野蛮社会"。这个社会大体是人类的狩猎社会和早期农业社会。工业革命之后,在资本积累基础上的以机器为动力的大生产逐步取代以人工为动力的小生产,商品价值构成中对应于人工劳动量的价值部分越来越少。在这种情况下,单独以劳动量作为衡量商品价值尺度的做法势必为社会实践所抛弃。正是由于生产要素结构的这一深刻变化导致价值构成的改变,使斯密将"三元价值论"作为资本主义时代分析价值的工具。

其实,"劳动价值论"或"三元价值论"虽尚能成为一定时期分析价值的方法,但应看到其相对性。就斯密所说的那个"初期野蛮社会"中,劳动对价值的形成具有决定意义,但是自然资源与简单的工具难道对价值的形成一点也没有作用? 同样,在工业社会中,如果说物力资本对价值的形成具有决定意义,但是,土地和劳动力二要素难道对价值的形成可以忽视? 对任何时代来说,生产力价值论都将避免这一片面性。生产力价值论申明:价值是由生产力的各要素共同创造的。但是,生产力要素的构成是个变数;各要素的重要性也随着生产水平的提高而发生相应的变化。如前所述,在游牧经济时代,生产力要素主要是以土地的基础的自然资源。在农业经济时代,劳动力要素显得比以前的时代重要得多了。到了工业时代,机器大生产的条件下,首先需要有雄厚的物力资本的投资和再投资(扩大再生产),同时,资本还起着聚合其他要素的功能,因而成了最重要的生产要素。总之,对于生产力价值论来说,不论在任何时代,既肯定某种生产要素的特殊重要性,也不忽视或抹杀其他生产要素在价值形成中不可或缺的作用。

如果说,"劳动价值论"只是强调劳动在价值创造中的重要作用(但必须限定在某一经济时期),那便是无可非议的。

但是,"劳动价值论"认为,只有劳动创造价值,劳动是价值的唯一源泉。别的如土地、资本等生产要素,只是参与生产、转移价值,而不创造价值。马克思因此把支付劳动力的资本称为可变资本(在生产过程中此资本的价值放大),把支付工具、原材料、土地的资本称为不变资本(在生产过程中此资本的值不变,只是部分移到了劳动的成果中去)。这就使"劳动价值论"注入了一种片面性。

实际上，对于劳动价值论的局限性，马克思本人已有所认识，并有所克服，这可以从以下一段话得到证明。

马克思说："随着大工业的发展，现实财富的创造较少地取决于劳动时间和已耗费的劳动量，较多地取决于在劳动时间内所运用的动因的力量，而这种动因自身——它们的巨大效率——又和它们所花费的直接劳动时间不成比例，相反地却取决于一般的科学水平和技术水平，或者说取决于科学在生产上的应用。……工人不再是生产过程的主要当事者，而是站在生产过程的旁边。……在这个转变中，表现为生产和财富的宏大基石的，既不是人本身完成的直接劳动，也不是从事劳动的时间，……一旦直接形成的劳动不再是财富的巨大源泉，劳动时间就不再是，而且必然不再是财富的尺度。"①

不是别人，正是马克思本人看到了人的直接劳动对于财富（价值）创造的意义将会下降，而别的生产要素如科学技术对于财富（价值）的创造的重要性将会远远超过人的劳动。马克思在这里所表述的重要思想；表明他已突破了劳动价值论的框架；劳动不但不再是价值的唯一源泉，而且不是主要的源泉。遗憾的是，后人对此引为重视的，至今极罕！

三、劳动得以进行的条件，或仅有劳动力这一要素能进行劳动吗？

对"劳动价值论"，最简单的表述是，工人（劳动者）的劳动创造了价值，因此，价值是工人（劳动者）创造的。

这里有一个重要的疏漏却被人们所忽视了，甚至可以说至今未被人们所发现，那就是具有劳动力的工人（劳动者）与劳动，即劳动力要素与劳动是两个不同的范畴，也是两种不同的状况。②

具有劳动力的工人还只是一种生产要素。有劳动力还不等于是劳动。

---

① 《马克思恩格斯全集》第 46 卷（下），人民出版社 1980 年版，第 217—218 页。

② 马克思似乎也提示人们要将劳动力与劳动两者加以区别。他指出资本家购买的是劳动力而不是其劳动，而事实上，工人的劳动（劳动力的使用）所创造的价值远不止是劳动力的价值。表面上的平等交易掩盖不平等的剥削关系。这一区别的目的是要说明工人是被剥削者。本文对劳动力与劳动的区别在于说明劳动力要能进入劳动还需要具备一些条件，这些条件在大生产条件下往往不是劳动者自己所能筹集组合的。

如果劳动力所有者不能进入劳动状态,他的劳动力是闲置的,也就谈不上创造任何价值。而劳动固然是劳动力的使用,是将劳动力投入生产的状态,但还不仅仅如此。要劳动,仅有劳动力所有者的双手、体力、技术等条件,还远远不够。他必须有劳动工具,有劳动对象,有一定的劳动场地,还必须有劳动的机会;此外,还必须有劳动的组织者、指挥者(特别是大工业生产),只有具备了这些条件,劳动才能进行。毛泽东批判马寅初的新人口论时说,有的人只看到人有一张口,没有看到人还有一双手。意思是说,每个人都可以用自己的双手进行劳动,创造财富,何必担心那张口呢!毛的这一批评,在当时看来确实是击中要害的。现在看来,认识上存在同样的疏漏,即每一个有劳动能力的人必须有一定的生产资料的武装,才能进行劳动。在人口生产迅速增长而资源、财力短缺的情况下,往往使大批劳动力游离于生产活动之外,成为失业者,需要国家和社会为他提供最低限度的生活资料。我国长期以来所面临的就是这种困惑的处境。由此可见,劳动绝不是劳动力这一单个要素即能为之的孤立行为,它是多个生产要素的联合有秩序的一种运动状态;也因此,价值绝不是劳动力这单个要素的能量所能凝成的,它是各生产要素协力互动的共同结晶。

或许有人认为,劳动虽然是劳动力与其他生产要素相结合才能进行,但劳动力与其他生产要素不能等量齐观。其中,劳动力在劳动过程中是活的、能动的、主导与支配的因素,而其他生产要素如果没有劳动力的参与不过是堆死物,只是外在的作用,而且这种作用也是劳动者劳动的结果。

这种说法似乎言之有理,却抱有根深蒂固的片面性。那就是只肯定劳动力这一要素对于价值创造的意义,仍然不承认现实生产力是各生产要素所组合的有机体系,不承认现代生产是生产力各要素的协力运动,其中,缺少任何一项要素,都会使生产无法进行。虽然,各生产要素在生产中的重要性是有差别的,但各要素在协力运动中却总是互为条件、互相依赖、相辅相成的。任何一种生产的具体事例都可以说明这一点。一定要说哪一种生产要素是前提,也只能说各要素之间互为前提。说没有劳动者的劳动,其他生产要素不过是堆死物,因此认为劳动力要素是其他要素发挥作用的前提。那么我们也可以说,如果劳动者没有工具,没有劳动对象,也没有劳动场地和劳动的机会,劳动者就无法发挥他的劳动潜能。在这种情况下,工具等要素对劳动者来说不也就成了前提了？至于"死物"之说，也要看你怎么去理解。任何一种生产要素如果被闲置、被荒废，都可以认为是死物。即便是对于一个有劳动力的人来说，如果没有求职机会，不能实现其自身的价值，仅此也可以看成是"死物"，这当然不是从生命的视角将之视为"死物"的。重要的是，社会生产的发展，只会使劳动力之外的生产要素感到紧缺，从而得到充分（许多情况下甚至"过分"）的利用。所谓"没有劳动者的劳动，其他生产要素是堆死物"之说，不过是一种假说。事实是，对人类来说，某些生产要素愈来愈感到稀缺了，否则，为什么各国政府总是面临着失业这一令人头痛的问题呢？

四、各生产要素在价值总体中的额度

生产，就是生产要素使用价值的释放，从而引起价值的放大（增值）。生产，就是产出之价值大于投入时要素之价值（成本）。

如果将生产要素分别用 1 表示，则：

$1+1+1>3$

或 $1+1+1+1+1>5$

也就是 $1+1+1+1+\cdots\cdots>n_1$

生产过程为什么能产生各要素之价值放大的效应呢？原因在于生产时各要素的互动产生了一种协力或合力。这种放大效应在理论上已为协同学所证明。所谓协同，就是系统内各要素在系统目的的统率下相互作用所生成的高级力量或群体力量，这种力量已经不是各要素力量的简单叠加，而是各要素力量联合形成的非线性放大力量。协同原理已被无数的经验事实所证明。马克思在《资本论》中也已说过："多数力融合为一个总体力量将会产生出新的力能。"[1]

放大效应是由各要素的合力所产生的。那么，合力的大小从而导致放大效应互有差别的原因又是什么呢？

这一原因，大抵取决于：一是生产要素的质及其配置是否合理。若要素

---

[1]　马克思：《资本论》第 1 卷，人民出版社 1975 年版，第 345 页。

的质愈优,配置又合理,放大效应就愈显著。二是生产过程中的管理体制与指挥系统是否科学,是否适应生产和市场的需要不断创新,产品的设计与生产工艺是否先进并适应市场需要。上述两大因素若能达到最佳状态,那么对一个企业来说,其价值的放大(利润的获得)也就能达到最佳状态。

应当指出,这种价值的放大效应的实现程度,在主观上基本上取决于企业家(马克思眼光中的资本家)的素质。优秀的企业家就是使投入(成本的耗费)最少,产出(利润的获得)最大。利润最大化是每个企业、每个企业家梦寐以求的。

价值和价值的放大是各生产要素合力的结果。那么,这放大的价值(利润)如何在各要素之间进行分配呢?

首先要确定,现代工业生产中有哪些基本的生产要素。对于土地、劳动力、物力资本、科学技术视之为生产要素已成共识。主要问题是生产过程中的"经营管理"是否属于生产要素? 在劳动价值论的视角下,"经营管理"没有被列为要素范畴,这是一大疏忽。而在生产力价值论的视角下,"经营管理"是一项特殊的至关重要的生产要素。道理很简单,一个企业,假如没有经营管理,如何进行生产? 不要说生产的持续和扩大,连生产的起动都不可能。因此,"经营管理"不但是生产要素,而且是一项不能与其他生产要素相并列的生产要素。笔者认为,现代生产必须具备的五项生产要素是:土地、劳动力、物力资本、科学技术、经营管理。经营管理列于第五,并不是"小五子",而是驾驭前4项要素之统率。

设各生产要素所投入的价值(成本)分别是:土地为 D,劳动力为 R,物力资本为 W,科学技术为 G,经营管理为 P;那么,在价值放大中,他们各自应占有一份对应的贡献额,土地的对应额为 d,劳动力的对应额为 r,物力资本的对应额为 w,科学技术的对应额为 g,经营管理的对应额为 p。

设放大的价值(利润)总额为 K,则 K=d+r+w+g+p

那么,各生产要素在价值创造中分别占有多少额度呢?

那就是单项生产要素的成本与各生产要素总成本之比与利润的乘积。这也是各生产要素在利润总额中应获得的收益额。

如果用公式表示,对土地所有者来说,他的贡献额也即收益额是:

$$d=\frac{D+R+W+G+P}{D}\times K$$

对劳动力所有者来说,他的贡献额即收益额是:

$$r=\frac{D+R+W+G+P}{R}\times K$$

其他要素,依同样方法类推。

这就是生产力价值论所引出的价值分配法则。这一分配法则告诉我们:第一,投入生产的各要素所有者都有权从新价值(利润)中获得收益;第二,各生产要素所获得的收益额之多少由所投入的要素的量的大小而定,投入量大者得多,投入量小者得少。所谓"按要素分配"的分配原则正与生产力价值论的分配法则相吻合。

(本文发表于《学海》2002 年第 3 期)

论生产力发展的动力系统

黄明理[*]

"社会主义阶段的最根本任务就是发展生产力。……在中国现在落后的状态下,怎样发展生产力,怎样改善人民生活,这个问题就摆在我们面前。"[①]怎样发展生产力呢? 从理论与实践的结合上弄清生产力发展的动力系统,无疑会有助于清醒地、自觉地、高速度地发展生产力。

一、生产力发展动力系统的鸟瞰——人的需要、能力、幸福三者的矛盾运动

站在系统辩证论的高度,鸟瞰"社会系统"的发生和发展,便不难看到:没有人便没有社会,当然也就没有生产力及其发展。人是社会的主体,是社会文明的创造者和体现者,生产力、生产关系、上层建筑都因人的存在而存在,三者的相互联系、相互作用、发展变化都必须通过人的活动才能实现。人创造着、也体现着社会的全部丰富性,人是一切社会联系的中枢。生产力发展的动力,不论来自哪个层次、哪个方面,都是通过人这个中枢而对生产力发生作用的。所以,探索生产力发展的动力系统,必须抓住人这个中枢。

人的需要(衣、食、住、行等等)催逼着、推动着人去进行生产,推动着生产力的发展。所以,生产力动力系统的第一个要素应是人的需要,但是,光有需要还不能进行现实的生产。这就是说,人的需要还只是生产力发展的欲求性动力,人的能力才是生产力发展的现实性动力,能力达到了,才能进

---

   * 黄明理(1939—2020),1981—2000 年在哲学所工作。

   ① 邓小平:《建设有中国特色的社会主义(增订本)》第 2 版,人民出版社,1987 年,第 52—53 页。

行现实的生产。所以，生产力动力系统的第二个要素应是人的能力。

人是有目的、有远见的智能生物，人对幸福的追求，往往以目标、理想等方式，召唤着、促动着人自觉地发挥生产潜力、发展生产能力。所以，人的幸福应是生产力动力系统的第三个要素。

生产发端于人的需要。人的需要作为一种规律压迫着人，要解除这种压迫就必须使需要得到满足。这就催逼着人去发挥能力（智能、体力）进行生产。生产、分配、交换、消费，使需要得到一定程度的满足，这里的满足就是获得一定的利益、一定的幸福，"而消费则把需要再生产出来"①。生产从需要开始，继而是发挥能力于生产过程，继而又是产品的分配、交换和消费，使需要得到满足，即得到幸福；再到产生新的需要，发挥新的能力，获得新的幸福……这就是生产和生产力同步发展的一般过程。

需要在生产的始端催逼着人去聚集能力、发挥和发展能力，而幸福又在生产的终端召唤着人去培训能力、发展能力。人的需要—人的能力—人的幸福，新的需要—新的能力—新的幸福，在这个循环往复、逐渐上升的过程中人与自然、人与社会、人与自身的关系不断向新的广度和深度拓进，生产力也就不断与生产同步地发展，出现新的水平。

从系统辩证论的高度看，需要、能力、幸福三者是有矛盾的。这矛盾来源于需要、能力、生产三者之间的矛盾，需要有无限增长的趋势，需要往往超前于能力，超前于生产。而生产对于不断产生的新的需要，往往没有能力当即就给予满足。即便经过培训能力、发展生产，使已经提出的需要得到了满足（即幸福），但在新的基础上又会产生新的需要。需要是层出不穷的。需要的增长趋势的无限性，能力与需要相比的滞后性，实际生产的时代局限性，就构成了需要、能力、生产三者之间的矛盾。从社会大系统的全局来看，满足人民需要的资料只有通过生产才能得到，也就是说，要想使人民生活幸福，必须发展生产。所以，需要、能力、生产三者之间的矛盾，就导致需要、能力、幸福三者之间的矛盾。这种矛盾不断解决又不断产生，就构成了需要—能力—幸福三者的矛盾运动。而这种矛盾运动，恰恰正是生产力随同生产一起发展的过程。

---

① 《马克思恩格斯选集》第2卷，第94页。

　　所以,从系统辩证论的高度,鸟瞰生产力的发展过程,便不难发现,生产力发展的动力系统实质上就是人的需要、能力、幸福三者的辩证运动系统。

　　社会主义市场经济的幼苗,何以能突破几十年一贯制的计划经济体制?原因可能是多方面的,但其中最根本的一条,是因为社会主义市场经济与人的需要、能力、幸福三者的辩证运动相适应,因而能推动生产力的发展,就能有效地克服几十年来计划经济所造成的物资短缺。请看市场经济的现实(比如长江三角洲地区市场经济的现实):人们由于受需要的驱使而走向市场,就能比较充分地发挥、发展能力,而在市场竞争中获胜。哪个厂家(或商家)能使消费者幸福(即满足顾客的需要),他们就能得人心、得到市场,他们的事业就兴旺发达……这一切的总结果是,人们的智力有处使了,生产力发展了,物资丰富了,人民的生活水平提高了。

　　在社会有机体中,人们的需要、能力、幸福是以系统的形式相互联系的、辩证统一的。放眼历史长河,哪一种经济体制最适应人们的需要——能力——幸福的循环演进,它就最能解放生产力,最有利于生产力的发展。

二、生产力发展动力系统的剖析——各子系统的具体内容

　　人的需要、人的能力、人的幸福都是多因素的。事实上,三者各自是一个子系统。于是,"生产力发展的动力系统"就包含着三个相互作用、相互联结的子系统——人的需要系统、人的能力系统、人的幸福系统。

　　(一)人的需要系统

　　人的需要是人对环境条件的依赖和需求,它表现为人对环境的摄取。它可区分为个体需要和社会需要。

　　(1)个体需要。个体需要又可区分为物质需要和精神需要。人"为了生活,首先就需要衣、食、住,以及其他东西。因此,第一个历史活动就是生产满足这些需要的资料,即生产物质生活本身。"[①]马克思恩格斯这里说的就是人的物质需要。现实的人是物质的人和精神的人的统一。现实的人既有衣

---

　　① 《马克思恩格斯选集》第 1 卷,第 32 页。

食住行等物质需要，又有科学、哲学、文学、艺术、伦理道德、理想、信仰等精神需要。

（2）社会需要。这是社会作为一个有机的系统整体对环境条件的依赖和需求，也即是社会有机体存在和发展的需求。人是社会的人，社会是处于相互关系中的人们所构成的系统整体。社会的物质需要和精神需要，来自个人的物质需要和精神需要的系统综合。但这并不等于说，社会需要全等于社会全体成员个人需要的机械总和。社会作为一个系统整体，还有宏观层次上的全局性的需要，如政治需要、经济需要、军事需要，等等。

（3）人的需要是生产力发展的欲求性动力。人的需要怎样转化为生产力发展的动力呢？人的需要（个体需要和社会需要）本身就包含着矛盾：需要的对象由自然界提供，但自然界又不能提供需要的现成对象。为了解决这个矛盾，人就必须发挥能力去改造自然，使自然物中包含的满足人需要的可能性变为现实性，这就要进行生产，将植物的种子改造成面包，将天然矿石改造成机器……这些都属于改造自然之物的生产活动。

生产是通过需要才启动的。人的需要反映在人的意识中，就是人对需要对象的欲求。这种欲求"在现念上提出生产的对象，作为内心的意象、作为需要、作为动力和目的而成为生产的前提"①。需要是一切生产活动的驱动力，任何生产都是为着满足一定需要的生产，"没有需要，就没有生产"②。

人有自我意识，能意识到自己有什么需要。于是在需要的驱动下，人就聚集力量、发展生产能力（即生产力），待到能力足够时，就可以进行现实的生产了。

从社会全局来看，生产力发展的欲求性动力不仅仅是个体需要，还有社会需要。社会对物质产品和精神产品的需要，无疑也会像个体需要那样，成为生产力发展的欲求性动力就是社会的政治、军事等需要，在一定的情况下，也可能成为生产力发展的欲求性动力。比如，对处于社会主义初级阶段的中国而言，显示社会主义优越性的需要、提高综合国力的需要、提高人民生活水平的需要等等，都可转化为生产力发展的动力。

---

① 《马克思恩格斯选集》第2卷，第94页。
② 《马克思恩格斯选集》第2卷，第94页。

总之,不论个体需要或社会需要,都可以成为生产力发展的驱动力。人的需要系统确是"生产力发展的动力系统"中的一个子系统。

(二)人的能力系统

人的能力大体区分为智能和体力。要认识作为生产力发展的现实性动力的"人的能力系统",必须认识智能和体力对生产和生产力发展的不同作用。

1. 体力可以是生产的动力,却不是生产力发展的动力。

要生产就必须有动力。人类社会之初,人还不能调动自身之外的自然力作为生产的动力,所以,人的体力就成了原始生产的动力。人的体力在推动原始生产进行的过程中,起着现实的、重大的作用。

从自然起源上讲,人的体力来源于动物(猿)体力的遗传,而人的智能则是在从猿到人的进化过程中,与劳动同步发生、发展起来的,是人类特有的。一代人的体力不能直接留给下一代人,每个人死后,他的体力也就随之消失,所以,人类体力不能因世代积累而进化。人死后,智能却可以通过遗言、书刊、录音、录像等传存千世,并转化为后人(他人)的智能,所以,人类智能是因世代积累而进化、发展的。

请注意这样的史实,当智能发展到可以物化为蒸汽机代替人的体力之后,仅仅在不到一百年的时间内,人类创造的生产力就比过去一切世代创造的全部生产力还要多,还要大。①从"蒸汽革命"以来,体力在生产中的作用迅速变小,而生产力发展的速度却迅速增加。从使用石器、木棒的原始生产,到使用电脑、自动机的现代生产,生产力越发展,人在生产中支付的体力反而越小。而支付的智能却随之增加。这个异常明显却又极其重要的历史事实,无可置疑地说明了,体力虽曾是生产的动力,却不是生产力发展的动力。否则,谁也无法解释"生产力越发展,人们支付的体力越少"的事实。

2. 工具进化中体力和智能的不同作用

有人说:生产力的发展是以新工具的发明和使用为标志的,体力参与了新工具的制造,不就是参与了推动生产力的发展吗?回答是否定的。因为

---

① 《马克思恩格斯选集》第 1 卷,第 19 页、第 256 页。

人类劳动不同于动物"劳动"的特点是,"劳动过程结束时得到的结果,在这个过程开始时就已经在劳动者的表象中存在着,即已经观念地存在着"①。拿这个特点去具体剖析发明新工具的创造性劳动,就可以看到,发明(也是劳动)过程结束时得到的结果——新工具,已经在这个过程开始时,存在于发明者的观念中(头脑中),蓝图就是跟念地存在着的新工具(即使没有纸上的蓝图,在发明者头脑中也有个"蓝图"。从蓝图到新工具的制成,是个智能物化的过程,即是智能指挥体力(或其他动力)按蓝图进行加工的过程,也即按照蓝图"如法(如图)炮制"的过程。于是,我们可以把新工具的发明大体划分为两个过程:一是创造性过程,即蓝图(新工具的观念形态)的研制、形成过程;二是"如图炮制"过程,即从蓝图到产品(新工具)的生产过程。研制创造蓝图的过程,是个从无到有的智力劳动过程;而"如图炮制"的过程,则是个非创造性过程,是个在自动化生产条件下可以交给自动机去完成的过程。

在新工具的发明过程中,体力能发挥作用的过程,正是"如图炮制"的过程,正是可用自动机去代替的非创造性过程。

当然,许多新工具的发明,都不是一次就能成功的,而是不断改进蓝图、不断试制,最后才获得成功。但在每一个从研制蓝图到照图试制的反复中,思考、改进的创造性劳动始终只能是智能的贡献,体力即使参与,也只能在智能的主导(指挥)下,作出非创造性的贡献。离开智能的指挥,体力是不能进入发明创造过程的。正如恩格斯所说:"单靠手是永远造不出蒸汽机来的。"②

概括言之,生产力的发展是个能动的创造性过程,推动这个过程的创造性力量是智能而不是体力。

需要强调指出,体力不是生产力发展的动力,并不等于体力劳动者不是生产力发展的动力。"体力劳动者"只是不以智力劳动为主,并非一点智力不用。体力劳动者通过观察、思考、记忆等智力活动,把劳动经验、体会等积累下来、总结起来,为生产工具的改进,为生产力的发展作出了可贵的贡献。

---

① 《资本论》第1卷,人民出版社,1975年,第202页。
② 《自然辩证法》,人民出版社,1971年,第19页。

在人类史上,有很长一个时期(如原始时期),大家都是体力劳动者,后来的智力劳动者队伍,是随着剩余劳动的出现和发展,从体力劳动者队伍中分化出来、发展起来的。还需说明的是,体力劳动者对生产力发展的贡献,也是他们开动脑筋、勤于观察思考的结果,即他们的智力劳动创造的。

那么,哪些类型的智能可以成为生产力发展的动力呢? 答曰:这些类型的智能大体是科技智能、管理智能、对教育超前性的认识和实践智能……让我们逐一剖析。

3. 科技智能

马克思说:"自然界没有制造出任何机器,……它们是人类的手创造出来的人类头脑的器官;是物化的知识力量。"[①]正如自然界中没有机器一样,自然界中也没有科学技术,科学技术是人类智能创造出来的。马克思有句名言"哲学家们只是用不同的方式解释世界,而问题在于改变世界"[②]。从"改变世界"的视角对科学技术的生发史作一番认真考察,不难看到:"科学是人类智能的信息化形态","技术是人类智能的物质化形态"[③],人类特有的科技智能是两类智能的合称,"一类是能够认识客观规律的智能,因为这类智能可以信息化为科学,我们称它为科学智能;另一类是能够利用客观规律改造世界的智能,因这类智能可以物质化为技术,我们称它为技术智能。这两类智能是密切联系、相互渗透的,所以也可把二者合称为科技智能"[④]。

三次科技革命的史实说明,科技智能是生产力发展的根本动力。

第一次科技革命也叫"蒸汽革命"。没有牛顿等人在力学上的发现,没有布莱克等人在热学上的发现,没有瓦特等人发明的蒸汽机……就不会有第一次科技革命所带来的生产力大飞跃。

具体的科技成就,不论是由何人发现、发明,都必然是智力劳动的结果,都必然是人类科技智能的具体体现。而没有发现和发明的不断推动,就不会有生产力的真正发展。所以,第一次科技革命的史实说明,科技智能是生产力发展的根本动力。

---

① 《马克思恩格斯全集》第 46 卷(下),第 219 页。
② 《马克思恩格斯选集》第 1 卷,第 19,第 256 页。
③ 黄明理:《现代实践与生产力发展的动力》,《江海学刊》,1993 年 1(2),第 100—102 页。
④ 黄明理:《现代实践与生产力发展的动力》,《江海学刊》,1993 年 1(2),第 100—102 页。

第二次科技革命即"电气革命"。这次科技革命更能说明科技智能是生产力发展的根本动力。正是法拉第关于电磁感应定律的发现,亨利关于自感现象的发现等,奠定了"电气革命"的理论基础。正是爱迪生、西门子等人的技术发明,奠定了"电气革命"的技术基础。"电气革命"的发展过程,正是以法拉第、爱迪生为代表的科学家、发明家的科技智能一步步信息化、物质化的过程。没有科技工作者智能的发挥和发展,就没有"电气革命",就没有"电气革命"所带来的生产力大飞跃。

当代的第三次科技革命,更是人的科技智能创造奇迹的历史。这次新出现的一系列新技术(电子计算机、机器人、新材料、光纤通信、激光、生物技术、空间技术、海洋技术等),比一切传统技术都更多地凝聚了人类的科技智能,都更加突出地显化了科技智能的伟力。以微电子技术为例,在四分之一指甲盖大小的硅片上,竟集成十万个乃至百万个晶体管,这是凭体力无论如何都不能达到的奇迹!没有电子的发现,没有半导体的发现,没有计算机、晶体管、集成电路等等的发明,就不可能有微电子技术等所带来的生产力大飞跃,就不可能有现代自动化大生产!科技智能对生产力发展的推动作用,从来还没有这么明显、这么突出过!

总之,人类的科技智能是生产力发展的根本动力,这是三次科技革命的历史结论。

4. 管理智能

随着生产力的发展,生产过程的分工协作复杂起来,管理智能的重要性逐步显化了。离开了管理,生产力诸要素无法结合在一起,也就不能成为现实的生产力。而随着科技革命的发展,现代生产力已发展成由许多因素结合的复杂系统,这些因素的联系与结合,正是通过现代管理完成的。"三分技术,七分管理"之说,体现了管理智能对发挥和发展生产力的重大意义。

另一方面,作为生产力主体的人,是有着物质需要和精神需要的人。他所处的生产关系对他的利益追求、能力发挥、情绪、意志等等,当然会有这样或那样的影响。所以,有才能的管理者,总是细心体察劳动者的利益追求、能力发挥和情绪变化,重视和鼓励劳动者的创造发明,尊重劳动者的意见和建议,及时改革或调整人与人之间的利益关系,保障劳动者的利益能随着劳动创造的发展而发展,使他们以良好的心境从事劳动创造,从而推动生产力的发展。

是推动还是阻碍新兴生产力的发展,是区分管理智能高或低的根本标准。实践证明,卓越的管理智能是现代生产力高速发展的重要条件。

5. 对教育超前性的认识和实践能力

生产力的发展最终取决于人的发展,取决于人的素质的提高,取决于大批人才的涌现。而人的素质的提高、人才的涌现,都有赖于教育。所以,教育的重要性越来越突出,教育越来越成为推动生产力发展的重要因素。

实践表明,教育效益的显化具有滞后性,即人才生产的周期要比其他产品的生产周期长得多。然而,只有大批人才的不断涌现,生产力的发展才有取之不尽的后劲。所以,教育效益的滞后性,恰恰说明教育超前安排的必要性。一个国家对教育超前性的认识能力和实践能力,从战略上决定了这个国家的科技进步和生产力发展的前景,日本教育超前发展所带来的生产力的高速发展,就是一个典型的例子。

6. 其他能力

社会是个系统整体,生产力的发展必然要求生产关系有相应的发展,而经济基础的发展,又必然要求上层建筑作出相应的变革。但是,在社会大系统中,生产力、生产关系、上层建筑,毕竟是不同的子系统,对上层建筑的变革而言,生产力、生产关系的变革要求,毕竟只是外因,它们还必须通过内因才能真正起到作用。具体说来,处在与生产力的发展不断适应过程中的经济基础,它对上层建筑的变革要求,还必须通过能代表这种要求的文学艺术家、理论家等的智力活动,才能反映到文学艺术界、理论界中来,才能转化为意识形态领域的斗争。经济领域、意识形态领域的斗争,又必须通过政界人物的智力活动,才能反映到政治界并转化为政治斗争。所以,生产力的发展,需要相应的文学艺术能力、理论能力、政治领导能力等,为其清除上层建筑领域中的障碍。而与生产力和生产关系相适应的上层建筑,则会成为解放生产力、发展生产力的伟大力量。比如,邓小平同志的"科学技术是第一生产力"的论断就是解放生产力、发展生产力的意识形态力量;党的基本路线,就是解放生产力、发展生产力的政治力量,等等。正确的领导能力,对解放生产力、发展生产力的全局性意义和深远影响也是不能低估的。

（三）人的幸福系统

幸福是人的物质需要或精神需要得到满足时的心情舒畅的感觉状态。人的幸福可大体区分为现实的幸福和理想的幸福，二者都可以成为生产力发展的动力。

1. 现实的幸福给人以激励

真正的幸福来自劳动，来自奋斗、创造和奉献。这样的幸福既是对劳动者奋斗和创造的酬报，更是对劳动者的激励。这种激励常常促使人回顾、总结过去，并思考和规划未来的行动。在幸福的、舒畅的状况下，总结过去和展望未来，往往能将被暂时遗忘的那部分知识能力召回，将暂时沉睡着的那部分智能唤醒，使人的聪明才智得到充分发挥，并成为活化的、强化的智力资源，从而促使劳动者以更强的意志、更顽强的拼搏精神，投入需要—能力—幸福的新的循环之中，成为生产力发展的推动力量。

2. 理想的幸福给人以召唤

人生活在现实中，又往往对未来作出这样或那样的希望或理想。人是现实与理想的矛盾统一体：现实是人们自己创造的，但人们对自己创造的现实又往往不满足，理想便是人不满足于现实、超越于现实，而对未来的合理的预想。"理想的幸福，往往作为一种美好的目标，吸引着、召唤着人们去为之奋斗。从现实与理想的视角来看，人类的历史，就是人们不断创造现实、不断追求理想、不断获得幸福的历史。人有智能，人能根据事实和经验进行思考判断。于是，人们逐步认识到理想与现实的矛盾只能靠实践去解决，要为大多数人谋幸福，必须不断发展生产力。

对远大理想的追求，会促使人从长远利益、战略高度把握自己和运筹环境条件，使自身的各种能力在与环境的动态协调中得到充分发挥、发展，使自身萌发创造灵感的机制经常处于佳境。如果越来越多的人都能这样，那么自然资源和人力条件的利用就会趋于合理。所以，理想的幸福是对新发现、新发明、新创造的召唤力量，是生产力发展的自觉的推动力。

总之，对"生产力发展的动力系统"而言，"人的需要系统"是欲求性动力，"人的能力系统"是现实性动力，"人的幸福系统"是激励性、召唤性动力。生产力的实际发展，是这三种子系统相互作用、协同推动的结果。

三、研究生产力动力系统的意义

生产力发展的动力究竟是些什么？马克思主义的经典作家们未来得及作出系统的研究和回答。在现代条件下，系统地研究和回答这个课题，无疑关系到马克思主义原理的进一步深化，对于马克思主义的发展，具有重大的理论意义。

不仅如此，研究生产力发展的动力系统，还具有更深远的理论与实践意义。社会主义阶段的最根本任务就是发展生产力。新中国成立以来，党一贯重视生产力的发展，但在如何发展生产力问题上，我们却走了一段相当大的弯路。正如邓小平同志所说："一九四九年取得全国政权后，解放了生产力，……但是解放了生产力以后，如何发展生产力，这件事做得不好。"①

原因当然是多方面的，但从理论视角看，不了解生产力发展的动力究竟都是些什么，乃是根本原因之一。如果真正探明了生产力发展的动力系统，那么，生产力发展实践上的盲目性就可能大大减少，一旦出现偏差，也就易于克服了。所以，探索"生产力发展的动力系统"，直接关系到社会生产力的实际发展，关系到社会主义国家的生存和兴旺发达，其意义至关重大。

（本文发表于《系统科学学报》1993年第4期）

---

① 《邓小平关于建设有中国特色社会主义的论述专题摘编》，中央文献出版社，1992年，第46页。

论五行之不可废

俞天印[*]　李国春

目前在脏腑学说研究中,有研究者提出了脏腑相关学说,认为可以取代传统的五行学说,实现中医理论的变革,以期克服五行结构的不足。在其论著中明言:"这里,我们提出:以五脏相关学说取代五行说"(以下皆简称为"取代说")。其主要理由可概括为两大方面。

第一,就脏腑本身而言。其一,"脏腑学说⋯⋯更多地从其功能所主、阴阳属性和气血运化等分析,有很多超出或不符合五行之性的地方"①;其二,"五脏之间有相互联系的模式、联系管道和联系特点,并非五行生克的表现,且不是五行生克说能够概括得了的"②;其三,"五脏的联系⋯⋯主要有相主、相成和协同三种作用模式",它们可代替五行③。

第二,就五行本身而言。其一,"五行关系⋯⋯不足在于,一是限定了生与克的单象与方向"④;其二,五行受到"生克固定顺序的制约,其角色关系是单向的和机械的"⑤。

以上两大方面的主要理由,笔者不敢苟同。该论著虽言"废弃五行学

---

* **俞齐煜**,笔名俞天印,1940 年 11 月生,1980—1995 年在哲学研究所工作。

① 邓铁涛、邓洪:《中医五脏相关学说研究——从五行到五脏相关》,广东科技出版社,2008 年,第 7 页。

② 邓铁涛、邓洪:《中医五脏相关学说研究——从五行到五脏相关》,广东科技出版社,2008 年,第 8 页。

③ 邓铁涛、邓洪:《中医五脏相关学说研究——从五行到五脏相关》,广东科技出版社,2008 年,第 7 页。

④ 邓铁涛、邓洪:《中医五脏相关学说研究——从五行到五脏相关》,广东科技出版社,2008 年,第 5 页。

⑤ 邓铁涛、邓洪:《中医五脏相关学说研究——从五行到五脏相关》,广东科技出版社,2008 年,第 8 页。

说,等于将合理的一面也抛弃,这更不可取"①,但实际上该部著作根据上述两大方面理由,已明确主张"以五脏相关学说取代五行说"②。而脏腑相关说一旦取代了五行说,"取代"一词也就难免成为废弃的委婉说法而已。鉴于五行说与中医若干理论的内在联系和复杂性,关系到中医体系的完整性,故笔者认为有必要就下列问题展开较为深入的讨论。

一、五行是脏腑间最深刻和最普遍的联系方式

(一)脏腑五行特性随四时推移和六气变化而运行

五脏因何有所主? 有两种认识。一是取代说,认为"五脏功能与五行特性其实没有必然联系"③。而另一种认识是《内经》认定五脏功能与五行特性存在必然的联系。如"五脏者,所以参天地,副阴阳,而连四时,化五节也"④,《素问·天元纪大论》有一精要的概括:"天有五行御五位,以生寒、暑、燥、湿、风。人有五脏化五气,以生喜、怒、思、忧、恐。论言五行相袭而皆治之,终期之日,周而复始。"⑤就是说,天体运动造成的复杂的气象、气候变化,使人体脏腑、经络等直接产生与之相应的感应方式,使脏腑、经络具有了年、月、日时间节律和空间特性。其中木、火、土、金、水五气的运行,人以五脏与五行之气相应。如肝与木气相应,主升发、疏泄等。风、寒、燥、湿、暑、热六气的气化,人以六腑、十二经络相应,但二者又各以五行属性相联系。还有气血、营卫之气以及阴阳运行的相应变化等。这样,通过五行,反映出脏腑、经络所主及其他功能等,皆与天地日月、四时六气息息相关。

---

① 邓铁涛、邓洪:《中医五脏相关学说研究——从五行到五脏相关》,广东科技出版社,2008年,第5页。

② 邓铁涛、邓洪:《中医五脏相关学说研究——从五行到五脏相关》,广东科技出版社,2008年,第220页。

③ 邓铁涛、邓洪:《中医五脏相关学说研究——从五行到五脏相关》,广东科技出版社,2008年,第164页。

④ 刘越:《图解黄帝内经灵枢》,人民卫生出版社,2003年,第334页。

⑤ 南京中医学院医经教研组:《黄帝内经素问译释》,上海科学技术出版社,1981年,第477页。

现代也有不少论者对此做过专题研究,其中包括关于阴阳与五行之天文背景的论述。他们认为"木、火、土、金、水是五时气候特点和生化特点的抽象""五行相生是对五时气候、物候运转规律的抽象""五行相克是对自然气候制胜规律的抽象""五行的乘侮是对自然气候异常制胜规律的抽象"①。可见自然界从天象、气象、气候本身就符合五行生克制化律。

总之,根据天文历法,以及由此而确定的季节及气象、气候,它们随时空而变化出木、火、土、金、水五种类型和属性,也即五行。以上论述无不证明,日月星辰的运行及其气象、气候,内中皆深蕴阴阳五行规律。运用哲学五行说对这些丰富的天文、气象资料和医学实践几经调整,纳为自己的内涵后,中医之五行说,也就必然地产生了。这是中医五行产生的自然之道。此时的五行与阴阳,由于融入特定的医学内涵,已有别于纯哲学的阴阳五行,虽然字面上没有差别。

(二)五行属性决定五脏所主

取代说认为:"构成脏腑学说根本要素的,是五行所体现的联系性和整体性,而不是五行生克的形式本身。"②此说已直接否定了五行的内涵——相生相克。没有相生相克,那所谓的"五行所体现的联系性和整体性"也就成空泛之论,因而也就割裂了脏腑与五行之内在的必然联系。

五行属性决定五脏所主,从上节行文不难推导出这一结论。这里不妨再看《内经》的有关描述:"五行者,金木水火土也,更贵更贱,以知死生,以决成败,而定五脏之气"③;"春胜长夏,长夏胜冬,……各以气命其脏"④;"所谓得五行时之胜,各以其气命其藏。"⑤这些论述皆表明,五脏受到天地阴阳所

---

① 李鸿涛:《从气象地理角度探讨中医五行生克制化规律的科学内涵》,《中国中医科学院》,2003年。

② 邓铁涛、邓洪:《中医五脏相关学说研究——从五行到五脏相关》,广东科技出版社,2008年,第220页。

③ 南京中医学院医经教研组:《黄帝内经素问译释》,上海科学技术出版社,1981年,第190页。

④ 南京中医学院医经教研组:《黄帝内经素问译释》,上海科学技术出版社,1981年,第85页。

⑤ 南京中医学院医经教研组:《黄帝内经素问译释》,上海科学技术出版社,1981年,第85页。

化生的五行的制约和影响,因而五脏之气也与五行相应,也就是五行可定五脏之气,如肝之主疏泄,取象于春木之升发、条达,从而规定肝气属木。

此处论及五脏所主,五脏之气,我们还需要分清中医脏腑功能的虚与实两种区别。中医五脏虽兼及实体部分功能,如肝主筋、藏血等,但更超越形态解剖,形成宏观整体上复合的、网络式的功能系统,如肝主疏泄、脾主运化等。中医的脏腑功能,主要是指虚体性的气化功能,这也是中西医学的本质区别。而疏泄、运化等功能,皆是气机运行的形式,故五脏配五行,本质上论述的是气机运动变化规律。因此五行生克绝不可以实物之性而论之。清·黄元御明确指出:"其相生相克皆以气而不以质也,成质则不能生克矣。"[1]现代学者也有共识:"医家言五行与五脏之应,乃以气而论,故方合于医理"[2];"五行模式的实质是体内气机变化的趋势"[3]。

气机,就是人体内气的运行。没有五行,气机便成空洞之物;若无气机运动,五行则成静止僵化之势。在此基础上,我们才能深入理解五脏所主与五行生克制化的关系。总之,谈论脏腑,必论脏腑气机的升降与开合,必论脏腑与五行,二者如影随形般不可分离。取代说本节开头的结论若表述为:"脏腑学说的根本要素,其五行所体现的联系性和整体性,恰恰是五行生克的具体表现。"那就更符合《内经》原义和客观规律了。

(三)五行生克律是脏腑最深刻和最本质的联系

《灵枢·官能篇》何以云"言阴与阳,合于五行。五脏六腑,亦有所藏"?[4]原来藏象者,藏木、火、土、金、水之象,此五象即含五行之气也。脏腑者,器也,各脏有所主,是其五行之性使然。五行以取象比类法进一步抽象、概括出脏腑的"木""火""土""金""水"的五种属性,揭示出脏腑间共同的联系方式-促进与制约,亦即相生相克。在此基础上又形成乘侮、胜复的制化规律。

---

① 黄元御:《四圣心源》,人民军医出版社,2010 年。

② 张灿玾:《〈内经〉五行学说解析》,《山西中医学院学报》2004 年第 3 期,第 6—11 页。

③ 常立果、艾浩、烟建华、牛建昭:《五脏概念与五行模式》,《山西中医》2007 年第 2 期,第 52—53 页。

④ 刘越:《图解黄帝内经灵枢》,人民卫生出版社,2003 年,第 460 页。

五脏所主虽各有不同,但无论何脏,都有得五行时之胜,各以其气命其藏。"①这些论述皆表明,五脏受到天地阴阳所化生的五行的制约和影响,因而五脏之气也与五行相应,也就是五行可定五脏之气,如肝之主疏泄,取象于春木之升发、条达,从而规定肝气属木。

五脏所主虽各有不同,但无论何脏,都有相生相克、被生被克四种基本联系形式,只是生克的性质和内涵有别而已。可见五脏实即五行之象。

现代科学也证明,即使在现代实体各器官之间,也同样存在有相生和相克,也即现代理解的促进和抑制规律。苏联科学家研究地磁场直接作用于生物机体的内代谢过程,根据地磁场引起生物高分子能量状况的变化,发现24 小时内,人体内部器官的相互作用有着一定的时间节律。该节律与十二经及脏腑之日运行周期,二者几乎完全吻合一致。② 由于中医脏腑与实体脏器有着关联性,这便从侧面证明,相生克,亦即促进和抑制,也是中医五脏之间共同的、普遍的联系形式。

由上述可知,脏腑是中医学有别于西医的特殊生理结构,五行是对脏腑更抽象的理性认识,二者是不同层次的概念。相生相克形成的五行生克制化律,因其普遍存在于脏腑间,故成为最深刻、最本质的联系方式。这种共同的、普遍的形式,是抽象程度最高的共性,是一般,其他具体形式则是个别。这些便是五行制化律涵盖并统率脏腑的理论根据。

五行生克制化律常态下原是生中有克,克中有生,整体处于稳定和有序状态。但在复杂内外因素影响下,某一行或几行会有太过或不及,造成相乘相侮变化关系,于是通过对某一行或几行,进行或克制、或泄耗、或补益来加以调整,此亦即胜复变化。这便使五行的整体运行恢复相对动态平衡,这就是"亢则害,承乃制,制则生化……害则败乱,生化大病"③的制化要义。整个机体阴阳由此便能保持"平""和"(稳定和有序)的状态。这种五行生克制化律,是生命实现自我调控、保持整体稳定有序的唯一的独特模式。

---

① 南京中医学院医经教研组:《黄帝内经素问译释》,上海科学技术出版社,1981 年,第85 页。

② 向华明:《地磁场与生命》,《自然杂志》1982 年第 9 期,第 650—652 页。

③ 南京中医学院医经教研组:《黄帝内经素问译释》,上海科学技术出版社,1981 年,第512 页。

二、所谓五行之单向生克和机械循环问题

取代说批评五行的一个缺陷是单向生克和机械循环。[①] 此说需要讨论。

含有五行属性的四时(五季)及相应的六气本身,一般趋势就是单向循环的。这是自然界固有的规律,年年如此,月月如此,一日之中的阴阳五行也是如此。五行模式顺应天地日月秩序井然地运行,当然也必须循环不已。但五行变化一点也不机械,若某一行或两行甚至更多行不足或太过,完全可以根据具体情况给予灵活调节。

关于所谓单向机械循环问题,我们最好从整体单向的不可逆转的绝对性上去理解:"在相生方向上,前后是'母子'关系,在相克方向上,前后是'胜'与'不胜'的关系。在这种关系中,相互作用的结果总是沿时间方向一去不复返,这种关系是不可颠倒的,神转不回,回则不转,乃失其机。"相乘和反侮两种作用虽然在性质上带有"反向"的特点,但它们不是生和克的直接的可逆过程。

五行关系的不可逆性曾是被批评的重要方面,从现代科学来看,这正是五行关系的本质特征,是深刻而合理的。宇宙间存在着与时间无关的可逆过程,也存在依赖于时间的不可逆过程。一切前进、上升、有序、组织、稳定等等,都是由不可逆过程形成的。生命是由生长壮老构成的过程流,无论是宏观的还是微观的生命活动,都是不可逆过程。五行关系正是对这种不可逆性的如实反映。吴昆说得好:"言天真元神旋转如斡,无有反逆,则生生之机无所止息。如木火土金水次第而周,周而复始是转而不回也⋯⋯若五者之中,一有反逆,则谓之回。回则不得旋转,五行倒置,而生理灭矣,是失天真运化之枢机也。"[②]

其次,生克方向的复杂相对性也需加以深刻理解:"五行生克关系不是简单因果关系,而是复杂因果关系。简单因果关系是从因到果的单向关系,是不可逆转的关系。五行中的任意两行,不仅有生或克的单向关系,而且有

---

① 邓铁涛、邓洪:《中医五脏相关学说研究——从五行到五脏相关》,广东科技出版社,2008年,第7—8页。

② 祝世讷:《五行学说的方法论价值》,《山东中医学院学报》,1983年第1期,第2—7页。

多种回路关系,是复杂网络关系。①

三、脏腑相关说取代五行的商榷

(一)五脏"联系管道、联系特点和联系方式"不具有生克制化性质

"取代说"所谓的"联系管道、联系特点和联系方式"以及模式中的三种形式,其实只是脏腑及其下位的气血、津液等具体内容和概念。虽然换了一种说法,仍然仅仅是五行生克的具体表现,并不是生克制化的性质和关系本身,显然低于五行生克的抽象程度。

(二)"联系模式中的相主、相成、协同三种形式"同样不能取代五行

取代说认为:"五脏的联系……主要有相主、相成和协同三种作用模式"②,以为"五脏的联系"在这三种作用模式支撑下,它们便能取代五行。我们认为此理由不易成立。

1. 所谓五脏间的相成作用正是五行生克制化的结果

取代说认为五脏间的相成作用是"指各脏在生理和病理下,对他脏的功能起到协助或平衡作用"③。这里已把脏腑更为具体的功能直接等同于五行制化律了,换了个新词汇,并未获得五行制化意义之外的实质改变,正如促进和制约一词并未改变生克的性质一样。

关于肝脾之间关系,张仲景两千多年前依五行生克之理做过"知肝传脾,当先实脾"的经典性论述(《金匮要略·脏腑经络先后病脉》第一节)。此为肝脾相传的典型一例,阐述的正是五脏各依五行之性相生相克、被生被克,形成环环相扣的整体联系,而不是相成作用。

2. 五脏协同作用明显是五行制化的结果

取代说又认为五脏间有协同作用,"指人体某一生理功能,或某一病理

---

①　申漳:《中医今解与关系医学》,社会科学文献出版社,2008 年,第 157—158 页。

②　邓铁涛、邓洪:《中医五脏相关学说研究——从五行到五脏相关》,广东科技出版社,2008 年,第 7 页。

③　邓铁涛、邓洪:《中医五脏相关学说研究——从五行到五脏相关》,广东科技出版社,2008 年,第 7 页。

状态的形成,是两脏或多脏共同作用的结果。这在局部而言可能存在脏与脏之间的功能拮抗或抑制,但在整体上却形成有序和稳态。"①现代词汇的所谓协同,其实质仍是生克制化、气机调和的结果,换个名词并未增添新内容。

（三）脏与脏关联的中介和管道也不能取代五行生克制化律

再看所谓的联系管道。五脏相关学说认为,脏与脏的关联是通过相应的中介来体现的,其作用的效果也与其中介管道的特点有关,也就是与气、血、津、精等精微物质的特点及其与五脏的联系有关。以心与脾的关系为例,可以从三个管道来体现相关。其一,血的生成与运行。心主血,脾统血,且脾为气血生化之源。其二,气的关系。心主血脉,血行脉中动力来自宗气,宗气的充沛则赖于脾气充盈。其三,痰与瘀……痰瘀相关是心脾在病理上相互影响的体现……"②上述所论,忽视了五行—心脾等脏—气血津液三者层次上有逐步高低、大小的本质区别。气血津液的功能诚如上述,但它们只能是五行生克的具体机制而已,不可与心属火、脾属土的五行之性等同而论,更不能否定心火生(促进)脾土关系。

总之,所主、相成、协同三种关系不能明确表述五行相生相克的关系,而一旦没有五行相生相克的关系,脏腑的功能则变成孤立松散的经验堆积。所主、相成、协同三种关系并未超出五行生克规律之外,这是特殊规律与普遍规律无法割裂的联系。

四、关于取代说方法论的讨论

（一）关于一般与个别的辩证关系

取代说上述理由,遵循着一个潜在的逻辑前提:一般(五行)就应该完全包含个别(脏腑联系的具体模式、管道和特点等),否则就应该被脏腑说所取

---

① 邓铁涛、邓洪:《中医五脏相关学说研究——从五行到五脏相关》,广东科技出版社,2008年,第7—8页。

② 邓铁涛、邓洪:《中医五脏相关学说研究——从五行到五脏相关》,广东科技出版社,2008年,第8页。

代。取代说正是这一逻辑前提导致的必然结果。

而一般与个别,遵循的是这样的辩证原理:"任何一般都是个别的(一部分、或一方面、或本质)。任何一般只是大致地包括一切个别事物。任何个别都不能完全地包括在一般之中,如此等。"①据此我们就可明白,性质属于一般的五行,为何不应包含作为个别的脏腑联系的具体模式、管道和特点等,当然也就不应被脏腑相关说所取代。

如将个别与一般等同而论,就难免会提出取代五行的上述几种理由,如"脏腑学说……有超出或不符合五行之性的地方"②,"五脏之间有相互联系的模式、联系管道和联系特点,并非五行生克的表现,且不是五行生克说能够概括得了的"③等,甚至得出"五脏功能与五行特性没有必然联系"的偏颇结论④。

(二)脏腑与五行既有联系又有区别的辩证关系

对于五行的特有本质——相生和相克,与脏腑具体的种种功能,我们既要看到二者之间的联系,又要看到二者之间的区别。它们的联系,在于脏腑受天地运行影响,是由五行(并与阴阳)说来描述的;而区别就在于,每一脏腑功能仅是个性,是有限的具体的表现形式,属于个别;而个别之外,还有一般,即共性——"促进和制约",也就是五行生克制化律。它们是更普遍、更抽象、更本质的关系。这一联系中有区别、区别中有联系的辩证关系,一旦有所疏忽,就很容易导致认识上产生偏差。

五行有价值的内核亦即其本质和主流,论者甚多,恕不列举。我们诚应取其精华,去其糟粕,对其本质和内核予以充分认识、肯定和继承。

(本文发表于《南京中医药大学学报(社会科学版)》2015 年第 3 期)

---

① 列宁:《哲学笔记》,人民出版社,1974 年,第 409 页。
② 邓铁涛、邓洪:《中医五脏相关学说研究——从五行到五脏相关》,广东科技出版社,2008 年,第 7 页。
③ 邓铁涛、邓洪:《中医五脏相关学说研究——从五行到五脏相关》,广东科技出版社,2008 年,第 7—8 页。
④ 邓铁涛、邓洪:《中医五脏相关学说研究——从五行到五脏相关》,广东科技出版社,2008 年,第 164 页。

《周易·谦卦》与泛谦德传统

　　《周易·谦卦》是《周易》中论述谦德的专卦。谦德的作用,不仅及于伦理的范畴,而且对我国古代思想、政治、文化均有深远的影响,甚至在深层次上参与了我国民族性格的合成。因此,我们对《周易·谦卦》与谦德的发展演变适当加以探讨,以确定其在今天的价值,也许是有一定的意义的。

一

　　《周易·谦卦》在《周易》中排列在第十五卦,原文如下:

　　谦　　　下艮上坤

　　(据易象,艮为山,坤为地,谦卦的象是下艮上坤,即是"地中有山"之象)

　　谦:亨。君子有终。

　　(谦虚,则遇事顺畅,君子奉行谦德则有好的结果。)

　　初六:谦谦,君子。用涉大川,吉。

　　(君子能有谦而又谦的态度,则可渡越危难,享有好结果。)

　　六二:鸣谦,贞吉。

　　(有名誉而谦虚,贞问可得吉兆。)

　　九三:劳谦,君子有终,吉。

---

　　* **虞友谦**,1944 年 1 月生,1980—1986 年、1994—2000 年在哲学所工作,1994—2000 年任哲学所所长。

（有功劳而谦虚,君子能获得好的结果。）

六四:无不利,挦谦。

（施助于人,一举一动均示以谦虚,则无有不利。）

六五:不富以其邻,利用侵伐,无不利。

（本国不富,乃由其邻之掠夺所致,不义乃在邻国方面,此时我如能以谦德获众,讨伐不义,则无往不利。）

上六:鸣谦,利用行师征邑国。

（有美誉声威而不骄,出兵征伐,自能获得胜利。）

从以上《谦卦》卦爻辞内容看,《周易》之作者充分肯定了谦德。首先提出“谦:亨”与“谦谦”的作用,然后再从三个方面,即鸣谦、劳谦、挦谦具体地对谦德加以说明与肯定。谦德这三种具体表现,实际是作者在当时历史条件下提出的理想人格,具有这样的人格标准,当然会获得好的结果。而这种好的结果甚至包括了:“利用侵伐”“利用行师征邑国”这样巨大的利益在内。这虽是短短几十字,但仔细加以体味,就可以发现其相当丰富的内涵。对此我们稍作分析:

首先,这篇文字很可能是迄今为止我们所知道的中国史籍中最早的系统论述道德的文献。伏羲画卦的传说尽管无法证实,但《周易》卦、爻辞大约创作于殷周之际,基本上已为大多数研究者所认同。尽管《尚书》中有论述道德的内容,并记载了尧、舜、禹的事迹,但《尚书》成书肯定是在《周易》之后。因此可以认为,中国最早的道德专论就是《周易》的谦德论而非其他;另就是《周易》而言,其中提到的道德规范当然不只谦德一种,其他如“孝”“节”“敦”等均有提及,但作系统专论的唯有谦德,于此也可见谦德的地位,在当时是何等重要。

再者,《周易》各卦、爻辞中的贞事断辞,有吉、凶、悔、吝等,这些断辞基本反映了作者根据当时社会的共同认识与心理所作的判断。而谦卦六爻,均得吉利之兆,这在《周易》六十四卦之中是绝无仅有的。从这一现象中,我们可以大胆地认为:谦德,在当时是最受尊崇的,其地位是至高无上的。

第三,《谦卦》在对谦德的论述中,把道德与功利结合起来,直截了当地宣布“鸣谦,利用行师征邑国”,道德为政治功利服务。我想我们的文化传统与国民性格之中所具有的"重功利"、重实效而不重思辨的精神在这里已见端倪,真是由来已久。当然在历史发展的过程中,儒家曾把道德与功利的关系,弄成十分敏感的问题。他们一般是不承认道德的功利目的的,如孟子"王何必曰利",董仲舒"正其谊不谋其利,明其道不计其功"之类,但后世儒家的政治实践中却又表现出强烈的功利主义目标,即要求所有人均须唯一以道德为依归,而自己在追求政治目的时则可以不择手段,行使种种权宜之计。儒家的道德理想与其政治实践成了极其鲜明的矛盾,以致呈现出虚伪特征。而《周易·谦卦》于此则是坦率的:谦德的施行可以获致最大的利益。

第四,由于《周易·谦卦》对谦德的尊崇,并由于《周易》一书所采用的象征的表达形式,故一开始就使这种谦德论超越了仅仅是谦虚的含义,而是构成了独特的以谦德为中心的理论思想体系。比如谦卦的卦象☶(下艮上坤)是地下有山之象,以此来象征屈躬下物,先人后己,现实表现为"才高而不自许,德高而不自矜,功高而不自居,名高而不自誉,位高而不自傲。"概言之,即有其德而不居。另外这种卦象也含有平均、平衡的意蕴,即《周易·象传》所指出的"以裒多益寡,称物平施"。以这些象征的意义作为基点进行推衍,结果使这种谦德论的涵盖面变得相当广大。谦虚礼让,克己待人,平衡和谐等均被包容其中。凡谦虚、谦让、谦和、谦柔、谦恭、谦卑、不矜、不伐、不争等概属肯定之列,而骄傲、骄奢、骄盈、极端、不均等均为谦德所否定。要而言之,这种谦德论思想体系的主要特征是要求个人在处理人际关系时克制自己,减少竞争,不为已甚之举以达到平衡和谐的境地,从而于社会、于自己均能得到最大的利益。如果将这种思想体系推向极端,就会导致泛化的结果,由泛谦德主义最终使谦德趋于异化,最终在历史上留下负面的影响。

最后,通过分析,我们还可以肯定:《周易·谦卦》表现了崇柔的思想倾向。张岱年先生指出中国文化精神之一为"尚阳刚",并举《易传》:"天行健,君子以自强不息"为证;也有论者从《周易》中举例说明中国人是"守中""中庸"的。(其实"守中""中庸"之类已经属于《周易》谦德体系的范畴了。)我想,这些说法的确都反映了我国文化传统的某一方面,在不同的条件下,这些传统都在显示其各自的影响,但如从较深的层次上观察,《周易·谦卦》表现的崇柔的思想,毫无疑问也是我们民族的文化精神之一,也许正是在这一点上,才更集中体现了我们这个民族与其他民族性格上的差异。

二

任何思想理论均不会凭空产生，也不可能是某一圣人的向壁虚构。思想理论包括各种伦理道德的规范均是社会实践的产物，《周易》谦德论当然不能例外。

首先，我们来探讨一下其存在的社会依据。我认为，这种谦德论的产生，主要是中国传统农业社会的产物。从原始社会末期以来，中国的农业社会逐步趋于定型。农业社会是一种稳定、静止的社会；在这种社会中：一方面，从事耕作不仅需要安定的环境，而且植物生长发育有其固定的规律，必须符合自然节气的安排。人们活动只能顺应这一客观的过程。因此，愈是古老原始的农业，人的自由发挥的空间愈少。但植物的生长，自然的安排又是绝对可靠的、守信用的，只要遵从它，而不蛮干，就会有满意的收获；另一方面，这个社会的每个自由人均有自己的一块可供耕作的土地，既是自己安身立命之所，也是自己"定分"之所在，任何人不能抢夺，也不允许买卖，既无失去的危险，也不能无限制扩大，当然他也只能满足于自己的"定分"，对任何分外的事物，不能有半点奢望。因而在这种社会生产的模式中，人际之间的竞争是不存在的，也不允许的。人际间的交往，必须以首先肯定他人的分内的利益与存在为前提，要做到这一点，必须对自己的欲望加以克制。很自然，与此相适应的只能是安分、克制、保守、谦让、乐天安命以及平均主义等思想，谦德便是其最集中的概括。我们看到，满足于定分的思想，守分、安命的思想，直至今日对我们民族的道德、伦理行为仍具有无比强大的约束力。而在西方国家中，我们较少看到这类思想的存在。古希腊的"四主德"绝无谦德的踪影。当然这也是由于他们的社会环境与实践即由其社会存在所决定的。古希腊社会是以畜牧与海上贸易为主的，社会生活环境的变动不居与充满竞争，甚至海上的掠夺也在所难免，这些均决定了他们不可能把谦德作为推崇的目标。而在他们的社会中勇敢、智慧、公正、节制这些行为规范得到充分的认可，这又与其日后形成法治的传统有莫大关系。中国农业社会的结构从西周以来得到了进一步的强化，西周实行的宗法制乃是通过政治手段把社会成员的"定分"加以进一步明确与固定，在宗法制之下，亲疏、贵贱、等级均森严有序,决不允许逾越,任何对于宗法的偏离与违反均属大逆不道。因此,与农业社会结构相适应的谦德自然更大地受统治阶级的提倡。在统治者看来,一个奉行谦德的君子是不会逾级猎等,犯上作乱的。《国语·周语》所载:"德莫若让"便是这种思想的反映。

另外,除了上述社会因素,《周易》推崇谦德的原因,或许还有特定的历史因素的作用。这就是周人在征服殷商过程中所作的历史经验的总结。本来商是东方大国,而周则是僻处西方的小邑,周文王以"小邦周"韬光养晦,施惠积德,最后取代了"天邑商"。史家认为,周文王"三分天下有其二,犹服事殷商","周之德可谓盛德矣!"武王伐纣时,许多民族助周灭殷,这也是周人长期"以谦得众"的结果。因此,周人的崛起,谦德起了决定的作用。《谦卦》中"利用行师征邑国"能从这段历史中得到最恰当的说明。周人对这成功的历史经验是非常重视的,曾多次加以表述。史载周公训诫伯禽的一席话,便是集中的反映:"往矣,子无以鲁国骄士。吾文王之子,武王之弟,三吐哺,犹恐失天下之士。吾闻德行宽裕守之以恭者荣,土地广大守之以俭者安,禄位尊盛守之以卑者贵,人众兵强之以畏者强,聪明睿智守之以愚者善,博闻强记守之以浅者智:夫此六者,皆谦德也。夫贵为天子,富有四海,由此德也,不谦而失天下亡其身者,桀纣是也。可不慎与?"真是刻骨铭心,对谦德重要作用之体会,对其尊崇之程度无以复加了。在此顺带说一句题外的话,如果《周易·谦卦》中之谦德论确为周初历史经验的总结,则对于《周易》成书于周初可以提供一个侧面的证据。

总而言之,这种谦德论思想体系的产生,无论从对中国农业社会结构的适应性而言,还是从西周宗法、等级的统治需要而言,抑或从周人历史经验的总结而论,均属社会实践的产物,它是决不能超越马克思主义的"社会存在决定社会意识"这一普遍真理的。

三

《周易·谦卦》的谦德论思想体系在中国思想文化史上留下了极其广泛深远的影响。我认为它是铸成我们民族性格的深层次的内容,换言之,它是使我们中国人之所以成为中国人的那种内在的因素之一。就此而言,其他一切传统的"仁""义""礼""智""信""忠""勇"等相比之下均是浅层次的范畴。何以如此？理由很简单，因为对这些范畴概念，不同历史时代，不同的学术派别有完全不同的理解与评价，从未得到过普遍的认同。儒家推崇的，道家则强烈反对，道家赞成的儒家又未必首肯。就以"忠"这一规范而论，统治者竭力提倡，但在《周易》中，我们也看到"不事王侯，高尚其志"这样的内容，显然《周易》的作者，对"忠"是另有看法的；如再考虑历史上其他各家各派的意见，真是聚讼纷纭，不一而足。但是我们翻遍《周易》以来的古代文献资料，对诸子百家逐一考校，从未发现有任何一家反对"谦德"，有的只是一致的对"谦德"的赞颂与推许。由于中国的思想家在这一点上是如此的统一，以致影响了数千年中国人的心理，使"谦德"成为中国人心目中不证自明的公理。由于长期的历史积淀，中国人的谦虚早已举世公认。不容否认，对谦德的过分推崇使不少中国人在这方面变得感觉迟钝，对过分谦虚造成的滑稽与虚伪显得无动于衷；另外对人物的品评考量，往往以是否谦虚作为判断的最重要的标准，以致浅薄无聊。比如，我们今天面对一口出大言的人，第一感觉往往是此人太"狂妄"，而不是首先去了解一下他的"大言"的内容，是真实、合理，还是虚诞。父亲对于子女，老师对学生，上级对下属，甚至同僚之间概属如此。我想这便是谦德作为深层次的文化精神所产生的消极作用之一端吧！

现在让我们具体检讨一下《周易》谦德论在中国文化史上的影响及发展演变的情况。首先，我们只要罗列一些先秦主要著作的论述便可见一斑，而不必再烦辞费。

《尚书·大禹谟》："唯汝不争，天下莫能与汝争能，唯汝不伐，天下莫能与汝争功。"

《大禹谟》："满招损，谦受益。"

《尧典》："允恭克让，光被四表。"

《皋陶》："柔而立。"

《诗经·抑》："敬尔威仪，无不柔嘉。"

《抑》："温温恭人，维德之基。"

《崧高》："仲伯之德，柔惠且直。"

《烝民》："仲山甫之德，柔嘉维则。"

《老子》："不自见故明，不自是故彰，不自伐故有功，不自矜故长。"

"夫唯不争，故无尤。""天之道，不争而善胜。"

"富贵而骄，自遗其咎。""圣人去甚、去泰、去奢。"

"天之道，损有余以补不足。"

《论语·八佾》："君子无所争。"

《卫灵公》："君子矜而不争。""三人行必有我师。"

《泰伯》："以能问于不能，以多问于寡，有若无实若虚。"

《易传》象："天道亏盈而益谦，地道盈而流谦，鬼神害盈而福谦，人道恶盈而好谦"，"谦，尊而光，卑而不可逾。"

《庄子·逍遥游》："圣人无名，神人无功，至人无己。"这种理想人格似乎是脱胎于"名谦，劳谦与执谦"之谦德论。

《荀子·宥坐》：孔子观于太庙，见欹器，注水试之，"虚则欹，中则正，满复。"孔子叹曰"呜呼！物恶有满而不覆哉！"

这只是先秦引述谦德的著作中的极小部分，但已足够说明其广泛的影响，就在这部分的资料中，我们也已看到谦德的作用有被无限扩大的倾向，如《易传》的发挥谦德成了"放之四海而皆准的真理"，是天、地、鬼神、人都必须遵循的最高原则，如果这还是抽象原则的话，那么至西汉时期的《韩诗外传》则从具体的社会政治中的作用来加以强调了："《易》有道，大足以守天下，中足以守国家，近足以守其身，谦之谓也。"我想，历史上的泛谦德主义便由此滥觞。

随着中国思想文化史的发展，在对谦德的一片讴歌声中，如果我们仔细考量一下，就可发现，不同的学派，不同的历史时期，对谦德有着不同的价值取向，而且愈到后来，由于"泛"化的作用，谦德的"有其德而不居"的本质也在渐渐地发生异化了。

在先秦，道家对谦德的肯定，主要是着眼于天道原则的方面，如上引《老子》"天之道损有余而补不足"之类，道家认为，天道——自然规律就是体现平均的，水必然要从高处向低处流，直至平均为止；现代从宇宙大范围来考察，热力学第二定律提示的原理表明，一切能量均趋于平衡，由于谦德从某一方面反映了天道原则，所以道家对它加以最大的肯定，《易传》中有某些内容很明显也是受道家这种价值取向的影响。

先秦儒家主要是从人格修养与问学之道的方面对谦德加以赞颂,这是更切近于社会人事与自身日用的,如上引孔子"三人行,必有我师","以能问于不能,以多问于寡,有若无,实若虚","学而不厌,诲人不倦"之类,再者儒家经典中有关内容如《尚书》大禹谟中"侮慢自贤,反道败德",《诗经》中称颂仲山甫之德均属于此,毫无疑问,对谦德的这种价值取向曾更多地为历史所接受。

但是至秦汉之际开始,由于文化思想与社会政治的交互作用,更伴随着谦德的泛化,那时出现在政治舞台的新道家与政治化的儒家逐渐把谦德发展为一种政治权谋。由于秦代二世而亡,使汉初的统治者把如何长治久安,如何长保既得权势地位,作为一个首要的问题。新道家学派顺应这一政治气候,捧出"君人南面之术"即"持盈之术"作为解决问题的药方,这是一种外示谦柔而目的在于永久君临天下的谋略。他们认为秦朝败亡是忽视了"满盈则复"的道理,因此要讲求"持满之道",汉代著作中再三引用《荀子·宥坐》关于孔子见欹器的传说,《淮南子·道应训》《韩诗外传·三恕》《说苑·敬慎》《孔子家语·第九》均载其事,可见当时对"持满之道"的重视,这个道术的内涵不是别的,正是谦德。所谓"富有四海,守之以谦","谦也者,致恭以存其位者也"。《汉书·艺文志》明确指出:"道家君人南面之术,合于尧之克让,易之谦谦","易、书所载,原有合于卑弱自持之道者也。"汉初的君臣中,如张良、汉文帝均是精于此道的政治家。另一方面,如司马迁有感于韩信功高震主最终见杀的惨祸,曾指出韩信不知持满之道,如能"学道谦让,则可功比周、召……"云云,这又是一种臣下急流勇退,全生免害的策略手段,这在封建社会险恶的政治斗争环境中,是大有市场的。唐代的郭子仪、李泌都是深谙此道最终保全自身的名臣。而汉代王莽则是利用"谦恭下士"的伪装,以篡权夺位的著名野心家。初看起来这似乎是继承了《周易》重功利的传统,其实在价值取向上是完全不同的,后代政治化的儒家更是把谦德作为赤裸裸的统治权术,蒙上愈来愈多的市侩气息。在上者以谦德为驭下之武器,可以为所欲为;在下者亦可以谦德为博取声誉之手段,暗施心机;用人要用浑浑噩噩、"一问三不知"的庸才,因为这种人"谦恭有礼";儒家经典《尚书》中记载,尧与四岳讨论确定继承人时,最先曾提其子丹朱,但被否决的理由只有一条,就是"丹朱傲",这一个"傲"的罪名,真是流祸无穷,到了后世政治化儒家的手上,不知屈死了多少英才!

对于以上三种不同的价值取向,我们认为先秦道家与儒家所确立的方向基本上是值得肯定的,对中国思想文化的发展与社会的稳定起了积极的作用。但即使在这方面也仍有消极的影响存在。传统思想文化中"忌盈""忌全"的倾向一直扩散到人们日常生活与行为之中,如认为人或事物一旦"十全十美"就要遭造化所忌,受到天谴,所以有的艺术家在创造艺术作品时故意使之残缺一部分,以合"天道"。至于秦汉新道家与后世政治化儒家所确立的价值取向则应予完全否定,经过他们种种改造与利用,使谦德异化为虚伪的权术,在中国历史上起了相当恶劣的影响。

四

今天,我们究竟应该如何对待谦德这一古老的传统?这是一个数千年来使我们引以为荣的美德,但也是常常使人啼笑皆非,把人们弄得不知所措的怪物。我们必须在现代观念的法庭上对它作出判决。

我想,由于现代商品经济的发展,竞争的观念与之俱来,古老的谦德论体系已经失去它的社会基础,尽管它在观念上还会长期存在,但从总体上看,它必然失去原有的光彩。对于谦德长期发展中产生的种种消极成分,对于"泛谦德"传统,首先要加以摒弃;另外,还应看到,古老的谦德体论体系与现代法治精神是不合拍的,在一定程度上甚至起阻碍作用,在一个日趋复杂的社会,人与人之间,谦德已经不占主要地位;或者说谦德存在的地盘已日渐缩小。对此,记得林语堂先生曾有一段生动的说明,唐虞三代时,两个老人在小田埂上相遇,可以打恭作揖,互相让道。这便是"垂拱揖让而天下治"的社会理想,但在今天,大都市的马路上,两辆汽车在十字路口相遇,就绝对不存在谁让谁的问题,完全取决于交通法规的引导,如果他们彼此打恭作揖、你谦我让,交通岂不乱了套!又如封建时代入席,有一整套谦让的礼节,八仙桌的位置方向也极有讲究,从酒席前的互谦互让中可以令人体会到古代太平盛世的风俗民情,而一旦方桌改成圆桌,固有的一整套谦让礼节就失去了存在的基础。那么,随着社会的继续发展,谦德是否会完全消失,答案是决不会如此。除了像"虚心使人进步,骄傲使人落后"这一类如早期儒家所确立的人格修养与问学之道的诚条将永远存在之外,《周易·谦卦》谦德论体系中某些个别内容将会在历史长河的冲刷下焕发新的光辉,比如其中强调平衡、和谐,反对极端,反对骄奢,强调创造与奉献的人格精神等等,对于商品、技术发展而带来的盲目、狂妄的自信,对于高度工业化造成的生态失衡与人际关系的冷漠,也许还有一些救治的作用。我想,"谦德"这一古老的传统与新时代一定会有接轨之处,在新的时代,是会萌发出新的生长点的。

(此文发表于《学术月刊》1995 年第 2 期)

有实无名的乡村建设
——从费达生的社会实验说起

金一虹[*]

费达生(1904—2005),是著名的蚕丝专家和蚕丝教育家,也是乡村变革的积极推动者,一个不是"乡建派"的乡村建设笃行者。她从 20 世纪 20 年代初送技术下乡始,开启了"把合作经营的原则引入中国农村经济的最早尝试"。

一、"有实无名"的乡村建设

说费达生的乡村建设"有实无名",是因她在下乡之始尚未有"乡村建设"的目标,行动亦无意以"乡村建设"命名。深受科技救国、实业救国影响的费达生,彼时的关注点并不在乡村建设,而是为让在国际竞争中几近穷途末路的中国蚕丝业起死回生,以便"有一天能与日本做殊死的竞争"(费达生,1934:21),故须从蚕丝业的源头——农村养蚕科学化开始,从而与乡村和农民结缘。

费达生与乡村、与农民的相遇,始于"送技术下乡"和"工业下乡"。说"送下乡",似乎是有革新情怀的知识分子对农村和农民的单向"赠予",实则是这些接受了现代教育的知识精英,为打破学无所用困局的一次"突围"。20 世纪 20 年代的中国虽有对现代科技的需求,却缺少转化于实际应用的社会基础和机制,以致当时留美归国的学生"学工的回来无厂可办,学矿的回来无矿可采,学林的回来无林可营",聚集了一批蚕业专家的女子蚕业学校

---

* **金一虹**,1947 年生,1980—1997 年在哲学所工作,曾任原理研究室主任。

（以下简称"女蚕校"）亦难有作为。富有战略思想的校长郑辟疆意识到技术要落地，先要送下乡，即从现代性荒芜的农村找到技术推广应用的突破口。于是刚从日本留学归来的费达生被委以领导女蚕校技术推广部之重任，一下子扎到农村底层。费达生深为农村经济之凋敝、农民生活之困苦以及遭受层层盘剥之不公所震惊，从此对农村农民的攸关生死命运不敢忘怀，"以农民为本位"，通过"蚕丝业改革来改进农村经济"遂成为她坚定不移的信念和行动目标（费达生，1934）。她作为一位乡村改革的引领者，开始了长达二十余年的乡村合作生产运动。

费达生的乡村建设之"无名"，还表现在她践行过程中亦未有先设的计划蓝图，而是遵循实验主义路线，无路开路，遇关闯关，一路都是在实验中摸索。初始她认为"要建设中国农村，势必引用新式生产方法"，不久就发现单靠导入现代技术是不够的，"一定须有一适当的社会制度"（费达生，1934）。面对技术推广和社会结构变革的复杂关系，她深信"解决问题的最好办法，还是做实际的试验。试验的结果，才是最佳的答案"（费达生，1934）。正如她的弟弟、社会学家费孝通所评价的，费达生是"一个贴着地面行走的人"（费孝通等，2005），正由于总是从现实问题出发，她每一阶段的行动目标看起来都很具体，但又独具创新意义。就这样，她和同道们在不断破解一个个难题中走出了一条颇为独特的乡村建设之路——她们在蚕丝业繁盛的环太湖流域组织蚕农合作育蚕，在吴江县开弦弓村建起第一个农民合作股份制丝厂，在盛泽创建了打破工农业与城乡隔绝的服务型"代缫丝企业"；在江南试验基地被日本侵华战火摧毁殆尽后，她又辗转四川，以百折不挠的精神从头再来。如果说太湖流域阶段是费达生合作经济模式不断创新的 13 年，那么从 1938 年到 1945 年，则是她在经济技术基础薄弱的边远农村地区大规模推广合作经济的 8 年，她领导的"妇女指导委员会乐山蚕丝试验区"将养蚕合作运动从规划中的川南 7 县一直推广覆盖到 11 个县，将 5 万蚕户组织进蚕丝合作社之中。

二、乡村建设的经济技术——社会进路

费达生的乡村建设是颇为独特的。其独特性在于以蚕、丝技术革新和

生产合作为主线深度介入到粮农-蚕桑型乡村的经济活动中,进而影响乡村社会生活。这一实验所到之处不仅改变了落后的生产方式,更重要的是培育了农村合作组织,并因合作经济带动了资本下乡,亦促生新的乡村经济组织形态和分配模式。此外,费达生的团队通过培训,将许多农村妇女培养成技术和管理人员,催生了农村第一代挣取工资的女农民工群体,从而对农村传统的性别分工和家庭结构亦形成一定冲击,推动了这些农村地区的社会变迁。

费达生乡村建设的具体思路如下:

第一,"把丝业留在农村,使它成为繁荣农村的一种副业"(费达生,1934:21)。"一年两熟蚕,半年农家粮",蚕丝业是江浙农民的生命线。从育种、养蚕、缫丝到丝织是一个覆盖千家万户的复杂生产过程,在与农村经济关联度最高的养蚕和缫丝两大环节中,缫丝收益远高于单纯出售蚕茧。农民用传统工艺缫制的土丝在市场上显然竞争不过大机器生产的"机丝"而渐被淘汰,制丝生产向城市转移,农村沦为为工业企业提供蚕茧原料和女性廉价劳动力之地。为让由茧成丝所得利益回到农民手中,费达生采取"工业下乡"之法——她与开弦弓村村民一起办起了一个蒸汽引擎机器生产的小型现代丝厂,并在20世纪30年代遭遇国际经济危机、大批丝厂倒闭之时,勉力使这个乡土"小芽"没有在风浪中夭折。人们不禁要问:学工业制丝出身的费达生为什么不走城市工业化大路,偏要走乡土工业的崎岖小道?她说道理很简单,把工业从农村转移出来很容易,但那样"农民就会挨饿"。她的农民本位立场使她反对以牺牲穷苦农民为代价的工业化,因此极力主张通过将现代技术导入乡村,让"蚕丝业乡村化"以"救济农村",换言之,救农村应让农村"有自谋巩固的基础"(费达生,1932:88)。

第二,以合作生产原则发展农村经济。对合作主义的坚持,源于费达生对公平正义价值理念的追求。她认为农民辛苦所得的劳动果实让茧商和丝商不费力而获大利是极大的不公。她说:"我们工作的意义绝不是限于使农民增加一些金钱上的利益。它应该指向一种新的公平的社会组织。"费达生理想的公平社会组织就是合作社,而"合作社最重要的性质,就是一切生产器具由参加工作的农民所有,一切管理及行政的权力,由合作员掌握;一切利益由合作员公平分配","我们要借助这一种制度,使每一滴农民的血汗,成为养他自己生命和幸福的养料"(费达生,1934:19)。她在创建不同形式的合作生产组织时,所做的努力都在"防止贫苦农民无法享受合作的好处",做到"以供给原料的生产者为主体",达致"工业利益分配得最广的原则"(费达生,1936:94—95)。

三、"无名乡建"的理论阐释与"正名"

费达生极具探索性的乡村实验也对费孝通产生了重要影响。她的引介和在农村积下的深厚社会基础,使费孝通在 1936 年得以在开弦弓村进行农村社区调查,写下闻名中外的博士论文《江村经济——中国农民的生活》。她的实践也成为费孝通一生探寻中国农村现代化方案的一个重要思想源流。费孝通曾说:"我在过去的二十年来一直有机会从旁观察女蚕校推广部的工作,更亲自看到这几百个在乡村里用她们知识服务人民,使中国丝业的基础能逐步现代化的女青年努力的情形,印象极深,使我认为这是一个极正确的道路。"(费孝通,2012:104)费达生"二十年来不但在技术上把中国的生丝(品质)提高了,而且她在实验怎样可以使中国现代工业能最有效用来提高人民生活程度。我经常和她学习和讨论,尤其感觉到兴趣的是怎样去解决技术现代化和经营社会化的问题"(费孝通,1947a)。对费达生的乡村实验一直没有得到应有宣传和社会的重视,费孝通深感遗憾。当他在 20 世纪 40 年代深度思考乡土重建问题时,他对费达生无名之乡村建设的实践意义进行了理论再阐释。在某种意义上,是费孝通帮助我们发现这一"有实无名"之乡村建设的独特价值。

首先,费孝通十分肯定知识分子送技术下乡对乡村建设的重要意义,说"数千年来没有受教育机会的农民和现代技术之间必须有一个桥梁";"中国乡村里的人民和现代知识太隔膜,在组织上还得有人帮他们确立维护他们自己利益的社团"(费孝通,2012:104),亦即中国乡村的现代变革离不开有志乡建的知识分子的介入和引领。当然这个桥梁"不能被利用来谋少数人的利益,而必须是服务性的"(费孝通,2012:104),因此他盛赞像费达生这样以宗教般热情将一生奉献于乡村建设事业的"士",是极为宝贵的"玉"(费孝通等,2005)。

其次,费孝通认为中国现代的社会变迁,重要的还是由社会和技术的要素引起,但新技术如果没有新的社会组织(尤其是分配方式)相配合,也极可能引起对人民生活有害的结果(费孝通,2012:2,99)。费达生的乡村实验在社会与技术这两种变迁要素间的冲折中,找到了一条合理的出路,即"通过引进科学的生产技术和组织以合作为原则的新工业,来复兴乡村经济",所以费达生所发展的不是一般意义上的"乡土工业",而是一种"合作性的乡土工业"(费孝通,2005:181;2012:106)。他高度评价了这一路径的价值,并认为中国要和世界资本主义的经济制度相竞争,合作社是可能的生路(费孝通,1947b:35)。

在费达生的乡村变革实验中,为破解前期创办一村一厂资源匮缺难以抗拒市场风险的困局,她继而独辟蹊径创造了"代缫丝制",即在养蚕合作社集中的地区设立若干代周边养蚕合作社烘茧、缫丝和运销的"代缫丝"企业,把不易分散在农家或不易分散在一村的生产部分集中规模化生产。与"仅知商业图利"的资本家经营的丝厂不同,代缫丝企业仅向合作社收取生产成本费,其本质是"运用资本主义机械,不以利润为目的,而以服务为目的"(费达生,1933:91)。费孝通高度评价这一由非营利团体经营"服务型企业"以保卫蚕农利益的创举。他指出这种服务型企业的价值是,由非营利性团体(如女蚕校推广部)经营,使生产者成为整个生产过程的主体,以达到"取消剥削成分""保证生产者获得全部利益的权利"的目的(费孝通,2012:104)。同时,费孝通反对城市偏好,说提倡都市化是不错的,但不应忽视城乡的有机联系。他说:"都市兴起和乡村的衰落在近百年来像是一件事的两面","大大小小的麦管插在中国经济基地的乡村,把财富在各式各样的名目中吸收到这种商埠里来",使乡村经济遭到毁灭性的破坏,这是他极力反对的"城乡相克"的模式,"城乡相克"最终将导致"都市破产乡村原始化"的悲剧(费孝通,2012:14,17,62,133)。然而,费达生创造的非营利"服务型工厂"服务于农民合作社,则能体现工业不隔离于农业,城市不相克于乡村的相成关系,费孝通从中看到新型城乡关系的理想萌芽。

20世纪40年代中国学界曾围绕中国现代化之路有一场激烈的辩论,主流观点是将工业从农村抽出,快速实现工业化,"发展都市以救济农村"(吴景超,2008:66),而费孝通从费达生的乡村实践中总结出"从土地里长出乡土工业,在乡土工业长出民族工业"的分散工业化道路(费孝通,2012:143),说这虽然是比较缓慢也可能是效益较低的选择,但着眼于占人口 80% 的农民的生计以及怎样才能使农民大众得到工业化利益,应该是更好的选择。在农民本位方面大小费先生是一脉相通的。面对分散的乡土工业能否输入现代技术的质疑和"开倒车"的激烈批评,费孝通在论战中一再强调,费达生积二十年有效的乡村实践,已充分说明这些并非是不切实际的"乌托邦设计"(费孝通,1947a)。

也许,费达生的乡村建设试验给人留下偏重技术进步和农村经济改善的印象,而费孝通认为这恰恰是一种值得肯定的发展乡建的进路。他说:"以往种种乡村建设的尝试,似乎太偏重了文字教育、卫生等一类不直接增加农家收入的事业",这并非是认为文化教育卫生等并不重要,但是它们是"消费性"的,若没有外来资源的不断注入就不易延续。乡村建设要在乡土自力更生的原则中创建起来的,所以对乡土重建而言,在各种乡建模式中,发展生产性的乡土工业"可能是一种最有效的入手处"(费孝通,2012:143)。一个研究农村社会组织和结构的社会学家,极力强调经济制度变迁对推动农村社会变迁有基石和原动力的作用,只因为"一切新事业本身必须是要经济上算的过来的"(费孝通,2012:143)。在各种乡建模式中,费孝通慧眼独具地指出,经济技术-社会进路的乡建模式,也许更务实、更可行、更具可持续性。

(本文发表于《开放时代》2018 年第 3 期)

辩证法体系的雏形

——对列宁《哲学笔记》中的辩证法十六要素初探

卞　敏[*]

　　列宁在《哲学笔记》中提出了著名的辩证法十六要素。我们应如何理解十六要素？哲学界长期以来流行的看法是，十六要素之间没有什么内在的逻辑联系，还构不成体系。《中国社会科学》一九八〇年第六期上发表的黄枏森同志的文章：《列宁的〈哲学笔记〉对马克思主义哲学的重大发展》，其中第二部分"关于辩证法的体系"，对十六要素作了一些分析。文章写道："不能说十六条形成了一个严密的体系"，"但是，在十六条中却包含了辩证法体系的一个雏形，从中可以看出列宁关于辩证法体系的思想。这个雏形就是第一至七条"（见《中国社会科学》一九八〇年第六期，第36、37页）。我的看法与此不太相同。我认为，从辩证法体系的角度来分析十六要素是正确的，但仅仅把前七条看成是体系的雏形是不够的。只有把十六要素综合起来考察，才能看出列宁对辩证法体系雏形的完整设想。在具体分析十六要素的内容结构之前，有必要首先考察一下列宁最初提出辩证法要素时的出发点，以及三要素、七要素与十六要素之间是什么关系。

　　列宁最初提出辩证法的三要素，是由于看到黑格尔《逻辑学》的最后一章"绝对理念"中的一段话而引起。"这个既是分析的又是综合的判断的环节，——由于它（环节），那最初的普遍性［一般概念］从自身中把自己规定为自己的他者，——应当叫做辩证法的环节。"（《哲学笔记》第238页，以下凡只注页码者皆指此书）在这段话的下面，黑格尔紧接着就谈到需要怎样去理解辩证法。所以，列宁认为这是"辩证法的规定之一"，但是，"规定不是明确

---

　　*　**卞敏**（1949—2019），曾任哲学所主持工作的副所长。

的!"(第 238 页)于是,列宁对黑格尔这段话中所包含的合理思想作了唯物主义的解释,随即写下了三要素。三要素的内容是这样的:

第一个要素"从概念自身而来的概念的规定(应当从事物的关系和它的发展去观察事物本身)";这里的第一句话是黑格尔唯心辩证法的基础,因为在他看来,辩证法只是概念自身的联系和发展。括号中的话是列宁对黑格尔唯心辩证法的改造,提出应从事物的联系和发展去观察事物本身,从把辩证法置于唯物主义的基础之上。

第二个要素"事物本身中的矛盾性(自己的他者),一切现象中的矛盾的力量和倾向";列宁在这里把辩证法内容的实质或核心首先归结为对立统一规律,即矛盾法则,这是一个很深刻的思想。"就本来的意义说,辩证法就是研究对象的本质自身中的矛盾"(第 278 页)。

第三个要素"分析和综合的结合",这是讲辩证认识的逻辑方法。由感性具体经过抽象再上升到思维中的具体,是辩证认识的全过程。实现这一过程的逻辑方法,就是分析和综合的结合。

列宁在写完三要素后,说"大概这些就是辩证法的要素",接着又说"或者可以较详细地把这些要素表述如下"(第 238 页),于是写下了七要素。我们只要对比一下七要素和三要素的内容结构,就可看出它们之间有着相互对应的关系。即七要素的一至三条说明第一要素;四至六条说明第二要素:第七条说明第三要素。在内容上,七要素没有超出三要素的范围;在结构上,它们具有相同的层次和顺序。因此,三要素是七要素的纲要,七要素是对三要素的展开。列宁写完七要素,基本上完成了较详细地表述三要素的任务。但后来对七要素还感到不满意,又继续进行补充和发挥。列宁不断补充和概括辩证法要素的过程,一方面成为他当时研究黑格尔《逻辑学》的一个总结;另一方面通过总结研究辩证法的成果,也逐步形成了一个如何建立唯物辩证法体系的看法。

从上述可知,三要素、七要素、十六要素实际上是列宁在分解辩证法内容时画了三个"圆圈",即在把辩证法的核心概括为"对立面的统一的学说"的基础上,逐步加以展开。第一个"圆圈"概括为三要素;第二个"圆圈"归结为七要素;第三个"圆圈"展开为十六要素,构成了一个体系的雏形。在每画一个"圆圈"时,都贯彻了辩证法、认识论和逻辑三者同一的原则,既是客观事物的发展过程,也是人们认识的上升过程,同时还是从简单到复杂、从抽象到具体的逻辑过程。

我们从三要素、七要素、十六要素相互关系的分析中可以看出,说十六要素构成了辩证法体系的一个雏形比较恰当。因为,以"要素"的形式把辩证法的丰富内容简要地概括出来,并揭示出它们之间的内在联系,即用一定的结构、层次把一门科学的比较全面的内容组织起来,就可以说是初步构成一个体系的雏形了。现在的问题是,从辩证法体系的角度来具体分析十六要素的内容结构,它的指导思想是什么? 理论依据是什么? 这个问题的解决,显然不能离开列宁分析黑格尔《逻辑学》体系结构而得出的关于"辩证法是什么"的思想。

列宁在读了《逻辑学、概念论(主观逻辑)》的第一篇"主观性"的前两章"概念"和"判断"以后,对其中的合理思想作了这样的概括:"看起来,对黑格尔来说,这里主要的也是把转化指出来。从一定观点看来,在一定条件之下,普遍是个别,个别是普遍。不仅是(1)一切概念和判的联系,不可分割的联系,而且是(2)一个东西向另一个东西的转化,并且不仅是转化,而且是(3)对立面的同一——这就是黑格尔的主要的东西。然而这是穿过迷雾般的极端"晦涩的叙述才透露出来的"。从逻辑的一般概念和范畴的发展与运用的观点出发的思想史-这才是需要的东西!"(第 188 页)

后来,列宁在第三篇"观念"中对辩证法的主要内容又作了以下的一段总结性的概括:

> 概念的相互依赖
>
> 辩证法是什么? 一切概念的毫无例外的相互依赖
>
> 一个概念向另一个概念的转化
>
> 一切概念的毫无例外的转化。
>
> 概念之间对立的相对性⋯⋯
>
> 概念之间对立面的同一。
>
> (第 210 页)

我们比较这两段话就可看出,列宁对"辩证法是什么?"的概括实际上也可以归结为概念之间的联系、转化、对立面的同一这三个方面。因此,这是列宁对上一段所概括的"黑格尔的主要的东西"又一次的肯定。这两段总结性的论述,可以作为我们从辩证法体系的角度分析十六要素的内容结构的一个指导思想。因为:

第一,从总体上说,黑格尔在《逻辑学》中是考察了在对立中运动的思维方法。矛盾运动着的思维方式正是建立在概念的辩证本性的基础之上的。概念的辩证本性就是概念之间的联系、转化和对立面的同一。黑格尔是在一切概念的联系中、在一个概念向另一个概念的转化中、在概念之间对立面的同一中,天才地猜测到了客观事物也是这样的关系。黑格尔讲的虽然是概念辩证法,但实际上是反映了客观事物的辩证发展过程。因此,列宁概括的"辩证法是什么?"从内容和结构上看,实际就是黑格尔的概念辩证法。

第二,列宁的前一段话指出了"黑格尔的主要的东西",而十六要素作为对《逻辑学》合理思想的概括和总结,它们在内容结构上就有某些相似之处。只有在总的方面把握了列宁对《逻辑学》体系的深刻分析,才能正确理解作为一个辩证法体系雏形的十六要素的内容与结构。我们知道,恩格斯曾在《自然辩证法》中,把黑格尔的《逻辑学》对辩证法的表述明确概括为三大规律。列宁未看到恩格斯的《自然辩证法》,他对《逻辑学》合理思想的概括具有新的特点。列宁在不少地方都谈过三个规律的内容,但没有明确说过辩证法有这三个主要的规律。他倒是更多地把联系、转化、对立面的同一这三点概括出来,强调这就是黑格尔在《逻辑学》中要解决的任务。从这个意义上看,列宁把黑格尔的概念辩证法归结为三个要点,这对分析十六要素的内容结构就有着指导意义。

第三,列宁的后一段概括一般辩证法的内容结构,与列宁在其他地方论述的辩证法内容是基本一致的。如人们常常引用列宁的这段话:"辩证法是一种学说,它研究对立面怎样才能够同一,是怎样(怎样成为)同一的——在什么条件下它们是相互转化而同一的,——为什么人的头脑不应该把这些对立面看做僵死的、凝固的东西,而应该看做活生生的、有条件的、活动的、互相转化的东西。"(第111页)这就告诉我们,辩证法实际上是研究从旧的同一怎样经过转化而达到新的同一,其精神实质也是联系,转化、同一的思想。

如果我们用列宁的这个思想来分析十六要素的结构层次,可按内容分为四个部分:第一部分(一至三条)是辩证法唯物主义基础和两个基本原理;第二部分(四至八条)是对立面的联系;第三部分(九、十五、十六、十条)是对立面的转化;第四部分(十一至十四条)是对立面的同一。下面,依照这个顺序试对十六要素的内容结构作一些分析。

第一部分:辩证法的唯物主义基础和两个基本原理(一至三条)。

(1)"观察的客观性(不是实例,不是枝节之论,而是自在之物本身)。"

列宁在阐述辩证法要素时,首先强调的是辩证法和唯物论的结合,辩证法和认识论的一致。这就是要以客观实际作为认识的出发点,从中引出其固有的规律。客观世界的发展规律,反映到人们的头脑中,才成为主观辩证法。"事物的辩证法创造观念的辩证法,而不是相反。"(第210页)

关于什么是"客观性",列宁说:"不是实例,不是枝节之论,而是自在之物本身。""自在之物"是列宁借用了康德的哲学术语。"自在之物本身"是指客观事物全部关系的总和、事物的内在本质和规律性。要达到这样的认识,绝不是抓住事物的某些方面、某些实例、某些枝节所能获得,而必须从事物的整体来把握。

(2)"这个事物对其他事物的多种多样的关系的全部总和。"

第二要素讲的是辩证法关于普遍联系的基本原理。普遍联系首先是客观的辩证法。客观世界是一个广泛联系着的统一体。事物的普遍联系是多样性的统一。从联系的具体情形来看,有事物的某种内在联系,也有事物之间的外在联系;有一些事物彼此直接联系,也有一些事物则通过一系列中介环节间接相联系;有本质的必然的联系,也有非本质的偶然的联系;有现实的空间的联系,也有历史的时间的联系;有并存或并列的联系,也有因果性或从属性的联系等等。总之,"这个事物对其他事物的多种多样的关系的全部总和"构成了普遍联系之网。

恩格斯说"辩证法是关于普遍联系的科学"(《自然辩证法》,第3页)。联系是辩证法的一个最基本的概念。普遍联系原理是辩证法的基本内容。辩证法的一切规律和范畴都是从不同的侧面揭示普遍联系。质量互变规律反映了事物的质与量之间、量变与质变之间的联系;对立统一规律说明了事物内部矛盾对立双方的相互联系;否定之否定规律考察了肯定与否定之间,否定与否定之间的联系。辩证法的一系列范畴,则是我们认识和掌握普遍联系之网的网上纽结。

（3）"这个事物（或现象）的发展，它自身的运动、它自身的生命。"

第三要素讲的是辩证法关于运动发展的基本原理。唯物辩证法是关于自然界，人类社会和思维的运动发展的普遍规律的科学，是最完整深刻而无片面性弊病的关于发展的学说，列宁十分重视黑格尔关于事物因内部矛盾而自己运动的思想。"自身的运动""自身的生命"都是黑格尔的哲学用语。黑格尔对事物发展的动因有一些合理的猜测。如他说："某物之所以是有生命的，只是因为它本身包含着矛盾"（第 147 页），矛盾是"一切运动和生命力的根源"（第 145 页）。

在《黑格尔〈哲学史讲演录〉一书摘要》中，列宁曾指出辩证法有两个普遍原则，一是发展原则，二是统一原则。"统一原则"就是指普遍联系的原理。列宁还说，必须把这两个普遍原则联结、联系、结合起来。（第 280—281 页）总之，要素的一至三条共同组成了辩证法的唯物主义基础和两个最基本的原理或原则。

第二部分：从对立面的联系来分析（四至八条）。

（4）"这个事物中的内在矛盾的倾向（和方面）。"

这个要素是强调矛盾的发展有一个过程。

当我们深思熟虑地考察自然界和人类社会时，首先映入我们眼帘的是一幅由种种联系和相互作用无穷无尽地交织起来的图画，其中没有任何东西是孤立的、不动的和不变的。但是，如果我们仅仅停留在把握现象的普遍联系和运动发展的一般性质上，还不足以说明构成这幅总画面的各个细节。要认识每一个具体事物，就必须由普遍联系深入到事物的对立面联系，从而探索运动变化的内部原因。

人们最初对某一事物只有笼统的认识，即感觉直观到事物表面的多样性。当深入事物的内部，认识了内在矛盾，才是把握了事物的根据。列宁在这里讲"内在矛盾的倾向"，并在"倾向"下打了重点符号，显然是强调矛盾的发展有一个从潜伏萌芽状态到逐步展开的过程。

黑格尔在《逻辑学·本质论》中，首先论述了从同一到差别到对立到矛盾到根据这样一个概念运动。列宁肯定了黑格尔关于矛盾发展的一般进程的合理思想，并这样写下了几个范畴："同一———差别（其中包括对立）———

矛盾(根据)"(第 139 页)。差别是多种多样的,"本质的差别即是"对立"(《小逻辑》,第 254 页)。"内在矛盾的倾向"就是由同一中的差别发展到对立,使统一物分为两个对立的方面。对立面之间既互相排斥又互相联结的关系便是矛盾。

(5)"事物(现象等等)是对立面的总和与统一。"

这个要素讲的是对立面联系的一个方面,即对立面的统一。

列宁这里说的"事物"是"对立面的总和与统一",首先是从"实体"即"统一体"的意义上讲的。统一体内部虽然包含对立面,即有转化的可能性,但从实体的意义上说,统一体表示事物处于相对稳定的状态,表示事物发展过程中的渐进性。转化则是事物渐进过程的中断,即对立面的分离,统一体的破裂。如果我们从这种对立面双方相互依存的"实体"关系中抽象出"属性"的意义,就是我们通常所说的矛盾的同一性,与"统一体"这个实体范畴的含义相一致。"同一性"这个属性范畴显然只有"相互依存"或"相互联结"这样一个含义,并不包含"转化"。同一性是从属于统一体的,但我们又不能把二者混淆和等同起来。

(6)"这些对立面,矛盾的趋向等等的斗争或展开。"

这一要素是讲对立面联系的另一方面,即对立面的斗争。这是从对立面的相互排斥、相互否定的意义上来分析对立面联系的。

矛盾的双方不仅有同一性,而且有斗争性。如果对立面之间只有相互依存而无相互排斥,就不会有矛盾的展开或发展。同一性和斗争性是矛盾的两种根本属性。任何矛盾都是同一性和斗争性的结合。同一性是斗争着的同一性,斗争性是同一中的斗争性。矛盾在任何时间、空间条件下,同一性和斗争性都不可能孤立地存在。

(7)"分析和综合的结合,——各个部分的分解和所有这些部分的总和,总计。"

这一要素是讲认识过程中分析和综合相结合的方法。

对立面的联系表现在认识方法上必然是分析和综合的结合。列宁在这里对分析和综合作了解释:一方面需要分析,即在思维中撇开一些联系,将整体分解为部分,否则就只是停留在混沌的表象;另一方面又需要综合,即在思维中恢复事物的全部联系,否则就不能从整体上把握事物。

（8）"每个事物（现象等等）的关系不仅是多种多样的，并且是一般的、普遍的。每个事物（现象、过程等等）是和其他的每个事物联系着的。"

这个要素是强调从事物联系的多样性中，把握住一般的、普遍的联系，即规律性的东西。

列宁曾给规律下了这样的定义："规律就是关系。""本质的关系或本质之间的关系。"（第161页）世界上的一切事物都处于普遍联系之中，一事物同其他事物有这样或那样的联系，但这些多种联系并不是处于同等的地位，其中对事物的存在和发展起支配作用的联系，即内部的、本质的、必然的联系才是具有规律性的联系。列宁又认为，"必然性＝存在的一般性（存在中的普遍性）"（第291页）。因此，这个要素中所说的"一般的、普遍的"的关系应该从"规律"的意义上来理解。

第八要素和第二要素在内容上有紧密的联系。第二要素是从一事物对他事物的多种多样关系的全部总和上，强调世界由此而构成普遍联系的统一整体。第八要素则进一步强调从事物关系的多样性中，把握住一般的、普遍的关系，即认识和掌握规律性。因为"规律的概念是人对于世界过程的统一和联系，相互依赖和整体性的认识的一个阶段"（第158页）。

这个要素的后一句话，"每个事物（现象、过程等等）是和其他的每个事物联系着的"，具有承上启下的作用。十六要素的第二部分即四至八条，主要是讲对立面的联系，也就是从横的方面考察同一个矛盾体中对立双方互相联系的两种根本性质，即同一性和斗争性。而第三部分，主要是讲对立面的转化。转化当然也是一种联系，但它不是同一矛盾内部的联系，而是新旧矛盾统一体之间的联系。或者说，是新旧事物、新旧现象、新旧过程之间的更替、扬弃的联系。转化是从纵的方面考察矛盾运动的状态。因此，前者是对矛盾关系的静态分析，后者是对矛盾关系的动态分析。正是通过转化，此一事物（现象、过程等）才和彼一事物联系起来。于是，便过渡到下一部分。

第三部分：从对立面的转化来分析（九、十五、十六、十条）。

（9）"不仅是对立面的统一，而且是每个规定、质、特征、方面，特性向每个他者（向自己的对立面？）的转化。"

这个要素是概述对立面的转化。

列宁在这里不仅揭示了转化的普遍性的实质，而且指出了转化的丰富内容,即每个规定、质、特征、方面、特性的转化,从而说明了转化形式的特殊性和多样性。因此,列宁是把转化实质的普遍性同转化形式的特殊性有机地结合起来考察的。

在考察转化时,必然要涉及转化和同一性的关系问题。按照哲学界过去的传统看法,矛盾同一性包含转化。转化是同一性的内容,而且是更重要的内容。但从列宁对十六要素的内容阐述和结构安排来看,这种观点是不恰当的。列宁在这个要素中讲"不仅是对立面的统一,而且是……对立面的转化"。显然,"不仅""而且"说明二者不是包含关系,而是并列关系。"对立面的统一"是从"统一体"的意义上来讲的。"统一体"中既有同一性,又有斗争性。由此可见,转化和同一性既有联系又有区别。区别主要是转化和同一性的含义不同。转化是指质变,与此相对的是量变。同一性则是指矛盾内部对立双方相互依存的性质,与此相对的是矛盾的另一本质属性,即相互排斥的斗争性。与这两个概念的内涵相适应,转化应着重放在质量互变规律中研究,列宁把第十六要素质量互变看成转化的实例是有道理的;而同一性则应着重放在对立统一规律中研究。它们的联系表现在,转化是同一性和斗争性相互作用的结果。这就是说,同一性使对立双方互相联结,为转化提供发展的趋向和可能;斗争性使对立双方互相排斥,力量对比变化达到某一关节点时引起质变,转化就由可能变为现实。

(15)"内容和形式以及形式和内容的斗争。抛弃形式、改造内容。"

这个要素以内容和形式的关系为例,说明"抛弃形式,改造内容"是事物发生转化的一种表现。

事物是内容和形式的统一。内容和形式是相互联结又相互排斥的对立面。在任何对立面的统一中,都有肯定的和否定的两种因素。而事物正是由于内在地包含了自我否定的因素,形成矛盾的斗争,最终导致转化。内容对形式来说,就是这种"否定的对立面"。因为内容具有不断变化的特点,它最先体现事物或现象中发展的新倾向。而从形式是内容的结构来看,任何结构都是一定的联系和关系的固定化,形式具有相对稳定性。因此,形式对内容来说就是"肯定的对立面"。内容和形式的相互作用,它们之间的矛盾斗争在事物发展的不同阶段上,以不同的程度表现出来。如果说在发展的初期,这种矛盾只是表现为差异,那么在随着内容的变化更新和形式的不相适应,这种矛盾就逐渐达到冲突的地步。也就是说,由于内容和形式的矛盾和斗争,到了质变的显著变动阶段,旧形式就会被抛弃,新形式代替旧形式,事物便发生转化。

(16)"从量到质和从质到量的转化(15 和 16 是 9 的实例)。"

这个要素是从质量互变来说明对立面的转化过程。

事物又是质和量的统一。事物的发展总是先从量变开始的。量变阶段同一性起着主导作用,保持了事物质的规定性。在这个阶段上,矛盾双方力量的消长,使事物以数量变化的形式向前发展,事物处于相对稳定的状态。到了质变阶段,斗争性起支配作用,导致事物根据不同的具体条件,经过不同的飞跃形式,分解旧的统一体,事物的性质便发生根本的变化。

列宁对转化就是质变的思想作过明确的表述:"辩证的转化和非辩证的转化的区别在哪里呢? 在于飞跃,在于矛盾性,在于渐进过程的中断,在于存在和非存在的统一(同一)。"(第 314 页)这就告诉我们,转化的根据是事物的内在矛盾,即同一性和斗争性的相互作用;转化的条件是量变阶段渐进过程的积累;转化的过程是质变阶段的矛盾运动;转化的结果是新的统一体的产生。

(10)"揭露新的方面、关系等等的无限过程。"

这个要素是从历史发展长河的角度着眼,说明由于转化的多样性和永恒性,决定了揭露新的方面、关系等等是个无限的过程。

唯物辩证法认为,整个物质世界的发展是一个不断发生辩证转化的永恒无限的过程。由于事物矛盾各有其特殊性,各事物、现象所处的条件也各有不同。因此,事物的转化在内容和形式上是多种多样的。但就其共同点来说,辩证转化不是单纯的量变,不是数量连续增加的"恶的无限性",而是经过质的飞跃,不断否定旧的事物、旧的方面和关系,产生新的事物、新的方面和关系。每一具体事物的转化是有条件的,而整个物质世界的变化、发展是无条件的。因此,新的事物、方面、关系的出现是个无限的过程。人类揭露和认识新的、更为深刻的、尚未认识的方面和关系也是一个永无止境的过程。

从历史发展的长河中看,一事物转化为他事物、一现象转化为他现象、一过程转化为他过程是绝对的、无限的。但从具体事物的发展过程来看,转化或否定的内容和形式则是相对的、有限的。一般说来,一个圆满的发展过程普遍经过三个阶段,即最初的肯定阶段是发展的出发点,第二阶段中的第一次否定是发展前进的基石,第三阶段是双重否定的结果。这个结果不是肯定与否定、正题与反题的简单综合,而是新东西的产生。正如列宁所说:"向'第三项'即合题的辩证转化的结果是新前提、是论断等等,这个新前提又成为进一步分析的泉源。"(第249页)因此,发展并不是到合题就结束了,只是以往的发展过程以否定之否定而告一段落,但同时又开始了新的发展周期。如果从逻辑上看,这种"正、反、合"发展的全过程,就表现为由抽象的同一经过转化上升到具体的同一,即对立面的同一的前进运动。于是便过渡到第四部分。

第四部分:从对立面的同一来分析(十一至十四条)。

(11)"人对事物、现象、过程等等的认识从现象到本质、从不甚深刻的本质到更深刻的本质的深化的无限过程。"

这个要素是讲达到对立面同一的认识是由现象到本质逐步深化的过程。

任何事物、现象、过程等都有现象和本质两个对立的方面。认识的任务就在于了解事物的本质和规律性,使现象和本质得到同一。但由于事物、过程是许多规定的综合,是多样性的统一,它的本质被种种纷繁复杂的现象掩盖着。现象是外在的、变动的,本质是内在的、稳固的。因此,人们认识事物首先从外在的现象开始,获得生动的直观,然后转入抽象的思维,用分析、综合、归纳、演绎等方法,通过概念、判断、推理、理论等思维形式,才能揭示事物的内在本质和规律性。

然而,由于人们的认识总受着一定的主客观条件的限制,对事物本质的认识开始时也是不深刻的。所以,列宁指出认识不仅是从现象到本质,而且是从不甚深刻的本质到更深刻的本质,即"由所谓初级的本质到二级的本质,这样不断地加深下去,以至于无穷。"(第278页)现象和本质这两个对立面正是随着认识的无限深化而不断达到"同一"的。

(12)"从并存到因果性以及从联系和相互依存的一个形式到另一个更深刻更一般的形式。"

这个要素是从辩证法范畴的转化和发展,说明概念的运动是在对立面同一中不断深化的。我们知道,客观世界是普遍联系的。联系的普遍性决定了联系的复杂性和形式的多样性。"并存"是事物之间一种简单的表面的联系。认识并存关系是认识其他关系的基础。"因果性"是原因和结果的联系。列宁说,"因果关系的运动"实际上是"在不同的广度或深度上被抓住、被把握住内部联系的物质运动以及历史运动……"(第 170 页)。因果联系揭示了事物之间的依存关系,因而按照因果联系的观点看问题,比那种只看到直接的、外部的并存关系深入了一步。但是,"原因和结果只是各种事件的世界性的相互依存、(普遍)联系和相互联结的环节,只是物质发展这一链条上的环节",因而,"因果性只是片面地、断续地、不完全地表现世界联系的全面性和包罗万象的性质。"(第 168 页)所以,人们的认识还必须从多种多样的原因中找出根本的和必然的原因,由因果联系再深入到必然联系。

辩证法范畴作为人的思维对客观事物的最一般本质的概括,标志着"认识世界的过程中的一些小阶段"(第 90 页)。列宁指出:"概念的关系(=转化=矛盾)=逻辑的主要内容。"(第 210 页)并且说这些概念和范畴的关系、转化、矛盾是作为客观世界的反映而被表现出来的。黑格尔是在概念辩证法中猜测到了事物的辩证法。如关于必然与自由的关系,黑格尔深刻指出:"必然性所以转为自由不是由于必然性的消失,而只是由于它的内在同一表现出来了。"(第 171 页)列宁对此是赞同的,在摘录了这段话的旁边加上批注:"必然性变成自由时并没有消失。"(同上)因此可以说,概念的矛盾运动就是从对立面的同一中发展起来的,由初级本质发展到高级本质,由抽象概念发展到具体概念,循此渐进,逐步深化,再发展成为逐层逐级联系起来的众多概念组成的范畴体系。

(13)"在高级阶段上重复初级阶段的某些特征、特性等等。"

这个要素是讲否定之否定的主要内容,即发展过程中的重复性和继承性,并由此而体现出上升性和前进性的发展趋势。

首先,有必要考察一下"否定之否定"与"对立面的同一"的关系。列宁对这个关系有一段总结性的论述:"对于简单的和最初的'第一个'肯定的论断、论点等等,辩证的环节",即科学的考察,要求指出差别、联系、转化。否则,简单的、肯定的论断就是不完全的、无生命的、僵死的。对于'第二个'否定的论点,'辩证的环节'要求指出'统一',也就是指出否定的东西和肯定的东西的联系,指出这个肯定的东西存在于否定的东西之中。从肯定到否定-从否定到与肯定的东西的'统一',否则,辩证法就要成为空洞的否定,成为游戏或怀疑论。"(第244—245页)这就是说,第三阶段"否定之否定"是强调肯定的和否定的东西的"统一"。黑格尔在《逻辑学》中有时也把否定之否定叫作对立面的统一。在他看来,"对立"是最初的肯定的否定性发展,"对立面的统一"是经过否定之否定发展所得到的结果以及这个过程本身(见下卷,第542页、544—545页)。正如列宁在转述黑格尔的这个思想时所说:"否定的否定的结果,这个第三项不是……'静止的第三项,而正是'(对立面的)统一"(第248页)。列宁在《哲学笔记》中也曾在"否定之否定"的意义上使用"对立面的同一(统一)",不过他也是从发展和过程等角度把这两个概念同等看待的。例如,列宁指出:"一般说来,运动和生成可以不重复,不回到出发点,在这样的情况下,这种运动就不是"对立面的同一"。但是,无论天体运动,或机械运动(地球上的),或动植物和人的生命,它们都不仅把运动的观念,而且正是把回到出发点的运动即辩证运动的观念灌输到人类的头脑中。"(第389—390页)还说:"要认识世界上一切过程的'自己运动'、自生的发展和蓬勃的生活,就要把这些过程当做对立面的统一来认识。"(第408页)从这些话中可以看出,达到"对立面的同一"的"辩证运动"和"回到出发点的运动"即否定之否定的含义基本上是一致的。正是基于这样的认识,我们把13和14论述否定之否定的要素放在"对立面的同一"中作为一组来进行考察。

黑格尔认为"扬弃"是否定性辩证法的重要规定。扬弃是"既克服又保存"。这就是说,扬弃不是全盘否定,而是辩证的否定,即有内容的、"是规定性的否定"(见《逻辑学》下卷,第245页)。黑格尔很赞赏斯宾诺莎的话:"一切规定都是否定"(《逻辑学》上卷,第106页)。列宁肯定了黑格尔的这些合理思想,指出:"辩证法的特征的和本质的东西并不是单纯的否定,并不是徒然的否定,并不是怀疑的否定、动摇、疑惑(当然,辩证法自身包含着否定的因素,并且这是它的最重要的因素),并不是这些,而是作为联系环节、作为发展环节的否定,是保持肯定的东西的,即没有任何动摇、没有任何折衷的否定。"(第244页)这也说明,辩证的否定不是无规定性的空洞的否定,而是通过扬弃,在新东西中"保持肯定的东西",从而为自己的发展开辟道路。因此,如果把发展过程中的否定因素理解为扬弃,就不是完全抛开发展以前的阶段,而在于说明这个过程的前后阶段的重复性和继承性。继承性是在发展的高级阶段上保存低级阶段的积极因素,于是便表现为重复低级阶段的某些特征、特性。重复性和继承性是互为表里的关系。二者的结合使发展能够成为前进的和上升的运动。

当然,辩证法把重复性理解为相对的重复。首先,在高级阶段上所重复的不是低级阶段的所有特征、特性,而是像列宁说的"某些"特征、特性;其次,任何事物、现象、过程都是在一定的具体条件下发展的,而这种条件也是不会完全重复的。

(14)"仿佛是向旧东西的回复(否定的否定)。"

这个要素是讲否定之否定的形式,即发展过程的周期性和曲折性,并由此而体现出螺旋形和波浪式的发展形式。列宁在《卡尔·马克思》中曾指出:"发展似乎是重复以往的阶段,但那是另一种重复,是在更高基础上的重复("否定的否定"),发展是按所谓螺旋式而不是按直线式进行的"(《列宁选集》第二卷,第 584 页)。13 和 14 要素实际上是对这段话的分解。13 要素着重讲否定之否定的内容,即发展中的重复性、继承性、前进性;14 要素着重讲否定之否定的形式,即发展中的周期性、过程性、螺旋性;总的来说是揭示了周期性的重复、螺旋形的上升、波浪式的前进的发展趋势。

这里有一个问题,在一切事物无限发展的长河中,一个否定总会被另一个否定所代替,因而就有无数的否定,为什么发展过程经过两次否定,就可看作完成一个周期呢?按照黑格尔的观点,某物与对立面达到"同一"时,才能被"扬弃"。列宁认为这种观点"非常正确而且重要:"他物"是自己的他物,是向自己的对立面的发展"。(第 288 页)因此,一个完整的发展过程在经过两次否定,即对立面的两次转化后,就可以使对立的双方都作为前进的重点而发挥了它们的积极作用,也就是全面实现了对立面在发展过程中的相互依赖的作用。否定之否定的结果,就使发展的第三阶段与第一阶段有形式上的相似,内容上的提高。不过,否定之否定虽然包括"三段式",即发展普遍经过三阶段,但是,无论在内容上还是在表现形式上都要比"三段式"丰富得多。

由于否定之否定规律的普遍性,认识发展的途径也可以形象而又恰当地比喻为圆圈式或螺旋形上升的过程。列宁指出,"人的认识不是直线(也就是说,不是沿着直线进行的),而是无限地近似于一串圆圈、近似于螺旋的曲线。"(第411页)并说"科学是圆圈的圆圈。"(第251页)显然,这具有普遍的方法论意义。

从以上分析中可以看出:辩证法十六要素的内容是全面而丰富的;思想是新颖而深刻的;结构是完整而严谨的;层次是连贯而分明的。因此,说十六要素构成了辩证法体系的一个雏形,并不是没有理由的。由于列宁是在研究黑格尔的《逻辑学》,并吸取了其中的思想营养的基础上提出的十六要素,因此,由这些要素构成的辩证法体系雏形,在特点上与黑格尔辩证法体系有着某些相似之处。当然,首先是存在着唯物辩证法和唯心辩证法的基础不同这样的根本区别。下面,我们再简单分析一下列宁用十六要素构成的辩证法体系雏形的主要特点,及其与黑格尔辩证法体系特点的关系。

第一,这个辩证法体系的雏形体现了辩证法、认识论、逻辑学的统一。

黑格尔《逻辑学》体系最显著的特点,是辩证法、认识论和逻辑的三者同一。十六要素这个唯物辩证法体系的雏形也具有这样的特征。在十六要素中,辩证法、认识论和逻辑学不是机械的凑合,而是有机地融为一体,它们统一于辩证法的规律和原理。例如,列宁在论述对立面的联系时,不仅讲到客观辩证法,即事物内在矛盾的对立面的同一和斗争推动事物的发展;而且也讲到主观辩证法,即分析和综合的结合是对立面的统一,既是分析的又是综合的认识方法是辩证思维的正确方法。在论述对立面的转化时,不仅讲到客观事物的每个规定、特征、方面等向自己的对立面转化的一般性质;还用内容与形式、量变与质变的实例,讲了转化实质的普遍性和绝对性与转化形式的特殊性和相对性的关系;而且还说明了由于转化的普遍性和永恒性决定了人们揭露和认识新的方面、关系等是个无限的过程。在论述对立面的同一时,不仅讲到人的认识是从现象到本质、从并存到因果性再到必然联系,从不甚深刻的本质到更深刻的本质的深化的无限过程;而且还讲到认识和逻辑的"圆圈"思想,即否定之否定规律中的生动表现。

黑格尔认为,思维规律决定存在规律,从而在唯心主义基础上,第一次解决了辩证法、认识论和逻辑三者具有同一性的问题。他实际上是在概念辩证法中猜测到了事物的辩证法。列宁把被黑格尔倒立着的关系重新颠倒过来,并吸取了其中有价值的东西,在唯物主义基础上肯定了客观世界和主观思维具有同一的规律。这就是说,主观思维的规律是对客观规律的一种自觉的反映;客观世界的规律只有表现在主观思维中才能被认识。因此,列宁提出的十六要素,可以说是从客观辩证法和主观辩证法相统一的高度,以事物和概念的内部矛盾经过转化而达到对立面的同一为基本线索,体现出了辩证法、认识论和逻辑的三者同一。它既反映了事物发展的客观规律,概括了辩证法的主要原理、规律和范畴的纲要;也基本符合人的认识由客观到主观的一般进程;同时它的逻辑顺序还揭示了辩证逻辑的主要内容是研究概念的内部矛盾及其同一,即概念的联系、转化和对立面同一的辩证本性。

第二,这个辩证法体系的雏形体现了由浅入深的认识过程和从抽象到具体的逻辑层次。

列宁说:"辩证法也就是(黑格尔和)马克思主义的认识论"(第 410 页)。因此,十六要素从第一条开始就讲"观察的客观性",以后的各条综合起来看,实际上是揭示了如何把辩证法应用于认识论,即运用辩证逻辑的思维方法来观察问题的全过程。这个过程基本上符合人的认识由浅入深的一般进程以及从抽象到具体的逻辑顺序。如果从联系的角度上看,人们首先笼统直观到的是普遍联系的种种现象,由普遍联系进到对立面的联系,才认识到事物的内部矛盾和本质;由对立面的联系这个原因必然会导致对立面的转化这个结果,于是又从事物的静态联系考察动态联系;"任何个别经过千万次的转化而与另一类的个别(事物、现象、过程)相联系"(第 409 页),因此又深入到各种事物之间的关系及其相互作用,由并存到因果联系,由外在的因果关系到内在的必然联系直至否定之否定的联系形式。如果从发展的角度上看,人们首先看到的是万事万物都在运动变化的现象,而要探究原因,就必须深入到事物内在矛盾的分析;开始是矛盾的倾向,然后是矛盾的展开,形成对立面的统一与斗争;由对矛盾结构的这种静态的、横断面的分析进到对矛盾发展的动态的、纵断面的分析,就认识到由矛盾的同一性和斗争性的相互作用而引起的对立面的转化;转化这种矛盾运动的内容是质变,形式具有多样性,这样经过肯定、否定和否定之否定的过程,对立面在新的基础上达到同一,发展的高级阶段是内容最丰富的诸规定的统一。

列宁指出:"不能原封不动地应用黑格尔的逻辑;不能把它现成地搬来。

要挑选出其中逻辑的(认识论的)成分,清除掉它的神秘观念;这还是一项巨大的工作。"(第 293 页)因为,在本体论上,黑格尔是从神化了的普遍中建立个别,这是他的客观唯心主义的实质和糟粕;在认识论上,他强调由个别经过特殊上升到一般,这是符合人的认识顺序和过程的;在逻辑学上,他运用从抽象到具体的方法来建立自己的哲学体系,体现了他的辩证法思想的精华。对此,黑格尔在谈到概念运动的特征时指出:"认识是从内容进展到内容。首先这个前进运动的特征就是:它从一些简单的规定性开始,而在这些规定性之后的规定性就愈来愈丰富,愈来愈具体。因为结果包含着自己的开端,而开端的运动用某种新的规定性丰富了它。……普遍的东西不断提高它以前的全部内容,它不仅没有因其辩证的前进运动而丧失了什么,丢下了什么,而且还带着一切收获物,使自己的内部不断丰富和充实起来"。列宁认为,"这一段话对于什么是辩证法这个问题,非常不坏地做了某种总结。"(第 249—250 页)如果从认识论和逻辑学的意义上说,辩证法十六要素是对辩证思维的方法和特征所作的一个比较全面而深刻的概括。

第三,这个辩证法体系的雏形体现了对立面的统一学说是辩证法的核心。列宁在总结十六要素时,写下了这段话:"可以把辩证法简要地确定为关于对立面的统一的学说。这样就会抓住辩证法的核心,可是这需要说明和发挥。"(第 240 页)

我们从以上分析中知道,列宁是从对立面的联系、对立面的转化、对立面的同一这样一条基本线索来安排辩证法要素的,因而也就十分明显地体现了对立面的统一的学说是辩证法的核心。列宁设想和安排的这个辩证法体系的雏形是围绕着对立面的统一的学说这个核心而展开的。从这个意义上说,十六要素就是对辩证法核心的说明和发挥。

列宁把"对立面的统一"作为辩证法的核心,这和黑格尔辩证法的核心"否定之否定"是什么关系?黑格尔"否定性的辩证法"的最大成果就是系统阐述了否定之否定规律。对于这一点,经典作家们是肯定的。恩格斯在《反杜林论》中,把辩证法叫作"矛盾辩证法"(第 116 页),又把否定之否定看成"整个过程的核心"(第 138 页)。后来在《自然辩证法》中指出,否定之否定是"由矛盾引起的发展"(第 3 页),这就既肯定了否定之否定在辩证法中的地位,又揭示了矛盾是更根本的东西。列宁经过自己对黑格尔《逻辑学》的独创性研究,得出了与恩格斯类似的结论,更加明确地指出,"对立面的统一"的学说是辩证法的核心。当然,这并不是简单"回复"到黑格尔以前的"矛盾辩证法",而是以"对立面的统一的学说"包括了黑格尔的"否定之否定"中的有价值的成果,并超过了黑格尔的辩证法,使唯物辩证法具备了更为完善的科学形态。

我们在辩证法的理论研究中所面临的任务之一,就是应当把列宁用十六要素初步勾画的辩证法体系的雏形进一步完善化和具体化。

(作者附记:这篇文章是在我的导师曹广斌同志指导下写成的,在此谨致谢忱。)

(本文发表于《中国社会科学》1981 年第 4 期)

实践与自由

——论马克思的自由观

陈　刚[*]

"自由"问题是哲学的中心问题之一。许多重大问题,例如:人作为主体与客体、自然、社会和历史规律的关系,人的价值、尊严和生活的意义,人与真、善、美的关系,等等,都有这条线索贯穿其中。特别是近代以来,哲学界群星争辉,竞相探索"自由之谜"。但是,他们所鼓吹的,要么是绝对的自由,要么是消极的自由,始终未能解开"自由"的真谛。

自由问题也是马克思主义哲学的中心问题之一。马克思以劳动实践概念为基础,对旧哲学作了根本改造,批判地继承了近代欧洲哲学家们关于自由学说的合理内核,扬弃、升华出新的科学的自由观。他在批判亚当·斯密把自由和幸福消极地理解为摆脱劳动的重负时指出,他并不懂得一个人在通常的健康、体力、精神的状况下,也有从事一份正常劳动和停止安逸的需求。"诚然,劳动尺度本身在这里是由外面提供的,是由必须达到的目的和为达到这个目的而必须由劳动来克服的那些障碍所提供的。但是克服这种障碍本身,就是自由的实现,而且进一步说,外在目的失掉了单纯外在必然性的外观,被看作个人自己自我提出的目的,因而被看作自我实现,主体的物化,也就是实在的自由,——而这种自由见之于活动恰恰就是劳动,——这些也是亚当·斯密料想不到的。"[①]这段论述包含了马克思自由概念的最本质的含义,也正是他超越近代哲人之处。让我们循此渐进,逐步深入探讨马克思的自由学说及其对人类的不朽贡献。

---

[*]　**陈刚**,1954 年生,2002—2009 年任哲学研究所所长。
[①]　《马克思恩格斯全集》第 46 卷(下),第 112 页。

作为自由之源的劳动实践自由是人所特有的类本质,是人与动物的根本区别之一。在动物那里无所谓自由,有的只是占支配地位的本能活动,或用欧洲哲学史上流行的但并不那么确切的说法,动物世界是受盲目的因果必然性统治的王国,只有人才有标志着自由的自我意识,才能成为自由的主体。那么,自由主体及其意识从何而来呢?

马克思认为,人类历史是通过劳动自我生成自我创造的历史,也是自然界对人说来的生成史。人类通过劳动实践探索自然界的奥秘,探索与己相联系的物质世界的规律,同时产生和发展着人的认识能力、人的意识与自我意识。人的意识与自我意识体现着人对自然、对社会的能动关系,体现着人从客观世界中窥见的具有普遍性和必然性的规律,体现着人利用这些规律为己所用的水平。因此意识与自我意识实际上是人类实践能力的积淀与升华。甚至人们思维和交流思想所用的工具如语言、概念、逻辑、范畴等也是人类实践普遍性的凝结,是人类历史的精华。这些普遍性的东西又转过来成为指导实践的强大力量,并通过语言、文字的获得性遗传,推动人类征服自然、改造自然的斗争不断深化。因此,意识或精神实际上是人类所特有的能动性的表现,是人类自由的表现。它表示人类超越了生物本能和盲从自然必然性的动物式生活,而开始自觉地利用自然、改造自然,这就是自由。一切唯心主义者都强调意识的能动性,这本身没什么错,其错误在于颠倒了自由意识与其源泉-自由的实践活动的关系,把能动性抽象发展了。马克思剥除了他们的唯心主义神秘外衣,以劳动实践活动为基础给自由活动和自由意识以全新的科学解释,这是马克思的巨大功绩。①

劳动是人以自身的活动来引起、调整和控制人和自然之的物质变换的过程。为了在对自身生活有用的形式上占有自然,人使自身的自然力运动起来。"当他通过这种运动作用于他身外的自然并改变自然时,也就同时改变他自身的自然。他使自身的自然中沉睡着的潜力发挥出来,并且使这种力的活动受他自己控制。"②马克思这段论述生动地概括了劳动的自由本质。如前所述,在马克思看来,自由既在于摆脱或超越外在的障碍,又在于自觉

---

①　参阅《马克思恩格斯全集》第23卷,第535页。

②　《马克思恩格斯全集》第23卷,第202页。

自愿的创造性活动。劳动活动使人超越了原先与自然的狭隘关系,超越了空洞的自在之物式的自然,超越了自身单纯的自然存在,从而使人能够控制自然力,使之为自身服务。不仅如此,劳动活动更重要的特征在于是有目的的活动,目的作为自由意识能动地指导整个劳动过程,从而成为劳动过程不可分割的内在要素。正如马克思所说:"劳动过程结束时得到的结果,在这个过程开始时就已经在劳动者的表象中存在着,即已经观念地存在着。他不仅使自然物发生形式变化,同时他还在自然物中实现自己的目的,这个目的是他所知道的,是作为规律决定着他的活动的方式和方法的,他必须使他的意志服从这个目的。"①这就是说,人类劳动活动超越了纯自然过程的因果必然性序列,在这里,作为结果的东西可以超前或先验(先于将要出现的经验过程)地以目的的观念形式存在,并作为原因和规律制约着整个劳动过程,它使自然物按自己需要发生形式变化,从而出现完全不同于自然发生物的东西——劳动产品,或如亚里士多德所说的人造物。目的在这里起了律令的作用,因而在劳动中人是自我决定、自我创造、自我实现的,这恰是人的最宝贵东西——自由。

必须指出,马克思这些论述是从最一般意义上考察劳动的,这种考察是抽象的、纯形式的,无此就不能从一般进入个别,考察具有特定社会历史形式的劳动,这种最一般意义的劳动与自由是一切社会所共有的。因此,在进行这种考察时,"不必来叙述一个劳动者与其他劳动者的关系。一边是人及其劳动,另一边是自然及其物质,这就够了"②。马克思在《1844 年经济学-哲学手稿》中说,"而人的类特性恰恰就是自由的自觉的活动"③;在《资本论》中称劳动是人的"正常的生命活动"或"生命的表现和证实"④。这些论述都是从这个角度出发的。

从更深的意义上讲,马克思站在整个人类发展的高度,从总体的劳动实践出发论述人类劳动的自由本质。许多人不懂得这一点,只是囿于具有特定社会历史形式的劳动(这一点也很重要,但不能仅限于此),因而不能理解

---

① 《马克思恩格斯全集》第 23 卷,第 202 页。
② 《马克思恩格斯全集》第 23 卷,第 209 页。
③ 《马克思恩格斯全集》第 42 卷,第 96 页。
④ 《马克思恩格斯全集》第 25 卷,第 921 页。

一般的或总体的人类劳动何以具有自由的本质。他们把《1844 年经济学——哲学手稿》中"自由自觉的活动"的论述归结于费尔巴哈的影响,甚至归结于规范目的论,但对《资本论》及其手稿中的有关论述却困惑不解,讳莫如深,原因就在于此。

自由的实现与主客体的统一

在对劳动过程与劳动生产力作一般分析时,马克思揭示了简单劳动过程之要素与决定劳动生产力的多种因素。为进一步考察,马克思又把这些因素分为主观方面与客观方面,前者是劳动的主体,后者是劳动的客体或客观条件。劳动过程是这两方面因素的结合或统一。没有劳动主体,劳动客观条件只是僵死的物;没有劳动客观条件,劳动主体只是纯主观的存在,其愿望、需求和目的没有现实性。只有两方面结合起来,劳动才成为塑造形象的活火,劳动的客观条件被这团火焰笼罩着,被当作劳动自己的躯体,被赋予活力,在劳动过程中执行与它们的概念和职务相适合的职能;劳动主体也不顾《圣经》的劝告,延长了自己的肢体,扩大了自己的存在。① 总之,劳动主体与劳动客体都在两者的统一中获得新生,客体被打上人类劳动的印记,按照人类的目的与需要改变了自己的存在形式,成为人类的为我之物;主体在活动中实现和证实了自己的力量,并锻炼出新的品质。

如果我们把视野扩大,把简单劳动过程的主客体关系扩展到人与自然的关系,扩展到整个社会历史中历史主体与其客体的关系,我们就能更深刻地把握马克思的实践观与自由观。

在马克思看来,史可从两方面来考察,即自然史与人类史;只要有人存在,这两方面就相互联系相互制约。当然,马克思承认外部自然界的优先位,这对坚持唯物主义立场非常重要,但马克思主义哲学的特点在于把自然同人的实践活动和社会历史过程联系起来考察。马克思对离开人的劳动实践抽象地谈存在不感兴趣。换言之,马克思对与体现人类自由无关的存在

---

① 参见《马克思恩格斯全集》第 23 卷,第 203、208 页。

不感兴趣。罗素指责马克思过分关注地球上的人类①，而这正是我们应为马克思感到骄傲的地方。只有抽象思辨的经院哲学才会把时间和精力耗费在超验的上帝和诸如此类的存在上。

从主客体统一和人类实践史与自然史统一的立场出发，马克思把自然界当作"人类的本质力量的体现"、人的对象性存在和无机身体，同时又把人类历史发展归于自然历史过程和历史科学的对象；把物质财富世界归于"不断消失又不断重新产生的人类劳动的客体化"②。生产力生产关系不过是"社会的个人发展的不同方面"③；人类历史发展的各阶段不过是"劳动主体的生产力发展的一定阶段，而和该阶段相适应的是劳动主体相互间的一定关系和他们对自然界的一定关系"④。可以说，劳动实践活动、人与自然的分离与统一、历史主体与客体的分离和统一、自由的产生与实现，是同一个过程。自然界、客体、外部环境或物质条件对人类主体活动说来不是单纯的外在存在，而是内在本质的存在，它既为人类的活动提供条件和舞台，又始终以此制约着人类的实践活动。因此人类所能实现的自由总是具体的、相对的和有条件的，它始终受到两种因素-外部客观因素与内部主观因素的制约。这两种因素相互联系相互影响，不断推动主客体在更高形态上获得统一，不断推动人类获得更高的自由。正是在此意义上，马克思说："人创造环境，同样环境也创造人。"⑤

在主体与客体、人与外部客观条件的问题上，我们注意到这样两种倾向：一种认为在马克思那里，物质条件无关紧要，充其量为主体的活动提供消极的质料；决定作用仅来自主体，人与环境的关系并不对称。⑥ 这种解释否认物质条件对人的制约作用，显然把人的主体能动性抽象地扩张了。另一种则贬低主体的能动作用，主张在人类社会中起主要决定作用的是物质条件，认为这才是马克思的观点。按此理解，人毫无能动性与自由可言，仿

---

① 参见罗素《西方哲学史》（下），商务印书馆 1976 年版，第 343 页。
② 《马克思恩格斯全集》第 26 卷，第 473 页。
③ 《马克思恩格斯全集》第 46 卷（下），第 219 页。
④ 《马克思恩格斯全集》第 46 卷（上），第 496 页。
⑤ 《马克思恩格斯选集》第 1 卷，第 43 页。
⑥ 参见 Gould，*Marx's Social Ontology*，The MIT Press 1978，P.83.

佛变成上帝用线从暗室里拉出来的傀儡。布哈林正是基于这种理解，才把人看作填满环境影响的香肠，一团被压缩了的凝聚物。[①] 必须指出，由于种种原因，这种观点在我国理论界有很深的影响，例如，在不久前还有人把社会各种因素的关系系列按主次排列成一条因果链：社会物质生活条件→社会发展的客观需要和人们的利益→人们的意志和意识→人们的行动→某种结果，等等。这种排列带有浓厚的机械决定论色彩。因果链条中的第一环节是作为主体活动的客体的物质条件，这种物质条件离开人的活动就成为僵死的存在[②]，而推动力与第一因却来自先在的物，以后发展链条中的各环节也一步一步被这个第一因决定了。也就是说，一切都是预成的，先定的，第一因才有自由。这显然是对马克思思想的极大误解。这种误解正是资产阶级学者攻击马克思的借口之一，如穆勒就是这样攻击马克思主义的："在实践中，个人解放的目标看来在消逝；而在理论中，主体与意识成为客观物质条件的附属品。"[③]在马克思那里，环境与人从来就是互相创造的。人不仅仅是环境或客观条件的消极产物，他更是一个能动的创造者；条件也只有同人的活动联系起来才有意义。在前辈活动的基础上，每一代人都在进行新创造、新活动。诚然，这种创造受到环境即上一代人活动的结果或客观条件的制约，但他们也同样改造着这些客观条件，当然也改造了自己。这样，每一代人都以自己的新贡献加入生生不息的大自然和绵绵不绝的历史长河之中。我们许多同志为捍卫客观性的纯洁性，总是不惜贬低人的能动作用；他们不懂得，即使是一滴水滴入不同温度的水盆中，其温度也要相互影响，虽然程度各有不同，更何况活生生的人类实践活动之对僵死的物质条件呢！

因此，对主体与客体、人与外部客观条件的关系应从它们的相互作用上去把握。正确的理解应当是：主体→客体或人的活动客观物质条件（环境）。

---

① 参阅布哈林《历史唯物主义理论》，第 106 页。

② 如果说在社会物质生活条件中包括作为生产力重要组成部分的人，那么谁是社会物质生活或使用这些条件的主体呢？阿尔都塞歪曲马克思的思想，主张"无主体过程"，大概就是从此出发的。而且在公式中，人的行动不过是第三环，已被排除在第一因的物质条件之外。

③ *History and Human Existence*，University of California Press 1978，p.100.

历史规律与人的活动、选择的自由

人的实践活动和主客体的统一是符合规律的现象,能动性也不是纯粹主观自生的东西,它们始终受到社会历史规律的制约。概括起来,这些规律大致有以下特征:

首先,历史规律具有客观必然性,也就是说,它们不以某个人任意的主观意志为转移,在社会历史领域起着不可避免的制约作用,决定着历史总的发展方向和进程。

其次,历史规律具有条件性和历史性。马克思从不脱离具体条件和特定历史环境来谈规律。规律总是有条件的和历史地变化着的,即使在主要条件大致类似的情况下,也会因具体情况的差异而使同一个规律表现出多种形式;何况从来没有纯粹的普遍规律和必然性,偶然性、特殊性总是在起作用。社会历史现象的纷繁复杂,实践活动的丰富多彩,人类个性的千差万别,其无尽源泉就在这里。

再次,历史规律具有统计性。它不是毫无例外的单因单果单线条发展的命定,而是从宏观角度和历史发展长过程中显示出来的轨迹。对某个具体现象和过程来说,往往存在着多种可能的发展模式。例如,在马克思看来,人类从原始共同体向私有制社会过渡就存在着多种可能性,在不同条件下,可能向奴隶制,也可能向封建制或农奴制过渡,甚至直接向资本主义制度过渡。① 即使同一社会形态,也往往存在着多种所有制。这里,一切都取决于条件,更确切些说,取决于劳动主体与客观条件的关系,取决于主客体统一的方式和主体所获得的自由的程度。

社会历史规律也有依赖于人的活动的一面。这就是说,社会历史规律在人的活动中形成,从这个意义上也可以说是人的社会历史活动的产物;在人的实践活动之外,没有社会历史的创造主,也没有社会历史规律的创造主。社会历史规律实际上体现了个人与环境、与客观条件以及与社会之间的能动关系。人是通过自己能动的物质实践活动加入与已相连的物质世界

---

① 参见《马克思恩格斯全集》第 46 卷(上),第 498—516 页;第 19 卷,第 435 页。

运动发展的链条中的。在这个链条中,人的活动绝不是可有可无的或者有与没有全一个样的。人的活动必然深刻地影响到周围的客观过程,周围的客观过程也同样深刻地影响到人自己,而社会历史规律就是在这相互影响中形成和起作用的。例如,资本主义必然灭亡、共产主义必然胜利的规律,是同无产阶级对自身历史地位的自我意识和觉悟,对改变自己处境和获得自由、解放的要求,对实现每个人都自由而全面发展的美好理想的热烈向往,以及在此推动下积极从事的无产阶级革命运动息息相关的;没有这些,谈不上革命和改造,也谈不上规律的实现。

其实,人们对自然规律的认识,也总是要受到主体能动活动的制约和影响。这种影响也许在宏观世界并不突出,但并非全然没有,至少,人们认识世界所用的语言、概念、逻辑是人类长期社会历史实践的积淀,这本身就体现了人类主体的能动性,绝不是纯客观的东西;我们不可能抛开这一切去把握规律。在微观领域主体的影响更为突出,人的活动内在地参与着我们所认识的基本粒子运动规律,著名的"测不准关系"就是这种现象的生动概括。有些人只看到规律与条件制约着人,看不到人也参与着规律与条件的形成。他们不懂得,"只有把客观条件和人们的活动放在其相互依赖性中加以考察,人们的存在、他们的生活才能在它们的规律性中表现出来"①。

还有些人担心,承认主体参与着规律与条件的形成,会陷入二元论,这种担心也是多余的。因为主体能动因素本身无论从类的发生还是从个体发生来看都是物质实践的产物。而且,在马克思看来,精神与物质的对立只有相对的意义,精神本质上是一种特殊物质的机能;它的产生,恰恰证明了物质的胜利,而不是证明物质的无能。因此,社会历史的客观因素任何时候都不会消融到主观因素之中,即使在人的能动因素和主体性得到极大发展的未来共产主义社会;同样,社会历史的主观因素也任何时候都不会完全消融到客观因素之中,即使是在对物的依赖占支配地位的资本主义社会。科拉克夫斯基说马克思认为共产主义社会中社会意识将决定社会存在,具有必然性的规律在革命实践的场合将不存在②,这是对马克思思想的歪曲。在马

---

① 鲁宾斯坦:《存在与意识》,第 350 页。

② Leszek Kolakorski, *Main Currents of Marxism*, Oxford University Press 1978, P. 415,345.

克思看来,实践活动着的人,既是历史的主体,又是历史的客体;既是能动者与创造者,又是受动者与被决定者;既必然又自由。他的名言,把社会历史中的人既"当成剧作者又当成剧中人物"①,在理解自由与必然、社会规律与人的活动的辩证统一关系上具有永久的价值。

选择是人类能动的实践活动的关键一环。马克思在青少年时代就敏锐地发现人比其他存在物优越的地方在于能够自己选择行动的目标和手段,同时也发现这其中包含着使人陷入不幸的危险,但他决心使自己的选择同人类的幸福和自我完善联系起来。正是这个崇高的选择,使他的名字永远同普罗米修斯联在一起,使他成为全世界被压迫人民的导师和科学共产主义运动的奠基人,而科学的选择观也由此诞生。

在马克思看来,人从事能动选择的根据在于社会历史现象既是必然的又是偶然的,人的行动既是受动的又是能动的,其必然和受动在于从宏观角度和发展长过程看,现象和行动受到统计规律的决定和制约,而每个现象本身也以自己的客观存在加入发展总过程中;其偶然和能动在于具体现象和行为并不是一切都被预定的,它具体如何,很大程度上同人的能动活动有关。而人的活动处处受到认识能力、意志、情感、欲望、利益、价值观及由此形成的目的的制约,主客体的统一也处处需要具体条件。因此,社会历史进程和具体社会历史现象的形成与发展,从可能到现实,常具有多种模式或途径。这些模式或途径在实现主体的目的和符合规律性的程度上会有所差别,也可能迥然不同,甚至截然相反。然而被实现的可能性只有一个,现实只有一个。实现的这一个是否是主客体统一或实现主体目的的最佳模式,取决于主体对自己与客体关系的认识和自身能动性的发挥,选择则是主体能动作用的关键一环。这一环节,集中地体现了人的自由。能够进行能动的选择是人类的伟大、人的无穷无尽的创造力和与动物的本质区别所在;也是人的苦难、人对错误选择的痛悔与愤恨所在。因此,我们任何时候都不能因我们有选择能力而忘乎所以,陶醉于我们对动物、对自然的胜利。我们连同我们的血和肉都是属于自然界的。我们的选择任何时候都要受到客观条件的制约,受到我们的实践能力和认识能力的制约,受到我们的意志、情感、

———————

① 《马克思恩格斯选集》第 1 卷,第 113 页。

需求和利益的制约,它们是我们永远不可超越的舞台和地平线。萨特就是在这里陷入幻觉,他只看到人的选择自由,但把它孤立起来,并抽象地夸大扩张,因而得出"没有决定论——人是自由的,人就是自由"①的抽象结论。

既然人们的选择影响着他们的活动和结果,因而现在尚未出现的东西、未来的东西似乎"超前"决定着现在的东西,现在又受到过去的东西-打上前人劳动印记的客观条件和物化劳动的制约,这样,通过能动的现实的实践活动,时间三要素-过去、现在、未来统一起来了。当然,现实中永远有新东西,它既不完全受过去决定,也不能完全决定着未来。人的选择和活动目的以及为实现目的所用的方法在活动过程中,也要根据情况变化而迅速调整。现实实践的无限可能性和人的自由发展的无限可能性,总是同人正在进行的新创造、新选择联系在一起。

既然人能够从事自觉的能动选择,人就要对自己的选择和行动负责。

那些在社会浪潮之上,成为社会集团领袖的人物必然会对人类历史的进程发生深刻的影响,因而负有更大的责任。马克思曾说过,一开始就站在运动前列的人物的性格这种"偶然情况"会在很大程度上影响历史的发展,就是从这个意义上讲的。

从必然王国到自由王国的历史发展

马克思的全部历史考察和理论探讨有两条主线,即社会发展与个人发展、社会自由与个人自由。的确,对马克思说来,再也没有什么比社会与个人更重要的了。个人不是超出世外、离群索居、不食人间烟火的个人,而是社会关系中的个人;社会也不是一种与个人无关或先于个人存在的抽象实体,而由具体现实的个人所构成。因此,社会与个人,同是马克思理论考察的中心。我们不赞成那种认为马克思的基本出发点只是社会的观点,同样,也不同意"马克思的基本出发点是人类个体和个人问题"②的说法。这两种观点各执一端,也都不难从马克思的某些论述中找到根据,但都没做到从总

---

① 转引自《分析的时代》,商务印书馆 1984 年版,第 125 页。
② 沙夫:《马克思主义与人类个体》,转引自《哲学译丛》1981 年第 5 期。

体上把握马克思的思想。必须指出,前一种观点在我国具有更大的影响。
实际上,马克思对社会历史所作大量考察的着眼点仍放在社会关系中的个
人过去、现在和未来如何发展上,不懂得这一点就不懂得马克思思想的
真髓。

从个人与社会的关系的角度来看,人类自由的历史发展经历了三个阶
段。以对人的依赖为基本特征的前资本主义共同体是第一阶段。在这个阶
段中,个人对自然的占有和劳动实践活动通过共同体来实现;人与人相互依
赖,个人只是共同体的一个成员。征服自然的自由属于整个共同体,从此意
义上说,单个人无所谓自由,只有必然。

以对物的依赖为基本特征的资本主义社会是第二阶段。在这个阶段
中,人与人的关系以商品为中介,劳动者与劳动客观条件相分离,被迫向劳
动客观条件占有者即资本家出卖劳动力,成为为其生产剩余价值的工具。
马克思称此现象为主客体的颠倒①和异化。这种现象是人类自由发展的否
定性形式。但马克思揭示,在这种形式下积累起巨量的物质财富并提供越
来越多的剩余劳动时间:一是把它们具有的狭隘社会形式-资本的形式扬弃
掉,财富直接表现为人的创造性天赋和自由的绝对发挥;二是剩余劳动时间
直接转化为每个人可在创造性领域自由而全面发展的自由支配时间。② 这
样,马克思日夜憧憬并且毕生为之奋斗的崇高理想——共产主义自由王国
就来到了。在这个社会中,"每个人的自由发展是一切人的自由发展的条件"③。

上述历史发展实际上展现了人类不断从必然王国向自由王国发展的历
史进程。然而,必须指出,共产主义也不是绝对自由的天国。马克思即使在
抒发理想和情怀的激动时刻,也从未陷入诸如此类的空想。他清醒地知道,
人类永远不可能完全摆脱必然王国的羁绊,因为最高意义上的"自由王国只
是在由必需和外在目的规定要做的劳动终止的地方才开始"④,而人类为自
己的物质需求永远必须同自然作斗争,因此,人类必然永远受到外在的需
求、外在的目的和外在的自然的制约,不可能完全超越它们。在这个特定意

① 参见《马克思恩格斯全集》第 47 卷,第 124 页;第 49 卷,第 26 页。
② 参见《马克思恩格斯全集》第 46 卷(上),第 486 页;第 46 卷(下),第 221、222 页。
③ 《马克思恩格斯选集》第 1 卷,第 273 页。
④ 《马克思恩格斯全集》第 25 卷,第 926、927 页。

义上,现代人与野蛮人没有什么根本区别。然而,人类可以在此前提下极大地发展生产力,用最少的时间和在最符合人类本性的条件下从事这种活动,这就是文明人在必然王国领域取得的区别于野蛮人的自由。另一方面,更主要的是、作为目的本身的人类能力的发展,真正的自由王国就开始了,马克思指出,"这个自由王国只有建立在必然王国的基础上,才能繁荣起来。工作日的缩短是根本条件"①。

马克思关于人类社会有规律地不断发展的论述和共产主义自由王国的论述,常常被资产阶级学者抨击为目的论。例如,古尔德说:"目的论的价值理论是马克思在《政治经济学批判大纲》中借以发现自由的历史发展的模式"②;波普尔说:"象黑格尔一样,马克思认为自由是历史发展的目的"③;海尔布隆纳说:马克思认为,"历史的方向就是实现人类自由"④。凡此种种,不一而足,表现了资产阶级学者否定马克思主义的企图。对此,我们不能不给予有说服力的回答。

在马克思看来,人是历史的主体,是自己历史的创造者;人类社会历史是由许多代人的活动所构成的有规律的发展过程。每代人的创造都离不开上一代人活动的结果和物质条件,在此制约下从事新创造,从而形成自己的历史,同时又为后代人的活动提供前提和条件。随着时间的推移和人类世代的更替,历史表现有规律的似乎是合目的的发展过程。因此,历史发展的规律性和合目的性之谜不过是人的劳动实践不断发展之谜而已。规律不是机械的宿命论式的必然性,在人的能动的实践活动之外,不存在能从外面注入历史目的和推动历史前进的创造主和狡黠理性。资产阶级学者囿于阶级偏见和固有的反历史主义,不可能懂得这一点。

由此可见,马克思对共产主义社会的科学预见,是以对社会发展规律的深刻洞察为基础的。在这个理想社会中,人与社会、人与自然、人与规律、自由与必然、应有与现实的矛盾,不是通过一方牺牲或屈从另一方消除的,而是它们自身就内在地、辩证地和谐统一着。这种统一,只有对历史主体-人

---

① 《马克思恩格斯全集》第 25 卷,第 926、927 页。
② Gould, *Marx's Social Ontology*, p.119.
③ Popper, *The Opcn Society and Its Enemies*, Vol. I, p.104.
④ 海尔布隆纳:《马克思主义:赞成与反对》,第 57 页。

来说才有意义。历史不过是人类的活动而已,它本身无所谓目的,也无所谓意义。

真、善、美与自由

劳动实践活动是主客体统一与自由实现的最基本形式,但不是唯一形式。以实践活动为基础,还有几种派生的方式,如认识的、伦理的、艺术的。它们分别以真、善、美为目标,实现主客体的统一与自由。马克思说,除了对世界的认识的掌握之外,还有"对世界的艺术的、宗教的、实践精神的掌握",这些掌握主要发生在思想领域,"实在主体仍然是在头脑之外保持着它的独立性"[①]。因此从根本上说,它们永远不能脱离自己植根的土壤-活生生的人类物质资料的生产活动。然而,这些方式又有着自己的相对独立性和发展规律,无论对指导能动的实践活动还是对丰富人的内心世界,扩展人的精神自由,都有着不可替代的意义。真是指人对规律的认识、把握和运用,本身就意味着人的自由。追求真理,就是追求自由,获得了真理也就是获得了自由。人们在实践中产生和积累了关于外部世界和自己的一些知识并用以指导新的实践,实践的发展又转过来推动认识的深化。在此基础上人类越来越在更高的程度上把握客观规律,改造自然,改造社会;也越来越超越对周围世界的茫然无知状态,更加远离浑浑噩噩的动物式生活。自然也仿佛人化了,越来越成为属人的自然。自由是对必然的认识,这句由斯宾诺莎表述出来并得到黑格尔赞同的名言永远具有不可忽视的价值,是要赋予新的更加科学的解释和补充。问题在于,规律、必然、真,并不处于与人的活动对立的另一极;并不是人在一端,规律与必然在另一端,人的任务只是摆脱自我,去把握和认识另一端的东西。这样理解,人仍然在排除自我把握理念的柏拉图主义内兜圈子,还是没有主体的自由。实际上,在人的实践活动中,主体与客体相互深刻地影响着,规律就在此影响中表现出来并发生作用;人对规律的认识、把握和运用,始终离不开人的活动。明白了这一点,适当地处理好主体能动活动与客观世界的关系,认识论领域的与求真相联系的自由

---

① 《马克思恩格斯全集》第46卷(上),第39页。

就在其中了。

善的领域是"应有"的领域、理想的领域，也是道德价值的领域。当然，善、应有、理想、价值，不限于道德意义，如价值概念通常还含有"有用""有利"的含义。但无论如何，善、应有、理想、价值、道德，是同人的自由紧紧联系在一起的。在对善、理想、价值、道德的追求中，人能超越自然欲望，自觉自愿、自律地从事新创造，从而显示人的自由本体的价值与尊严。在伦理道德领域，这种现象尤为突出。

一个严守道德规范和执着于道德理想的人，会把他所追求的价值原则看得高于一切，甚至不惜为之牺牲自己的生命。这种超越自己肉体存在的行为是道德自由的极端表现。正因为道德律令有着如此巨大的力量，才深深影响了从苏格拉底、柏拉图到康德、费希特的漫长的欧洲哲学。然而，由于时代和阶级的局限性，这些哲学家都没能跳出规范目的论的唯心史观窠臼，即使其中有人在自己的道德生活中也许是个完人，但他们都未能找到整个社会从理想到现实、从应有到实有的道路。他们的自由仍是消极的。

马克思在包括价值观在内的整个哲学领域实现了根本变革。在马克思的心目中，一位有价值的人，不仅是具有高尚道德、独善其身的人，还更是一个用全部身心和热情关注人类的疾苦、愿为人类的自由和幸福献出一切的人。因此，个人价值只有同大多数人的利益和社会进步联系起来才有意义。这种联系不是受外力强制的，而是植根于对社会发展规律的深刻洞见和对社会进步的坚定信念之上的，是出于对全人类利益的关心而作出的自我选择、自我决定。科拉克夫斯基攻击马克思主义理论漠视人的肉体存在和痛苦欢乐，只把它们当作历史发展的材料、工具和纯粹的事实。我们劝他还稍微再认真地读一读马克思的著作吧！从《1844 年经济学-哲学手稿》到《资本论》，乃至他的所有著作，无不渗透着马克思对全世界劳动人民受剥削和压迫这个最大痛苦的深切关注，以及对资本奴役劳动的异化现象所作的道义上的谴责和价值观上的否定性评价；无不渗透着以科学世界观为基础的人生价值观。当然，科氏的攻击也不是事出无因的，从第二国际以来，许多号称马克思主义理论家的人所着力发挥的恰恰是马克思强调客观必然性的一面，似乎非如此就不能划清同唯心主义的界限，以至于马克思主义在他们那儿被扭曲了，变形了。对此，我们也不能熟视无睹，安之若素。

马克思是熟谙辩证法的大师,他深知人类自由的发展是通过一系列否定环节渐次实现的。人类只有经历一系列深重苦难和曲折,才能逐渐积蓄起埋葬那些不合理、不人道、不自由现象的力量。但是,他绝不像浪漫主义者们那样,去抛洒廉价而无谓的感伤之泪,而是确信人类解放事业将同生产和科学携手同步,高歌猛进。他的著作中洋溢着浮士德式的乐观主义和普罗米修斯式的献身精神。在他那儿,规律与价值,应有与现实,真和善,是完全统一的。

审美活动与艺术创造也是人类实现主客体统一的特定方式。在艺术活动中,人们摆脱"肉体的需要"进行生产,只是为了满足审美需要和表现自己的个性与创造力。通过艺术形象的创造,人们把自己划分为二,在创造的对象中直观自身。[①] 正是通过这种方式,人类才魔力般地创造出许多具有永久的魅力的文学艺术珍品。欣赏这些不朽的作品,人们会摆脱一时的烦恼,甚至进入一种迷狂的状态,忘记自己的一己存在;或直接把自己融合到艺术作品之中,同审美对象及它所表现的大千世界和大自然永恒的生命联系起来。主客体就是这样在艺术活动中实现了统一。我们常说美是和谐,美是自由,意义就在于此。

然而,审美活动毕竟只发生在精神领域中,它不可能真正消除物质生活领域那些压抑人、强制人的力量;迷狂状态过去以后,艺术家不难发现异己的强大的自然必然性和社会必然性依然存在,并常常压得人喘不过气来。密尔顿的《失乐园》,只卖了5镑;贝多芬一生都与贫穷、灾难为伍;即使是米开朗琪罗这样在当时就极负盛名的人也多次屈从于罗马教廷的压力,去干教皇迫使他干的工作;曹雪芹,这位能毫无愧色地跻身于世界一流艺术家之林的天才,也不得不过着"举家食粥酒常赊"的生活。这甚至是世界文化史上带有规律性的现象。这些现象充分说明,美的实现同真和善尖锐地对立着,艺术创造常常受到客观物质条件的阻碍。马克思把注意力就放在如何消除这些物质条件的羁绊上。他明白,不可能每一个人都具有拉斐尔的才能,但社会应使每一个有拉斐尔才能的人都不受阻碍地发展;为此应变革旧的社会条件,创造新的让每一个人都能自由而全面发展的社会条件。正是

---

① 参见《1844年经济学-哲学手稿》,人民出版社1979年版,第51页。

在这里,马克思超越了他的所有理论前辈。

必须指出,随着实践的发展,真善美统一问题日益突出。人们所要实现的理想和目的,不仅要符合"真"。而且要尽可能地"善"和"美"。举个简单的例子,人们造房子,不仅要符合牛顿力学,而且常要考虑式样、风格与环境。可见,在人们关于实践对象的"内心的图象"①中,不仅有真,而且有善和美。经过实践活动,应有与实有获得了统一。这就是说,善与美,和人的认识一样,不仅仅停留在思想领域;作为主体活动的目的,它们也进入本体领域,加入主客体统一的物质活动中,并物化在结果中。在统一与物化的过程中,人就获得了自由。当然,从整个社会范围来看,真与善和美,现实与理想则长期处于尖锐对立状态。但马克思揭示,这种对立不会永远继续下去,在人类历史发展的一定阶段,真善美,理想与现实终将会获得统一,整个人类将获得真正的自由。由此不难理解,马克思所期望的社会,不仅是一个按照历史规律必然要到来的社会,而且也是一个人们所憧憬的社会,一个善和美的社会。在这个社会中不仅有物质需要的充分满足,而且有最符合人类天性的生产②,有人的个性与创造能力自由而全面的发展。

马克思离开人世已整整一个世纪了。一个世纪以来,世界发生了巨大的变化。在人与自然关系的领域,马克思的许多预言已变成现实。人不仅在更大规模上征服自然,而且在更高形式上实现了与自然的统一。人与自然的关系更加透明了。

但是,浮士德式的创造与毁灭的矛盾依然折磨着人类。科学作为人类支配自然程度的标志和自由智慧的结晶,既带来了神奇的劳动生产率,也被利用去制造毁灭人类的武器。当今世界,必然性在许多方面还在禁锢、支配着我们;无论是在与自然还是在自身内部的社会关系上,亦已获得一定限度自由的人类还很不自由。唯其如此,深入研究马克思的自由观,发扬他毕生探索人类通向自由之路的献身精神,理应是哲学社会科学工作者义不容辞的责任。

(本文发表于《中国社会科学》1986 年第 3 期)

---

① 《马克思恩格斯全集》第 46 卷(上),第 29 页。
② 参见《马克思恩格斯全集》第 25 卷,第 927 页。

作为道德判断和评价范畴的"恶"的文化阐释

吕　方[*]

何为恶？恶的价值本质是什么？是人文学科研究中的一个重要课题。在日常语义中，恶被视为一种行为或事件的客观事实，恶就是生活中那些诸如贪婪、残暴这类东西。伦理学则认为恶是一种进行道德判断和评价的范畴，说某种行为是一种恶，是对这种行为的一种否定性的道德判断和评价。但在我国，这类研究不够深入，传统阶级分析的方法也束缚了研究视界，使许多问题难以从新角度展开。本文这里研究作为道德判断和评价基本范畴的"恶"，通过对"恶"的价值内涵、结构形式、文化功等问题的分析，来尝试对"恶"作一种文化上的解答（以下打引号的"恶"是作为范畴来使用的，不加引号的则是在日常语义上来使用的，可视为"恶者"，请读者留心）。

一

早在远古时期，人类就开始以神话的方式表达着自身一种生活经验。生活中那些引起混乱、苦痛、疾病、死亡等危害人生命的东西，在许多民族的神话中被形象化为"魔"，被赋予了凶恶丑陋的形象和阴森恐怖的情感色彩，变成了一种对人具有巨大的恐吓和威慑力的超自然的力量。很明显，"魔"并不是一种特定的现实物，不是一种客观存在的"事实"，它是童年的人类以形象化方式进行文化建构的产物，是一种具有了价值内涵的文化符号。它可以去形象化地去指称和示意诸如雷电、山洪、黑暗、吃人的野兽、发狂的病人等这类事态，说它们是"魔"或是中了"魔"。通过这种符号化的指称和价

---

* **吕方**，1954 年生，曾任哲学研究所副所长。

值授予,那些原来只能为人的生理本能所感知的危害生命的东西,现在可以被人以形象的方式所意识。因而,"魔"正以它那令人恐怖的形象而具有了一种指导人作出保护生命行为反应的作用(文化功能)。在这个意义上,可以认为,"魔"正是人类对原本不会言说的某种"东西"的说法,对原本不能领会的一种关系(价值关系)的表达。

在西方道德文化的发展中,《圣经》有重要的地位。值得深思的是,在《圣经》中,人类的道德问题是从人被魔(魔鬼撒旦)引诱堕落而开始提出的。人被引诱偷吃禁果,有了智慧,也就堕落,起贪婪、凶残、好色等心念,有了罪恶,因此,人需要一种意志化的向善的道德生活。《圣经》这里的文化暗示是:人性本恶,生来有罪。而从文化研究的角度看,由"魔"到"恶"的文化符号的转换,正体现着人类原始思维向理性思维发展,反映着人类对危害生命东西的超自然的解释到人自我本性的解释。这里"魔"是否定性价值的起点,通过"魔"的价值授予(引诱),以一种似乎是"天命"(形而上)的方式将人性定为了恶。这样,是人性,而不是"魔"成了人现实生活中种种罪恶的根源。所以,作为人性之恶的展示,《圣经》的许多篇章近于真实地记录了人对人的残暴、杀戮、凌辱、奸诈、欺骗,以及这一切带给人的痛苦、哀愁、绝望的体验。但是,在《圣经》中,只是通过上帝(以异化的方式)肯定了光明的善,从而肯定了人的意志品质:人可以通过对上帝的信仰、侍奉,通过自我在世俗生活中的自律、博爱、善行而赎罪,获得拯救时,当这种体现着人意志品质的善在耶稣身上得到悲剧化的震撼人心的展示时,《圣经》就不仅是神话传说、历史记载,而且是宗教的道德价值体系了。在这里,恶被善所对照和照亮,人性之恶、人行为之恶对于生命的那种否定性意义在一种神圣化的情境中被充分地表达出来,有了一种否定性的价值,成为宗教道德上的"恶"(道德范畴)。

中国儒家则对"恶"有自己独特的文化表达。在中国古代,道德问题是面对一种残酷的人文现实而提出的。但有意味的是,面对春秋时期统治者骄横残暴的现实,儒家却坚持认为人性是善而不是恶。显然,这是基于古代宗法血缘关系而提升出的价值观。儒家从例如孝悌、亲子这种人的自然感情推论,认为人性本善而不可能是恶,"君子务本,本立而道生。孝弟也者,其为仁之本与"(《论语·学而》)。由此可知,儒家的"善",是由亲情体验而在人的感情生活中寻找到的一种价值,本质上是对人的那种由亲情感化而消解自我私欲、相互自觉认同关系的肯定性价值评价,强调的是个体对这个宗法血亲伦理群体的融入。这也就决定了"恶"的价值内涵。在儒家看来,人性本善,那么恶就只能是由蔽障本性(中国古代的"魔"是心魔,佛家指扰乱修持心的心理障碍)而致的那些违背宗法关系的行为,是一种"过错"(《说文解字》:"恶,过也,从心"。"亚"有压低,掩盖义)。因此,仁、义、忠、孝等为善,不忠、不孝、不仁、不义等就是恶,而且是大恶,《尚书·周书·康诰》上说,"元恶大憝,矧惟不孝不友"。儒家的"恶"是"善"的反题,本质上是对个体背离、叛逆宗法血亲伦理群体的一种否定性的价值评价。

从文化上讲,道德上的"善""恶"实际上是人类自我创造和给定的一种生存文化情境。在这个情境中,有利人类生命活动和生命共存的行为得到"善"的肯定;而危害生命、破坏共存的则被"恶"所否定和禁止,从而"文化"地统摄和整合着人们的行为。"善""恶"在不同文化中有着不同的价值内涵,因而其给定的文化情境也就有所不同。儒家的"善""恶"价值观则表明古代中国这样一种生存情境:个体只有认同和融入一种以血缘、人情联结成的伦理群体中,他才会有生存的安全感和意义感;相反,脱离伦理群体的个人的价值、尊严、才能、创造性等的个人主义表现则是危险的。在一个以无耻、卑鄙、小人、不仁不义、大逆不道等组成的"恶"的意义体系的否定性评价中,叛逆的个体将会失去生存的安全感和意义感,被群体排斥而进入一种令人恐怖的无意义的生存黑夜之中。

最后值得说明的是,战国时期的荀子虽有性恶论,但并没有成为古代中国文化的主导价值体系。这里不论。

二

作为道德范畴,"恶"确实有着一种难以思议的性质。它的内涵是那些危害生命"坏东西"的一般性质的抽象,是"坏"的集大成,并有一种令人恐惧、憎恶的感情色彩,似乎本身就是一个"坏东西"。但一旦被抽象,在一种道德体系中,"坏"变成了"恶"的价值内涵,"恶"成了道德上的"恶",并因此具有了指称和价值授予的功能。这好像是"以坏指坏",但这个"恶"却是在为人服务的，它告诉人哪些对象对生命是具有危害的，从而指导人进行正确的道德选择，"建议""劝告"甚至是"命令"人不要从事那些危害生命的活动。"恶"这种联系着自身价值内涵进行着的道德判断和评价，正是它作为"范畴"——反映事物本质联系的思维形式——最基本的功能。

所以，人们所说"吸毒贩毒是一种罪恶"，"日本侵略者残暴"与说"这是一座房子"，"这是一个日本人"在意识形式上并不相同，前者不仅是一种道德价值体系中的对某种行为事实的判断，而且对这种行为事实作出了一种价值评价。如果展开这种意识形式结构，就能发现，这种道德判断和评价的意识形式实际包含着"是什么"和"应当是"这两种意识方式。

"是什么"构成一个直言判断，是陈述式。如暂不考虑主项（如吸毒贩毒）的感性特征和谓项（如罪恶）的价值特性，那么这个判断与一般的直言判断在形式上没有什么区别。因此就形式上讲，这个"是什么"反映意识指向一个具体对象并对对象属性作出判断，是以直陈语句按着一定逻辑形式而使判断者能以理性方式把握并认知对象的意识形式。但"是什么"仅断定主项具有某种属性而陈述它，并不评价主项，如"吸毒、贩毒是一种罪恶"，从"是什么"的角度看，仅判断了一种行为性质并陈述它，而这种行为的价值意义并不能从这个形式中直接看出。也就说，要完成道德意识化的过程，还需要另一种意识形式——"应当是"。"应当是"是根据某种价值标准对对象进行的价值评价，是"命令式"。"应当"（在"恶"的道德评价中，是"不应当"，即否定性的价值）是价值标准；"是"则是一种道德直觉，是一种包含着主体情绪、情感、情操、态度、愿望等体验的对对象整体意义的领悟。因而，"应当是"就是指主体直觉对象并在对对象的体验（"恶"的体验是厌恶、憎恶）中以内在于自身文化心理结构中价值标准来领悟对象对于主体生命的意义，并据此来评价对象，授予对象价值。

总之，从一种理论分析的角度可以说，"是什么"引入一个判断和评价的对象，并相对给定了一种逻辑形式；"应当是"则引入一种价值标准，并产生对引入对象的直觉和体验。"是什么"在逻辑格中断定主项的性质，并作为真命题来陈述它；"应当是"则在一种价值性的直觉和体验中来领悟对象对于生命的意义，并据此来评价它。它们的相互作用，使"应当是"有了命题的表达形式，从而使所领悟的价值意义最终可以被理性化；而"是什么"则有了丰富的感性化的价值内涵,从而使一种理性判断所断定主项的属性是价值属性。

而"恶"的基本的特质就是它的否定性:它的价值标准,即它自身的价值内涵是否定性的;它给予道德主体的身心体验是否定性的;授予对象(即主项)的价值是否定性的;对象被"恶"所显明的对于生命主体的意义是否定性的。但这种意识化过程最终给予主体的指导意义却是积极的。通过"恶",那些自在的原本只能为人感觉的东西对生命的否定性意义被明确而清晰地"说"了出来,从而指导生命主体对"恶者"(授予了否定性价值的对象)作出正确的道德行为反映——鄙视、警戒、提防、回避、抗争等。所以,譬如说,吸毒、贩毒这原来对某些人可能仅是为生理和心理的感觉所把握的东西,现在通过"恶"的否定性价值授予而变成了伴随着一种否定性身心体验(恶 Wù)的被理性认识的东西:是一种恶,因而是伤害生命,引起痛苦、导致死亡的东西。同样,当我们说,"日本侵略者残暴"时,不仅陈述了一种行为事实,同时还授予了日本侵略者一种否定性价值:"残暴"不仅意味着受施对象遭受的杀戮、凌辱、痛苦等,而且意味着施暴者自身最终的灭亡。

因而,如果把"恶"看作是一种认识和评价世界的意识形式,视为一种文化符号,而不是当作生活中那些具体的"恶者"来把握的话,就可以这样说,人们有了"恶"的道德意识形式和一个人变成"恶人"并不是一回事,人们并不是因此便贪婪而不知丑陋、堕落而不知危险,视恶为善。恰恰相反,它是说一个人因此具有了能够去判断、评价那些原本仅可能使他感觉到但却说不清楚的东西的能力。这也就意味着他在"文化"中超越了个体性而不但具有了对现实世界进行道德批判的能力,而且具有了一种甚至是强迫性地审视、批判自我灵魂的良知。这时,他的灵魂能内在地感觉到一个时时参照着他生活的由"魔鬼"、死亡、永恒的痛苦、漫漫的黑夜、失却意义家园的无所归宿等构成的令人恐怖的另一个世界(如"地狱")。而这既是对人生命的警诫和压抑,也是对人生命的保护和引导。只是当我们的生命被内在地参照于这个世界并为光明之善所照耀时,我们才有了一种所谓的道德生活,才愿在现世苦行而期待超越世俗,飞升天堂,才脱离了生命的原始状态而成为文明人。这正是作为道德范畴"恶"的文化功能。

三

但要在这样一个意义上理解"恶"的文化功能,就还需要从文化的角度来进一步阐释"恶"深层文化内涵。

《圣经》中人被引诱而堕落的神话故事实际上还包含着这样一种文化暗示:人堕落而有了罪恶是从人萌发了情欲而开始的。但这种将情欲当作恶之源的观念并不是《圣经》所独有的。荀子说人性本恶,是因为他认为人天生"好利""好声色"。希腊的苏格拉底说,当灵魂被肉体的罪恶所感染时,我们求真理的愿望就不会得到满足。柏拉图也说:"战争、厮杀、和党争都是从哪里来的呢?还不是从肉体和肉体的欲念那里来的么?"都是将情欲作为恶行的根源或直接与恶在一个意思上使用。恩格斯在谈及恶的历史作用时说:"自阶级对立以来,正是人的恶劣的情欲——贪欲和权欲成了历史发展的杠杆。"这句话中的"恶劣的情欲"与恶基本上是在一个意思上使用的,恶就是恶劣的(加上了道德评价)的情欲。这些都表明,情欲与恶是内在相关的。

"情欲"是一个自弗洛伊德后被广为讨论的话题,不同的理论体系对情欲有不同的理解。弗洛伊德把情欲(爱欲)看作是人的性本能,是一种肆无忌惮地要到处闯祸的东西,而另一方面,它受压抑下的能量的释放又是人类一切文明创造的源泉。弗洛伊德关于情欲的理论虽有偏颇的地方,但他的关于性本能的压抑是人类文明进步的前提的思想(参看马尔库塞:《爱欲与文明》,上海译文出版社)对从文化的角度解释道德的起源是有一定借鉴意义的。

在文化研究上,可以把"情欲"理解为是人生存和扩张本能的生命自然存在。情欲的"情"指"性"的感性化展现,是宇宙自然力的两极性原理在人生命中有色彩的活的体现。因此,生命的感性自然存正表现为生命寻求极性对象并与对象的结偶中释放生命能量,获得快乐从而自我延续和创造生命的活动上。从这个意义上说,人生命的一切对象化活动都是(两极,包括位差)性的体现,男女的"情欲"只是"生命"性本能的一种表现形式(这和弗氏对性的理解是有所不同的)。马克思说过,"情欲"是"人强烈追求自己的对象的本质力量",是"自然力、生命力、能动性的体现"。又说"人只有凭借现实的、感性的对象才能表现自己的生命"(马克思《1844年经济学—哲学手稿》,人民出版社,单行本,第121、122页)。

所以可以这样来假定,当一个人还没有被文明照亮,比如说,是一个婴儿、一个原始人或野蛮人时,那么他就是一个没有主体与理性意识的生命自然存在。这是生命的混沌未开的无意义的黑暗状态。这时,情欲正是生命走出这种状态最本原、最内在的"生"的力量。但这种未"文化"的"生"又是混乱、贪婪、盲目和肆无忌惮的自在性的东西。按照弗氏的意见,这种东西不知是非善恶,没有任何道德原则,到处东碰西撞,只是以自身的生物性原始能量的释放所引起的快乐为最高原则。显然,情欲既是一种驱动生命、使生命有可能走出黑暗状态的具有建设性的力量,又是一种有巨大破坏性的盲目的力量,要把它引入功业性释放的文明劳作之中,就必然对它进行某种压抑和限制。

最初并没有对这种情欲的文化上的压抑和限制。它存在着,但人们不能指称它,没有赋予它价值,不能以文化符号的方式来意识它对于生命的意义。然而,自然造化所给定的极性本能,使无数个体生命的为"生"而寻求对偶、寻求快乐的不计后果的恣意妄为,恰恰导致了联系着痛苦与死亡的两极性的冲突(如始社会以来的相互征战、抢夺、杀戮、复仇),从而在无数两极性冲突的合力中(关于合力论请参看《恩格斯致约·布洛赫》,选集第4卷)产生了对情欲的实在性的抗衡和压抑。千万年的人类原始力量的冲突与抗衡,使人类在血与火、痛苦与死亡中深切地感觉到,他们那种根植于本能之中的自然欲求是不可能在现实中得到它所期待的那种完全的、无痛苦的快乐与满足的,为了共存,必须学会对自身的情欲冲动进行压抑、限制和修正。

因而,必须有一种"式"把这种性命攸关的经验表达出来,使这种经验可以被人意识化,使个体可以不必亲历历史中那些血与火的实在过程就能在联系着自身有限的生存经验通过这个"式"而内在地体验这种实在并参照、指导自己的生命活动。对中、英文"恶"词义分析,可以发现这个"式"形成的秘密。

从词义看,"恶"(英文 evil 在词义上与汉语大致相同)既指恶心、讨厌、憎恶、苦痛这类否定性情绪,又指饥荒、疾病、不幸、祸害这类可感受的自然和人为的事态,又指坏的一般性质。这可能表明,"恶"最早只是人的一种生理和心理反应,如疾病中的恶心,对自然灾难的厌恶,对敌手的憎恶,以及死亡中的恐惧等。进一步可能的情形是,当人在情欲活动中更多体受到的是恶心、苦痛、恐惧等这类情绪、情感时,这类生命经验就必然会(作为一种价值)反馈(授予)给情欲本身而产生了对情欲的恶(Wù)。这时,在原始人的感觉中,他们那种盲目的、不计后果的(比如说性混乱、血族复仇)的生命活动(情欲)就意味着最终是恶心、厌恶,就是疾病、苦痛、丑陋、祸害、死亡,就等于(比如说)是失去亲人的痛苦、面对死亡的恐惧、遭受暴力的凌辱等。这样,在情欲对象化的生命活动中,情欲和表现情欲的行为事态就都被恶(Wù)赋予了一种感性特征;另一方面,恶(Wù)也就不再仅是生命简单的生理、心理反应,而成为了一种有着生存行为事态内容的生命体验。当这种体验开始可能只是被一声痛苦的大叫所表达时,"恶"(è)就被说了出来,被意识化。而这时,"恶"(è)也就逐步与"恶"(Wù)分离了出来,有了自己作为一个语词、概念和范畴的独立的含义——被投射和积淀着的人类通过历史过程获得的生命经验和智慧,从而使人从这个符号上就能领悟情欲对人的否定性的价值,就能据此参照、判断自己的行为的意义,从而以一种文化的方式实现对情欲的压抑、限制和修正,引导情欲,使之成为一种建设性的力量。这样,"恶"就以自身特有的"式"、价值内涵而具有了一种判断、评价其他对象价值意义的文化功能。当它判断、评价某对象是恶时,实际上就是暗示生命主体,这个对象是一种情欲的表现(如吸毒贩毒),最终是与痛苦、死亡、毁灭联系在一起的。

因此,"恶"作为一种文化符号,在其所提供的语境中,包含着人类走向文明的艰难的历史过程,暗含着人类在其两极性结构中开拓、创造自己本质的秘密。当现代人通过"文化"而体验"恶"这个语境时,不管他愿意不愿意,都意味着他联系着儿时(父母对他情欲冲动的压抑)的经验被这个语境所包含着的价值意义所同化,从而超越了他对世界感觉的个别性,受到了道德文化的统摄和整合。因而,他不必再亲临和重复历史上的那些剑与火、血与泪的场景就有可能在自我和他人的否定性的道德评价中感觉到羞耻、恐惧、痛苦、死亡及负罪感。这就迫使人们把他情欲的冲动变成一种意志行为,发展自己的理性意识,学会在不伤及生命和在对象制约的条件下实现自己的意志;把自身的自然力量变成一种受控的理性化的力量;把那种由情欲联结起的对象性地寻求快乐的自然性关系转变为由意志和理性联结起来的主体对客体的功利关系。在这个新的两极对立统一结构中,理性化的生命力量在创造性的劳作中获得了文明化的功业性释放,而人也就自己创造了自己新的本质。情欲在"恶"的文化统摄和整合中成了善的本源。

也许在这个意义上,我们才能真正理解恶是历史发展杠杆这个著名的命题。黑格尔曾认为,恶是历史发展的动力借以表现出来的形式。恩格斯在肯定和解释了黑格尔这个看法后说:"但是费尔巴哈就没有想到要研究道德上的恶所起的历史作用"(《马克思恩格斯选集》第4卷,第233页)。恩格斯说的"道德上的恶",是指在道德价值体系中的被视作"恶"的东西,根据上下文,就是指"恶劣的情欲"。因而,可以这样来理解这段话:"研究道德上的恶所起的历史作用"就是研究在一种道德价值体系(在一种文化压抑)中"情欲"所起的历史作用。这是说,"情欲"的历史作用是一种历史文化的过程,而不是情欲冲突的自在过程。歌德著名诗剧《浮士德》中的魔鬼靡非斯特是自然力、生命力和能动性的象征(它恢复了浮士德的情欲)。在魔鬼的魔力下,浮士德充满青春的活力走出了阴暗的牢狱般书斋,满怀雄心壮志,走向了征服大自然的功业之途,并最后取得了事业的成功。但这个成功,魔鬼虽然有功,却离不开浮士德这个价值主体,是浮士德在经历了与玛甘泪的爱情悲剧(由情欲联结起的在对象性中寻求快乐的阶段),产生罪孽意识("恶"道德意识的产生)后压抑、驾驭、控制情欲而创造出的功业成果。正是在歌颂了浮士德的这个价值主体主导作用的前提下,歌德才让魔鬼靡非斯特说出了"作恶、造善力之一体"这个充满着辩证法精神的诗剧主题。

注:西方语言分析伦理学派的黑尔在他的《道德语言》中区分了两种命题形式。一种是叙述的命题;另一种是评价的命题。他认为,虽然第一种命题常表现为第二种命题的原因,如"这草莓是甜的"是"这草莓是好的"的某种原因,但在道德判断中,两种命题并不相关。而黑尔实际上又承认了"善"等道德范畴包含着叙述的形式意义,但认为主要是评价。参看《二十世纪西方伦理学》,湖北人民出版社,1986年版,第136—137页。

(本文发表于《哲学研究》1996年第2期)

高雅民族文化、大众文化的传播
及其对社会生活方式的影响

吴　芸[*]

文化对今日社会生活的影响已无所不在，而大众文化与精英文化或主要由精英欣赏的高雅文化之分野，不仅使文化本身的内容丰富多彩，而且使其对社会方方面面的影响也表现出各种不同的特点。本文主要从民族的角度切入，探讨高雅民族文化和大众文化的传播及其互动以及所有这些对社会生活方式带来的影响，进而为把握当代文化的发展，为制定文化产业政策和发展战略提供可供选择的分析思路。

大众文化的兴起和传播

大众文化的兴起是当代文化中十分引人注目的现象，这个现象同市场经济的兴起、文化工业的出现，以及现代传播手段进步，还有观念转变等多种因素密切相关。而在此之前的文化是精英们的一统天下，尽管其内容千百年来特别是近代以来一再嬗变，但精英的主导地位却始终如一。但所有这些到了90年代都从根本上动摇了。

原因当然有很多，如市场经济大潮的兴起，文化工业的出现，现代传媒和高科技手段的结合及其带来的观念变化等。其实在80年代即粉碎"四人帮"以后，人们的政治热情即开始衰退，转而关心实利实惠实用，已埋下了变化的种子。至90年代，市场经济大潮扑面而来，利益原则渗透一切，文化领域也不例外。昔日的说教已归于无效，精英们再慷慨激昂、以身示范也不

＊　吴芸，1957年生，1988年入职哲学研究所，后调入社会学研究所。

行。在此情况下,精英文化的衰落与大众文化兴起相伴而生是自然而然的,而我们对大众文化的所具有的内容和种种特点也就不难理解。

大众文化由于其感性的指向和追求愉悦的功能,必然带有娱乐性的特点。而由于其市场广大和文化产业的存在,其作为消费品必然会被成批成批生产出来,以满足广大消费者的要求,同时满足文化商的赢利需求。这种只重视感性愉悦和被成批复制的产品难免带有低俗化和无个性的特点,风行一时后即会被新的产品所取代。

这种感性的流行的可以复制和批量生产以供大众消费的文化传播,必然给社会生活方式带来巨大而不可磨灭的影响。从综合角度看,其所产生的负面影响至少有:

平面化和无深度。大众文化的特点是平面化的,没有多少崇高的追求,或至少不以追求崇高为己任。而由于大众文化无所不在,整个社会也似乎因之平面化了。理想主义受到冲击,不管是东方的还是西方的,甚至主流意识形态也受到忽视。英雄主义受到冷落,王朔式的"痞子"却很流行。昔日的豪情壮志都湮没在刘震云所描述的"一地鸡毛"之中,整个社会的价值取向都变得庸俗了。远大的理想已经淡去,个人琐事成为关注的中心。

追求时尚与一用即扔。大众文化是流行文化,也是快餐文化。流行文化特点是追求时尚和热点不断,但很难持久。如时装,如发型,如都市流行色,还有铺天盖地的广告,红了一茬又换了一茬的影视明星、歌星和体育明星。麦当劳快餐也很受欢迎。而流行文化就像快餐文化,批量生产,供应及时,但一用即扔。当然有许多热点是商家为赢利目的制造出来的,但无论如何快餐文化的流行反映了生活节奏的变快,人们的趣味、爱好也在不断变换,很难有持久打动人心的东西了。

享乐主义的盛行。大众文化是充满感性的文化,它指向人们的欲望和需要而不是那些超感性的东西。整个社会也都世俗化了,均关心享受而不是理想。商人和明星也为之推波助澜,煽情和造势,想方设法调动人们的消费欲望,而且是全方位的,色、声、香、味俱全,还有各种各样的"玩",内容比过去不知要丰富多少倍。

商业原则渗透一切。各种玩法和享受都需要钱。一个人的成功与否要看他挣了多少钱。企业更是如此。而一个领导干部的政绩也无非看他给地方和企业带来多少收入和利润,使大家的口袋鼓起来多少。所有的标准似乎都简单化了,简化为钱。而人的行为处事或单位的公关也是靠钱。当然这里似乎说得极端了。但日常生活和社会交往中商业原则或利润与钱的原则确实在起着非常重要的作用,这也是不能否认的事实。它给大众的行为处事乃至整个社会的生活方式带来深刻的影响。

这是负面的角度,大众文化已因之招来很多批评,其实其正面的影响同样很明显。例如:

大众享受与文化民主。大众文化使能享受文化娱乐活动的人群空前扩大。如电视广播报刊的受众以亿计,还有舞厅歌厅和卡拉 OK 等,均参与者众多。这种普遍的参与也可以说是一种"文化民主"。当然,精英们尽可指责这种文化低俗,没有深度和个性。但它毕竟给多数人的身心带来了愉悦和快乐。而过去他们是没有机会参与这种享受的。因此总的说来有比没有强。当然对过于低级趣味的东西应该限制。

知识传播和观念更新。大众文化虽然是批量生产和可以复制的文化,但它的传播必然要负载许多现代观念和新的知识,给受众以影响。当然受众的接受也不完全是消极的。耳濡目染,潜移默化,时间长了,不仅知识面扩大,而且可能观念新了,视野开阔了,愿意以新的精神对待生活,面向世界。特别年轻人反应快,脑袋灵活,容易产生新思想接受新事物,从而去改变自己的命运。从此角度看,可以说影响之大难以估量。

世俗化及其对僵化观念的冲击。大众文化的传播促进了世风的转变和世俗化,也促进了对僵化观念和落后生活方式的冲击。当然社会对此毁誉参半,争议颇多。有人认为这种世俗化具有革命的作用,似于文艺复兴的人文精神,能够瓦解神学蒙昧和禁欲主义,促进社会进步。有人则把之看成是洪水猛兽,败坏风气的祸首,而效仿西方左派如法兰克福派对之全面否定。也许两种观点都有些走极端,更好的回答是两者的合题。

文化产业的兴盛。大众文化的发展兴盛了一个产业,一个包容巨大的文化产业,而且是朝阳产业,活力正旺。据统计,我国国民总消费支出中,娱乐、教育和文化服务业 1985 年是 8.2%,排在食品、衣着和家庭设备之后,1998 年为第 2 位,仅次于食品。1999 年占 12.3%。当然文化产业在国民生产总值中比重不高,只有几百亿,但潜在的消费能力则有数千亿。日本的娱乐业已超过汽车工业，美国视听产品出口仅次于航天航空业。世界五百强中文化产业有 9 家，400 家美国大公司 72 家为文化产业，其口号是"只要世界上的人爱玩，我们就有钱赚"。

民族高雅文化的传播和影响

一般说来，大众文化与通俗文化，精英文化与高雅文化相对应，但也不尽然。大众和精英是对文化主体的社会分层，而高雅和通俗则是审美趣味的价值判断。虽然精英多爱高雅，而大众对通俗的东西更喜闻乐见，但反例总是有的。也有些东西属于雅俗共赏、老少咸宜。从历史的角度看，雅俗之分早已有之，但界限则变动不居，如《诗经》中的"风"或爱情诗，现在无疑作为雅文化登堂入室。能够复制和批量生产并被用来消费的大众文化，是当代才有的现象。这种大众文化虽不等于，但很大程度上与通俗文化重合。精英文化与高雅文化的关系也类似于此。但本文所说的高雅文化主要从民族角度而言，即民族高雅文化的传播及其对社会生活方式的影响。从此角度看，其作用与影响至少有：

繁荣文化，雅俗共赏。民族高雅文化的内容丰富多彩，也博大精深。中州古籍出版社的《雅文化》，谈的就是中国文化中琴、棋、书、画、茶、酒、山水和古玩的世界，洋洋洒洒 60 余万字，可见雅文化传统的内容之丰富。传统并不是死的东西，它们仍存在于我们的生活之中，而且同许多人密切相关。这里雅与俗、精英与大众的界限已不明显，但它又无疑属于我们文化生活中较雅的那一部分。

净化心灵，提升境界。高雅文化不仅丰富了人们的生活，而且能够提升俗文化的档次，净化心灵，提高境界，给人带来美的享受。今天的大众差不多都受过教育，对构成我们民族传统文化主体的文学、历史和儒释道文化，可以说都有程度不同的了解。对于《诗经》、楚辞、汉赋、唐诗、宋词、元曲、明清小说这些宝贵的文化遗产许多人也不陌生，有的甚至耳熟能详，十分珍爱。屈原、李白、杜甫、白居易、陆游、辛弃疾、曹雪芹，还有孔孟老庄，都是大家心目中的文化英雄。不仅如此，在喧嚣的都市和繁忙的工作之余静下心来读一两本好书或吟诗作画、练练书法还能够陶冶情操，净化心灵，提高欣赏水平,提升思想的境界。西方学者培根说:"读史使人明智,读诗使人聪慧,验算使人精密,哲理使人深刻,伦理学使人有教养,逻辑修辞使人善辩。总之,'知识能塑造人的性格'。"他所说的史诗哲理或知识主要属于高雅文化,在此方面中西方是相通的。当然,知识中也有负面的东西,但瑕不掩瑜,对人类说来任何东西也赶不上知识和文化的积累与进步。对个人说来那些感性的东西诚然能给人带来愉悦和快乐,但稍纵即逝,理性达观和道德自由及其带来的心灵宁静和充实才是长远的。

促进民族文化的认同与传承。当前举国上下正在一心一意从事现代化建设。众所周知,以工业文明为核心的现代化产生于西方,因此西方文化是强势文化,正在挟现代化潮流向其他文化大举进攻,全球化的背景更加剧了这一态势。我们的民族传统文化自近代以来已风雨飘摇,有的人乘机鼓吹全盘西化。但是,一个有几千年悠久历史和有十几亿人口的民族,不可能在文化方面没有自己的根、自己的传统,即使在现代化建设日新月异和工业化、都市化的背景下,认同自己的文化传统,特别注意认同那些优秀的东西,也是非常有意义的,因为它能使人产生一种历史感,一种文化的意识和民族精神,从而安身立命,并在新的基础上努力光大之。只有找到自己的根并在此基础上吸收所有优秀的东西并发扬光大,才能真正做到与时俱进,民族高雅文化传播的意义即在于发扬民族文化传统中优秀的东西。从主流意识形态的角度看,高雅的民族文化能够唱响主旋律,繁荣民族文化,增强爱国主义和民族自豪感,既提高了审美能力,又提升了思想境界和文化内涵,对于社会主义现代化和精神文明建设乃至社会主义新人的培养均大有裨益,可以说是功德无量之举。

高雅文化也有自己的弱点。它的内容可能有不合时宜的地方,特别在思想观念方面,应注意辨别和摒弃。在形式上也可能有些曲高和寡、阳春白雪,高雅则高雅矣,但欣赏的人少。在这个市场经济和大众文化的时代这可能是个致命的弱点:它的生存能力和竞争力相对较差,若没有外在力量加以扶持,可能有些难以为继。但这只是一种极而言之的抽象可能性,从宏观的角度看,一个社会和民族不可能没有自己的高雅民族文化,至多在有的时代高雅文化的影响相对较弱,欣赏的人相对较少,但不可能没有。问题在于,社会不应该听任这种状况出现,特别在我们这样的社会主义国家,而应注意协调高雅文化与大众文化的关系,在它们之间保持必要的张力乃至实现一种良性的互动,从而实现共同繁荣和共同发展。

必要的张力:高雅文化与大众文化的良性互动

高雅文化与大众文化之间的关系是一种相互竞争、相互制约,又相互渗透的互动关系。从竞争的角度看,它们之间的关系和影响无疑是此消彼长、相互排斥。大众文化走红的领域往往是精英的高雅文化退出的领域,大众文化所拥有的强大影响力正是精英的高雅文化昔日所享有的,只不过在今天话语霸权(用福柯的话说)被大众文化夺了去。而大众文化所占领的市场份额是它们在文化领域咄咄逼人保持强势的最强大力量。所有这些让许多退居边缘的精英们嫉恨不已,而文化领域和社会生活中许多乱七八糟的东西更使他们相信这是大众文化的罪过,因此他们发出很多批评。毫无疑问,这些批评对于保持学者乃至整个社会的良知是非常有益的。大众文化负面的东西确实很多,不能毫无限制地任其泛滥。由于大众文化占据了最广大的市场因而具有强大的生命力,不可能把已经打开的潘多拉盒子重新关闭。市场或人民也不会答应。但高雅文化又因其具有上述的价值必须扶持,当然不是在量上尽量压缩大众文化的地盘,而是在质上或品位和追求上加以引导,从而对社会包括大众文化产生积极的影响。即尽可能做到双赢,让两种文化产生良性的渗透和互动,从而对繁荣民族文化和丰富社会生活共同产生积极的影响。

要达到这种局面无论在理论上还是实践上都有相当的可行性。途径和方式至少有二。一是在大众文化和高雅文化之间保持一定的张力;二是寻找两者最佳的结合点。张力是相互的制约关系,希望达到合适的度。这里面既有空间的概念(领域和范围)也有经济的概念(钱或资金)和政治的概念(意识形态和政策扶持等)。结合点是相互渗透相互联系的关系,在此情况下,时空和经济、政治各方面相互和谐甚至重合而达到共振,从而产生最佳效果,实现雅俗共赏和双赢。

要实现双赢或多赢,即让雅俗两种文化保持必要的张力和共振还有两个方面的因素或力量不可缺少,一是政府,二是市场。这两个因素都不直接是文化,而是经济和政治,当然经济和政治也同文化密切相关,属于广义的大文化。在大文化概念中,什么都是文化,这过泛的概念于我们现在的讨论无助,因此这里不取。

经济和政治确实对文化事业的发展非常重要。文化的发展若不与经济发展相冲突,而是与之一致,甚至渗透到一起,运用它的原动力,则必然会日新月异、以日计功,如当前大众文化的发展和文化产业的发展。其实高雅文化的发展也未必一定与大众文化的发展相悖,非得要一个吃掉一个不可,在有些情况下也可以一致和做到雅俗共赏。其与经济发展和市场的关系也如此。但在多数情况下这样做需要政府的扶持。政府拥有权力,但这权力是人民赋予的并且是在中国共产党领导下的。因此政府有意识形态指导权,也有责任按照主流意识形态和相应价值观扶持健康积极的文化,不管这文化是大众的还是精英的,是通俗的还是高雅的。当然由于大众文化在市场经济背景下是强势文化,也由于大众文化感性的或非理性的倾向,政府更需要对大众文化加以导向性的调控,对民族的高雅文化则更多地给予扶持和帮助,如加大投入、资金支持和政策鼓励,也可以划界或促进相互的融合和渗透。

概括地说,要实现雅俗共赏和两种文化的良性互动至少需要四方面的因素:大众文化、高雅文化、市场和政府。其中,统摄大众文化的原则是感性和快乐,统摄高雅文化的原则是雅致和崇高,而市场的原则是利润或经济效益,政府的原则则是意识形态和社会效益,当然还有权力。四方面的因素若实现和谐统一或大致一致,则我们所说的雅俗共赏和良性互动就实现在其中了。在其中,市场是自在的因素,大众文化也是自发的色彩更多些,而高雅文化参与者个人的努力和创造色彩更多些,政府则应该起主导的作用,对文化发展的走势和两种文化的关系主动进行调控和引导。如用大众文化或文化产业积累的资金发展高雅文化,另一方面,也注意用高雅文化来提升、净化或引导大众文化,从而实现共同繁荣。

调控的手段就是政策,从长远的角度看就是文化发展战略,而方向和着眼点则是文明、健康、积极、向上和在社会主义现代化基础上繁荣民族文化,建设精神文明,并对人类作出更大的贡献。政府应当从此出发制定合适的文化产业政策和有远见的文化发展战略。

最近江苏省提出建设文化大省，并制定文化大省建设的十年规划纲要，组织有关专家对之进行分门别类的专门研究，正是在做这方面的工作。我们相信，随着上上下下对文化问题的重视和关心，以及随着改革的深入和全社会的努力，一个民族振兴、社会进步、雅俗文化共同繁荣和多赢的局面终会来到。

（本文发表于《学海》2002 年第 6 期）

系统自组织与自然目的性

钟 明[*]

当代科学正在飞速发展。传统的物理科学以个别物质实体作为自己分析的基本对象,而新兴的系统科学则着重对不同物质实体内部的组织结构进行综合性的研究。系统科学的重大理论成就不仅更加深入地展现出生命世界的复杂性,而且还出人意料地揭示了非生命世界与生命世界相类似的复杂性。正如当代科学家们所描绘的:"自 60 年代以来,我们目睹着数学和物理学中掀起的革命,它们正迫使我们接受一种描述大自然的新观点。……简而言之,复杂性不再仅仅属于生物学了。它正在进入物理学领域,似乎已经根植于自然法则之中了。"[①]这一变化如此之深刻,以至于人们相信,一种人与自然的新对话已经真正地开始了。如果说,亚里士多德、康德和黑格尔的目的论观念都主要来源于他们对于生命世界中复杂现象的考察,而这一考察不能不带有他们各自所处的那个时代中科学认识水平的历史局限性,那么,在今天,系统科学作为关于整个世界的复杂性的综合理论,它正在将对于自然目的性问题的探索推进到一个新的广度和深度。

系统科学中的自组织理论乃是自然目的性机制的科学说明;自然目的性的具体表现,完全在于系统的自组织性。哲学与科学的统一研究将表明,自然目的性,即系统自组织的目的性,不仅包含着某种客观的必然性,而且还包含着某种"主观的"必要性,而这种客观必然性和主观必要性的实现,是一个从潜在到现实的选择过程。必然性、必要性、过程性三个方面的统一辩证地确定了自然目的性——系统自组织目的性的真谛。

---

[*] 钟明(1958—2007),1988 年入职哲学研究所,1993 年调任院科研处处长。
① 尼科里斯、普利高津:《探索复杂性》,第 3—4 页。

一、目的性的交替因果性

从哲学上看,自然目的性最为根本的特征是一种自我规定性。黑格尔在其著述中多次表达了这样的思想。在《自然哲学》中,他思辨性地写道:"目的概念,作为内在于自然事物的概念,是这些事物的单纯规定性。"①其中的"单纯"一词,说得明确一些,就是我之为我的意思。"单纯规定性"就是自我规定性或内在规定性。

自我规定性的内在本质是一种扬弃了的因果性,即交替因果性。毋庸置疑,自然事物最基本的联系是因果联系,自然事物无不处在这种因果联系的运动之中。但是,承认目的性却并不意味着对因果性的否认。作为因果辩证性的表现,目的性不过是因果性充分发展的必然结果。在这种目的性中,不仅包含原因产生结果的因果性。而且还包含结果产生原因的因果性,正是由于这种内在的因果相互作用而形成了一个自成起结、自身圆满的因果联系环。其中尽管应该存在一个作为起点的"前因"以及一个作为终点的"后果",但是这个因果联系环一旦产生,所谓起点或终点的问题也就随之失去了意义。因为原因即结果,结果即原因。因果的绝对差别已不复存在。此时,作为一种新型的联系结构,这个因果环具有不可还原为直线式因果联系之整体实现的性质。恰恰是基于这个因果联系环,自组织系统在没有从外部环境输入特殊信息(组织指令)的条件下,却可以自发地形成一种新的整体结构,从而表现出某种自我规定性,即自主性、自我决定性。由此可见,这种交替因果性已不具有因果性的原意,它扬弃了因果之间的彼此外在性而突现为一种内在的目的性机制。

对于这种交替因果性,康德曾作出了现象性的描述,而黑格尔更有卓异的猜测。在黑格尔看来,"相互作用首先表现为互为前提、互为条件的实体的相互的因果性;每一个对另一个都同时是能动的、又是被动的实体。当两个实体这样既是能动的、又是被动的之时,那么,它们的任何区别便已经自身扬弃了;区别成为一个完全透明的映象;它们之所以是实体,唯在于能动

① 黑格尔:《自然哲学》,第8页。

和被动的同一。"①于是他洞见到,通过这种相互作用,因果无限进展已得到真正的扬弃,也就是说,因果那种由因到果和由果到因的向外伸展的直线式无穷过程返回到了自身,转变成了圆圈式的过程。因而,在黑格尔那里,圆圈式因果性(交替因果性)是对直线式因果性的扬弃,而从直线式因果性到圆圈式因果性的发展则是因果相互作用的结果。正是在这个基础上,他提出了目的性原则,并阐述了目的性是机械性的真理的思想。黑格尔的这些早期哲学见解,在当代科学中得到了具体的证实。

在系统的自组织过程中,交替因果性是通过自反馈机制而实现的。在自然中,系统总是处于一定的外部环境的影响下,它们都会对外部环境与其自身的相互作用的结果有所反应;同时,系统内部的每个局域相对于其他局域也必然存在相互作用以及其自身的反应。因此,系统可以不断地将系统与外部环境相互作用以及系统内部相互作用所产生的信息加以再吸收。通过这种自反馈,因果相互作用不断地循环反复,从而使系统能够对其自身内部的关系以及它与外部环境的关系进行不断的自我调整,并且表现出自组织这种目的性行为。根据分子生物学的观点,生命是一个核酸与蛋白质相互作用而产生的可不断繁殖的物质反馈循环系统。在它的自组织过程中,蛋白质的功能由其结构所确定,而这种结构又是被核酸编码的;与此同时,核酸的复制和翻译则必须经蛋白质的催化,再通过蛋白质来表达。因此,核酸与蛋白质的关系其实是一个互为因果的封闭的环。显然,这种自反馈或"交叉催化"导致了交替因果性,并进而孕育了生命系统的目的性。

随着交替因果性复杂程度的不同,系统相应地表现出不同水平的目的性行为,而这最终取决于系统本身的组织水平,也就是说,系统内部的组织水平对于其行为的目的性具有决定性的意义。一般地说,一个系统的组织水平依赖于这个系统的组分(子系统)的量,这些组分所处的状态和结构联系的量以及它们的强度。然而对于由大量子系统组成的系统而言,其组织水平则主要由子系统之间结构联系的强度(关联程度)所确定。如果系统的组织水平趋于零,那么系统与外部环境之间就出现直线式的因果联系,这时系统完全被外部力量所支配而处于被动的状态。例如"质点"或"刚体"之类

---

① 黑格尔:《逻辑学》下卷,第 230 页。

无结构、无组织的东西,是根本谈不上有什么交替因果性和目的性的。如果系统具有一定的组织水平但它还比较低,那么系统就通过比较简单的交替因果联系,开始比较积极地对外部环境的影响作出反应。随着系统组织水平的提高,它所包含的交替因果联系就越来越复杂,它通过自反馈来处理各种信息的能力也就越来越强,相应地,系统就越来越具有能动性(主动的力量)和目的性。例如,所谓超循环系统就由于具有高度的组织水平而显示出高度的目的性。超循环经过因果循环联系把自催化或自复制单元连接起来,其中每个自复制单元既能指导自己的复制,又对下一个中间物的产生提供催化帮助。人们发现,这种分层次相类属的各种因果循环的循环正是生命诞生的契机。

系统自组织目的性的交替因果性超越了那种"恶的无限性"和僵化的必然性,它表明自组织系统绝不仅仅受制于其外部环境,而是自己决定自己,本身有所作为。于是,这种目的性深刻地展示出现实的无限性和生动的必然性,它显示出一种发展了的能动性、一种初露锋芒的主体性。这种自我决定、本身自足的能动性和主体性就是自由。黑格尔在批评那种把必然与自由看作绝对对立的抽象知性点时指出:"这种不包含必然性的自由,或者一种没有自由的单纯必然性,只是一些抽象而不真实的观点。自由本质上是具体的,它永远自己决定自己,因此同时又是必然的。一说到必然性,一般人总以为只是从外面去决定的意思,⋯⋯但这只是一种外在的必然性,而非真正内在的必然性,因为内在的必然性就是自由。"①

于此,我们看到,自然目的性,即系统自组织的目的性,乃是一种包含着交替因果性的目的性,一种包括内在必然的自由。

二、目的性的有序稳定性

系统自组织的目的性,一方面蕴涵着自我决定这种内在的必然性,另一方面则显示了自我保持这种主观的必要性,因而它总是表现出趋向作为定向关联结果的一个目标的敏感性和坚持性。系统在自组织过程中所达到的

---

① 黑格尔:《小逻辑》,第105页。

目标或实现的目的,乃是一种有序化的稳定状态。

　　系统对于有序稳定性的追求,实质上就是其自我规定性的反映。作为目的性之根本特征的自我规定性,其外部显现就在于,在系统的无限演化中存在着有限的环节,这个有限的环节不是别的,它正是演化之全过程中的一个具有一定对称破缺性(差别性)的有始有终的稳定结构,它乃是诸多可能性中的自己实现了的现实性。值得注意的是,这里所论及的稳定状态,并不是什么静止的或平衡的状态,而是一种运动的、非平衡的状态。我们说稳定性,不过是指系统在某个界限内对于其"单纯规定"之自我保持的特性,这说明系统具有抗拒外部环境作用的主动力量,即一种自身能动性。但是,这种"结构的稳定性是没有限制的,只要引入合适的扰动,任何系统都可以呈现不稳定性。因此,不会有历史的终点。"(普利高津:《从存在到演化》,第 116页)系统的自组织乃是不稳定的过程与相对稳定的环节的辩证统一:系统的任何不稳定性都必然以某种稳定性为先决条件,而任何稳定性都只能存在于某一不稳定的过程之中。于是,这种目的性行为展示出有限稳定的无限突破,目的是没有终极性的。从这个意义上讲,拉兹洛用"稳定状态的开放系统"作为"自然的系统的严格定义"[1]是颇有合理之处的。

　　一般系统论提出,在一定的条件下,只有有序的结构才能保证系统的稳定;而系统最终形成稳定的有序结构,即达到有序化的稳定状态,则是其行为目的性的体现。有序才能稳定,这一点是容易理解的,因为只有形成组织,才能产生自身能动的力量。然而,系统究竟是怎样趋向有序稳定态这一目标的呢? 对此,一般系统论并没有给出具体的说明。

　　以普利高津为代表的布鲁塞尔学派创立的耗散结构论和艾根等人提出的超循环论,分别以物理—化学系统和生命系统中的自组织现象为出发点,从不同的侧面研究了有序稳定结构的形成问题,这两者取得了实质上基本相同的结果。

　　耗散结构论认为,一个开放系统在从平衡态、近平衡态推进到远离平衡态的非线性区域时,一旦系统的某个参量达到一定的阈值,系统可能通过涨落而发生非平衡相变,由原来的无序状态转变成一种新的时间、空间或功能

---

　　[1]　拉兹洛:《用系统论的观点看世界》,第 32 页。

有序的状态,从而形成具有一定稳定性的耗散结构。其中,耗散结构论特别指出,系统的有序稳定结构必须通过耗散从外部环境输入的高品质能量(负熵)来产生和维持。

另一方面,超循环论提出,在生命的化进化和生物学进化之间,存在着一个生物大分子自组织的阶段,它表现为一组功能上耦合的自复制单元的整合与连贯的进化。超循环这个新的一类非线性网络具有独特的性质,它可以把许多随机效应反馈到起点,使它们本身成为一种起放大作用的原因。正是通过因果的多重循环,建立起一个由自我复制和自然选择而进化到高度有序稳定的宏观功能性组织。

如果说,耗散结构论强调的是外部能量的耗散,那么,超循环论更加注重于内部因果循环。倘若将这两个方面结合到一起,则可能对有序稳定态的形成作出更加全面的解释。协同学作为系统自组织思想的最新发展,它正是对耗散结构论和超循环论的突破与推广,因而协同学具有更大的普适性。按照协同学的观点,当反映外部环境作用的控制参量达到某一临界值时,系统中大量子系统间的关联便能克服其自发的独立运动而产生动力学意义的"协同",相应地形成序参量,而序参量又支配着子系统的运动,使系统出现整体的有序稳定结构。于是,对于自组织过程中系统与外部环境相互作用以及系统中诸子系统之间的相互作用之机制的探讨,在协同学中通过发现协同效应而得到了进一步发展。协同,乃是子系统之间的动态协调合作,以求整个系统的最优同一和有序稳定。这恰恰是对黑格尔关于"完善性却在于组织的和谐"①这一哲学思辨在科学上的具体阐发。因此,我们说协同学的观点具有更为深刻的思想性。

无论是耗散结构论、超循环论,还是协同学,它们都将系统的自组织过程与描述系统运动状态的相空间(状态空间)中的"吸引子"相联系,从而更加清楚地说明了目的性的有序稳定性。在自组织过程中,系统从不同初始状态出发,随着时间的推移,轨道的流线总会受到其端点的吸引,这个端点便是代表系统的某种有序稳定结构的吸引子。在相空间中,系统终归要运动到这个吸引子上,唯其如此,系统才能趋于稳定。在不同的情况下,吸引

---

① 黑格尔:《自然哲学》,第581页。

子可能是不动点,也可能是极限环或环面。于是我们可以认为,这种吸引子实际上就是系统的目标或目的的科学原型,而系统趋向吸引子的敏感性和坚持性就是其自组织的目的性。因此,"我们在一个不是有目的地构成起来的系统中看到了目的性,原因很简单,因为无目的性按其本性说来乃是暂时出现的东西。"①维纳的这一见解不仅是对控制论意义上的目的性的解释,而且也可以作为对系统自组织的目的性的说明。

在自然界中,系统自组织的目的性有一个十分显著的特点,这就是它的非自觉意识性和非预定计划性。这就表明有序稳定性这种系统自身的需要还没有从其行为中分化出来而成为独立的对象,因此,它们需要的对象也不是以行为有意识的或预定好的目的的方式出现的。用黑格尔那鞭辟入里的语言来说,这种目的性"只自在地是自由的,但它的自由并不是自为的"②。将这种作为客观过程定向关联结果的目的与那种自觉的和预定的目的严格区别开来是非常重要的。在这里,我们应该同时避免两种极端,一种是把自然拟人化或神学化了的唯心主义的目的论,另一种则是反对在人的活动范围以外解释目的性,进而否认自然中目的性从低级到高级发展之过程性的"唯物主义"的机械论。马克思在评价达尔文生物进化论的意义时明确地指出:《物种起源》一书"不仅第一次给了自然科学中的"目的论"以致命的打击,而且也根据经验阐明了它的合理的意义。"(《马克思恩格斯全集》第 30卷,第 575 页)如此而言,对于自然目的性,问题并不在于简单地予以肯定或否定,关键乃是客观地揭示它的"合理的意义"。

在 19 世纪 80 年代,恩格斯曾经说过,在自然界中存在的全是不自觉的、盲目的动力,而一般规律就表现在这些动力的相互作用中,所以没有任何事情是作为自觉的预定的目的发生的。他的这个观点不仅与当时的科学认识水平相一致,而且即使在今天,其正确性仍然是无可怀疑的。但是,在 20 世纪 80 年代,系统科学进一步表明,正是那些不自觉的、盲目的动力彼此间的相互作用,导致了提高系统组织水平的可能性,而系统的自组织过程则确实显示出一种非自觉的、非预定的目的性。于是,我们自然得到这样一个结

---

① 维纳:《人有人的用处——控制论与社会》,第 26 页。
② 黑格尔:《精神现象学》上卷,第 228 页。

论：自觉意识性和预定计划性并不是目的性的必要条件。这样看来，客观世界中存在着两种不同层次的目的性，一种是非自觉的非预定的目的性，即自然目的性；而另一种则是自觉的预定的目的性，即人的目的性。这两个不同层次的目的性以及它们之间的相互联系和推移转化，便构成了一个新的哲学范畴——一般目的性。

三、目的性的选择过程性

总的来讲，自组织系统的目的性行为决定于两个方面对它的影响，其一为这个系统内部的组织结构，其二则是它对外部环境这一更高层次之系统的归属性。

在系统内部的组织结构方面，非线性相互作用具有根本性的意义。因此哈肯说得很干脆："协同学的所有方程都是非线性的。"（哈肯：《高等协同学》，英文本，第19页）非线性相互作用具有与线性相互作用全然不同的性质。在线性相互作用下，各子系统彼此独立，其中仅仅存在直线式的因果联系。然而，非线性相互作用则会产生所谓"相干效应"和"临界效应"。其中，相干效应是指子系统之间相互制约，形成所谓"通信"机制，并且可能导致某种交替因果联系；而临界效应则意味着系统具有失稳而发生突变的可能性以及进入新的有序稳定态的多分支性，这就为系统提供了在不同的结果之间进行选择的机会。显然。非线性相互作用作为系统自组织的内在根据，它具有极大的创造性。

从系统与其外部环境的关系方面来看，开放性，即系统与环境之间存在着一定程度的物质、能量和信息的交换。乃是系统自组织的必要的边界条件。对于一个孤立系统来说，正如热力学第二定律所指出的那样，它必然以无序、无组织和简单性作为自己的归宿。其实，与系统内部的非线性相互作用相类似，系统的环境也是具有创造性的。这一点并不奇怪，因为环境不过是一个更大的或更高层次的系统（超系统）而已。环境的创造性主要地表现在它将会对开放系统提出某种挑战，而这种挑战对于开放系统而言乃是一个选择压力。普利高津的"非平衡约束"和哈肯的"控制参量"实际上只是对选择压力的不同表述形式。当这个选择压力达到某一限度时，开放系统将以自我选择的方式进行必要的自组织,以便最为有效地抵抗环境的压力并与环境相适应。

由此可见,系统的内部非线性与边界开放性的结合,使自组织具备了全面的可能性。如果说,开放系统内部非线性所蕴藏着的新的有序稳定态的实现是内在目的性的反映,而在选择压力下,这个系统对外部环境的适应是外在目的性的表现,那么,系统的自组织就是稳定性与适应性的统一,而系统自组织的目的性就是内在目的性与外在目的性的统一。于是,历史上内在目的性与外在目的性两种观点的对立在这里得到了辩证的解决。自然目的性,即系统自组织的目的性,获得了新的更为全面的意义。

自组织系统目的的实现乃是一个从可能性发展到现实性的选择过程。它颇像拉兹洛所描绘的,"自然的系统"在进化过程中,实行一种非预定的计划,"这计划指示总的方向,剩下就让机遇来起作用,从实现这个计划的不同途径中作出选择。存在着一种没有奴隶性的目的性和并非无政府状态的自由"①。

这里需要首先引入"涨落"这一科学概念。在物理学中,涨落一般被唯象地定义为系统在一段时间内运动变化的平均值与这段时间内任一时刻的运动变化的差异,简单地说,它就是系统宏观状态各种随机的起伏波动。然而,对于由大量子系统组成的系统来说,涨落在本质上是局部的事件,它所涉及的空间和时间范围都是很小的。例如,在一个宏观热力学系统中的一个小部分中,某些粒子可能随机地具有比周围其他粒子大些或小些的运动速度。下面我们所提到的"涨落"就是特指这种局部涨落。

系统中存在的各种各样的涨落对应着各种各样的可能的宏观状态,但在具体的内部和外部条件下,它们的稳定性又彼此相异。于是,这些可能的宏观状态构成了某种可能性空间,即相空间,其中发生着激烈的竞争。由此可见,涨落作为一种偶然的、内在否定的因素。它为系统提供了进行选择的具体对象。

当系统运动到某一临界点(分支点)附近时,涨落总是发挥着一种特殊的决定性作用、在这个随机突变过程中,内部非线性和外部选择压力的结合

---

① 拉兹洛:《用系统论的观点看世界》,第 47 页。

开发了涨落所具有的潜力。正是通过大量偶然的涨落,系统可以连续地探索其相空间。尝试各种可能性。寻找某一最适合于自身需要的目标。最后。只有相应于稳定程度最高的那个宏观状态的涨落,即相应于吸引子所代表的那个有序稳定态的涨落,才能作为不稳定的"核心"被系统选择,它通过"无性繁殖"(自同构放大)而进入宏观现实性。

黑格尔指出,现实的必然在于"它在自身中具有其否定,即偶然"(黑格尔:《逻辑学》下卷,第 204 页)。我们可以进一步将他的思想发挥为,现实是对可能的选择,而必然则孕育于偶然之中。系统自组织理论对此作出了令人信服的科学说明。尼科里斯和普利高津认为,在系统进行转变的关键时刻。它必须进行重要的抉择。而对于某一具体的有序稳定态,"只有偶然的机会通过涨落的动态特性来作决定。系统将仔细研究"基本情况",进行一些尝试。最初也许会是徒劳的。最后,某一涨落将占上风从而决定局面。从其后的演化决定于这一关键性抉择的意义上讲。体系通过把抉择稳定下来,而成为历史性的客体"①。与布鲁塞尔学派的观点相似,哈肯也是从进化论的角度来考察这一过程的,然而他作出了更加透彻的分析。他说:"在某种程度上,我们被引入了一种甚至在非生命世界中发挥作用的广义达尔文主义,即由涨落构成的集体模式的产生、它们的竞争以及最终对于'最适合的'集体模式或其组合的选择导致了宏观的结构。"②耗散结构论和协同学都以贝纳德现象作为自己的经典例子,以此说明这个可能到现实、从偶然到必然的选择过程。在贝纳德现象中,当位于水平液层上下两侧的平板之间的温度差一定时,热量以热传导的方式传递,液体从宏观上看是静止的。当温度差增大到某一阈值附近时,出现了不稳定的局面。液体速度的各种随机涨落在试验各种构型时,结果稳定程度最高的一种构型被液体选择,相应地出现六角形对流元胞这一特殊的宏观构型,这时热量以最有效的方式进行传递,从而液体又与环境相适应。

黑格尔曾经把目的性称为"纯粹的否定性"③,即内在的否定性,这不过是他对自我运动、目的性行为之根源的思辨性表达。在系统的自组织过程

---

① 尼科里斯、普利高津:《探索复杂性》。第 76—77 页。
② 哈肯:《高等协同学》,第 18 页。
③ 黑格尔:《精神现象学》上卷,第 13 页。

中,一定条件下的偶然涨落及其自同构放大,乃是内在否定性的一种独特的形态。自组织系统正是通过这种内部搏动的否定性而展示其目的性行为的必然性。从本质上讲,目的性行为与辩证运动是同一的。"必然性在发展历程中是隐藏着的,只在终点才显现出来,但这样,正是这个终点,表明必然性也曾经是起点……起点就表明自己是一种以其自身为终点的东西,因此,它作为起点就已经是回到了自身,或者换句话说,它是自在而自为的。"①黑格尔这一深刻的思想可以作为自组织系统目的实现过程的哲学概括。在自组织过程中,系统通过内部的交替因果性而定向运动到终点即有序稳定态,便意味着自己目的的相对完全的实现,这就显示了这种运动存在的必然性。然而,在开始时,这一必然性却以涨落这种具有建设性意义的偶然形式潜在地存在着,一旦具备了一定的内部非线性和外部选择压力的条件,某个落涨就被系统选择而进入现实性,达到自我否定与自我规定的统一,并进而达到内在目的与外在目的的统一。因此,从这个意义上讲,系统的自组织是从潜在到现实的连贯的展开,那终点不过是完全实现了的起点的回归。这乃是一个定向运动的、自身建设的和连贯发展的能动性过程。这样一个辩证的过程不仅全面地展示了系统自组织的目的性,而且深刻地显示了自然目的性思想的科学形态。

(本文发表于《哲学研究》1988 年第 8 期)

---

① 黑格尔:《精神现象学》上卷,第 174 页。

中国社会大众伦理道德发展的
文化共识要素初探
——基于改革开放 40 年持续调查的数据

樊和平[*]

  经过 40 年改革开放的洗礼,中国社会大众伦理道德发展的"不惑"之境是什么? 一言蔽之,就是关于伦理道德发展的文化共识。为了揭示我国改革开放历史进程中社会大众伦理道德发展的"多"与"一"、"变"与"不变"的规律,自 2007 年笔者率江苏省"道德发展"高端智库的同仁进行了持续十年的中国伦理道德发展大调查,分别进行了三轮全国调查(2007 年、2013 年、2017 年)、四轮江苏调查(2007 年、2013 年、2016 年、2017 年),建立了七卷十二册一千多万言的"中国伦理道德发展数据库"。该调查发现,中国社会大众的伦理道德在十年中经过了三期发展,呈现"二元聚集——二元分化——走向共识"的精神轨迹。2007 年,是改革开放 30 年,中国伦理道德发展逐渐由多元向二元聚集,进入重大转折的"十字路口";2013 年的调查显示,伦理道德的精神状况已经越过十字路口,呈现"多"向"一"、"变"向"不变"积累积聚的征兆;2016 年和 2017 年的调查表明,改革开放 40 年,中国社会大众伦理道德发展的一些重大共识已经开始生成或已经生成。[①] 我们发现,现代中国社会大众已经形成关于伦理道德发展的三大文化共识:关于伦理型文化的自觉自信的共识;"伦理上守望传统—道德上走向

---

  [*] **樊和平**,1959 年 9 月生,2015 年 1 月至 2019 年 12 月,任江苏省社会科学院副院长。

  [①] 关于 2007 年和 2013 的调查方法及其"二元聚集——二元分化"的轨迹,分别参见樊浩:《当前中国伦理道德状况及其精神哲学分析》,《中国社会科学》2009 年第 4 期;樊浩:《中国社会价值共识的意识形态期待》,《中国社会科学》2014 年第 7 期。2017 年的全国与江苏调查由江苏道德发展高端智库与北京大学国情调查中心合作,样本量分别为近一万五千份和近七千份。文中所有数据除特别说明外,均为 2017 年全国调查数据。

现代"的伦理道德转型的共识；以"伦理优先"实现伦理道德的文化自立的伦理精神共识。

一、伦理道德的文化自觉与文化自信

在世界文明体系中，中国文化是与宗教型文化比肩而立的伦理型文化，改革开放 40 年来，中国社会大众在激荡和震荡中所形成的最基本也是最重要的共识之一，就是关于伦理道德的文化自觉和文化自信。这主要体现在三个方面：对中国伦理道德传统的文化认同与文化回归；对现实生活中伦理道德优先地位的文化守望；对现代中国伦理道德状况的肯定及其未来发展的文化信心。这一自觉自信的要义，不仅是关于伦理道德状况的文化共识，而且也是对伦理型文化的现代认同，是关于伦理型中国文化如何继续在世界文明体系中自立自强的共识。

（一）对于中国伦理道德传统的文化认同与回归期待

在任何文明体系中，传统都是建立社会同一性与文化同一性的最重要基础，对于文化传统的自我认同，是最基本的社会共识，也是其他一切共识的基础。回首近代以来的中国社会转型，在一定意义上讲，几乎每次都经历甚至肇始于对以伦理道德为核心的传统文化的自我反思与激烈批判。改革开放 40 年来，伦理道德是受激荡最巨大和最深刻的领域之一，近 10 年来中国社会大众的集体意识最深刻变化之一，就是对中国传统伦理道德的态度由改革开放初期的激烈批判悄悄走向认同回归，并逐渐凝聚为社会大众最重要的文化共识之一。

表 1　中国社会道德生活的主流

	意识形态中所提倡的社会主义道德	中国传统道德	西方文化影响而形成的道德	社会主义市场经济中形成的道德
2007 年全国调查	25.2%	20.8%	11.7%	40.3%
2013 年全国调查	18.1%	65.1%	4.1%	11.1%
2017 年全国调查	23.7%	50.4%	8.3%	17.5%

对中国伦理道德传统文化的认同与回归所释放的第一信号，是关于当前中国社会的道德生活主导结构的认知和判断。当问及"你认为当前中国社会道德生活的主流是什么？"时，三次全国调查呈现的轨迹十分清晰。

在上述关于当今中国社会道德生活的中西古今的四维坐标系中，认知和判断呈两极分化：一极是"中国传统道德"，这 10 年中的认同度提升了 3 倍左右，表明传统回归的强烈趋向；另一极是市场经济道德，这 10 年中认同度下降了 2 倍以上。变化较小或相对比较稳定的因素，一是国家意识形态中提倡的社会主义道德，三次调查的数据变化很小，2017 年与 2007 年的数据差异几乎可以忽略不计；二是"受西方文化影响而形成的道德"，2017 年与 2013 年虽然数据翻番，但总体上选择率很小。无疑，这些数据既是事实判断，也是价值判断；不仅是客观现实，而且也是价值认同，准确地说，社会大众对道德生活的认知判断中渗透了价值期盼，其中"市场经济中形成的道德"显然包括积极与消极两个方面。

这三次调查及其呈现的变化轨迹似乎产生一种信息暗示：当今中国社会的道德生活弥漫着一种传统气氛，然而它却与人们的生活经验、与主流意识形态和社会大众对传统道德的呼唤似乎又相矛盾。其实这一信息需要立体性诠释。其一，在理念和理论上，我们不能将社会主义市场经济直接等于道德合理性。社会主义市场经济及其道德是当代中国社会生活中的现实，但现实的不一定都是合理的。毫无疑问，社会主义市场经济在经济发展层面是一种高效率的体制，它所产生的伦理道德如平等自由原则、契约精神等也具有一定合理性，但市场经济本身却内在诸如资本崇拜、个人主义、利己主义等深刻道德缺陷，这些缺陷早已被有洞见的伦理学家和经济学家所揭示，市场经济并不具有先验的道德合法性。正因为如此，中国所建立的是社会主义市场经济，"社会主义"不仅在经济体制上坚持公有制主导，而且包括以社会主义价值观和优秀中国道德传统矫正、扬弃市场经济固有的道德缺陷。其二，在近 10 年来的持续调查中，第一次调查"社会主义市场经济中形成的道德"高居首位，重要原因是这次调查对象中很大部分是大学生，后两次调查严格按照社会学的抽样方法进行，因而在认知判断方面有所差异。同时，这 10 年中不仅人们对社会主义市场经济尤其是对其所派生的道德问题的认识，而且国家意识形态导向也发生重大变化，如主流意识形态和大众认知中对传统的呼唤,社会主义核心价值观的建构,正因为如此,"中国传统道德"与"意识形态中提倡的社会主义道德"在后两次调查中都居第一、二位,"中国革命道德""社会主义先进道德"也已经包含其中。[①] 其三,这些信息不仅是事实判断,而且是价值判断,甚至更多是社会大众对道德生活的认知和向往,表征社会心态,因而并不能由此得出中国传统道德已经是当今中国社会主流的判断。

于是,准确把握社会大众对于传统伦理道德的文化态度,还需要其他信息提供佐证。"您认为对现代中国社会的伦理关系和道德风尚造成最大负面影响的因素是什么?"在中国传统文化、外来文化、市场经济三大影响因子中,这 10 年的变化轨迹表明,"传统文化崩坏"的归因不断上升,2007 影响最小(占 12.0%),2013 年从第三跃居第一(占 35.6%),2017 年成绝对第一归因(达 41.2%)。相反,"社会主义市场经济导致的个人主义"的归因不断下降,2007 年是绝对第一因素(占 55.4%),2013 年成第二因素(占 30.3%),2017 年下降为最小影响因子(占 11.3%)。两大因子上升和下降的幅度都是几何级数,超过三翻。"外来文化冲击"是其中相对比较稳定的因素。这一信息与表 1 完全一致,彼此形成一个相互补偿、相互支持的信息链,证成关于伦理道德传统的文化回归的事实判断与价值期盼,它表明,对中国伦理道德传统认同和回归的呼唤,已经成为当今中国社会大众的最为强烈和深刻的文化共识之一。

(二)对于伦理道德优先地位的文化守望

伦理道德在现代中国社会大众的生活世界和精神世界中到底具有何种文化地位? 这是关于伦理道德文化自觉的现实确证。与西方文化相比,中国文化最大特点是伦理道德对于个人安身立命和社会生活的特殊意义,呈现伦理型文化的特征。这种"伦理型文化"有两个参照,一是与西方宗教型文化相对应,伦理道德而不是宗教成为精神世界的顶层设计和终极关怀;二是与西方法制主义传统相对应,伦理道德而不是法律成为共同生活和社会

---

① 根据调查手册,调查员在调查提示时,将"市场经济道德"解释为如"通过契约获利",将"社会主义道德"解释为如集体主义,将"传统道德"解释为如"推己及人","西方道德"解释为"个人权利"等。

秩序的价值基础。伦理型文化当然不排斥宗教与法律,但伦理道德确实在相当程度上具有某种文化替代的意义,在价值序位中具有某种优先地位。经过改革开放以来40年西方文化的冲击和市场经济的洗礼,在伦理道德与宗教、法律的关系方面,社会大众是否形成新的文化共识? 我们的调查发现,中国社会大众依然坚守对伦理道德优先地位的伦理型文化守望,关于宗教信仰状况和处理人际冲突的调节手段的调查结果,为我们提供了两个参照性很强并体现文化共识的重要信息。

面对全球化和市场经济的冲击,宗教是现代中国社会的敏感问题。当今中国社会大众的宗教信仰状况到底如何? 我们的调查发现,有宗教信仰的人不仅是绝对少数,而且呈下降趋势。2007年、2013年、2017年三次全国调查中有宗教信仰的人口占调查总人口的比例分别为:18.6％,11.5％,8.5％。其中2007年与后两次调查数据差异较大,因为这次调查主要在江苏和广西、新疆采样,并且江苏与广西、新疆的样本量相同,后两个地区系少数民族和宗教地区,因而有宗教信仰人群的比例相对较高。这一数据及其变化曲线可能与当今中国社会潜在的那种令人担忧的"宗教热"感受相悖,然而,需要注意的是,(1)也许当前中国社会大众的宗教感和宗教情愫正在悄悄升温,但如果他们在调查中不能坦然宣示和承认,那也只是一种情愫,并没有真正成为安身立命的信仰;也许一些对当今中国社会具有显示度和影响力的人群如大学生和出国留学人员的信教比重在增加,但以上数据是严谨调查得出的抽样结果,佛教在中国的传播史已经证明,如果宗教只是在少数精英中传播而不能成为普罗大众的信仰和生活方式,那就不可能占据主导地位。(2)中华文明的根本特点不是"无宗教",而是"不宗教"。在中华文明史上宗教从来没有缺场,既有本土的道教,后来又主动引进并广泛传播了佛教,然而中华民族最终却没有走向宗教的道路,其根本原因在于其有强大的伦理道德传统。事实证明,"有宗教"而"不宗教"才是传统文化的"中国气派"。

伦理型文化之"伦理型",不只是相对于精神生活中的宗教,也相对于现实生活中的法制。我们的调查发现,中国社会大众有自己的文化坚守,而且在改革开放40年的进程中形成越来越大的文化共识。从2007年始,我们都持续追问同一个问题:"如果发生重大利益冲突,你会首先选择哪种途径解决?"结果发现,伦理道德一如既往是首选。2007 年的全国调查从总体上设计问卷,得到的信息是:"直接找对方沟通"的占 49.3%,"通过第三方调解"的占 29.6%,"诉诸法律打官司"的占 18.1%,"沟通"和"调解"的伦理路径是绝对首选。2013 年与 2017 年的全国调查中,我们对问卷做了某种改进,将利益冲突的对象区分为四种关系,并且增加了"能忍则忍"的道德路径的选项。调查结果发现,在家庭成员、朋友、同事之间,"沟通"和"调解"的伦理路径是绝对选项,其次是选择"能忍则忍"的道德路径,"诉诸法律"的选项都不到 3%。即使在商业伙伴之间,伦理路径依然是首选,只是法律手段的权重大幅增加,成为第二选项。可见,伦理、道德、法律,情—理—法,三位一体的价值序位,依然是高度文化共识和文化守望。

表 2 "如果发生利益冲突,你会选择哪种途径解决?"

	家庭成员之间		朋友之间		同事之间		商业伙伴之间	
	2013 年	2017 年	2013 年	2017 年	2013 年	2017 年	2013 年	2017 年
诉诸法律,打官司	0.6%	1.1%	1.2%	1.8%	2.7%	2.9%	34.8%	31.0%
直接找对方沟通或通过第三方调解	64.6%	62.7%	75.7%	75.5%	77.2%	73.7%	55.4%	58.9%
能忍则忍	34.8%	31.9%	23.1%	19.9%	20.1%	11.7%	9.8%	10.1%

(三)对于伦理道德发展的文化信心

我们的调查发现,当今中国社会大众对伦理道德现状满意度较高并且持续上升,对伦理道德的未来发展持乐观态度,但对伦理道德本身却保持紧张和警惕的文化心态,呈现伦理型文化的典型气质。

在 2007 年的调查中,受访对象对道德风尚和伦理关系状况,满意或基本满意的占 75.0%,不满意的占 19.4%。2013 年、2017 年的调查对道德状况和人与人之间关系即伦理与道德,以及它们满意与不满意的强度做了区分。

表 3 对当前我国社会道德状况的总体满意程度

	非常满意	比较满意	一般	比较不满意	非常不满意
2013 年全国调查	2.1%	33.7%	41.5%	19.0%	3.8%
2017 年全国调查	6.9%	66.7%	未设选项	23.7%	2.6%

表 4　对当前我国社会人与人之间关系状况的总体满意程度

	非常满意	比较满意	一般	比较不满意	非常不满意
2013 年全国调查	2.3%	35.1%	45.0%	15.5%	2.1%
2017 年全国调查	6.0%	67.8%	未设选项	24.3%	2.6%

如果进行质的考察,可以发现,在三次调查中对道德风尚和伦理关系状况满意度都在 75% 左右,不满意度都在 25% 左右,但"非常满意"和"比较不满意"都有明显提高。而且后两次调查中道德状况与人际关系状况的满意度与不满意度都基本持平,说明伦理与道德的发展比较平衡。由于 2013 年调查设计了"一般"的模糊选项,所以与 2017 年比较可能存在某种变量。

道德与幸福的关系即所谓善恶因果律,既是社会合理与社会公正的显示器,也是伦理道德的信念基础。善恶因果律的实现程度和信念坚定指数,既表征社会公正,也表征伦理道德对现实生活的终极关怀及其文化力量,因而是伦理道德和伦理型文化最重要的客观基础和信念前提。"你认为当今中国社会道德与幸福是否一致?"持续调查得到以下数据:

表 5　道德与幸福关系状况

	能够一致	不一致	没有关系
2007 年全国调查	49.9%	32.8%	16.6%
2017 年全国调查	67.9%	23.8%	8.3%

数据显示,这 10 年之间,道德与幸福关系的一致度提高了近 20 个百分点,不一致程度下降了近 10 个百分点,认为二者没有关系的信念和信心缺场的选择频数下降了一半。我们的结论是:当代中国社会在善恶因果律的道德规律实现程度,以及社会大众的善恶因果的道德信念方面,不仅得到很大提升,而且形成高度共识。正因为如此,社会大众对伦理道德未来发展的信心指数很高。在 2017 年关于"你觉得今后中国社会的道德状况会变成怎样"的调查中,71.2% 的受访者认为"将越来越好",10.7% 的受访者认为"不变",只有 5.6% 的受访者觉得会"越来越差",信心指数或乐观指数超过 70%。

（四）伦理型文化认同与回归的共识

综上所述，传统认同—文化守望—信念信心，构成链接历史、现实、未来的数据流和信息链，展现出中国社会大众关于伦理道德的自觉自信的文化共识，复原出一种伦理型文化的精神取向，由此可以哲学地回应当今中国伦理道德发展的诸多重大理论前沿和现实难题。

第一，伦理道德与社会主义市场经济的关系。2007—2017 年的 10 年轨迹已经表明，传统道德与社会主义市场经济之间的关系，不是机械"决定论"而是"生态相适应"，中国传统道德必须在经济发展中实现创造性转化和创新性发展，社会主义市场经济也必须在与中国伦理道德传统的辩证互动中建立自己的现实合理性与文化合法性。对中国伦理道德传统的认同，本质上是体现伦理型文化的精神气质的共识，因为只有伦理型文化才会对伦理道德及其传统倾注如此强烈而持久的文化关切并最终回归文化认同的共识。

第二，关于宗教和伦理的关系以及应对宗教挑战的文化战略和文化信心问题。我们的调查表明，虽然现代中国社会在全球化进程中遭遇日益严峻宗教挑战，但社会大众的文化共识和文化气派依然是"不宗教"。"不宗教"的秘密在哪里？底气从何而来？就是因为中国文明有着自身固有的传统——"有伦理"。梁漱溟在 20 世纪 20 年代便揭示了中国文化的密码："伦理有宗教之用"；"以道德代宗教"。① 据此，当今中国应对宗教挑战的能动战略，便不是拒宗教于国门之外的消极防御，而是伦理道德的能动建构，以伦理道德为个体安身立命也为社会生活提供精神家园和终极关怀。只要创造和提供充沛而强大的伦理道德的精神供给，中国文化的现代和未来也一定是"不宗教"。这就是伦理型文化的"中国气派"。

第三，关于善恶因果律。善恶因果律即道德与幸福的关系是人类文明的终极追求和顶层设计，它不仅是信念基础，而且是文化基石。我们的调查发现，社会大众与其说对善恶因果的社会现实具有很高的认同度，毋宁说在

---

① 梁漱溟：《中国文化要义》，学林出版社，2000 年，第 85、95 页。

文化信念和文化信心方面具有高度的文化共识,因为善恶因果律与其说是一种现实,不如说是一种信念。在现实生活中,善恶因果律没有也不可能完全实现,但社会大众依然坚守这一文化信念并努力使之成为现实,由此伦理道德便不仅成为批判世界而且也是创造世界的精神力量。在这个意义上,现代中国社会大众关于道德与幸福关系的高度共识,不仅是对生活世界的肯定,而且也是文化信念和文化信心的表达,是伦理型文化的典型气质。

二、"新五伦"与"新五常":伦理—道德转型的文化共识

伦理范型和基德母德是伦理道德的核心。自 2007 年始,三次全国调查、四次江苏调查都对当今中国社会最重要的伦理关系和道德规范进行跟踪。调查发现,改革开放 40 年,中国社会大众在伦理道德领域形成的具普遍性的文化共识,便是"新五伦"和"新五常"。[①] 多次调查中虽然很多信息因时间和对象的不同而有较大变化,但社会大众所认同的五种最重要的伦理关系和道德规范,即所谓"新五伦"和"新五常"却相对稳定,由此可以推断,现代中国社会关于伦理道德的核心价值已经生成。"新五伦"与"新五常"既是现代中国伦理道德发展的核心共识,也是关于伦理道德现代转型的文化共识,是伦理型文化的现代表达,内蕴深刻的精神哲学意义。

1. "新五伦"及其哲学要义

现代中国社会最重要的伦理关系是哪些?"新五伦"是什么?三次全国调查,两次江苏独立调查[②],五次调查提供的信息惊人相似。排列前三位的都是家庭血缘关系,并且排序完全相同:父母子女、夫妻、兄弟姐妹;第四位、第五位在共识之中存在差异,朋友、个人与国家、个人与社会的关系是共同因子,但位序有所不同。

---

① 传统伦理道德以"五伦"为伦理范型、"五常"为基德母德,"五伦"与"五常"不仅是中国话语而且是中国理论,由此我们的调查便致力揭示"新五伦"和"新五常"。

② 2013 年、2017 年的江苏调查与全国调查同步,故不做特别说明,但结果与当年全国调查相同。

表6　"新五伦"

	第一伦	第二伦	第三伦	第四伦	第五伦
2007年全国调查	父母子女	夫妻	兄弟姐妹	同事同学	朋友
2013年全国调查	父母子女	夫妻	兄弟姐妹	个人与社会	个人与国家(第六伦:朋友)
2017年全国调查	父母子女	夫妻	兄弟姐妹	朋友	个人与社会(第六伦:个人与国家)
2013年江苏调查	父母子女	夫妻	兄弟姐妹	个人与国家	朋友(第六伦:个人与社会)
2016年江苏调查	父母子女	夫妻	兄弟姐妹	朋友	个人与社会(第六伦:个人与国家)

　　"新五伦"共识中虽然存在某些不确定因素,但可以肯定并得出结论的是:家庭血缘关系在现代中国的伦理关系中依然处于绝对优先对位,社会大众对它们的共识,在质的认同和量的排序方面都完全一致。可以说这是当今中国伦理道德发展的"绝对共识"。后两伦或后三伦虽然在排序方面有所差异,但要素基本相同,其情形也部分回应了中国台湾地区学者所提出的关于"新六伦"的设想。在中国传统社会中,"五伦"不仅是最基本最重要的伦理关系,而且是其他伦理关系乃至社会关系的范型。在现代社会转型中,传统的"君臣"关系已经转换为"个人与国家"关系,"五伦"之外的新的伦理关系,便是个人与社会的关系,亦即海外有学者提出的所谓"人群"关系,它在广义上也包括朋友关系和同事同学关系等。"新五伦"所释放的最重要的信息是两大共识:一是家庭伦理关系的最大和最普遍共识,二是关于"新五伦"或"新六伦"要素的共识。它表明,现代中国关于伦理范型的文化共识已经形成,区别只在于:前三伦是绝对共识,后两伦或后三伦在位序变化表现出某种多样性。第一个共识表明现代中国文化依然是伦理型文化,因为家庭血缘关系依然是伦理关系的自然基础、神圣根源和策源地;第二个共识表明传统伦理型文化正处于现代转型中,转型的两个新元素是个人与国家、个人与社会的关系。

2. "新五常"及其文化变迁

"五常"是中国传统社会中关于道德的核心价值。自轴心时代始,中国传统道德所倡导的德目虽然很多,然而自孟子提出"四德",董仲舒建立"五常"之后,"仁义礼智信"便成为中国文化最重要的道德共识,即便在由传统向近代的社会转型中,"五常"之德也在相当程度上被承认,人们所集中批判的往往是它们的异化而形成的伪善,而不是五常之德本身。改革开放40年,中国的社会生活和文化观念发生根本性变化,社会大众认同的五种德性即"新五常"是什么? 我们的调查进行了持续跟踪。①

表 7 "新五常"

	第一德性	第二德性	第三德性	第四德性	第五德性
2007 年全国调查	爱	诚信	责任	正义(公正)	宽容
2013 年全国调查	爱	诚信	公正(正义)	孝敬	责任
2017 年全国调查	爱	诚信	责任	公正(正义)	孝敬
2013 年江苏调查	爱	责任	诚信	正义(公正)	宽容
2016 年江苏调查	爱	责任	公正(正义)	诚信	宽容

五次调查的信息表明,虽然"五常"之德排序上有所差异,但传递一个强烈信息:现代中国社会大众关于最重要的德性即所谓"新五常"的价值共识正在生成或已经形成。综合以上信息,"爱"(包括仁爱、友爱、博爱)是第一德性;"诚信"是第二德性,"责任"是第三德性,"公正"或正义是第四德性,"宽容、孝敬"可以并列为第五德性,但考虑到问卷设计的差异,除 2007 年的问卷中没有"孝敬"一德的选项外,其余几次调查都有该选项,结合诸德性之间的重叠交叉,第五德性可能以"宽容"更为合宜。由此,"新五常"便可以表述为:爱、诚信、责任、公正、宽容。

3. 伦理—道德现代转型的文化共识

"新五伦"—"新五常"既演绎伦理—道德转型的文化轨迹,也演绎伦理—道德一体的哲学共识,是伦理道德现代转型的基本文化共识。

---

① 三次全国调查中,2013 年对"新五常"的调查采用开放的方法,由受查对象说出五个最重要的德性,表中 2013 的信息是根据开放题归类整理的结果。

"新五伦"与"新五常"呈现改革开放进程中伦理道德现代转型的特殊文化轨迹。"新五伦"中所变化的实际上只是在传统五伦中被人格化的两种关系，即君臣关系和朋友关系，它们被普遍化为个人与国家、个人与社会的关系。在2007年的调查中朋友关系是第四伦，然而在之后的调查中，当出现个人与社会、个人与国家等整体性表述的选项时，"朋友""同事同学"等才被个人与社会关系所涵盖和替代。"新五伦"中前三伦都与传统相通，后两伦处于传统与现代的交切之中，传统要素的含量占五分之三即60％；与之对应，"新五常"中，只有"爱""诚信"勉强可以说属于传统德目，其他三德即公正、责任、宽容，都具有明显的现代性特征，蜕变率达到60％，这说明"新五常"由传统向现代的转换不仅在具体内容而且在结构元素方面已经越过拐点。由此便可以对以往研究中的一个理论假设再次确认并做出结论：以"新五伦"与"新五常"为核心的伦理道德现代转型的文化轨迹，是"伦理上守望传统，道德上走向现代"，这种转型轨迹借用朱熹哲学的话语即所谓"同行异情"。伦理转型与道德转型"同行"，但行进的文化方向却"异情"。① 在伦理与道德的现代发展中，"伦理上守望传统"，其主流趋向是"变"中求"不变"，是对家庭的伦理守望；"道德上走向现代"，其主流趋向是"变"，是在问题意识驱动下走向现代，两种趋向展现伦理与道德现代转型的不同轨迹。"同行异情"的转型轨迹，使改革开放进程中伦理道德发展内在传统与现代的结构性文化纠结。

"新五伦"—"新五常"及其转型轨迹，可以诠释和回应三个具有哲学意义的前沿问题。

其一，家庭伦理的文化地位与伦理型文化的关系。"新五伦"显示两个重要信息：家庭在现代伦理关系中依然具有绝对地位；个人与社会关系的伦理地位在"新五伦"中不稳定。这两个信息都与伦理型文化的基色深切相关。梁漱溟断言，"中国是伦理本位的社会"②，伦理本位并不是"家族本位"，而是说"伦理首重家庭"，"中国人就家庭关系推扩发挥，以伦理组织社会"③。

---

① 参见樊浩:《伦理道德现代转型的文化轨迹及其精神图像》,《哲学研究》2015 年第 1 期。

② 梁漱溟:《中国文化要义》,第 77 页。

③ 梁漱溟:《中国文化要义》,第 80、81 页。

在他看来,家庭的特殊伦理地位源于社团生活的缺乏,"家庭诚非中国人所独有,而以缺乏集团生活,团体与个人的关系轻松若无物,家庭关系就自然特别显著出来了。"①根据梁漱溟的理论,家庭的根源地位和社团生活的缺乏互为因果,导致中国社会的伦理本位与伦理型文化,不难发现,这两大因子在"新五伦"中依然存在。虽然当今中国究竟多大程度上以家庭为伦理为范型而组织社会有待进一步考察,但可以肯定的是,家庭的绝对地位为伦理型文化提供了最重要的条件,而个人与社会的伦理关系在"新五伦"中的不稳定性又使之成为必需。二者相互诠释,从可能与现实两个维度支持关于现代中国文化依然是伦理型文化的假设。

其二,"不宗教"的伦理基础。"新五伦"中家庭伦理的绝对地位为现代中国社会的"不宗教"提供了重要文化条件。上文已经指出,中国文化的"不宗教"是因为"有伦理",其自然和直接基础就是家庭,"不宗教"—"有伦理"—家庭的绝对伦理地位,形成某种具有因果关联的互释系统。"中国之家庭伦理,所以成一宗教替代品者,亦即为它融合人我泯忘躯壳,虽不离现实而拓远一步,使人从较深较大处寻取人生意义。"②现代中国"不宗教"的文化竞争力在于伦理,尤其在于家庭伦理,"新五伦"再现了这一中国文化密码,也为现代和未来中国的"不宗教"提供了一种文化信心。

其三,问题意识与道德发展。显而易见,"新五常"更多是指向当下中国社会存在的道德问题,很大程度上是治疗"道德病人"所需要的德性。以下调研数据可以部分佐证。"你认为下列现象的严重程度如何?"2017 年的全国调查中选择"严重"或"比较严重"两项总和的排序依次是:缺乏信任,社会安全度低(53.3%);自私自利,损人利己(49.0%);诚信缺乏,不讲信用(48.6%);人际关系冷漠,见危不救(48.0%);社会缺乏公正心和正义感(47.1%);坑蒙拐骗(41.1%)。这些判断可能具有较强的主观性,在切身体验之外也可能受网络媒体"坏新闻效应"影响,但从中不难发现"新五常"的"问题意识"指向,如:"爱"针对"缺乏信任""人际冷漠";"诚信"针对"诚信缺

---

① 梁漱溟:《中国文化要义》,第 77 页。
② 梁漱溟:《中国文化要义》,第 87 页。

失""坑蒙拐骗";"正义"针对"缺乏公正心与正义感";"责任"针对"自私自利",等等。虽然没有足够的理由断定"新五常"只是出于问题意识,但可以肯定它们相当程度上指向改革开放进程中存在的诸多伦理道德问题,也说明道德作为社会意识是社会存在的反映并随着社会存在的变化而变化。但是,如果关于基德母德的认同只是出于问题意识,那么伦理道德的文明功能便只是一种"精神医生",遵循老子所批评的那种"大道废,有仁义;智慧出,有大伪;六亲不和,有孝慈;国家混乱,有忠臣"①的"缺德补德"的逻辑。道德的本性是超越,是个体通过"德"的主体建构与"道"同一,从而超越有限达到无限的过程,这就是雅斯贝尔斯所说的轴心时代人类觉悟的文明真谛。道德和道德规范不是"药物",而是人的行为的价值指引,是个体安身立命的精神家园,伦理基德母德应当是一个有机的价值体系,以满足个体安身立命和社会生活的需要。依此,"新五常"的价值共识还期待一场新的文化觉悟,也期待一次自觉的理论建构。

三、伦理实体发展的集体理性与伦理精神共识

伦理型中国文化之所以特立于世界文明数千年,与宗教型文化平分秋色,重要文明密码在于它建构并不断发展了伦理—道德一体、伦理优先的独特气派,形成一种以伦理实体的集体理性为重心的伦理精神传统。调查发现,改革开放 40 年,一种新的伦理精神共识正在生成,其要义有三。一是伦理认同,尤其是对伦理实体的认同;二是伦理忧患,以道德批判和道德发展保卫伦理存在,捍卫伦理实体;三是伦理建构,在文化宽容中建构新的伦理实体。可以说,改革开放进程中的道德发展是伦理精神共识生成的过程,它在家庭、社会、国家三大伦理实体中得到集中体现,是改革开放 40 年中国社会大众伦理道德发展的第三个重要文化共识。

1. "伦理谱系"与问题意识的转换

家庭、社会、国家是生活世界中的三大伦理实体,它们辩证互动构成人

---

① 《道德经》。

的伦理生活、伦理精神和伦理世界的体系。家庭是自然的或直接的伦理实体，社会与国家是现实的或通过教化所建构的伦理实体。家庭伦理实体的核心问题是婚姻关系和代际关系，社会伦理实体的核心问题是财富普遍性，国家伦理实体的核心问题是权力公共性。财富的普遍性和国家权力的公共性，是生活世界中伦理存在的两种基本形态，是社会与国家成为伦理性存在或伦理实体的两大基本条件。如何应对家庭、社会、国家三大伦理实体并处理它们之间的关系问题，历来都是中华文明尤其是中国伦理道德的难题。中国伦理道德的最大文明贡献，就是在精神世界和价值世界中建立了三者一体贯通的哲学体系和人文精神，但也遭遇不同于西方文化的特殊挑战，最根本的挑战就是家庭在文明体系中的特殊地位及其对财富伦理和权力伦理的深刻影响。在一定意义上，中国伦理道德就是关于个体与三大伦理实体、关于三大伦理实体之间辩证互动关系的集体理性、忧患意识，以及作为其理论自觉的精神哲学体系。

无论在生活世界还是精神世界的意义上，改革开放伊始就表现出对家庭的某种伦理亲和与伦理回归，但随着集体理性和文化忧患意识中对家庭伦理紧张的缓解甚至消解，日益突显比西方世界更为严峻的新挑战，聚焦点就是社会生活中的财富伦理、国家生活中的权力伦理与家庭伦理的关系问题，财富普遍性与权力公共性日益成为深刻的伦理难题。于是，不仅家庭、社会、国家的三大伦理实体的关系出现新课题，而且财富伦理与权力伦理也出现新难题。因为在中国，即便是个人主义也表现出与西方不同的形式，家庭本位的传统使其在相当程度上具有家庭个人主义的倾向；财富的分配不公，相当程度上是家庭财富而不只是个人财富的分配不公；权力腐败很多情况下不是孳生于对个人财富而是对家庭财富的追逐放纵。于是，无论改革开放中伦理道德的"中国问题"，还是社会大众的"中国问题意识"，一开始便都聚焦于三大领域：家庭伦理、财富伦理和权力伦理。但是，随着改革开放的深入，不仅问题式和忧患的强度发生重大变化，而且它们在集体理性中的地位也发生重大位移，新的问题意识正在生成。

在 2007 年和 2013 年的调查中，分配不公与干部腐败都是位于前两位的文化忧患或伦理道德问题。

表 8　对中国社会最担忧的问题①

	第一位	第二位
2007 年全国调查	分配不公,两极分化 38.2%	腐败不能根治 33.8%
2013 年全国调查	干部贪污受贿,以权谋私 3.93%	分配不公,贫富悬殊过大 3.89%

　　然而,2017 年的全国调查发现,社会大众的问题意识发生结构性改变。"对中国社会,你最担忧的问题是什么?"排列前五的依次是:腐败不能根治(占 39.5%);生态环境恶化(占 38.6%);老无所养,未来没有把握(占 27.2%);生活水平下降(占 22.4%);分配不公,两极分化(占 18.3%)。

　　综合三次调查数据,"腐败问题"两次居首位,一次居第二位;"分配不公"前两次都位于第一或第二位,但在第三次调查中处于第五位。在社会大众的问题意识或忧患意识中,"分配不公"问题的地位已"变",而"腐败问题"则是"变"中之"不变","中国问题"和"中国问题意识"发生了重大变化,生态问题和家庭问题成为位于分配问题之前的伦理忧患。导致变化的原因可能有几方面。一是伦理道德本身的变化,或者分配不公的问题得到部分解决或缓解,或者社会大众对于分配差距的伦理承受力发生变化;二是社会主要矛盾和大众期待的变化,生态问题日益突显,老龄化进程中老有所养和未来生活安全成为日益紧迫的"中国问题",国家发展理念中关于当今中国社会主要矛盾的判断以及"五位一体"国家发展战略的重大调整已经体现了这种变化。问题意识的位移体现"伦理谱系"的变化,即在问题意识中,伦理忧患的谱系由原有的"国家—社会—家庭"转换为"国家—生态—家庭—社会",这是伦理精神共识的重要时代推进。

　　可见,改革开放 40 年来社会大众的忧患意识已经发生重大变化,与此相对应,伦理精神共识演进的基本趋向是两大转化:集体理性中道德意识向伦理意识转化;忧患意识中道德品质忧患向伦理能力忧患转化。"变"中之"不变"是:社会大众依然秉持伦理型文化的基因,一如既往地保持关于伦理道德的高度忧患意识,尤其对伦理实体中的伦理存在保持高度的文化关切和文化紧张,伦理实体的新形态在文化宽容中得到发展。

———————————

　　①　注:2013 年的调查对这一数据的统计采用均值而不是百分比的方法。

2. 家庭伦理的文化守望

按照黑格尔的理论,家庭是直接的自然的伦理实体,然而对中国伦理型文化来说,家庭还是整个文明的基础和神圣性根源。由此,关于家庭的伦理共识便聚焦于两方面:家庭是否依然"直接"和"自然"? 家庭是否依然可能成为伦理策源地和神圣性根源?

家庭在现代中国伦理中的本位地位及其文化共识已经在"新五伦"中被确证,这是当今中国社会所达成的最大共识之一,它为现代中国的伦理型文化提供了最重要的事实和价值基础。改革开放邂逅独生子女,独生子女邂逅老龄化,当今中国社会关于家庭伦理形成何种文化共识? 调查显示:以伦理忧患为表达方式的文化共识正在生成,聚焦点是家庭伦理形态、家庭伦理能力和家庭伦理风险,共识的主题词是"文化宽容"。具体地说,对家庭伦理形态的变迁采取宽容态度,对正在和可能遭遇的家庭伦理风险已有集体自觉,忧患意识由道德品质向伦理能力转化。

"现代家庭关系中最令人担忧的问题是什么?"2007 年、2017 年的调查都在众多选项中限选两项,虽对象和方法有所不同,但所获得信息的伦理结构基本相同,代际关系第一、婚姻关系第二。2007 年的排序是:"子女,尤其独生子女缺乏责任感"(占 50.1%);"婚姻关系不稳定,两性过度开放"(占 42.3%);"代沟严重,价值观对立"(占 36.2%);"子女不孝敬父母"(占 26.2%)。2017 年的调查将问题细化,尤其将主观品质与客观能力相区分,依次是:"独生子女难以承担养老责任,老无所养"(占 28.8%);"代沟严重,父母与子女之间难以沟通"(占 28.1%);"婚姻不稳定,年轻人缺乏守护婚姻的能力"(占 24.3%);"子女尤其独生子女缺乏责任感,孝道意识薄弱"(占 18.5%)。[①]

这 10 年中关于家庭伦理的集体意识的问题轨迹的最大变化,是由主观伦理意识向客观伦理能力、由道德批评向伦理忧患的演进。第一忧患由 2007 年的"子女缺乏责任感"的道德品质,转换为 2017 年"独生子女难以承担养老责任"的伦理能力;"婚姻不稳定"也不只是价值观上的"过度开放",

---

① 2017 年调查中,"只有一个孩子,对家庭未来没有把握"(占 22.1%)排位第四,但因与"独生子女难以承担养老责任,老无所养"(占 28.8%)的选项存在交叉重叠之处,故舍去。

而且是"守护婚姻"的能力。"问题式"转换的原因可能有三:一是独生子女与老龄化的邂逅,使中国社会不仅在文化价值上"超载"即孝道的文化供给不足,而且在伦理能力即行孝的能力方面"超载";二是社会急剧变化,代际之间的文化断裂加大,文化对峙加剧;三是市场经济和西方文化消解伦理的实体性,社会伦理能力式微。2017年的调查显示,关于家庭伦理的文化忧患,各年龄群体和城乡群体之间共识度较高,差异的规律性较明显:受访对象的年龄越大,对养老能力、孝道意识两大问题的忧患度越大,最大差异度分别为9个百分点和5个百分点;受访对象年龄越轻,对代沟严重、婚姻能力两大问题的忧患度越大,最大差异度分别为6个百分点和3个百分点。与之对应,城乡群体之间的共识度最高,以上四个数据的差异度大都在1个百分点左右,说明它们已经是一种社会性共识。

当今中国社会正在形成关于婚姻伦理的一些集体意识和文化共识,主题是对多样性婚姻形态在伦理坚守中的文化宽容、实体性婚姻向原子式婚姻变迁的趋向以及与之相关联的伦理能力的变化。2017年的调查表明,社会大众对婚外恋、同性恋、代孕、丁克家庭依次保持严峻的伦理立场;对"不婚""试婚""同居"等虽然相对比较宽容,但"反对"和"强烈反对"依然占据主导地位;不过,除婚外恋外对其他选项的中立态度都占很大比重,表明民众对婚姻形态多样性的伦理宽容。然而婚姻伦理能力已经发生变化。"在恋爱或婚姻中,你有为对方而改变自己的意识吗?""有,经常这么做"(占33.9%);"有,但做起来有些困难"(占36.6%);"没想过这个问题"(占23.9%);"无须改变"(占5.4%),真正能够为对方而改变自己的只有三分之一。"为对方而改变"是实体性婚姻的必要伦理能力,婚姻的伦理形态和伦理能力的变化,无疑将导致家庭和家庭伦理的重大变迁,相当程度上预示原子式家庭的到来。

总体上,当今中国家庭幸福感较强,根据2017年的全国调查,认为"幸福"和"比较幸福"的占比达到88.3%。但是家庭伦理的问题意识由"独生子女缺乏责任感""孝道意识薄弱"的道德品质忧患,向"老无所养,独生子女难以承担养老责任"的转化,释放出家庭伦理承载力"超载"、家庭伦理安全和伦理风险的危机信号,将导致家庭的伦理魅力度和伦理功能的弱化。"问题式"的这种转换某种意义上可以被诠释为代际之间的伦理理解和伦理和解,因为伦理能力的归因是对道德品质缺陷的某种辩护。其中"独生子女难以承担养老责任"毋宁应当被看作是独生子女时代父母一代的某种悲壮的伦理退出,由于家庭伦理能力的局限,他们部分甚至彻底地放弃对"独一代"孝道的道德诉求与道德追究。在伦理型中国文化中,家庭承担终极关怀的伦理使命,这种终极关怀包括生活世界的"老有所养"和精神世界对生命不朽的超越性诉求,一方面家庭提供老有所养的自然伦理安全,另一方面在血缘延绵中个体生命获得永恒的超越性意义,由此入世的伦理才可以与出世的宗教相抗衡。独生子女邂逅老龄化将家庭抛入空前的伦理风险之中,也许"子女缺乏责任感"可以通过道德教化缓解,但"独生子女难以承担养老责任"却是家庭伦理功能的重大蜕变,它将大大削弱家庭的伦理魅力度,并因其难以承担作为终极关怀的伦理使命,最终动摇家庭作为伦理型文化基础的意义,存在巨大的文化风险。因为,如果家庭难以提供终极关怀,社会大众就可能到宗教那里寻找文化替代,一定范围内存在的老龄信教群体的激增,与这一文化风险深度相关。"第一问题"的位移,昭示老龄化社会所面临的严峻伦理挑战,也许社会可能逐渐承担养老的责任,但对家庭终极关怀的失落而导致的文化后果与伦理风险必须有充分的集体自觉。

3. 分配公正与社会伦理实体的文化认同

财富在何种意义上是伦理问题,是何种伦理问题?一言以蔽之,财富是社会领域和社会生活中的伦理存在,分配公正是社会作为伦理实体的客观基础。财富和财富分配既是一个经济学问题,也是一个伦理学和法哲学问题,遵循经济学和伦理学的双重逻辑。经济学的逻辑是效率,伦理学的逻辑是公平或公正。改革开放通过变革"一大二公"的传统经济体制,以利益驱动机制极大地提高了生产率,但也伴生分配公正的难题。分配公正的伦理根据和伦理意义展现为两方面。一是财富的普遍性,分配公正本质上是财富分配和财富占有的伦理合法性,正是在这个意义上,无论经济学家还是伦理学家、法学家都承认,财富分配是一个伦理问题。二是财富与人格的关系问题,根据黑格尔的理论,所有权是人格确立的外部形态,占有财物是人格及其自由的基本条件,这也是马克思号召"无产者"革命的伦理根据。改革开放的过程,相当程度上是财富的经济学逻辑与伦理学逻辑之间的辩证互动,即效率与公平之间的价值平衡过程。分配公正的伦理原则如此重要,乃至孔子在轴心时代就发出预警："不患寡而患不均。"①这一命题饱受误读，根源就在于只以经济学的效率逻辑解读，其实作为一个法哲学和伦理学命题，它道出了中华文明和中国文化的"初心"。正因为如此，关于分配公正的伦理精神共识应当是改革开放 40 年最重要的文化共识之一。

（1）社会公平状况的伦理认同

社会公平、分配公正、善恶因果律，是三个相互关联但又有所区别的与公正相关的问题域。社会公平比较综合，客观中渗透着主观，认知依赖于整体感受；分配公正集中于经济领域和伦理领域，感受比较直接；而善恶因果律或道德与幸福的一致度则既是社会现实，也是文化信念。三者从社会、经济、文化的不同领域体现一种文明的公正状况。我们的调查发现，社会大众对当今中国的社会公正和分配公正的伦理认同在基本一致中又有明显差异。

当今中国社会的公平状况到底如何？2017 年的全国调查呈现出社会大众的认知与判断。调查发现，社会大众的主流认知是"说不上公平但也不能说不公平"的模糊判断，占 38.0%。主流的模糊判断可能有两个原因。其一，公平问题并未成为当今中国社会最为突显的问题，否则在大众认知中不会"说不上"；其二，大众对公平问题缺乏足够的伦理敏感性。但另外两个信息可以帮助对这两个原因进行辨析。选择"比较不公平"和"完全不公平"的总和为 35.2%，"比较公平"和"非常公平"的总和为 26.8%，"不公平"比"公平"的判断高出近 9 个百分点，因而"不公"依然是"中国问题"。

社会公平只是对社会作为伦理实体或伦理性存在的总体判断，其核心问题或典型表现是分配公正。另一个数据可以表达社会大众的文化感受："你认为当前中国社会下列情况的严重程度如何？"在包括个体与社会在内的所有伦理道德问题的诸多选项中，"社会财富分配不公，贫富悬殊过大"以 2.81 的均值居第一位，排列其后的是："娱乐界以丑闻绯闻炒作，污染社会风气"（均值 2.74），"媒体缺乏社会责任，炒作新闻"（均值 2.68），"企业损害社会利益，如污染环境等"（均值 2.62）。

问题在于，既然总体判断是"不公平"，为何它在问题意识中的地位会发

---

① 《论语·季氏》。

生变化？2017 年调查的另一个数据可以提供部分解释。"和前几年相比,你认为目前我国社会的分配不公、两极分化的现象发生何种变化?"53.0%的受访者认为"没有什么变化",这是主流,它与"说不上公平也不能说不公平"的模糊判断相同。模糊不仅意味着难判断,也意味着中立,但在中立判断之外,占主导地位是"有较大改善"的认知,占 33.5%。只有 13.5%受访者认为"更加恶化"。由此可以推断,导致"分配不公"在社会大众的问题意识中序位变化的重要原因之一,是因为它得到"较大改善"。如果结合关于道德和幸福"能够一致"的(占 67.9%)的文化认同指数和文化信心指数,那么问题意识的这种位移就更可能解释。

(2) 分配不公的伦理承受力

2017 年的调查也表明,分配不公可能产生甚至已经产生严重社会后果。影响人际关系紧张的最重要因素是什么? 在诸多选项中,"社会财富分配不公,贫富差距过大"(占 33.0%)居首位,其后两位分别是:"社会资源缺乏,引发恶性竞争"(占 29.6%),人与人、人与社会之间缺乏信任(占 28.4%)。但是,第一共识中已经显示,社会大众对人际关系具有较高的满意度,因而分配不公并没有成为最大伦理忧患,另一个调查数据可以为分配不公在当今中国社会大众的问题意识中的地位变化提供诠释。"你认为目前我国社成员之间的收入差距是否可以接受?"2013 年和 2017 年的调查数据有明显差异。

表 9　收入差距的大众接受度

	合理,可以接受	不合理,但可以接受	不合理,不能接受	说不清
2013 年全国调查	13.9%	45.0%	29.5%	11.6%
2017 年全国调查	17.3%	60.3%	22.3%	未设选项

由表 9 可见,"不合理"的判断是主流,但同样"可以接受"的判断也是主流。但从 2013 年到 2017 年,认为"合理,可以接受"的判断上升了近 4 个百分点,而"不合理,不能接受"的判断下降了 7 个百分点。这也反证了上文关于贫富不均现象"有较大改善"的判断,同时也可以假设,当今社会大众对收入差距的伦理承受力有所提高。

以上诸多信息构成互补互释的信息链,呈现关于当今中国社会公平状况的两个基本共识:"不公平,但可以接受";"分配不公,两极分化"现象得到"较大改善"。正因为如此,"分配不公,两极分化"并没有像 2007 年、2013 年的全国调查那样,成为大众集体理性中最担忧的两大问题之一。当然,导致这一变化的更大原因,是中国社会在发展中遭遇了新课题和新难题,这就是生态伦理和老龄化社会的家庭伦理问题。

4. 干部道德与国家伦理认同

(1) 干部道德是何种伦理问题?

腐败现象是改革开放遭遇的基本难题之一,但对这一问题的认知至今仍存在一个哲学盲区,即只将其视为道德问题。其实,腐败之所以成为全社会关注的问题,就在于它不只是个体或某个群体的道德问题,而是一个深刻的伦理问题,准确地说,是伦理—道德问题。腐败不仅因为部分干部将公共权力当作个人利益的战利品而消解国家的伦理实体性,而且因为权力与财富的私通而消解社会的伦理实体性,由于中国式腐败往往不仅一般意义上可能是家族式腐败,而且是出于家庭利益的腐败,因而也消解家庭的伦理合法性。因此,在伦理型文化背景下,腐败所伤害的不是一种伦理而是包括家庭、社会、国家在内的一切伦理,伤害的是伦理本身。正因为如此,关于干部道德发展的大众共识,才成为改革开放 40 年最重要的文化共识之一。

干部道德因为权力公共性而具有特殊要求,并成为与国家伦理深刻关联的重大问题。"国家是伦理理念的现实。"[①]"个体发现在国家权力中他自己的根源和本质得到了表达、组织和证明。"[②]所以国家权力在精神哲学意义上是一种"高贵意识",其伦理本性是"服务的英雄主义"。"高贵意识是一种服务的英雄主义(Heroismus des Dienstes)——它是这样一种德行,它为普遍而牺牲个别存在,从而使普遍得到特定存在,——它是这样一种人格,它放弃对它自己的占有和享受,它的行为和它的现实性都是为了现存权力(Vorhandene Macht)的利益。"[③]国家权力"服务"的伦理本性对坚持社会主义道路的中国尤为重要。社会主义以公有制为基础,公有制的核心是物质

---

① 黑格尔:《法哲学原理》,范扬、张企泰译,商务印书馆,1961 年,第 253 页。
② 黑格尔:《精神现象学》(下卷),贺麟、王玖兴译,商务印书馆,1979 年,第 49 页。
③ 黑格尔:《精神现象学》(下卷),第 52 页。

生活资料为全体人民所有,但在现实生活中所有权和支配权往往分离,支配权或国家权力被作为人民代表的干部掌握,于是公有制的彻底贯彻需要满足一个伦理条件,即掌握国家权力的干部必须为人民服务,由此毛泽东才提出"全心全意为人民服务"的道德要求和伦理理想。在一定意义上,"全心全意为人民服务"就是"服务的英雄主义",它是国家权力的伦理本质的中国表达。干部道德不仅是公务员群体的道德,由于他们是国家权力的支配者,因而也是政治伦理、政府伦理和国家伦理。改革开放进程中,由于"公有制为主体多种所有制经济共同发展"和多样性文化的冲击,干部作为一个群体面临前所未有的道德考验和伦理挑战,以权力与财富私通为特征的腐败成为最具前沿意义的难题,它不仅影响社会大众对干部而且由此影响对政府的伦理信任,最终影响国家作为伦理实体的公信力与合法性。调查显示,改革开放 40 年来,治理腐败就是一场伦理保卫战,是一次保卫国家伦理的文化自觉,在此过程中社会大众对干部道德发展和政府伦理信任已经形成许多重要共识,达到关于国家伦理实体的新的文化自信。

(2)关于干部道德和政府伦理的三个文化共识

三次调查已经揭示,腐败或"腐败不能根治"一直是社会大众最担忧的问题,应该说这已经不只是关于干部道德,而且是大众集体理性中最基本的共识。有待进一步推进的是,经过党的十八大以来的强力反腐,这一难题的破解取得何种进展? 社会大众的"第一忧患"是否得到缓解并形成一些新共识? 2017 年的全国调查显示,关于干部道德和政府伦理的三个共识正在形成。

第一,腐败现象有较大改善,对干部的伦理信任度提高。"与前几年相比,你认为目前我国官员腐败现象有什么变化?"65.1%的受访者认为"有较大改善",12.8% 的受访者认为,"有很大改善",二者总和 77.9%,是绝对多数。19.5%的受访者认为"没有什么变化",2.3% 的受访者认为"更加恶化"。事实证明,惩治腐败有效提高了社会大众对干部的伦理信任度。"与前几年相比,你对政府官员的伦理信任度有什么变化?"虽然近 47.7%的受访者认为"没有什么变化",但"信任度提高了"的选择占 38.8%,"更加不信任"的占 13.6%,信任度已有很大提高。

第二,对干部群体的伦理理解和伦理认同度提高。"你认为干部当官的目的是什么?"第一选项就是"为人民服务,为百姓就好事做实事",选择率达45.4%,加上"为国家与社会做贡献"的27.0%,肯定性、认同性判断是主流,占72.4%。虽然认为"为自己升官发财"也占34.3%,但在2007年的调查中,第一选项就是"为自己升官发财"。它表明社会大众对整个干部群体在理解与和解中走向认同。

第三,伦理形象复杂多样,干部道德出现新问题。虽然在干部道德方面取得重大进展,但真正解决问题还任重道远。"在生活中或媒体上看到政府官员时,您首先想到的是什么?"2017年调查表明,社会大众对于干部形象的"伦理联想"或"伦理直觉"非常复杂,排序依次是:官僚、有权有势的人、公仆、有本事的人、决定命运的人、贪官、惹不起躲得起的人、遇到大事可以信任的人。虽有19.3%的受访者认同为"公仆,为老百姓谋福利",2.9%受访者认为干部是"遇到大事可以信任的人",但其他都比较复杂,甚至负面。

值得注意的是,经过党的十八大以来的强力反腐,目前干部道德出现了一些新情况。"你认为当今干部道德中最突出的问题是什么?"2013和2017年两次调查,共识度较高,问卷所列的八大问题中,一般变化都只是相邻两大问题调换次序:"贪污受贿"与"以权谋私"在第一、二位中互换位置;"生活作风腐败"和"政绩工程,折腾百姓"在第三、四位中互换位置;"铺张浪费"和"拉帮结派"在第七、八位中互换位置。变化最大的只有一个,即"平庸,不作为",它从第五位上升到第三位;位序唯一没变的,是"官僚主义"在两次调查中都处于第六位,这说明"平庸,不作为"已经成为官员道德的新问题。

5. 伦理精神形态的共识

以上关于家庭、社会、国家三大伦理实体的文化共识,根本上是一种伦理精神共识,这些共识依次聚焦于三大伦理问题:家庭伦理能力,分配公正,干部道德。共识生成的文化轨迹是由道德走向伦理,要义是秉承"伦理优先"的中国精神哲学传统,在改革开放进程中以道德发展捍卫伦理实体。但是,"伦理优先"已经在改革开放的激荡中具有现代形态,其集中表现是在大众认知乃至理论体系中由伦理认同的德性优先向伦理反思的公正优先的哲学转换。调查表明,中国社会大众已经形成新的伦理精神共识。

表 10　个体德性优先与社会公正优先的不同选择

	个体德性最重要	二者统一,矛盾是先追求个体德性	社会公正最重要	二者统一,矛盾时先追求社会公正
2007 年全国调查	30.0％	17.9％	30.5％	19.6％
2017 年全国调查	18.0％	28.0％	31.0％	23.0％

个体德性与社会公正相互关系的精神哲学实质是道德优先还是伦理优先,就伦理实体而言,是伦理认同优先还是伦理反思优先。"你认为个体德性与社会公正哪个更重要?"以上相隔十年的两次调查信息基本相同,认为"个体德性最重要或矛盾时德性优先"的选择率分别为:48.9％、46.0％,认为"公正最重要或矛盾时公正优先"的选择率分别为:50.4％、54.0％,这 10 年差异率为 2％—4％,总的趋向是主张伦理与道德应当统一,伦理道德一体,但社会公正的诉求高于个体德性而处于优先地位。但进一步比较便会发现,对社会公正的诉求不断增强,伦理之于道德的优先地位日益突显。2007年个体德性优先与社会公正优先之间的差异率只有 1.5％,但 2017 年的差异率已达到 8％。这说明,当今中国社会大众在守望伦理道德一体、伦理优先的精神哲学传统的过程中,已经不只是传统的伦理认同优先,也不只是近现代启蒙中的伦理批判优先,而是道德与伦理、德性与公正辩证互动中的伦理优先。伦理学界持续多年的关于德性论与公正论之争,在一定程度上也是伦理精神形态转换的理论体现。中国伦理道德的精神哲学传统和精神哲学形态没有变,但面对新的时代课题,问题式和哲学范式发生了部分质变,已经具有新的形态。

结语:伦理型文化的共识

综上,经过改革开放 40 年的洗礼,中国社会大众的伦理道德发展已经形成三大文化共识,其要义一言概之:伦理型文化的共识。中国传统文化的伦理型特质已经被黑格尔、梁漱溟,以及当代文化人类学家本尼迪克特等所揭示和论证,伦理型文化的共识并不是宣示某种文化保守主义,而是表明中国社会大众依然守望着自己的文化传统和精神家园,伦理道德在精神世界和生活世界中依然具有特别重要的文化地位,这是改革开放 40 来伦理道德发展的"变"中之"不变"。伦理道德的文化自觉与文化自信是伦理型文化认同与回归的共识;"新五伦"—"新五常"是伦理道德现代转型的共识;伦理道德的集体理性与伦理精神共识是伦理道德发展的共识。文化认同与文化回归——伦理上守望传统,道德上走向现代——伦理道德一体、伦理优先,形成中国社会大众关于伦理道德"认同——转型——发展"的文化共识的精神谱系。其中,"伦理型文化"的传统是共识的文化基因和文化内核,伦理型文化的认同与回归是最大也是最重要的共识。

由此,可以得出三个具有哲学意义的结论。第一,现代中国文化依然是一种伦理型文化,中国社会大众以对伦理道德的文化自觉和文化自信一如既往地守望着伦理型文化的独特气派;第二,伦理型文化的现代中国形态已经生成,现代中国伦理道德的精神哲学形态依然是伦理—道德一体、伦理优先,"伦理上守望传统—道德上走向现代"的转型轨迹、德性与公正辩证互动中公正优先的新的伦理精神共识,这表明,无论是"伦理—道德一体"还是"伦理优先",都已经具有体现新的时代精神的哲学形态。第三,中国伦理道德发展必须遵循伦理型文化的精神哲学规律,坚持伦理道德一体、伦理优先。当然,这些共识还有待进一步推进,从自发走向自觉,从社会心态走向社会行动,在全球化背景下由文化共识走向文化自觉和文化自立。

(本文发表于《中国社会科学》2019 年第 8 期)

从"天下尽亲戚"到"礼新亲旧"

胡发贵[*]

春秋战国时代,是中国古代社会的大变革时期,这体现在社会关系上,就是传统的血缘宗法关系外,出现了一些新人伦的称谓,常见诸春秋战国时期文献中的如"主人""客人","新人""旧人","道路之人"等;这些称谓的问世,既是春秋以来社会变化的结晶,也折射了中国古代社会发展的新阶段、新气象。

一、天下尽亲戚

历史研究表明,越是早期的人类社会,人伦的血亲特色则越鲜明。此诚如摩尔根所论:"人类的组织也越早越接近于原始形态,那就是,由血亲组成一个氏族并推举一个氏族酋长,而有近亲关系的若干氏族则组成一个部落。"[①]

中国远古传下来的同姓不婚,也颇能说明这一点。春秋时期,司空季子为劝重耳娶怀嬴,说了一番对同姓不婚的看法:

"同姓为兄弟。……异姓则异德,异德则异类。异类虽近,男女相及,以生民也。同姓则同德,同德则同心,同心则同志。同志虽远,男女不相及,畏黩敬也。黩则怨,怨乱毓灾,灾毓灭姓。是故娶妻避其同姓,畏乱灾也。故异德合姓,同德合义。"(《国语》晋语四)

---

* **胡发贵**,1960 年生,1985 年入职哲学研究所,2009—2021 年间先后任本所副所长、所长。
① 路易斯·亨利·摩尔根著,杨东莼等译:《古代社会》,商务印书馆,1992 年,第 32 页。

同姓不婚遵循的是族外婚的原则,所谓"族外",关键是同一血亲的排除,其前提当然是血缘共同体的形成和确认,从而不同血亲组织之间可以相互辨识,而"姓"正是这一辨识的关键符号。"姓者,生也,以此为祖,令之相生,虽下及百世,而此姓不改。族者,属也,与其子孙共相连属,其旁支别属则各自立氏。"①显然,姓是共一祖先、同一血脉的血缘记忆与痕迹,也是人以血缘而分、而群的终极依据,"人所以有姓者何? 所以崇恩爱、厚亲亲、远禽兽、别婚姻也。故世别类,使生相爱,死相哀,同姓不得相娶,皆为重人伦也。"(《白虎通义·姓名篇》)要言之,血缘使人成群,"姓"则进而别群分类,一姓即代表着一个族群,形成一个血缘共同体,或称一氏族,而且成员有着一个共同祖先,"氏族就是一个由共同祖先传下来的血亲所组成的团体,这个团体有氏族的专名以资区别,它是按血缘关系结合起来的。它只包括共同祖先传来的一半子孙。"②

中国上古时期所谓"万国",大致也就是这类由血亲所组成的众多不同的血缘共同体。如《史记》记载,尧时"百姓昭明,合和万国"(卷一,五帝本纪),《尚书》中也有尧"协和万邦,黎民于变时雍"(卷一,尧典第一)的记述,《左传》里则有描述大禹治理时,万国来会盟的盛况:"禹合诸侯于涂山,执玉帛者万国"(哀公 7 年)。这些所谓"国"(邦),实为不同的氏族,而其间好多还是共源于黄帝。史称黄帝二十五子,其得姓者十四人,因青阳与夷鼓同己姓,故实有十二姓,他们是姬、酉、祁、己、滕、葴、任、荀、僖、姞、儇、衣。春秋著名智者胥臣认为,"黄帝之子二十五宗"即指称"二十五子"(《国语·晋语四》),文中一"宗"字,显示春秋时人们就从血亲团体的意义上理解所谓世系了。

黄帝之后得姓和未得姓的二十五个后代,经世代的子孙繁衍,必然形成众多的子嗣,分成不同的支裔姓族。史称:"自黄帝至舜、禹,皆同姓而异其国号,以章明德。故黄帝为有熊,帝颛顼为高阳,帝喾为高辛,帝尧为陶唐,帝舜为有虞。帝禹为夏后而别氏,姓姒氏。契为商,姓子氏。弃为周,姓姬氏。"(《史记》卷一,五帝本纪第一)文中所谓"国号",实即不同氏族和部落的

---

① ［晋］杜预注,［唐］孔颖达疏:《春秋左传正义》隐公 8 年疏,《十三经注疏》本。
② 路易斯·亨利·摩尔根著,杨东莼等译:《古代社会》,商务印书馆,1992 年,第 62 页。

不同称谓,而从黄帝到弃的这种血脉相系,也生动显示,踏入文明门槛的先民,是以血亲组织而存在的,相互之间均有或近或远的有血缘关系,故从同源的角度说,真可谓"天下尽亲戚"。

二、血亲之伦

与此"天下尽亲戚"血缘社会相应因,其时的社会人伦呈现出鲜明的"亲亲"特性,即这种关系或多或少总带有某种血缘和亲缘性。

首先,人伦所指主要为血缘关系。

古代人伦名目繁多,从二伦到十伦不等,于此,潘光旦先生有过专门而细密的梳理。① 历史上,伦的本意为类,一伦即指称一种社会关系,人伦的繁富,意味着社会的丰富性,不过值得注意的是,不论数目多少,中国古代人伦中占多数的是血缘关系,或是亲缘关系。我们可以略举数例来观察:

如"三伦":

> "公曰:'敢问为政如之何?'孔子对曰:'夫妇别,父子亲,君臣严。三者正,则庶物从之矣。'"《礼记·哀公问》

文中所言"三者",即意指夫妇、父子、君臣三种人伦(社会)关系,它或化出于《荀子·天论》中的"若夫君臣之义,父子之亲,夫妇之别,则日切瑳而不舍也。"其后的韩非突出了其间的等级从属性,"臣事君,子事父,妻事夫,三者顺则天下治,三者逆则天下乱,此天下之常道也,明王贤臣而弗易也。"(《韩非子·忠孝》)汉儒董仲舒,更为详细地论证了君、父、夫的至尊性和主宰性地位,强化了"三纲"的合理性:"君臣父子夫妇之义,皆取诸阴阳之道。君为阳,臣为阴;父为阳,子为阴;夫为阳,妻为阴。……王道之三纲,可求于天。"(《春秋繁露·基义》)人伦之间的尊卑之分,当然有其满足现实政治统治和社会治理的需要,但仅就人伦关系而言,"三纲"中父子、夫妇两纲属亲亲关系,只有君臣一纲是社会政治关系,显然,血缘亲缘人伦占多数。

---

① 参见《说五伦的由来》,载《潘光旦文集》第十卷,北京大学出版社,2000 年。

如"四伦"，血缘亲缘关系仍占泰半："男女有别、夫妇有义、父子有亲、君臣有正。"（《礼记·昏义》）

如"五伦"，则全为血缘亲缘关系。历史上有契造五伦之说，"百姓不亲，五品不逊，汝作司徒，敬敷五教，在宽。"（《尚书正义卷三舜典》）。文中的五品、五教，据《左传》（文公十八年）的记载，即是"布五教于四方，父义、母慈、兄友、弟恭、子孝，内平外成。"后世的注疏家也认为五品与五教都说是家内之事："徽，善也，善亦美也。此五典与下文五品、五教其事一也。一家之内品有五，谓父母兄弟子也。教此五者各以一事，教父以义，教母以慈，教兄以友，教弟以恭，教子以孝，是为五教也。"[1]显然，"五品"所言说的是血亲，"五教"意指亲情，其所着意构建的人伦规则"五典"，全是血缘关系。

到了战国时期，孟子创意契造五伦说，契为防止人类堕落，创立了"父子有亲，君臣有义，夫妇有别，长幼有序，朋友有信"（《孟子·滕文公上》）五种关系和五大行为规范。此五伦在战国时被视为标准的、也是基础性的五类人伦，即是所谓"五达道"："天下之达道五，所以行之者三。曰君臣也、父子也、夫妇也、昆弟也、朋友之交也。五者，天下之达道也。"（《礼记·中庸》）战国时期的五伦迥然有别于上古时期的"五典"，出现了新的君臣、朋友两伦，但总体上来看，此五伦中亲缘关系仍占三伦的多数。

如"六亲"，血亲关系仍为多数。老子激愤于世事，有"六亲不和"之讥，"大道废，有仁义；智慧出，有大伪；六亲不和，有孝慈；国家昏乱，有忠臣"（《老子》第十八章）。文中所言的"六亲"，大意是指六种人伦关系，其确切所指，历史上有多种说法。《左传》（昭公二十五年）中有："为父子、兄弟、姊姑、甥舅、昏媾、姻娅，以象天明。"依杜预所见，文中所言六种关系为"六亲"，而"昏媾、姻娅"之词，意表姻亲："六亲和睦，以事严父，若众星之共辰极也。妻父曰昏，重昏曰媾，婿父曰姻。两婿相谓曰亚。"[2]而据汉代贾谊的理解，"戚属以六为法，人有六亲。六亲始曰父，父有二子，二子为昆弟；昆弟又有子，子从父而为昆弟，故为从父昆弟；从父昆弟又有子，子从祖而昆弟，故为从祖昆弟；从祖昆弟又有子，子以曾祖而昆弟故为曾祖昆弟；曾祖昆弟又有子，子

---

① 《尚书正义·卷三·舜典》，《十三经注疏》本。
② 《春秋左传正义》昭公二十五年，《十三经注疏》本。

为族兄弟。务于六,此之谓六亲。"(《新书·六术》)两相比较,《左传》所载六亲为血缘和姻缘关系,而贾氏所言六亲,则纯为血缘关系;合而观之,"六亲"实如其名,主要指称亲亲关系。此外,历史上还有"六顺"的说法,"君义、臣行、父慈、子孝、兄爱、弟敬。"(《左传》(桓公六年)内中虽有君义、臣行"两顺"非血缘,但显然只居三分之一的少数。

如"七教",也主要意指血缘关系。据《礼记·五制》,"司徒修六礼以节民性,明七教以兴民德"。文中"七教",即指七种人伦关系及其准则,"七教即父子一、兄弟二、夫妇三、君臣四、长幼五、朋友六、宾客七也"①。剔除君臣、朋友、宾客三教外,四教为亲亲之属,仍占大头。

如"十义",血缘关系为主干。所谓十义也就是十种人伦道德。其具体内容,历史上不同说法。《左传》(昭公二十六年)是这样表述的:"君令、臣共,父慈、子孝,兄爱、弟敬,夫和、妻柔,姑慈、妇听,礼也。君令而不违,臣共而不贰;父慈而教,子孝而箴;兄爱而友,弟敬而顺;夫和而义,妻柔而正;姑慈而从,妇听而婉:礼之善物也。"而据《礼记》记载,"十义"是:"父慈、子孝、兄良、弟弟、夫义、妇听、长惠、幼顺、君仁、臣忠。"(《礼记·礼运》)稍加比照就可发现,两种"十义"表述的主要内容是相近的,只有排列顺序的差异和用词微殊;较之前述"六亲",此"十义"只是增加了政治关系的君臣之伦,主要的仍是血亲和姻亲关系。

综观前述各种人伦表称,尽管其出现的时代有先后,数目也有多寡,也或多或少包含非血缘性的社会人伦关系,但毋庸置疑的是,仅从数量上看,指称或映现血亲和姻亲的亲属关系是占主体地位的,其他的人伦只处于次要的、附属的地位。

其次,人伦中血亲关系居先。

若从人伦排序的先后上看,血亲之伦也常常居于优先位置。前述诸伦中,夫妇、父子、兄弟亲亲三伦,无不居于前列。纯粹血亲人伦自不必论②,在扩展后的超血亲的社会人伦中,血亲人伦依然如此。如孔子所论"三者正"的三伦,《礼记·昏义》中的四伦,孟子和《中庸》所言的"五伦",以及"六亲"

---

① [汉]郑玄注,[唐]孔颖达疏:《礼记正义》卷十三《王制第五》,《十三经注疏》本。
② 如《尚书》中的"慎徽五典"之五典,《左传》中的"五教"等。

"七教""十义"中,亲亲之伦,或居首席,或居次位,总是处于显赫的位置。

当然,春秋以降,尤其是战国以后,随着君权的加强以及超地域的政治国家的建立,君臣关系日益重要,人伦秩序也随之呈现出明显的变化,即君臣一伦日趋频繁地出现于首位。如孟子的五伦中虽然出现了君臣关系,排首位的还是"父子有亲",但其后的《礼记·中庸》中的"五达道",则首列"君臣",次叙"父子"了。韩非子的三纲,更是首论臣事君:"臣事君,子事父,妻事夫,三者顺则天下治,三者逆则天下乱,此天下之常道也,明王贤臣而弗易也。"(《韩非子·忠孝》)

不过应当说明的是,一方面,从三代以来的漫长历史时期里,君臣虽然一直是重要的社会关系,不过亲缘关系仍是人伦关系中的基本,所以长时期居于人伦序列中的首位,社会关系笼罩于血缘、亲缘之中。另一方面,即便超地域国家的形成,君权强化,君臣关系成为社会关系的轴心,血缘、亲缘关系,仍是古代社会重要而现实的社会关系,因为,虽然"溥天之下,莫非王土;率土之滨,莫非王臣",但人们仍然生活于守望相助的乡党里社之中,处于同姓同德的宗法血缘网络之间,血缘、亲缘仍然是最为直接和有效的社会关系。换言之,即使在君为臣纲的政治集权社会里,血亲关系仍然是基本的社会关系,而且是更为丰富,更有活力,也是更富"恩爱"之情的人伦。"入有父子兄弟之亲,出有君臣上下之谊,会聚相遇,则有耆老长幼之施,灿然有言以相接,欢然有恩以相爱,此人之所以贵也。"(《汉书·董仲舒传》)当然,它也因此是重要的"人道","亲亲,尊尊,长长,男女有别,人道之大者也。"(《礼记·丧服小记》)

人伦是社会关系的沉淀,是人际交往模式成型和稳定的标志,它反映了一定的社会发展阶段和社会结构性质,血缘关系成为一个社会的主要人伦,正说明这是一个以血缘为主要人际交往、沟通纽带的时代,是人类学家所谓的"血亲氏族时代"。

三、"道路之人"

值得注意的是,迟至春秋时期,渐渐出现了一些新的非血缘、非亲缘的人际关系,载籍所见,有诸如"旧、新","主、客"以及"路人""朋友"等许多非亲非戚的称谓。

其一,"主、客"之称。

正如前述,在氏族部落时期,彼此的关系主要为血缘关系,其体现在人伦名称上,基本是亲缘称谓,像父、子、兄弟、弟等;与此相应,因个人没有自己独立的存在,而属于氏族或部落,于是这种血缘的集合体,如姓、族往往成为血亲成员的代称,如"克明俊德,以亲九族"(《尚书正义》卷一《尧典》第一);又如舜语契:"百姓不亲,五品不逊,汝作司徒,敬敷五教,在宽。"(《尚书正义》卷一《尧典》第一)

但当统合天下的周王朝建立后,出现了超越血缘部落的中央(天子)权力和"王土",普天之下的人们,不再属于某个"族"(部落),而统统为周天子的臣民,于是,他们也就出现了一个彼此相同的新身份——"王臣"。在"王土"之前的邦族时代,人人分属于某姓族,或姬姓,或姒姓。《左传》昭公十七年所载的青鸟氏、祝鸠氏、鸤鸠氏、鸤鸠氏、爽鸠氏,当代学者研究后以为"青鸟"等称呼,是"族群的文化象征",亦即以此符号标示某一族姓之源;《管子》中有"问乡之贫人何族之别也"(问第二十四)的记载,此问重在问人的"何族之别",即属于哪个姓族的,显示出"邦族"时代人们的普遍血缘化存在。又如《左传》记述子产说:"买妾不知其姓,则卜之"(昭公元年),文中的"姓",仍是族姓之意,其意是重在考察人的血缘出身,反观之,此一时期的人伦,仍具有鲜明的血缘归属性。

而进入"王土"时代,人的姓族印记固然存在,且依然重视"同姓同德",但此时人们获得了新的臣民身份,而且四海之内均同一,是一种普适而超越性的人格符号,也是新的彼此认同的基础。《韩非子》载有这样一个生动的故事:

> 温人之周,周不纳客。问之曰:"客耶?"对曰:"主人。"问其巷人而不知也,吏因囚之。君使人问之曰:"子非周人也,而自谓非客,何也?"对曰:"臣少也诵《诗》,曰:'普天之下,莫非王土;率土之滨,莫非王臣。'今君天子,则我天子之臣也。岂有为人之臣而又为之客哉?故曰:'主人也。'"君使出之。(《说林上》第二十二)

　　文中内容具体所指或是春秋战国时的事,但这种"客、主"之变所内含的历史深意,正预示着"王土"时代的新国民的生成。换句话说,王权打破了血缘的地域屏障,突破了血缘关系的局促,使人与人之间获得了新的身份认同,"王土"上诞生了"王臣",这可是亘古未有过的、意义深远的新生事物。

　　与"王臣"问世相呼应,从传世文献可知,概括而抽象的人的称呼,如人、民等,越来越频繁地出现了。如:"人视水见形,视民知治人"(《史记·殷本纪》),"相鼠有皮,人而无仪! 人而无仪,不死何为"? (《诗经·鄘风·相鼠》)"下民之孽,非降自天。噂沓背憎,职竞由人"(《诗·小雅·十月之交》),"天有十日,人有十等"(《左传》昭公七年),"汤武革命,顺乎天而应乎人"(《周易·革·象辞》)。引文中的"人",或对天言,或对物言,但均不是具指,而是泛指一般意义上的人,是人的一种抽象。西周金文中也有类似抽象泛指人的记载,如"邦人('国人')正人师氏人";又如《大盂鼎》上的铭文:"易(锡)女邦司四白(伯),人鬲自驭至于庶人六百又五十九夫;易尸(夷)司王臣十又三白(伯),人鬲千又五夫。"到春秋战国时期,这一现象更为突出,如《论语》中"人"出现 134 次,多泛指仁人善士,特指君王的只有 48 次。

　　再如"民"字。史称周文王"不遑暇食,用和万民"(《尚书·无逸》),又如:"天视自我民视,天听自我民听"(《尚书·泰誓》),"民之所欲,天必从之"(《尚书·皋陶谟》),"天生烝民,有物有则。民之秉彝,好是懿德"(《诗·大雅·烝民》),"非德,民不和,神不享"(《左传》僖公 5 年),"苟利于民,孤之利也。天生民而树之君,以利之也。民既利矣,孤必与焉"(《左传》文公十三年);师旷说:"天生民而立之君,使司牧之,勿使失性。有君而为之贰,使师保之,勿使过度"(《左传》襄公十四年)。《国语》中以"民"与"百姓"对称:"昔者之伐也,兴百姓以为百姓也,是以民能欣之,故莫不尽忠极劳以致死也。"(《国语·晋语一》)

　　"民",有的文献中又作"甿"。"凡治野,以下剂致甿,以田里安甿,以乐昏扰甿,以土宜教甿稼穑,以兴锄利甿,以时器劝甿,以疆予①任甿。"(《周礼·遂人》)文中"甿",郑康成注解为:"变民言甿,异内外也。甿犹懵懵无知貌也。"其实从其字形看,我们以为实指从事于田作者,即"以治稼穑"者。

---

　　① 郑注云:"谓民有余力,复予之田,若余夫然。"

《论语》中"民"出现 47 次,多对上、对君而言,意指众庶,但如"臣民"之"民"一样,是一种通称。上述引文中的"民"均非特指,而是借喻国境内所有人,即"万民"。

又如史籍中频频出现"国人"一称:

> 宋公子鲍礼于国人。宋饥,竭其粟而货之,年自七十以上,无不馈诒也,时加羞珍异。无日不数于六卿之门,国之材人,无不事也,亲自桓(曾祖)以下,无不恤也。(《左传》文公 16 年)
> 卫侯欲与楚,国人不欲,故出其君,以说于晋。(《左传》僖公 28 年)
> 莒子庚舆虐而好剑,苟铸剑,必试国人。国人患之。(《左传》昭公 23 年)。

《左传》僖公十八年(公元前 642 年)邢人、狄人伐卫,"卫侯以国让父兄子弟,及朝众曰:'苟能治之,燬请从焉。'众不可,而后师于訾娄。狄师还。"文中的"众"以及《尚书·洪范》"谋及乃心,谋及卿士,谋及庶人,谋及卜筮"中的卿士、庶人、卜筮,均可视为泛称的"国人"。

无论人、民,还是国人之类的称谓,均是不特定的泛指,抹去了族姓的痕迹,象征着其时人伦对血缘关系的某种逾越,吻合了"王土"时代人民称谓的同质化,即地不分南北,人不分姓氏,均是"王臣",而人和民概念之出现与普遍使用,则是这种同质化的观念上的沉淀与折射。

其二,路人。

在王权的地域时代,由于疆域的辽阔,天下皆为王土,客观上迁徙就有了可能性,加之地方行政区的乡里郡县的非血缘追求,以及尚贤的政治渴求,推动了人口的流动,小国寡民、老死不相往来的安静的氏族血缘关系被冲破,"论人者,又必以六戚、四隐。何谓六戚?父、母、兄、弟、妻、子。何为四隐?交友、故旧、邑里、门郭。"(《吕氏春秋·季春纪·论人》)文中"六戚、四隐"就是两类人,前者无疑是有血缘关系的,而后者则不是,而是有地缘关系之人。事实上,此时社会上不仅出现了不同血缘之间的混居,而且出现了与亲戚不同的陌生者。

其突出的如"道路之人":

　　晋文公重耳,在继承权位前曾有十余年的流浪经历。他行至秦国,"秦伯归女五人,怀嬴与焉。"在亲缘辈分上,怀嬴是公子重耳的侄子子圉的媳妇,因此重耳拒绝秦伯之意。随行的司空季子等谋士,劝重耳为讨秦国欢心、从以利回国执掌晋国君权的大计考虑,接受秦伯的安排:"今子于子圉,道路之人也,取其所弃,以济大事,不亦可乎?"最终重耳"乃归女而纳币"。(《国语·晋语四》)

　　这个故事的关键,是劝重耳娶子圉之原妻,为打消其顾虑,申言"今子于子圉,道路之人也,取其所弃,以济大事,不亦可乎?"可见,"道路之人"即无任何关系和瓜葛的陌生人,从设喻的语气也可知,"道路之人"显然已成为当时的习语,足见这也是一个习见的社会现象,人群中充斥"道路之人"已是一种社会常态。

　　又如"闻诸道路":

　　　　四年,春,三月,刘文公合诸侯于召陵,谋伐楚也。将长蔡于卫。卫侯使祝佗私于苌弘曰:"闻诸道路,不知信否。若闻蔡将先卫,信乎?"苌弘曰:"信。蔡叔,康叔之兄也。先卫,不亦可乎?"(《左传》定公四年)

　　文中"闻诸道路"实即闻诸"道路之人",是无特指的泛称,当然也很可能指未曾谋面的陌生人。"道路之人",实即无任何关系之人,换句话说,即是新人,是陌生人。

　　其三,礼新亲旧。

　　相较于血缘关系的熟人,在地域时代,如何与新人相处,则是一个新的问题,新人与旧识之间不可避免要产生摩擦甚至冲突。《诗经·小雅·黄鸟》描写"国人"离开故土,不仅难以谋生,且又遭到异乡人的排斥:

　　　　此邦之人,不我肯谷,言旋言归,复我邦族。

　　又如:

　　　　此邦之人,不可与明(盟),言旋言归,复我诸兄。

再如:

　　　　此邦之人,不可与处,言旋言归,复我诸父。

为调和新人与旧识,春秋时期出现了"礼新亲旧"的伦理观念,意为既款待新人,又不忘旧人。鲁僖公 24 年,郑国侵略滑国,周襄王派遣大臣游孙伯为滑国说情,郑国不仅不听,反而将周天子派来的使臣抓了起来。周襄王大怒,准备联合狄国来讨伐郑国,也因此次联合,周天子对狄国很有好感。史称:

　　　　王德狄人,将以其女为后,富辰谏曰:"不可。夫婚姻,祸福之阶也。由之利内则福,利外则取祸。今王外利矣,其无乃阶祸乎?……夫礼,新不闲旧,王以狄女闲姜、任,非礼且弃旧也。……王不听。(《国语》卷第二《周语》中)

文中所谓"新",书注为:"新来过宾也";所谓"旧",书注为"君之故旧也"。富辰所谓"新不闲旧",即不应倾慕新人而遗忽故旧,其字面意思是反对周天子娶狄女为后,而其隐含的深意则是主张应平衡照顾旧臣与他国或他地新来的贤智之人。与此类似,周卿士富辰还提出过"昵近、尊贤"的观念:

　　　　则兄弟虽有小忿,不废懿亲。今天子不忍小忿以弃郑亲,其若之何?庸勋,亲亲,昵近,尊贤,德之大者也。即聋,从昧,与顽,用嚚,奸之大者也。(《左传》僖 24 年)

文中"近"者,为亲近之臣,多为故旧;而"贤",或他国来奔、或本国脱颖而出的智者,多为新人。"昵近尊贤",其意仍是平衡兼顾新人与旧人,与"礼新亲旧"之意近。

《国语》中又有"礼宾旅,友故旧"之说:

> 元年春,公及夫人嬴氏至自王城。秦伯纳卫三千人,实纪纲之仆。公属百官,赋职任功。弃责薄敛,施舍分寡。救乏振滞,匡困资无。轻关易道,通商宽农。懋穑劝分,省用足财。利器明德,以厚民性。举善援能,官方定物,正名育类。昭旧族,爱亲戚,明贤良,尊贵宠,赏功劳,事耇老,礼宾旅,友故旧。胥、籍、狐、箕、栾、郤、柏、先、羊舌、董、韩,寔掌近官。诸姬之良,掌其中官。异姓之能,掌其远官。公食贡,大夫食邑,士食田,庶人食力,工商食官,皂隶食职,官宰食加。政平民阜,财用不匮。(《晋语四》)

文中"宾旅",即指他国、异乡来的新人,"礼宾旅,友故旧",依然是要求兼重旧人与新人。

春秋时期,"礼新亲旧"是一种普遍的社会现象,并非晋国独行,各国均如此。如楚国亦实行"礼新,叙旧"之国策:

> 楚子使然丹简上国之兵于宗丘,且抚其民。分贫,振穷,长孤幼,养老疾,收介特,救灾患,赦罪戾,诘奸慝,举淹滞,礼新,叙旧,禄勋,合亲,任良,物官。(《左传》昭公 14 年)

晋随武子评楚政是"亲疏并用",亦证明了楚国施行"礼新叙旧"的用人战略:

> 其君之举也,内姓选于亲,外姓选于旧。言亲疏并用。举不失德,赏不失劳,老有加惠,赐老则不计劳。旅有施舍,旅客来者,施之以惠,舍不劳役。(《左传》宣公 12 年)

如卫国的"授方任能",也包含了"礼新叙旧"。狄人灭卫后,在宋、齐等诸侯国帮助下,卫国重建,迅速强大起来。史称:

> 卫文公大布之衣,大帛之冠,务材训农,通商惠工,敬教劝学,授方任能。元年,革车三十乘;季年,乃三百乘。(《左传》闵公元年)

所谓的"授方任能",即是尚贤,而推崇贤能,必然会招聘天下英才,"礼新"自是题中自有之意。事实上,卫国正是过于"任能"的起用新人,遭到"旧人"的抨击和反对。如卫国大夫石碏就抨击"新间旧"为大逆不道的"六逆"之一:

> 且夫贱妨贵,少陵长,远间亲,新间旧,小加大,淫破义,所谓六逆也。君义,臣行,父慈,子孝,兄爱,弟敬,所谓六顺也。臣行君之义。去顺效逆,所以速祸也。君人者,将祸是务去,而速之,无乃不可乎!(《左传》隐公3年)

春秋时期,单国是弱小之国,其国君单献公甚至因"礼新"而被杀:

> 单献公弃亲用羁。冬,十月,辛酉,襄、顷之族杀献公而立成公。(《左传》昭公7年)

文中"羁,寄客也",意指他国来的新人;亲者,旧族人也。或因单献公推行"礼新"之策过急,不幸得罪了族人而被杀。

类似的情况也发生在周敬王卿士周巩简公身上:

> 周巩简公弃其子弟,而好用远人。二年,夏,四月,辛酉,巩氏之群子弟贼简公。(《左传》定公2年)

"远人",书注指"异族",其意实不仅限族类,也包含地理上远方的羁旅;周简公用"远人"(新人)而弃用子弟(旧人),为此遭到巩氏杀害。

由上述可见,虽然各国"礼新亲旧"情况不同,但"礼新"已成为普世的新潮,它说明,迟至春秋时期,旧的以血缘、亲缘为中心的社会人伦关系出现了蜕变,"天下尽亲戚"的血缘一统人伦被打破了,"道路"上越来越多地走来了非亲非故的"新人"。可以说,"礼新"既表现了那个时代尚贤的社会特征,满足了人才天下流动的社会需求,但另一方面也显示了人伦关系出现了深刻的演变,其背后的历史内涵则是血缘社会迈向地缘社会的大变革,这就是乡里制度的出现。

四、乡里制度

"小邦周"战胜"大邦殷"之后,又通过多次的战争征服和分封同姓、异姓以及古帝王之后,周王朝形成了地域辽阔的一统帝国,史称周公时:"海隅出日,莫不率俾",①疆域远达"海表"(《尚书·立政》),其后人不无自豪地这样描绘过周王朝的疆域:

> 我自夏以后稷,魏、骀、芮、岐、毕,吾西土也。及武王克商,蒲姑、商奄,吾东土也。巴、濮、楚、邓,吾南土也。肃慎、燕、亳,吾北土也。吾何迩封之有?(《左传》昭公 9 年)

如此辽阔的地域,以致"九服"之外的夷人"九译"而至②。所谓"九译",就是远方异邦之人,言语不通,最远的异族之人,要经过 9 次翻译才能彼此沟通,足见周王朝影响的广泛,已远非夏、商部落联盟性的邦国联合体所能比拟,而堪称超地域的政治帝国,果真是"普天之下,莫非王土;率土之滨,莫非王臣"(《诗经·小雅·谷风之什·北山》)。周朝实现天下一统,结束了过去"方国"林立的散落状态,建构了一个跨地域的超大政治共同体,周天子成为这一共同体的唯一代表与象征,成为天下共主。

天子威权的真切表现就是封土授民,即划出一定的区域,分赐一定数量的人民,给以特定的名号,设立某一诸侯国,突出这一切都是天子赐予的:"天子立诸侯,因生以赐姓,胙之土而命之氏,诸侯以字为谥,因以为族。官

---

① [清]孙星衍撰:《尚书今古文注疏》,中华书局,2004 年,第 457 页,注引郑康成说。

② [清]孙星衍撰:《尚书今古文注疏》,中华书局,2004 年,第 600 页,注引《韩诗外传》卷五之论。

有世功,则有官族,邑亦如之。"(《左传》隐公9年)金文中也有明确的记载,如《大盂鼎》中的"受民受土"①。历史上,"胙土"客观上固然仅指划出一特定地域供某个叔伯或甥舅,但实际生活中,"胙土"却划定了,也标示出了族群生活的政治疆域,凸显出血缘团体生存的地理空间性,其明确的边界和土地权力所属,显示出疆土的重要意义,是神圣不可侵犯的家园。

分封所形成的地域邦国,当今学术界多视之为"城邑国家",政治中心在城市。但此地域化却也带来了社会治理机构以空间大小、人口多寡为基准的设置,此即所谓的乡里制度。古代文献于此记述甚多,而且由于地域和年代的不同,其设置也多有差异。管子在齐国所实施的乡里制度,颇具代表性:

> 五家为轨,轨为之长;十轨为里,里有司;四里为连,连为之长;十连为乡,乡有良人焉。以为军令:五家为轨,故五人为伍,轨长帅之;十轨为里,故五十人为小戎,里有司帅之;四里为连,故二百人为卒,连长帅之;十连为乡,故二千人为旅,乡良人帅之;五乡一帅,故万人为一军,五乡之帅帅之。三军,故有中军之鼓,有国子之鼓,有高子之鼓。春以蒐振旅,秋以狝治兵。是故卒伍整于里,军旅整于郊。内教既成,令勿使迁徙。伍之人祭祀同福,死丧同恤,祸灾共之。人与人相畴,家与家相畴,世同居,少同游。故夜战声相闻,足以不乖;昼战目相见,足以相识。其欢欣足以相死。居同乐,行同和,死同哀。是故守则同固,战则同强。君有此士也三万人,以方行于天下,以诛无道,以屏周室,天下大国之君莫之能御。(《国语·齐语六》)

上述是都城里的里居制度。之于乡野的里居制度,管子是这样设想的:

> 桓公曰:"定民之居若何?"管子对曰:"制鄙。三十家为邑,邑有司;十邑为卒,卒有卒帅;十卒为乡,乡有乡帅;三乡为县,县有县帅;十县为属,属有大夫。五属,故立五大夫,各使治一属焉;立五正,各使听一属

---

① 郭沫若:《两周金文辞大系》,科学出版社,1957年,第33页。

焉。是故正之政听属,牧政听县,下政听乡。"(《国语·齐语六》)

《周礼》中记载的,与管子的乡里制度有所不同:

> 遂人:掌邦之野。以土地之图经田野,造县鄙形体之法。五家为邻,五邻为里,四里为酇,五酇为鄙,五鄙为县,五县为遂,皆有地域,沟树之。(《周礼·地官·司徒》)

此外,文献中又有所谓"伍—里—扁—乡"的乡里架构:

> 五家为伍,伍为之长;十伍为里,里置有司;四里为扁,扁为之长;十扁为乡,乡置师;五乡为县,县有啬夫治焉;十县为郡,有大夫守焉。(《鹖冠子·王鈇》)

古代有关乡里设置的名称繁多,大体不外乡党里居,以至"乡党"成为其时的熟语。如《左传》襄公十五年,献玉者"稽首而告曰:小人怀璧,不可以越乡,纳此以请死也。"又如《左传》宣公十一年:"乡取一人焉以归,谓之夏州。"再如《国语》记载:"正月之朝,乡长复事,君亲问焉,曰:'于子之乡,有居处好学,慈孝于父母,聪慧(惠)质仁,发闻于乡里者,有则以告'。"(《国语·齐语》)

《论语》有关乡党的讨论俯拾皆是:

> 子曰:毋! 以与尔邻里乡党乎?(《论语·雍也》)
> 叶公语孔子曰:"吾党有直躬者,其父攘羊而子证之。"孔子曰:"吾党之直者异于是,父为子隐,子为父隐,直在其中矣。"(《子路》)
> 达巷党人曰:大哉孔子! 博学而无所成名。(《子罕》)

党的本意是指同类者,借喻为血缘意义上的同族群者,像《礼记·奔丧》中所谓的"哭父之党于庙"。由此再进而特指一种稀松平淡的血缘关系"谓族类无服者"(《礼记·丧服》郑注),即血缘关系已出五服,虽有宗亲之名分,但亲情已很淡了,甚至彼此不再有亲缘上的义务要求了,庶几近乎路人。而"乡"字,据杨宽先生研究,"象两人相向对坐,共食一簋的情况,其本意应为乡人共食"。有学者据此推测,初时"乡"字无划地而居之意,而是指同宗族的成员。后引申为同居之族人,再后来就特指为一定的地域空间了,即"五族为党""五州为乡"。

不论是"五鄙为县",还是"五乡为县",家、比、闾、族、党、州、乡之后,都有一个较大的地域治理的行政机构——县,后世更有"并诸小乡聚,集为大县"(《史记·秦本纪》)之说。关于县何时出现、功能如何、意义怎样,学术界一直有讨论,从史料来看,县初意是远的意思(《淮南子·主术》高诱注),后成为比家、邻、党等更大的地域概念,有学者以为比一般采邑为大,所赋也比较多,如《左传》昭公五年所述:"箕襄、邢带、叔禽、叔椒、子羽皆大家也。韩赋七邑,皆成县也。羊舌四族,皆强家也。"

春秋时,县常作为诸侯赏赐臣下的礼物。如赵简子在战前动员时说:"克敌者上大夫受县,下大夫受郡。"(《左传》哀公二年)又如公元前627年,晋国胥臣荐举郤缺有功,文公赏以"先茅之县"(《左传》僖公三十三年),又如《左传》宣公十五年,还是在晋国,这一年晋战胜秦国于辅氏,"晋侯赏桓子狄臣千室,亦赏士伯以瓜衍之县"。文中的"室",韦昭注为:"室,妻妾货赂"。一般兼指土地和人口,即通常一户所占土地及其家口及臣僚、仆庸和奴隶以及"器用、财贿"(《左传》文公七年)。首赏桓子狄臣"千室",次赏以士伯"县",想此"县"的规模仅次于"千室",也是相当可观的,这也印证了上述"五家五鄙"的县之设置。

或因为县的这种较大地域的含义,常作为疆域土地的代称。如楚庄王十六年,"伐陈,杀夏征舒。征舒弑其君,故诛之也。已破陈,即县之。群臣皆贺,申叔时使齐来,不贺。王问,对曰:鄙语曰,牵牛径人田,田主取其牛。径者则不直矣,取之牛不亦甚乎?且王以陈之乱而率诸侯伐之,以义伐之而贪其县,亦何以复令于天下!庄王乃复国陈后。"(《史记》卷四十,楚世家)文中的"贪其县",即意指贪图别国的土地。

西周以降,诸侯兼并中无不是"贪其县"的,不过值得注意的是,在侵占他国领土后,往往不再是分封亲属,而是作为国家领土的一部分任贤使能来治理,即所谓"县之"。如《史记》记载:

惠王二年,子西召故平王太子建之子胜于吴,以为巢大夫,号曰白公。白公好兵而下士,欲报仇。六年,白公请兵令尹子西伐郑。初,白公父建亡在郑,郑杀之,白公亡走吴,子西复召之,故以此怨郑,欲伐之。子西许而未为发兵。八年,晋伐郑,郑告急楚,楚使子西救郑,受赂而去。白公胜怒,乃遂与勇力死士石乞等袭杀令尹子西、子綦于朝,因劫惠王,置之高府,欲弑之。惠王从者屈固负王亡走昭王夫人宫。白公自立为王。月余,会叶公来救楚,楚惠王之徒与共攻白公,杀之。惠王乃复位。是岁也,灭陈而县之。(卷四十,楚世家)

文中"灭陈而县之",即将陈国疆域纳入楚国,且成为王国下的一个县域。《左传》所载晋魏献子分旧族之田为县、择贤治理的故事,则更为鲜明地反映了"县之"的特殊时代意义:

秋,晋韩宣子卒,魏献子为政,分祁氏之田以为七县,分羊舌氏之田以为三县。司马弥牟为邬大夫,贾辛为祁大夫,司马乌为平陵大夫,魏戊为梗阳大夫,知徐吾为涂水大夫,韩固为马首大夫,孟丙为盂大夫,乐霄为铜鞮大夫,赵朝为平阳大夫,僚安为杨氏大夫谓贾辛、司马乌为有力于王室,故举之;谓知徐吾、赵朝、韩固、魏戊,馀子之不失职、能守业者也;其四人者,皆受县而后见于魏子,以贤举也。魏子谓成鱄:"吾与戊也县,人其以我为党乎?"对曰:"何也!戊之为人也,远不忘君,近不逼同;居利思义,在约思纯,有守心而无淫行,虽与之县,不亦可乎!昔武王克商,光有天下,其兄弟之国者十有五人,姬姓之国者四十人,皆举亲也。夫举无他,唯善所在,亲疏一也。

仲尼闻魏子之举也,以为义,曰:"近不失亲,远不失举,可谓义矣。"又闻其命贾辛也,以为忠,"《诗》曰'永言配命,自求多福',忠也。魏子之举也义,其命也忠,其长有后于晋国乎!"(《左传》昭公 28 年)

魏献子选任大夫来治理新立之"县",说明春秋时已开启了地域治理的新时代,即便一国之内,卿或大夫原有食邑被收回后,已不再行分封,土地不再实行血缘分封式的分配，而是统属国家，国君委任贤者来治理。春秋时楚国新设的县也比较多，有所谓"九县"（《左传》宣公 12 年），料也是一种新的地域化的行政区域。

"县之"所导致的地域化，必然引发社会关系的地缘化，即前此的以血缘为核心的聚族而居，渐演变为以邻、里、乡、党为核心的地缘关系；当然，乡党中也许还是聚族而居的，但过去氏族聚居所形成的姓、宗、族生活格局，慢慢被邻里乡党的地理分布所取代，邻里乡党中固然有宗族同姓之人，但已难以排除异族共居。《礼记》中所谓"有殡，闻远兄弟之丧，虽缌必往；非兄弟，虽邻不往"（《礼记·檀弓》），则表明其时相邻而居的可能"非兄弟"，即是他族之人。庄子的叙述更流露出地域时代多族姓的混居："丘里者，合十姓百名，而以为风俗也。"（《庄子·则阳》）文中"十姓百名"，正揭示一个"丘里"中生活着这么多族姓，可见地域时代，纯粹的聚族而居被打破，邻里乡党之制，融入了异族，淡化了血缘关系，凸显了国家的地域化治理，以及在此治理下，地缘关系得以彰显，这也是"道路之人"涌现，"礼新亲旧"观念产生的基本原因。

（本文发表于《南国学术》2018 年第 4 期）

思想的现象学

余日昌*

现象学研究本质的呈现，主张"回到事物本身"。寻求一切知识根源的胡塞尔现象学，通过"悬置"现象去呈现现象的本质，以说明"事物如何进入意识"。因此，这种通称为意识的现象学或描述的现象学，也具有了不少"解释"的特点。本文提出的"思想的现象学"，主张"回到思想本身"，旨在探索思想的乃至哲学的原点，通过某种"洞见"方式走向一条"让读者的意识能够意识到作者意识本身"的路径，让"思想或人类能思的本质"显现出来，以此说明"原创性的思想如何成为可能"。在这种意义上，"思想的现象学"可谓一种"创造的现象学"。

这样一来，"思想的现象学"首先面对的前提就是"思想必须以及能否成为一种事物而能够在胡塞尔意义上被现象化"？这个问题并不复杂。因为所谓思想，其存在于语言、文本、各种对它的解释及其形成某种哲学体系之前，紧接在某种产生这种思想的原创意识之后。所以，从"意识之外可被对象化的东西都属于事物"这种宽泛的理解来看，思想应当可以成为另一种那个被意识的对象——比如阅读某种思想的读者的意识的对象。因此，对于读者的意识来说，某一思想就有可能按照现象学的方法被悬置、还原，隐藏其后的那种作者原创意识，也就有可能在读者的意识中得到本质显现。这就是"思想的现象学"所以能够成立的可能性所在。读者大都必须首先阅读某种哲学，才能进而阅读其背后的思想，进而发现此事项的原创意识。所以，"思想的现象学"是从研究哲学入手的，或者说是首先对哲学乃至其背后思想进行悬置而展开的。

---

* **余日昌**，1961 年生，2001—2021 年在哲学与文化研究所工作，曾任副所长。

"思想的现象学"所面临的当今哲学，也许能够解释其所思，却无法显现其背后思想之自身——即能思，哲学之间的相互注释则将思想的原旨累加地误读。所以，由"思想的现象学"来探究产生出这些思想的作者原创意识，就显得非常必要了。

"思想的现象学"客观地具有其特殊的发生背景。1994 年，美国麻省理工学院 *Thsis Eleven* 第 37 期标出了一个充满对象性的讨论主题："哲学之后的哲学"。从此，哲学家们便从未停止让思想展现其能思的各种努力，比如康德多次以"先验逻辑"为基础的认识论去终结远古时代的纯粹形而上学学科，新实用主义及后现代文化学家理查德·罗蒂对分析哲学及各种基础主义、本质主义进行过全面批判。然而，当今哲学却正在渐渐失去了它的合法性，概念性语言依然禁锢着哲学，思想总被贴上不合适的标签，由此构成了哲学的窘境，不少哲学家因此无地自容或装模作样。基于这种基本判断，"思想的现象学"将努力表现出一种新的思想观并希望提供一个未来形而上学发展的基本向度。

一

哲学正在丧失它的合法性，"哲学正在进行着大量过分的肚脐炫耀，哲学家们却垂着双臂绕着圆圈而行，好像他们正在因为阐述了一门没有合法名分的学科时被人逮着那样感到羞愧。"[①]这是一种客观现状。为什么哲学正在丧失它的合法性？因为 20 世纪后半叶的哲学，更多地被布置为哲学家们相互对话的舞台，它引导人们更多地关注其对话形式而不是其建设性或创造性的个性化成果。随着对话水平不断提高，新真理创新的缺乏被遮掩了起来，同时成就了一批乐于谈论过去的知识分子化的饶舌妇或知识分子的房东。所以我们不由地叹息：今天的"哲学家"们还能对自己这个称号容忍多久？当今读者面对着哲学，大都自觉或不自觉地首先采用某种认识论"强迫洗手"，哲学的思想性由此遭受极大的限制。比如，科学哲学家马赫所

---

① Robert Elliott Allinson(1942 年出生，现代美国哲学家，2001 年间任教于香港中文大学哲学系)：*A Metaphysics of the Future*，前言，第 2 页，Aldershot，England；Burlington，VT：Ashgate，c2001.

创建的逻辑实证主义对拉美哲学产生过强大影响,但其哲学如今却被限定去为其他学科进行洗涤,或被其他学科借作洗衣房使用的洗涤剂,或被限定去担任一个超级评论者的角色。

因此,与科学在真理方面依然占有一席之地相比,哪里才是哲学真正能够落脚的地方呢? 也许有四种可能的情形。

第一种是哲学还能提出与科学探究相似的真理问题,所以它可以继续被放在一个比较狭窄的语境中进行讨论。这种情形下,哲学变成了科学的穷亲戚。然而,如果哲学企图去阐述或表达一些相同于科学所提出的真理问题,它的理性之声将会显得非常粗鄙。在同时驶向一个真理方向的过程中,哲学与科学的情形犹如福特车与协和飞机之间那种不存在竞争性的比赛。

第二种是,哲学有可能去探索科学探索所达不到或不合适的一些有所不同的真理形式,其中最明显的便是对于那些受过科学训练的大脑来说好似诅咒的先验论形式。这时,哲学不得不回到一些中古时期形而上学的阴影当中,面对第一位置上的科学,哲学再也不便称自己也是一个正在从事着属于自己一类真理的学科了。

第三种是,哲学虽然在每一个科学学科中依然拥有着特殊思想的能动性,但它却丧失了自我的主体性。在一定水准上,哲学虽然与某一科学学科保持着关联性,却没有任何可以被单独分离出来的哲学真理,也没有任何能够构成哲学学科内容的哲学观念实体。这时,哲学的身份虽然不再是中世纪那种神学的侍女,却还是不幸沦为了科学殿堂中的侍应生,其工作便是对科学所发现和所证明的各种真理进行语言性的组合和琢亮,并且按照真理的"秩序"去建造一些所谓的"真理之屋"。

第四种是由后现代思潮表现出来的。哲学被伽达默尔推到了解释学这个哲学方法论的极限,哲学的角色遭到了限定、提问和鄙视。这为后现代解构力量的侵入提供了条件。由于后现代的超理性,哲学被其解构因而转变成为一种能够吞噬落入理性深渊中任何东西的吞噬物。于是,后现代主义描述了这种知识分子同类相食的新高地,其中,知识分子通过所谓知识,在吞噬其他全部理性物品的同时,也吞噬了自己。

虽然康德曾以"认识论先占"作为有力武器对中古形而上学进行了成功

的批判,造就了一批"科学之屋的清扫夫",可如今在科学号角所召唤的队伍中,哲学中除了其"认识论"这件利器之外,其他则是被无情放弃了。哲学的身份因此而谦卑,其合法性自然也受到了威胁。

因此,"哲学体系正在被建成什么样子"便成了一个不可回避的问题。胡塞尔、怀特海(Whitehead)与哈慈霍恩(Hartshorne)等人在小心回避了在康德那种以"心物二分"为前提的"认识论洗手"而得益之后,曾经有过建构哲学自己的"真理之屋"的一些企图和努力。他们力图采用体系化的形而上学方式,去表达有关实在论的相关解释,以保持前康德主义唯理论者那种"前批评"的哲学身份。虽然,即便是"哈慈霍恩神性"①,这类概念最后也免不了所有唯理论哲学都会去重复的那样,如新酒装入旧瓶而最后总被贴上某种认识论的标签,但是,他们也留下了一种共同的财富,即他们的形而上学取向都是"非认识论先占"的。

以康德的标准度量,"非认识论先占"会让哲学陷入失去独立身份及其合法性的窘境。因此,"非认识论先占"却有着引领哲学重归于某些思想原点的可能。在回归那些思想原点的路途中,哲学一件件地卸去了以往用以证明真理的那些认识论装备,同时期待最终能被思想的本质直接装备起来。认识论曾经预先假定了思想本质的所在地,即认识论摆出一些人们已经知晓的所谓认识论真理。人们带着某一种先占的认识论真理去探求思想的本质,就如同人们入水时就已经知道怎样游泳一样。这就是认识论所拥有的一种特权。问题在于认识论真理并非就是思想的本质甚至形而上学的实在。针对这种认识论先占,黑格尔曾经提出过一种颇具悖论特点的反对意见,他认为,如果一定要以"认识论先占"作为入水的先决条件,那么,人们就会犯"你在学会游泳之前拒绝入水这种错误"。显然,不入水是不可能真正学会游泳的。可见,"认识论先占"表现的是一种哲学的工具性。也正因此,它往往隔离了哲学背后之思想的本质显现。所以,"非认识论先占"成为不

---

① C.哈慈霍恩(Charles Hartshorne,1887—2000 年),美国著名宗教哲学家、过程神学主要代表人物之一,最引人注目的是他关于神的本质和存在的观念。他认为:"无疑,上帝的观念包含了形而上学的全部内容。"因此,他认为形而上学就是"对神学的世俗研究",任何哲学除非是有神论的,否则它就不可能一以贯之。参见 David Ray Griffin:"Postmodern Religion's View of Charles Hartshorne",*Founders of Constructive Postmodern Philosophy*,State University of New York Press,1993。

让哲学丧失其合法性的一个开端。

然而,上述几种"非认识论先占"的努力属于相对主义。问题是,在相对主义的语境当中,哲学家在保护其哲学乃至其背后思想之合法性方面又具有怎样的功效呢? 实际情况是,当今哲学家对于自我思想的设计,其视野往往会因相对主义而被限定,即他们往往会以一批能够分享同样假设与同样标准的特殊听众为对象。这种局限显然也限制了他们的哲学乃至其背后思想与真理或实在真正相对应。

二

"非认识论先占"也具有一种19世纪与20世纪之交"语言学转向"的历史背景。罗素和早期维特根斯坦为代表的分析哲学,希望能够通过语言分析这个路径,对哲学及形而上学的真理与实在做出某种语言学上的精确表述,以形成一种具有规范作用的哲学语言,这就使其"概念"的意义具有了相对论和唯名论的特点,由此,通过语言概念来表达的确定性和普遍性一度成为召唤人类的号角。自称为唯名论者的罗蒂曾经认为,由笛卡尔开创、后经洛克补充、最后在康德那里日益完善的那种基于"心物二分"的"心灵镜式哲学"是错误的,因此,语言哲学便有条件成为"镜式哲学"的替代物。但是,他最后却指出语言哲学本身也是荒谬的,不然的话,维特根斯坦就不会在其后期,从原先追求语言意义转向追求语言用法并且否定语言本身具有意义,从而终结了自己对"语言哲学"这件"哲学摧毁器"的继续发明。所以,罗蒂做出了这样一个大胆的判断:当代分析哲学家已经试图将表现主义者从总体上移除出去。这也是导致他一心想建构自己的"无镜哲学"的一个直接原因。

受此启发,我们发现,时至今日,哲学语言实际上已经变成了一种囚禁哲学家思想的牢笼。因为"语言的转向并不就是哲学发展的方向,它并没有从根本上改变传统哲学的思维方式。……哲学家们仍然在用不同的语言谈论着同样的传统哲学认识论的问题"[①]。所以,我们希望能从另一个角度或

---

① 见刘放桐等编著《新编现代西方哲学》,人民出版社,2000年,第630页。

路径,即以"思想的现象学"与罗蒂那种"无镜哲学"一同努力去突破语言的囚禁。为此,我们可以提出了一个未来形而上学的战略发展口号,即"去解放被维特根斯坦囚禁的人"。实际上,这可以被认作是一种对"非认识论先占"这个主张的进一步进展,表现出一种从"非概念先占"出发的"非哲学语言先占"特点。

维特根斯坦曾经认为,哲学问题曾经是那种归咎于语言正在消失其影响的伪问题。即由于人们意识到了语言的误导性,以至于这样一些"哲学问题"将会消失。所以,"语言与世界的联系"成为压在维特根斯坦心上的一块石头。他曾经通过"不要探究意义,不要探究用途"这句名言,对其图示理论进行过彻底的修正或放弃,这正是罗蒂做出上述"当代分析哲学家已经试图将表现主义者从总体上移除出去"这个大胆判断的直接依据。遗憾的是,罗蒂用以取而代之的"无镜哲学"却一直处于一种"只破不立"的状态,而"思想的现象学"则力图"破字当头,立也在其中"。

可以说,一方面遵守"面向事实本身"这个现象学的基本原则,另一方面有别于胡塞尔那种"将任何一种非客体化意识行为都奠基于客体化的意识行为之中"①的意识的意向性结构,这是"思想的现象学"的基本特点。"思想的现象学"主张将"让读者的意识能够意识到作者意识本身"作为一种终极的意识,实际上是一种"将任何一种非客体化意识行为都奠基于主体化的意识行为之上"的意识的意向性结构,即意识的意向性指向意识本身,从而形成思想不断逻辑链接、进而不断推进完善的终极向度。这种最高层次的意识中,不可能存在那种含有相对论和唯名论意味的客体化意识行为。这也是对后期维特根斯坦反对"私人语言存在"这个近代哲学共同前提的一种赞同。② "思想的现象学"的初级进项,采用了现象学的本质直观并强调其中的"反思",以至于能够每时每刻面对"意识本身"。然后,"思想的现象学"则进一步让意识回到"让读者意识能够意识到作者意识本身"这个终极意识层面。在这个层面上,胡塞尔意义上的"意识的意向性结构"则被变得并不那么清晰了。

---

① 见洪汉鼎《现象学十四讲》第 196 页,人民出版社 2008 年 9 月第 1 版。

② 可作为参照的说明的是:笛卡尔的"我思故我在"就是把个人的意识状态看作最准确无疑的存在;康德的"主观的知觉判断"就是一种"私人语言"。

在这样一种"思想的现象学"向度上，人们将会如何去解脱语言对哲学的禁锢呢？维特根斯坦实际上是被人们误用了他那"语言之梯"的用法。他也似乎认同了自己所产生的那些对形而上学问题进行提问之后总被谈论为精神约束的东西。尽管后期的维特根斯坦认为哲学的目的就是要从精神中解脱自己，但是，"语言之梯"反而更应当含有"能够到达更高级的实在本质"和"如何了解更高级的实在本质"这两个线索，因此，如今的思想乃至哲学的目的，首先应当是能够意识到有可能去对那些并不显得立即有答案的问题——比如"时间是什么"或"空间是什么"等形而上学问题进行提问。"并不显得立即有答案"是一种哲学提问意识中的"不适"。如果一个提问意识是因它具有一定的不适度而引发，也许这种不适度正是在表明这个问题本身就是一种正确的提问种类或意向指向之标志。如同身体某一部位的疼痛所给予人们需要关注某些深层组织的那种信号。所以，对形而上学问题的原创意识进行提问的这种意识本身，就是这样一种特殊的信号，就是一种"一种意识能够意识到另一种意识本身"的直接表现。也许，这种提问意识本身所能揭示的是，所有如同"时间是什么"这一类的"无时间的问题"其本身都含一种内在意义，这就是，即使在对那些没有答案的问题意识进行提问的方式中，提问意识本身也会拥有在人类生命中产生某种深刻意义的潜力。

对此，"有意义"这一类问题的真正存在，实际上就是在人类生命中去创造意义的一种条件。针对形而上学问题的作者的原创意识进行提问的意识，就具有这种"有意义"的内在价值，它首先强调对于恢复形而上学问题合法性尊严的基本要求。因此，这样一种特殊向度（不同于胡塞尔）的"回到意识本身"的内在价值取向，便成为"思想的现象学"的一个基本向度。我们试图在通过提问"去意识那种产生形而上学的原创意识"——也可以说是通过"回到原创意识本身"这层意义上，去突破当今诸多思想乃至哲学曾经被维特根斯坦"从追求语言意义转向追求语言用法"这种语言转向之蛊惑所产生的语言禁锢，以达到解放那些被维特根斯坦所囚禁或落入语言陷阱中的人们的目的。

"思想的现象学"还主张，伴随着那种产生形而上学提问意识之意识的产生，以往那些哲学论证也将被视作一种为了提出某种特殊难题而进行的上下文衔接以及被适应的变化。于是，大部分的思想乃至哲学便有可能由那种手持"语言学论证"这个 20 世纪时代工具的其他学科侍应生,转身变成未来能够直接产生"对各类意义所含哲学问题尤其是形而上学问题进行提问"这种提问意识的"意识的主人"。

三

几乎所有的哲学读者起初都是冲着"标签"来的。当今哲学的标签纷繁沓至,而"思想的现象学"这种未来的形而上学并不愿意被人贴上以往哲学家曾经使用过的标签,以至于有可能发生上述那种为着"能够分享同样假设与同样标准的特殊听众"而设计的限制,从而重新陷落到另一种窘境。

一阶真理有赖于其发现的领域,而此发现也仅仅发生于直观甚至洞见所"再现"的一瞬间。哲学的思想只生存于它们的再现之中。这是"思想的现象学"这种未来形而上学观的基本立场。所以,"思想的现象学"主张对所有未来形而上学的思想都必须经过"哲学体验",而不采用"认识论先占"的方法预先给它们贴上一些并不合适的标签。即使面对那些并非自己所创造的哲学思想,任何读者实际上都有过不同方式、不同程度的那种以"内心再创造"为特点、并非经验主义的主观体验。找到了这种主观体验的极限,就是让哲学的读者最终会真实地或真正地体验到"读者的意识能够意识到作者意识本身"。这是"思想的现象学"的核心。

当今流行的经验主义测量方式无法发现"读者的意识能够意识到作者意识本身"。所有外部证据也绝无可能跟踪它或认知它。所以,如果提出将"读者意识能够意识到作者意识本身"作为一种终极真理来对待则不无道理。由于"思想的现象学"其基本向度是以"悬置"所有思想的外部证据为前提的,所以,它是一种崭新而有别于"描述的现象学"的"创造的现象学"。虽然"思想的现象学"与胡塞尔现象学同有"先占意识领域(而不是先占意识结构)"的特点,但前者确定的是思想的真实度,后者确定的是知识假设或真理假设是否为真;前者以"洞见"发现思想背后的原创意识,后者以"直觉"反映现象背后的本质;前者以思想为现象,后者以现象为现象,这样的区别使"思想的现象学"有可能成为胡塞尔意识现象学面向思想的一个新发展。

绝大多数的哲学家并无可能完全亲自去建立某种哲学的知识,所以,他们只能不得已地去获取那些由"类比"推知出来的真理，如同人们相信"人人都有双眼"这样的经验主义结论。这样就难免被贴上别人已经使用的标签，而这些标签具有将那些在广义上相似、在决定性方面存异的哲学家们柔和成一团的危险。胡塞尔式的现象学家只有不再对经验世界发生兴趣之后，才有可能趋近于那些有关经验世界的哲学真理。这已经是一种"去标签"的做法了。相比之下，"让读者的意识能够意识到作者意识本身"作为"思想的现象学"宗旨，已经蕴含着"作者意识本身原本并没有什么标签"这层深度的意义。所以，"思想的现象学"更有理由成为直接回避"标签"的一种现象学。

作者的意识其本质在它们还没有在读者意识中显现出来之前，是不能被全然认知的。作者意识是一种先在而超验的真实。在意识中被发现为真实的东西，正是作为必然真实而被发现的。读者的意识对作者意识有所意识，就是去发现其背后的本质，它的基本向度显然与胡塞尔那种针对"意识结构"的探索有所不同，因为"思想的现象学"并不追随胡塞尔"所有意识都属于一种客观"的主张。"意识结构"实际上还只是一种对认识论的理论建构，并不是现象学的直接论据。相比之下，"思想的现象学"应当是一种紧随着仅从纯粹意识数据中得出的那些检验结论的形而上学。

有待完善或进一步修正的是，在"思想的现象学"当中，用以替代已经变得模糊了的胡塞尔式的意识之意向性，以及胡塞尔不愿被人随便贴给自己标签，却又不得不去借用称谓的那个"直觉主义"。这个称谓源于被称之为柏拉图那个"被遗忘的第四"的认识元素①。"直觉"是发生"反思"的必要条件或前提。"思想的现象学"所指代的"反思"，不同于洛克那种作为概念材料和知识材料来源之一的"反省"。洛克的"反省"起步并滞留在人们对于内心活动的知觉当中，故而也被称之为"内部的感觉"，所以，它显然不同于黑格尔所意味的"反思"。黑格尔认为，"反思指反复思考直接呈现在心灵中的东西，并产生它的思想。""反思从直接给予的东西如知觉或感觉开始，但进展到发现在给予的东西背后本质的东西和有意义的东西。因此，反思涉及

---

① 即柏拉图在《第七封书信》中将知识行为分析成为"名称、定义、形象化的比喻（即象喻——本文作者注）、为结果而发生的认识本身与认识的适当对象、形式"这五个知识构成的第四个部分。

对思维的思维。"①所以,"让读者的意识能够意识到作者意识本身"显然就是对黑格尔这种"对思维的思维"的一种拓展,"思想的现象学"也因为这种拓展而具有了特殊意义的"反思",从而明显地与胡塞尔那种"本质直观"的现象学有所区别。

"思想的现象学"比较高级的进项所采用的"直觉",一方面不同于"直观",另一方面更接近于"洞见"或瞬间的"领悟",以至于思想中未来的"直觉知识"将与现象中已知的"推理知识"区分开来。作为"思想的现象学"的参照系,亚里士多德的伦理学曾经强调过一种"理性的直觉"即"理性的洞见",而在对相似于"思想的现象学"向度的另一种探索中,罗伯特·E·埃林森(Robert Elliott Allinson)也曾经试图建立一种既区别又相似于英国以沙夫茨薄利、哈奇森、罗斯等人为代表的那种具有客观主义传统的伦理直观主义的、同样主张"基本道德判断不正自明"的主观主义的直观主义伦理学体系。②

基于上述非理性主义的基础,"思想的现象学"所主张的"反思",一方面需要在其发生之后迅速地离开感觉或知觉这一类发源反思的东西,另一方面需要培养一种特有的"洞见"。因此,"思想的现象学"在其实践过程中实际上是无法预置标准的,也是无须预置标准的,当然也是根本上反对语言论证方式的。可见,"思想的现象学"实际上也应当是无法"贴标签"的。由于这个缘故,"思想的现象学"这种未来的形而上学反对唯名论。因为,采用母体语言所进行的任何哲学论证,其过程都与一种"被误置的凝固体(即一个个体的事变像一种存在的抽象形式那样被变得实体化)的谬误"的导向密切相关。这种导向总是将理念化的存在最终变得实体化而转入一种真正的实在,形成以一般化名称为特点的概念存在,然后为后来的哲学研究者提供所谓"已知的直觉"。这种"已知的直觉"正如"鉴赏"或"赏识"那般,各种语言的标签、图示、标准等"已知",都将引导着人们去"如此地直觉",而这样的"直觉"实际上更多地还是一种按照预置标签所展开的"鉴赏",鉴赏者的意

---

① 见黑格尔《小逻辑》第 2 节,引自尼古拉斯·布丁:《西方哲学汉英对照辞典》第 866 页,人民出版社 2001 年第 1 版。

② 详见 Robert Elliott Allinson: *Saving Human Lives*, Dordrecht : Springer, 2005 年出版。

识还是没有真正地实现被现象学地"悬置",还没有真正地"让读者的意识能够意识作者意识本身"。

语言模型与实在之间的关系最多只是相似而不可能相等。所以,"思想的现象学"推崇东方老子的"不可言说之道"、庄子的"心灵世界"以及佛教"指与月"等基本思维方式甚至禅观默照,并可将荀子的《正名论》拿出来重新推敲,从中借鉴一些有助于说明"思想的现象学"去处理名称与实在之间关系的特殊方式。这便是"思想的现象学"有待以后努力完善的内容。

当今哲学及哲学家们中,大部分人疲于对付那些由维特根斯坦发明的"语言妖术"所不断创造出来的"伪问题",而另一些人却乐于通过语言游戏或"贴标签"来重新置"伪"。自 20 世纪至今,哲学依然还未脱离维特根斯坦世纪,哲学因为它从来不曾超越它的语言边界而正在变成越发渺小与狭隘的岛屿。所以,"思想的现象学"也许能够引导哲学家暂时不将自己的注意力落在特殊的形而上学真理与实在或客观现象世界之间的联系方面,即既不落在识别客观经验的条件方面,也不落在分析范畴的结构方面,而是在引导人们在第一位置上去发生严格的现象学关注,以至于最终能够抵达一种具有良好基础的本体论。从这一点看来,"思想的现象学"还应当是一种"超越的"现象学。

按照上述描述,"思想的现象学"不失为一种"超越"(而不仅仅是"走出")当今哲学窘境的崭新向度。这个崭新向度的最大特点,就是力图避免未来形而上学出现某种历史趋同现象(即存在于知识环境中的那种"自然环境"现象)。隐约之中,"思想的现象学"也表现为一种借鉴黑格尔成功地通过超越性转向而拓展德国古典哲学的路径,去超越胡塞尔甚至海德格尔现象学的冲动与激情。沿着这个崭新向度看去,饱含着现象学本旨所期望的那种具有重要性的东西,则是作为一种作为知识源泉、体现思想的自身权利、且带着思想自身特殊步骤和合理性模式的新思想方式。这显然也是一种不可能被当今哲学认作时尚的目标。

我们可以发现,当今诸多思想乃至哲学似乎都在渴望某种发生在被支配的鉴赏者身上的意识跃迁,以便在第一位置被重新估价成一个更新的哲学信条。当然,这种最初由于诗性或宗教气质所引发的意识跃迁也容易产生错误。不确定地说,进一步,如果不使用语言或标签便可以理解或识别真理,或者有可能去了解那些超越了语言边界的或者无标签的真理,那么,语言与标签是否能够表现出它们的确与人们追求真理的方案——即所谓"思想"是无关的呢? 这也是"思想的现象学"留给人们进行未来形而上学发展讨论的一个基本问题,而且,更加困难的地方在于,"思想的现象学"在其方法训练上还必将经历一段有待摸索的艰难阶段。

(本文发表于《江海学刊》2009 年第 6 期)

信仰的起源

胡传胜 *

一、信仰与终极问题相联系

提起信仰,人们总觉得它是很遥远的东西。信仰离生活太远。另一方面,信仰问题好像随时会钻出来,折磨着每一个不仅沉于生活而且思考生活的人。无论在哪个时代,哪个国度,一旦"我生活有什么意义?"这个问题与人照面,信仰问题就产生了。也就是说,每当人想确定自己的"位置"(不是现时的,两眼所见的时空中的位置,而是更大的范围内的位置)时,信仰问题就出现了。

我从哪里来?我到哪里去?我赤身地从黑暗中被抛到陌生的世界,我又赤身地被抛进黑暗。来不由我,去不由我。我带着谜来,没有把谜解开,又带谜而去。我被迫面对着一个巨大的,无人性的,消逝的时间之流。我知道我饮进的只是一滴,又要将这微不足道的一滴还回原处。我想从时间之流中逃出,但我的生命在流之中,这是注定的。我只能在思想上处于流之外,最后连思想也被拖入流中;我可以感觉到我的生命被时间卷走了。它带走了我的生气,我于是感到渐渐剩下躯壳。我想与时流赛跑,想倾尽全力,走到它的前面,或在工作中将其忘掉。但时间是不可战胜的。"吾生也有涯而知也无涯。"我在无限的时间之流中惊讶不已。时间会使不幸褪色,但这只对了一小半,不幸是生命的事件,时间会使生命"褪色"。谁从生命的角度

---

* **胡传胜**,1962 年 10 月出生,1984 年 12 月至 2002 年 2 月在哲学所工作,后调任《学海》期刊主编。

追问时间，谁同时就在追问信仰。

我从哪里来，我向哪里去？属于我生命的是一点点空间，属于人类生命的，是一点点空间。太阳系的外面是什么？银河系的外边是什么？夜晚，每一个放任思绪追究空间的人，都会感到恐惧、窒息。空间无垠，但我们不能忍受无限对心灵的打击，对理解力的打击。我们居住的小小的地球，在宇宙，这无穷黑暗的宇宙的哪个角落？哪里是东，哪里是西？哪里是上下左右？它在向上升腾，还是向下飞落？升腾到哪，飞落在哪？

我们活着，我们属于肉身，所以我们最爱惜的，就是我们的生命。但我们时时面对着冷冰的事实：我们总是要死的。我们活着，但我们知道我们要死的。这是在所有的事物中人类特有的诅咒。我们强行被逐出世界。与这冰冷的死亡相比，我们的奋斗有什么用处？与最终的人人平等，人人都等于零的结局相比，世间的沉浮与荣辱，专制与邪恶，善良与德性有什么意义？属于尘世的，尘世给予了解释，而我们不能带走一点；我们此间受苦，抱怨命运，希望机会，我们此间享尽荣华，想将其无限地延续下去。

在生命的任一时刻，人都会面对着信仰问题；它要么不来，要来，就不是人能选择；毋宁说，人被带到信仰面前。在信仰的问题上，从古到今的思想家都丧失了思想的伟力，变得沉深而脆弱。

二、信仰的起源

生存的悖论　信仰离现代生活最远，因为信仰所关联的经验与人相距最远。信仰涉及的是生命最基本的问题：生老病死。生死是人类最基本、最常见的现象，为什么古代人建立起强大的信仰而现代人没有呢？一部分原因是，虽然松弛了，但信仰仍然在我们与死亡之间起间接作用，也就是说，信仰，作为看待世界的意义，已被赋予我们，因此使我们免受经验的直接性的打击。信仰总是不自觉地起作用。不过，无论怎么样，每一次面临死亡的经验，每一次想到死亡，信仰问题也就一次次呈给人类。所以说，信仰首先作为生命的拯救。为什么现代人对死亡熟视无睹，古代人立即逃向信仰、宗教呢？

对于生存的悖论，原始人比现代人感受得肯定更深，更强烈一些，因为现代人透过文化(信仰是文化的一个重要因素)看待世界,而原始人则面对着赤裸裸的世界。最基本的生存悖论是,我们生而有限,却有无限的观念;人类有无限的观念,但理性却不能理解。在无限之中有恐惧和寂寞。我们活着,却有着死亡的观念。生与死是最大的矛盾。作为肉身,我们必然受制于各种欲望,我们因而必然具有强烈的生活欲求,想无限制地活下去,享受下去,作为有意识的人,我们却清楚明白地知道我们必死。结果,从一方面来看,生命是永不停息的求生的努力过程,从另一方面来看,生命则是等死的过程,"人是向死的动物","向死性才是生的本质"(海德格尔)。于是火热的生命热诚掉进死亡的默念之中。斯宾诺莎说,"自由人的生活是对生命的沉思,而不是对死亡的默念,"乌力马诺的注释是,因为斯宾诺莎一直处于绝望的死亡默念之中。从源头来看,生命是希望,从结果来看,生命是一场空,没有意义。而且,惧死的念头一刻不停地拷打着人类。最明显的例子是噩梦。一切恐惧之梦都归结为与死亡相关。噩梦与欲望的实现无关。梦是最原始的、直接的生命体验之一,价值和意义与梦无关。既然梦与价值无关,便永远是对人的一种启示与补充。现代人可能面对的唯一的原始经验就是梦。

生命的价值因为死亡的威胁而提高了。因害怕死亡,千方百计地延续生命,便是人的当务。耶稣说,"谁不爱惜生命? 一个人即使赚得全世界而失去生命,对之有何益处呢?"但是死亡是不可避免的。尼采说,"死亡时时向我袭来,我要倍加小心!"人仿佛被追逐着;他生活着,却因默念死亡而享受不了生之乐趣。一个孤独的人会望着一次次日出日落而忧心忡忡,看到一片片飘落的日历卡而忧心忡忡。死亡而产生的空幻感,是千古以来艺术家的灵感。"滚滚长江东逝水,浪花淘尽英雄。是非成败转头空;青山依旧在,几度夕阳红。"人们很难相信这是《三国演义》开卷语,很难相信这是从丰富多彩的英雄故事中得出的结论。面对万古不变的生命事实,伟大的诗人举杯吟唱:"君不见黄河之水天上来,奔流到海不复回? 君不见高堂明镜悲白发,朝如青丝暮如雪? 人生得意须尽欢,勿使金樽空对月。"李白的意识跨越了国界与时代。李白的意识也是希腊人的意识,是尼采讨论的狄奥尼索斯精神。但在这种意识中我们看到了生命的软弱。再狂放,再陶醉,也掩盖不了生命对于死亡的脆弱。狄奥尼索斯节日一过,希腊人又要回到枯燥、无聊而又不幸的生活之中。

　　人类对生与死、生之短促作了许多直观描述。"生命如白驹过隙"，"日月如梭，光阴似箭"，"花有重开日，人无再少年"。所有这些，都极有意蕴，在表面的劝导之中包含着人类对冷峻的、非他的东西的无力感。一个饱食终日，无所用心的人总是受到人们的嘲笑。但他可以说也实现了生命的使命。他甚至比风餐露宿、永不停息的追求者更能体验生命。相反，一个使命感极强的人，可能处处处于焦虑之中。屈原是个典型。失意后的伟大诗篇写道："朝发轫于苍梧矣，昔余至乎悬圃；吾欲少留此灵琐兮，日忽忽其将暮；吾劝羲和弭节兮，望崦嵫而勿迫。路漫漫其修远兮，吾将上下而求索。"日忽忽将暮，望崦嵫忽迫，可还有漫漫的修行之路，还深恐"修名之不立"。这一切写得多么真切。诗人体会到了生存的矛盾。这使他很痛苦，因为他是个顽强的理想主义者，而李白悟到矛盾时，只是逃遁。

　　生存的悖论是各种各样个体生活观念的参照。人生苦短，所以得意时应尽欢。今朝有酒今朝醉。这是一种激情的、享乐取向的生活观念，用现在来忘掉将来。这是李白式的。是的，抓住现在，就抓住了一切，唯现在是实在的。人生苦短，因此延长生命是人的最大的愿望。不把享乐推到极端，不让身体垮掉，因为最大的苦莫过于死亡。拉罗符什科说，"节制很象节食，想吃多，又怕造成恶果"。为了长寿而牺牲乐趣。这也是一种生活观念。但是寿比南山？但是，万岁、千岁是可以的吗？（最大的尊敬是称其"万岁"，即愿其不死）如果万岁可以，人们便要求十万岁。人因为把过去、现在、将来纳入统一体而享有超越性，但超越性也是痛苦的来源。将来是安慰。我们时乖运塞，但乃希望时来运转；我们满怀深情地往前走，但最终，不知什么时候，我们将掉在虚无的深渊中化为虚无。

　　我们的生活中必然充满着失意与欢乐，失败与成功。我们一件事做错了，或做得不好，总想回头重做，即以后做好。我们总用时间来消除遗憾。但是我们每一个人都处于遗憾之中。我们都知道，如果时间可以无限制地推移，我们的所有遗憾就会消失。过去的就不再是永远过去了，因为时间无限，机会无限。但这种愿望是不可能实现的。每一个失败的人都有遗憾之感，而遗憾，说来说去，是对生命本质的遗憾。遗憾基于生存的悖论，也可以说，它构成生命的基本要素。遗憾是时间对生命的限制。如果生命永恒，我们就没有悔恨,就不再有不满意之事,我们就会在无限的时间中完遂一切心愿,而那时候,所有人都将不再有差别。

另一方面,我们不能理解,如果生存无限,我们还能不能有所奋斗。如果生存无限,世界也会丧失生机。人类不再有紧急感,人类再也不感到什么是必须去做的事情。这个永恒的天福之国必须是乏味的。但是人类却天生憎恶死亡。从这方面看,"必须"也是基于有限性的,"必须"是时间对生命的限制,也是生命的要素。

无限的生命可以消弭人的差别,有限借助终结也可以消弭差别。死亡意味着绝对的平等,死亡面前人人平等,大家都等于零。一个伟大的人,他的名声与作为再大,但那属于生活,而死亡是生活的绝对终止。他不可能带走一点点。他无论有多少陪葬品,无论他的陵园有多壮观,无论有多少人仰名而来,谒拜之举不断,但这一切,对于干烂的尸体,已再无意义。死亡不可替代,也不可战胜,这是对从古到今骄横跋扈者的最后的限制。上帝说,对于现代人,我唯一可以制服他们的武器,是死亡。而另一方面,死亡却是受苦人的安慰。因为人的最大的不幸是结束生命,而欺人的人的死亡,便是被欺者的安慰。

生命高于一切,死亡则是对生命的剥夺。在日常生活中,对一个人的最大的诅咒就是"你怎么还没死?",对一个人的最大的打击便是将其杀死。死,这是对社会惩罚的最后限制。后来有人发明让人受罪而不让其死去,这种邪恶的折磨行为是有所考虑的。因为一刀了事,他再也不知道什么了。所以说最毒的行为是让他活受罪,因为唯有让他活,你才可以报复他,不断地报复。

英国的教授比夏说,"生命乃是抗拒死亡之各种功能的总和"。在日常生活中,没有比身体的安康更先受人关注的事了,我们采取一切手段防止疾病,也就是说抗拒死亡,于是我们定期检查,参加锻炼。再没有同疾病斗争更具启发性之事了,同疾病斗争,即同死亡作斗争。人们总是千方百计地远离死亡,平常总希望无病,有病总希望是小病,大病总希望可以治愈,癌症总希望是早期,总之,希望总是生命的支柱。没有在死亡逼近中的忙乱更具启发性之事了。一个人身患重病,他的家庭会竭尽全力为之医治,纵然无可挽救,也要全力医治。减轻痛苦,延长生命,乃是人之最最基本的信念。当病人得大病时，人们千方百计地瞒着他，因为没有人会有勇气面对属于自己的死亡，只要他还有生活欲求，他始终没有勇气。我们也看到绝望的情况。绝望后反能平静地看待、等待死亡，这是我们这些生于此岸的人怎么也不会理解的。当他临死之前，聪明的医生说，回家去，尽量满足他的愿望，尽量吃些好的，这是最后的愿望。

诀别是人类最深刻的经验。每个人都板着脸。每个人与其说极度悲痛，不如说极度恐惧。这是最严峻、庄严的时刻。望着挺直的尸体，这就是他？他到哪里去了？他为什么再也不会醒来？他为什么变成了顽石？诀别的人回到家中也会问，他到哪里去了？此时此刻他在哪儿？这就是宗教的经验，是活人对死亡的体验。安德烈·包尔康斯基对着妻子的尸体，问的正是同一个问题：这是怎么回事？这不可能没有一个答案，也应该有一个答案。但这个答案永远对人类理性关闭。追问死亡，会产生窒息的感觉。

我觉得原始人类比现代人更深刻地领悟到生存的悖论。现代人参加葬礼后，立即回到人群中去；他是属于生命这一边的。回到人群，他又感到生命。他沉于活动之中。人群抵挡了死亡的侵袭，而只有那些与死者关系亲密的人才不断处于恐惧之中。远古则不一样。人面临着直接的自然，人类是渺小的，他的成员的数目一眼可及，在一里或几里之外，是大自然——那是陌生的，阴沉沉的，透着魔鬼气息的大自然。白天，人们有阳光，有思考；黑夜，理性的光芒也收敛了，人处于梦的原始经验中，自然尤为恐惧。他们用火来壮胆。在这种情况下，死亡，便比大自然提供更多的谜，也产生更大的恐慌。所以，如何对待死，是每个原始民族的首要课题。巫术与宗教先于技术与统治。

希腊有个神话，迈达斯王在森林里追逐狄奥尼索斯神的妻子伊达西斯，好不容易追上了。求知欲旺盛的国王就向这个半羊半人的神说，到底什么最宝贵。伊达西斯不答，迈达斯纠缠不放。最后神说："朝生暮死的人哪，你为什么要求你们根本不应知道的东西呢？对于人，最好的事情是你们办不到的，哪就是，不生下来最好，早死次之，最坏的事情是过了长时，享尽了人世的苦难而终于死亡。"这个神话对希腊人的生活热情是破坏性的。我们不能想象一个成熟的、富有创造力的、生命力如此昂扬奋发也创造出如此灿烂文化的希腊民族骨子里竟会有如此沉重的悲剧意识。然而这种悲剧感正是典型的希腊意识,因为正是在希腊文化最繁荣的时期,这种悲剧的意蕴才受到深刻的挖掘。无论是普罗米修斯的叛逆与反抗,还是俄狄浦斯的道德圣山,都渗透着迈达斯神话的精神。伟大的巨神和贤明的君主受尽了磨难,命运完全掌握在他们之外的什么东西手中,但他们却在无意识地抗争着。正因为这种悲剧感,希腊文化没有一点自然主义的倾向。自然主义往往陷于自哀自怜之中。希腊文化渗透着反抗的精神,而这种反抗,这种倾其全部力量于创造(艺术)、管理、体育的人文精神,全起于悲剧的反省。这样,我们就理解了这个已逝民族的伟大秘密,也道出了人类生存状态的伟大秘密。很显然,当希腊人的创造力衰退的时候,这种悲剧感会以猛烈的方式冲击人心,结果是一次更伟大的搜神运动。每当生命的威胁产生,而人又无法全身心致力于创造,就会产生搜神。

现实太令人失望,人们便仰望上苍。

为了保持生命的热诚不被死亡的冷水浇灭,希腊人和所有古代其他民族一样,必须创造一个神的世界,必须把迈达斯的话彻底转过来:不出生是最坏的,早死次之,而最好的,是长寿,生命不朽则最好。一方面是事实,人要死而且充满苦难;另一方面是愿望,人想不朽。于是在希腊,产生了奥林匹斯众神,其典型是阿波罗神。神是不朽的,全能全福的,神是人类生活的模范。希腊人把自己与神话境界联系起来,也就是说,希腊人找到了自己的信仰:永生的信仰。所有对神的信仰也是对永生的信仰,是对现世苦难与不完美的升华。神话,是对生存的悖论的想象性克服。

宗教与神话相距不远。只要不把神话当作神话,而当作事实,再有一定的仪式,最主要的,只要把信念投进神话,宗教就产生了。宗教是生存二重性的想象性克服,是现世苦难的升华。在希腊的神话中,神,即奥林匹斯山的众神,对于人而言还是高不可及的,它们至多是人的活动的参照。希腊人富有创造力的、充满意义的生活也使他们并不急于谋求与神的进一步联系。苏格拉底只是到临死的时候才想到彼岸世界的可能性问题,他只是希望它存在而已。基督教则把信仰和宗教的境界都向前推进了一步。基督教建立了人与神的直接关联。耶稣是见证,他是信念的化身,他肉眼凡胎,又出自上帝且返回上帝。耶稣是世界之光。他的道的最基本的一条,是天国、永生、永恒幸福的诺言,但为此必须信,信最重要,其次才是戒律,且信才能心悦诚服地服从。由此,地狱与天堂的学说建立起来了,由此最后审判的学说也建立起来了,围绕着永生这个信仰的,是一整套完美的价值体系。这些世界观体系,都是为了强化信仰而建立起来的;基督教世界价值的中心是信仰。

三、人能不能无信仰而活着

从理论上讲,从生的最深处的愿望来讲,从生活之还原为本来面目,即原始经验来讲,信仰问题几乎是意识的属性。神学家们说,"人是一种天生对神的语言开放,且可了解神的语言的存有。""对神的启示的开放应理解为心灵天生固有的一种官能。""不信,如果是指拒绝上帝的语言,所违背的便不止是神学的一条训令;它违背的乃是由人在世上的自然存在的情境所设定的一种标准。怀疑,不信,是与人的本性相矛盾的。"(pippe,《相信与信仰》51,52 页)

神学家的说法未免抽象,我们再来聆听人类学家的看法;他讨论的是原始人,心里想的却是整个人类:

"宗教的一切源泉中,要以死亡这样生命的最末关节,无上的转机为重要的了。死亡是通向另一个世界的大门。人类不能不在死的阴影下生活,凡与生活很亲而且享受圆满生活的人,更不能不怕生活的尽头。于是与死相遇的人,乃设法寻求生命的期许,死与永生,象现在一样,永远都是人类预言的最动听闻的题目。"原始人极怕死亡,他们不愿承认死是生命的尽头,不敢相信死是完全的消灭。

"宗教注意到自保能力的另一套势力,使因生的欲望而来的积极的冲动得到圣化的作用,变得有条有理,于是人心乃得到安慰,精神乃得以完整。宗教又不但是个人精神得到完整,同样也使得整个社会得到完整。……有了这些,宗教便可能战胜恐惧,失望,灰心等离心力,而使受到威胁的群体生活得到最有力量的重新统协的机会。"(马林诺夫斯基:《宗教、巫术与科学》)人类有宗教信仰的顽强的心理趋向,乃因人类对自己的生存有动物所不具的观念,这种观念起于动物所不具的忧虑。忧虑,归根到底是基于人总要死这一事实的忧虑,乃是自然加于人的超越性之上的最大的诅咒。它与意识共存亡。实际上,科学并没有如我们通常所言,已打倒了宗教,摧毁了宗教。弗洛伊德的预言太乐观了,这是为什么呢? 愿望是属于情感的,而情感并不遵从理性的法则。简单地说,未必有点肤浅,但实际情况就是如此。实际上不需要多么高超的现代科学理性,在古代,人就感到信仰在理解上的困难,但人类一直将信仰保持到现在。这个事实是富有启发性的。就如常言所言,知道事情已不可能,但还是忍不住发自内心的期望。如果能对人的现世存在的这种理性与情感的不协调——虽然人类一直追求协调——给予充分的认识,弗洛伊德和当代的一些有识之士,如罗索、卡尔纳普、爱因斯坦等,就会对信仰持更为宽和的态度。再说,并非所有人都是理智坚强的。

相反,现代学术越来越对理性化的人的状况表示忧虑。人越来越对情感漠然视之,人与人的关系越来越枯燥,几乎变成只有输入——输出的机器。这就可以解释,为什么非理性理论具有那么多吸引力。科学曾因打倒上帝而欢欣鼓舞。启蒙主义在信仰的废墟上建起理性的殿堂。但是理性的世界并没有顺利建立。在以后的两个世纪,西方人倒有点"胜利的悲哀"。每一次科学对信仰的胜利,竟每一次造成西方人的焦虑。现代西方人处于无神的焦虑之中:无神论感到意义的丧失而焦虑,有神论因虔诚地空守着无神的神殿而焦虑。神学家说人类处于等待之中。

在十八世纪以前,人们要宗教对科学持宽容态度,现在,人们开始要科学向宗教宽容。这种关系是意味深长的。现代人的信仰崩溃了。但是也正是在这个世界,随着物理科学、心理科学的巨大发展,人们对神秘论的要求又抬头了。现在,对科学无法解释的现象人们不再抱有求知的野心,相反,人们对科学的局限开始抱欣慰之感。人类在向某个方向努力着,虽然结果并不清楚。

(本文发表于《学海》1990 年创刊号)

浅议企业文化建设中的知行问题

马　军[*]

谈到企业文化,我们经常会听到两句话,一句是"企业文化知易行难",另一句是"企业文化要知行合一"。前者指出了人们在开展企业文化工作时的困难,甚至无助,后者表达了人们对企业文化的期望。这两句都不约而同地指向了知与行,一方面反映出知与行是企业文化建设中难以处理的一对矛盾,另一方面也表明,如何将知与行统一起来,是企业文化建设的一大考验。

真正的企业文化建设,是企业根据自身发展和更普遍的社会发展需要,确立价值理念并促使价值理念被正确且持续地应用到实践中,从而形成员工在企业里共同的思维和做事方式。就这个意义而言,企业文化建设的关键在于如何使价值理念被员工贯彻落实到实际工作中,并转化为做事方式,最终成为员工第二天性的一部分,真正达到知行一致。因此,企业文化建设从本质上说是解决知行问题。探讨一下企业文化建设领域的知行问题,或许对做好企业文化建设有所帮助。

一、企业文化建设的"知行裂隙"难题

在企业文化建设中,"知行裂隙"是知行问题最突出的表现,也是一个主要的难题。关于知与行,可以解析为理论与实践、理念与行动、讲与做。从本体论的层面来看,它们在企业文化建设中表现为:第一,人们通过阅读相

＊　**马军**,1963 年 8 月出生,1987 年 7 月至 2004 年 6 月在江苏省社会科学院哲学研究所工作。作者此文为首发。

关书籍了解企业文化理论,但现实中企业文化建设却无法融入业务,往往企业文化建设是一回事,实际工作又是另一回事,两者泾渭分明,没有交集;第二,在企业所宣称的理念和员工日常的行动之间,往往是低相关甚至是负相关的关系,也就是"理念"是没有行动的理念,"行动"是没有理念的行动,两者不尽一致,甚至相反;第三,企业在企业文化宣讲上花了大力气,甚至让员工对价值理念要达到熟记熟背的程度,但这种做法通常也只是字面上的记住而已,使企业文化仅仅停留在"讲",而并没有落到"做"上。这三种现象都反映了企业文化建设在理论与实践之间、理念与行动之间、讲与做之间存在着明显的裂隙。归纳起来说,就是"知行裂隙"。自 20 世纪 80 年代我国企业文化建设兴起至今,这类问题就一直困扰着企业文化建设,故称为"知行裂隙"难题。

在企业文化建设中之所以普遍存在"知行裂隙",成因深刻而复杂,这里不做全面的剖析,在此仅限定于企业文化建设领域本身,仍只从理论与实践、理念与行动、讲与做三个层面来简析一下"知行裂隙"。

在企业文化建设中,关于理论与实践,人们普遍持有的观念是,搞好企业文化建设要理论先行,认为不搞懂理论就搞不好文化建设,所以在开展企业文化建设的时候先进行甚至仅进行企业文化的理论学习,结果就出现了上述理论与实践之间的裂隙。事实上,关于企业文化的理论与实践,论先后,实践先于理论。早在企业文化的理论出现之前,就有一批先知先觉者在企业的生存发展过程中摸索出并创建了有效的企业文化,尽管那时还没有"企业文化"这个概念。正是这些企业历经了企业丛林中的优胜劣汰,脱颖而出,才引发了研究者在 20 世纪 50 年代提出"企业文化"这个概念,然后逐步发展出企业文化理论。事实有力地表明,理论并非企业文化建设的先决条件。在企业文化建设中,过于看重理论,用理论的思维来对待企业文化,容易犯教条主义、生搬硬套的毛病。因为理论是普遍的、静止的,而企业是具体的、动态的,理论无法直接地把企业文化与企业具体而各异的工作情境联系起来。"熟读王叔和①,不如临症多",企业文化建设也一样,所以论轻重,实践应重于理论。

_____

① 王叔和是魏晋名医,著有《脉经》。

　　至于理念与行动,在企业文化建设中,人们大多更注重理念的文字表述。这也许与人们认为"文字是文化的主要载体"有关,当把这一观念引申到企业文化上时,就特别讲求理念表述的对仗工整、朗朗上口,以为有了华辞丽藻的理念表述就有了优良的企业文化,从而轻视行动,这就容易导致理念与行动之间产生裂隙。理念的表述是建设优良企业文化的必要条件,但它一定不是充分条件。想要建设优良的企业文化,仅仅拥有理念表述是不够的,员工了解并记住了理念,并不意味着就明白如何有效地运用理念来指导行动,更不意味着他们会在实际工作中遵循理念。要把理念落到现实中,一定离不开行动,"纸上得来终觉浅,绝知此事要躬行",只有行动才能使员工在具体的工作情境中真正学会运用理念,体悟出理念的真正含义是什么。

　　关于讲与做,在企业文化建设中,人们大多更重视通过宣讲和灌输的方式来推进企业文化建设,更为关注可讲、可看、可听的方面。这大概是受到社会文化活动普遍的开展"套路"的影响。因为宣讲和灌输这一"套路"在各类各级组织中被广泛使用,所以人们都对此很熟悉,于是也就不知不觉地应用在企业文化建设的过程中。可是问题在于,宣讲和灌输仅仅涉及可以通过文字、数据、图像等表述的且能轻松地实现编辑和概括的明言知识(也称为显性知识),而这些只是冰山浮在水面之上的部分,而深藏在水面之下的、更为庞大和丰富的那一部分,即意会知识(也称为隐性知识),是宣讲和灌输无法触及和传播的。正如波兰尼指出的,"意会知识可以通过意会来获得,而明言知识则必须通过被意会地理解或应用来获得"[①]。所以,只有让员工去做,并在做中体会,员工才能获得在时刻变化的现实情境中如何恰当运用理念的 know-how,并在反复做中把理念变为做事方式或习惯。

　　不难看出,企业文化现实中"知行裂隙"产生的根源主要在于人们对"知与行"孰先孰后、孰轻孰重的认知偏误,导致无论在认识上还是实施上都重理论、轻实践,重理念、轻行动,重讲、轻做。目前大多数企业文化建设都是基于这种知先于行、知重于行的"知行观"来进行的,从有效性和结果来看,或许能取得一时的、华而不实的效果,但终究克服不了浅表化、形式化的固

---

　　① (英)迈可尔·波兰尼著,马乔里·格勒内编:《认知与存在:迈克尔·波兰尼文集》,李白鹤译,南京大学出版社,2017年,第121页。

有倾向,因而无法解决"知行裂隙"的难题。真正的企业文化建设并不是门面装饰,也绝非表面文章。为了保证企业文化建设的高质量,我们必须转变"知行观",使企业文化建设符合更为科学的、更为合理的思想基础,从而实现企业文化知行合一。

二、理念实践对解决知行问题的关键意义

前述分析已经表明,"以'知'为重心"的企业文化建设方法是知行问题的滥觞,不可能成为解决办法的一部分。企业文化建设若要在知行问题上有所突破,就必须改变建设方法,把重心从"知"转为"行",采用"以'行'为重心"的企业文化建设方法。理念实践正是该方法的核心。

理念实践指的是价值理念的应用,是在具体而各异的工作情境中运用理念、通过真实事例广泛传播理念,是把理念转化为切合实际的行动。理念实践主要以下述观点为基础:

· 通过做中学的过程,员工才能学会如何运用价值理念。

· 没有行动,员工就无法获得把理念融入实际工作的智慧。

· 人们当下的行动会塑造未来,在放眼未来的同时要思考当下,从当下做起。

· 实践出真知,员工只有通过实践才能领悟到理念的真正含义是什么。

· 现实是时刻变化的,必须注重现实,只有与具体而丰富的工作情境联系起来才能把理念化为现实。

这些观点尽管看似浅显,但却十分重要。只有相信这些,人们才有可能顺理成章地转换企业文化建设的范式,采用理念实践的方式开展企业文化建设。

一切企业活动的起点都是活生生的"个体",企业文化建设也不例外。"以'知'为重心"的企业文化建设太过注重宣教和灌输,以至于"个体"渐渐被遗忘。要解决企业文化建设中的知行问题,首要的是回归"个体",从个人运用理念开始。只有理念被员工真正贯彻到实际工作中了,"知行裂隙"才可能消除。

有别于"以'知'为重心"的建设方法,理念实践以行动为导向,专注成

效,重视与具体工作情境的联系,注重引导员工以实际应用理念的行动参与企业文化建设。通过理念实践,员工不仅能深化对自身本职工作的认识,更重要的是能收获仅凭书本无法获得的运用理念的 know-how,从而培养出在实际工作中运用理念的能力。随着理念实践的深入,理念和行动之间会持续不断地相互作用,行动深化对理念的理解,理解反过来促成进一步的行动,进而使理念与行动在个人层面不断趋于一致。

理念实践作为一种以应用理念为核心的行动,其有效的做法和成功的事例会对周围人产生影响,在企业内部引发"模仿",不仅会带来参差不一的"个体"逐渐向理念靠拢的行为,还会因更多"个体"共同的行动带来更多的共识。因此,理念实践在培养胡塞尔所说的主体间性方面也发挥着积极的促进作用,不断助推着主体间性的实现,最终使理念成为"我们"的理念,带来组织层面上的知行一致。

所以,理念实践首先在"个体"上取得突破,对企业文化建设中知行问题的解决起着至关重要的作用。一旦个人拥有了运用理念的能力并把 know-how 明智地落实到行动上,就打开了消除"知行裂隙"的大门。理念指导行动,行动带来实践,实践产生知识,个人层面的意会知识转化为组织共享的明言知识,并赋予理念具体而丰富的意义,由此形成通过个人应用理念达到对理念的真知、再回到实践这样的知与行相得益彰的知行循环。"个体"的知行循环带动组织层面的行动,促进理念共识的形成,从而创造出个人与组织互为支持的应用理念的共同情境。

"非知之艰,行之惟艰。"理念实践以"行"为重心,注定不会像"以'知'为重心"的企业文化建设那么容易。企业文化建设"知"易"行"难,说得千真万确! 易得之物不牢坚,千锤万凿方成材。以"知"为重心的企业文化建设虽容易进行,但成果往往与实际脱节,经不起时间的检验;理念实践的路尽管难走,但因为能使理念真正落地,最终能把企业文化带入知行合一的境地,所以再难也值得去走。

三、解决知行问题所需的心智模式

理念实践能够使行动与理念趋向协调一致,持续的理念实践能够解决

"以'知'为重心"的企业文化建设方法所不能解决的知行合一问题。然而，从2006年至今我们在十多年的咨询实践中发现：许多重视企业文化建设的企业尽管认同理念实践，也希望通过理念实践来弥合"知"与"行"之间存在的鸿沟，但如果不具备相应的心智模式，要把理念实践开展起来并进行下去就非常困难。

这种心智模式的形成必须先从勇于尝试开始。理念实践是应用企业的理念指导行动。如何把概念化的抽象理念转化为行动、运用到实际工作中，无论对干部还是对员工，这都是新鲜事物，因此，必须保持开放的心态，抱着"试着去做，不行再试"的态度来对待理念实践，有了这种态度，理念实践才会实现突破，才会有获得明显成效的可能性，由此，行为向理念靠拢的变化和进步才能实现。法国社会学家克罗齐耶的调查研究也表明，人们可以通过不断地试错进行学习，"在此过程中，新的行为方式和新型的关系模式不断涌现，如果现实证明它们是有效的，它们就会在一段时间里稳定下来，并且固化。"①

理念实践没有现成的公式，人们在过程中必然会遇到许多以前没有遇到过的事物，会经历或大或小的挑战，所以需要对新事物表现出强烈的好奇心。有着强烈好奇心的人会不断地挑战新事物，因而也会从挑战中实现行为的改变。

综上，勇于尝试，就是具有"尝试行动—检验结果—反思成败—进化成长"这种思维和行动，可以说这是开启理念实践之门的钥匙。

其次，形成这种心智模式还需要对现实和成效的强烈关注。在理念实践富有成效的企业里，人们拥有勇于尝试的心智模式，而且关注现实和成效。关注现实，就是不满足现状，有着改变现实、使现实变得更好的渴望，因而能够实事求是地认清现实，不唯书，不盲从熟悉的套路，摒弃一切"游谈无根"的做法，开拓出立足现实的"以'行'为重心"的企业文化建设路径。关注成效，就是愿意花时间来客观地正视实际效果，不为博人眼球，因而能够脚踏实地开展理念实践。脚踏实地才能深入具体实际，深入具体实际才能真

---

① （法）米歇尔·克罗齐耶著：《企业在倾听——学习后工业管理》，孙沛东译，格致出版社/上海人民出版社，2009年，第180页。

正理解理念并认识到理念的价值,由此带来更明智的行动,推动理念实践进入良性循环。关注成效另一方面的意义在于,促使人们想象如何将理念与更广大的实际工作情境发生联系,从而不囿于现成的经验和答案,探索出更多的应用理念的有效做法。

最后,对理念实践来说,心智模式里具有建设性的执着也是不可或缺的。理念实践涉及帮助员工把理念和工作连接起来,并使理念在企业里得以彻底地渗透和应用,达致员工都会下意识地按同样的理念来行动。要达到这样的状态,绝非一日之功,需要有目的地坚持较长时间的刻意实践。有了这种刻意实践的积累才能实现"量变到质变",促成员工在工作中都会自然而然地应用理念。很多企业文化建设之所以失败,就在于提出了价值理念之后没有坚持推动实践,只是走形式;不是看到了一些初步效果就浅尝辄止,就是遇到一些困难就放弃,缺乏持久性,导致总在起始点兜圈子;或者在过程中抵挡不住流行的诱惑,不断追逐时髦,采取"权宜之计",难以坚持把"理念实践"这件事做到底。所以,把理念实践做起来并做下去并非一件容易的事,需要时间,更需要坚持。

理念实践是通向企业文化知行合一的铺路石。就像铺路石单调乏味、平凡无奇一样,理念实践通常也是朴实无华,甚至枯燥无味的,没有择善固执的韧性和坚韧不拔的毅力,要取得成功是难以想象的。

总结说来,理念实践富有成效的企业往往乐于尝试,对现实和成效表现出强烈的关注,而且具有建设性的执着。具备了这样的心智模式,如同拥有了日本禅师铃木俊隆所说的"初学者的心",就能知难而进,在不断学习和改进中持久一贯地做下去,将理念实践变成充满无限可能的学习之旅。

知行问题是个大问题,中外专家学者都有研究。本人才疏学浅,之所以在此想探讨一下企业文化建设中的"知行"问题,主要基于两点考虑:一是现实中企业文化建设弊端甚多,其问题所在大都可追溯到"知与行"上,认清"知行"问题对企业文化建设具有重要的现实意义,同时也为普遍的知行研究提供一个特例;二是"藏拙不如献丑",把自己对企业文化建设中"知行"问题的粗浅认识呈现出来,希望起到抛砖引玉的作用,求教于前同事,以期深化研究与认识。

禅宗戒律思想初探

——以"无相戒法"和"百丈清规"为中心

王月清[*]

在中土佛教史上,律宗戒律思想的传承与天台、华严、禅宗等佛教宗派对大乘菩萨戒法的弘通是两个不同的系统。两者的区别联系依"戒乘关系"来判断,即前者是以弘戒为主的思想体系,后者是以开法(智慧的开发、教理的研习)为主的思想体系。在处理戒乘关系上,有戒缓乘急、戒急乘缓、戒乘俱急、戒乘俱缓四种分别(此即戒乘四句。戒缓乘急,指不遵守戒律,却专致于智慧的开发,又称乘急戒缓;戒急乘缓,指热衷于守戒,而又不大致力于智力与智慧的开发;戒乘俱急,守戒与开法兼顾;戒乘俱缓,不守戒律,又不热衷于智慧的开发),总体而言,中土佛教在处理戒乘关系上主张戒乘俱急,即主张既严守戒法,又致力于开发智慧,在佛教伦理意义上,既注重止恶行善的规范的遵行,又注重"向善"的心智的培育、发明和悟解。但在具体分别时,天台、禅宗等宗派又有抑戒扬乘的思想,这完全出于他们注重开发大乘中观智慧的本旨。智者大师曾把戒分理事,以事戒名之为戒,理戒名之为乘,戒即有漏(有烦恼),乘是无漏(无烦恼),明显具有抑戒扬乘之意。他是这样说的:"事戒三品,名之为戒,戒即有漏,不动不出。理戒三品,名之为乘,乘是无漏,能动能出。"[1](P99) 天台、禅门虽有抑戒扬乘的倾向,但不影响在戒律观上他们与律宗有共同关心的话题。本文拟以慧能南宗"无相戒法"和"百丈清规"为中心,探讨禅宗有关戒律问题的独特思路,以便我们更全面地了解中土佛教戒律观的特色。

---

* **王月清**,1966 年 10 月生,2021 年起任江苏省社会科学院副院长。

一

依禅宗教外别传、以心传心的宗风而言,"无相戒法"应是禅门独创的弘戒法门,然而当探究"无相戒法"的内容和实质时,我们仍可以找到无相戒法的典据来源和思想根源:梵网菩萨戒本"佛性戒"思想和大乘中观的般若智慧。

无相戒,即无相心地。"心地"乃《梵网经》中之语,指戒以心为本,恰如世间之以大地为基,所以称戒为"心地"。[2](p997)《梵网经》为代表的大乘菩萨戒法的精神在于利他行,并且是约于"心"的。正如《梵网经》的姊妹篇《璎珞经》所说:"一切菩萨凡圣戒,尽心为体是故心尽戒亦尽,心无尽故,戒亦无尽。……声闻尽形,菩萨尽未来际。声闻局于身口,菩萨亘于三业。"[3](P1021)梵网戒法正是本着以心为本的原则,创立了十重禁戒:杀戒、淫戒、妄语戒、酤酒戒、说四众过戒、自赞毁他戒、悭惜加毁戒、瞋心不受悔戒、谤三宝戒。这十重就是众生自性清净心的十种流露,因为它含摄了道俗众生最基本的净心向善的宗教道德规范。所以梵网戒法声称:一切众生戒,本源自性清净。《梵网经》中是这样说的:"尔时释迦牟尼佛……为是中一切大众略开心地法门……为此地上一切众生、凡夫、痴暗之人,说我本卢舍那佛心地中,初发心中常所诵一戒:光明金刚宝戒,是一切佛本源,一切菩萨本源,佛性种子。一切众生,皆有佛性。一切意识色心,是情是心,皆人佛性戒中。……吾今当为此大众重说十无尽藏戒品,是一切众生戒,本源自性清净。"[2](P1003)

从上文中得知,梵网所开示的菩萨戒法(心地法门),是以"自性清净心""佛性"为戒体的"光明金刚宝戒""佛性戒",这种"佛性戒"源于自性清净的佛性,也就是说自性清净心、佛性是梵网菩萨戒法的根据。中土禅宗的宗经宝典《坛经》中曾两次引述《梵网经》的观点,《菩萨戒经》云:戒本源自性清净。①《坛经》在引述"戒本源自性清净"后,紧接着就说:"善知识,总须自体,与授无相戒。"[3](P21)可见源于自性清净心的菩萨戒法(佛性戒)的本质是"无

---

① 杨曾文先生认为:戒本源自清净,于惠昕作"我本元自清净",铃木校敦煌本作"我本元自清净",而依《梵网经》《菩萨戒经》原文和《坛经》中上下文意思及佛教义理,"我"应是"戒"的误写和误传。详见杨曾文校写《敦煌新本六祖坛经》,上海古籍出版社,1993年,页二十之校记之八。

相",这是"十重禁戒"的菩萨戒法与小乘声闻戒法的区别之所在。这一点在《梵网经》卷上有关菩萨行修持阶位的"无相心"和卷下要求菩萨戒弟子破除"系缚事"等主张中已有申说。[2](P1000—1009) 持大乘菩萨戒,要求持而不执、持而离相,破除小乘执缚戒相,这种思想源于破执扫相的中观智慧对戒法的贯通。

以龙树为代表的大乘中观学派(空宗),本着中道实相说和有无双遣、不落两边的思维方法看待戒律时,注重的是基于空观的自律,基于从自心去除迷执、愚痴的"无相""不取于相"的自觉,所以视不取于相的戒法是最胜尸罗(最高戒法)。中观学派的思想宗经之一《摩诃般若经》说:"菩萨摩诃萨知一切佛法无相,……能具足无相尸罗波罗蜜。具足戒不缺不破不染不著。"[4](P390)《开觉自性般若波罗蜜多经》言:"若菩萨摩诃萨于色法中修行持戒求解脱时,无所解脱持戒可得,无能解脱持可得。何以故,谓色自性无所得故。……如是修者,当知是菩萨摩诃萨于色法中修无相持戒。须菩提,受想行识亦复如是。"[4](P862) 龙树的《大智度论》说:"不著不猗不破不缺,圣所赞爱,如是名为上清净持戒。若慈愍众生故,为度众生故,亦知戒实相故,心不猗著,如此持戒将来令入至佛道,如是名为得无上佛道戒",[5](P13) 又主张"于持戒布施,心不染著"。[5](P179) 此类"不染不著""持无相戒"的持戒观亦见于《宝积经》等大乘经典中。《宝积经》中记述佛与大迦叶论"善持戒"时云:"复次,迦叶!善持戒者,无我无我所;无作无非作;无有所作亦无作者;无行无非行;无色无名;无相无非相;无灭无非灭;无取无舍;无可取无可弃;无众生无众生名;无心无心名;无世间无非世间;无依止无非依止;不以戒自高,不下他戒,亦不忆想分别此戒;是名诸圣所持戒行。无漏,不系,不受三界,远离一切诸依止法。"[6](P636) 经中主张的无我无我所、不以戒自高、不轻慢他戒、不考虑分别戒法的行持方法,正是大乘戒法所追求的最高境界,也正是禅宗"无相戒"所要弘传的无上法门。

据《坛经》记载,慧能曾因闻诵《金刚经》而开悟。① 《金刚经》是般若思

————————

① 杨曾文校写《敦煌新本六祖坛经》第5页、第12页、第29页。宗宝本《坛经·行由品》亦载:"时有一客买柴,便令送至客店,客收去,慧能得钱,却出门外,见一客诵经,慧能一闻经语,心即开悟。遂问客诵何经,客曰:金刚经。"《坛经·行由品》中又记载,弘忍为慧能说《金刚经》,"至应无所住而生其心,慧能言下大悟"。

想、中道智慧的精华，所以其中的"离相无住"的思想与无相戒法也不无联系。《金刚经》言："菩萨应离一切相发阿耨多罗三藐三菩提，不应住色生心，不应住声香味触法生心，应生无所住心，若心有住即为非住。"[4](P250) 慧能将"离相无住"的思想发展为"无念为宗、无相为体、无住为本"的顿教法门，[3](P16) 创制了融"四弘誓愿""忏悔""三归依"为一体的无相戒法。

二

据《坛经》载，在授无相戒之始，慧能带领信徒们三唱："于自色身归依清净法身佛，于自色身归依千百亿化身佛，于自色身归依当身圆满报身佛。"[3](21) 慧能认为，人生本来具有的"自在法性"（自性、佛性）就是"清净法身"，因此佛的法身、报身、化身不在人之身外。依佛教伦理的眼光看，慧能旨在开导人们：人生本具先天的道德属性，这是人们道德觉悟的根据（法身），本着内在德性而起善恶动机的功能，即为化身，善恶的果报即为报身，而所谓归依自性三身佛，就是树立即心即佛的信念、唤起内在的道德自觉。接着，《坛经》又载："今既自归依三身佛已，与善知识发四弘大愿。善知识一时逐慧能道：众生无边誓愿度，烦恼无边誓愿断，法门无边誓愿学，无上佛道誓愿成。"[3](P28) 在这里，慧能把大乘菩萨行中"上求佛道、下化众生"的自利利他的宏愿摄入无相戒法中，并要求人们以"自性自度""自悟佛道"的独特原则去行誓愿力，以宗教伦理的眼光看，便是要求人们靠自觉的道德意志去实现其自利利他的道德理想："善知识，众生无边誓愿度，不是慧能度。善知识，心中众生，各于自身自性自度。……烦恼无边誓愿断，自心除虚妄。法门无边誓愿学，学无上正法。无上佛道誓愿成，常下心行，恭敬一切，远离迷执，觉智生般若，除却迷妄，即自悟佛道成，行誓愿力。"[3](P24) "四弘誓愿"完毕后，慧能并与徒众行"无相忏悔"。慧能无相戒法中的无相忏悔，摒弃了佛门通行的普请礼赞十方诸名号、诵经咒、在佛像前"发露忏悔"或念忏悔文等外在形式，只是要求人们"前念后念及今念，念念不被愚迷染，除却从前矫诳，杂心永断，名为自性忏"[3](P24)

行完强调心性反思功夫的无相忏悔（自性忏）后，慧能便与善知识授无相三归依戒。这种三归依戒一改以往归依佛、法、僧三宝的说法，代之以自心归依觉、正、净，以自性（佛性）的信仰取代了外在的信仰。《坛经》中慧能是这样说的："佛者，觉也；法者，正也；僧者，净也。自心归依觉，邪迷不生，少欲知足，离财离色，名两足尊（指佛，引者注）。自心归依正，念念无邪故，即无爱著，以无爱著，名离欲尊（指法）。自心归依净，一切尘劳妄念虽在自性，自性不染著，名众中尊（指僧）。"[3](P25) 慧能最后总结说："自性不归，无所依处"，[3](P26) 把"无相三归依戒"落实到自心自性上，这样，三归依戒便是真正意思上的佛性戒、持心戒。至此，我们可以看出，无相戒是慧能禅宗对大乘菩萨戒法的创造性继承和发展，从这一创造性的无相戒（佛性戒、持心戒）法中，我们可以透视出南宗顿教法门融摄般若空观和佛性妙有（般若真空与涅槃妙有）的整体理路，也可以体会到禅门独特的宗教道德理念。难怪宋代明教大师契嵩对无相戒这般推赞："无相戒者，戒其必正觉也"，"生善灭恶，莫至乎无相戒"，"无相戒，戒之最也"。[7](P663)

需要说明的是，慧能无相（佛性戒，持心戒）在整个禅门思想脉络中也不是凭空而出的。据台湾印顺法师考证，中国禅宗史上，四祖道信是倡"戒禅合一"的关键人物。[8](P53)《楞伽师资记》载道信行谊云："信禅师再敞禅门，宇内流布，有菩萨戒法一本，及制《人道安心要方便门》，为有缘根熟者说，我此法要，依《楞伽经》诸佛心第一，'又依《文殊说般若经》一行三昧'，即念佛心是佛，妄念是凡夫。"[9](P1286) 道信使禅与菩萨戒行相结合，以自利利他、兼摄道俗的菩萨戒行，扩大了禅法的弘通。这种戒禅合一，改变了道信之前达磨禅与头陀行结合，不利于禅法弘通的情形。承继道信"戒禅合一"的思路，五祖弘忍门下的开法传禅，都与戒有关。[8](P157) 北宗神秀"五方便"的"离相门"，在传授禅法以前，也施菩萨戒法的律仪，先发愿、请师、受三归、问五能、忏悔、受菩萨戒。神秀所述的《大乘无生方便门》说："菩萨戒，是持心戒，以佛性为戒性。心瞥起，即违佛性，是破菩萨戒。护持心不起，即顺佛性，是持菩萨戒。"[9](1273) 与慧能无相戒法形成区别的是，神秀弘传、行持的菩萨戒（持心戒）以"守心看净""住心观净"为特征，并执行菩萨戒法的一系列外在仪规，慧能南宗则主张对之超越、摒弃。对此印顺法师评说道："慧能不重宗教仪式，不重看心、看净等禅法，却重视德性的清净。……将深彻的悟入，安立在平常的德行上，宛然是释迦时代的佛教面目。"[8](P134) 印顺法师所说的慧能南宗重视德性的清净，主要是指慧能主张的以无念无住、扫相破执的般若之智,超离十恶业八邪道的"正心"功夫。这种"正心"之心很大程度上是社会伦理关系中的现实之心。在这一意义上,持戒修道便是要"自净其心",而自净其心最终落实在"自正其心",宗教觉悟与道德自觉融为一体。《坛经》说:"心地无非自性戒。"[3](49)"若欲见真道,行正即是道;自若无正心,暗行不见道。若真修道人,不见世间过,若见世间非,自非却是左。他非我不非,我非自有罪,但自去非心,打破烦恼碎。"[3](44)

慧能把德行平正、心性明净视为持戒的根本要求,把世俗伦理的道德规范摄入戒法中,宣称"一灯能除千年暗,一智能灭万年愚","一念恶报却千年善亡;一念善报却千年恶灭","若解向心除罪缘,各自性中真忏悔;若悟大乘真忏悔,除邪行正即无罪",[3](P22,P35,P36) 显示了在肯定人性圆满自足、善性本自具有的前提下,见性成佛与修善明心的统一、解脱觉悟与德性自觉的统一,也开示了中土佛教走向"完成在人格,人成即佛成"的人间佛教路径,在这一意义上,所谓"佛法""佛性"真的成为禅门向善方便说教。由于慧能南宗主张持戒净心、持戒正心以求德行的圆满、德性的清净,因此道德意识、道德行为的自正自为成为持戒的本质内容:"诸恶莫作名为戒,诸善奉行名为慧,自净其意名为定",[3](48)后来的宗宝本《坛经》更是大肆阐说:"心平何劳持戒,行直何用修禅,恩则孝养父母,义则上下相怜,让则尊卑和睦,忍则众恶无喧,……"在"心平持戒、行直修禅"的旗帜下,持戒的形式主义、道德工具主义成为慧能南宗的反对目标。由于慧能主张"心地无非自性戒"[3](P49),所以外在的坐禅持戒、拘守律仪被视为白费功夫,这种反对条文式束缚的持戒观,与《维摩诘经》中维摩诘对优婆离尊者开示的戒律观一脉相承。《维摩诘经》中载:有两位比丘,犯了戒律,自知羞耻,但不知罪恶轻重,不敢问佛,于是就来问优婆离,请优婆离解除他们心中的疑惧和愧悔,回答如何免除犯律的罪咎。优婆离就依据戒律,解说他们罪过的轻重,并教示悔过之方。这时,维摩诘来到优婆离面前说:"优婆离,无重增此二比丘罪,当直除灭,勿扰其心。"[10](P541) 显然,慧能禅宗吸收了《维摩诘经》中的思想,视戒慎恐惧、诚惶诚恐地奉戒守律的形式主义为异路,而主张名检内德、涵养德性。这种持戒观结合慧能禅宗山林佛教的特色,使得南宗禅在会昌法难及唐末五代离乱后,在都市佛教奄奄一息的情形下,开出荡涤戒律、抖落陈规,自由自在地寻求人生安立与解脱的新路。

三

慧能禅宗越往后发展，以往戒律对于南宗门人就越丧失拘束作用。传说石头希迁给丹霞天然剃发讲戒律，天然掩耳跑走。禅门荡涤戒律的另一面，则是重新收拾自家戒规，这种重新收拾，隐含了摒弃往古戒律、重建禅门规诫的立意，体现了禅门戒律观一破一立、破立一体的格局，也标志着佛教戒律中国化的走向。这种重新收拾工作，是由百丈怀海完成的。

百丈怀海（720—814 年）别创禅律，号称《百丈清规》。① 百丈清规的创制，是一项具有划时代意义的工作。从东晋道安编定僧尼规范到南山道宣以《四分律》会通大乘，从中土对菩萨戒法的青睐到天台、禅宗以心持戒、无相戒法的持戒理念，都体现了如何使佛教戒律与中国佛教僧团生活的实际相结合的问题，百丈清规的创制则标志着中国特色的僧团伦理规范与持戒理念的形成。百丈清规亦称古清规，其原本在南宋之后全部失去，宋史官杨亿的《古清规序》是概括百丈创制清规的初衷及清规的基本内容、结构的可靠资料。《古清规序》现存于元代百丈山德辉禅师依古清规为蓝本而汇编的《修百丈清规》中，收于《大正藏》第 48 卷。杨亿说："百丈大智禅师，以禅宗肇自少室（菩提达摩，引者注），至曹溪以来，多居律寺，虽列别院，然于说法住持，未合规度，故常尔介怀。乃曰：佛祖之道，欲诞布化元，冀来际不泯者，岂当与诸阿笈摩教为随行耶！或曰：瑜伽论、璎珞经是大乘戒律，胡不依随哉？师曰：吾所宗，非局大小乘，非异大小乘，当博约折中、设于制范，务其宜也。于是创意，别立禅居。"[12](P1158) 百丈怀海根据菩提达摩至慧能以来禅门丛林生活的实际，出于博约折中、随宜制律的内在动机，别立禅居，禅寺开始离律寺而独立，不立佛殿，只树法堂，法超言象；整顿威仪，依法而住，合院大众，朝参夕聚，宾主问酬，激扬宗要；斋粥随宜，务于节俭，法食双运；行普请法，上下均力；置十务寮舍，每用首领一人，管多人营事，各司其局，并设维那检举，规范僧行，[12](P158) 于是，"天竺传来的烦琐无比的大小乘律，被怀海推倒，

① 《百丈清规》后世失佚，以后以之为蓝本存以下清规行世：1103 年宋代宗颐编的《崇宁清规》，1266 年惟勉编的《咸淳清规》，1311 年元代的东林咸公编的《至大清规》。至 1330 年，百丈山德辉禅师汇三归一而成《敕修百丈清规》，颁行天下僧寺遵行。

这在反天竺宗派上是一个成就"。[13](P83)

根据《古清规序》中所述的创制本意及内容结构,我们结合禅宗戒律思想发展的脉络和当时丛林生活的实际,将百丈清规创制背景和独创性内容分析如下:

第一,百丈清规的创制是禅宗"若欲修行,不由在寺"的主张,由栖息山林岩阿而别立禅居,既而独创禅律的结果。自道信、弘忍以来,普通禅僧大多无度牒、无寺籍,即使是禅僧领袖,也只是挂名于合法寺院,而本人却离寺别居于岩洞、茅庐。史载,自唐玄宗时期始,官方将禅师聚居于寺,改为律寺,将禅众置于戒律控制之下,[14](P260)而怀海别立禅居,正合禅众摆脱律寺的意愿。

第二,百丈清规的创制也意在检束德行,改变丛林龙蛇混迹、凡圣同居的局面。《广清凉传》卷中有这样的一段记载:"僧无着,大历二年夏五月初至清凉岭下,时日暮,倏见化寺,因扣扉请人。主僧宾接,问彼方佛门何如?答:时逢像季,随分戒律。复问众有几何?曰:或三百或五百。无着问曰:此处佛法如何?答云:龙蛇混迹,凡圣同居。"从无着禅师的见闻可窥当时丛林状况之一斑。唐贞元、元和间(785—806 年),禅宗日盛,宗匠常聚徒众于一处,修禅办道,在此情形下的禅林生活,自然也会存在"随分戒律""龙蛇混迹"的状况,因而修正禅林未合规制、言行失检的情形成为百丈规范的题中应有之意。

第三,百丈清规的创制是中国僧众自食其力、自给自足的生产生活方式形成演化的结果。余英时先生认为,在南北朝至安史之乱之前,中国佛教在经济方面主要靠信徒的施赐(包括庄田)、工商业经济经营以及托钵行乞等方式来维持。安史之乱以后,佛教大多失去了富族贵人的施舍,佛教徒走向了自食其力的道路。[15](P458)我们认为,这一情形对于以山林佛教为特征的禅宗,尤其是慧能南宗而言尤为突出,禅宗生产、生活方式的演变决定了僧团伦理观念的演变,而百丈清规正是这一演变的结晶。

四

尽管百丈清规的创制源于禅门僧团伦理发展的内在需要,但对于印度佛教戒律而言,它的叛逆性和独创性还是显而易见的。难怪创制新规的百丈怀海一开始就被视为"破戒僧"。从佛教伦理的角度看,百丈清规的独创性佛教伦理特色体现在以下几点:

其一,在对待印度佛教"律制"的持犯态度方面,随方随时,实事求是,因时因地而制宜。《古尊宿语录》中怀海与弟子的答问足可显现百丈创制的革故鼎新、实事求是的态度:"问:斩草伐木,掘地垦土,为有罪报相否?师云:不得定言有罪,亦不得定言无罪。有罪无罪,事在当人。若贪染一切有无等法,有取舍心在,透三句不过,此人定言有罪。若透三句外,心如虚空,亦莫作虚空想,此人定言无罪。"[16]我们认为,百丈的这一持戒态度,对于恪守戒律的要求而言,是革故鼎新,而对中土佛教青睐大乘菩萨戒、重戒在内心、倡无相戒法、以乘摄戒、摄戒归禅的持戒风尚而言,又是承先启后。

其二,将"行普请法""一日不作、一日不食"的劳作伦理观念贯穿于清规中,把持戒修行融合在农禅并作中。百丈创制清规的特色,既在"别立禅居""整顿威仪"等佛门律仪上的革故鼎新,又在其"行普请法""上下均力"的独到孤明。如果律仪的改制是涉及佛门伦理的外在形式,那么普请法的实行则是佛门现实伦理生活的开创以及佛门伦理观念的内容更新。任继愈先生认为:"禅宗思想中国化,首先在于从生活方式和生产方式上中国化。"[17](74)《僧史略》卷上言:"共作者谓之普请",普请法所展示的集体劳作伦理观念,与当时禅宗以劳动工作而自给自足的僧团生活方式相连,种种掘地垦土、耕作收获、伐木采薪等劳作与触类见道的信仰生活紧紧相。农禅并作、信仰与生活的融合、伦理观念与劳作实践的结合,体现着禅宗的实践精神、人世风格。

这种上下合力的"普请之法",在印度佛教僧团中是戒律所禁止的。印度佛教戒律中规定:"持净戒者不得贩卖、贸易、安置田宅、畜养人民、奴婢、畜生,一切种植及诸财宝,皆当远离,如避火坑,不得斩伐草木、垦土掘地。"[18](P846)而禅宗却舍弃了印度僧伽的生活方式,过着集体劳作的僧团生活,维系着唐末五代之后诸宗衰微之时禅门的隆盛,从而也以从生活方式到伦理观念的彻底变革,推进佛教中国化的进程。百丈以其身体力行树立了农禅并作的伦理风范。《五灯会元》载:"师凡作务执劳,必先于众。主者不忍,密收作具而请息之。师曰:'吾无德,争合劳于人?'既遍求作具不获,而

亦忘餐。故有'一日不作、一日不食'之语,流播寰宇矣。"[19](P136)百丈以后,
禅师们纷纷承继施行农禅并作的风范,黄檗开田、择菜,沩山摘茶、合酱、泥
壁,石霜筛米,云严作鞋,临济栽松、锄地,仰山牧牛、开荒,洞山锄茶园,雪峰
斫槽、蒸饭,云门担米,玄沙斫柴,使得中土禅宗呈现一派生产劳动与持戒修
行融成一体的农禅并作的独特风光,也使得百丈规仪在禅门寺院中广为通
行:"天下禅宗,如风偃草",[20](P236)甚至影响到现代僧团生活。1950 年,巨赞
法师(1908—1984 年)成立大雄麻袋厂,组织僧尼参加到生产建设中去便是
一例。

其三,百丈清规的特色,还在于重视僧团纪纲和人格品行,并且糅进儒
家忠孝伦常的思想内容及中土家族伦理的组织形式,从而使清规具有强烈
的中土伦理色彩。不管百丈创制清规的用意如何,有一点必须承认,作为中
土佛门清规,特别是作为在以后的几经改编中越来越渗进儒家伦常思想的
清规,它在丛林中的地位等同于世俗社会的《礼经》等有关人伦纲纪、德行规
仪的宗经。正如咸淳本《百丈清规·序》所言:"吾代之有清规,犹儒家之有
礼经。"[12](P158)清规所制定的寺院组织结构中,对班首、执事等人事安排,非
常重视个人的德行完善、人际和谐能力,修己达人的道德风貌成为选举人事
的重要条件。《百丈清规》谈及有关各部执事资格时规定:"今禅门所谓首座
者,必择其己事已办,众所服从,德业兼修者充之。……临众驭物则全体备
用,所谓成已而成人者也。古犹东西易位而交职之,不以班资崇卑为嫌。欲
其无争,必慎择所任,使各当其职。"[12](P1130—134)此外,清规组织机构的纪纲司
法方面,还设置一位维那(即堂司、纪纲寮,与监院、首座并列为上首,是全寺
三纲之一),专司对犯戒者的检察、处置,以整肃纪律。

在体现中土纲常思想方面,清规整体结构的前四章标题便是祝禧、报
恩、报本、尊祖,前二者说忠,后二者说孝,完全以忠孝为先。以后的开堂参
拜礼仪,也是升座拈香,忠孝不忘。例如,《古尊宿语录》卷十九《后住潭州云
盖山会和尚语录》载杨岐行事云:"……遂升座,拈香云:'此一瓣香,祝延今
上皇帝圣寿无穷。'又拈香云:'此一瓣香,奉为知府龙图,驾部诸官,伏愿常
居禄位。'复拈香云:'……奉酬石霜慈明禅师法乳之恩。'"这种例子,在禅宗
灯录中比比皆是,足见禅门规式对忠孝伦常的尊奉。在禅院的组织人事方
面,清规制定了以方丈为中心的家族组织形式,僧徒按身份处于子孙地位。

禅院的上下关系,类似封建家族成员的关系。因为这一特色,使得禅门清规被称作是"丛林礼法之大经",[12](P1158)从此百丈清规成为天下丛林律仪的蓝本,成为佛门僧团伦理与封建世俗伦理结合的宗纲,以至于宋代理学大师程颢偶游定林寺,叹"三代礼乐尽在此中"。我们认为,之所以"三代礼乐尽在此中",与其说是因程颢看到了威仪济济,一起一坐,并合清规的形式,不如说因清规糅进了中土伦常的实质性内容。

至此,我们认为,百丈清规以博约折中之旨,超出佛门烦琐戒律之篱藩,实行了对印度佛教戒律的彻底变革,依据现实的僧团生活方式、生产方式,树立了独特的禅门伦理生活观念,即"一日不作,一日不食"的工作伦理观;又依据儒家伦常,改制了佛门律仪,建立了僧团伦理规范,使得佛门从形式到内容都引进了儒家思想,也从形式到内容实行了中土化,直至"持戒而背五常,何取为戒"的观念深入人心。[21]这样,百丈订立的清规,建立了中国的丛林制度,确立了中国佛教戒律的独特性走向:不主枯寂地坐禅、奉戒苦行,而是要在活泼的生活中去"触类见道",以入世方式在现实生活中实现其道德理想、解脱目标,即把佛门的伦理思想、修持规仪、解脱宗旨付诸"一日不作,一日不食"的现实生活中。

需要说明的是,百丈清规确立了中国丛林的独特性走向更多地表现为一种宗教理念和理想,在百丈往后的中土丛林社会中,清规的理念落实于现实生活的程度如何已不便一概而论。而违背百丈创制自家规诚、整肃修德进业的本旨,使清规理念烦琐异化、丛林生活恶化的现象却无法让人视而不见。正如明末莲池大师在《竹窗三笔》中所言:"盖丛林使一众有所约束,则自百丈始耳;至于制度之冗繁,节文之细锁,使人仆仆尔、碌碌尔,目不暇给,更何从得省缘省事,而悉心穷究此道? 故曰:后人好事者为之,非百丈意也。"[22]

百丈清规的异化是中土戒律生活的一种现象,也是自释迦制戒以来佛门戒律生活的一种现象。卡西勒(Emst Cassirer)在《人文科学逻辑》中的一句话也许可以帮助我们理解这一现象:"每一位伟大的宗教创始人的行谊与影响都使我们得到教训,让我们看到他们是如何一律地牵入这一个漩涡里去。那对他们来说本来代表着生命的,都会变成一些条文,并且僵化于其中。"透过这类现象,我们也许会找到中土戒律思想变革的内在动因,诸如

"六祖革命"中无相戒法,诸如明末丛林恶化情境中的律学中兴等等。也许,六祖革命中的无相戒法意在追寻释迦制戒的本怀,而明末律学中兴也意在追寻六祖、百丈的戒法本旨。

总之,"无相戒法"的倡导、"百丈清规"的创制,都与慧能南宗独特的解脱理想相连,也从一个侧面体现了中国化佛教戒律思想的特色。"明心见性""心平为戒""自见心佛,自度自戒"形成了中土佛教重戒于内心,不重律于外在的自在解脱的思想特征,"别立禅居""行普请法""法食双运"的修持生活,昭示了禅门独特的僧团伦理内容及中土佛教行菩萨戒法、不舍世间、信仰与生活融合的特色。

参考文献

[1] 大正藏:卷四六[M].

[2] 大正藏:卷二四[M].

[3] 杨曾文.敦煌新本六祖坛经[M].上海:上海古籍出版社,1993.

[4] 大正藏:卷八[M].

[5] 大正藏:卷二五[M].

[6] 大正藏:卷一一[M].

[7] 大正藏:卷五二[M].

[8] 印顺.中国禅宗史[M].上海:上海书店,1992.

[9] 大正藏:卷八五[M].

[10] 大正藏:卷一四[M].

[11] 陈垣.中国佛教史籍概论:卷二[M].北京:中华书局,1962.

[12] 大正藏:卷四八[M].

[13] 范文澜.唐代佛教[M].北京:人民出版社,1979.

[14] 杜继文,魏道儒.中国禅宗通史[M].南京:江苏古籍出版社,1993.

[15] 余英时.士与中国文化[M].上海:上海人民出版社,1987.

[16] 古尊宿语录:卷一[M].北京:中华书局,1994.

[17] 中国社会科学院世界宗教研究所.中日佛教研究[M].北京:中国社会科学出版社,1989.

[18] 大正藏:卷四[M].

［19］ 五灯会元：卷三［M］.北京：中华书局，1984.

［20］ 宋高僧传：卷十［M］.北京：中华书局，1987.

［21］ （明）德清.憨山老人梦游集：卷五［M］.江北刻经处本.

［22］ （明）莲池大师.云栖法汇：第 5 册［M］.明崇祯刻本.

（本文发表于《南京大学学报》2000 年第 5 期）

东晋初渡江高僧研究

张 华[*]

考诸史籍,东晋高僧多自北方输入,前后来建康者有三个批次。第一批次主要来自洛阳,永嘉之乱,不少高僧避乱南渡,渡江高僧中既有西域沙门,如帛尸梨蜜多罗、康僧渊;也出现了不少士族精英家庭出身的高僧如竺法深(286—374)、支道林(314—366)等。第二批次来自襄阳居多,道安因北方战乱,南下襄阳,行至新野分张徒众,其门下僧众南下沿着长江流域分布,上游有到川蜀弘法者,中下游有栖止荆州和江右的,慧远等率徒徙居庐山;竺法汰(320—387)率弟子,来到建康。第三批次来自关中一带,以长安鸠摩罗什逍遥游译场的僧团为主,译事完毕,加之关内兵祸频繁,僧众四散流布,慧观、慧严、僧业等,南住建康,而当时号称罗什门下"四圣"之首的竺道生(355—434)早已渡江。长安法会,本已凋零,最后又经魏太武帝之毁法,善谈名理者,挟其所学,南游江浙。以此可见,汉魏之间,两晋之际,俱有学士名僧之南渡。至第三次义学南趋,南北佛学风气益形殊异,南方专精义理,北方偏重行业。此中原因即在叠次玄佛之风南移。

一、道俗标领:竺道潜

东晋在元帝统治时期,琅琊王氏的权力达到顶峰,王导任丞相统揽全部朝政,王敦任大将军成为军队的最高指挥官。这种形势被当时一句"王与马共天下"的俗谚说得淋漓尽致。而东晋高僧竺道潜,既是高门士族精英出家的翘楚,也是琅琊王氏世间权力延伸到方外世界的杰出代表。以王导、王敦

---

* 张华,1967年生,1990—2003年在哲学与文化研究所工作。作者此文为首发。

为首的琅琊王氏集团是拥立元帝司马睿开创东晋王朝的元勋,政治地位极高,同时他们对佛教在东晋上层社会的传播与护持也做出了卓越贡献。换言之,东晋建康都城佛教最初的兴盛,与当时由王导、王敦领导的琅琊王氏集团的专权密切相关,没有其他家族对东晋佛教僧团给予如此之多的捐助。在同时期的其他家族成员中也没有出现过如此之多的著名护法居士,甚至琅琊王氏家族成员中出了两位典型的士族僧人:竺道潜与释道宝,这进一步表明了琅琊王氏与东晋佛教的殊胜因缘。

释道宝是王导之弟,《高僧传》在一处不显眼的地方记载了他的出家落发情景:

> 弱年信悟,避世辞荣,亲旧谏止,莫之能制。香汤澡浴,将就下发,乃咏曰:"安知万里水,初发滥觞时",后以学行显焉。①

既以"避世辞荣"为高,释道宝出家后隐居在剡东仰山,专注于勤学与修行,默默无闻。而在佛教方外与世间的通道中,更受王导重视的是他的侄子竺道潜。

竺道潜,俗姓王,字法深,琅琊人。《高僧传》记载:"晋丞相武昌郡公王敦之弟也。年十八(303 年)出家,事中州刘元真为师。元真早有才解之誉,故孙绰赞曰:'索索虚衿,翳翳闲冲。谁其体之,在我刘公。谈能雕饰,照足开蒙。怀抱之内,豁尔每融。'潜伏膺已后,剪削浮华,崇本务学。微言兴化,誉洽西朝。风姿容貌,堂堂如也。至年二十四(309 年),讲《法华》《大品》。既蕴深解,复能善说。故观风味道者,常数盈五百。"②这一段讲述了竺道潜早年出家求学,及道誉西晋的情况。他师从名士刘元真,继承了其玄佛融洽

---

① 梁慧皎《高僧传》卷第四,义解一,剡葛岘竺法崇传,"少入道,以戒节见称。"末附录:"时剡东仰山复有释道宝者,本姓王,琅琊人。晋丞相道(导)之弟"云云。《高僧传》把道宝与竺法崇合传,而竺法崇活动时间在东晋晚期。依常情推测道宝已经生活到东晋后期,那么他的生年应为 306 年前后,卒年不清。他出家的时间应在过江之后,出家的地点应在建康。

② 梁慧皎《高僧传》卷第四,义解一,剡东仰山竺道潜传。除了高丽版作"竺潜"外,他的名字在《高僧传》所有版本中都作"竺道潜"。参徐清祥《东晋出家士族考》,《世界宗教研究》2005 年第 3 期。竺潜于永嘉初(307)过江,是西晋第一批南迁的人。竺潜的卒年是明确的,孝武帝宁康二年(374)卒于剡县山中。关于他的年龄有两种说法:一是《高僧传》说的 89 岁,二是《世

的风格。而其《法华》《大品》等经学素养，可能另有师从。有学者认为，他在刘元真的指导下就学于长安。但他的法姓"竺"却说明他与来自西域或天竺的法师有很大关系。当时，在长安被匈奴人侵占前的最后几年，竺法护的译经及其学派仍然有巨大的影响。公元308年，这位"敦煌菩萨"可能仍在长安活动，而这个"竺"姓也许表明道潜是他的一个弟子。①

晋永嘉(307—311)初，竺道潜避乱过江至建康，东晋元、明二帝，丞相王导、太尉庾亮等，皆钦其"风德"，友而敬之。《高僧传》说他，在建武至太宁年间，也就是元帝、明帝在位期间，获得特许在皇宫自由行走，其经常"着屐"入殿内讲经弘法，因德高望重，时人皆称其为"方外之士"。② 事实上，东晋初的帝王、大臣所钦赏的风范，是高僧与名士拥有共同理趣。

竺道潜在都城建康的弘法可分为前后两个阶段，第一阶段，一定是在公

说新语》"注"说的79岁。一般采信前者。他的生卒年为公元286--374年。竺潜十八岁出家，事在晋惠帝太安二年(303)。其师为中州名士刘元真，生平和生卒年不详，只知道他是西晋时清谈名士，早有才解之誉，故孙绰有赞。支遁写信给高丽道人赞扬竺潜(竺法深)时还特地强调竺是"中州刘公的弟子"才成为"内外俱赡"的"弘道之匠"。《高僧传》也载："法深之学，内外俱赡，盖均得之于元真"。从这些记载中可以想见刘元真是位能融合佛法和玄理的大师。而据《魏书·释老志》记载，北魏太武帝太平真君七年(446)信崔浩之言，下诏大杀沙门，毁佛经像，诏书中还谈到佛法为刘元真、吕伯疆之徒所伪造，其地位可知。诏曰："……自今而后，敢有事胡神及造形象泥人铜人者，门诛。虽言胡神，问今胡人，共云无有，皆是前世汉人无赖子弟刘元真、吕伯疆之徒，乞胡之诞言，用老庄之虚假，附而益之，皆非真实，致使王法废而不行，盖大奸之魁也。有非常之人然后行非常之事，非朕孰能去此历代之伪物？有司宣告征镇诸军刺史，诸有佛图及胡经，尽皆击破焚烧，沙门无少长悉坑之。"此乃中国佛教史上著名的"三武灭佛"之首。

① 参许理和《佛教征服中国》，第162页。竺法护，世居敦煌，人称"敦煌菩萨"，他是鸠摩罗什来长安之前最著名的翻译家。《高僧传》卷一译经上，有竺昙摩罗刹(法护)传，"其先月支人，本姓支氏，世居敦煌郡。年八岁出家，事外国沙门竺高座为师。(中略)是时晋武之世，寺庙图像虽崇京邑，而方等深经蕴在葱(岭)外。护乃慨然发愤，志弘大道，遂随师至西域，游历诸国。外国异言三十六种，书亦如之，护皆遍学。贯综诂训，音义字体，无不备识。遂大赍梵经，还归中夏。自炖煌至长安，沿路传译，写为晋文。所获览即《正法华》《光赞》等一百六十五部，孜孜所务，唯以弘通为业。终身写译，劳不告倦，经法所以广流中华者，护之力也。"又曰："后立寺于长安青门外，精勤行道。于是德化遐布，声盖四远，僧徒数千咸所宗事。及晋惠(帝)西奔，关中扰乱，百姓流移。护与门徒避地，东下至渑池，遭疾而卒，春秋七十有八。护世居炖煌，而化道周给，时人咸谓炖煌菩萨也。"

② 建武元年(317年)，为西晋愍帝年号。是年愍帝被虏，司马睿在建康称晋王，承其年号。第二年(318)，愍帝被害，司马睿称帝，改元太兴。太宁，则为晋明帝年号，明帝在位三年。升遐，帝王死去的一种说法。从这个时间记载，可知竺法深在京都建康活动的时间，但其在京时住所不明，从"潜恒着屐至殿内"，疑其住在宫中精舍。

元 4 世纪 20 年代元、明二帝在位时活跃于建康,并很快成为都城最杰出的僧人,在皇宫和都城的权贵中弘法。他受到元帝(317—322 在位)和明帝(322—325 在位)的极高礼遇。他被称作"方外之士",意味着出家的僧人仍然具有"士"的特性,这是东晋帝王及朝廷对僧人的一种特别称呼,首次出现在中国历史的语境中。他的成功与其亲戚王导、庾亮执掌大权的地位以及皇室的支持,有着十分紧密的联系。在竺道潜年老受到下一代微议时,他常常提请他们注意他过去所结交的高层关系:"黄吻年少,勿为评论宿士。昔尝与元、明二帝,王、庾二公周旋",而刘孝标引《高逸沙门传》注曰:"晋元、明二帝,游心玄虚,迁情道味,以宾友礼待法师。王公、庾公倾心侧席,好同臭味也。"① 这更反映了那时东晋的社会风尚。晋元、明帝钦敬竺道潜,乃"迁情道味";而王导、庾亮与竺道潜交往乃"好同臭味",可见,当时社会风尚为名士所主导,而作为"方外之士"的高僧,若想扩大社会影响力,必须先融摄名士所崇尚的思潮。

道潜早先在洛阳和西京就染有名士之风,继而渡江南游,玄佛融通;后往剡山隐居,众多信徒追随入山,讲经弘法达三十余年。《高僧传》记载,"潜优游讲席三十余载,或畅《方等》,或释老、庄。投身北面者,莫不内外兼洽。"其讲学淹贯内外,追随其学者也莫不"兼洽"。正是玄学与佛理交融,名士与沙门同趣的风格。透过僧传的文字,我们获悉东晋初竺道潜在京城的弘法并非一帆风顺,其隐迹剡山的真实原委,乃在元明二帝"升遐","王、庾又薨"(王死于 339 年,庾死于 340 年)之后,"以避当世"。② 这给我们透露了东晋开国元勋们离世之后历史发生变化的重大信息。

《高僧传》中也提到竺道潜与王导同党何充之间的关系,何充继王导之后掌国政,与庾冰同朝辅政。竺道潜的弘法活动和高门士族集团沉浮之间的紧密关系,可以由下述历史进一步证实:咸康六年(340 年)后,东晋佛教

---

① 《世说新语》方正第五,第 44 条,"后来年少多有道深公者。深公谓曰:黄吻年少,勿为论宿士。昔尝与元明二帝、王庾二公周旋。"参朱碧莲详解《世说新语详解》,上海古籍出版社,2013 年,第 207 页。

② 关于王导的生卒年,大多数材料为公元 267—330 年,这是依据《晋书》卷六十五王导传所记,他死于咸和五年(330),时年 64 岁。但在年表中他在公元 330 年后几次被提到,同时提到他确切的死年为公元 339 年(七月庚申日),及其死后葬礼、追封的详细描述。传记中"咸和"显然是"咸康"之误,咸康五年即公元 339 年。

僧团最初的大施主和保护人王导、庾亮都已过世，有反佛倾向的庾冰开始控制朝纲，庾冰代皇帝拟诏"沙门应敬王者"，引起朝廷争议。竺道潜遂携大批追随者和其他名僧离开都城，避走他方。竺道潜带弟子进入剡东仰山一带隐居，这是琅琊王氏庄园所在的势力范围，佛教在士大夫圈内活动的中心随之由京城转移到三吴会稽地区。从建康到会稽，既是高门士族活动的"都城圈"，也构成了士族僧人的活动圈。①

竺道潜已从都城销声匿迹了；大约在同时，都城最著名的"士僧"、当时还是 20 多岁的支遁（314—366），也从都城来到剡东地区。直到哀帝登基之初（约 362 年）形势好转，他们才返回都城。在会稽，这些隐居的僧人及其弟子发现了一位善于清谈的信徒——会稽王司马昱，即未来的简文帝（371—373 年在位）。我们从僧传资料看到，大约同期的康僧渊也从都城转移到豫章山上的精舍中，过着山林田园生活。早期的僧传文献《出三藏记集》和《高僧传》没有说明这些佛教高僧突然不愿留在都城的原因。但我们如果转读其他文献，如《弘明集》中保存的《晋尚书令何充等执沙门不应敬王者奏三首（并诏二首）》一组材料②，这里所发生的一切就变得十分清楚。佛教已卷入都城两大领导集团间的冲突之中。确切地说，佛教于公元 340 年在最高层引起了激烈争论。咸康六年（340），王导、庾亮死后，此前由琅琊王氏主政的权力发生转移，而由国舅庾冰和庾翼领导的庾氏集团的权力达到顶峰。庾氏专权是王敦政变夭折之后王导逐渐失去威望的结果，也是与王导同为辅政的对手庾亮政治谋划所致。庾亮生前一直善待安置像竺道潜、康法畅和帛尸梨蜜罗等渡江高僧，但他一死，庾冰摄政，就代年幼的成帝拟诏下达"沙门应敬王者"令。③ 他所主张的措施自然遭到了当时由王导的旧党和最亲近的

---

① 东晋时期渡江的流民聚居地主要有三处：一是建康和会稽之地，北来高门士族一般以建康为政治中心，而选会稽为庄园所在；二是京口晋陵，是建康到会稽的重要中转之地，也是以武力见长的次门士族的聚集之地；三是荆襄一带，与京口一样也是北来次门士族的聚集之地。参徐清祥《东晋出家士族考》，《世界宗教研究》，2005 年第 3 期。

② 详见释僧祐《弘明集》卷第十二。晋咸康六年，成帝幼冲，庾冰辅政，谓沙门应尽敬王者。尚书令何充等议不应敬。下礼官详议，博士议与充同。门下承冰旨为驳。尚书令何充及仆射褚翜、诸葛恢、尚书冯怀、谢广等奏，沙门不应尽敬。

③ 晋安帝元兴二年（403 年），篡权者桓玄再次下令沙门敬拜王者，企图让僧团接受他的权威。然后又是琅琊王氏的一名成员王谧出来护法，这清楚地证明：僧团的浮沉（尤其是在都城）与占领导地位的士大夫集团和派别之间的政治斗争、冲突有着密切联系。

支持者何充发起的反对。何充一方面成功地削弱了庾氏的权力,另一方面积极鼓励和扶持佛教僧团,尤其是在他拥立穆帝登基(345年)最终取胜之后,何充与临朝听政的褚太后结为同盟,在都城中多方推动佛教的发展,并相继引进了比丘尼僧团。晋康帝建元元年(343),中书令何充舍别宅为渡江投奔他来的康明感、慧湛等尼僧立建福寺;晋康帝建元二年(344),褚皇后为僧基尼建延兴寺。

何充与竺道潜和支遁等士僧关系密切;实际上他是王导之后朝廷重臣中支持佛教最大的。关于何充崇佛,前文已有所述,这里再引《世说新语》中的有趣记载:何次道(充)往瓦官寺体(礼)拜甚勤。阮思旷语之曰:"卿志大宇宙,勇迈终古。"何曰:"卿今日何故忽见推?"阮曰:"我图数千户郡,尚不能得;卿乃图作佛,不亦大乎!"谢安之弟谢万对比当时郗氏与何氏各自的佛道教信仰,曰:"二郗奉道,二何奉佛,皆以财贿。谢中郎云:二郗谄于道,二何佞于佛。"①正史中也有何充崇佛颇为"糜费"的记载,《晋书》顾众传云"穆帝即位,何充执政。(中略)充崇信佛教,(顾)众议其糜费,每以为言。尝与充同载,经佛寺,充要众入门,众不下车。"②

所谓"财贿""糜费",皆谓何充以巨大财力支持佛教。史料表明,何充如此崇奉佛教不简单地是个人的行为,仍然代表了当时高门士族社会主流的风尚。上述护法文献中提到了与何充一起反对庾氏沙门应敬佛令的四位同僚的姓名,即仆射褚翜、诸葛恢、尚书冯怀、谢广。对这四位支持者作进一步了解,证实了笔者的看法:他们实际上不得不去应对两大政治集团间关于奉佛的冲突。褚翜(275—341),在咸康六年(340)任尚书左仆射(其顶头上司是何充),曾是王导的亲密合作者之一。何充与褚氏关系密切,尤其是与康帝皇后的父亲褚裒交好。褚翜又是褚裒的叔父。有关褚翜同情佛教的内容,笔者所知不多,但众所周知褚皇后及其父褚裒皆为奉佛者。尚书右仆射诸葛恢,也是王导最有力的支持者之一。冯怀很少为人所知,在《晋书》中没有他的传记,但有关他的几句话却出现在引用了《冯氏谱》的《世说新语》注中。据此可知,他出任了护国将军。《世说新语》证实了他的好佛以及他与

---

① 《世说新语》排调第二十五。
② 《晋书》卷七十六,列传第四十六,顾众传。

佛僧的密切关系，并表明他与名僧支遁在建康白马寺有过清谈《庄子》。①

当然，最值得重视的是，何充与褚太后的同盟巩固了佛教在皇宫中的传播和地位。褚太后先后三次临朝听政，可谓是宫中最有势力的人物，她于太元九年（384）死去之前，曾在康帝、穆帝、哀帝、废帝和孝武帝五位皇帝在位期间所发生的宫廷政变中扮演了很重要的角色。同时她又是佛教的虔诚信仰者和积极支持者。东晋中后期的帝王奉佛都不同程度受到她的影响。《高僧传》记载，何充对竺道潜"遵（尊）以师资之敬，数相招请，屡兴法祀。"至晋哀帝即位，"好重佛法，频遣两使殷勤征请。潜以诏旨之重，暂游宫阙。即于御筵开讲《大品》，上及朝士并称善焉。"这时会稽王司马昱作相，"朝野以为至德，以潜是道俗标领，又先朝友敬尊重"，故此对道潜顶礼膜拜。后继位为简文帝，虔礼弥笃。所谓"道俗标领"，即得到僧俗（含政界）二界的敬重和推崇，是当时影响最大的渡江高僧之一。道潜尝于简文处遇沛国刘惔，惔嘲之曰："道士，何以游朱门？"潜曰："君自睹其朱门，贫道见为蓬户。"②这是竺道潜都城弘法的第二阶段。

最终，竺道潜因性喜山林，还是上奏乞归，再隐剡东仰山。于是逍遥林卓，以毕余年。其时支遁欲购剡山之侧沃州小岭③作幽栖之所，竺道潜答曰："欲来辄给，哪有买山隐遁之理？"支遁其后《与高丽道人书》云："上座竺法深，中州刘公之弟子。体德贞峙，道俗纶综。往在京邑维持法网，内外具瞻，弘道之匠也。"宁康二年（374），道潜圆寂于山馆，春秋八十九。晋烈宗孝武诏曰："深法师理悟虚远，风鉴清贞。弃宰相之荣，袭染衣之素。山居人外，笃勤匪懈。方赖宣道，以济苍生。奄然迁化，用痛于怀。可赙钱十万，星驰驿送。"孝武帝赐钱并驰驿往中州送葬，此乃中土沙门敕葬之始。孙绰《道贤论》将他与"竹林七贤"之一的刘伶（伯伦）相匹，赞他"道素渊重，有远大之

---

① 《世说新语》文学第四，第32条，支道林在白马寺中，将冯太常共语，因及《逍遥》。支卓然标新理于二家之表，立异义于众贤之外，皆是诸名贤寻味之所不得。

② 《高僧传》卷第四义解一，竺道潜七。

③ 沃洲山，在今浙江绍兴新昌县东。其因沃洲而名，最早见于南朝梁慧皎《高僧传》，因东晋高僧支遁买山而隐、养马放鹤而名闻天下。一时，支遁等十八高僧，王羲之等十八名士胜会于此，成为当时大乘佛教、般若学研学倡行的中心，是佛教中国化的发祥地，也是剡东士族文化繁衍生息之地。唐代白居易的《沃洲山禅院记》写道："东南山水越为首，剡为面，沃洲、天姥为眉目。夫有非常之境，然后有非常之人栖焉。"参徐跃龙《屹立在浙东唐诗之路上的人文丰碑——唐白居易〈沃洲山禅院记〉碑文碑刻考略》，《西泠艺丛》2020年第6期。

量",虽"高栖之业",刘伶所不及,而"旷大之体"同。① 其著名弟子有竺法义、竺法友、竺法蕴、康法识、竺法济等。

二、竺道潜弟子及《高逸沙门传》

竺法义(307—380),幼而颖悟,九岁时遇竺法深,得劝出家,师从受学。游刃众典,尤擅《法华》。后在京都建康,大开讲席。得王导、孔敷等名士敬重。东晋兴宁中(363—365),住锡于江左始宁保山,受业弟子常有百人。宁康三年(375),孝武帝遣使征请,入都讲说。太元五年(380)圆寂于建康(一说圆寂于太元七年),享年七十四岁。帝赐钱十万,买新亭岗作墓,起三级塔。弟子昙爽在墓所立寺,名新亭精舍。②

竺法济在其师竺道潜卒后主持剡东仰山,由此名垂江左。竺法济籍贯河东郡大阳,隶属今山西境内。其作《高逸沙门传》,开东晋为沙门立传之先河。从师承脉络考察,竺法济在其南渡之前已略有名气,释道安曾受业于竺法济,应为竺道潜之再传。有两条资料可为证明:

其一,释僧佑《出三藏记集》称:(道安)"潜遁晋山,孤居离众,幽处穷壑。""会太阳比丘竺法济、并州道人支昙讲……此二学士高朗博通,诲而不倦者也。遂与析榷畅碍,造兹注解。"③

其二,《高僧传》亦言:"(道安)后避难潜于濩泽。太阳竺法济、并州支昙讲《阴持入经》,安后从之受业。顷之,与同学竺法汰俱憩飞龙山,沙门僧先、道护已在彼山,相见欣然,乃共披文属思,妙出神情。"④

---

① 《高僧传》卷第四义解一,竺道潜七。
② 最早记载竺法义的著作是南朝齐·王琰《冥祥记》:"晋兴宁中,沙门竺法义,山居好学,住在始宁保山,游刃众典,尤善《法华》。"梁慧皎《高僧传》卷第四,义解一,竺法义十三。
③ 《出三藏记集》卷六收录释道安《阴持入经序》。
④ 《高僧传》卷五《晋长安五级寺释道安》。五级寺,又称五重寺。佛图澄死后,石虎即皇帝位(335),内部变乱,道安就在这时离开河南到山西的濩泽(今临汾市境)去住。濩泽地方很偏僻,可以暂避兵燹之祸。因此竺法济、竺僧辅和竺道护等都先后冒险远集。石赵灭亡后,北方战乱不休。为了逃避战祸,道安师徒四百余人决定离开北方,取道南下,投奔东晋的辖地襄阳。襄阳在那时还属于东晋,社会环境比较安定,道安在那里住了十五年。道安在襄阳十五年间,每年讲两遍《放光般若经》,从无废阙,并不断创立新解,由此导向江东玄风。玄学名士习凿齿将道安的弘法活动称为"玄波溢漾""玄味远猷",此代表东晋上层社会玄学士大夫们对佛教的尊崇。前秦王苻坚素闻道安之名,东晋孝武帝太元三年(378),苻坚派军南下,次年攻克襄阳,道安被送往长安,驻锡五重寺,备受推崇礼遇。东晋孝武帝太元十年(385)二月,道安圆寂于长安五重寺。

二则材料中，"太阳"当作大阳。按《汉志》，大阳属河东郡，武王封太伯后于此，是为虞公，在大河之阳，故名。缘于后赵石虎之乱，释道安"潜遁晋山"，"避难潜于濩泽"，竺法济等高僧亦冒险远集于此，道安遂与法济得以遇合并执弟子之礼，二人亦师亦友，关系非常。

竺法济《高逸沙门传》不仅亡佚多时，而且世无辑本。兹据梁刘孝标《世说新语注》整理《高逸沙门传》佚文十则如下：

1. 法师（竺法深）居会稽，皇帝重其风德，遣使迎焉，法师暂出应命。司徒会稽王（后继位称简文帝），天性虚澹，与法师结殷勤之欢。师虽升履丹墀，出入朱邸，泯然旷达，不异蓬宇也。

2. 支遁，字道林，河内林虑人，或曰陈留人，本姓关氏。少而任心独往，风期高亮，家世奉法。尝于余杭山沈思道行，泠然独畅。年二十五，始释形入道。年五十三，终于洛阳。

3. 道林时讲《维摩诘经》。

4. 遁（支道林）居会稽，晋哀帝钦其风味，遣中使至东迎之。遁遂辞丘壑，高步天邑。

5. 殷浩能言名理，自以有所不达，欲访之于遁（支道林）。遂邂逅不遇，深以为恨。其为名识赏重，如此之至焉。

6. 法开初以义学著名，后与支遁有竞，故遁居剡县，更学医术。

7. 晋元、明二帝，游心玄虚，托情道味，以宾友礼待法师（竺法深）。王公、庾公倾心侧席，好同臭味也。

8. 遁（支道林）为哀帝所迎，游京邑久，心在故山，乃拂衣王都，还就岩穴。

9. 王濛恒寻遁（支道林），遇祇洹寺中讲，正在高坐上，每举麈尾，常领数百言，而情理俱畅。预坐百余人，皆结舌注耳。濛云："听讲众僧，向高坐者，是钵釪后王、何人也。"

10. 遁（支道林）得深公之言，惭恧而已。①

---

① 转引自阳清《竺法济〈高逸沙门传〉索隐》，《文献》2016 年 1 月第 1 期。《高逸沙门传》，是书出自《世说新语》刘孝标注，文本在唐前已无多见。作为僧人类传，《高逸沙门传》有意彰显沙门之高逸情怀，它一方面呈现出不同于《世说新语》的弘教宗旨，另一方面促成了《世说》的文本建构，同时亦为慧皎《高僧传》的最后完成提供了重要素材。《高逸沙门传》虽存吉光片羽，却因其推动六朝僧传走向繁荣，从而在佛教文献学中占有一席之位。

考稽史籍，《高逸沙门传》中的僧人与名士的活动圈基本一致，大都从京师建康来隐居在剡东，尔后又被征请到建康讲经论道，晚年因性喜山林再隐剡东优游岁月，讲学授徒而卒。正是他们的交游活动和精神追求为东晋义学的兴盛创造了条件。

三、东晋义学之兴：六家七宗略说

竺道潜乃东晋第一批渡江僧，步其后踵者，成帝时（325—342 在位）有支敏度、康僧渊、康法畅等。他们都成为东晋般若学"六家七宗"中的代表人物。所谓六家七宗，是说东晋时代的佛教学者对于般若性空的解释，各出异义，纷纭不一。姚秦鸠摩罗什门下沙门僧肇，在他所撰《不真空论》当中，归纳作心无、即色、本无三义。虽然他极力摆脱以往老庄对佛学的影响，然而其思想仍然在老庄哲学思维内。刘宋建康庄严寺昙济扩充作本无宗、本无异宗、即色宗、识含宗、幻化宗、心无宗、缘会宗，史称"六家七宗"。①

支敏度，又作支愍度，为晋代六家七宗中"心无义"的创始人。《世说新语·假谲》篇云：

愍度道人始欲过江，与一伧道人为侣。谋曰："用旧义在江东，恐不办得食。"便共立心无义。既而此道人不成渡，愍度果讲义积年。后有伧人来，先道人寄语云："为我致意愍度，无义那可立？治此计，权救饥尔，无为遂负如来也！"②

近代学者陈寅恪有《支愍度学说考》，对何为心无义作了论述，其引刘孝标《世说新语·假谲》篇前条注云：

旧义者曰：种智有是，而能圆照。然则万累斯尽，谓之空无；常住不变，

---

① 刘宋庄严寺昙济之《六家七宗论》，原书佚，今据唐代元康《肇论疏》所引、隋代吉藏《中论疏》等所载，一般主张六家及其代表为：（一）本无宗，包括道安、僧睿、慧远等之说。（二）即色宗，关内之"即色义"与支道林之即色游玄论。（三）识含宗，为于法兰弟子于法开之说。（四）幻化宗，为竺法汰弟子道壹之主张。（五）心无宗，包括支愍度、竺法温、道恒等说。（六）缘会宗，有于道邃之缘会二谛论。（七）本无异宗，为本无宗之支派，有竺法深、竺法汰之说。六家七宗之中，就基本观点而言，一般以本无宗、即色宗、心无宗三家为当时般若学说主流之所在。

② 《世说新语·假谲》第二十七，第 11 条愍度道人渡江。此中"伧道人"，即指北方僧人。东晋时谓渡江北方佬为"伧"。

谓之妙有。

而无义者曰：种智之体，豁如太虚。虚而能知，无而能应。居宗至极，其唯无乎！

于此陈氏案云：孝标所引新旧之义，皆甚简略，未能据此遽为论断。然详绎"种智"及"有""无"诸义，但可推见旧义者犹略能依据西来原意，以解释般若"色空"之旨；新义者则探用周易老庄之义，以助成其说而已。①

后竺法蕴、道恒等承袭支敏度学说，并有所发展。僧肇评之曰："心无者，无心于万物，万物未尝无。此得在神静，失在于物虚。"元康《肇论疏》于此解释，"无心于万物，万物未尝无"者，此谓经中言空者，但于物上不起执心，故言其空；然物是有，不曾无也。"此得在神静，失在于物虚"者，正面破之，能于法上无执，故名为"得"；不知物性是空，故名其"失"。对于沙门道恒力昌心无义，大行荆上，建康瓦官寺竺法汰命弟子昙壹大破之。

《高僧传》记载，东晋成帝时，支敏度与康僧渊、康法畅共游江南，有聪哲之誉，著译经录，今行于世。因叹诸经翻译尚未精详，遂合糅异译，以明文义。乃合支谦、竺法护及竺叔兰所译《维摩经》，作《合维摩诘经》五卷；合支谶、支谦、竺法护及竺叔兰所译《首楞严经》，编《合首楞严经》八卷。别制《经论都录》一卷。其所撰述的《合首楞严经记》及《合维摩诘经序》，现收于《出三藏记集》卷七及卷八。

康僧渊，其祖先为西域人。生于长安，容止端正，才貌并秀。志业弘深，深达空理，常诵《放光》《道行》二般若经。东晋成帝时，与康法畅、支敏度等一同渡江，来到江南游化。然以清约自处，人多不识。后遇名士殷浩，与谈佛理经义，终日不能屈，由此名声始扬。据《高僧传》卷四记，康僧渊目深鼻高，琅琊王茂（即王导）以此戏之。答道："鼻者面之山，眼者面之渊。山不高则不灵，渊不深则不清。"时人誉为机智名答。后寂于豫章山寺中。

康法畅，晋成帝时，与般若学者康僧渊、支敏度一同来到江南，讲习佛法。有才思，擅清谈，常携麈尾而行，每遇名士，即由晨朝清谈至日暮。据《高僧传》记载，名士庾亮（289—340）曾问："此麈尾何以常在？"答道："廉者不求，贪者不与，故得常在。"著有《人物》《始义》二论行世，系论述清谈人物

---

① 陈寅恪：《金明文馆丛编》，第 161 页。

之作,今已佚失。①

有学者推断法畅为士族出身,主要依据三点:一是他的著书。其《人物论》具体内容不得知,但从汉晋风气而言,当属人物品鉴的理论著作。其《始义论》当属谈玄理的作品。二是清谈名士的麈尾。法畅所握麈尾,庾元规认为能久留不失甚是难得。麈是一种大鹿,麈尾摇动,可以指挥鹿群的行动。"麈尾"这种饰物取义于此,有领袖群伦之义。非一般士人能持有,当时有"王谢家中物"之说,可见为高门名士的饰物。这一点在《世说新语》得到印证。三是其才性风姿。他自美云:"悟锐有神,才辞通辩。"此谓他的悟性与言辞非常的好。士族重人伦,则尚谈论。谈论即后世所谓的清谈,是品鉴士流才性的重要方面。法畅以此自重,完全是名士的派头。②

四、支道林:领握玄标

我们从上所录《高逸沙门传》十则轶文中,可见至少有三位沙门遁居剡东,除了竺道潜,还有于法开,义学之外,更以医学见长。据云,于法开曾被褚皇后召进宫中为皇子治病。③ 另一位著名于当世的活跃人物便是支遁。

支遁(314—366)俗姓关,字道林,世称"林公"或"支公"。陈留(今河南开封南)人,或云河东林虑人。他出生于事佛世家。虽然为支姓,却是本土生长起来的士族高僧。永嘉之乱时,随家人迁居江南,自幼聪明秀彻,稍长隐居余杭山,研究《道行般若》等经。成帝咸康四年(338)二十五岁出家,初至京师建康,太原王濛就很看重他,赞曰:"造微之功,不减辅嗣(王弼)"。其时京中名士如云,王洽、刘恢、殷浩、许询、郗超、孙绰、桓彦表、王敬仁、何次

---

① 《高僧传》卷第四,义解一。陈寅恪《支愍度学说考》云:"康僧渊、康法畅以晋成帝世过江。成帝在位凡十七年(西历326年至342年)以咸和纪元者九年,以咸康纪年者八年。王导薨于咸康五年之七月,庾亮薨于咸康六年之正月,僧渊、法畅能与之问对,则其过江必在咸康五年以前可知。"即公元339年以前,此为不易之论。

② 参徐清祥《东晋出家士族考》,《世界宗教研究》2005年第3期。

③ 《高僧传》卷第四,义解一,于法开十。升平五年,孝宗(穆帝)有疾,开视脉知不起,不肯复入。康献后令曰:"帝小不佳,咋呼为公视脉,亘到门不前,种种辞惮。宜收付廷尉。"俄而帝崩,获免还剡石城。至哀帝时,累被诏征,乃出京讲《放光经》。凡旧学抱疑,莫不因之披释。讲竟辞还东山。

道、王文度、谢长遐、袁彦伯等,并一代名流,皆与往还交游。支遁常住白马寺,与刘系之等清谈《庄子·逍遥篇》,退而注之,群儒旧学莫不叹服。后隐剡东,与道潜为邻;又至吴(今苏州)支山(也称支硎山),立支山寺。

支遁通晓玄理,谢安闻而善之,有《与支遁书》传世,风格清雅。孙绰作《道贤论》云:"支遁、向秀,雅尚庄老。二人异时,风好玄同矣。"王羲之与谈《逍遥游》,支遁作数千言,标揭新理,才藻惊绝,请住灵嘉寺。时论以支遁"才堪经赞,而洁己拔俗,有违兼济之道。"支遁乃作《释蒙论》,述其素志。晚年移居剡之石城山,立栖光寺,出山阴(今绍兴)讲《维摩经》,将玄学清谈与佛家"都讲"制度完美结合。《高僧传》记载:"遁为法师,许询为都讲。遁通一义,众人咸谓询无以厝难;询设一难,亦谓遁不复能通。如此至竟两家不竭,凡在听者咸谓审得遁旨,回令自说得两三反便乱。"①

晋哀帝即位后,屡次派人征请支遁入京,遂止建康东安寺,讲《道行般若》,朝野钦服。郗超《与亲友书》云:"林法师神理所通,玄拔独悟,实数百年来绍明大法,令真理不绝,一人而已。"支遁淹留京师涉将三载,乃还东山。上书告辞曰:"盖沙门之义法出佛圣,雕纯反朴,绝欲归宗。游虚玄之肆,守内圣之则;佩五戒之贞,毗外王之化;谐无声之乐,以自得为和。笃慈爱之孝,蠕动无伤;衔抚恤之哀,永悼不仁。秉未兆之顺,远防宿命;挹无位之节,履亢不悔。是以哲王御南面之重,莫不钦其风尚,安其逸轨,探其顺心,略其形敬,故令历代弥新矣。"诏许其归山,并厚加资给。支遁归山后,悠游山林,以爱马养鹤为乐。"人尝有遗遁马者,遁爱而养之。时或有讥之者,遁曰:'爱其神骏,聊复畜耳'。后有饷鹤者,遁谓鹤曰:'尔冲天之物,宁为耳目之玩乎?'遂放之。"②晋太和元年(366),圆寂于石城山。

支遁尤精《道行般若》,创般若学即色义,著有《即色游玄论》,主张"即色本空"思想,为东晋般若学"六家七宗"之一。其他著述还有《释即色本无义》《道行指归》《圣不辩知论》《辩三乘论》《释蒙论》《安般经注》《本起四禅序》及《大小品对比要钞》等,均已不存。后人曾辑其所著为《支遁集》十三卷,现只

---

① 《高僧传》卷第四,义解一,支道林八。
② 《高僧传》卷第四,义解一,支道林八。支遁幼时尝与师共论物类,谓鸡卵生用未足为杀。师不能屈。师寻亡,忽见形,投卵于地,壳破鷇(雏)行,顷之俱灭。遁乃感悟,由是蔬食终身。

存二卷、补遗一卷。

支遁"领握玄标",可谓南方士大夫圈中最大的擅谈玄理佛法传道者①，出家前即与豪门士族成员王濛相交。自佛教入中国后，由汉至魏，名士罕有推重佛教者，尊敬僧人更是闻之未闻。西晋阮庾与支孝龙为友，而东晋名士崇奉林公（支遁），实属空前。此其故不在当时佛法兴隆，实则当代名僧既"理趣符《老》《庄》，风神类谈客。"而"支子特秀，领握玄标，大业冲粹，神风清萧"，故名士乐与往还也。②《世说新语·文学篇》注载支道林《逍遥论》曰：

夫逍遥者，明至人之心也。庄生建言大道，而寄指鹏鷃，鹏以营生之路旷，故失适于体外。鷃以在近而笑远，有矜伐于心内。至人乘天正而高兴，游无穷于放浪，物物而不物于物，则遥然不我得。玄感不为，不疾而速，则逍然靡不适。此所以为逍遥也。

此文不但释《庄》具有新义，并实写清谈家之心胸，曲尽其妙。当时名士读此，心心相印，故群加激扬。今日三复斯文，支公之气宇，及当世称赏之故，从可知矣。

东晋士大夫既重玄学清谈，叹佛理深微；又强调佛教在道德教化方面的价值。如果说前者满足了士大夫哲学玄思的追求，后者却为他们提供了新的治世的理论工具，准确地说，是治心之道。这两方面佛教义理的开展，在一定意义上是佛教中国化传播进程中与我国传统的道家玄学和儒家思想砥砺磨合的结果。

郗超是支道林俗家追随者中比较出色的一位，也是东晋士大夫中唯一写有相当数量佛学著作的信徒，其中一篇《奉法要》保存在《弘明集》卷十三，极有文献价值。此中哲理性成分并不多见，而主要阐述佛教的慈悲、谦恭和清净等有助于敦化世俗、淳厚气质的作用。东晋另一个主要欣赏佛教道德教化作用的是袁宏，他也是支遁的在俗朋友。作为著名的史学家，袁宏写有《后汉纪》涉及佛教，认为"其教以修善慈心为主"，"贵行善修道，以练精神"。

佛教移风易俗的道德教化功能，在玄佛清谈昌盛之际没有引起足够的重视，然而它却是佛教传播深入我国传统文化主流儒学之核心，并为当时社

---

① 许理和著，李四龙、裴勇等译：《佛教征服中国》，南京：江苏人民出版社，1998 年版，第 11 页。

② 释僧祐《弘明集·日烛》中语。

会所接受的一个至关重要的因素。其时京师多名士名僧,而京师之外,则还有不少高僧大德,潜行光辉,精神高洁,至德感人,为佛教在中国的传播与发展作出了卓绝的贡献。且不说东晋初竺道潜、支道林在炙手可热之际,匿迹京师远遁剡东山林;东晋中后期庐山之慧远虽影不出山,迹不入尘,却无疑也是方外高士,不啻写出了《明报应论》《三报论》等著名篇章以回应时贤对佛教的"五横"之非议;写出了《沙门不敬王者论》抗礼帝王与重臣,为僧伽争人格,为佛法作辩护。更难能可贵的是,在名僧轰动的时代,潜遁山林,不入都邑;在朝廷僧尼引起攻难之际,以清风邵德作佛教的砥柱中流。竺道潜、支遁、慧远等渡江高僧,在东晋时代分别创建了都城建康、江南会稽及江右庐山几大佛教文化传播中心,他们都无愧是开创佛教中国化征程的领军人物。

作为人类一种存在方式的虚拟

——对虚拟的哲学思考

朱　珊*

随着信息技术的急剧发展和计算机的大规模普及,虚拟或虚拟实在(Virtual Reality)越来越成为人类关心的问题。人们感觉到虚拟实在正在引发人类存在方式的变革,并习惯从技术的角度描述这种变革的进程和结果。但是,这种描述并未触及虚拟的本质及其与人类存在之间的关系,而在哲学的追问中这才是至关重要的。本文认为,虚拟不只是电子信息技术建构的人机界面:作为一种特有的文化现象,它表征人类"自我存在"的冲动和能力,是人类克服存在焦虑、确证自我在世界中的位置并实现自由的一种手段和方式。

一、虚拟是人类独有的文化实践

如果虚拟实在是虚拟的高级形式,那么这种高级形式应该更真实和清晰地展示虚拟的本质。因此,多数学者均从虚拟实在来追问虚拟的本质。一般意义上,虚拟实在是一种人机界面,在形式上它直接表现为工具。例如在科学研究中,它是创新的工具;在日常生活中,它是交往的工具。但是,如果就此停留在工具论和技术视角中,我们将遗漏更重要的东西:借由模拟(或仿真)技术创造的那些"实在",它们到底是自然科学视角中的物质实在,还是像文学或艺术创造物那样的"人工自然"。这个问题并不容易回答。在20世纪的哲学追问中,包括波普尔的世界3理论在内的许多探索,都试图以

---

* **朱珊**,1969 年 4 月生,1991 年 5 月至 2012 年 2 月在哲学研究所工作。

自然科学或宽泛的知识为例给出一种答案。其实,这种思路引起的问题恐怕比它提供的答案要重要许多,因为人们往往摆脱不了这样一种看法:包括虚拟实在在内的许多问题只是一种技术的故事。

从虚拟实在出发,我们必须承认,"数码化不仅增加了我们能够完成的任务,而且增加了我们幻想自己有能力完成的任务"。① 在这里,焦点并不是数码"实在"的丰富性;作为一种结果,它源自虚拟实在实践。因为,正是通过虚拟实在我们发现,这种虚拟之"仿真"并非自然的复制,而是正如网络社区等形式所表明的那样,它是主体的某种投射。20 世纪的科学主义和人本主义哲学分别从科学和乌托邦角度证明,人类通过技术方式和想象方式创造着世界。实际上,虚拟实在正是这种创造的高级形式。它通过创造以直接感知和互动(人机之间以及主体之间)的形式拓展人类的存在本身。实际上,麦克卢汉在其对媒介的理解中直接提出了这个问题。在他看来,媒介是人的延伸"一切媒介的存在都给我们的生活赋予人为的知觉和任意的价值"②。

沿着麦克卢汉的问题继续追问,我们发现:虚拟实在作为一种高级形式,实际上不是一个突然事件,而是人类持续虚拟实践的结果。历史地看,虚拟正是通过文学、艺术、科学等可感知的非实在形式,确证并拓展了人的存在。它是文化塑造人类存在事实的实践的一种方式,这种方式既代表着人类追逐梦想的能力,又体现了人类追问世界本身的能力。

在每种虚拟中,人类暂时摆脱原有角色"我"可以成为任何人,任何人也可以替代"我"在现实中的角色;"我"尝试进入新的角色并履行新角色赋予的责任与义务,使"我"在虚拟世界中呈现出另外一种生存方式。虚拟并不局限于数码空间传达出的技术变革,它向人昭示的是一种文化实践。虚拟通过文学艺术甚至是游戏等多种文化形态完成历史和文化的传承,并体现人的创造性与超现实性。

事实上,游戏虽然不是人所固有的行为方式,但游戏一旦有了虚拟的成分,就显示出人与其他动物的差别。文化学家赫伊津哈对游戏有过精辟的

---

① 莱文森:《数字麦克卢汉:信息化新纪元指南》,社会科学文献出版社,2001 年,第243 页。

② 麦克卢汉:《理解媒介》,商务印书馆,2000 年,第 250 页。

研究与分析："在游戏中，有某种超出了生活直接需要并将意义赋予行为的东西'在运作'。一切游戏都意指着这种东西。"①这种看法与认为虚拟是对原先约定俗成的能指和所指的颠覆与重构、是对能指和所指的关系的多重选择的看法如出一辙：其一，虚拟与游戏都是在一个对象中预先确定的东西，它自身内部具备了一切可以使之实现的基本条件。虽然从外部看不到这些条件，但它们与可能性或潜在性相关；与现实性相对，它们体现出一种超现实与非日常性。其二，虚拟和游戏活动都是自觉自愿的，在实践中呈现出"我的地盘我做主"的自由态势，有很大的自主性。虚拟和游戏中的即时情境超越以自我世界为先决条件和发散点，为人提供了一个向另外世界"游移"的开放的出口；在这种行为模式中，一个人既将自己看成主体，又将自己看成客体，思维超越了具体实际的生活领域。

因此"不管哪一种虚拟，都是人类文化所必需的。科学、历史、艺术等等都会由于虚拟而显示出自身的深度和真实性"，"没有虚拟，就没有科学、历史、艺术的真实，也就是没有文化"②。从这个意义上说，人类文化形态承载着虚拟。虚拟贯穿人类文明发展的始终，渗透于生活的方方面面，是我们生活的一部分，是人类独有的文化实践。

二、虚拟对焦虑的克服

虚拟之所以成为人类所独有的文化实践，就在于它是对人类文化心理中的焦虑的一种克服。存在主义认为：首先，人是被抛入这个世界的，并且永远不能脱离这个环境；其次，人的存在与世界的存在是偶然的，并不存在事先规定人们生活的必然性；再，意识是虚无的，物质又是混沌的，它们只是在意识成为某物的意识时才有某种规定性。因此，人类时常会产生绝望、焦虑、孤独的心理体验，这是人类基本的生存状态。科学技术的日新月异、工具理性与价值理性的失衡则使人类对世界产生了前所未有的困惑。尤其在当下网络时代，信息的内爆使人的概念变得异常混乱和难以理解，全球一体

---

① 赫伊津哈：《人：游戏者——对文化中游戏因素的研究》，贵州人民出版社，1998 年，第 1 页。

② 张世英：《现实·真实·虚拟》，载《江海学刊》2003 年第 1 期。

化将时间和空间以最大可能的形式加以压缩,社会的隔离感和孤独感使人们强烈意识到自身的存在成为一种被压抑的存在,一种放弃了自我意识的存在。

然而,人类又是幸运的。罗洛·梅提醒人类:"自我并不是你扮演的各种角色的总和,而是你知道你就是那个正在扮演这些角色的人这种能力。"①这种能力就是一种反思的能力,一种把自我从现状抽身出来以客观视角来审视事件的能力。自我意识从自我存在中暂时脱离并凸显出来,这就是虚拟的能动所在。罗洛·梅转述戈尔德斯坦的话:"正常人类的独特能力恰恰就是这种抽象的能力、运用符号的能力、调整自己超越特定时间和空间之即时限制的能力、根据'可能'进行思维的能力。"②这几种能力正是虚拟所带给人类的福祉。虚拟以其特有的思维方式渗透到我们的社会活动和文化形式之中,它的客观实在让人类看到自身的主观、能动与希望。

为了克服对自然与社会的焦虑,人类借助意象和故事对自身和自然界中的事物与现象加以虚拟,创造出神话。为了克服人类在认识上的局限性,人类用虚拟的方式在宗教或巫术的仪式中试图创造奇迹,用精神能力去突破自身的局限。虚拟中事物的非现实性是对经验世界的否定,但其中包含了建立"一个新天堂和尘世"的希望与信念;它大胆超越了人类有限存在的时空界限,这一点暗合了宗教产生的契机。尤其是虚拟实在的运用使人类拓展属于自己的空间,克服空间被技术和全球化压缩后人与人之间的焦虑感。虚拟实在使他人和我通过我使用的机器发生关系,一切在我的"注视"下,我有了操纵和控制的能动性,别人变成了为我的存在而存在,反之亦然。

虚拟通过符号化了的神话、宗教或文学艺术游离于现实与幻想之间,这种开放、流动的体系提供了解放与抵抗的可能性。只有在虚拟之中,这种可能性才会发生。非现实的可能性和潜在拓展人类的想象空间乃至生存空间,使生命变得丰富而多彩。正如卡西尔所说"人并没有什么抽象的本质,也没有什么一成不变的永恒的人性。人的本质是永远处在人的创作之中的。它不是既定的实体,而是一种自我创造过程。这就是利用符号创造人

---

① 罗洛·梅:《存在之发现》,中国人民大学出版社,2008年,第141页。
② 罗洛·梅:《存在之发现》,中国人民大学出版社,2008年,第157页。

类文化的过程。正是在这个过程中,人才能实现人的自我解放"①。从这个意义上说,虚拟拓展了可能性的空间,对抗一种对现实的消极默认,从而克服了人类对自然和社会以及人与人之间关系的焦虑。

三、虚拟是对自我意识存在的确认

对现象世界的焦虑和怀疑往往诱导人类判别存在与非存在、真实与虚幻以及善与恶的问题,从而开启哲学的反思。显然,在今天作为虚拟高级形式的虚拟实在中,人类"烦忙"于许多"我"与对我而言的"他者";许多小的"世界"概念成了大概念,在此相遇并组成各种各样奇妙的世界和组合,成为自我与他者得以显现的"敞开"。虚拟世界由此成了另一种在世。事实上,此在本身是一种可能性的存在,虚拟的能动性使人的存在不断超越现有存在状态而面向未来。人是一种能在,是其所不是而将是的可能存在,而人以外的其他存在者都是被规定了的现实,是已经实现了的存在。虚拟在一定时空中的开放性使人既在自身之内又在自身之外,在把自己抛向未来和把自己抛离自身的超现实性时,人才使自己感到存在的真实。虚拟实践的结果使人得以能在,进而完成对存在的确认。

西方形而上学的基本特征是对此在事物进行刨根究底,换句话说,就是用不在场的东西来解释真正在场的东西。虚拟给哲学提供了这样一种机会,即通过暂时的放弃存在(离场)来获得对存在本质的追问和确证。在场就是一定时间和空间内存在的东西,或者称此在。它是我们可以直接感受和拥有的东西,是最真实的存在形式。为了确认在世的这种存在或肯定在场,就要以某种方式否定在场(离场)来规定虚无。虚拟以某种暂时的不在场演绎一种潜在或可能性,比如虚拟网络爱情就是"我"(在场的有限者)与"他者"(不在场的有限者)在一定时间和空间的共在情感。虚拟使存在虚无化,同时它的性质决定了它并不存在,而是"被存在"。存在不可能自我虚无化,必须要有一种存在使其虚无化,而这种存在也就是它自己的虚无。焦虑和不满足往往因为事物是有限的,而事物之所以有限恰恰是人们对某种事

---

① 卡西尔:《人论》,上海译文出版社,1985年,第288页。

物做出某些规定,就像我们与我们的相遇者在社会上早已自觉与不自觉地被规定为"是什么"的事物。事实上,人类在身份认同的过程中完成自身同一物的构造过程。在身份认同过程中,人类若真正了解自己究竟"是什么",就需要离开、摆脱自身同一物领域,在一个虚拟世中重新构建主体,按照自我意识和意志来建立与他者的各种关系,获得某种经历或体验之后再重新回到现实世界,以证实自己存在的真实性,也就是借助虚拟用离场的方式使自己明确自身的在场。通过对自身和世界的虚无化,人类让自己置于这个存在物的圈子之外,使虚无成为世界上的存在,改变自己与存在的关系,从而获得暂时的独立与自由。正如萨特所说:"人的实在分泌出一种使自己独立出来的虚无,对于这种可能性,笛卡尔继斯多噶派之后,把它称作自由。"①自由既指外在的客观规律性的被认识,客体属性、结构状态的被改变,客体存在范围的外延拓展;又指主体目的性的被确证,本质力量的新增强和新充实,是实践活动的普遍必然性与主体本质力量发展的现实性在特定时空中的共生共融。虚拟把人从关系世界中解放出来,让他从关系中退身出来而回到不受制于关系的自由-自在的存在;从根本上说,就是在自己的位置上向他者敞开自己的存在。虚拟的无限自由和有限开放体系,使自由理性从对自己的自由反思中开显出来,通过创造新型关系演绎自由体系。对虚拟的觉悟就是找到人自身之所在,从根本上回到自在的自由存在:在自己的位置上操守着一切可能性,成为一种自为的存在。

　　虚拟比梦有更多的自主性:如果说梦源自性本能的压抑,使人自身在被动状态下有所释放的话,那么虚拟就是缘于存在的焦虑和自由的压抑之后的一种主观能动反映。由于主体暂时退出了实体的存在而进入一个虚拟的世界,其显露由虚拟实在而衍生出了一种游离状态,而这种游离往往可以为心灵找到一个临时栖息的家园,构成从身体到心灵之间的某种联系。比如虚拟实在中漫无目的的网上冲浪、漫游和渴望放纵身心的"裸聊",以及在电子宠物饲养中释放关爱等等,虽然这些不像优秀文学艺术作品对人类精神有正确引导功用,但它们也是主体意识的一种显现,对缓解压力、排遣负面情绪有一定作用。虚拟试图超越现实自我(包括身体的限制),更好地调适

---

① 萨特:《存在与虚无》,云南人民出版社,1989年,第55页。

来自社会的各种压力与禁锢,在心灵的某个角落获得释放或解脱。有选择往往意味着要承担更多的责任,而虚拟是一种不必承担太多责任的选择模式,人们随时随地可以从中抽身而退。但是,随着虚拟实在技术的日趋成熟,虚拟向实转化的可能性大大提高,虚拟犯罪目前已列入法律界人士探究和制定相应对策的视野之中,虚拟与现实、虚拟所体现出的人类存在的本体论转移问题日益成为人们关注的焦点。

人类通过以虚拟否定现有存在的方式不断探求自身的存在,审视和反省自身的生存状况。虚拟冲破现实的阈限达到自我的狂欢,抒发一种莫名的快感,并表达自己人生的态度和价值观。然而,虚拟作为一种不真实的存在,它与虚幻、虚无、虚假、虚构在字面上有一定的相似性和同源性,它是否有悖于人类真善美的普世价值? 它是否与萨特提到的"自欺"①相关呢? 这里的"自欺"不是一般意义上的自我欺骗,也不是无意识,而是一种意识的统一。虚拟先设定一个意愿,然后进行一个"自欺"的谋划以便理解自欺掩盖下的本来面目,并引出对意识的反思。在这个虚拟营造的"自欺"环境之中,骗者和被骗者都是"我"一个人,且欺骗和被欺骗同时发生。从这个意义上说,虚拟以一种非同寻常的方式介入到了对真理的追问与探寻之中。因此,虚拟可以是一种技术形态,但它更是一种文化实践活动,是我们不可缺少的一种生存方式。虚拟通过创造、超越等实践活动认识自身,认识自我意识的存在,完成对自由的确认,而只有自由的存在才是真正意义上的人的存在。所以,虚拟是人类文化史上的一个伟大事件,它根本上意味着人类开始依靠一种自觉的精神力量来寻求自由。这种将生命从对过去的负担和对当下的焦虑中解放出来、使之充分呈现人类存在的意义的智慧,不仅在欧洲古代哲学中可以找到,而且也是东方哲学,特别是禅宗的重要特征。

(本文发表于《哲学研究》2009 年第 2 期)

---

① 萨特:《存在与虚无》,云南人民出版社,1989 年,第 81 页。

超出形而上学之外

——试论海德格尔及其德里达的形而上学批判

陆月宏[*]

一

在探讨海德格尔与德里达的形而上学批判之前,我们有必要先对形而上学作一个简要的阐述。形而上学在西方两千多年的哲学传统中一直是第一哲学,是"科学的女王",是诸科学之根。古希腊的伊奥尼亚学派与南意大利学派致力于在繁多不定的现象后面寻找某种统一的"始基",万物从中产生又复归于它的始基。巴门尼德反对毕达哥拉斯"数"的始基说和赫拉克利特"火"的始基说,认为"存在"才是万物的始基。诚如张志扬所说,巴门尼德的后来人"在逻各斯的垂直生成上采撷结晶体再横向串成逻辑范畴的体系——垂直涌流的'逻各斯'躺倒为铺陈连绵的'逻辑学'——庶几完成巴门尼德的开端,完成形而上学史的开端"[①]。苏格拉底关于伦理的一般定义的学说为柏拉图和亚里士多德对形而上学对象的确定提供了前提。柏拉图的理念论体系事实上已然是初具规模的形而上学体系。亚里士多德在《形而上学》中认为它的研究对象是"作为存在的存在"或"存在本身",是超越感性经验的对象,从而把世界二重化为现象域与本体域。在他看来,"'存在'也是'对象',必须像科学一样,用逻辑范畴去把握。哲学就是把握'本源性存

---

　* **陆月宏**,1974 年生,2000 年 6 月至今在哲学与文化研究所工作。
　① 张志扬、陈家琪:《形而上学的巴比伦塔——论语言的空间与自我的限度》,华中理工大学出版社,1994 年,第 133 页。

在'的范畴体系,于是,哲学即形而上学"。① 中世纪的经院哲学为形而上学注入了大量的神学因素,表现在众多神学家对于上帝存在的证明,表现在实在论与唯名论关于一般和个别的讨论。

简而言之,古代形而上学探讨的主要是本体论问题。近代哲学的认识论转向使得哲学分化为唯理论与经验论。唯理论逐渐沦落为独断论的形而上学,而经验论则逐渐怀疑和否定形而上学。康德哲学就是为了回应形而上学的这种危机而产生的。康德既批判独断论的形而上学,也批判经验论对形而上学的怀疑和否定。他试图在新的人类学基础上拯救形而上学,同时保留形而上学"求真"和"求善"的意义。康德把哲学思考的焦点从认识对象转向了认识主体,从对理性的批判着手来重新思考形而上学问题。在康德看来,"柏拉图之'理念'与亚里士多德之'范畴',是分属两个原则上不同的领域,前者为'本体',后者为'现象'"②。人是沟通现象世界和本体世界的桥梁,是作为"求真"领域的现象和作为"求善"领域的本体的共同基础。他认为,旧形而上学所研究的存在其实只是现象,形而上学的真正对象应该是人的道德领域。康德的形而上学以人类学为归宿,分为自然形而上学与道德形而上学。形而上学的对象不是宇宙、精神和上帝,而是人类的理性能力,是理性的纯粹原理与规律。康德通过理性陷入的四对"二律背反",确定了人类认识的界限,对作为自然倾向的理性之僭越行为做出了禁止。简言之,康德以人类学基础代替了旧形而上学的认识论基础,以实践本体论代替了以外在宇宙内容为对象的本体论;以开放的、批判的展开形式取代了旧形而上学封闭的、独断的展开形式。

但是,康德之后的费希特、谢林,尤其是黑格尔,继承和发扬了康德哲学中存在的主体辩证法因素,创造了辩证法这一新的思维方式。他们通过辩证法,重新把"求善"寓于"求真"之中,把认识存在的绝对知识看作形而上学的目的。

---

① 叶秀山:《思·史·诗》,人民出版社,1995 年,第 4 页。
② 叶秀山:《思·史·诗》,人民出版社,1995 年,第 4—5 页。

二

由于尼采在哲学史上的转折性地位，由于他把西方两千多年的形而上学称之为柏拉图主义并对之发动了猛烈的抨击。因此，对于海德格尔的形而上学批判的探讨，我们将首先从他对尼采哲学的批判入手，并借此批判一道简洁地展示出尼采对形而上学的批判。海德格尔认为，古希腊哲学的最初之物乃是 φυσιϛ[涌现、自然]，它由于拆分为生成与存在的表面对立而进入了开端。古希腊人根据出现与消逝、生成与变化、持存与延续来观照这个涌现着的在场。他们在作为持存与延续的在场中洞见到了存在。他们把变化规定为不存在者、非存在者（就像巴门尼德所说的），不过最终还是带有存在烙印的。古希腊人偏向于在场的存在，但是没有生成与变化的存在将是僵死的、无生命的存在。必须给生成以一个位置。自然而然的，生成将最终要求占有存在的位置。这是在古希腊哲学的开端中所隐含着的本质性问题。尼采哲学关于永恒轮回与强力意志的思考就运行于这个本质性问题的轨道之上。他的同一者的永恒轮回思考的就是生成着的在场状态。这显然就是对古希腊思想的一种回应。不过，这种回应方式却是非希腊的。他以非希腊的永恒轮回与强力意志来思考作为在场的持存状态的存在的本质，思考这种存在本质以永恒轮回方式封闭起来的、自我蜷缩的完成。由此使得古希腊的开端进入其终结的完成之中。海德格尔由此认为，"对于存在状态之最终筹划来说，这个关于αληθεια[无蔽]的本质意义上的真理的思想，比任何时间都更为遥远。"①在尼采这里，作为无蔽的真理"成了与存在者整体的一致性意义上的真理，以至于在这种与存在者的一致性中，是决不能听到存在的自由声音了。"②从这个角度来说，西方形而上学在尼采这里耗尽了它的一切可能性，现在，它已经无路可走了。现代人再也听不到存在的声音了。"一种对αληθεια[无蔽]的回响的最后气息正在消失。"③现在，在永恒轮回与强力意志中，在这种生成的持存化中，从表面上看，起支配作用的依然

① 海德格尔：《尼采》，孙周兴译，商务印书馆，2002 年，第 648 页。
② 海德格尔：《尼采》，孙周兴译，商务印书馆，2002 年，第 648 页。
③ 海德格尔：《尼采》，孙周兴译，商务印书馆，2002 年，第 657 页。

是原初的存在之真理,不过却是遗忘自身的作为非本质的存在之真理了。

存在的声音现代人已听不到了,本质已被扭曲成遗忘自身的非本质,一切都围绕着生命的强力旋转了。接着开始的就是按照生命强力来重新解释一切,就是所谓的"重估一切价值"。最后出现的就是无意义状态,就是虚无主义的兴起。按照海德格尔的说法就是,"无意义状态乃是存在之真理(澄明)的缺失"①。在这种所谓形而上学终结的时代中,出现的就是虚无主义、价值、世界观、主体性、超人等等。存在隐而不彰了。真正的伟大之物没落了。海德格尔认为,尼采对形而上学的批判无非就是对柏拉图主义的颠倒,无非就是针锋相对地把超感性之物判定为虚假世界,而把感性之物判定为真实世界。尼采对柏拉图主义的颠倒表现为"重估一切价值"。这种颠倒实际上是极为肤浅的。在这种颠倒之后剩下的却是"那种为它自身之故,力求达到自身而进行自身赋权的'生命'的惟一平面"②。这个惟一的平面就是尼采取消了真实世界与真假世界之后剩下来的表现为永恒轮回与强力意志的同一物。因此,我们只有站在存在之真理被遮蔽的角度上,站在形而上学终结的角度上,才能理解尼采哲学中永恒轮回与强力意志之间的关系。尼采哲学以永恒轮回与强力意志彻底耗尽了形而上学的一切可能性,彻底遮蔽了存在之真理的声音,以生命之强力为标准来解释一切,从而使现代人不得不直面虚无主义的问题,直面西方哲学的危机,并进而探讨西方世界可能的出路。

在海德格尔看来,尼采固守于强力意志这一思想的所谓洞见,把存在解说为价值,解说为作为持存者的存在者。他把虚无主义解说为最高价值的自行贬黜,把对虚无主义的克服解说为根据强力意志对以往一切价值所进行的重估。这表明,尼采并没有对古老的存在问题听而不闻,只不过他把存在解说为价值了。在这里,解说、解释显然同时也是一种遮蔽。尼采形而上学的基本思想经验是,把存在者解说为强力意志,并同时把存在者解说为以同一者的永恒轮回为存在方式的作为强力意志的存在者。存在被解说为价值,亦即被解释为作为强力意志的存在者所设定的条件。显而易见,这样一

---

① 海德格尔:《尼采》,孙周兴译,商务印书馆,2002 年,第 658 页。
② 海德格尔:《尼采》,孙周兴译,商务印书馆,2002 年,第 660 页。

来,存在并没有作为存在而存在,而是被解释为价值从而被遮蔽了。"虚无主义的本质是这样一种历史,在其中,存在本身是一无所有的。"①尼采形而上学由于遗忘并遮蔽了存在,所以就是一种本真的虚无主义。

我们现在明白了,尼采形而上学为了克服虚无主义而提出的有关"虚无主义意味着什么?"的问题,本身还是一个以虚无主义方式运行着的问题。通过价值之思,尼采根本就未能接近,更不用说进入存在史轨道上的虚无主义问题了。虚无主义乃是一种与存在相关联的历史。作为由强力意志所发动的价值之思,尼采形而上学是一种虚无主义。而进入意志形而上学的,并不只有尼采,近代史上的笛卡尔、莱布尼茨、康德、谢林与黑格尔都把存在者在根本上经验为意志。"本真的虚无主义的基础既不是强力意志的形而上学,也不是意志形而上学,而惟一地是形而上学本身。"②这句话已经令人惊讶,已经出乎人们的哲学常识,更为惊世骇俗的是这句话"形而上学作为形而上学乃是本真的虚无主义。虚无主义主义的本质作为形而上学是历史性的,柏拉图的形而上学并不比尼采的形而上学更少些虚无主义。"③这真是骇人听闻的奇谈怪论,简直就是胡说八道的海外奇谈,是不负责任的神秘玄思。乍一听到这些话,人们很容易作出这样的指责性反应。然而思想的实情就是如此,亦即西方的形而上学乃是虚无主义。思考了两千多年的思想大事,居然是虚无主义,这真是令人丧气不已。

三

让我们重温亚里士多德的古老问题:"存在者是什么?"我们不要小看了这个问题。正是这个问题规定了西方形而上学运思的思想轨道,因为我们在此追问的是存在者之为存在者。这种追问虽然从存在出发,但并没有沉思存在本身,这是由于根据形而上学根本性的问题意识与问题视域,存在已经被解说为在其存在中的存在者了。由于形而上学是根据存在来思考存在者的,所以它本质上并不沉思"存在作为存在"。在形而上学中,存在始终被

---

① 海德格尔:《尼采》,孙周兴译,商务印书馆,2002 年,第 968 页。
② 海德格尔:《尼采》,孙周兴译,商务印书馆,2002 年,第 972—973 页。
③ 海德格尔:《尼采》,孙周兴译,商务印书馆,2002 年,第 973 页。

思考为"先天性"（Apriori）。先天性的意思就是：存在先于存在者。这就表明，存在依然是从存在者角度并为着存在者而受到思考的。莱布尼茨的问题"为什么存在者存在而无倒不存在？"追问的是存在者的最高存在根据即神性。这表明，形而上学就是神学。同时，形而上学追问存在者之为存在者，这表明它也是存在学。尼采的形而上学作为存在学，把存在者之为存在者思考为强力意志；作为神学，把存在者整体本身的实存解说为同一者的永恒轮回。不过尼采的神学是一种否定神学。它的否定性表现在（道德化的）"上帝死了"这句宣言中。形而上学的存在-神学本质按照实存和本质来思考存在者。它的基本特征是超越（Transzendenz）。在存在学中，超越被表象为先验之物；在神学中，超越被表象为超验之物。在这种超越中，存在只是被以表象方式蜻蜓点水式地触及了一下而已。这就表明，"形而上学的思想没有进入存在本身，因为它已经思考了存在，即已经把存在思考为存在者——就其存在着而言的存在者"①。因此，形而上学本身就是虚无主义。

在形而上学中，存在者置身于无蔽状态，而存在本身就作为无蔽状态而现身。不过事情的关键之处在于，"无蔽状态本身作为这样一种无蔽状态依然蔽而不显。在与其本身的关联中，无蔽状态在它自身那里付诸悬缺。关键在于无蔽状态之本质的遮蔽状态。关键在于存在之为存在的遮蔽状态。存在本身付诸悬缺"②。存在就是作为这样一种悬缺本质性地现身的。就像赫拉克利特所说的："存在喜欢隐匿自身。"由于存在隐匿自身，存在者被存在离弃了。这种隐匿与离弃发生在存在者作为存在者本身进入无蔽状态之后。这种无蔽状态一发生就诞生了形而上学。有了作为无蔽状态之历史的形而上学，就出现了这存在自身的隐匿与存在者被存在离弃的状态。存在由此就遭到了忽略，遭到了遮蔽。与此相呼应，本真的虚无主义就展开了。如此一来，存在与虚无之间的亲密关系就昭然若揭了："本真的虚无主义的本质乃是在其无蔽状态之悬缺中的存在本身，这种无蔽状态作为存自身的'它'（Es）本身而存在，并且在悬缺中规定着它的'存在'（ist）。"③存在本身是作为这样一种悬缺而现身的，是与作为其悬缺的寓所一道发生出

---

① 海德格尔：《尼采》，孙周兴译，商务印书馆，2002年，第980页。
② 海德格尔：《尼采》，孙周兴译，商务印书馆，2002年，第984页。
③ 海德格尔：《尼采》，孙周兴译，商务印书馆，2002年，第987页。

来的。

什么是思想？思想乃是听命于存在的对存在的倾听与应答。"作为与存在的关系，无论是与存在者之为存在者的关系还是与存在本身的关系，在存在之场所的敞开域中的绽出的内立就是思想的本质。"①但是在形而上学与虚无主义的时代中，在主体形而上学与强力意志形而上学的时代中，思想却遭到了遮蔽、却遭到了遗忘。在尼采的价值之思中，存在之悬缺被顽固地在其悬缺中伪装起来，甚至这种伪装行为也一并遭到了遗忘。因此，按照虚无主义的本质来考察，尼采的价值之思对虚无主义的克服无非就是对虚无主义的完成。虚无主义的本质就是存在本身的悬缺。虚无主义的本真性在尼采的价值之思中处于非本真的形态中，因为这种非本真性完成了对存在之悬缺的忽略，甚至一并把这种忽略也遗忘了。在此，这种价值之思的形而上学或者说虚无主义完全地关注于存在者之为存在者，而没有也不可能沉思存在。可见，对存在之悬缺的忽略是通过把存在解说为价值的强力意志形而上学这一形态呈示出来的。"虚无主义——即存在本身是一无所有的——对形而上学思想来说始终而且仅仅意味着：存在者之为存在者是一无所有的。形而上学因此就锁闭了自己通向对虚无主义之本质的经验的道路。"②形而上学的本质就在于忽略存在之悬缺并且不参与这种悬缺。

由此可见，克服并不是正确的道路。那么什么是正确的道路呢？重要的是人要学会对存在的敬畏，学会对存在的倾听与应答。人对存在的正确态度不是主体性地表象，不是主体性地崇拜一个作为存在者最高根据的神，而是要虚怀若谷地让出位置，让存在发生出来，在让存在中作存在的看护者与觉悟者。因为"人的本质乃是存在为自己提供出来的寓所，为的是它自身作为无蔽状态之到达而进入这样一个寓所之中"③。这样的一个从充满形而上学主体性的现代人中脱胎换骨出来的新人，才有可能去亲近与倾听存在，才有可能思考存在之悬缺，从而才可能摆脱形而上学与虚无主义的纠缠。正确的道路就直面之思（Entgegendenken）。这种直面之思首先将认识到存在的自身隐匿，认识到存在就是要求人作为其到达之寓所的关联。直面之

① 海德格尔：《尼采》，孙周兴译，商务印书馆，2002年，第990页。
② 海德格尔：《尼采》，孙周兴译，商务印书馆，2002年，第993页。
③ 海德格尔：《尼采》，孙周兴译，商务印书馆，2002年，第997页。

思思考存在之悬缺，能够领悟到存在之悬缺着的允诺。"从其本质并且着眼于其本真性来看，虚无主义就是在其无蔽状态中的存在的允诺，而且存在作为这种允诺恰恰遮蔽自身，同时在悬缺中促动对它自己的忽略。"①虚无主义本质中的非本真性就是那种对存在之悬缺忽略的历史，就是允诺遭到遮蔽的历史。在这种非本真性中发生的就是允诺之神秘。具体地说，"按其本质来看有所保存地遮蔽着、同时在它这种本质中保持自身遮蔽并且因此完全遮蔽着、但仍然以某种方式显现出来的东西，本身乃是我们所谓的神秘（Geheimnis）"②。

尼采的追问一开始就搞错了。他的错误就在于把存在解说为价值，就在于在追问存在者的存在根据时遗忘了存在本身，甚至一并遗忘了这个遗忘。它在彻底自信的同时彻底盲目了。这就是形而上学或者说虚无主义的一种顽冥自闭的表现。这种追问一开始就把自己置于无望无路之境。它的真实表现就是对存在之悬缺的现实忽略。在尼采以强力意志为根据的价值之思中，主体性形而上学不假思索地忽略与遮蔽了存在，以至于它几乎不再认为自己是形而上学，甚至盲目地认为自己是对一切形而上学的摆脱。围绕着形而上学的斗争，不管是颠倒还是捍卫，都表现为对存在之悬缺的忽略活动。围绕虚无主义的斗争，则是在虚无主义的非本质区域里进行的。在形而上学场所内是克服不了虚无主义的，即使对形而上学进行颠倒也是克服不了的。对待虚无主义的正确方式乃是直面存在本身之悬缺，并在这种直面中进行沉思。唯有这种直面之思才使人得以经验虚无主义的本质。

四

在海德格尔看来，形而上学虽然自称以存在作为对象，但实际上却一直把它遗忘了。形而上学的本质性表现就是对存在的遗忘。这种对存在的遗忘始于柏拉图而终结于尼采。形而上学对存在的遗忘问题并不只是一个哲学家的玄思问题，并不只是一个飘浮于现实之外的与人不相关的问题，而是

---

① 海德格尔：《尼采》，孙周兴译，商务印书馆，2002 年，第 1001 页。
② 海德格尔：《尼采》，孙周兴译，商务印书馆，2002 年，第 1001 页。

一个与现代科学技术密切相关的问题,甚至是与整个人类所面临的最重要问题即生态危机和大规模杀伤性武器息息相关的问题。事实上,这乃是问题之问题,关键之关键。形而上学是现代科学技术的根。正是形而上学对同一律与根据律的促动,发展了现代科学技术。形而上学是人类遭受的一种命运。它产生于存在的一种把存在作为存在者来领会的到时方式中。这种把存在领会为持存的在场者的到时方式决定了西方历史此在的命运,甚至决定了当今人类此在的命运。形而上学通过现代科学技术越来越深刻地规定了人类此在的本质与命运。作为人类的命运,我们无法通过简单的拒绝或抛弃来克服与超出形而上学。为了克服与超出形而上学,我们首先要做的就必须是本质性地经受存在之遗忘。海德格尔在《存在与时间》中所做的就是以存在问题为线索,从时间性出发来拆解形而上学传统,从这种拆解中获得本源性的经验。他要求我们在存在本源处经受存在之遗忘,把追问存在却又遗忘存在的形而上学经验为本源存在的一种以遗忘方式到时的可能性。

支配着和推动着形而上学的秘密乃是根据律。形而上学对于"为什么"的追问的隐蔽前提乃是根据律,亦即一切存在者都是有根据的。形而上学在根本上追问的乃是一切根据之根据,亦即存在者之为存在者的根据。追问的乃是存在者的最高根据或者说最终根据。正是在这里,形而上学对存在的遗忘鲜明无遗地暴露了出来,因为形而上学表明自身在追问的是存在者而不是存在本身。在这种追问中,存在被作为持存的在场而处身于与根据的某种关联中。而持存的在场又被不假思索地确定为最高和最终的存在者。在莱布尼茨对根据律的公开表明中,根据律为存在者寻找根据的活动表现为向主体解释存在者,或者说对存在者进行计算性说明。这种对存在者的计算性说明从属于表象活动。莱布尼茨的揭示表明根据律说的是,一切存在者为表象活动所联结,同样,人也受表象思维的支配。整个近代哲学把人理解为进行表象活动的主体。这种理解表明了人受到了根据律更加隐蔽更加深刻的支配。人类甚至在这种支配中遗忘了这种支配,在自认为主体的狂妄中更加猛烈地进行不断的表象活动,其最直接最丰富最本质性的表现就是现代科学技术。形而上学通过根据律隐蔽而深刻地主宰了现代人的命运。

不过事物的辩证法在于：危险之处方有拯救，面对危险才可能有转机的可能性。一味地指责与抱怨形而上学与科学技术并扭身遁入神秘主义，或者一味地屈从于形而上学与科学技术从而逃避批判与沉思的责任，都是于事无补的。重要的是要直面这种危险的局面，从这种危局中倾听出存在的呼求。海德格尔一反形而上学两千多年来对根据律的传统解读，对根据律作出了别出心裁却又充满深刻创造性的解读。他反对把根据律解读为存在者命题，而是把它解读为存在命题，亦即把根据思考为存在，把存在思考为根据，并是一步把存在沉思为存在本身而不是存在者的存在。海德格尔的解读使根据律说出了根据归属于存在、存在与根据相互归属于"一"的话语。存在作为根据本身确立着根据，存在就是根据。由此，我们就必须从"为什么"的形而上学追问中返回而止身于"因为（Weil）"。在此，"因为"指的不是与所以相对的连词因为，而是指"在此期间（dieweilen）"，同时还意味着持续、持守于和止身于自身等等。而"持续、持守"就是"存在"的古老含义。正如张祥龙先生所说的"意识如流，越是混浊之流便越是湍急泛滥，一发向外而不可收。意识专注一处相当于意识回流到自身，牵挂于各类对象与关系的意识和虚假的自我意识便无势可依而渐趋宁息，意识本身的现成态便失去动力，从而导致意识构成态的出现。"①汲汲于追问"为什么"的形而上学就相当于混浊的意识流，只知向外而不知持守于自身。回流到自身的意识就相当于持守于自身的存在，作为构成态的存在。这种作为持续与持守的"因为"既是存在又是根据。正是作为"因为"，存在才作为自身而存在。存在与此在的关系是这样的：存在以呼求此在的方式自我遣送给此在。作为时间性的本真到时的此在乃是存在的自我遣送。因此，此在只有倾听存在的呼声并接受存在的自我遣送，才能获得自身并持守于自身。存在与此在之间的遣送与接受被称之为"缘构发生（Ereignis）"。此在是作为终有一死者与会死者的人，通过觉悟着死亡而存在。在会死者的回应中出场的存在就是根据本身。作为存在原则的根据律表明，存在就是根据，是没有根据的根据。它向此在传达出了存在的呼求，呼求此在敞开自身并回应与归属于存在。形而上学之所以产生的原因就在于此在错误地倾听与回应了存在的呼

---

① 张祥龙：《海德格尔思想与中国天道》，三联书店，1997 年，第 207 页。

求。之所以产生此种错误的原因就在于存在既自身敞开又自身隐匿的命运特征。因此,形而上学的命运就在于既追问存在又遮蔽存在。产生这种命运的原因与它对人所作的形而上学理解有关。形而上学对人理解肇端于苏格拉底的"认识你自己",而形成于"人是理性动物"这一定义。作为理性动物的人,表面上出于求真求善的动机而追求着真理与至善,实际上却始终在理性的迷误中围着自己打转。作为理性动物的人根本上乃是遗忘存在的人,是出离于存在的人。从近现代哲学来说,笛卡尔的"自我"、黑格尔的"绝对主体"包括尼采的"强力意志",无不隐秘地遵循着主体性原则,以自己的在场衡量一切存在者的存在。西方历史就是被这种作为存在者的人所主宰的。于是西方历史的命运就表现为对存在者价值的争夺与实行。两次世界大战无非是以极端的方式展示了人类在追夺存在者价值的过程中对存在价值的遗忘。因此,现代哲学所说的"主体之死"表明的其实就是形而上学的人的死亡。只有会死之人才会让存在作为存在自身绽出。只有会死之人才能成为存在的守护者。

简而言之,海德格尔对形而上学的克服与超出就是把作为存在者原则的根据律拆解为作为存在原则的存在与根据相互归属的根据律。而此在只有放弃作为形而上学之人的主体身价,才能学会倾听与回应存在的呼求,才能从而成为存在的守护者。

五

德里达对形而上学的批判和解构与海德格尔的思想密切相关。没有海德格尔,就不会有作为解构思想家的德里达。可以说,德里达对海德格尔思想隐蔽而深刻的师承关系,是德里达本人也以直接或间接方式公开承认的。我们从上面的论述中知道,海德格尔思想包括对形而上学的批判,大致上可以被看作向被遗忘的存在本身的返回。他在返回步伐中对传统形而上学的拆解直接激发了德里达的解构活动。但在德里达看来,海德格尔的批判与返回方式虽然是独特的,却仍然处在寻求最终本原这样的形而上学追求的支配之下,在他的思想中仍然带有形而上学的烙印与返回本原的乡愁般的渴望。从德里达的解构思想来看,海德格尔致力于拆解传统存在论的《存在与时间》依然笼罩于传统形而上学的影响之下，这是因为这本著作的全部努力就在于返回存在本身。在阐述此在的存在机制与存在意义的基础存在论中，海德格尔区分了本源与非本源。他把本源理解为本真本己性。在德里达看来，这种理解还是带有传统形而上学亦即在场形而上学的烙印。这种烙印表现为此在在存在论层次和存在者层次上的优先性。此在之所以具有优先性，在德里达看来，是因为此在对自身当下在场，使其他存在者通过它而在场。所以，此在的优先性无非就是在场的优先性。这种烙印也表现为海德格尔对存在意义的追问。因为意义本身就是当前的、在场的。这种烙印还表现为海德格尔对"本源时间"与"流俗时间"的划分。这种划分还是形而上学式的。最重要的是，《存在与时间》本身就建立在本真性、本己性的优先性的不言自明的前提之上。

正如海德格尔对尼采价值之思的拆解一样，德里达对海德格尔的存在之思的解构是为了更深刻地批判与超出传统形而上学，更深入地拆解存在论传统。海德格尔在《存在与时间》中对亚里士多德的时间观进行了批判。他认为亚里士多德的时间解释支配了传统形而上学的时间观；这种时间解释的实质是从现在出发的流俗的时间解释。在这里，我们将不详细展开海德格尔对亚里士多德时间观的解读，而是关注德里达对亚里士多德时间观的再解读。

德里达在《在场与线迹》中认为海德格尔没有认识到，在场与被铭写的踪迹可以通过一条隐秘的通道联系起来。他认为，与线迹的相涉性将同时把我们引向亚里士多德时间解释的中心与边缘。亚里士多德如是说道，时间"它的一部分已经存在过，现在已不再存在，它的另一部分有待产生，现在尚未存在。"其言下之意就是说：不存在是指现在不存在，存在是指现在存在、当前存在。因此，德里达把亚里士多德的时间解释改写为：时间是由现在组成的，还是不由现在组成的？亚里士多德一方面以现在为根据来领会时间，从而落入了海德格尔所说的流俗时间观；另一方面又认为现在本身不是时间。亚里士多德把现在规定为过去的或将来的现在，却拒绝承认它本身。也就是说，亚里士多德未曾言明地认为只有从存在向不存在的变化即过去和将来才是时间性的，而时间则被规定为时间的非时间的核、不变的形式。因此，现在不受时间影响，不变化。所谓的存在、在场被规定为了现在存在、现在在场,存在者被规定为了现在存在者。从而就产生了第三人称现在时直陈式的特权。形而上学追求的就是被理解为现在存在即在场的存在,所以形而上学必然是在场形而上学。唯有现在存在,唯有在场才是存在者的本质。这种认识一直支配着传统形而上学。亚里士多德认为"纯形式"是第一因、第一实体和最后根据的原因,就是因为只有纯形式才不受时间的影响从而永恒在场。在场、现在或当前存在才是第一因、第一实体和最后根据。对在场的欲望激发了全部的运动。由此可见,本原形而上学就是在场形而上学,就是欲望形而上学,是以在场为目的的在场目的论,所以形而上学就是"存在-神-目的-本原学"。

这只是德里达对亚里士多德时间解释解读的一方面。德里达还认为,在亚里士多德的时间解释中不仅包含着支配着传统形而上学的时间观,而且还包含着对这种支配性时间观的批判性因素。德里达认为亚里士多德时间解释中的一个不言自明的观点是:时间不从属于存在者,时间是感性的纯粹形式。在这种解读中,德里达追随了海德格尔的做法,同样援引了康德的先验想象力。正是先验想象力得以使时间逃脱现在与在场的支配。亚里士多德在规定时间与运动的关系时这样说道:"hama gar kineseôs isthanometha kai khronou"(我们一并感觉到运动和时间)。德里达就是从这个句子中表面上微不足道的小品词"hama"来解构传统形而上学的。

德里达认为海德格尔思想具有两方面。一方面从当前出发追溯作为在场之存在的更本源的思想;另一方面又质疑这种本源规定,把它思为希腊-西方-哲学的终结,。事实上,德里达对海德格尔的这种解读也表明了他自己看到了比作为在场之存在还要古老或晚到的"事情"。这种"事情"乃是对在场-不在场的绝对超出,就是德里达以踪迹之名所思考的东西。踪迹逃避被把握,踪迹抹消自身而指向他者。踪迹作为对自身的涂抹而自我产生。

可以说,海德格尔和德里达的形而上学批判表明了西方哲学、西方形而上学和西方存在论终结的命运。正如斯宾格勒《西方的没落》一样,他们两位以隐晦的方式揭示了西方文明的思考方式和生活方式在可能性上走到了尽头。如果海德格尔在对待西方的他者即东方的方式还暴露出羞羞答答的、欲迎还拒的态度,还隐隐地透露出骨子里西方中心主义或日耳曼中心主义或希腊中心主义的态度,那么在德里达那里已较为明朗地表现出对东方的开放和对话态度。事实上,各种考古学、考据和语言研究等等已表明西方文明的两大来源中的希伯来传统不仅来自广义上的东方,而且受到了东方的强烈影响,甚至作为另一大来源的古希腊文明也受到了东方的深刻影响。相较而言,东方文化包括印度文化和中国文化在对宇宙人生真谛的沉思上具有极其深邃博大宏阔的性质。如果说西方传统所思考的存在者甚至存在偏向于物,那么东方传统沉思的则是无比深邃的必须以身亲证的心,这个心是人之心、天地之心,甚至可以是物之心。因为东方传统中最深邃的圣哲向来认为心物一元,而非像西方传统那样总是心物二元。德里达所谓的"事情""绝对超出"和他者,某种意义上可以说就是对东方的呼唤。西方物的文明、向外支配型的文明,割裂所谓此岸和彼岸其实就是割裂物和心的文明已经穷尽了其可能性,如果再不断然转身,那么在其根据律支配下所制造出来的各种各样高科技产品,包括大规模杀伤性武器,真有可能强行结束其文明。真正的上帝、真正的绝对他者、真正的超越者,也就是天地万物的本源和创造者,恐怕不是西方存在者和存在类型的文明所能轻易接近的,不如说,这种类型的文明对那个上帝的呼唤愈是迫切愈是焦虑,就愈可能只会产生陀思妥耶夫斯基的宗教大法官所说的那种宰制型文明。重要的是学会敬畏,学会恰当的沉默与警觉,学会虚怀若谷的谦卑与聆听。事实上,真正伟大的思想和信仰总是在思想和信仰那唯一者,那绝对的他者,那彼一,那太一,那最终不可言说者。

（本文曾以《海德格尔及德里达对形而上学的批判》为题发表于《学海》2009 年第 6 期,收入本论文集时有所修改。）

古典禅：它的问题与方法

蒋海怒[*]

基于"现代学术"立场可以看出，近百年禅史研究确实呈现为某种"全球化"研究场域里的"新学问"，是一个层层推进的学术典范。随着围绕着初期禅史的传承、文献和思想的探讨日益深入和成熟，和胡适、柳田圣山以及他们的后继者的努力，学界对从菩提达摩到神会为止的相关问题，逐渐形成了一些稳定的看法。初期禅史的重要相关问题业已在学术视野里塑造了它的整体框架。初期禅的发展轨迹，也已经被较为清晰地勾勒出来，禅史研究者的视野正不断向古典禅趋近。此即是说，古典禅是最近一段时期内，并将延伸至未来的禅史研究重要关节点。

然而，古典禅的研究距离初期禅探讨的那种成熟度还有相当长远的距离。这种不充分体现在如下一些方面。首先，对"古典禅"这个概念内涵和时间段的界定及使用，尚没有取得一致的公认；其次，该领域内的材料真实度和重要性，出现了一些差距甚远甚至互相背离的观点；此外，对于古典禅所反映出来的中唐至五代的思想史，在基本方法、思想和问题意识上，相关研究也相当地不充分。古典禅的整体状貌，远未到下结论的时候。因此，我们在把握具体细节前，最好首先从框架上展开思考。

* **蒋海怒**，1975年生，1999年8月至2004年4月在哲学与文化研究所工作。本文是国家社科基金年度项目"近百年域外禅宗史学研究"（批准号：21BZJ005）阶段性成果，曾以《古典禅里的材料与理解》为名，发表于"Chan·Zen·Seon：禅的形成及其在世界的展开国际学术会议"（武汉大学，2018年5月4日），后刊发于《东方哲学与文化》（2019年第一辑，中国社会科学出版社）。本文是上述论文的修改版本。

一、概念界说及时代

围绕着古典禅概念的探讨首先涉及它的时代上下限。目前较为一致的意见是将马祖禅门的出现作为开始时代,与这个时间点相对应的是将"马祖"视为古典禅,甚至中国禅宗创始人这种立场,这种看法以柳田圣山为代表①。与上述看法相差不大的是将神会时代的结束作为古典禅的起点,这也是国际学界的一个普遍看法。就国内禅学界而言,许多学者也将宗密的《禅源诸诠集都序》的出现作为初期禅的结束点,而古典禅在此之后展开。"古典禅"的下限大致被划到宋初,即"五家"的谱系完成之时。与此相关的是,有的学者将《祖堂集》的撰作时间(952 年)作为终点,或将其推至《景德录》的上进朝廷的时间(1004 年)②。总的来看,一般认为中唐至宋初是古典禅时期。如果从政治事件的角度来衡定,Classical Chan 大致对应于安史之乱到北宋初年这个时间段。

古典禅概念的定名则莫衷一是。在相当长时间内,汉语学界大多是沿袭传统的称呼,或稍加变革。前者,如在禅宗内部,最一般的称呼是"洪州禅""分灯禅""五家禅"之类。后者一般是研究者根据自己的理解而给予重新确认,例如"诸家竞起与分立"③"禅门五宗时期"等。④

日本学者往往根据自己对禅史阶段的理解予以全新的命名,这一点与汉语学界不同。例如,忽滑谷快天这段时间称为"禅机时代"⑤,伊吹敦等也基于自己理解给出名称⑥。在这些不同称呼中,还要算柳田圣山的见解最具

---

① 柳田圣山:《马祖禅の诸问题》,收入《禅佛教の研究》,法藏馆,1999 年,第 381 页。

② Urs App,将古典禅时期推迟至景德传灯录出现的时间点 1004. 见 The Making of a Chan Record: Reflections on the History of the Rrecords of Yunmen 雲門廣錄。禅文化研究所编,禅文化研究所紀要,1991.1.1 vol. 17 京都 p.2

③ 杜继文、魏道儒:《中国禅宗通史》,江苏古籍出版社,1993;江苏人民出版社,2007 年 增补版。

④ 杨曾文:《唐五代禅宗史》,中国社会科学出版社,1999 年。

⑤ 忽滑谷快天:《中国禅学思想史》,朱谦之译,大象出版社,2017 年。

⑥ 伊吹敦提出了一个有趣的概念:"百家争鸣"。参见氏著《禅的历史》第三章,张文良译,国际文化出版公司,2016 年。

有影响力，他将这一段禅史称为"纯禅时代"。① 柳田圣山所说的"纯禅时代"有这样几个要件：九世纪、长江中游、平民化、农耕生活、行脚和机缘问答等。此种"纯禅时代"的界定与柳田将马祖视为中国禅宗真正创始人的观点是分不开的。他论辩道，九世纪初期禅宗的新面貌始自马祖，他是"新人间的佛教的开山"，同时，禅宗的语录也随之产生了。简而言之，"纯禅"指的是马祖至五家时期的禅学。② 入矢义高的看法与此呼应，也认为中国禅本质上袭自马祖，马祖是盛唐向中唐转变过程中吸引力一千人以上的禅僧。③

在英语禅学界，"古典禅"概念的出现和讨论历史也并不悠久。例如吴经熊著作将这段时期称之为"禅的黄金时代"。④ 在此之后，弗格森（Andy Ferguson）的界定具有较大的影响力，他在《禅的中国传统》里将这段时间称为"古典禅"时期。⑤ 正如海因（Steven Heine）在序言中所言，该书最重要的功绩是将历代禅师划分为三个时期：传说时代（Legendary，480 - 755）、古典禅时代 755—950 从中唐到宋初 文字禅时代（Literary ）。

禅史的英文书写中，马克瑞对古典禅概念的研究是迄今为止最为深入的。他很早就发表了《中国历史书写中的革命性宗教：胡适（1891—1962）》一文。⑥ 在此之后，马克瑞又写了好几篇文章研究这个时段禅史的特点。然而在他的结论性著作《透视禅学》里，马克瑞最终摆脱"古典禅"概念，提出了一个全新的"中期禅"（Middle Chan）概念。与此同时，马克瑞提出了禅史发展的四阶段说，这就是原型禅（Proto-Chan）、初期禅（Early Chan）、中期禅

---

① 柳田圣山：《純禅の時代—祖堂集ものがたり》，禅文化研究所编，1984 年。不同的是，忽滑谷快天将过达磨至慧能的事情界定为为纯禅时代。柳田圣山解释道，这是因为忽滑谷快天当时没有看到《祖堂集》的缘故。

② 柳田圣山 梅原猛：《仏教の思想 7：無の探求「中国禅」》，角川书店，1970 年，第 208 页。也可参见《禅与中国》，毛丹青译，三联书店，1988 年，第 200 页。柳田圣山的学生马克瑞也持相同看法。在《透视禅学》里，马克瑞提到，八世纪最后几十年到十世纪中期是宗教演进的特定阶段的一种现象或一组事件，这就是马祖及其弟子的出现。

③ 入矢义高：《馬祖の語録》，禅文化研究所，1985 年。请参考序言部分。

④ John C. h. Wu, Golden Age Of Zen：Zen Masters Of The T：Zen Masters of the T'ang Dynasty，World Wisdom，2010。中译本：吴经熊：《禅学的黄金时代》，吴怡译，海南出版社，2014 年。

⑤ Andy Ferguson.，Zen's Chinese Heritage，Boston，MA：Wisdom Publications，2011.

⑥ Religion as Revolution in Chinese Historiography： HU SHIH （1891—1962 ） ON SHEN-HUI(684—758)，Cahiers d'Extrême-Asie ，2001，12：59 - 102.

(Middle Chan) 和宋禅 (Song-Dynasty Chan)。他所说的中期禅对应于 750—1000 年左右,这个时期的特色可以归结为"渎神的修辞"(blasphemous rhetoric) 和"偶像破坏的滑稽"(iconoclastic antics),其重要主题是禅匠、宗派、文献、机缘问答、系谱[家系 lineage 或 genealogy(不同于宗 school)]。精确地说,马克瑞"中期禅"概念的实际起始点是从《坛经》的出现(780)到宋初 (972)。马克瑞为何丢弃了古典禅这个概念? 按照他的解释,"古典禅"最初同时也是最重要的是指禅师们特定的行为方式:不是经由说明性的语言直接解释佛法,而是采纳了矛盾的回答、姿态或行动,甚至是棒喝这种痛苦的和令人吃惊的策略。也就是说,"古典禅"这个概念主要意指禅师的行为特色。①

笔者认为,如果遵循学界通行的标准,"古典禅"这个概念无疑获得了更多的公认,且被英语、汉语和日语禅史研究者广泛地使用,在更好的概念未出现之前,本文遵循旧例,使用"古典禅"这个概念。②

二、古典禅研究中的材料主义

考察世纪禅史研究,我们发现,严肃意义上的禅史尤其是唐代研究研究实际上是以文献为重点,以至于可以归结为"材料主义"。也就是说,禅文本的发现、整理和批评,是禅的历史尤其是唐代禅史研究的关键突破点。这种倾向最先反映在初期禅研究中,从二十世纪二十年代开始至九十年代,对敦煌禅宗文献以及少量碑铭的研究蔚为风潮。从胡适开始,初期禅研究整体就是这种"材料主义"态度。依据伊吹敦研究,初期禅研究里对文献的重视体现在:一、积极地发现和介绍学界未知的禅宗文献和有关资料;二、一个文献有种种异本的场合,由比较、校对,明确诸本之间的关系来恢复原型;三、详细地分析禅宗文献的内容,阐明其思想、撰述的动机、撰述的时期等

---

① John R. McRae, Seeing Through Zen: Encounter, Transformation, and Genealogy in Chinese Chan Buddhism, University of California Press, 2003, p.87.

② 近年来,日本学者小川隆提出了"唐代禅"概念,其范围大致等同于本文所讨论的"古典禅"。请参考小川隆: The Study of Chinese Ch'an in Japan in the Second Half of the Twentieth Century, 发表于日本东方学会主办:《亚洲学刊》(Acta Asiatica),第 112 期,东京: 2017 年。

等;四、以禅宗文献和其他文献、各种资料作比较,来明确其文献的性格、成立年代、各种文献之间的关系等等;五、根据各种文献、有关资料的内容和互相关系,再构成早期禅宗史。[①]

与初期禅形成对照的,古典禅研究的特质呈现为另一种"材料主义"。在所关涉的材料的性质和类型上,它与初期禅有诸多不同。例如,在材料类型问题上,我们逐渐形成的共识是:作为唐五代禅史的两个板块,初期禅和古典禅中的材料呈现为某种断裂状。小川隆进一步洞见到这种断层的具体表现:初期禅史研究的重点是敦煌文献,而马祖以后的禅史研究重点则是传世材料。[②] 看起来《祖堂集》是一个特例。问题是:虽然有的学者将《祖堂集》的重新面世提升到与敦煌文献同等的高度,同样是二十世纪才重新纳入学术视野的,然而这本书实际上一直保存在韩国海印寺,性质上与敦煌文献毕竟不同,也可以算作传世文献。

古典禅研究之所以是"材料主义",包括两层含义,一是将材料当作禅史研讨的重点,其二是围绕着材料的性质、类型、真伪和解读作深入详尽地探讨。该研究的"材料中心"取向,正如普慈克所判断的那样:"尽管经典禅领域已经取得了很大进展,在经典禅史研究相关领域里依然需要付出许多努力,进一步的研究包括它的起源、内容、一些重要且可以被当作历史文献的禅文本的功能,以及这些以非常明显的文学风格编织而成的文本的来源及其主要特征。"[③]普慈克提到的这些内容正是古典禅研究的旧传统所欠缺的。并且可以看出,在迄今为止唐五代禅史研究中,依旧有甚多立足于未经反省的材料基础上的研究著作。

三、材料的真实度

现代史学研究首先触及的是材料的真实度。材料的真实性是一个"自

---

① 伊吹敦:《早期禅宗史研究之回顾和展望》,王迪译,收入河北佛学研究所主办《中国禅学》,第二辑,2003 年,第 280 页。

② 小川隆:《语录的思想史》,何燕生译,复旦大学出版社,2015 年,第 28 页。

③ 普慈克:《平常心即道:洪州宗与禅佛教的发展》(Mario Poceski: Ordinary Mind as the Way: The Hongzhou School and the Growth of Chan Buddhism, Oxford University Press, 2007, p.53)

足"学术领域成立的重要条件,就古典禅而言,这也是基本性和关键性问题之一。然而正是在这一点上,古典禅研究遭遇了根本性的质疑,并在研究中面临两难处境(例如对机缘问答材料的使用)。首先,从历史客观主义角度看,古典禅材料往往缺少"自明的真实性",并且很少能得到其他传世史料来支撑。其次,正如前文所阐述的那样。古典禅所涉及的材料虽然类型广泛,但是如果要全面深入地探讨唐五代禅师们的思想,不能不以"语录"为主体,从而也更有必要以机缘问答为核心探究对象。舍此,对这一段思想史的研究似乎会带来一些问题。

我们依然要提及在这个议题上最为熟悉的"旧传统"。这些撰述或者把从古代流传到今天的宗门内部传承谱系、各种语录和公案集看成自明的真实文献,或者仅作些微的修正。这种性质的研究很少(或几乎没有)质疑传统的宗门灯史、语录乃至僧传的真实性,并依据上述材料来解说某位禅师有哪些思想。这类似于初期禅的旧研究传统中直接用《坛经》来叙述慧能思想、用《信心铭》来描述僧粲思想等做法。"旧传统"的盲点是接近完全信任传统材料的立场和真实度,并以此阐述唐朝和五代的禅宗史,乃至于中国禅宗史和佛教史。

旧传统是相当彻底的"信古"立场,与此对立的则是"疑古"的态度。李壮鹰认为,后世灯录中所载的中唐以前的禅师的机缘语,是后人根据传言或想象而补加的东西,具体而言,它们属于晚唐到五代的禅门创作。此外,宋初的《祖堂集》《景德录》等机缘语录总集"往往贵耳贱目,不考文典,只重传言,也就免不了把一些道听途说的无根之谈都收集进来,从而就造成语录的张冠李戴、以后推前的混乱,弄得禅门各代祖师、甚至佛陀本人也有俚俗的机缘语句了"。作者同时也看到机缘问答里充满了大量雷同、舛乱和矛盾的地方。他以《景德录》里所收马祖道一和南阳慧忠相关涉的言论作为分析对象,指出了这些话语记录中所出现的剽剥传言而张冠李戴的现象。他提醒禅史研究者不要把机缘语句当作信史来使用:"只要我们认真地核查一下原始材料,就会发现《祖堂集》和《景德传灯录》等书所补加的中唐以前禅师的机缘语,有很多不但不符合事实,而且恰与其原来所倡的宗旨相悖。"[①]在今

① 李壮鹰:《谈谈禅宗语录》,《北京师范大学学报》1998 年第 1 期。

天的西方学者中，其实也出现了类似的"疑古"态度。例如福克(T. Griffith Foulk)认为：产生于宋代的语录和灯史是一种宗教神话。慧能之后的唐代禅师的圣徒行传和语录仅仅存在与952年之后的文本里(《祖堂集》)，却在其同时代的敦煌文献和流传到日本的文献里找不到踪迹。① 怀特(Dales. S. Wright)继踵福克，提出了一个更为明确和激进的观点，认为使得古典禅这种寺院传统能够成立的文本是宋初编辑和印行的。因此，古典禅是被宋代禅僧们集体创造出来的不真实的神话，不存在唐五代古典禅，只存在宋代禅宗创造出来的"唐代古典禅"。②

此外，尚存在某些"弱化"的疑古观点。在对马祖语录(收集在四家语录内)的研究中，普兹克(Mario Poceski)论辩道，虽然马祖语录是在北宋时期编辑，而那时马祖圆寂已经超过三个世纪了，而我们能见到的最早版本却是晚明时期。这种很晚近的编纂印行状况也存在于四家语录的其他部分(百丈怀海、临济义玄、黄檗希运)。例如，临济义玄的语录也存在类似情况，其编纂距离临济去世已近250年了。③ 基于上述认识，普慈克提出，对语录或机缘问答类禅文本的谨慎研究应该避免两种还原主义：其一是将它们作为权威历史记录的幼稚态度，其二是仅仅把它们看作宋代禅门意识形态的产物，这种意识形态"发明"出神秘的禅宗"黄金时代"，并将其归属为马祖及其弟子辈的诱导，因此无须关注它们的创造性方面。普慈克反驳道，虽然马祖和其他禅师语录的编纂不可避免地要遭受到十一世纪禅宗背景环境的影响，实际上编者所使用的几乎所有的材料都可以在更早的文本中发现，宋代的编纂者仅仅是搜罗了他们所见及的马祖材料，似乎没有更严肃的考量，没有意图要在他们提取的文献中建立起源和历史的精确性。④

普慈克还提及，学界往往马祖、他的弟子辈以及其他的古典禅传统归结

① T. Griffith Foulk, "Myth, Ritual, and Monastic Practice in Sung Ch'an Buddhism," in Patricia Buckley Ebrey and Peter N. Gregory, eds., Religion and Society in T'ang and Sung China(Honolulu: University of Hawai'i Press, 1992), pp. 149－150.

② Dale S. Wright., The Discourse of Awakening: Rhetorical Practice in Classical Ch'an Buddhism, Journal of the American Academy of Religion, Vol. 61, No. 1, pp. 23－40.

③ 一般认为，《传心法要》《宛陵录》《百丈广录》的编辑时间则早许多。

④ Mario Poceski: Ordinary Mind as the Way: The Hongzhou School and the Growth of Chan Buddhism, Oxford University Press, 2007, p. 57.

为机缘问答的产物。这种对洪州宗的教义、实践和制度流行的误解来自如下事实:对唐代禅门的研究过分重视了这些"可疑的对话",而它们只能在较后的禅文献层里找到,由此掩盖或忽视了那些与古典禅缺少本质上联系的早期文本。实际上,机缘问答与唐代禅学或洪州宗无关,而是属于宋代及此后的时期宗教史。然而,这并不意味着机缘问答对于理解禅的历史演毫无价值:对于理解它们产生的宗教和社会背景,以及把它们传播和使用的后期传统而言,机缘问答有巨大的价值。普慈克所思考的议题是建立某种可信的标准,在辨析出那些对于理解宋禅的社会宗教背景而言更有用的材料之外,区分出关于唐代禅的叙述成分。①

可以看出,虽然语录是古典禅的主体文献,而机缘问答则是其中的核心部分。然而,忌惮于语录或机缘问答的不可证明性(基本找不到唐五代其他史料支撑它们),出现了某种避开语录(尤其是机缘问答)的研究倾向,并产生出"清晰区分材料真伪"的"文献学考证"的理想。普慈克是如此做的,贾晋华的古典禅研究所实施方法则是"将原始的或相对可靠的、大致可系年的禅文献与后来修饰增补的层面逐一剥离开来"。② 作者的视野所认同的"真实"文献有三组:传世的或新近出土的碑文资料,例如《宋高僧传》所采集的唐代禅师碑铭、《唐代墓志汇编》等石刻文献中所关涉唐代禅师的碑文、唐代新罗、高丽弟子撰写的碑文。第二组是佛藏中"比较可靠的",可以大致系年的文献资料,例如将宗密《禅源》、日本访唐僧撰述,以及黄檗希运《传心法要》当作"标准文本"。第三组相对可靠的文献是敦煌手抄本、唐代至宋初文人的诗文作品,各种正史和笔记,以及年代较早的方志等。作者相信,剥去后的编造累加的层层外壳,就可以发现较为接近"历史事实的内核",并由此顺藤摸瓜,探讨古典禅的发展史。③

就语录而言,小川隆就放弃了类似的那种寻找"考证史"意义上的"客观的历史"的努力,而追求"理念的历史"。他也认为传统的五家的禅宗史观与其说是客观历史的记录,毋宁可被认为是"基于后代的认识,追根溯源,被重

---

① Mario Poceski: Ordinary Mind as the Way: The Hongzhou School and the Growth of Chan Buddhism, Oxford University Press, 2007, p. 75.

② 贾晋华:《古典禅研究》,上海人民出版社,2013 年,第 3 页。

③ 贾晋华:《古典禅研究》,上海人民出版社,2013 年,第 7 页。

新建构的作为一种理念的历史更为恰当"。相应地,这种努力被实施到对《祖堂集》中的语录文献的解读过程中。小川隆力求还原某种唐代禅宗思想的"原貌",但这种"原貌"是唐五代禅僧们所共享的记忆,绝不是指所谓"客观的史实"。在小川隆看来,阅读禅语录的主要目的不在寻求史实材料,因为禅语录的价值并非在于当中所记载的内容是否合乎史实,而是在于它到底记载着**什么**,又**如何**传述这一点。语录思想史的价值还在于:经过不特定的大多数人所传承、所共享而带来的众多问答、逸闻的全部,无疑是历史的产物——由历史创造出来的、没有作者的作品。然而作者又认为,虚心解读语录的工作,需要抛弃"疑古学的批判性"研究立场,并进而认为,"没有比为了寻求重构史实的直接性资料去试图解读禅籍更为错误的解读了"。就《祖堂集》中的语录而言,"其中记载的每个禅者的言行是否合乎史实,依照系谱所配置的这些记录先后是否实际上就与历史的时间经纬相一致,这些问题当然不是这里要讨论的范围。这里仅仅依据《祖堂集》的如是记载,解读《祖堂集》本身的作品内容,以此来考察该系统的思想乃至精神最终作为一个什么样的内容被表述的问题"。因此,《语录的思想史》中的古典禅思想史的研究方法,可以说基本上"完全悬置"了"考证历史"或"客观历史"意义上的真实性问题。[①]

对材料真实度及其意义的更为思辨的讨论来自马克瑞。禅学研究方法论中,有著名的"马克瑞四原则",其中的第一条和第三条如下[②]:

第一条,因其非事实,反而更为重要。

禅文本内容不应该用幼稚的新闻精确性标准来评价,也就是说:"这件事确实发生过吗?"因为任何已出现的事件和言语,都将成为某种不重要的现实——它们只是发生某个想象的时刻上的少数人的行为,并将被多个世纪内成千上万卷入"禅传说"创作的人所淹没。禅文献的"神话式创作"特征显示出中国人的宗教想象力,这是一种规模巨大且内涵深刻的现象。

第三条,详尽意味着不精确。

数字、日期以及其他细节为故事提供了逼真的氛围,然而它们的累积愈

---

① 小川隆:《语录的思想史》,何燕生译,复旦大学出版社,2015 年,第 29—31 页。

② 参考 Seeing Through Zen, xix.

多,我们愈应将其视为文学修辞。尤其在禅研究里,大量细节是在一定时间距离之后的人工制品,较早时期记录的模糊性应该因其诚实而安于这种模糊。在避免参与误导性的"起源追溯"同时,我们也应迅速地将"好的资料"和"粉饰性添加物"明晰区分开来。即使在考察中古时期论辩术这一向量时,我们也应如此行事。

马克瑞这几条禅学研究原则,在笔者看来,也是延续并发展了他的老师柳田圣山的研究立场。例如在《初期禅宗史书の研究》绪言里,柳田圣山表明,灯史之类的书籍绝不只是单单记载历史事实,而是以一种宗教信仰传承的表达。在认真研究这些被虚构的每一个记录的过程中,我们反而可以对那些虚构者们的历史社会的宗教本质得到明确的了解。没有留意到语录和灯史数据的特殊性,过分地批判其荒诞无稽,或视一切为虚构,而予以摈弃;或遵循传统和信仰,无批判地肯定一切。①

笔者认为,对于"过去文献"的探究,如果我们降低"伦理的"和"史实的"偏向,"真实"和"虚假"就会展开其更深的层次。在进行如此这般思考的同时,我们所需要避免的思维之一是克制基于传统文史考证立场所追求的建立"人与材料的紧密联系"的冲动。

四、研究方法的选择

材料主义态度也体现在研究思路上。对于古典禅的探讨,具有影响力的学术主流大致可以分为三种方法:禅文献的思想史解读、禅文献的文史考证研究以及对禅文献修辞性的洞察。

禅文献的思想史解读(语录的思想史解读)是小川隆提出的方法,它意味着将具体的禅文本(尤其是语录或机缘问答)置于产生它的思想脉络和历史情境中,探究其刚出现时的思想。无疑,许多禅文本在其唐五代最初出现时的思想表达与北宋以后的理解有相当大的区别。可以看出,小川隆对思想史的理解并非我们经常使用的意涵,它似乎不是分析禅僧思想与社会的

---

① 何燕生:《柳田圣山与中国禅宗史研究》,收入河北禅学研究所主办《中国禅学》(第五卷),中国社会科学出版社,2011 年,472—473 页。

互动关系：禅师们如何在社会情境中形成了自己的思想，其思想又如何影响了社会情境。小川隆所说的思想，更多地指的是语言原始脉络中的思想。《语录的思想史》中所使用的方法，是从入矢义高创造的禅宗资料的"语言学、文献学解读"方法发展而来，同时受到柳田圣山的影响而成就的。

禅文献的文史考证研究以贾晋华为代表。我们知道，在中国学术传统里，"文史结合"基础上的文献学研究是一个渊源深厚、影响很大的研究方法。古典文献学的辨析真伪的理想在古典禅研究中的反映，就是《古典禅研究》中所表露出来的"对古典禅文献逐一展开精密的、全面的考证，清楚地甄别真伪混杂的实际情况和编造层积的时代"的努力。[①]

禅文献修辞性的洞察是英语世界的古典禅学者（以及少数汉语学界禅史研究者）更为擅长使用的方法。这种方法最早集中反映在初期禅史研究里，随着时间和兴趣的推移，在古典禅研究中也相当盛行了。对禅文献修辞性的洞察，就是挖掘禅文本的潜在话语，禅的表面叙事里往往隐藏着政治、宗派、伦理和信仰的目的，禅文本就依据这些"未说出"的意图被制造、修改、流通、编纂和论辩。福克看到，产生于宋代语录和灯史其实是某种神圣的历史，它们具有根本的文学属性，在宋代禅门中充当了论战、仪式和说教的功能。隐喻、象征、戏剧性操作、实地背景、私人间交谈和未说出的思想的逐字誊录。[②] 这一点也正如龚隽所言，就是要避免仅仅停留在文献信息的表面，而忽略这些文本本身所具有的叙事风格和内在修辞，从而很容易未经批判地接受某种宗派暗藏在文本中的诠释策略。[③] 他发现（也是这种方法的具体运用），表现在对僧传和灯录的分析上，有关禅僧传的书写，僧传和灯录都应用到各自不同的禅学理想去择选人物、组织史料，并进行不同叙事的形象构

[①]　该书是在其博士论文《洪州禅与唐代文人》(The Hongzhou School of Chan Buddhism and the Tang Literati)基础上不断增补修改而成。此后，论文的前半部分增补版由纽约州立大学出版社 2006 年出版，题为《八至十世纪洪州禅研究》(The Hongzhou School of Chan Buddhism in Eighth-through Tenth-Century China)。2010 年，该书进一步增订，将研究范围从马祖师徒为代表的洪州禅扩大为整个中唐至五代古典禅的发展历程，这就是牛津大学出版社繁体字版《古典禅研究：中唐至五代禅宗发展新探》。

[②]　T. Griffith Foulk, "Myth, Ritual, and Monastic Practice in Sung Ch'an Buddhism," in Patricia Buckley Ebrey and Peter N. Gregory, eds., Religion and Society in T'ang and Sung China(Honolulu: University of Hawai'i Press, 1992), pp. 149 - 150.

[③]　龚隽：《禅史钩沉》，三联书店，2006 年，第 330 页。

造和思想评论,这在很大程度上表示了作传者对禅师理想以及禅学传统的诠释。[1]

古典禅材料的范围非常广泛,大致包括僧传、语录、灯史等禅宗内部撰述,还包括碑铭、诗文集、笔记、日本访唐僧记录等方面。就古典禅的性质而言,最为关键和重要的则是“机缘问答”。[2] 马克瑞就认为,古典禅是以机缘问答的实践为特征。实际上,这两个概念是彻底贯通的关系,以至于可以互相替代:古典禅指的是师徒间使用机缘问答来互动的方式;机缘问答指的是古典禅的师徒间互动的独特风格。[3]

五、机缘问答的文本及其解释

下文将集中讨论机缘问答,这是最为重要的古典禅材料(语录)的核心部分。在语录里,既有传记性质的禅僧的生平记录,也有升堂说法,而其核心内容则是禅师之间以及师徒之间的问答。除了独立的各种禅师语录文本外,机缘问答还存在于《祖堂集》和《景德传灯录》这些较早的灯史文献里。笔者将首先考察“语录”这一类型的禅文本,然后再集中探讨“机缘问答”。

我们今天知道的唐五代禅师的语录大都收入《大正藏》第四十七、四十八卷,这些语录构成了禅宗文献的一大部分。传统的观点往往直接根据这些语录研究唐代禅师的思想,这其实是未经审量的做法,因为几乎所有的语录都是宋代以后编纂印行的。

关于这一类型的禅文本,赞宁首先在《宋高僧传》里提出禅门“语录”的概念,他把赵州从谂、黄檗希运等唐代僧人的说法记录称作“语录”。柳田圣山对”语录“作出了开创性探讨,他追踪“语录”来源,罗列出语录、语要、别录、别集、通集 语本、言教、广语、语 等异名。[4] 贾晋华进一步认为,《楞伽师

---

① 龚隽:《禅史钩沉》,三联书店,2006 年,第 335 页。

② 古典禅材料里反映的禅师传记和系谱系谱也非常重要,这部分内容将另撰文解决。

③ John R. McRae., Seeing Through Zen: Encounter, Transformation, and Genealogy in Chinese Chan Buddhism., University of California Press, 2003, p.78.

④ 柳田圣山:《語録の歴史—禅文献の成立史の研究》,收入《禅文献の研究》(上),法藏馆,2001 年,第 23—39 页。

资记》《传法宝纪》《宝林传》《祖堂集》这种史书也有许多诸祖的说法和问答的记录,因而也可视为语录的记载文本。例如,《景德传灯录》卷二十八所收语录集《诸方广语》的各篇,有许多与《祖堂集》文字相似的地方。此外,大量的敦煌文献包括坛经,其实也是"语录"。[①] 关于语录的起源或前文本(pre-text),伊吹敦采取了更严格的立场,只将语录追溯到那种纯粹"对话录",并且业已经过严格历史考证(考古)的文本,这就是侯莫陈琰的《顿悟真宗金刚般若修行达彼岸法门要诀》和神会的《南阳和尚问答杂征义》,并且认为只有在马祖禅这里,语录才获得了成熟的形式。[②]

语录的出现还可以从思想流变的角度来审视。印顺认为,《坛经》里的"举三科法门,动用三十六对,出没即离两边"就是将一切法看成对待的、相依而立的假名,只是启发学生去悟人的自性,这是后代禅者与人问答、开示的基本原则。[③] 佛尔(Bernard Faure)则认为,机缘问答来自如下的解释学信念:在语言的表面之下潜藏着某些需要被恢复的深刻的意涵,这种恢复是一种解释学意义上的"视域融合"(fusion of horizons)。更为重要的是,机缘问答(以及公案)的意涵具有"行事的属性"(performative nature),同时在语义的、句法的和实际的几个层面上发挥作用。[④] 龚隽论辩道,"在早期禅那里,口传心授的法流还可以说是"藉教悟宗"和"方便通经"的。""到了"经典禅"的时代,祖师们不再需要借助于会通经典来为禅的合法性辩护,他们甚至运用特殊的话语方式"。于是,新出现的"语录"权威逐渐取代了"早期禅"中所流行的"方便通经"。语录的口传方式与"早期禅"的口传不同,不仅表现在这些平常的语句中有更深秘的玄机,更重要的,是其改变了一种言谈的方式。此外,在机缘问答中,话语的意义并不能从口述的字面意义来了解,它也不是直接指向某部经典的意义。这种机缘语潜藏在言说背后的深义和洞见,必须经由具体的语境和脉络中才可能解释出来。[⑤]

与语录里的其他部分(禅师行录、说法)相比较,机缘问答受到严重的

---

① 贾晋华:《古典禅研究》,上海人民出版社,2013 年,第 80 页。

② 伊吹敦:《禅的历史》,张文良译,国际文化出版公司,2016 年,第 51—52 页。

③ 印顺:《中国禅宗史》,中华书局,2010 年,第 380 页。

④ Bernard,Faure.,Chan Insights and Oversights:An Epietemological Critique of the Chan Tradition,Princeton University Press,1993,p.212-213.

⑤ 龚隽:《禅史钩沉》,三联书店,200 年,第 303—304 页。

质疑。

前文已经介绍那种视机缘问答完全为宋人虚构或晚唐五代禅门编纂的看法,否定现存语录来自马祖及其弟子辈。此外,贾晋华通过对较为可靠的、可系年的唐代碑铭、文集、笔记等传世文献得出如下结论:从八世纪下半叶至九世纪上半叶,亦即马祖道及其弟子辈的活跃时期,机缘问答开始正式出现,并表现为师徒间机智幽默、随问反质、似非而是的临机问答和虚构的禅悟和故事两种主要形式。而直到九世纪下半叶至十世纪上半叶,亦即晚唐五代时期,机缘问答才达到其成熟形态,出现峻烈尖锐机锋、身体动作、棒喝交驰、圆相并用等猛烈禅风。作者申言,那种认为马祖及其弟子已经运用棒喝、圆相、竖拂等几乎所有形式的机缘问答,是不可靠的。进而,如果我们注意到《祖堂集》等书中收集的唐五代机缘问答的故事,杂有大量"仪式化、象征符号及超自然的、神秘的神通变化和灵怪野兽"等成分,就会明白,这些"问答"的"非实际对话""文学性修饰编造"的可能性。至于机缘问答的初期文本,《古典禅研究》将碑铭、僧传、宝林传、都序及坛经中所零星的"禅悟问答"说成是机缘问答的初始形态。① 笔者认为,似乎应该采取更为审慎的态度。上述文献中的禅门问答的材料距离机缘问答那种戏剧化的特质还有较远的距离。

马克瑞赋予机缘问答以非常重要的意义,认为它标志着禅传统进入了一个新时期,而马克瑞对于机缘问答研究最具有典范价值。② 他给出了定义机缘问答的三条标准。其一,它是在"传灯录"或"语录"文本中出现的对话,

---

① 贾晋华:《古典禅研究》,上海人民出版社,2013 年,第 81、92 页。

② 马克瑞对机缘问答的研究经历了一个历程,他先后发表了如下篇章:(1)John McRae, Encounter Dialogue and the Transformation of the Spiritual Path in Chinese Chan, in Buswell, Robert E, and Gimello, Robert M.,eds., Paths to Liberation: The Marga and Its Transformations in Buddhist Thought, Honolulu: University of Hawaii Press. (2) John McRae, Shen-hui, Ma-tsu, and the Transcription of Encounter Dialogue. 收入台湾中国文化复兴运动总会宗教研究委员会编《佛教與中國文化國際學術會議論文集》(下辑),1995 年。(3) John McRae, The Antecedents of Encounter Dialogue in Chinese Ch'an Buddhism, in Dale S. Wright, Steven Heine. ed. The Koan Texts, Oxford University Press, 2000. 亦可参考该文的中译《中国禅宗"机缘问答"的先例》,收入河北禅学研究所主办《中国禅学》第五卷,中国社会科学出版社,2011 年。(4)《透视禅学》(See Through Zen)第四章 The Riddle of Encounter Dialogue: Who, What, When, Where.

这是对机缘问答的禅文本的界定；其二，机缘问答是对可以从历史角度确定的、师徒之间实际上存在的口语对话的誊录，例如许多对话使用的是当时的方言，这也侧面证明对话的实际存在可能性；其三，禅的机缘问答避免直接的观点交流，而是以多种方式的逻辑拆离、不可理喻、非常规的宣告、姿势和身体动作的展示，甚至是侵犯性的大喝或手脚棍棒的击打为特征。①

其实在马克瑞之前，西方对机缘问答的研究并不缺乏，但往往是依托于公案研究而进行的。机缘问答的材料是宋代公案的源头，而一直以来，英语学界对公案的研究蔚为风潮。早期西方的学者们对禅公案的理解很大程度上受到 20 世纪铃木大拙传播的临济禅的影响，完全强调公案的心理学的或神秘的方面。不过，最近一些年，海因（Steven Heine）主编了基本探讨禅文本尤其是公案的论文集，对这一趋势进行了扭转。例如，《开山》（Opening a Mountain）这部论文集对公案进行类型化研究给读者留下深刻印象。该书对公案的讨论涉及"山头"、各种类型的挑战者，以及梦境、幻觉、遭遇神魔和魔兽、棍棒、手杖、拂子、袈裟、钟声等因素，同时讨论到各种类型的视觉和话语符号（例如忏悔经验等）。海因认为，公案是用反语、双关语和模棱两可语来传递信息。里面充满了谬论、矛盾、否定和双重否定，身姿手势、追问。构成了公案话语的论证特征。② 而在《公案》（The Koan）这本论文集里，作者们讨论禅公案传统的形成和发展的多种因素中的历史和解释因素。社会、政治和大众文化。揭示出西方对公案的错误理解受限于"圣徒传"（hagiographical）的或"假历史"（pseudohistorical），而不是完全"历史化的"，它所自我描述所勾勒的禅的系谱直接未中断的传承乃是经由"公案"的"使用"来进行的，并且是在临济和曹洞的对峙态势下进行的。③可以看出，这些研究其实是在公案探讨的名义下探讨的大量的机缘问答内容。

马克瑞还归纳出机缘问答的八种初始形态（先例）：禅师不由自主地响应弟子问题的形象、北宗禅的指事问义方法、八世纪文献中的禅的阐述风格、初期禅实践中入世倾向的理论基础、师徒间仪式化对话的使用、传法过

---

① John McRae，See Through Zen.，p.77.

② Steven Heine.，ed. Opening a Mountain，Oxford University Press，2002，p.6.

③ Steven Heine and Dale Wright ed.，The Koan，Oxford University Press，2000，pp.4 - 5.

程中关于奇闻趣事的对话的广泛使用、各种觉悟故事的编造、禅宗话语中系谱的结构。

马克瑞认为机缘问答有一个从口语走向文本化的过程。(1)最初的抄写(从口语向书面语转换);(2)流通评估和选择(在评估和修改基础上,机缘问答的故事被传播开去,这种情况在口头或书面传播过程中都存在,在吸引其他禅僧关注的同时,也导致了不同禅师声誉的隆盛或降低);(3)编辑修改(随着讨论的进行,尤其是机缘问答的书面文本的兴趣,编纂者和汇集者产生了如下的倾向:他们对机缘问答的文本进行修改,用以提升其可被察觉到的宗教运用程度。具有讽刺意味的是,这使得机缘问答比以往更类似于直接的口语的誊录,随着时间的流逝,这些对话更变成口语体了。这一点在临济义玄的语录上表现得非常明显。①

马克瑞告诫道,要取代那种用"非逻辑"的方式来理解机缘问答的做法,而把它们看作当时文化中的"行事性表达",即把这些行动当作徒弟们觉悟的"触媒"。当然,对于机缘问答"行事性"的思考,将使我们的研究从简单的文献史实的考证进入到一个更深的研究层次。

从某种角度看,马克瑞关于机缘问答的上述见解是在吸收他的老师柳田圣山先生的相关深入研究基础上提出来的。我们知道,柳田对初期禅史的爬梳和文献批评的成果受到国际禅史学界推崇。然而,这也在某种程度上遮蔽了柳田在经典禅研究方面的卓越的和开创性成就。例如,柳田经由对《临济录》这个禅文本的编纂前后不同版本的比较,并参照宋代临济宗对义玄禅的规范化概括,得出结论:宋人对《临济录》的修正和补充,反映出宋代临济禅的兴趣,禅格式化和规范化,意味着背离唐代临济义玄那种活泼泼的禅思想。柳田圣山这种基于文献批评学立场对机缘问答(语录)的研究,其方法、框架和结论影响深远。例如,小川隆对机缘问答的解读就深受柳田圣山的影响(当然,作者还大量吸收了入矢义高和衣川贤次的研究方法和成果)。

小川隆将自己的解读方法称为"禅文献的思想史解读"。值得探讨的是,他似乎将禅宗的本质界定为通过问答而获得启示,而非坐禅。他认为,

---

① John McRae, See Through Zen., pp. 84 - 95, 99.

相比于坐禅的修行，语录是更为重要的部分。也就是说，比自身参禅体验更为重要的是经历一次"对古典文献进行严密解读的程序"。他所说的古典文献，指的是语录文献，他所追求的解读是"一种立足于当时的语言和历史的客观性来进行解读"。①

小川隆的《语录的思想史》并非单独探究唐代禅思想史，而是以理解或批评宋代公案禅为基础面，但是由于公案语料的源头大多追溯到唐代的机缘问答，所以该书其实也在探讨机缘问答诸层面。应该区别的是，他所用的"从思想史解读语录"方法不同于我们传统上理解的从生活史实角度理解思想发生的思想史，毋宁说是"思想内部流变"的历史，并且刻意不去触碰史实性维度。在研究思路方面，该书呈现出某种"逆向的寻求"特点。作者首先意识到铃木大拙、京都学派学者及其后继者对禅的理解过分注重其非逻辑、绝对超越的一面，也就是佛教中所说的"无相""一如"（类似的概念表述有绝对的非分节、绝对的无意味性、绝对的无限者、根源性的非有限者等），并将这种禅的思维习惯追踪到日本的临济宗白隐慧鹤的阶梯形的看话禅体系，其中国来源则是以圆悟克勤和大慧宗杲主持的公案参习传统。作者认为，看话禅是宋代禅门的主流，然而看话禅对公案内容的理解其实是违背唐代祖师原始对话的精神的。

作者根据唐代禅僧们的问题意识与语言表达方法，将唐代禅问答作为一种具有意涵的活生生的对话进行解读。小川隆认为，唐代禅的问答本来是根据现实客观事物的场面，作为活生生的人的、活泼泼的语言对话而进行的，而且始终不离"自己本分事"这一主题。在唐代禅门的共同体中，共享着某些问题意识以及关于这些问题的先行问答的记忆，在这个过程中，新的问答便得到了发展。虽然每个问答看起来似乎意义不甚明了，但问答与问答之间，存在着密切的脉络。而到了宋代，问答被从相互关联之中切割开来，变成独立、孤立的一种参究的题材，而与此相应，问与答被毫无关联地当作一种非概念的片段了，被解释成一种不具意涵对应关系的"去意味的东西"，也就是宋代禅门经常提及的"活句""无义语""无理会话"。宋代禅这种理解

---

① 小川隆：《〈語録の思想史——中国禅の研究〉》，岩波书店，2011年。汉译本：《语录的思想史——解析中国禅》，何燕生译，复旦大学出版社，2015年。

方式为日本临济宗继承,并在近代发展成铃木大拙的禅思维。由于铃木大拙的巨大影响,以至于今天的日本、欧美乃至中国对禅的理解,基本上都是在错误的方向上进行,并且是违背唐代禅的精神的。

小川隆认为,与《景德录》相比,《祖堂集》中则保留了更多的禅问答的生活场景。在材料选择上,作者往往是从《祖堂集》与《景德录》《碧岩录》等宋代灯史、公案文献的对比中来探究唐代机缘问答的真义。唐代的禅是在修行当处偶然发生的一时、一次性的活泼泼的问答,然而,在宋代禅那里,先人的问答被当作大家共享的古典,作为公案被选择、编辑,以此作为题材被进行参究。唐宋禅之间的差异表现为"以肯定自己当下的基调转向求超越性大悟体验"。而对唐代禅师的每一次机缘问答,都应该具体性地对待,但是在宋代禅的"活句"说里,本来应该有具体意思的唐代禅问答,变成了没有意涵、超逻辑的活句。《景德录》等宋代禅籍记录的问答省略了唐五代时期的背景状况,使得机缘问答丧失了"生机";在《碧岩录》那里,对活句的参究被视为打破无事、带来大悟体验的重要契机,这与唐五代禅师的理解相距甚远。然而,今天人们所普遍认知的禅门思维和实践形态,其实都渊源自宋代。也就是说,宋代禅和现代禅理解业已构成密不可分的联系,并且我们往往都是使用宋代典籍和宋代禅思考来论述唐代禅者的言行和气质,从而无法恢复唐代禅者及其思想的真实面貌。

小川隆随之得出了自己对禅思想流变的总纲性批判。他认为宋代尤其是宗杲以后,看话禅已发展为中国、日本和朝鲜禅的主流,而江户时期的白隐慧鹤成功地实现了看话禅的阶梯式体系化。因此,近代日本思想家所接触的禅,乃至 20 世纪传播到欧美的 ZEN,都是这一系统的禅。我们所熟知的铃木大拙所推广的禅,乃至禅宗批判者胡适所理解的禅的方法,都是看话禅传统。根据作者的观点,我们甚至可以推导出一个相当严重的论断:唐代的禅宗精神其实在北宋以后就被"整体上"遗失了,从宋代到 20 世纪世界各国所理解和阐释的禅的精神,其实与唐代禅师们无关,是宋代禅者眼中的唐禅。无论如何,该书宏大的禅思想研究的视野将给我们带来更多的深思、吸收或批评。

最后,当我们反观学人自身,也会看到:学术往往带有研究者自身的投影。在现代学术背景下从事研究的人,都被告知要努力做"客观"的研究,这也使得我们今天的大部分学术成果里几乎看不到主体的影子。然而,那些深思远虑且独抒己见的创造性学者往往在客观的研究下,潜伏着自己对世界人生,对各种生平遭遇的理解和情感,有着各自不同的、当下的问题意识。对机缘问答的研究也是如此。何燕生通过稽考二十世纪几位重要的学人临济录研究历程发现了这一点。常盘大定、胡适和柳田圣山的都在不同时间,以不同的方式解除临济义玄的史迹、思想和文本,但是他们的研究都带有自身的价值取向和宏大叙事。常盘大定对临济的兴趣来自其对东亚佛教兴衰及由此产生的个人使命的"宏大叙事",胡适则把临济义玄假想成为古代的"反偶像"的革命先驱,并提炼出临济"困学"的禅学方法,认为临济禅的目的是要求得"知性的解放",这几乎是胡适自身形象在一个唐代人物身上的投影了;而在铃木大拙和柳田圣山那里,临济的形象变幻为一种仰望"自由"和"人性解放"的近代式理想人格了。① 实际上,这种倾向在二十世纪欧美学者那里也同样存在。

---

① 何燕生:《现代化叙事中的临济以及〈临济录〉》,收入龚隽主编《汉语佛学评论》第五辑,上海古籍出版社,2017年,第255页。

从文化记忆到人类记忆共同体：
意义生产中的道德固守

李　昕[*]

人是文化的存在。人们习惯将对过去事物的回忆称为记忆，大到人类的文化遗产和民族、国家的历史，小到一幢老旧建筑、儿时的玩具，都是人类"文化创造"和"文化存在"的有力证据。这种根植于文化的记忆被德国文化学者扬·阿斯曼称为"文化记忆"。[①] 这些记忆碎片在今天所呈现出的色彩斑斓的文化图景不仅定义了今天的"我们"，也形塑着明天的"我们"和我们的"明天"。人类的"文化存在"在过去、现在与未来的时间轴上以文化记忆的形式呈现出来。

记忆最初发生时的目的是"记住"，一旦记忆主体从单数变为复数，无论对于目的还是过程，"共享"都成为记忆延续与传承最本质的社会属性。以文化记忆为基础构建人类记忆共同体是促进人类社会健康发展，维护全人类共同利益的重要前提。但是，人类记忆的共享从来都不是理所当然、一蹴而就的。构建人类记忆共同体，应该以怎样的标准作为文化记忆选择与遗忘的底线，人类如何共享记忆，共享怎样的记忆，这些都是构建人类记忆共同体无法回避的问题。对此，国内外学者多有探讨，如以色列哲学家阿维夏

---

* **李昕**，1976 年 1 月生，2007 年 7 月至今在哲学与文化研究所工作，2021 年 11 月始任副所长。

① 文化学意义上的"文化记忆"由德国文化学者扬·阿斯曼首先提出，主要是指文化主体为构建其身份并获取身份认同所构建的一系列可以反复使用的文本系统、意象系统和仪式系统。文化记忆的相关研究打破了以往记忆研究在时间、空间上的局限，以更加广阔的视角研究社会、文化和心理间的互动。

伊·玛格利特的《记忆的伦理》①、著名学者徐贲的《人以什么理由来记忆》等均探讨了记忆中的伦理或道德问题，但这些研究多以个体记忆、集体记忆为对象，鲜少探讨文化记忆与构建人类记忆共同体之间的关系。

与个体记忆、集体记忆相比，文化记忆更能体现人的文化存在。文化记忆深植于人类的文化结构，以文化记忆构建人类记忆共同体更具稳定性和持久性，也更能体现全人类的共同利益。文化记忆在其形成的过程中，各种社会力量通过选择、遗忘和再阐释所进行的纷繁复杂的意义生产，不仅令今天的记忆与原初的记忆渐行渐远，也令今天人类记忆的共享面临道德失范的危机。正确认识文化记忆构建过程中意义生产的独特属性，勇于承担人类记忆共同体构建中的道德责任，对于构建人类命运共同体具有十分重要的意义。

一、从集体记忆到文化记忆：意义生产中"共享"理念的延伸

集体记忆与个体记忆相对，个体记忆意义生产的关键在于"传承"，集体记忆标志着记忆的主体由单数变为复数，所以集体记忆意义生产的关键在于"共享"。文化记忆作为人类文化结构重要的组成部分，与集体记忆相比，其意义生产体现的是更加广泛、深入和立体的"共享"。"共享"既是过程，也是结果。实际上，过程就是结果。"共享"不是简单的"分享"，而是社会框架下的意义生产，甚至在某种意义上，共享本身就是意义生产的过程。无论对于集体记忆还是文化记忆，意义生产不仅是自身构建的过程，也是构建记忆共同体的过程。

阿维夏伊·玛格利特曾经对集体记忆中的"共同记忆"和"共享记忆"进行了区分，他认为共同记忆是个体记忆数量上的聚合，即"所有亲身经历着

---

① 美国犹太裔哲学家阿维夏伊·玛格利特（Avishai Margalit）曾是希伯来大学哲学教授，他的《记忆的伦理》出版后反响强烈，受到广泛好评。徐贲曾以此书为基础写了《人以什么理由来记忆》一文，并作为"序"收入其同名著作。遗憾的是，《记忆的伦理》中译本（清华大学出版社2015年版）译文错误较多，故本文中的相关引文主要以徐贲的译文为准。

的记忆聚合起来就成为共同记忆"①,而共享记忆则不仅仅是个体记忆的聚合,而是"融合和标定事件记忆者的不同角度"②。也就是说,共享记忆来源于自由的公共交流,即使不是亲历者,也可以分享他们的记忆。

集体记忆中的"共享"是除"记住"之外最为重要的价值指向。这种"共享"绝非简单的复制和分享,而是在社会框架形塑过程中的融合与渗透,是比个体记忆更加复杂和深入的意义生产,也就是法国学者莫里斯·哈布瓦赫③所说的集体记忆的社会性。

人是社会的产物,人类记忆的社会性是不言而喻的。哈布瓦赫曾经指出,"不具有社会性的记忆是不存在的",因为"人们通常正是在社会之中才获得了他们的记忆。也只有在社会中,人们才能进行回忆、识别和对记忆加以定位"。纯粹的、不受任何因素影响和约束的个体记忆是不存在的。个体记忆产生的基础是社会交往,只有在其所属的集体中与其他成员发生关联,与其他成员的记忆融合后,才能获得属于自己的记忆,并在不断回忆中获得认同,所以哈布瓦赫认为"存在着一个所谓的集体记忆和记忆的社会框架;从而,我们的个体思想将自身置于这些框架内,并汇入到能够进行回忆的记忆中去"。④

"集体记忆"是形塑个体记忆的工具,个体记忆帮助集体重构对过去的记忆,并以重构后的集体记忆决定唤起个体记忆的途径与方式。集体记忆是通过个体记忆来传达与实现的。集体通过社会交往决定其成员的记忆,反之,如果集体不能为人们重建记忆提供帮助,或者本来拥有相同经历的人

---

① Avishai Margalit, The Ethics of Memory. Cambridge, MA: Harvard University Press, 2002, p51. 转引自徐贲:《人以什么理由来记忆》,吉林出版集团有限责任公司,2008 年,第 8 页。

② Avishai Margalit, The Ethics of Memory. Cambridge, MA: Harvard University Press, 2002, p51. 转引自徐贲:《人以什么理由来记忆》,吉林出版集团有限责任公司,2008 年,第 9 页。

③ 莫里斯·哈布瓦赫是法国涂尔干学派第二代成员中的代表人物,早年受柏格森的个体主义思想的影响,后在涂尔干学派的影响下转向集体主义,开始社会学研究。1925 年,哈布瓦赫发表了他的代表作《记忆的社会框架》(Social Frameworks of Memory),首先提出了"集体记忆"的概念。

④ [法]莫里斯·哈布瓦赫:《论集体记忆》,毕然、郭金华译,上海人民出版社,2002 年,第 71 页。

们由于种种原因失去了唤起共同记忆的诉求,那么集体记忆也就失去了存续的可能。因此,哈布瓦赫将"集体记忆"定义为"一个特定社会群体之成员共享往事的过程和结果,保证集体记忆传承的条件是社会交往及群体意识需要提取该记忆的延续性"①,而个体记忆要进入集体记忆,首先要"接受这个群体的旨趣,优先考虑它的利益,或者采取它的思考方式和反思倾向"②。

集体记忆是建立在"社会交往"基础上的"共享"。哈布瓦赫曾明确指出,"集体记忆不是一个既定的概念,而是一个社会建构的过程"③。集体记忆构建的过程要受社会中占主导地位的意识形态和行为规范的制约。这就是记忆的社会框架,也是记忆共享的一项重要内容。这种记忆的社会框架不仅形塑了个体记忆,也成为集体记忆无法摆脱的窠臼。在构建集体记忆的过程中,个体记忆不是被客观地保留下来,而是集体在现实语境中,按照当下的意识形态和价值观的要求,为巩固自身主体同一性,通过选择和借用而进行的重新阐释和建构,这个过程就是集体记忆意义生产的过程。在社会框架中的意义生产通过记忆在内容、形式和理念上的"共享",形成相互交织、"永远在路上的"互为过程与因果的个体记忆及集体记忆。正是在这种相互形塑的过程中,意义生产成为记忆共享的实现方式,也成为个人记忆与集体记忆自身发展和演变基本的存在形态。

如果说"集体记忆在本质上是立足现在而对过去的一种建构"④,而且这种建构以现实意义上的"社会交往"为基础,那么集体记忆的共享则不得不依靠人类的生物学存在。因此,以社会交往为基础的集体记忆被扬·阿斯曼称为交际记忆或交往记忆,是一种"交际性的短时记忆"。扬·阿斯曼认为,交际记忆指涉的是"新近的过去",是一种与同代人或最多不超过三四代人共享的记忆,这种记忆产生于日常生活的人际交往中,以口头传承为主,并随着传承人的逝去而消亡。为了打破这种限制,扬·阿斯曼将记忆研究

---

① 〔法〕莫里斯·哈布瓦赫:《论集体记忆》,毕然、郭金华译,上海人民出版社,2002年,第335页。

② 〔法〕莫里斯·哈布瓦赫:《论集体记忆》,毕然、郭金华译,上海人民出版社,2002年,第92页。

③ 〔法〕莫里斯·哈布瓦赫:《论集体记忆》,毕然、郭金华译,上海人民出版社,2002年,第93页。

④ 这是法国学者刘易斯·科瑟在《论集体记忆》一书的序言中对集体记忆的论断。

拓展至文化学领域,提出"文化记忆",即"包含某特定时代、特定社会所特有的、可以反复使用的文本系统、意象系统、仪式系统,其'教化'作用服务于稳定和传达那个社会的自我形象"。① 与集体记忆不同,文化记忆是一种"文化性的长时记忆",与绝对的过去有关,如有关人类起源之类的神话传说,是一种被高度固化的、符号化的、极具象征意义的文本系统、意象系统和仪式系统,包括语言、文字、仪式、建筑物等等。 文化记忆与人类文化的产生和发展同步的。

记忆能否被更多的人共享,能否进行更深层次的意义生产,在相当大的程度上取决于记忆媒介的选择。简单来说,表现形式、传播方式不仅是区别交际记忆与文化记忆的重要指标,也是决定记忆共享的程度以及意义生产的广度和深度的重要因素。

文化记忆中所蕴含的文本系统、意象系统和仪式系统,是高度符号化的产物,这些所谓的文本、意象和仪式等就是记忆的媒介。记忆内容只有借助这些媒介,经历高度符号化的过程才能实现从交际记忆向文化记忆的转化。媒介是文化记忆的物质支撑,媒介的选择对于文化记忆的构建及其意义生产具有重要意义。

扬·阿斯曼及其夫人阿莱达·阿斯曼关于记忆媒介的研究是对文化记忆理论的一大贡献。阿斯曼夫妇认为文字、图像、身体和地点都是重要的记忆媒介,其中文字的地位最为重要,是记忆的支撑,是永生的媒介。 文字被认为是思想的载体,能够抵御时间的侵袭,所以作为记忆的媒介一直备受推崇。这一点可以追溯到古希腊和古埃及时期,那时的文字被认为是最可靠的记忆媒介。文字的应用不但使记忆摆脱了人的寿命限制,也是"抵御社会性的第二次死亡(即遗忘)的更有效的武器"②。但是,事物往往具有两面性,正是文字的这种颇具稳定性的记录记忆的方式在很大程度上助长了记忆的冷漠,形成遗忘。因此,对于记忆而言,仅有文字一种意义生产方式是远远不够的。事实上,文字也从来都不是唯一的记忆媒介。

文字之外,图像、身体作为记忆媒介在意义生产中的作用也不容小觑。

---

① [德]扬·阿斯曼:《集体记忆与文化身份》,《文化研究》2011 年第 11 辑。
② [德]阿莱达·阿斯曼:《回忆空间:文化记忆的形式和变迁》,潘璐译,北京大学出版社,2016 年,第 202 页。

近代以来,随着文本的思想承载能力遭到质疑,图像在记忆呈现中的不可言说性和开放性及其在个体记忆保有中的特殊作用逐渐得到重视,并被认为是文化记忆的又一重要载体。对图像的认知离不开身体的主观感受。身体在面对图像或经历特殊事件时所产生的强烈情感是回忆重要的催化剂和稳定剂。强烈情感不仅是增强记忆的重要手段,也是回忆重要的组成部分,其在意义生产的过程中往往表现出强大的稳定性和抗干扰能力,成为抵御文本记忆政治书写的重要力量。也正是由于这个原因,在特定情况下图像和身体往往被认为是更加真实和纯粹的文化记忆的载体。

将图像、身体作为文化记忆的载体,或以身体为基础进行意义生产需要依靠人类的生物学特性,因此往往受到时间和空间的限制。时间、空间一直是记忆媒介研究的核心问题之一。与空间相对应的记忆媒介是地点。地点本身并不包含内在的记忆,作为记忆的媒介,地点的重要作用主要表现在回忆空间构建中的不可或缺性。这种不可或缺性不仅表现在地点是特定历史条件下某种记忆得到固化和证实的前提,更表现其在特定历史时期比任何其他文化记忆的媒介更具持久性。扬·阿斯曼通过研究发现,古埃及刻满文字和图腾的神庙不仅是古埃及文明的象征,也是古埃及文化记忆的重要载体,正是借助这一媒介,古埃及完成了自身文化身份建构。

如果说集体记忆中意义生产的共享还停留在交际层而且需要依靠人类的生物学特性,那么文化记忆则突破了时间和空间的限制,通过记忆的媒介,经过符号化的过程,将人类记忆的意义生产转化为文化的深度共享。这种记忆在文化层面意义生产的深度共享,实际上就是人类记忆共同体的构建。

二、从内容共享到过程共享:意义生产过程中的记忆共同体

构建记忆共同体的核心是共享。与集体记忆相比,文化记忆为记忆共享提供了更加完备的方法和条件。在构建记忆共同体的过程中,与其说共享的是文化记忆的内容,不如说共享的是文化记忆从内容到过程全方位的意义生产。文化记忆的构建过程本质上是意义生产的过程,这种意义生产非常复杂,不仅包涵记忆内容的无限衍生,也包含记忆形式多方位、多层次

的演变。记忆内容与记忆形式的交叉结合产生的"聚变反应"令文化记忆的意义生产更加繁复。

美国文化人类学家露丝·本尼迪克曾经指出："作为一种文化,其特性取决于……某些节段的选择。各地人类社会在其文化习俗制度中,都作了这种选择。"①选择是文化发展最重要的内部机制。不同的选择形成了不同的文化记忆。记忆的内容由谁,依照何种标准进行选择,又通过何种记忆方式和手段对其进行固化,形成符合权力所有者所需求的文化记忆,这一系列选择的过程本身就是记忆共享的过程。无论是记忆的内容、形式,还是意义生产方式,任何一种文化选择都意味着达成某种共识,共享某种理念,形成大多数人所认同的记忆框架。这个记忆的框架在某种意义上就是记忆的同体。

从构建文化记忆到构建记忆共同体,无论是记忆内容还是记忆过程,选择中的共享无处不在。文化记忆的共享首先从共享记忆的内容开始。记忆在意义生产的初级阶段主要表现为记忆内容的选择。作为社会记忆的一部分,文化记忆的构建也无法逃避社会中占主导地位的意识形态和行为规范的制约。控制社会记忆是当权者维护自身权力合法性的重要手段。社会记忆之于社会秩序,就像国王头上的冠冕,"控制一个社会的记忆,在很大程度上决定了权力的等级"②。社会记忆为维护当下社会秩序的合法性而存在,所有社会记忆内容的选择与借用都要以此为前提。现有的社会秩序决定社会记忆的内容和传递的方式。对于那些过去发生的可能不利于维护现存秩序的内容则以一种社会忘却的形式将其从社会记忆中抹去。遗忘是权力角逐中最残酷的打击方式,也是权力支配共享内容最有效的方式之一。无论是被记忆还是被遗忘,都是社会权力角逐过程中意义生产和意义共享的结果。

就记忆内容而言,记忆"经过选择、连缀、意义建构的过程——或者用哈布瓦赫的话说,是经过框架建立的过程"③,造就了文化记忆中的功能记忆。

---

① [美]露丝·本尼迪克:《文化模式》,何锡章、黄欢译,华夏出版社,1987 年,第 18 页。
② [美]保罗·康纳顿:《社会如何记忆》,纳日碧力戈译,上海人民出版社,2000 年,第 1 页。
③ [德]阿莱达·阿斯曼:《回忆空间——文化记忆的形式和变迁》,潘璐译,北京大学出版社,2016 年,第 151 页。

文化记忆中的功能记忆根据所选择的内容主要具有"合法化""去合法化"和"区分"三种功能。"合法化"是指统治者以获取身份认同为目的进行记忆内容的选择,并通过意义构建和意义共享以获取自身合法性的行为。"去合法化"与"合法化"相对,是"合法化"的派生物,以颠覆前者的现实合法性为目的。"区分"是前两者的终极目标,意在建立集体的身份认同,构建自身区别于"他者"的身份,从而与其他群体相区别。

"合法化"与"去合法化"是推动文化记忆意义生产的重要动力。选择与遗忘、隐瞒相伴而生。根据相应的目的和标准作出选择后所剩下的"无用的、变化冗余的、中性的、对身份认同抽象的专门知识,还有所有错过的可能性、其他可能的行动、没有利用的机会"①,被阿莱达·阿斯曼称为存储记忆。存储记忆与功能记忆不同,是未来文化记忆演化的前提和基础,其主要作用是为未来的文化记忆提供资源保障。这些被遗忘和被隐瞒的记忆,不但不会因为没有被"现在"选择而就此消逝,反而会成为反抗力量的集聚地,一旦遇到合适的时机,这股巨大的力量就会通过各种渠道,以反抗者的姿态质疑、颠覆现有秩序的现实合法性,从而激发新一轮"去合法化"与"合法化"的较量。无论是以"合法化""去合法化"还是以"区分"为目的的意义构建,都不是单个记忆主体单项记忆所能实现的,而是多个记忆主体根据不同的记忆目的在记忆共享的过程中,依照记忆选择的标准在共同的意义生产过程中实现的。

正是在这种"合法化"与"去合法化"的角逐中,文化记忆不断地被形塑、重组和更新,不断派生出新的形式和内容,并在意义共享的过程中实现文化记忆的演化和社会文化的变迁,正如扬·阿斯曼所指出的:"与交往记忆相比,文化记忆包含那些久远的、边缘的、被放逐的记忆;与集体记忆、纽带记忆相比,文化记忆则包含那些非工具化的、异端的、破坏性的、遭到否认的记忆。"②文化记忆包含的不仅仅是构建的力量,还有潜在的、巨大的破坏与重构的、反抗的力量,正是这两种力量的角逐实现了文化记忆的发展与演化。

如果说文化记忆在内容层面上的意义生产和意义共享多依赖于功能记

---

① [德]阿莱达·阿斯曼:《回忆空间——文化记忆的形式和变迁》,潘璐译,北京大学出版社,2016 年,第 151 页。

② [德]扬·阿斯曼:《什么是"文化记忆"》,《国外理论动态》2016 年第 6 期。

忆的内容选择,那么文化记忆以媒介选择为基础的意义生产则主要表现为符号化过程中的聚变反应。也就是说,即使是被选择和共享的记忆,也并不意味着可以始终保持其最初的"模样"。文化记忆与追求客观、真实的历史书写不同,今天的文化记忆无论是在内容上还是形式上都与最初的事实存在一定的差距。在文化记忆构建的过程中,确定性与不确定性、稳定性与变异性并存。扬·阿斯曼曾经指出:"我们回忆的根本特征是它们的'不精确'和'变化'。"[1]事实上,真实性从来都不是文化记忆构建的标准,因为"人类的记忆……在本质上是为了适应变化的环境而不是精确的存储"。[2] "文化记忆具有很强的异质性"[3],其形成和发展的过程极为复杂。从文化内容的选择,到社会框架内的形构,再到借助媒介形成符号,任何一个环节都是众多合力作用的结果,这些都使文化记忆的形态丰富多样。

以文化记忆为基础构建人类记忆共同体,共享的首先是文化记忆的内容,尽管内容和形式无法分开,但在记忆媒介相对单一的情况下,记忆内容的共享是意义生产的重要场域。然而,随着记忆媒介或记忆形式的不断丰富,意义生产的过程不再仅仅受"合法化"或"去合法化"的影响,还要受到记忆媒介的制约。在很大程度上,媒介的选择决定了文化记忆的形态及传播的广度和深度。同时,媒介自身的发展也增加了文化记忆选择的偶然性,继而形成不同的文化记忆形态。

如前文所述,记忆通过媒介,在经历了符号化的过程后形成一系列的符号系统,转化成文化记忆。然而,即使是已经是被固化的符号系统,也无法完全保证其确定性和永恒性。记忆是连通过去与现在的桥梁,为了获取身份认同,文化记忆对记忆的内容进行不断地选择、替换、重组,并进行详尽的编码,这个过程令记忆符号的意义成几何倍数增长。同时,符号本身的建构性也赋予了文化记忆以更加广阔的阐释和理解空间。

以记忆的文本化为例,语言文字是回忆最有力的稳定剂,记忆主体为使

---

① [德]扬·阿斯曼:《回忆的真实性》,冯亚琳、[德]阿斯特里特·埃尔主编:《文化记忆理论读本》,余传玲等译,北京大学出版社,2012年,第153页。

② [德]扬·阿斯曼:《回忆的真实性》,冯亚琳、[德]阿斯特里特·埃尔主编:《文化记忆理论读本》,余传玲等译,北京大学出版社,2012年,第153页。

③ [德]扬·阿斯曼:《"文化记忆"理论的形成和建构》,《光明日报》2016年3月26日,第11版。

记忆的内容被当下所理解和接受,势必会根据现实的需求作出相应的修改、调整和补充,并按照语言文字的编码规律进行编码,从而形成文本。作为阐释记忆的媒介,文本距离真实的过去"隔了三层"(柏拉图语),而且文本自身也不是一成不变的。在不同的历史时期,不同的文化主体囿于确立自身文化身份的诉求而对文本进行重新建构、重新阐释,致使文本的衍生物越来越多。正如美国学者保罗·康纳顿所说:"第一,记忆文本不等于原始记忆;第二,记忆文本也不是对原始记忆的原封不动的复制;第三,记忆文本作为一种理解,已经构成对原始记忆的改变;第四,正是原始的本真记忆、记忆文本,以及对记忆的每一次表述或理解,一起构成了生生不息、变动不居的历史。"①各种不同的文本相互关联、相互印证,甚至相互矛盾,但却共同构成了"对记忆的记忆"。

在意义生产的过程中,我们已经无法判断离真实的过去究竟是越来越远还是越来越近,唯一能够确定的是,这种互文性在令记忆变得模糊和不确定的同时,也令我们深刻地认识到文化记忆构建过程中意义生产的纷繁复杂与不可控。尤其是 20 世纪文化研究的语言学转向之后,语言自身具有建构性的观念逐渐被人们认识和接受。语言文本的独立性和自我言说功能日益凸显,更加剧了文化记忆意义生产的繁复性。

文化记忆的意义生产包含的不仅是记忆内容的演化、记忆媒介的变迁,还有内容与媒介互动中的聚变反应。以文化记忆构建人类记忆共同体,共享的与其说是内容、媒介,还不如说是意义生产的整个过程。

从内容共享到过程共享,通过共享文化记忆意义生产的过程,记忆共同体完成了自身的构建,尽管这种构建本身也是一个过程,但与文化记忆的构建不同的是,记忆共同体构建中记忆选择的标准不再是或至少不完全是当权者的好恶。世界上不存在完全自然的记忆共同体,无论对于家庭、种族、宗教群体还是民族而言,记忆共同体都是在不断"选择"的过程中通过社会构建形成的。尽管人类记忆存在太多的不确定性和模糊性,但并不代表我们的选择在"合法化"与"去合法化"的漩涡中随波逐流。任何选择都不能只

---

① 转引自赵静蓉:《文化记忆与符号叙事——从符号学的视角看记忆的真实性》,《暨南大学学报》2013 年第 5 期。

关心人们"愿意"记住的。记住那些人类"应该"记住的才更符合共同体成员的根本利益,才是构建人类记忆共同体的最终目标。

三、从记忆共同体到道德共同体:意义生产中的道德固守

人类记忆共同体是人类命运共同体的重要组成部分。只有拥有共同记忆、共同的价值取向和道德规范的群体才是真正意义上的利益共同体。共享记忆是获取身份认同,提升凝聚力的重要途径。构建人类记忆共同体是维护人类社会生存和发展的内在要求和重要保障。

德国哲学家斐迪南·滕尼斯曾指出,与以选择意志为基础的社会不同,共同体是建立在本质意志基础上的,以地缘、亲缘、血缘为基础的共同体中所包含的"一体性和同质性决定了它可以获得习俗和道德的规范,可以在习俗和道德的基础上形成权力治理体系"[①]。也就是说,道德性是共同体的本质属性,不具有道德性的共同体不能称为真正的共同体。

构建人类记忆共同体与构建人类道德共同体是同步的。记忆共同体以相似性为基础,关注的是那些具有共同特征、属于同一意识的事物,是具有相同旨趣的群体连续的生活日常。以血缘、亲缘、地缘为基础的人们具有相似的社会生活,相近的生活记忆和价值取向,能够在群体面对外部威胁时产生团结一致、同仇敌忾的道德意识,以维护群体利益不受侵犯。因此,记忆共同体与道德共同体是共生的、相辅相成的。

在某种层面上,记忆共同体也是利益共同体政治诉求的集中体现。记忆共同体是利益共同体为获取其现实合法性而构建起的文化存在形式,其蕴含的社会秩序、价值取向及道德准则势必以维护共同体的共同利益为目标,任何与此目的相悖的事物都会被屏蔽在记忆共同体之外。因此,记忆共同体中所蕴含的道德共同体必定以保障共同体主体的存在和发展为旨归。如果失去了道德的约束,共同体中各主体之间的相互行为就会失去控制,从而损害共同体的利益,利益共同体、记忆共同体的存在与发展也就无从谈起。

---

① 转引自张康之、张乾友:《共同体的进化》,中国社会科学出版社,2012 年,第 53 页。

记忆共同体可以以血缘、亲缘、地缘为基础，属于某个集体、某个民族，也可以以整个人类为基础，属于全人类。人类记忆共同体的道德性是毋庸置疑的。阿维夏伊·玛格利特在《记忆的伦理》中通过区分"伦理"和"道德"，揭示了道德对于人类记忆的重要意义。他认为"伦理"关乎的是对那些与我们具有亲缘、血缘等特殊关系，拥有共同记忆的相关者的责任，而"道德"关乎的则是我们对陌生人、普通人或人类的责任，"伦理关乎忠诚和背叛"，"道德关乎尊重和羞辱"。[①] 因此，以血缘和亲缘为基础的记忆共同体选择记忆的标准是以自我为中心的忠诚和背叛，而以人类为基础的记忆共同体则代表了对人性的尊重和对人类的责任，也就是徐贲所说的，"人类以人性道德的理由记忆。哪怕对那些与我们只有浅淡关系的人们，我们也与他们因人性道德的记忆而联系在一起。"[②]

作为人类记忆共同体重要的组成部分，"人性道德的记忆"不仅决定了人类记忆共同体构建中的道德性，也为人类文明的存续和发展提供了保障。"人性道德的记忆"不仅包含了人类互利合作、共同发展的美好回忆，还包括那些违反人性、违背道德的人类恶行。构建人类记忆共同体，不应该遵循我们"愿意"记住什么，而应该遵循记住什么是我们的道德责任，也就阿维夏伊·玛格利特所说的，我们应该记住那些"直接毁灭共同人性"[③]的邪恶事件。

在人类历史上，"直接毁灭共同人性"的反人类、反人道事件并不鲜见。从16世纪以来欧洲殖民者为掠夺印第安人的土地和资源而对印第安人实行的长达三个世纪的奴役和屠杀[④]，到19世纪初新西兰毛利人对居住在查塔

---

① Avishai Margalit, *The Ethics of Memory*. Cambridge，MA：Harvard University Press，2002，p8. 转引自徐贲：《人以什么理由来记忆》，吉林出版集团有限责任公司，2008 年，第 2 页。

② 徐贲：《人以什么理由来记忆》，吉林出版集团有限责任公司 2008 年版，第 12 页。

③ Avishai Margalit, *The Ethics of Memory*. Cambridge，MA：Harvard University Press，2002，p89. 转引自徐贲：《人以什么理由来记忆》，吉林出版集团有限责任公司，2008 年，第 13 页。

④ 印第安人大屠杀是 16—19 世纪发生在美洲大陆针对印第安人的大屠杀。为了掠夺印第安人的土地和资源，从 16 到 19 世纪，到美洲的欧洲殖民者大量奴役甚至屠杀印第安人，并对其实施了一系列的文化和种族灭绝政策，由此导致美洲印第安人的大灭绝，这些行为和政策被统称为印第安人大屠杀。

姆群岛的莫里奥里人进行的种族灭绝①，再到二战期间纳粹运用现代化手段对犹太人的大屠杀、日本侵华战争期间日军在南京的大屠杀，还有 20 世纪末卢旺达胡图族对图西族及胡图族温和派有组织的种族灭绝大屠杀②等等，仅近几个世纪发生的这些"毁灭人性"的灾难就造成数以百万计的人死于非命，无数人无家可归，其他损失更是无法估算。

许多人类暴行至今依然没有得到深刻的反思，甚至有的被刻意排除在人类记忆之外。如尽管南京大屠杀铁证如山，却依然被日本右翼诋毁为"虚构"；1995 年发生的斯雷布雷尼察大屠杀③，直到 9 年后的 2004 年才得到官方的承认。人们不禁要问，如此缺乏道德自省的人类记忆共同体究竟能否固守道德的底线？

美国环境伦理学家保罗·沃伦·泰勒曾经指出，道德共同体成员的道德身份可以分为道德代理者和道德顾客，"道德代理者就是任何具有这样能力的存在物：能够进行道德的和不道德的行为，能够对自己的行为承担义务和责任。在这些能力中，最重要的是能够做出正当和不正当的评价、进行道德考虑，亦即考虑和衡量赞成或反对各种可以选择的行为之道德理由"④，道德顾客是道德共同体中没有能力对自己的行为承担责任和义务的群体，如婴儿、精神病患者等。道德代理者或道德行为人是道德共同体的行为主体，每个道德行为人都应该对共同体的行为承担相应的责任和义务。

人类历史上几乎所有大规模的暴行从来都不是一两个人独立完成的。

---

① 莫里奥里人的种族灭绝，是指新西兰毛利人对居住在查塔姆群岛的莫里奥里人进行的种族灭绝。莫里奥里人原是新西兰毛利人的一个部落，大约 500 年前，迁移到查塔姆群岛附近专心创造和平共处的社会。1835 年，一群装备精良的毛利人抵达查塔姆群岛开始大肆屠杀莫里奥里人。幸存的莫里奥里人被充作奴隶，且禁止与同族人通婚。在不到 30 年的时间里，莫里奥里人只剩下了 101 个。1933 年，最后一个纯种莫里奥里人去世。

② 卢旺达种族大屠杀发生于 1994 年 4 月 7 日至 6 月中旬，是卢旺达胡图族对图西族及胡图族温和派有组织的种族灭绝大屠杀，共造成 80 万到 100 万人死亡，相当于卢旺达总人口的 1/9。

③ 斯雷布雷尼察大屠杀是第二次世界大战后发生在欧洲最严重的屠杀行为。1995 年 7 月 11 日，波黑塞族军警以及南联盟派出的军警攻占了斯雷布雷尼察，从 7 月 11 日到 22 日的 11 天里，军警以残忍手段杀害了当地 8000 多名穆斯林男子，包括男童。

④ Paul W. Taylor .*Respect For Nature*：*A Theory of Environmental Ethics*［M］，Princeton：Princeton University Press，1986.14，转引自王海明：《论道德共同体》，《中国人民大学学报》2006 年第 2 期。

联合国秘书长安东尼奥·古特雷斯在 2017 年 1 月 27 日缅怀大屠杀受难者国际纪念日的致辞中说："如果将大屠杀仅仅视为一群纳粹罪犯精神错乱的结果，那将是一个危险的错误。大屠杀恰恰是数千年来以犹太人为替罪羊的仇恨和针对犹太人的歧视，即我们现在称之为反犹太主义的巅峰之举。"①因此，纳粹屠犹不是偶然事件，而是基督教世界千百年来集体恐犹幻觉的历史延续，这种将犹太人妖魔化的群体行为在纳粹统治时期达到顶点；侵华日军攻陷南京时，当时日本民众"提灯游行""普天同庆"，日本媒体也是以歌颂"英雄"的立场报道南京大屠杀中的杀人比赛；卢旺达种族大屠杀发生时得到了卢旺达政府、军队、官员和大量当地媒体的支持，甚至大量的胡图族平民也参与了屠杀。人们或许可以辩称自己受到当权者的蒙蔽和利用，被裹挟为求自保不得已才会沦为暴行的帮凶，或者随着时间的流逝推脱说那是祖辈的恶行，与今天的"我们"没有任何关系，但是，无论是否与暴行有直接关系，无论是今天的"我们"还是我们的后代，只要是人类的一分子，就必须承担记忆这段历史、对人类暴行进行反思、忏悔并引以为戒的道德责任。

人类记忆共同体是人类道德共同体的重要载体，是人类命运共同体的重要组成部分。尽管文化记忆的内容浩如烟海，意义生产的过程也充满模糊性和不确定性，但是，只要每个共同体成员承担起记忆的道德责任，固守人类记忆共同体的道德底线，那么由此形成的道德共同体才能成为人类命运共同体最有力的支撑，构建人类命运共同体的美好愿望才能最终实现。

（本文发表于《学术研究》2019 年第 10 期）

---

① 2017 年联合国秘书长缅怀大屠杀受难者国际纪念日致辞，https://www.un.org/zh/holocaustremembrance/2017/sg.shtml

试论"君子爱财，取之有道"的现代意蕴

杨明辉*

君子是中国历史上儒家知识分子立志追求的理想人格。虽然道德修养是孔子赋予君子的首要特质，但并非君子人格的全部内涵。事实上，对孔子而言，君子不仅是一个具有高尚道德修养的人，同时也是一个讲究生活理性的人。"君子爱财，取之有道"正是体现了君子人格中道德理想与生活理性的统一。以往学界对君子的研究偏重于道德理想与政治使命，对君子的理性精神着墨不多，本文试图从道德理想与生活理性相统一的角度阐述儒家君子的财富观及其现代意义。

一、君子爱财的正当性

儒家君子的理想生活是既入世又出世的，是既能致力于道德实践又不离人伦日用的，这就是所谓的"极高明而道中庸"（《礼记·中庸》）。在孔子心目中，君子具有中庸的美德。孔子所说的中庸，是指无过无不及，恰到好处的理性状态。如孔子说："质胜文则野，文胜质则史。文质彬彬，然后君子。"（《论语·雍也》）认为君子在质与文之间，能够恰到好处，取得适当平衡。类似的说法，在《论语》中还有多次，比如"君子惠而不费，劳而不怨，欲而不贪，泰而不骄，威而不猛"（《论语·尧曰》），以及"温而厉，威而不猛，恭而安"（《论语·述而》）等等。

相对于大公无私、至善至美的圣人来说，儒家君子不仅具有追求道德理想的一面，也有现实物质生活的考虑，是道德理想与现实关切的统一。也就

---

* **杨明辉**，1976 年生，2004 年 5 月至今在哲学与文化研究所工作。

是说，君子作为比"德合于天地"的圣人低一个层次的人格追求，相对来说更接地气，也更容易被大众所效仿。① 孔子说："圣人，吾不得而见之矣；得见君子者，斯可矣。"（《论语·述而》）如果说完全按照道德理想行事的是圣人，完全追求个人利益最大化的是小人，那么君子正好介于两者之间，将道德理想与生活理性结合起来，中道而行。历代大儒对君子的生活理性，也就是对物质财富或"利"的理性追求，都予以肯定和鼓励。

孔子说："富与贵，是人之所欲也。"（《论语·里仁》）开门见山地指出追求财富、趋利避害是人的本性。又说："富而可求也，虽执鞭之士，吾亦为之。"（《论语·述而》）进一步指出对于合乎"义"的富和利，应当努力去争取它。孔子还提出"邦有道，贫且贱焉，耻也"（《论语·泰伯》）。意思是说，如果国家有道，天下太平，君子却一贫如洗，这也是一种耻辱。孔子的弟子子贡，好学勤勉，为人正直，善于经商，做生意"亿则屡中"，成为"君子爱财，取之有道"的典型，孔子称赞他"富而好礼"（《公冶长》）、"赐也达"（《雍也》）、"胡琏也"（《公冶长》）。而孔子最得意的弟子颜回，道德学问都很好，但完全忽视对必要物质利益的追求，虽然他"不改其乐"，但可惜在贫病交加中英年早逝，令孔子悲痛不已。这恰恰说明了财富对于满足人的基本需求的重要性和必要性。

孟子也说："富，人之所欲……贵，人之所欲"，"人亦孰不欲富贵"（《孟子·公孙丑下》）他承认追求富裕和显贵是人们共同的心理和渴望，只是要以符合道义作为追求财富的前提。孟子成名后，每次周游列国，车马随从甚众，场面非常气派，所到之处，诸侯贵戚盛情款待。他的弟子对此不理解，怀疑这不符合儒家所讲的君子不言利的精神。孟子则坦然处之，他解释说："非其道，则一箪食不可受于人；如其道，则舜受尧之天下，不以为泰。"（《孟子·滕文公下》）这就是说，求利的关键在于是否符合道义：有道，利再大也不为过，无道，利再小也不能受。②

荀子也表达了相同的看法。他说："义与利者，人之所两有也。虽尧、舜不能去民之欲利。"（《荀子·大略》）他认为利是养身体所必需的，人需要利

①　安乐哲、罗思文说："对于我们大部分人来说，'君子'就是我们所能想象的最高奋斗目标。"（安乐哲、罗思文：《论语的哲学诠释》，北京：中国社会科学出版社，2003 年版，第 63 页。）
②　户华为：《仁者无敌：孟子的人生哲学》，《光明日报》，2006 年 5 月 9 日。

也是与生俱来的本性,是正当的,即使圣人也不能去掉民众的欲利之心。又说:"好利恶害,是君子小人之所同也。"(《荀子·荣辱》)他认为君子与小人在追逐利益、趋利避害方面,是完全一样的。所以是否追求物质财富,并不是区分君子和小人的标准。

汉儒董仲舒继承先秦儒家的说法,认为利与义一样,都是人们生活中不可缺少的重要组成部分。他说:"利以养其体,义以养其心;心不得义不能乐,体不得利不能安。义者,心之养也;利者,体之养也"①也就是说,没有物质财富,身体、生命不能维持;没有义,内心无所适从,心灵得不到快乐。所以,对于君子来说,道德精神的愉悦和物质财富的满足同等重要。这是从义利不同功能的角度,肯定义与利在人类生活中的客观实在性。② 司马迁则明确提出"天下熙熙,皆为利来;天下攘攘,皆为利往"的观点,公开表明人们逐"利"的客观性。他认为人越富就越有行善的条件,即"君子富,好行其德"。(《史记·货殖列传》)

到了宋明理学家那里,虽然他们以天理人欲之辩为自己打上了偏重义理的标识,但在义利问题上,他们也不得不承认利的客观实在性和君子适度追求财富的合理性。例如,二程认为:"人无利,直是生不得。"③又说:"夫利和义,善也。其害义者,不善也……君子未尝不欲利。"④因此,他们主张"见利思义","以义而致利,斯可矣"⑤。

主张"存天理、灭人欲"的朱熹也认为:"利者,人情之所欲。"⑥"今之士大夫应举干禄,以为仰事俯育之计,亦不能免。"⑦肯定了士君子也有养家糊口的现实需要。又说:"圣人岂不言利?……若说全不言利,又不成特地去利而就害。"⑧认为利是人生存和发展的基本前提,圣人、君子也可以讲利、求

---

① 《春秋繁露·身之养重于义》。
② 王雅、刘东升:《从社会分层视角解析"君子喻于义,小人喻于利"》,《人文杂志》2012年第6期。
③ 《河南程氏遗书》卷十七。
④ 《二程集》,中华书局,2004年,第349页。
⑤ 《河南程氏外书》卷六。
⑥ 《论语集注》卷二。
⑦ 黎靖德编:《朱子语类》卷118《训门人六》,王星贤点校,中华书局,1986年,第2837页。
⑧ 《朱子语类》卷三十六。

利。有学者认为,由于宋朝理学家过于宣扬重义轻利的财富观,在某种程度上导致两宋长期处于积弱积贫的局面,妨碍了社会经济的发展和民众生活水平的提高。①

清代大儒颜元指出:"以义为利,圣贤平正道理也。……利者,义之和也。……义中之利,君子所贵也。后儒乃云'正其谊不谋其利',过矣。……予尝矫其偏,改云'正其义以谋其利,明其道以计其功'。"②他认为,义与利二者是相互统一的,义者乃是利之和,圣贤、君子也都是讲功利的,利是义的基础,明道正义的目的在于谋利计功。

事实上,完全不讲个人利益的君子国是不可能实现的乌托邦。在李汝珍虚构的君子国中,那里的国人可谓仁义至极,争相以自己吃亏让人得利为乐事;作买卖时买方不是压低价钱而是抬高价格,卖方不是抬价而是以低价卖出为荣,双方常常为此争得不可开交,最后需要旁人的协调才能勉强成交。这说明了一个极深奥而且非常重要的道理:以自利为目的的谈判具有双方同意的均衡点,而以他利为目的的谈判则不存在能使双方都同意的均衡点。最后君子国必然转变成"小人国"。③

总之,在对待财富的问题上,孔子及后世儒家肯定财富的重要性和不可或缺性,肯定君子爱财的正当性,只是在后面加了一个重要的限定条件:"取之有道",要求"先义后利""见义思利",而不能"唯利是图""见利忘义"。尤其需要注意的是,义与利经常会发生冲突和矛盾,此时儒家始终强调义的优先地位,坚决主张重义轻利、舍利取义。对于不义之财,君子宁愿受穷也视之如敝屣。所以孔子说:"不义而富且贵,于我如浮云。"(《论语·述而》)孟子也说:"鱼,我所欲也;熊掌,亦我所欲也。二者不可得兼,舍鱼而取熊掌者也。生,亦我所欲也,义,亦我所欲也。二者不可得兼,舍生而取义者也。"(《孟子·告子上》)这恰恰体现了君子对待财富的理性态度,不轻视财富但又不唯利是图,当取则当仁不让,不当取则分文不取。

---

① 袁冬梅:《从宋人的财富观论宋朝的民贫问题》,《许昌学院学报》2004 年第 4 期。
② 《颜元集》,中华书局,1987 年,第 163 页。
③ 茅于轼:《中国人的道德前景》(第三版),暨南大学出版社,2008 年,第 2 页。

二、君子取财的道义原则

君子和小人虽然都有爱财的一面,但他们追求财富的动机、手段,以及结果都是截然不同的。君子能够理性地追求自己的合理利益或生活理想,他们把个人生活的福祉与社会的福祉看作是不可分割的,在践行道义的过程中追求自己的生活理想。同时,在追求价值理性的过程中,他们具有判断能力和慎思能力,具有采取实现理性目的的合理途径的能力。他们知道什么是正当的,什么是应该做的,也知道怎样做是最有效的。因此,追求财富的过程是否坚持道义原则,是否体现价值理性与工具理性的统一,成为君子和小人的分水岭。下面以君子和小人对比的方式揭示君子取财的道义原则。

首先,君子与小人取财的动机不同。这就是所谓的辨志。君子是有志之士,志在道义,他们在践行道义的过程中依靠自己的功绩自然而然地获取财富,所以财富是他们践行道义的副产品,是社会对他们功劳的肯定和回报。公孙丑曾经问孟子:"《诗》曰:'不素餐兮。'君子之不耕而食,何也?"孟子回答说:"君子居是国也,其君用之,则安富尊荣;其子弟从之,则孝悌忠信。'不素餐兮',孰大于是?"高度肯定了君子对国家的贡献。所以孔子说:"君子谋道不谋食。耕也,馁在其中矣;学也,禄在其中矣。君子忧道不忧贫。"(《论语·卫灵公》)他并不是要求君子真的不要衣食,而是要求君子在践行道义的过程中水到渠成地获得衣食之类的财物。而小人则是"人为财死,鸟为食亡",把追逐和拥有财富作为人生的终极目的,为求财而求财,缺乏价值理性的引导。所谓"君子喻于义,小人喻于利",用陆象山的话说,是因为"人之所喻,由其所习,所习由其所志。志乎义,则所习者必在于义;所习在义,斯喻于义矣。志乎利,则所习者必在于利,所习在利,斯喻于利矣。故学者之志不可不辨也"①。意思是说,君子立志行义,不断练习,养成习惯,就会时刻按照义的要求去为人行事,即使取财的过程也是道义优先;而小人志在利禄,习于私利,时刻受私利的驱使去为人行事,因此,为人为学之要首

---

① 《陆九渊集》卷二十三《白鹿洞书院论语讲义》,中华书局,1980 版,第 275 页。

在立志。

其次,君子与小人取财的手段不同。君子通过诚实的劳动来获得财富,一分耕耘一分收获。小人则是希望不劳而获,或者采取违背道德乃至法律的手段谋取财富。孔子说:"富与贵,是人之所欲,不以其道得之,不处也;贫与贱,是人之所恶也,不以其道得之,不去也。"(《论语·里仁》)要求君子以符合道义的手段追求富贵、摆脱贫贱,以义为准绳,以义导利。荀子也说:"好荣恶辱,好利恶害,是君子小人之所同也,若其所以求之之道则异矣。"(《荀子·荣辱》)认为君子与小人虽然在趋利避害方面都是一样的,但采取的手段则不相同。君子"欲利而不为非"(《荀子·修身》),"虽穷困、冻馁,必不以邪道为贪;无置锥之地,而明于持社稷之大义"(《荀子·儒效》),而小人在谋财时,"言无常信,行无常贞,唯利所在,无所不倾"(《荀子·不苟》),完全把道义抛之脑后。

再次,君子和小人取财的结果不同。君子取财是个人利益与公共利益的统一,在促进社会财富增长的同时,获取自己应得的那一份财富。小人则是一味地追求个人利益,其后果会引起各种社会问题,激化社会矛盾。[①] 所以孔子说:"放于利而行,多怨。"(《论语·里仁》)意思是说,如果一切都依照个人私利来行事,就会招致各方面的怨恨和指责。孟子更是认为,如果人与人之间只考虑自己的私利,那么"为人臣者,怀利以事其君;为人子者,怀利以事其父;为人弟者,怀利以事其兄;是君臣、父子、兄弟……怀利以相接",结果是"终去仁义……然而不亡者,未之有也"。(《孟子·告子下》)也就是说,"唯利是图"的行为方式不仅会加剧人际关系的紧张,导致人与人之间尔虞我诈、你争我夺,而且还会造成"上下交征利"的"国危"局面。正因为如此,儒家要求君子在处理义利问题时始终遵循道义原则,"利"合于义则取之,违于义则分文不取。

三、君子得财后的理性与豁达

"君子中庸,小人反中庸。君子之中庸也,君子而时中。小人之中庸也,

---

① 苗润田:《"放于利而行多怨"——儒家义利学说再探讨》,《哲学研究》2007 年第 4 期。

小人而无忌惮也。"(《中庸》)这句话告诉我们君子的中庸理性体现在随时守住中道,无过无不及;小人之所以违背中庸,是因为小人肆无忌惮,专走极端。从财富观来说,君子虽然有爱财、取财的一面,但他们并不以获取财富为最高目的,而是肯定财富却又超越财富。他们在获得财富后,不像小人那样摆阔炫富,挥霍无度,而是保持节制的理性态度,在适度享受的同时,照顾到各方面的利益,推己及人,兼济天下,争取皆大欢喜。这种君子风范与孜孜为利的小人又形成了鲜明的对比。

首先,君子欲而不贪,适可而止。君子对财富的追求不是无限度无节制的,而是有一个理性的边界。儒家要求君子行"中庸"之道,就是要求君子为人处事恰如其分、恰到好处,无过与不及。对财富的追求和物质生活的享受也是如此。马克斯·韦伯说起儒家的"君子",认为他们的重要品质就是能够"戒慎而理性的自我控制,以及抑制任何可能动摇心境平衡的任何非理性的情欲",这样能够"在生活的所有情境中,典礼与仪式上表现得体①。小人不懂得适可而止,信奉金钱万能,拼命地追求和享受美食、豪宅、豪车、美色、美衣……最终成为金钱的奴仆而不是金钱的主人。所以说,能不能理性地控制自己的物质欲望,是君子和小人的重要区别。

其次,君子心胸坦荡,得失不惊。"君子坦荡荡,小人长戚戚。"(《论语·述而》)。君子一生追求道的实现和发扬光大,胸怀坦荡,气定神闲,理性地对待财富得失,"达不离道,穷不失义"(《孟子·尽心上》),无论在什么时候,都能自得其乐;而小人则以私利为准则,斤斤计较,患得患失,忧心忡忡。孔子说:"君子固穷,小人穷斯滥矣。"(《论语·卫灵公》)意思是说,君子也会有身处贫困或困境的时候,但是面对贫困和困境,君子应该有"固穷"的胸襟和气度,既来之,则安之,慢慢走出困境。如果一个人无论贫穷富有都能做到从容和优雅,他就拥有了一生中最大的财富。以朱熹为例,他家境一向贫寒,常常断粮,但他却能安然处之。他与远方来的学生一起吃"豆饭藜羹",有时候还要借钱以维持日用,但是,"非其道义,则一介不取也"(《宋史·朱熹传》)。在儒家看来,人的精神是可以超越物质的,物质生活上的清贫并不

---

① 马克斯·韦伯:《中国的宗教:儒教与道教》,简惠美译,台北:远流出版社,1989 年,第295 页。

影响人获得精神上的愉悦。相反，如果物质上富有，而这种富有是通过"不义"手段获得的，精神上就不能获得解脱。①

再次，君子道济天下，成人之美。拥有中庸理性的君子从整全的观点（holistic perspective）出发，自己在获得财富后，推己及人，会照顾到各方面的利益，尽力帮助大家都富起来，从而使自己和社会整体之间在财富的拥有上保持一定的和谐与均衡状态。孔子提倡"博施于民而能济众"，"己欲立而立人，己欲达而达人"（《论语·雍也》），即要求君子在取得财富之后对民众要乐善好施，济困救贫，使广大民众特别是弱势人群都能得到恩惠。又说："君子成人之美，不成人之恶，小人反是。"（《论语·颜渊》）君子总是善于帮助他人，看到他人成功，君子总是感到高兴；小人则嫉贤妒能，为富不仁，唯恐他人超过自己，唯恐他人过上好日子。孟子也要求君子"得志，泽加于民；不得志，修身见于世，穷则独善其身，达则兼善天下"（《孟子·尽心上》）。要求君子在不得志的时候洁身自好，在得志的时候关心民生，经世济民，恩惠施于百姓。

四、君子财富观的现代意义

财富是每个人生活之必须，思量和追求财富是人生的恒常主题。无论是自我的生存和发展，还是抚养子女和赡养父母，都离不开财富。进入现代社会，尤其是在社会主义市场经济条件下的今天，人们对财富的追求和物质生活的适度享受，是完全正当而且是应予鼓励的行为，因为它是推动经济社会发展的原动力，于人于己都是有利的。因此，合理的财富观不仅有利于引导人们正确地追求财富，而且也有利于促进社会财富的增长。"君子爱财，取之有道"，这种义利兼顾、道义优先的理性财富观，具有重要的现实意义。

在现实生活中，有些人希望走捷径一夜暴富，完全不顾自己的行为对公众健康、生态环境、社会责任会造成怎样的损害，甚至不惜践踏法律。在经济领域，从三聚氰胺到瘦肉精，食品安全、药品安全、环境污染等重大事故频发。中国人民大学社会调查中心组织的一次调查显示，仅有 5.3% 的人认为

---

① 耿加进：《儒家的义利之辨与企业的社会责任》，《学海》2011 年第 3 期。

中国富人的财富是通过正当手段获取的。这也就是说，几乎近95％的人不认为中国富人的财富是通过正当手段获取的；抑或说，几乎近95％的人认为中国富人的财富是通过非正当手段获取的。①

在政治领域也是如此。以腐败为例，当今社会不少人陷入"口头上反腐败，行动上都腐败"的悖论式生存状态之中；出现了"接受教育时心动于反腐，接受教育后行动于贪腐"的奇特社会生态。用网民的话说，就是"几乎所有人都在口头上反腐败，但实际上又几乎是所有人都在腐败。有权的人腐败，没权的人通过有权的人腐败，没法通过有权的人腐败的也想着如何去腐败，实在没法腐败的就反对腐败，在腐败中得利少心理不平衡的也嚷嚷着要反腐败，腐败的人当然不会承认自己腐败，所以也叫着反腐败。很多人痛恨贪官，不是因为心中充满正义和良知，而是由于恨自己无法成为贪官"②。这些话尽管属于调侃之言，有很大的夸张成分，但却道出了当今国人在追求财富时价值观的扭曲。

众所周知，新中国成立以来宣传的革命领袖、英雄人物和道德楷模，相当于儒家的圣人、仁人。他们大公无私，乐于奉献，事迹感人至深，但问题是，大多数人不可能像他们一样完全不考虑个人和家庭的物质生活，一心为公。这些宣传的榜样距离普通人太远了，没有给人们的感性欲望和物质享受提供充分的、合理的地盘，不仅对普通大众失去吸引力，即使对广大知识分子而言，也是"迂远而难遵"。社会大众实际上缺乏现实可行的财富观念，全社会形成了价值真空地带，从而导致了物质主义、拜金主义和享乐主义的盛行。

在这种背景下，儒家倡导的君子人格，尤其是"君子爱财，取之有道"的财富观，对于纠正不择手段、唯利是图的道德失范现象具有重要的现实意义。因为君子作为传统文化提倡的理想人格，可谓家喻户晓，深入人心——无论居庙堂之高，还是处江湖之远，甚至是目不识丁的村野农夫，都乐于被人视为君子，而绝不愿意被人视为小人。可以说，君子是埋在中国人心中的

---

① 刘开云：《中国民营企业家成长与儒家文化财富观的冲突》，《东方论坛》2004年第5期。

② 转引自钱明：《君子之仕以行道——王阳明的入仕之道与其弟子的治世治家理念》，江南大学学报（人文社会科学版）2014年第1期。

种子,我们所需要做的是让它生根发芽,结出时代之花。儒家君子的财富观既有关爱他人及社会的道义准则,也包含个人的合理欲求和生活理性,是全社会可以广泛宣传、个人可以普遍遵循的理性财富观,是新时期思想文化建设的重要资源。

因此,"君子爱财,取之有道"应该成为新时代人们追求财富的基本准则。在社会主义市场经济条件下,人们应该遵守市场经济的游戏规则,遵循职业道德,遵守社会公德,在"不缺德""不违法"的前提下,光明正大地讲挣钱,理直气壮地赚大钱,自由理性地享受生活。通过诚实的、创造性的劳动发财致富的人士理所当然成为新时代的君子,应该得到社会的鼓励和肯定,成为新的学习榜样。而任何以不正当手段谋取财富的行为,应该界定为小人行径,应当受到舆论的谴责和法律的制裁。只有这样,才能形成正确的舆论导向,促使更多的人来当君子,在全社会形成勤劳致富、理性消费的良好氛围。

(本文发表于《江苏大学学报(社会科学版)》2016 年第 1 期)

《论语》"君子不器"涵义探讨

李　宁[*]

　　"君子不器"是《论语·为政》(以下只称《论语》中的篇名)中独立成段的一句话,由于缺乏上下文背景,其阐释历来存在诸多争议。然而,"君子不器"对于理解《论语》中关于"君子"的规定是非常关键的,因此,对"君子不器"的具体涵义进行探讨很有必要。以朱熹为代表的传统解释认为"器者,各适其用而不能相通。成德之士,体无不具,故用无不周,非特为一才一艺而已"[①]。"用无不周""无所不施""非特为一才一艺"逐渐被引申阐释为君子应"多知多能",即"君子不应该像器皿那样只有一定的用途,而应该多才多艺,无所不能"[②]。不过,也有学者提出,君子不器"与其说是主张多才多艺,不如说是倡导提高道德水平和境界"[③]。笔者认为,仅仅从"才能"和"道德"等某一方面诠释"君子不器",未免失之单薄。要阐释《论语》中"君子不器"的涵义,首先要厘清孔子对"君子"的界定,其次要结合孔子心目中"君子"的定义及君子的使命,对"器"与"不器"的涵义作出梳理,如是,才有可能在阐释"君子不器"时尽可能接近孔子本意。

何为"君子"

　　关于"君子"一词的涵义,学界一般认为,在孔子之前,"君子"主要指统治者和贵族。虽然有的文献中也出现对"君子"道德修养的赞美和规定,如

　　*　**李宁**,1978 年 4 月生,2004 年至今在哲学与文化研究所工作。
　　①　朱熹:《四书章句集注》,中华书局 1983,第 57 页。
　　②　王大庆:《"君子不器"辨析》,《北京师范大学学报(社会科学版)》2007 年第 2 期。
　　③　王大庆:《"君子不器"辨析》,《北京师范大学学报(社会科学版)》2007 年第 2 期。

"君子所其无逸"(《尚书·无逸》),即君子不贪图安逸,但春秋之前,由于社会生产力很低,只有地位高的人才能受教育,才能不为生活所困,关心"公德"而非私利,因此君子之"德"与君子之"位"密不可分,论及"君子"时,主要是指政治、社会地位高者,而非道德高尚却没有高位的人。与之相对的"小人""民",主要是以政治和社会地位而言,一般没有道德上的贬义。到了春秋时期,由于生产力发展,不是统治者和贵族的普通百姓也有了受教育的机会,出现了大批虽然"无位"却有较高道德素养的人。同时,春秋时周王室衰微,诸侯各为其利,战乱四起,贵族阶层道德滑坡现象严重,出现了大批虽然"在位"却无道、无德的人。有的人有君子之"位"却无君子之"德",有的人有君子之"德"却无君子之"位","德""位"一致的"君子"内涵于是发生了变化,"'君子'一词逐渐由表示统治者或贵族男子的身份地位的概念转变为表示德性修养的'有德者'"①。孔子被认为是将君子概念从"位"向"德"转化的关键人物,的确,在孔子看来,不管是否有政治地位和贵族身份,能够承载道德理想、躬行道德规范的人即是"君子",与之相对的"小人"往往有道德上的贬义,有时"小人"虽无凡俗道德上的贬义,但在个人素养和境界上较君子为低下。总之,是否"有德"是孔子区分君子和小人的主要界限,但这不意味着孔子心目中的"君子"与特定的社会阶层毫无关联,只不过这一阶层不一定是统治者或贵族阶层。

《宪问》中的一段对话集中体现了孔子对何为君子、君子应承担何种使命的阐述:"子路问君子。子曰:'修己以敬。'曰:'如斯而已乎?'曰:'修己以安人。'曰:'如斯而已乎?'曰:'修己以安百姓。修己以安百姓,尧舜犹病诸!'"在集中体现了孔子思想的《论语》一书中,孔子对君子应该具有什么样的品德、君子应遵循什么样的"礼"、应当如何学习以成为君子等都有阐述,但总的来说,孔子认为君子应是有道德修养的人,并且能够以自身高尚的道德感召人,如果君子还能以德治国,使国家安定、百姓幸福,则更佳。不过孔子认为能够做到这一点很不容易,"修己以安百姓,尧舜犹病诸",因为要使百姓"安",除了君子自身的道德修养要高,还要等待良好的时机。孔子多次指出"天下有道则见,无道则隐。"(《泰伯》)"君子哉蘧伯玉!邦有道,则仕;

---

① 林贵长:《孔子与"君子"观念的转化》,《天府新论》2008 年第 2 期。

邦无道,则可卷而怀之。"(《卫灵公》)"宁武子,邦有道,则知;邦无道,则愚。其知可及也,其愚不可及也。"(《公冶长》),可以看出,孔子认为国家无道时君子应隐居或离开、国家有道时君子应出仕,他非常不赞同君子在无道之邦做官。孔子认为"天下有道""邦有道"是"仁治"能够得到实施的前提,君子是将"道""德"的潜在可能性转化为现实性的关键人物。但如果这一前提不存在,即"天下无道""邦无道",君子靠一己之力是无法改变这种局势的,即使其自身再有德也无可奈何。甚至能不能"安人"也非君子所能凭自身德行做到,如"子贡问友。子曰:'忠告而善道之,不可则止,无自辱焉。'"(《颜渊》)君子对于朋友,只能对其起到劝诫、引导的作用,朋友实在不听,也就算了。此外,虽然孔子对"君子"有很高的评价,但他认为"君子"比"圣人"或"大人"的境界要低,如"圣人吾不得而见之矣,得见君子者,斯可矣。"(《述而》)子曰:"君子食无求饱,居无求安,敏于事而慎于言,就有道而正焉,可谓好学也已。"(《学而》)"君子有三畏:畏天命,畏大人,畏圣人之言。"(《卫灵公》)子曰:"若圣与仁,则吾岂敢? 抑为之不厌,诲人不倦,则可谓云尔已矣。"(《述而》)"为之不厌,诲人不倦"正是君子之德,但还没有到圣人的境界。圣人是像尧舜那样、甚至连尧舜也有所不及的人,"大哉尧之为君也! 巍巍乎! 惟天为大,唯尧则之。"(《泰伯》)"子贡曰:'如有博施于民而能济众,何如? 可谓仁乎?'子曰:'何事于仁? 必也圣乎! 尧舜其犹病诸。夫仁者,己欲立而立人,己欲达而达人。'"在孔子看来,圣人先于"己立""己达"而"立人""达人",要能够"博施于民而能济众",这是极高的境界。

所以,孔子认为"君子"最重要的规定性是"有德"并能够有恒心躬行道德,这是君子的本分。君子应以"立志"、修身养德为第一要务,至于能不能"安人""安百姓",孔子认为君子应尽力而为,"不可则止"。如果不顾时势和自身能力去强行"安人""安百姓",会有"降志辱身"的危险。比如孔子说:"不降其志,不辱其身,伯夷、叔齐与?""柳下惠、少连,降志辱身矣;言中伦,行中虑,其斯而已矣。"伯夷、叔齐坚持自己的原则,隐居避世,宁可饿死也不出来做官,孔子称赞他们"不降其志,不辱其身"。而柳下惠在一个"无道之邦"做法官,多次被罢黜,"人曰:'子未可以去乎?'曰:'直道而事人,焉往而不三黜? 枉道而事人,何必去父母之邦?'"柳下惠坚持不离开那个无道的国家,认为无论在哪里,"直道事人"都会被罢黜。按理说柳下惠是一个能够坚持原则、知其不可为而为之的君子,但孔子却批评他"降志辱身",这是为什么呢?因为在孔子看来,天下和国家的有道无道是人力不可改变的"命",以君子的力量无法使一国变无道为有道。在无道的国家做官,如果君子坚持自己的原则,必然会遭遇打击,招致"降志辱身"。如果他的仕途很顺利,那么,他必然要"枉道而事人",沦为道德卑下之人,也就不再是君子了。所以,虽然孔子重视君子出仕,孔子的学生子路甚至批评隐者"欲洁其身而乱大伦",指出"君子之仕也,行其义也""不仕无义"(《微子》),但君子从政做官的前提是"邦有道",在无道之邦做官拿俸禄是可耻的:"邦有道,谷。邦无道,谷,耻也。"(《宪问》)。有学者认为"在孔子心目中,'君子'的任务是'学而优则仕','仕'就是从政做官,协助朝廷治理民众"①。这是不确切的,孔子心目中"君子"的本务并不是做官,而是修德、弘德,能够造福百姓当然更好,不能的话也可隐居起来养志修德,如果君子在无道的国家做官的话,则会损害君子之德,这与君子的本分(立志修德)有违。

既然认为君子与"德"密不可分、立志修德是君子的本务,那么,如何成为君子、君子所承担的使命必然都与"德"有关,而妨碍修德、行德之事,或与修德、行德无关之事,都非君子所应为。从这一原则出发,孔子认为君子不应追逐私利,不应学习、从事普通百姓所做的"鄙事",或专精于某一项技能。君子之学,不是学习农、医、卜等专业化技能,也不是学习自然科学知识,君子习"六艺"即礼、乐、射、御、书、数,这是与专业教育、职业教育有别的陶冶教育。如果所学与匡正人心、涵养德性无关,则被孔子认为是"小道""小人之学",最典型的是《子路》中的一段:"樊迟请学稼。子曰:'吾不如老农。'请学为圃。曰:'吾不如老圃。'樊迟出。子曰:'小人哉,樊须也!上好礼,则民莫敢不敬;上好义,则民莫敢不服;上好信,则民莫敢不用情。夫如是,则四方之民襁负其子而至矣,焉用稼!'"孔子的弟子樊迟向老师请教种田、种菜的学问,被孔子认为是"小人"。显然,孔子认为种田种菜是"小人""民"干的事,不是君子所应当去关注的。其实樊迟问种田种菜之事,也不是为了个人食用或谋利,从孔子接下来所说的"夫如是,则四方之民襁负其子而至矣,焉

---

① 李守庸:《略说孔子、柏拉图经济思想之异同——由怎样理解"君子不器"引起的话题》,《经济评论》2002年第3期。

用稼!"来看,这里的"稼"与国计民生有关,樊迟讨教稼、圃之学,是为了"安百姓"。可见,孔子说樊迟是"小人",并不是从道德的意义上批评樊迟是只知追逐小利的小人,而是说樊迟不懂得治国的关键所在。关于君子为什么不应从事"小道",《子张》中孔子的另一位弟子子夏也从另一方面作出了说明:"虽小道,必有可观焉。致远恐泥,是以君子不为也。"种田、种菜的本领,和医、卜等才能一样,与行义、知礼等君子的"大道"相比,只是"小道""器",如果陷于此,会妨碍通达仁义大道。

君子的本分是立志修德,而不应从事农、医、卜等"鄙事"。虽然"鄙事"只是普通百姓所从事之事,并不是在道德上可鄙之事,但"鄙事"是与修德无关的事、无助于君子修德、弘德之事。另外,从事"鄙事"总是与追逐相关联的,德国学者韦伯指出:"孔子本人并不鄙视对财富的追求,但财富又似乎靠不住,会破坏高贵的心灵平稳,一切本来的经济职业工作都是庸俗的匠人的活儿,在儒家眼里,匠人即使借助他的社会功利价值也不能提高真正积极的尊严。"①君子不一定是有政治地位的统治者、贵族,但君子不从事"鄙事",以立志修德为务,这就决定了君子要么是有一定社会地位、经济条件的人,或者像不事生产的僧侣阶级一样,总之只可能是社会中的一部分人,而不可能是所有的人。因为社会要运转,包括君子在内的人们要生活和繁衍下去,总得要有人从事"鄙事"。所以,孔子虽然完成了君子"德"与"位"的分离,但孔子心目中的"君子"仍然不是后世儒家"人皆可为君子"的单纯有德者,而是专以修德、弘德为务的一个特殊的阶级,也就是"士"的阶级。有学者认为"孔子对于君子所做的创造性诠释,使得君子从表示地位和身份的社会精英的尊称,转化成大众可以追求的理想人格目标(道德精英)"②,这一论断并不确切。笔者认为,君子"德""位"彻底分离的转变并非在孔子那里完成,要等到宋明之后,"君子"的队伍不断扩大而下移,"君子人格"成为普通百姓人人皆可追求的目标,君子的涵才发生了由"位"向"德"的彻底转变。孔子对"君子"人格的阐述,就其本分、使命来看,针对的是"士"这一特殊阶层,非普通大众。只能说,孔子心目中"君子"的部分道德规范,如仁爱、坚毅、守信用、

---

① [德]马克斯·韦伯:《儒教与道教》,王容芬译,商务印书馆,1999 年,第 298 页。
② 林贵长:《孔子与"君子"观念的转化》,《天府新论》2008 年第 2 期。

有恒心等，是人人都可以追求的目标。总体而言，在孔子那里，"君子"的"德"与"位"仍然有密切关系，只不过这里的"位"并不一定是统治者、贵族之位，而是"士"这一阶级的社会地位。厘清这一点，对于理解《论语》中的"君子不器"有着重要作用，因为"不器"对于仅就"德"而言的"君子"，与"德""位"相配的君子，有着不同的涵义。

何为"器"？何为"不器"？

"器"的本义为"器皿"，引申义有工具（器具）、生物体的构成部分（器官）、人的气度格局（器量）、重视程度（器重）等，此外，"器"也被用来指称"形而下"的物质世界（"形而上谓之道，形而下谓之器"）。《论语》中提到"器"的地方只有六个①：

"子贡问为仁。子曰：'工欲善其事，必先利其器。居是邦也，事其大夫之贤者，友其士之仁者。'"（《卫灵公》）。这里的"器"指的是工具，工匠要做出好的作品，光有想法和技能还不够，还要有好的工具，孔子在这里把"事其大夫之贤者，友其士之仁者"比作"实行仁德"的工具。

"'女器也。'曰：'何器也？'曰：'瑚琏也'。"（《公冶长》）"瑚琏"是祭祀用的礼器，这里的"器"，指的是器皿，也可以解释为"有具体用途的物品"。子贡是商人、外交家，好美服，善言辞，孔子把他比作贵重而华美的祭祀礼器，看似称赞，实际上是嘲笑他华而不实。但也有学者认为，孔子在这里将子贡比作贵重的祭祀用器，是许其为"国器"，认为子贡才堪大用。

"子曰：君子易事而难说也。说之不以道，不说也；及其使人也器之。小人难事而易说也。说之虽不以道，说也；及其使人也，求备焉。"（《子路》）君子让人做事，不像小人那样求全责备、吹毛求疵，而是根据这个人的能力、专长等实际情况来衡量他，不拿完美的标准来要求别人。这里的"器"与"备"即完备、完美相对，指的是有限性。

"子曰：管仲之器小哉。或曰：管仲俭乎？曰：管氏有三归，官事不摄，焉得俭。然则管仲知礼乎？曰：邦君树塞门，管氏亦树塞门；邦君为两君之好，

---

① 王大庆：《"君子不器"辨析》，《北京师范大学学报（社会科学版）》2007年第2期。

有反坫,管氏亦有反坫。管氏而知礼,孰不知礼。"管仲辅佐齐桓公"九合诸侯,不以兵车",有大恩泽于百姓,建下了非常伟大的功业,孔子数次称赞其"仁"。但在这里,孔子说管仲"器小",是说管仲虽然功业成就极大,然而"不俭""不知礼",在道德品行上有亏,因此做人的格局还是狭小了一点,算不上"大人"。

"君子不器。"(《为政》)由于这句话缺乏上下文,对其中"器"的理解历来纷争很多。除了"君子不可气量狭小""君子不能把别人当作器皿"等过于浅显或一望即知谬误的解释外,结合孔子对"君子"的阐释及《论语》中其他各处"器"的涵义,对于"君子不器"中"器"的理解主要有以下几种:

一是解释为"工具"或"专门的才能"。西方汉学者多以此解释"君子不器",将"器"理解为工具、专门的才能、手段等,认为"不器"即不拥有专门的才能。如韦伯说:"'君子不器',这个基本原则的意思是:他是自我目的,而不是像工具那样只能派一种专门用场的手段。"①将"器"理解为"专门才能"的人,在关于"不器"的解释上又分为截然不同的两种意见。一种意见认为,"不器"是说君子不应拘泥于专门的才能,不应学习和从事农、医、卜、商等谋私利的活动,而应接受德育,从事治理国家、教育百姓等公共事务。韦伯认为,"君子不器"是儒教伦理的核心命题,这个命题"反对专业化,反对近代的专业科层和专业训练,尤其反对为营利而进行的经济训练,与这种崇拜被造物的原则恰恰相反,清教视证明世界和职业生活的特殊的客观目的为己任"②。另一种意见认为,"不器"是说君子应具有多种才能,如"'君子不器',就是说'君子不像器皿一般',只具备某一方面的知识。《卫灵公》说,'君子病无能焉,不病人之不己知也。'在这种思想的支配下,'多能'必然成为君子的追求目标,因此,广闻博识也必然使其可以立足于各种复杂的形势"③。将"君子病无能"解释为"君子担心自己不具备多方面知识",进而认为"多能"是君子追求的目标,这恐怕正好与孔子心目中的君子形象相违背。孔子本人就是一位"多能"的人,但他并不以此为傲,反而以此为贱、为鄙。如"大宰问于子贡曰:'夫子圣者与? 何其多能也?'子贡曰:'固天纵之将圣,又多能

---

① [德]马克斯·韦伯:《儒教与道教》,王容芬译,商务印书馆,1999年,第210页。
② [德]马克斯·韦伯:《儒教与道教》,王容芬译,商务印书馆,1999年,第298页。
③ 裴士京,孔读云:《论语》君子观及其现代启示,《学术界》2006年第1期。

也。'子闻之,曰:'大宰知我乎! 吾少也贱,故多能鄙事。君子多乎哉? 不多也。'"(《子罕》)孔子少年时家境贫寒,为生活计,可能从事了很多老百姓通常干的"鄙事",大约在种田、种菜、医、卜、木工等方面有丰富经验。然而孔子显然认为君子应非"多能",因为"君子多乎哉? 不多也。"结合孔子对君子、贤人"以德为本"的看法,显然他不认为君子需要有很多专业知识,修德、致道对君子来说才是最重要的。《卫灵公》中,孔子与弟子端木赐的对话也印证了这一点:"子曰:'赐也,女以予为多学而识之者与?'对曰:'然,非与?'曰:'非也,予一以贯之。'"这里的"一",就是孔子提倡的仁义之道。同样,《论语·子罕》中达巷党人称赞孔子"大哉孔子! 博学而无所成名",也是认为,孔子虽然有许多具体才能,但是不拘泥于某项具体的才能,这才成其"大"。再如孔子称赞舜:"无为而治者,其舜也与? 夫何为哉? 恭己而正南面而已矣。"(《卫灵公》)舜的"无为"是不拘泥于任何具体的政务。如果君子担心的不是自己缺乏知识和具体的办事能力,那么,"君子病无能"的"能"指的是什么呢? 前文已经分析过,孔子心目中的"君子"是有德并能躬行道德的"士"这一阶层,君子作为一个特殊的"劳心者"群体,其才能是一种与"劳力者"有别的特殊素质和能力,即修德、弘德的能力,所以孔子担心的是"德之不修,学之不讲,闻义不能徙,不善不能改",而不是缺乏"广闻博识"。

对"君子不器"中"器"的第二种解释,是将其解释为"形而下者"。"形而上谓之道,形而下谓之器","器"与"道"相对,指的是物质生活和物质财富,泛指整个凡俗世界。在这里,对于君子"不器"即指君子应追求形而上之"道"是没有异议的,但对于什么是"道"、什么是孔子心目中君子应追求的"道",又有不同的意见。

《论语》中多处提到"道",如《里仁》:"富与贵,是人之所欲也,不以其道得之,不处也。""朝闻道,夕死可矣。""士志于道,而耻恶衣恶食者,未足与议也。""吾道一以贯之","夫子之道,忠恕而已矣"。《论语·公冶长》:"道不行,乘桴浮于海。"《雍也》:"冉求曰:'非不说子之道,力不足也。'""齐一变,至于鲁;鲁一变,至于道。""志于道,据于德,依于仁,游于艺。"等等。那么,《论语》中的道究竟指的是什么?

德国学者韦伯曾指出,儒教"仅仅是人间的俗人伦理",儒教的"道"只是伦理的规则:"儒教同佛教一样,仅仅是伦理('道',相当于印度的'法')。但是,与佛教截然不同的是,儒教仅仅是人间的俗人伦理。""儒教适应世界及其秩序和习俗,归根结蒂不过是一部对受过教育的世俗人的政治准则与社会礼仪规则的大法典。"①"儒教本身在很大程度上摆脱了形而上学。""至于'道',既非事业,亦非理想,仅仅是约束人的传统主义礼仪的体现而已。"②他认为,由于儒教只关心俗世,主张适应世界及其秩序和习俗,因而缺乏对现实的批判精神,也缺乏对某项神圣"事业"或"理想"的虔敬。现代新儒学学者对韦伯的这一论述纷纷提出质疑,如杜维明认为,儒家的"凡俗"并非韦伯所理解的"跟这个世界取得妥协",它虽然是入世的,但具有内在的超越性,儒家既有现实性,又有强烈的理想主义和抗议精神。③

就《论语》中提及"道"的内容来看,确有一部分道指的是伦理规则,如"子谓子产:'有君子之道四焉:其行己也恭,其事上也敬,其养民也惠,其使民也义。'"(《公冶长》)"子张问善人之道。子曰:'不践迹,亦不入于室。'"(《先进》)"子曰:君子道者三,我无能焉:仁者不忧,知者不惑,勇者不惧。"(《宪问》)"子曰:'君子易事而难说也。说之不以道,不说也。及其使人也,器之。小人难事而易说也。说之虽不以道,说也。及其使人也,求备焉。'"(《子路》)这些提及"道"的语句,都是将"道"与"伦理规则"甚至是礼仪规范、政治准则相等同的。但我们也看到,《论语》中也有些提及"道"的地方,难以等同于凡俗的伦理规则。如"夫子之文章,可得而闻也;夫子之言性与天道,不可得而闻也。"(《公冶长》)"吾道一以贯之。"(《里仁》)"朝闻道,夕死可矣。"(《里仁》)"邦有道,贫且贱焉,耻也;邦无道,富且贵焉,耻也"(《泰伯》)"人能弘道,非道弘人。"(《卫灵公》)"君子之仕也,行其义也。道之不行,已知之矣。"(《微子》)《论语》中多处提及国家、天下的"有道"和"无道",也不止一次提及孔子自己"一以贯之"之道。这里的"道",很难说仅仅是凡俗的伦理规则、政治准则以及礼仪规矩。而"夫子之言性与天道,不可得而闻也"中的"天道",则绝对不可能仅仅是伦理规则,而是近于康德所提出的"物自体"。孔子虽然没有直接阐释天道,但他的言说中仍然能够找到端倪:"子曰:'予欲无言。'子贡曰:'子如不言,则小子何述焉?'子曰:'天何言哉?四

---

① [德]马克斯·韦伯:《儒教与道教》,王容芬译,商务印书馆,1999年,第204页。

② [德]马克斯·韦伯:《儒教与道教》,王容芬译,商务印书馆,1999年,第288页。

③ [美]杜维明:《现代精神与儒家传统》,三联书店,1997年,第388页。

时行焉,百物生焉。天何言哉?'"(《季氏》)孔子不言天道,并非"儒教与信徒的关系……是此岸性的"①、"儒教关心的只是世间的东西"②,孔子说"天何言哉? 四时行焉,百物生焉。天何言哉?",也并非暗示自然秩序即是天道,如韦伯所认为的那样"'道'本身是一个正统儒教的概念:宇宙的永恒秩序,同时也是宇宙的发展本身,一切非辩证地完成的形而上学往往认为秩序与发展是同一的。"③"天无言或天不言,我们可以通过'四时行焉,百物生焉'等等体察天道,领悟天道,子无言,恰如天之无言,可以通过孔子的举手投足,动息语默,而了解夫子之道。此段文献的重点不是'天',更不是讲天是自然之天,而重点是'予',是人,或者说是借天以明人。"④天道体现在自然变化中,孔子对"天道"的体悟体现在他的日常行为中,不需要特地说出来,也无法"说"出来。这是所有的哲学、宗教感到最棘手的难题,即如何"道"(说)出"非常之道",禅宗"不立文字"也正是为此。

至上的"天道"不可捉摸,甚至不可言说,君子所能做的就是体察、感悟。而"天下有道""邦有道"之道,亦非人力能够改变,在孔子看来,不仅君子无法变"无道"为"有道",小人也无法变"有道"为"无道":"道之将行也与,命也;道之将废也与,命也。公伯寮其于命何!"(《宪问》)君子虽然不能改变道之行与废之命,却不可不知命:"子曰:'不知命,无以为君子也。'"(《尧曰》)而君子之道、冉求所说的"子之道"即孔子的学说、主张,以及伦理规则、甚至"世俗人的政治准则与社会礼仪规则的大法典"⑤等,则君子不仅应"知",更应遵循、践行。从这个意义上来说,"不器"反对的是不加反思的世俗生活和追逐私利,"孔子所说的'君子不器'主要是倡导人们要努力从'利'的功利境界提高到'义'的'道德境界'。"⑥

---

① [德]马克斯·韦伯:《儒教与道教》,王容芬译,商务印书馆,1999年,第195页。
② [德]马克斯·韦伯:《儒教与道教》,王容芬译,商务印书馆,1999年,第207页。
③ [德]马克斯·韦伯:《儒教与道教》,王容芬译,商务印书馆,1999年,第232页。
④ 颜炳罡:《孔子"道"的形上学意义及精神价值》,《贵州社会科学》2010年第2期。
⑤ [德]马克斯·韦伯:《儒教与道教》,王容芬译,商务印书馆,1999年,第204页。
⑥ 王大庆:《"君子不器"辨析》,《北京师范大学学报(社会科学版)》2007年第2期。

对"君子不器"的解读

孔子提出"君子不器",是与其认为君子的本分是修德、弘德一脉相承的,但这里的"君子",并非仅仅有"德"的君子,而是"德""位"相配的君子,即脱离劳动生产的"士"这一阶级。对于这一意义上的君子而言,即使不从政,"君子不器"的原则也不仅意味着他要"学以致道"、躬行道德,还意味着他不应从事农、工、医、卜等"鄙事"。孔子心目中君子的任务就是在天下有道、国家有道的时候,协助君主治理国家,其施政的重点不在实际的政务,而是内以高尚的道德素养感召百姓,外以"礼"的约束来保证国家社会在正轨上运行。这里所体现的"君子不器",除了上述涵义外,还包含了"以德治国""仁治"的儒家政治原则。

孔子为什么如此重视专门立志修德、弘德的特殊的"士"阶级？为什么如此重视君子与"德"之间的关系？ 在孔子的时代,各国的国君和很多智者都认为,国家富强应当是唯一的政治目标,为了达到这一目标,应当大力发展农业、滋生尽可能多的人口、拥有强大的军队等,于是农家、兵家、法家应运而生。与这些实用的学术相比,孔子倡导"德政",认为统治者最应当做的就是提高自己的道德素养,似乎是最不切实际、最迂腐可笑的。孔子当其沧海横流之时,不考虑如何"足食""足兵"、加强法治,却寄希望于一个专门立志修德、弘德的特殊的"君子"群体,是与其对周王室衰微的思考有关的。"周礼美备,却在数百年之后'君微政衰',这促使他思考人的内在德性修养对于社会政治制度正常运转的重要性。孔子曾感慨道:'人而不仁,如礼何？人而不仁,如乐何？'(《八佾》)他敏锐地发现一个国家不能光有完备的制度,而应由一批有德性的人来执行这套制度。于是,孔子兴'仁治'之教,提倡寓'人治'于'法治'之中。"①因此,孔子认为应当有一个超拔于琐事和私利之上、专门涵养德性、倡导道德、自上而下提高全社会的道德水平的"君子"群体,这一群体可以实现他的"仁治"理想。

在孔子的"仁治"理想中,"德"与"礼"具有基础性地位,其中与法律有实

---

① 林贵长:《孔子与"君子"观念的转化》,《天府新论》2008 年第 2 期。

质性区别的"礼法"常为西方学者所不能理解。黑格尔曾说,孔子不具备超越精神,在孔子那里"只有一些善良的、老练的道德教训。"①韦伯则认为,儒家之道"仅仅是约束人的传统主义的礼仪的体现而已,它的诫命不是'行动',而是'空'。"②孔子对道德教训——礼的确极为重视,这些道德教训在哲学家那里只是一些教条,但在孔子的思想系统中,"礼"作为"德"和"义"的外化,却是"德"从虚无缥缈的天上降到世间、获得确定性的关键所在。"恭而无礼则劳,慎而无礼则葸,勇而无礼则乱,直而无礼则绞。"如果没有"礼","德"就无法彰显,"'礼'作为一种文化精神,不仅仅是外在的言谈、举止、风度,更为重要的是,它是一种以义为根本的表现形式。'不知礼,无以立',如果缺少礼的支撑,对道的追求就会成为虚无缥缈的空中楼阁。"③孔子在见卫灵公时,"卫灵公问陈于孔子。孔子对曰:'俎豆之事,则尝闻之矣;军旅之事,未之学也。'明日遂行。"(《卫灵公》)卫灵公作为一国之君,见到孔子时开口就问军事,孔子立即判断出这是不重视"德"的无道之君,答以自己不懂军事,只知道一点礼仪方面的道理。显然,孔子认为礼仪、仁义、德行才是国君所应关心的,而他自己协助国君施政的最重要的才能就是"礼"("俎豆之事")。君子在施政时的"不器",并不是说君子不关心提高国家军事实力、增强生产力和国家财富等方面的事务,而是孔子认为,"仁治""德政"是这一切的基础,"上好礼,则民莫敢不敬;上好义,则民莫敢不服;上好信,则民莫敢不用情。夫如是,则四方之民襁负其子而至矣,焉用稼!"(《子路》)这种看似极度不切实际的治理方式是西方学者无法理解的,如韦伯曾说:"字斟句酌、辞藻华丽、旁征博引、纯正细腻的儒学教养,这一切被奉为高雅之士的谈吐典范,一切实际的政务则被拒之门外。我们很奇怪,这种囿于经典的理想化的'沙龙'修养何以能治理大片的国土。"④这就是韦伯未能正确理解儒家政治思想中"器"与"不器"之间关系,当然也就不能理解"礼"在治国中的作用。

---

① 黑格尔:《哲学史讲演录》,商务印书馆,1997年,第78页。
② [德]马克斯·韦伯:《儒教与道教》,王容芬译,商务印书馆,1999年,第88页。
③ [德]马克斯·韦伯:《儒教与道教》,王容芬译,商务印书馆,1999年,第298页。
④ [德]马克斯·韦伯:《儒教与道教》,王容芬译,商务印书馆,1999年,第183—184页。

不过，韦伯认为，儒家思想中"高贵的人不应当接受专业训练而应接受陶冶教育"的倾向，是导致中国传统文化鄙视、拒斥知识分子职业专门化的根源，现代西方式的理性经济与技术也因此受到了绝对的排斥，这是有一定道理的。孔子心目中的"君子"并不涵盖一切普通民众，而是指向"士"这一特定阶级，这部分人有特殊的使命，因此他们接受的教育、从事的事务都与普通民众不同。但宋明儒学家从"人皆可为尧舜""恻隐之心，人皆有之；羞恶之心，人皆有之；恭敬之心，人皆有之；是非之心，人皆有之"（《孟子·告子上》）出发，将"君子人格"推广到一切受教育者甚至一切人。这就带来一个很大的问题：诸如仁、义、勇、智、信等君子人格可以用来要求普通的有教养者，但"君子不器"、君子不应从事专门化职业，只适用于社会中少数的"士"阶级，能否推及所有的受教育者呢？孔子时代，受生产力所限，能够受教育的只有少数人，这部分人不从事专门化职业，对社会影响不大。但随着时代的发展，宋之后，尤其是明清之际，受教育人群急剧扩大，"君子"已经完成了从"位"到"德"的彻底转变，而"士"这一阶级对"小道"的鄙视却因循下来。宋明理学将心性之学置于学问的核心地位，"以明心见性之空言，代修己治人之实学"（顾炎武），包括科技知识在内的所有非心性之学都被贬黜为"形下之器""雕虫小技"，甚至连"记诵文史"都被认为是不务正业："在儒学的价值体系里，科技只是"'小道''小技''方技'。宋元大数学家秦九韶、李冶深受这种价值观的影响，因而前者认为与性命之学相比，自己所从事的是次一级学问；后者则说谢良佐记诵文史，被程颢斥为玩物丧志，自己的数学研究，就更不足道了。"①清代王徵在绘刻印"远西奇器图说"时，有人还以"君子不器"讽之："今兹所录，特工匠技艺流耳，君子不器，子何敝敝焉于斯？"王徵虽以"有济于世"进行反驳，但他也认为这不过是"技艺末务"："兹所录者，虽属技艺末务，而实有益于民生日用，国家兴作至急也。傥执不器之说而鄙之，则尼父系《易》，胡以又云备物制用，立成器以为天下利，莫大乎圣人。"②可见，从鄙视"小道"来理解"君子不器"，其思想流弊之远、之深。这是没有认

---

① 陈卫平：《"李约瑟难题"与内圣开出科学》，《浙江社会科学》2006 年第 4 期。
② 见明代王徵《远西奇器图说录最》序，转引自陈卫平《"李约瑟难题"与内圣开出科学》，《浙江社会科学》2006 年第 4 期。

清孔子"德""位"相配意义上的君子,与后世仅仅以"德"而言的君子之间区别所导致的结果。但如果从精神的超越性,从脱离低级趣味、提高道德修养的角度来理解"君子不器",则这种君子的规定性仍然适用于现代社会,适用于普通的公民教育。

（本文发表于《学海》2015 年第 5 期）

论法国新尼采主义生命哲学的理论特征

蒋 阳[*]

导 言

在法国,继承和发扬尼采哲学精神,对尼采思想的基本精神、思维对象、重要论题以及方法论等方面的研究,以及将尼采哲学研究与文学、精神分析、人类学、社会学相结合的研究特色,始终都没有减弱过。尼采对艺术和生命的根本关系的强调、对约束生命的传统的形而上学和道德的批评,激励着当代法国的思想家,使他们在复兴和更新尼采哲学的基础上,不断思考生命哲学的根本问题。在二战之后的半个多世纪里,新尼采主义思想始终处于争论活跃、思路独特、思潮迭起的持续创新状态,哲学和思想领域涌现出以乔治·巴塔耶(G. Bataille)、米歇尔·福柯(M. Foucault)、雅克·德里达(J. Derrida)、吉尔·德勒兹(G. Deleuze)等为代表的新尼采主义者,他们的极其丰富的思想论著,都优先探索尼采哲学,讨论生命哲学的基本论题,以尼采精神研究生命本身的各种现象。在《1968 年的思想:论当代反人文主义》(*La pensée 68. Essai sur l'anti-humanisme contemporain*)一书中,吕克·费里(L. Ferry)和阿兰·雷诺(A. Renaut),作为当代法国反尼采主义的代表人物,在分析法国 1968 年学生运动的思想基础时指出:福柯、德里达与德勒兹是 20 世纪 70 年代尼采主义最引人瞩目的代表,而他们的共同特点,就是"起码,在一定形式上,不论在论题和思想图式方面,他们既来自马

---

* 蒋阳,1978 年生,2015 年 8 月至今在哲学与文化研究所工作。

克思主义,又根源于尼采主义或海德格尔主义"①。

　　法国新尼采主义的诞生并非是偶然的历史文化事件,尼采本人的思想发展就体现了他与法国文学精神非同寻常的亲近关系。随着尼采著作不断地被翻译为法文以及海德格尔等学者的尼采研究专著被介绍进法国,法国的尼采研究日新月异,从单一的尼采哲学的专业研究到结合法国本土思想而创造性地阐释和改造尼采哲学,尼采研究成果层出不穷。这场思想运动并不只是停留在字面上对尼采著作的诠释,而是试图从根本上把握和发展尼采的生命创造力量,重新融入渗透于尼采思想中的法兰西思维精神,发挥其浪漫和叛逆的风格,从而迅速地在 20 世纪 70 年代之后取得了令人瞩目的成果,在思想和理论方面独领风骚。随着法国新尼采主义的诞生条件的日益成熟及其发展,最终造就了福柯等发生世界影响的著名的新尼采主义者,也使法国的整体人文社会科学的理论创造以及研究水平提升到新的高度。

　　为了深入研究法国新尼采主义生命哲学的主要理论贡献,有必要把探索的范围限制在二战之后的半个多世纪。在这个视野下,首先出现的,是 1945 年,巴塔耶出版了他的名著《论尼采:机遇的意志》(*Sur Nietzsche. Volonté de chance*),这是战后新尼采主义的思想发展的新起点,基本上奠定了它的论题方向和批判基调。接着,德勒兹于 1962 年出版了《尼采与哲学》(*Nietzsche et la philosophie*),皮埃尔·克洛索夫斯基(P. Klossowski)也于 1971 年再次翻译出版了海德格尔的两卷本的《尼采》(*Nietzsche*)。1964 年 7 月在法国罗雅蒙(Royaumont)召开国际尼采学术研讨会,福柯、德勒兹等尼采主义者与亨利·毕罗(H. Birault)等尼采研究学者与会,并在《罗雅蒙手册》(*cahiers de Royaumont*)杂志 1967 年第 6 期尼采专号集中发表了会议论文。1972 年 7 月在法国塞里西拉沙尔国际文化中心(Centre Culturel International Cerisy-La-Salle)再次召开尼采国际学术研讨会,并于 1973 年出版了两卷本的会议论文集《当今尼采?》(*Nietzsche aujourd'hui?*)。这些著作的发表和大型学术研讨会的举行标志着新尼采主义思想运动已经确立了它在当代法国思想史上的历史地位。

---

　　① Luc Ferry, Alain Renaut: *La pensée 68. Essai sur l'anti-humanisme contemporain*, p. 16.

随着法国新尼采主义研究的逐渐深入，福柯的《语词与事物：一种人文科学考古学》(Les Mots et les Choses. Une archéologie des sciences humaines)、三卷本《性史》(Histoire de la sexualité)等新尼采主义专著陆续公开出版，并在世界范围内产生了较大影响。20 世纪末至 21 世纪初，在福柯等新尼采主义者相继逝世后，他们的遗著和访谈录、学院授课笔记的新版及主要专著的再版，又进一步推动了对法国新尼采主义的研究新热潮。简短的历史回溯显示了尼采思想在法国的更新及复兴的重要意义。

一

关于生命问题的哲学和哲学研究是近 20 年来外国哲学的研究前沿和理论焦点之一。值得注意的是，规模宏大的当代法国生命哲学研究，在很大程度上受到了尼采思想以及法国本土生命哲学的思路的影响，而它们之间又在实际上经历了长期的相互渗透和相互促进的探索过程，生命哲学的若干重要论题成为两者之间进行互动的中介。法国的新尼采主义被视为是一种"审美的生命主义"，它一方面坚持了对尼采的"生命的艺术化"的思想要旨的追求，另一方面也大力发扬了亨利·柏格森(H.Bergson)的生命哲学等法国本土思想的创造精神，在此基础上形成了法国新尼采主义的生命哲学独特的理论特征。

柏格森生命哲学强调生命冲动的不可预测性和生命的自由本质，指出生命并非只是数量上的多样性的延续，而是质的多样变动性的呈现。受柏格森深刻影响的德勒兹指出，从柏格森的《论意识的直接材料》(Essais sur les données immédiates de la conscience)以来，柏格森就把"绵延"(la duration)定义为一种"多样性"(la multiplicité)。在《柏格森主义》(Le Bergsonisme)中，德勒兹系统讨论了柏格森的"多样性"理论。在德勒兹看来，柏格森的多样性是一种连续、融合、有机、异质的内在的多样性，一种潜在和连续而又不可还原为质量和数量的多样性。绵延是性质变化的连续体，是纯粹的异质性。绵延呈现出生命的复杂独特性、不可预测性和更新探险性。生命的绵延就是生命存在过程中的连续的更新和超越，因此生命在精神生活中表现为具有无数可能方向的创造性倾向。柏格森式的生命生存是一种创造性地改变和生成生命自身的方式。创造是生命自身固有的内在本质,它是维持和更新生命的基础和必要条件;生命的自我创造是它固有的自由,它是只属于生命自身的唯一神圣权利,因而,生命以其自我创造性而获得并赋有至高无上的尊严,生命也因此以其自我创造活动维持与自身、自然以及与环境的复杂关系。

尼采认为,人的自身(Selbst)是人所建构和创造着的事物。在尼采看来,作为权力意志,自身从来都不是稳定不变的实体,而是永不意欲最终状态的生成(Werden)。生命充满着神秘的和无与伦比的"多样性",一个值得钦佩的自身包含着大量经由艺术化地组织综合的强有力的多样趋势,尼采所赞赏的生命是永恒回归中的自我引导和连续不断的自我创造。① 在《尼采与哲学》中,德勒兹强调尼采的权力意志就是力的系谱学因素,生命同样是支配力和被支配力的偶然的结果,由多样的不可化约的力构成。德勒兹视尼采的"永恒回归"为"多样性和差异的回归"。他认为永恒回归并非是一种同一的思想,而是关于差异的综合的思想,它强调多样性的再现和差异的重申。永恒回归中的同一描述的不是回归之物的本质,相反的,它描述的是不同之物的回归。永恒回归应当被视为是一种综合,一种关于多样性与多样性的再现的综合。尼采的权力意志体现了永恒回归所要表述和解释的内容,即多样性与多样性的再现以及差异与差异的重复。在《尼采与恶性循环》(Nietzsche et le Cercle Vicieux)中,克洛索夫斯基也通过讨论自身的"非确定化"和作为"他者"的自身来阐发生命的永恒回归性。永恒回归体现了权力意志的创造性,它解除了现在的自身的实现,以经历必须被经历的一切其他自身。永恒回归激发着生命的多样性,使得当时当地的自身不再是我的自身,而可能成为无数个他者,以便一再地经验我的各种可能性向我的显现。

德勒兹在题为"游牧思想"(Pensée Nomade)②的 1972 年塞里西拉沙尔尼采研讨会发言中,回应了尼采(为了强调心灵冲动的自由、反对约束性的和根深蒂固的理性方法)所提出的智性的"游牧主义"(《人性的,太人性的》

---

① 参阅 Alexander Nehamas, *Nietzsche*: *Life as Literature*, pp. 170 - 199.
② Pierre Boudot et al., *Nietzsche aujourd'hui?*, *t. I.*, pp. 159 - 174.

第二卷第一部分,第 211 节)。他视尼采为"拒绝编码和再编码的游牧思想家",指出尼采在他的写作和思想中执意解码,其目的是使所有的传统编码彻底瘫痪。德勒兹认为,尼采式的格言是彼此分离的诸力的一个混合体,这种解码化的新文本使思想和写作直接奠定在与外部的关联上,即莫里斯·布朗肖(M. Blanchot)在《无尽的对话》(L'Entretien infini)中所表明的那种与外部的相关性,从而摆脱传统哲学的内在灵魂意识和内在本质等观念。在《福柯》(Foucault)中,德勒兹进一步强调,外部并非是一种确定的界限,而是一种蠕动运动[建构内部的褶皱(le pli)与褶皱作用]的动态活化物,内部乃是外部之内部,而非不同于外部的某物。为了反对定居者的编码,德勒兹寻求一种与外部关联的游牧体,通过游牧力量同传统思想决裂。他在与菲力克斯·瓜塔里(F. Guattari)合著的《资本主义与精神分裂,第一卷:反俄狄甫斯》(Capitalisme et schizophrénie. t. Ⅰ. L'Anti-Œdipe)中,以尼采思想为枢轴,将尼采的权力意志转化为欲望机器,对资本主义和精神分析学进行讨论和批判。德勒兹和瓜塔里之所以要讨论如同机械装置般的"欲望机器",其目的首先是为了强调作为欲望着的欲望机器的所有物种生命与外部不可或缺的根本联系,以突显欲望的非主体性;同时,也是为了表明欲望的多样化的和生产的性质,强化资本主义封闭社会中生命的自由创造。德勒兹和瓜塔里的《资本主义与精神分裂,第二卷:千高原》(Capitalisme et schizophrénie t. Ⅱ. Mille Plateaux)将游牧主义描述为一种"战争机器"(machine de guerre),一种流动的线性组织机构。战争机器的目标并不是战争,而是革命和艺术运动。确定这种战争机器特征的,是占据和创造特殊的"平滑空间"(un espace lisse)(一个战争机器组成、占据和扩散的新的空间)的方式。游牧生活正是这种战争机器-平滑空间的结合。

二

其实,20 世纪 30 年代末的法国思想界已经发展出一种创造性的尼采解释潮流。当时,作为纯正的尼采主义者,巴塔耶是法国新尼采主义在这一时期最重要的和最杰出的代表。巴塔耶与超现实主义者一样重视尼采。福柯认为,巴塔耶从超现实主义中摄取了他谓之"极限""违抗""笑""迷狂"等范畴,并使之成为思维的经验。巴塔耶不断寻求非功利性的生命经验,坚持探索各种非功利性经验所附属的可能性的极限,强调"冒险"更加体现了尼采的思想,而"游戏"赋予了探讨生命极限的可能。巴塔耶的《论尼采;机遇的意志》和《内心经验》(L'expérience intérieure),试图通过冒险的自我更新的探索,以全新的方式融合传统思想所区分的内在生命和外在世界。他的内心经验尝试借助于特殊的综合处理方式,重新统合经验的一切复杂的形式内容,并使之形成一种混沌状态,为突破传统理性规定的自由生命实践提供必要条件。作为对于"不可能性"的体验,内心经验最终将使传统思想所区分的主体和客体失去它们各自独立的存在,导致对象与主体的混合,使人的"自身"成为与世界相沟通的场所。巴塔耶试图以酒神的精神姿态使内心经验获得彻底的自由,以进一步探索和开辟新的生活经验领域。

福柯经由布朗肖和巴塔耶来阅读尼采,他特别重视和强调巴塔耶等新尼采主义者建构个人经验的思想成就。尼采、巴塔耶和布朗肖通过建构一种个人经验,来完成他们对"将主体从其自身中拔除出来的有限经验的观念"的探讨。在尼采、巴塔耶和布朗肖那里的"经验",就是力图达到生命中的那一最接近"无法继续存活"的确定点。他们从经验中获取的,是最大限度的"不可能性",亦即探讨极限的可能性。通过将主体从其自身中连根拔除,使自己不再成为同样的自身,达到自身的彻底的非主体化,是尼采、巴塔耶及布朗肖赋予福柯的重要启示。福柯通过他自己的思想探索,不间断地实践着将自己从自身中连根拔除、阻止他自己成为同样的自身的思想实验。

为了同超现实主义竞争,巴塔耶和克洛索夫斯基等于 1936 年 6 月出版了《无首》(Acéphale)杂志,巴塔耶以《无首》为阵地,树立"左派的尼采"形象。巴塔耶重新肯定人类学研究中的非生产性的耗费活动,进而提出"异质性"概念,强调在这之中的"神圣性"、与非生产性耗费有关的物质、意识和社会形式等异质存在要素相对于同质要素的分离。与依存于资本主义的生产系统的社会同质性相反,异质性要求我们通过对生命拥有的能量的消耗来重新赢得生命的自主性。巴塔耶关注我们拥有的能量的无目的的消耗活动,他强调热烈地消耗生命,并以之作为我们脱离奴化的途径。在巴塔耶看来,喷涌和洋溢着的生命是狄奥尼索斯的狂欢,死亡是生命的重要部分,我们不但不应该回避死亡,反而应该以直面死亡的勇气,以艺术的形式充分接近死亡,体验关于死亡的极限经验,获致生命的逾越和自由实践。巴塔耶高度重视性和死亡的思想姿态,对福柯产生了深刻影响,也促使福柯进一步系统思考关于性和死亡的生命哲学问题。

在 1963 年出版的《临床医学的诞生:一种医学望诊的考古学》(*Naissance de la clinique. Une archéologie du regard médical*)中,福柯重点讨论了解剖学家、生理学家毕沙(François Marie Xavier Bichat)的死亡观。[①] 毕沙描述了一种局部的、渐进的死亡形式,使传统的决定性的死亡概念重新相对化。在德勒兹看来,毕沙的创新在于,他扭转了将死亡视为生命的终点和不可分割的决定性瞬间的传统看法,将死亡视为生命的共同延展物,视为生命中共存的多样的、复数的力量。毕沙并没有像传统思想那样将死亡描绘成一个点,而是将它视为是一条"线"。死亡内在于生命之中,如同一条"线"般始终伴随着生命,生命不但无法回避死亡,而且要时刻面对死亡、反复穿越死亡,生命也因此表现为穿越于生死之间的生命历程。从毕沙的死亡观念到弗洛伊德的"死亡本能",他们的论述都指出,死亡属于生命的最内在的天性和趋向。求生与死亡的矛盾始终伴随着生命的生存活动本身,死亡作为生命固有的可能性而内在于生命之中,对生与死的基本悖论的领会是理解生命的根本途径之一。巴塔耶和福柯均认为,死亡是探索生命极限的最有力的力量,是探索生命的不可能性的最佳领域。只有在我们的生命反复不停地穿越死亡之线的冒险过程中,在生命的自由创造和生活的艺术所赋予我们的一次次的重生中,我们才能够将自身的生命提升到新的高度。

三

晚年的福柯一再指出,自己"无非是尼采主义者"[②]。对尼采的阅读促使福柯在早年与以往的一切生活告别,使得他"完全变成了另外一个人"[③]。福

[①] 福柯早年的知识考古学研究对生命问题的思考也深深受惠于他在巴黎高等师范学院的导师之一、法国知识史和思想史权威乔治·康吉莱姆(G. Canguilhem)。在康吉莱姆的支持和引导下,在巴塔耶等新尼采主义先驱的影响下,福柯追随尼采,从现象学回到了真理的历史的问题。

[②] Michel Foucault, *Dits et écrits*, 1954 - 1988, vol. Ⅳ, p. 704.

[③] Michel Foucault, *Dits et écrits*, 1954 - 1988, vol. Ⅳ, p. 780.

柯将自己的《性史》(*Histoire de la sexualité*)第一卷命名为"认知的意志"
(La Volonté de Savoir),向自己的精神导师尼采致以敬意。尼采关于真理、
真理的历史和真理意志的历史等问题的论述首先使福柯深深受益。将
海德格尔哲学与尼采思想相联系的阅读活动,使福柯进入他的新尼采主
义思想发展的关键时期。早在 1964 年的罗雅蒙尼采研讨会发言"尼采·
弗洛伊德·马克思"(Nietzsche,Freud,Marx)①中,福柯就以"解释技术"
(techniques d'interprétation)为论题,强调"解释相对于符号的优先性",认为
并没有绝对的原始项有待解释,每个符号只是其他符号的解释,解释是一种
无限的工作。在福柯看来,貌似单纯的符号越来越表现为在无穷化的网络
之中相互交错,符号内部也体现了力的冲突的复杂游戏。在 1971 年发表的
论文"尼采·系谱学·历史"(Nietzsche,la généalogie,l'histoire)②中,福柯
进一步通过分析尼采在《道德系谱学》等著作中对"Entstehung"和"Herkunft"
等词的特殊使用,强调产生于各种力的冲突对峙和倾轧叠加状态中的、表达
作为事件总体的突然呈现的"冒现"(émergence)概念,并以之取代传统形而
上学想要寻求的事物的"起源"(origine,Ursprung)。因为历史并非是连续
一致的整体,而是各种事件的交错叠加,因此,系谱学考察的对象,就是作为
相互冲突对峙的力的关系的"事件"和这些"事件"中的关系网络,其研究的
目标,就是为了重建事件的冒现过程中冲突对峙的力的关系网络及其关联
机制,展现出冒现过程的整体样态,进而从中分析权力、知识和道德等关键
因素之间的内在关系和交错运行过程。为了分析主体化的模式和客体化的
模式,以及它们的相互制约性和相互关联性,在知识考古学的基础上,福柯
进一步借助于尼采的系谱学来研究主体化的过程。他在《性史》第二卷《快
感的享用》(*L'Usage des plaisirs*)中明确地将他的研究称为"欲望的人的系
谱学"研究。在借鉴尼采的理论方法和理论观点的基础上,福柯寻求在尽可
能广泛的领域内灵活地运用尼采的思想。在较长时期的知识考古学和权力
道德系谱学研究的基础上,福柯非常肯定地指出,主体的建构过程,包括了
一系列约束性的或是自愿的社会实践,以及文化领域中人们遵从的大量规

① Michel Foucault,*Dits et écrits*,*1954 - 1988*,vol. I,pp. 564 - 579.
② Michel Foucault,*Dits et écrits*,*1954 - 1988*,vol. II,pp. 136 - 156.

则、风格和规定。

尼采认为，我们生命的意义就在于"自身的艺术化"："我们不妨这样来设想自身：对于艺术世界的真正创造者来说，我们已经是图画和艺术投影，我们的最高尊严就存在于艺术作品的意义之中，因为只有作为审美现象，我们的生存和世界，才永远有充分理由。"（尼采：《悲剧的诞生》，第 5 节）在尼采那里，真正的艺术家是将一切"形式"视为是"内容"："艺术家之所以是艺术家，是因为艺术家把一切非艺术家所谓的'形式'当作内容来感受，即当作'实事本身'来感受。当然，这样一来，人们就归属于一个颠倒了的世界了：因为现在，人们把内容当作某个单纯形式上的东西了——包括我们的生命在内"。（尼采：《强力意志》，第 818 条）福柯如同尼采所赞赏的艺术家那样，将"主体化"视为是过程，将"主体"或生命的"形式"视为是一种"内容"（生存原则、生存方式、生存风格）：一种"自身对自身的关系"（le rapport de soi à soi）。在福柯称之为"关于我们自身的历史存在论"（l'ontologie historique de nous-même）的西方主体化过程的历史研究中、在探讨"我们自身是如何成为主体的"这一核心问题的过程中，为了创建自由的个人自身、寻求生命自由实践的新的可能性，福柯后期研究的重点一度转向考察古希腊罗马时期的"关怀自身"（epimeleia heautou）的实践原则。福柯高度赞赏叔本华、尼采和波德莱尔等重建自身的伦理学和美学的勇气和努力，充分讨论了古希腊罗马时期关怀自身的各种修身实践活动，特别关注作为"生活的艺术"的严谨、持续、有规则的修身文化、精神训练和对自身的伦理学的自由探索，强调关怀自身的伦理是一种自由的实践。随着"自身对自身的关系"成为"自身的实践"的目标，这一目标所隐含的前提即"转向自身"（se convertere ad se）的原则成为福柯考察的重要内容。在福柯那里，生命（"bios"）必须是技艺（"tekhnê"）的对象、世界必须被理解为体验自身和考验自身的场所，一方面，通过以"自身对自身的实践方式"（le mode de la pratique de soi sur soi）问题为中心的"生活的技艺"（tekhnê tou biou），不断建立完善自足的自身对自身的关系，另一方面，恰当地衡量自身在世界中位置，将"自身对自身的关系"当作与世界关系的原则，使自身的生活变成一件具有审美价值和反映风格标准的艺术作品，使自身成为能够进行心灵治疗和不断自我更新的充分自然的艺术生命，突破西方近现代资本主义社会文化中建构形成的主体对于我们自身的束缚。与尼采同样的,福柯为古希腊罗马文化所吸引,重点探讨具有逾越性质的、作为"自身的伦理学"的"生存美学"(l'esthétique de l'existence),正是基于这样的原因。福柯对生存美学的思考,环绕着自身的实践的问题,系统地阐发于他在法兰西学院的授课笔记《主体解释学》(L'Herméneutique du sujet. 1981－1982)、《对自身与对他人的治理》(Le gouvernement de soi et des autres. 1982－1983)以及《真理的勇气：对自身与他人的治理Ⅱ》(Le courage de vérité. Le gouvernement de soi et des autres Ⅱ. 1983－1984)中。

近现代西方资本主义社会通过一系列非政权形式对生命进行规训。随着西方社会中各种关于生命和人口的新问题的大量出现,各种不同的统治技术也迅速涌现。资本主义的发展也要求进一步增大对于生命的肉体规训和人口调节的力度,以适应经济生产和统治的需要。资本主义社会的"解剖政治"与"生命政治"应运而生,分别承担着对西方人的肉体的规训与对人口的控制和调节的职能,西方资本主义社会由此进入"一个生命权力的时代"(L'ère d'un bio-pouvoir)。福柯看到,作为进入人体生命和人种生命的通道,性的问题同时关系到解剖政治和生命政治两者,因此被西方资本主义社会视为规训的基础和调节的原则。福柯以"性论述"为重心,在他的《性史》三卷本中具体地考察了西方人的主体化过程。德勒兹运用他的源于布朗肖、毕沙和海德格尔等的"褶皱"概念指出,主体化的过程产生于褶皱作用,福柯的研究主要涉及四种主体化过程的褶皱。第一种褶皱是我们的自身的物质部分所产生的褶皱,它在古希腊时代表现为身体和快感,在基督教时代表现为肉体和它的欲望。第二种褶皱是力量关系的褶皱,是力量关系根据某种独特的规则作用于其自身而非其他力量时所造成的褶皱,而当有效规则分别为自然、神、理性、美学时,力量关系也完全不同。第三种褶皱是真理的褶皱,是真理在与我们的自身的关系中产生的褶皱。第四种褶皱是由"外部的线"自己为了构成一种"等待的内在性"时所产生的褶皱。德勒兹进一步指出,为了逾越力量的线、超越权力,就要将力量关系折叠起来,使它作用于它自身,社会领域由此产生了新的生存和思想的区域,产生了在其他方式下使不可生存者得以生存的可能,生命因此获得了抗拒和超脱权力控制的生存方式。这些生存方式是制造像艺术作品那样的生存的、可以由自身任意选择的规则,它们同时是伦理的和审美的,它们构成了生命的存在和生命的风格,这就是尼采所发现的艺术家的权力意志的运作模式,是生命可能性的创造。

结　语

福柯对于我们如何理解法国新尼采主义生命哲学的意涵有明确的回答。在 1984 年 6 月福柯逝世前的最后一次访谈录中,他着重指出,"从黑格尔和谢林开始,人们才试图在基督教之外,重新发现希腊的思想,而这种努力,后来又在尼采那里再次表现出来。所以,像尼采那样,我们今天又重新思考希腊的思想;但这并不是为了发现在希腊的道德中所存在的道德价值,似乎以为这些因素是我们进行思考所必需的。与此相反,这是为了使欧洲的思想,能够在希腊思想的基础上完全自由地重新发动起来"①。正如德勒兹所说的,对于主体的考察并非是福柯的最终理论目标,福柯的目的是为了寻求生命的多种可能性,寻求尼采式的审美的生命主义。如何能够寻找到一种关于自身的生存的新的可能性,以及这种新的可能性的萌芽如何能够萌发,是法国的新尼采主义所关注的思想焦点。福柯的研究目的也并非是要回归希腊的生存方式、希腊人构成自身的方式,而是要最终回归今天的我们。我们的生存方式、我们的主体化的过程是什么样的? 我们的生命的可能性是什么样的? 我们如何能够如同尼采所指出的,以充分"艺术"的方式成就我们的自身? 这些问题也是法国新尼采主义的生命哲学的基本问题。

当今法国的新尼采主义以多样的创新概念和论述形式,建构和重构了许多富有启示性的理论思考模式、基本论题及方法论等生命哲学的创新成果,如巴塔耶的"内心经验"、福柯的"关怀自身"和"生存美学"、德勒兹的"欲望机器"和"褶皱"等。21 世纪的人类和人类社会面临复杂而急速的变迁和更新,而所有这些问题的主要症结和基本矛盾,以及生命本身的重要问题,都已经或多或少地为法国的新尼采主义所探讨、研究和分析。以巴塔耶和福柯为代表的法国新尼采主义者,以独特的理论视角重新把握"内在生命/

---

① Michel Foucault, *Dits et écrits*, 1954 - 1988, vol.Ⅳ, p. 702.

实践生命"("la vie intérieure /la vie pratique")的双重性,扭转了对生命的传统看法。他们的思考在生命哲学问题的反思和实践方面,深刻而广泛地影响了整个西方当代哲学和人文社会科学的更新,同时也直接促进了哲学基础理论本身的改造及其与社会实际的紧密结合,为深入研究当代西方社会,特别是当代人类的各种社会现实的迫切问题的分析、人类未来可能的新的生活方式,提供了重要的理论启示,使我们更加思考尼采思想的深刻性及其内容的丰富性。

参考文献

[1] Jacques Le Rider, *Nietzsche en France. De la fin du XIXᵉ siècle au temps présent*, Paris, P.U.F., 1999.

[2] Pierre Boudot et al., *Nietzsche aujourd'hui?*, t. I. *Intensités*, t. II. *Passion*, Paris, U.G.E., 1973.

[3] Henri Bergson, *C Euvres*, Paris, P.U.F., 1959.

[4] Georges Bataille, *L'expérience intérieure*, Paris, Gallimard, 1943.

[5] Georges Bataille, *Sur Nietzsche. Volonté de chance*, Paris, Gallimard, 1945.

[6] Pierre Klossowski, *Nietzsche et le cercle vicieux*, Paris, Mercure de Fance, 1969.

[7] Michel Foucault, *Naissance de la clinique. Une archéologie du regard médical*, Paris, P.U.F., 1963.

[8] Michel Foucault, *Les Mots et les Choses. Une archéologie des sciences humaines*, Paris, Gallimard, 1966.

[9] Michel Foucault, *Dits et écrits*, 1954 – 1988, vol. I - IV, Paris, Gallimard, 1994.

[10] Michel Foucault, *Histoire de la sexualité*, t. I. *La Volonté de savoir*, Paris, Gallimard, 1976.

[11] Michel Foucault, *Histoire de la sexualité*, t. II. *L'Usage des plaisirs*, Paris, Gallimard, 1984.

［12］Michel Foucault, *Histoire de la sexualité*, t. Ⅲ. *Le Souci de soi*, Paris, Gallimard, 1984.

［13］Michel Foucault, *Le gouvernement de soi et des autres*, Cours au Collège de France (1982 – 1983), Paris, Gallimard/Seuil, 2008.

［14］Michel Foucault, *Le courage de vérité*: *Le gouvernement de soi et des autres* Ⅱ, Cours au Collège de France (1983 – 1984), Paris, Gallimard/Seuil, 2009.

［15］Gilles Deleuze, *Le Bergsonisme*, Paris, P.U.F., 1997.

［16］Gilles Deleuze, *Nietzsche et la philosophie*, Paris, P.U.F., 1962.

［17］Gilles Deleuze, *Foucault*, Paris, Minuit, 1986.

［18］Gilles Deleuze, *Pourparlers*, Paris, Minuit, 1990.

［19］Gilles Deleuze et Félix Guattari, *Capitalisme et schizophrénie. t. Ⅰ. L'Anti-Œdipe*, Paris, Minuit, 1972.

［20］Gilles Deleuze et Félix Guattari, *Capitalisme et schizophrénie t. Ⅱ. Mille Plateaux*, Paris, Minuit, 1980.

［21］Georges Canguilhem, *Le normal et le pathologique*, paris, P.U.F., 1966.

［22］Luc Ferry et Alain Renaut, *La pensée 68. Essai sur l'anti-humanisme contemporain*, Paris, Gallimard, Collection Folio/Essais, 1988.

［23］Alexander Nehamas, *Nietzsche*: *Life as Literature*, Cambridge, Massachusetts, Harvard University Press, 1985.

［24］edited by Bernd Magnus and Kathleen M. Higgins, *The Cambridge Companion to Nietzsche*, New York, Cambridge University Press, 1996.

（本文发表于《江苏社会科学》2011 年第 3 期）

船山论"情"

孙钦香[*]

在中国学术思想史研究中,"早期启蒙论"是明清之际思想的标志性称号,由此,情欲解放问题成为这一阶段思想研究的一项重要内容,无疑王船山也被作为这一思潮的典型代表之一。但是正如王汎森已经指出的,明末清初思想家们在重视和提倡自然人性论的同时,也恪守严格的道德主义[①]。李明辉更是指出:"王汎森看出'情欲解放'论述之不尽然合乎事实,的确具有洞识。但是他将戴山与陈确、王夫之、颜元同归入'自然人性论'之列,却令人有'只知其一,不知其二'之憾。"[②]据此可以说,就王船山思想本身而言,情欲这个问题就更加复杂和多样,一方面他严格辨析性情之分,界定"情"的内涵,主张性善说而归不善于情,这就与"左派王学"所倡导的自然人性论划清界限;另一方面,他也主张"情"(喜、怒、哀、乐、爱、恶、欲)在道德实践活动中具有积极、正当的意义和功效,这就与佛老乃至(唐)翱等的灭情说、无欲说划清界限。看似不协调的两种看法正好反映出船山论"情"的复杂性和多重性。

一、"情"之定义

儒学中关于"情"的界说首见于《礼记·礼运》篇:"何谓人情? 喜、怒、哀、乐、爱、恶、欲,七者弗学而能。"这是说人的情感有七种,分别为喜、怒、

---

  *   **孙钦香**,1980年生,2013年10月至今在哲学与文化研究所工作。

  ①   王汎森:《晚明清初思想十论》,复旦大学出版社,2004年,第91页。

  ②   李明辉:《四端与七情:关于道德情感的比较哲学探讨》,华东师范大学出版社,2008年,第112页。

哀、乐、爱、恶、欲。由这个界定来看，爱是属于人情中的一种，问题是这是否可推导出不能以爱来定义仁呢？这里就牵涉到程朱理学对"仁性爱情"学说的论述。

"以爱言仁"这个说法在北宋理学兴起之前并没有引起异议，比如董仲舒就说"仁者，恒爱人"（《春秋繁露·仁义法》），韩愈也曾说"博爱之谓仁"（《原道》），而且这个说法在《论语》《孟子》中也可找到文本依据，比如《论语·颜渊》记载："樊迟问仁，子曰：爱人"，孟子也说过："仁者爱人"（《离娄下》）。

但是这个说法却受到程颐等理学家的激烈批评，程颐认为后世据孟子所说"恻隐之心，仁也"这个命题，就主张以爱来定义仁，这是不对的。原因是固然可以说恻隐之心是爱，但是爱只是情，而仁却是性，怎么可以爱来定义仁呢？这就是程颐所谓的"仁性爱情"说。所以他认为孟子此处所说："恻隐之心，仁也"，其实是前面所说："恻隐之心，仁之端"的简略而已，既然说是"仁之端"，那么就不能说"恻隐之心"就是"仁"。接着对韩愈"博爱之谓仁"的说法也提出批评，程颐认为"仁者"固然是博爱的，但便以博爱来定义仁，却是错误的[①]。

基于其"仁性爱情"的说法，程颐对《论语·学而》"孝弟为仁之本"也给出一个新颖的解读，他认为此句意思是说："行仁自孝弟始。"但是"仁是性，孝悌是用。性中只有仁义礼智四者，几曾有孝弟来？仁主于爱，爱莫大于爱亲，故曰"孝弟也者，其为仁之本与！"[②]这是说爱亲、敬长都是用，而不能用来界定"仁"。

朱子本程颐此说，进一步界定"仁"为"爱之理，心之德"[③]。朱子云："由汉以来，以爱言仁之弊，正为不察性情之辨，而遂以情为性尔。"[④]这是说自汉代以来，儒者以爱来定义仁，正是因为不能区分性情之辨而造成的，于是径直认为情就是性。换言之，之所以会出现以爱言仁，乃是因为没有分清楚性与情之别，爱只是人情之一，而仁乃是人之所以为人者，是由天命所赋予人

---

①　程颢，程颐：《二程集（上）》，中华书局，1981年，第182页

②　程颢，程颐：《二程集（上）》，中华书局，1981年，第183页。

③　朱熹：《四书章句集注》，中华书局，1983年，第48页。

④　朱熹：《朱子文集（第三册）》，德富文教基金會，2000年，第1265页。

的性。

程朱一系的严辨性情的观念,为王船山所承续,他说:

> 爱未是仁,爱之理方是仁",双峰之说此,韪矣。韩退之不知道,开口说"博爱之谓仁",便是释氏旖旎缠绵,弄精魂勾当。夫爱,情也;爱之理,乃性也。……朱子曰"仁者爱之理",此语自可颠倒互看。缘以显仁之藏,则曰"爱之理";若欲于此分性情、仁未仁之别,则当云"理之爱"。①

在此,船山明确认可朱子再传弟子饶鲁(号双峰)的这一说法:爱未是仁,爱之理才是仁,并批评韩愈不了解圣人之道反以博爱来定义仁。继而,船山指出爱是人情之一,而爱之理才是性,性情是须严格分辨的。并解释朱子"仁者爱之理"这个命题中的主宾之间可以互相界定,为了显示仁的内涵须说"爱之理",但要区分性情、仁不仁,就要说"理之爱"。由此可见,船山完全继承程朱"仁性爱情"的说法,认为爱是人情之一,不能用来定义仁,原因就是仁是性,而爱是情。

与此相比,王船山与程朱在对孟子"恻隐之心"等四端的定义上却产生分歧,他批评程朱认"四端"为"情"的观点。由上所引可以看出,程颐把孟子"恻隐之心"等同于爱,而朱子也基本继承程颐的这个说法,认为:"恻隐、羞恶、辞让、是非,情也,仁、义、礼、智,性也。"②但是船山却明确提出批评意见,他认为:

> 孟子言"恻隐之心,仁也"云云,明是说性,不是说情。仁义礼智,性之四德也。虽气发也近于情以见端,然性是彻始彻终与生具有者,不成到情上便没有性!性感于物而动,则缘于情而为四端;虽缘于情,其实只性。……故以知恻隐、羞恶、辞让、是非之心,性也,而非情也。夫情,则喜、怒、哀、乐、爱、恶、欲是已。③

---

① 王船山:《读四书大全说》,岳麓书社,1991年,第1059—1060页。
② 朱熹:《四书章句集注》,中华书局,1983年,第238页。
③ 王船山:《读四书大全说》,岳麓书社,1991年,第1064—1065页。

在此,船山指出孟子所说恻隐之心、羞恶之心、辞让之心、是非之心这四端是说性,而不是情。仁义礼智是人性中四种德性,这四德因物感而发见出来,固然是依托着情而显现为四端之心,但是船山指出性无论发与未发都是存在的,因此说孟子四端之心是性,而人情乃是指喜、怒、哀、乐、爱、恶、欲这七种情感。而如果将恻隐、羞恶、辞让、是非与喜、怒、哀、乐看作一个,就会性情不分,在船山看来,孟子所说的"情"就是指喜怒哀乐而已,不是说这四端之心的。于是他指出"恻隐是仁,爱只是爱,情自情,性自性也"①。

朱子把孟子"四端"说隶属于情的范畴,所谓"性者,理也,性是体,情是用……仁、义、礼、智是性也……恻隐、羞恶、辞让、是非,本是情也。"(《朱子语类》卷九八)这是说与仁义礼智相比而言,依其理气、性情论二分的架构,孟子"四端说"确实是属于形而下层面的情。朱子的这个观点正如郭齐勇所说:"朱子至少把'情'分为两部分,一是'七情',一是'四端'。"②

但船山并不同意这一观点,认为孟子"四端"说仍然是属于性的范畴,否定四端为"情"的观点。据此郭齐勇指出,在对"情"的界定上朱子、船山是不同的,并认为在这方面船山比朱子还更加保守 775—82。

由此可见,船山是在更严格的意义上界定情感的范畴,认为只能以《礼记·礼运》七情来规定人之情感的内容,而孟子所说的"四端"是属于人性的范畴,不应与七情相混淆。在此界定和划分的理论前提下,船山更为严格地恪守性情之别:

> 情元是变合之几,性只是一阴一阳之实。情之始有者,则甘食悦色;到后来蓄变流转,则有喜、怒、哀、乐、爱、恶、欲之种种者。③

在船山看来,情与性是截然不同的,仁义之性是本源于"阴阳之诚",而情是"变合之几"。甘食悦色是初始的简单的情感类型,后来至于变化无端、复杂无恒,产生了喜、怒、哀、乐、爱、恶、欲七种情感。由上可见,在船山思想中,

---

① 王船山:《读四书大全说》,岳麓书社,1991 年,第 106 页。

② 郭齐勇:"朱熹与王夫之的心性情才论之比较",《文史哲》2001 年第 3 期,第 75—82 页。

③ 王船山:《读四书大全说》,岳麓书社,1991 年,第 1066 页。

性与情是被严格划分的。那么人的情感是如何产生的呢?

> 盖吾心之动几,与物相取,物欲之足相引者,与吾之动几交,而情以
> 生。然则情者,不纯在外,不纯在内,或往或来,一来一往,吾之动几与
> 天地之动几相合而成者也。①

在此,船山指出"情"是内外交相互动而产生的,不是纯由内在的心性之动产生,亦不纯由外存的物感而产生,而是二者交合互动的产物。他认为能够称为"自家"的,"除却天所命我而我受之为性者,更何物得谓之自家也?"②是说能够称为"自家"的就是天命所赋予人的仁义之性而已,而"情"是内外交互感应的产物,所以说"非吾之固有"。正因为情感是因内外交感而产生,由此便会产生善与不善之分,也就出现了船山所谓"情"的功与罪的问题。

二、归罪于情

由上可知,人的情感是人心与外物交合感通的产物,简言之,情感不是人所固有的东西,而是由内外交相感而生的。继而船山借由区别情、才、物欲之间的关系,论证其"可以为不善者"乃是情之罪的观点。

首先,船山提出,朱子在对《孟子·告子上》"乃若其情,则可以为善"这句话的注解中说"情不可以为恶"是错误的,这是由朱子误认恻隐之心等四端为情感造成的。如果了解恻隐等心是性所见于情感而绝不是情感,那么怎么可以说喜、怒、哀、乐这些情感是"不可为恶"呢?

接着,他解释孟子所说"或相倍蓰而无算者,不能尽其才者也",认为固然可以说"不能尽其才者也",但却不可说"不能尽其情",因为如果说"尽其情",则就是"喜、怒、哀、乐、爱、恶、欲之炽然充塞也,其害又安可言哉!"③这是说,如果说"尽其情",其意就是指要使喜、怒、哀、乐、爱、恶、欲充分发挥至极致,结果就是情感泛滥危害无穷。于是他认为:

---

① 王船山:《读四书大全说》,岳麓书社,1991年,第1067页。
② 王船山:《读四书大全说》,岳麓书社,1991年,第1067页。
③ 王船山:《读四书大全说》,岳麓书社,1991年,第1067页。

才之所可尽者,尽之于性也。能尽其才者,情之正也;不能尽其才者,受命于情而之于荡也。惟情可以尽才,故耳之所听,目之所视,口之所言,体之所动,情苟正而皆可使复于礼。亦惟情能屈才而不使尽,则耳目之官本无不听、不明、耽淫声、嗜美色之咎,而情移于彼,则才以舍所应效而奔命焉。①

在此,船山指出孟子"尽其才"的说法,其意是指按照仁义之性的教导来正确地实施耳、目、口、身体的职责,而且之所以能够尽其才,正是由于情感能够正确地发挥其作用。而不能尽其才,是由人之耳、目、口、体完全听命于不善的情感而流荡无着落造成的。因此,船山认为七情是可以驱动耳、目、口、身这些才能,使之不能按照仁义之性的规定来行使其功效,在这个意义上可说,人的耳、目、口、体不能各尽其才能与智慧,其缘由就在于七情的偏颇与流荡。

既然情感承担着道德上不善的罪责,自然船山对程朱将不善归于才的说法也提出批评。他明确指出,"性无不善而才非有罪者"而"决以罪归情"②。这是说,人的才能不是人之所以能作恶的缘由。在船山看来,"才之本体"就是"为性之所显,以效成能于性中之经纬,而何罪哉?"③此是说人的才能的本体或者说本有的功能就是协助仁义之性发挥其应有的功能的,是可以成为为善的助缘,有什么罪过呢?因此船山说:"既是人之才,饶煞差异,亦未定可使为恶。"④这是说,尽管属人的才能是千差万别的,但也绝非可认定是为恶的。

可以说,船山充分认识到情感在人的道德生活中所具有的巨大能量,但是这种能量却是极易飘忽不定的,如果没有"性授以节",而且"则才本形而下之器",于是就会产生人的才智听命于"情以为作以为辍,为攻为取,而大

---

① 王船山:《读四书大全说》,岳麓书社,1991 年,第 1067 页。
② 王船山:《读四书大全说》,岳麓书社,1991 年,第 1072 页。
③ 王船山:《四书训义(下)》,麓书社,1990 年,第 699 页。
④ 王船山:《四书训义(下)》,岳麓书社,1990 年,第 699 页。

爽乎其受型于性之良能。"①这是说,才本来是属于成就仁义之性的良能,但因其同时属于"形而下之器",那么它如果不受仁义之性的节制,就会"听命于情"而沉溺于不正之情感,就会丧失其本来具有的能力,而随不良情感流荡不休。因此,船山认为,归根结底,人的不善或者说恶之缘由不在于才,而在于情。

当然这也绝不意味着可以说才"不可以为恶",船山指出:"人之为恶,非才为之,而谁为之哉!唯其为才为之,故须分别,说非其罪。"②这是说,人能够作恶,确实是人的才能去做的,但是人的才能之所以去恶,却是因为其受到不正之情感的牵绊与影响,正是在这个意义上才说,人之所以不善不应该归罪才,而应该归罪于情。同理,既然为恶不是才的问题,那么为善也非才的功能,此即船山所谓"为不善非才之罪,则为善非才之功矣。"③

船山认为告子之流正是因为既没有认识到"吾心固有之性",又只见情感能够驱役人的才智去为不善,于是把性的名称加在情感上面。同时后世解释《孟子·告子上》此章的儒者,又不能严格区分性与情"有质无质,有恒无恒、有节无节之异",而认为孟子所说"性善"就是指"情善"。船山指出如果说情善,那么"人之有不善者又何从而生?"如果归之于物欲,这就是老子所讲"五色令人目盲,五音令人耳聋"的意思。或者归之于气,则是"诬一阴一阳之道以为不善之具",将会轻视、践踏阴阳五行之天德,这就是释氏所说"海沤""阳焰"之说。④

在此需要特别说明的是,欲作为七情之一,在船山思想中,尽管有研究指出,他对天理与人欲的看法接近于所谓"情欲解放"一路,而且"随处见人欲,即随处见天理"⑤,这句话更是被广泛征引以说明船山思想中具有"情欲启蒙"的因素。但正如有学者已指的,船山思想中固然对程朱理学"存天理,灭人欲"说法有反思和批判,但是仍然主张严格区分理欲,仍然也讲"私欲净

---

① 王船山:《读四书大全说》,岳麓书社,1991年,第1067页。
② 王船山:《读四书大全说》,岳麓书社,1991年,第1070页。
③ 王船山:《读四书大全说》,岳麓书社,1991年,第1053页。
④ 王船山:《读四书大全说》,岳麓书社,1991年,第1068页。
⑤ 王船山:《读四书大全说》,岳麓书社,1991年,第912页。

尽,天理流行"①。因此嵇文甫先生指出,不能混同船山思想与李卓吾思想,前者是在宋明道学的基础上,加以改造和新发展,而后者根本反对宋明道学,予以烈的抨击。② 可以说,在理欲关系问题上,正如船山对"情"的思考一样是复杂的、多层的,正如陈来所指出的,船山"将欲分为人欲、私欲、公欲,所以不能以为船山对于"欲"持无条件的肯定。"③

归结而言,船山此说:"愚于此尽破先儒之说,不贱气以孤性,而使性托于虚;不宠情以配性,而使性失其节"④,可谓定论。这是说,船山思想中固然是有气善论的观点,固然可说他对程朱义理之性、气质之性二分的观点是有所批评和反思,但却不能由主张气善论推导出情善论;在船山性情之辨讨论中,他始终严辨其分,认为如果没有性之节制和引导,情感极"可以为不善"。正如陈来所说,船山对情、才的论述与"气体的本善不同",并指出"船山这种罪情论和他的贵气论恰成对比,与朱子学把情归为气不同,'尊气贬情'是船山思想的主要特点。"⑤此诚为确论。

综上而言,才、物欲、气在船山思想中皆不是人为恶的缘由,而人之所以作恶乃是因为七情不受仁义之性的节制,从而使人的才能不能发挥其为善的助缘,随着不善的情感流荡淫逸,才产生了恶。可见,船山对欲、气、才、情的不同论述,其间有复杂的区别和界定,因此陈来指出:"与中国哲学史上以往的情恶论不同的是,船山对情的否定的看法是和他对气、欲、形色的不否定相联系的。"⑥

由船山以上所论来看,固然明末儒学经历了一种思想观念的转型,但如何解读和说明这种转型,恐怕不能仅仅用"情欲解放"就概括得了的,正如前述王汎森、李明辉对"情欲解放"这一诠释范式的解构。可见在解释明末清初思想转型时必须深入各家各人的文本中去,做更为细致的梳理和解读,这样才会得出尽可能切合每位儒者本意的诠释。

---

① 嵇文甫:《王船山学术论丛》,三联书店,1962年,第70页。
② 嵇文甫:《王船山学术论丛》,三联书店,1962年,第69—74页。
③ 陈来:《诠释与重建-王船山哲学精神》,北京大学出版社,2004年,第32页。
④ 王船山:《读四书大全说》,岳麓书社,1991年,第1068页。
⑤ 陈来:《诠释与重建-王船山哲学精神》,北京大学出版社,2004年,第27—28页。
⑥ 陈来:《诠释与重建-王船山哲学精神》,北京大学出版社,2004年,第33页。

当然,正如陈来所言:"船山的辩证思维使他在宣称情为不善之源的同时,也肯定情在行为动力学上的不可缺少的作用与地位"①,这点明,船山在主张人之作恶的缘由根于七情的同时,又强调人能够做善事也离不开七情之配合及其积极功用。此是船山思想中"情"论的另一个面向,即情感之可以为善的一面。

三、为善亦情之功

如上所言,是否意味着在船山"情"论中,情感就没有其存在的正面价值而应成为被消灭的对象呢? 答案当然是否定的。固然在船山严辨性情思想中,性情是有严格的界限的,不容混淆,但是情感的产生却又是不能消除的。他指出:

> 夫人生而有性,感而在,不感而亦在者也。其感于物而同异得失之不齐,心为之动,而喜怒哀乐之几通焉,则谓之情。②

在此船山指出,人性无论感与不感,都是始终存在的;它为外物所感而产生同异得失这样不一的情况,心就会生出喜、怒、哀、乐等七情。而且船山还指出,"情虽不生于性,而亦两间自有之几,发于不容已者"③,简言之,喜、怒、哀、乐、爱、恶、欲七情的产生是无法避免的。

既然七情绝非可有可无之物,那么正确的做法理应是"亦但将可以为善奖之,而不须以可为不善责之"④。就是说,既然喜、怒、哀、乐等情感是无法消除的,那么聪明的做法就是应该鼓励或者说奖励情感发挥其善的一面,而不是因其为不善而只去责备它。之所以如此做的更深层原因在于:

> 不善虽情之罪,而为善则非情不为功。道心惟微,须藉此以流行充

---

① 陈来:《诠释与重建-王船山哲学精神》,北京大学出版社,2004 年,第 33 页。
② 王船山:《四书训义(下)》,岳麓书社,1990 年,第 698 页。
③ 王船山:《读四书大全说》,岳麓书社,1991 年,第 1069 页。
④ 王船山:《读四书大全说》,岳麓书社,1991 年,第 1069 页。

畅也。如行仁时，必以喜心助之。①

七情固然是人之所以不善的罪魁祸首，但是必须指出的是，喜、怒、哀、乐、爱、恶、欲也是人之所能为善不可或缺的功用。其因在于仁义之性、道德之心在人的层面上来看，是很微弱的，力量不大，即《尚书》所言"道心惟微"，其发用呈现需要借助七情才能流行畅达。船山指出，比如行仁德时，需要快乐的情感为助缘，才能更好地做仁德的事。

因此，船山认为对待七情的正确的、积极的态度是从其可以为善的一面多加用心和做功夫，而不可因为七情是可以为不善的，而过于谴责乃至于把七情消灭掉。船山强烈谴责这样的灭情观念：

> 若不会此，则情既可以为不善，何不去情以塞其不善之原，而异端之说由此生矣。乃不知人苟无情，则不能为恶，亦且不能为善。②

船山认为灭情之说乃是异端之论，圣人之教不是教人消灭情感。原因在于如果人的七情没有了，固然是不能作恶了，但同时也就不能去为善了。人的喜、怒、哀、乐、爱、恶、欲是完全可以在仁义之性的指导下，作为善的助缘，而去成就和完满良善之事。因此船山指出：

> 喜怒哀乐之发，情也。情者，性之绪也。以喜怒哀乐为性，固不可矣，而直斥之为非性，则情与性判然为二，将必矫情而后能复性，而道为逆情之物以强天下，而非其固欲者矣。若夫爱敬之（感）发，则仁义之实显诸情而不昧者，乃以为非性，是与告子"杞柳梏杯棬"之义同，而释氏所谓"本来无一物"，"缘起无生者"，正此谓矣。③

这是说，喜怒哀乐这些情感，是"性之绪"，固然不可以称情感为性，但是说情

---

① 王船山：《读四书大全说》，岳麓书社，1991 年，第 1069 页。
② 王船山：《读四书大全说》，岳麓书社，1991 年，第 1069—1070 页。
③ 王船山：《礼记章句》，岳麓书社，1989 年，第 891 页。

感决然与性是二个截然不同的东西,就会出现灭情或者矫治情感以恢复本性的说法,而不知"喜怒哀乐之正者,皆因天机之固有而时出以与物相应"①,这点明喜怒哀乐这些情感有其正确的运用,比如"爱亲敬长"这些情感就是仁义之性的显露和发用,如果说这些"喜怒哀乐之正者"不是性之表现,那么就是告子戕贼其性的说法以及佛教"本来无一物""无中生有"的说法。于是,船山指出"情之可以为善者,因其为性之感通也"②,明言七情是可以奉性而行的,有仁义礼智之性以节制其喜、怒、哀、乐、爱、恶、欲七情,就是成就德行的情感。相反,归罪于情,乃是说七情不奉性而为,任其喜怒哀乐之任意发现,没有仁义道德的节制。

正是由于性之节制和引导,情感才能发挥其积极正确的作用,船山说:"发乎情,止乎理,而性不失焉,而则喜怒哀乐之大用,即礼乐刑政之所以为体者也。"③这是说,圣人制礼作乐,乃至制定刑政,都是由情感出发,而根据人之性而实施节制,这样才能使仁义之德得以彰显,而喜怒哀乐之情也得以正确、合理地流行发用。而船山所谓"性情同善之源"④就是在这个意义上来说的。

因此,船山指出,自己之所以会把不善归罪于情,是"专就不善者言之也",而孟子说"乃若其情,则无不善",是说情感的常态,而我所说的乃是专指情感的不好的变化而言⑤。在船山看来,自己的这个说法与孟子此处所说"乃若其情则可为善"的说法是不冲突的,他认为孟子是说七情之正,是说七情可以为善。

当然,必须指出的是,情感的可以为善、能够为善,在船山思想中,绝不意味着情感具有任何本体论意义,或者说船山哲学有"情本论"思想,因为毕竟在船山哲学中情感与人之性是有严格区分的,且也是人所以为不善的缘由。何以会主张把不善归罪于情,船山的解释是因为情感极易变化不定,换言之,七情因其变易急速致使不能按照仁义之德而流动、发用。

---

① 王船山:《礼记章句》,岳麓书社,1989 年,第 889 页。
② 王船山:《四书训义(下)》,岳麓书社,1990 年,第 98 页。
③ 王船山:《四书训义(下)》,岳麓书社,1990 年,第 698 页。
④ 王船山:《礼记章句》,岳麓书社,1989 年,第 899 页。
⑤ 王船山:《读四书大全说》,岳麓书社,1991 年,第 1070 页。

因此，船山总结道："若论情之本体，则如杞柳，如湍水，居于为功为罪之间，而无固善固恶，以待人之修为而决导之。"①这是说，情之本体是无有必然的善恶之分别的，是可以为善，也可以为不善的，如果想使七情能成为为善的一员得力干将，而不是为恶的因由，就必须有一定的工夫不可。

正是相应于其或为善或为不善的情感论说，船山工夫论中极为强调在静存之后，还必须要有洞察工夫：

> 功罪一归之情，则见性后亦须在情上用功。《大学》诚意章言好恶，正是此理。既存养以尽性，亦必省察以治情，使之为功而免于罪。……省察者，省察其情也，岂省察其性而省察才也哉！②

在此，船山指出既然情感是可以为善、可以为不善的，那么在见性之后就需要在省察情感上面用工夫。比如《大学》诚意章，讲"好善如好好色，恶恶如恶恶臭"，就是在讲这个道理。概言之，必须既有存养工夫以尽性，又有省察功夫来治情，以此保证情感发挥其正确的、积极的功能而不成为不善的罪魁祸首。于是船山指出，所谓的"省察"工夫，就是指向要省察情感，而不是省察性或者才。换言之，船山认为完整的修身工夫，除静存工夫以外，还必须有动察工夫。

四、结语

综上所述，程朱理学在"情"之地位与功效问题上分享着"性情之分"的思考范式，作为宋明理学的批判继承者，船山也继承这一原则，严辨"性情之分"。不仅如此，船山进而批评程朱以恻隐、羞恶等四端为"情"的说法，认为所谓"情"就是《礼记·乐记》中所说"喜、怒、哀、惧、爱、恶、欲"。

在此理论分疏基础之上，船山成功地把"情"之地位和功效限定在工夫论层面，就是说，"情"绝不如"性"一样具有任何本体论层面的意义。

---

① 王船山：《读四书大全说》，岳麓书社，1991年，第1070页。
② 王船山：《读四书大全说》，岳麓书社，1991年，第1069页。

由此可见,时下中国哲学研究界出现"情感儒学""情本论"等学说,力图从情感角度来重新阐释先秦儒学,以船山"罪情论"来看,这不免有拔高情感之嫌疑,这种拔高虽然论者也表明"情感儒学"绝非西方伦理学中的情感主义,但是理论依据是性善论的缺失。众所周知,在儒学心性论中,关于人性善恶问题的论争中一直占据主要地位,可以说是孟子的性善论,而非荀子的性恶论,是程朱乃至船山严辨性情之分的理论提前。因此,可以反观当下"情感儒学""情本论"等说法,是否过于高扬情感之作用,而忽视性之在先的和本体上的应有功能,致使自身陷于情感主义的泥潭? 就是说在"情感儒学""情本论"者那里,性的本体性地位是缺失的,仁义之性不是首出的,不是先在的,这样一来如何不会滑入"情感主义"的泥潭中呢? 正如船山所说,情感是一股强大的力量,如果没有仁义之性的节制和引导,这股强大的力量如何能够发挥其正当的作用呢? 谁能保证这股强大的力量不具有破坏的功能呢?

因此,船山的"罪情论"可以说是取消和限制情感的任何本体论意义,就是说性与情是有严格区分的,道德原则是首位的,情感并不能成为道德活动的原则出发点,也就是说情感在船山那里是不能承担任何道德原则的建构或者说来源的,不能以"爱"作为道德原则,"爱"只是道德原则的情感表现和运用。这就与西方伦理学中任何情感主义伦理学派划清了界限。

既然基本上都认同孟子的性善说,那么就面临一个难题,必须给出合适的解释,即现实生活中的无数恶与不善是从何而来? 有儒者归不善、恶于外在的物欲引诱,也有儒者归之于情,也有儒者把不善、恶归之于气、才。面对思想史上这些纷纷扰扰的结论,船山给出答案是:"才不任罪,性尤不认罪,物欲亦不认罪。其能使为不善者,罪不在情而何在哉!"①船山明确指明人之不善不是由于才智、物欲,当然更不能说性本不善。那么不善的原因就只能在情了。船山承认"不善"或者"恶"可以"归罪于情",对情感的不信任、怀疑乃至归罪于情感,可以说,在明末清初这一思想转型时期,船山的这些言论和观点是较为突兀和保守的。

但船山同时指出人之"为善"却也是"情"的功效,他明确指出如果一味

---

① 王船山:《读四书大全说》,岳麓书社,1991年,第1066页。

罪情,而不知情之为善的功能,那么就会如异端一样一味地灭情,却不知"人苟无情,则不能为恶,亦且不能为善"①。这就是说,人之喜怒哀乐的情感在道德领域中作用是可以为善,亦可为不善的,如果没有情感,那么固然是不能去为恶,但为善也就不可能了。因此工夫论的关键在于做静存仁义和省察情感的工夫,以保证能够节制喜、怒、哀、乐、爱、恶、欲七情的发用和功能。

综上所言,情感问题在船山伦理学中有其重要地位和功效,但在船山伦理思想中,情感在道德领域中的作用绝不是道德原则的本源,而仁义之天性才是人的伦理道德生活原则的"立法者",就是说在伦理学首要的问题上即人为什么会有道德这个问题上,情感不是原因,不是原则的创立者。从这个意义上说,船山的思考仍站在程朱一派的保守立场,对性情之分的看重、对情感的怀疑都是其学说的重要成分。

但是,船山毕竟又承认情感之可以为善的可能和作用。应该说,情感在船山思想中的作用是作为伦理学第二个的问题出现的,即人如何做才是道德的这个问题上,情感才有实践层面的意义和价值,情感顺乎仁义之性的指导和节制即为善,情感溢乎、越出仁义的范围即为不善。换言之,人的喜怒哀乐的情感是需要时刻被审查的对象,即时刻需要做诚意工夫,需要做省察工夫,才能保证喜怒哀乐之情感顺应着仁义天性一齐而善。当然这也不是说情感是完全被动的,船山指出情感在道德生活中的正当作用,在于仁义之性、四端之心必须"乘之于喜怒哀乐以导其所发,然后能鼓舞其才以成大用"②。这是说,情感在成就完满的道德生活中起到承载仁义之呈现与鼓舞其才能的正当作用。

因此,与其说船山关于性情之分以及"功罪一归之情"的说法接近于自然人性论,倒不如说与康德关于道德情感的定位更为相近,正如李明辉所指出,在康德伦理学中,"道德情感是道德法则在感性上产生的结果(而非道德法则的根据)"。"道德情感则表现为一种对'道德法则的敬畏'。"③在船山"情"论中,也明显指出情感唯有带上仁义之性的"镣铐"才能舞出善意的舞

---

① 朱熹:《朱子文集(第三册)》,台北:德富文教基金会,2000年,第1070页。
② 朱熹:《朱子文集(第三册)》,台北:德富文教基金会,2000年,第1067页。
③ 李明辉:《四端与七情:关于道德情感的比较哲学探讨》,华东师范大学出版社,2008年,第16页。

蹈。这样的理论表述与西方伦理学中情感伦理学乃至现象学中的质料伦理学关于"在伦理学原则之确立当中,情感亦参与其事"①的主张是截然不同的。至于这两种截然相对的伦理学流派孰是孰非,至今争论仍在,但已非本文所能加以说明。

(本文发表于《东南大学学报(哲学社会科学版)》2016 年第 5 期)

---

① 李明辉:《四端与七情:关于道德情感的比较哲学探讨》,华东师范大学出版社,2008 年,第 37 页。

道德与幸福同一性的精神哲学形态

任春强*

道德与幸福的同一性之所以成为难题，存在着四大根本原因：1. 没有从精神角度理解全体，继而没有在精神与全体的关系中来界定道德概念和幸福概念以及两者之间的最普遍关联；2. 对超验世界和先验世界的祛魅，使神性、圣性、神圣性全部失落了；3. 事实与价值的分离导致事实上的好不等于价值上的善；4. 没有完成从基于科学事实的生态世界观向生态价值观的过渡，仍然坚持以人类为绝对中心的思维和行动模式。对此，精神哲学能够提供相应的思想和理论资源。

一、精神哲学的视域和方法

在中国文化中，"精神"是一般的生命体与超越的存在者、自然的生长状态与不测的神妙状态、日常的善好生活与崇高的神圣境界之融合体，它既有限而无限，既自然又玄妙，既日常又神圣。"精神生于道，形本生于精，而万物以形相生"（《庄子·知北游》），"精神"位于"道（天地）—神鬼精灵—万物—人"所结合成的架构里，以道为终极根源，以精、气、神为三位一体结构，以形神为基础元素，以形神关系为基本主题，以生命为核心条件，以人为承载主体，以万物为关照和关爱的对象。能把这些文化因子融合在一起的人即是圣人，将人与天地神鬼之道相贯通的是"圣性"，因此在中国文化看来，"圣性"是人和这个世界具有意义的真实根源。在古埃及文明、古印度文明、希伯来文化、古希腊文化、伊斯兰文化等人类"体系性文化"中，"精神"与"灵

* **任春强**，1985 年生，2017 年至今在哲学与文化研究所工作。此文为作者首发。

魂"观念是相通的,其原初含义与"气息""呼吸"相关。① 大致存在三大类精神观或灵魂观:第一,在犹太教、基督教、伊斯兰教的启示经典中,精神来自神或神的赋予;第二,在印度教看来,个人精神与最高精神或实在——梵——相通;②第三,古埃及文明认为灵魂在人死以后可以独立存在,但躯体本身也必须保持圣洁状态,以便灵魂重新进入肉身完成复活。③ 概言之,在中国文化中,精神的要义体现在圣人与道合一上,这是一种圣性,而且它为每个人所具有;而在其他文化尤其是西方文化里,精神的最终追求是要达到神的高度,像神一样进行思考和创造,其最高本质是神性。所以总括起来,精神的文化生命内核为:追求"神性"和"圣性"的合一——"神圣性"。

精神的完全对立面是非精神,因为两者的合体才是包含一切的全体或一。即便精神可以被还原或解释为非精神性的,但它仍然必须通过精神性的中介(思维、语言)被描述,因此精神欲求把握非精神。然而,精神的把握过程并不是直接将非精神纳入自身之中,而是预先精神化全体,让自己上升到全体高度,使全体变成精神化的全体或全体精神,由此精神才获得了统一非精神的资格。精神通过精神化全体而成为全体精神时,并不意味着精神等同于全体,因为全体才是大全本身。为什么全体需要被精神化? 由于全体已经包含了精神和非精神,且是最终的完成形态,它没有精神化自身的冲动,因此冲动只能来自希望通过精神达到全体的存在者。在现实世界中,其存在状态是生命,其载体为生命体。为什么生命体渴求全体? 因为生命体面临两大难题:生的对立面死——生命的结束,命的对立面亡——价值和意义的虚无;死越是不可避免,追求生命意义的冲动便愈加强烈,除非探寻到最普遍的价值之源,否则生命体决不罢休;既然一切都在全体之中,那么将全体视作绝对价值至少在逻辑上是可行的。虽然一切生命体都可能具有追求全体和其生命意义的能力,但是人无法完全认识所有的生命体,因此难以判定其他生命体的真实状况,而只能尽力地运用自身的精神力量。人通过

---

① Calvert Watkins, The American Heritage® Dictionary of Indo-European Roots, second edition, Boston: Houghton Mifflin Co., 2000, p.11.

② 〔印度〕摩诃提瓦:《印度教导论》,林煌洲译,台北:东大图书股份有限公司 2002 年版,第 23—29 页。

③ 周全波:《古埃及的宗教经典——〈亡灵书〉》,《世界宗教文化》2004 年第 2 期。

与全体的联结而获得自身的精神,因此从逻辑起源上讲,人的精神来自全体精神;但是,从人对全体的认知角度来说,人从认识自身的精神出发,经由对其他生命体之精神的理解,最后才达到对全体精神的理解。由于人的实存是一个个有血有肉的、有生命力的个人,因此人的精神最终会落实为个人精神。此即是精神的"自我演绎"。

当"我"在进行思考的时候,如何能够合理地推出:"我思"不是"我"一个人的独思,而是人之思,甚至是思维自身之思——普遍之思?此思维主体也无法自己证明自身即是普遍的,与人及其思维相关的普遍性只是有限定的普遍性,而非真正的普遍性本身,它永远处于趋近普遍性的过程中。所以作为个人的"我"既无法绝对地认识全体层级的普遍者,但又不是对它们绝对地无知,因此"我"的认识介于绝对的知与绝对的无知之间。由于人来源于这个世界,因而人与其所处的世界具有一定的同质性,因此人对世界的认识绝非基于胡乱猜想,至少在一定的程度和范围内具有可靠性。所以问题的关键在于知的合道理性限度和进程。合道理性的本质含义是"更好",虽然从思辨的意义上讲,这个"好"仍然是没有脱离人之属性的"好",但在具体的时空场域中,通过各种思路的比较可以看出"好"的方向。所以合道理性概念针对的是个人精神、人之精神的有限性,其本质是精神推动自身向更普遍的精神发展——精神的"自我超越",它需要每个个人对精神的"自我演绎"有完整的理解和领悟。事实上,合道理性概念的内在结构即是合乎道理的,"由道到理"是从全体、全体精神下贯至个人、个人精神,"从理到道"则是相反的路径,因此"合道理性"产生自个人与全体、个人精神与全体精神之间的交互作用。

精神的"自我演绎"和"自我超越"是精神哲学的形式,而精神的"文化生命"是精神哲学的内容,二者的结合才能形成"有血有肉"的精神哲学体系。与"演绎之路"一致的文化生命是神或形上本原,神创造万物,形上本原创生万物,由此它们即是全体;与"超越之路"一致的文化生命是人的"精气神"。困难之处在于,即便存在神或形上本原,对于人而言,它们只能成为个人精神所理解的全体,因而始终带着个人、人自身的视域和有限性。所以,精神哲学的视域是基于个人精神、人的精神、精神、全体精神的立场,它在个人精神的普遍化过程展现自身的环节。由于个人精神无法直接等同于全体,它们处于辩证的联结状态,因此精神哲学的方法是"辩证法",它包含:精神与非精神之间的辩证关系,个人精神、人的精神、生命体的精神、精神、全体精神之间的辩证转化关系以及精神与个人、全体之间的辩证关系。

二、同一性、幸福与道德的精神哲学解析

在精神哲学中,"一"包含了逻辑上相对的两端:"一个"和"全体"。因为"一个"不止一个,存在着多个"一个",因此同于"一个"是具体的和有限的;由于全体是无所不包的、整全的"一",那么同于全体则是超越的和无限的。以精神哲学的本性为根据,人对全体的认识介于绝对之知与绝对无知之间,这说明人虽然是有限的但却不停留在自身的有限性之中。当人的精神对"一个"进行思考时,所使用的表达形式是"一个什么",它要么呈现为一个经验性的具体存在者,要么是由诸经验性的存在者所组成的"一个集合体"。而在人的精神思考全体之时,将会发现全体无法完备地被规定,因为它才是规定的终极给出者。虽然人的精神无法完全认识全体,但是其自由本性决定它绝不会放弃自身的努力,在不断的认识推导中,必然会呈现出"不可思议"和"可思议"两种情形,前者表达的是一种绝对的界限,后者的含义为,人的精神可以对作为全体的"一"进行合理地认识推论、反思和批判;在精神哲学中,前者最终成为完全超越经验世界的、作为信仰对象而非认识对象的神,后者转化成作为经验世界基础的先验理念。因此在经验世界中,"一"要么指称原子式的个体(atomic individual)——"一个 x",要么是由诸原子式个体集合而成的"一个共同体"(community),此为经验的"一"(empirical one);当"一"指向彼岸世界的惟一存在者——神(God/Allah),祂完全超出了经验世界的范围,即为超验的"一"(transcendent One)或"真一"[①];若"一"既不是经验世界中的某"一个"存在者,亦非绝对的神,而是作为经验世界的惟一始基——形上本原(metaphysical arche)[②],此是先验的"一"(transcen-

---

① 铿迪:《第一哲学》,载《阿拉伯哲学名著译介》,丁士仁、刘彬译,中国社会科学出版社,2014 年,第 62—63 页。

② 韦政通:《中国哲学辞典大全》,台北:世界图书出版公司,1989 年,第 299—301 页。

dental one)①。由于"一"是事物之间获得同一性的决定性前提,因此"同一性"也相应地分为经验的、超验的和先验的三个层次。②

幸福在非中国文化中大致包含如下含义:wealth、health、fortune、luck、pleasure、happiness、felicity、living well、doing well、human flourishing、"极限完美"③、excellent、well-being、bliss、eudaimonia、blessing、beatitude;在中国文化中,幸福在物质生活方面的表现是富、福,在社会生活领域的表达为康、庆、祺、喜,在宗教范围里的表述是祯、臧、祥、祚。④ 由此可见,幸福的历史文化含义既指向好的物质生活、此岸生活、现实生活,又指向了好的精神生活、彼岸生活、超越生活。因此,幸福(well-being)的根本内核是"好"(good/well),其内在结构为"对 x(某一存在者或主体自身)而言是好的",如果 x 具有感受和认知能力,那么"好"将使 x 产生一种满足感和满意感。然而,什么样的"好"才具有最大的普遍性? 这取决于"好"之载体的普遍性,从个人的好到事物的好再到世界整体的好,它们最终都源于"全体"对个人精神而言是好的,因为个人、事物和世界内在于全体之中,它们是全体呈现自身之"好"的内在环节;而对"好"的理解,以个人精神对其自身与全体之间的交互作用之认识为依据,因此最大的幸福是个人精神对全体进行认识描述意义上的"好"。在此阶段,个人精神的价值诉求是隐退的,幸福首先只是描述性的"好",它与"坏"(bad)而不直接与"恶"(evil)相对立,因此幸福是位于"好-坏"关系中的"好"——good in good and bad。

德性或美德的古希腊词为 arete,意为卓越(excellence),指事物在其本质性功能上的优异,在人身上,则指人的卓越和其道德德性。"道德"的古希腊词是"ēthos",强调个体的品质(character),人能控制自身行为的好坏(good or bad)对错(right or wrong),因而人能自我负责。⑤ 康德极力强调道

---

① Mortimer Adler ed., The Syntopicon: An Index to the Great Ideas of Western Civilization 2, Chicago: Encyclopaedia Britannica, 1952, p.160, pp.282 - 292.

② 任春强、刘秦闰:《论基于"一"的伦理认同》,《云南社会科学》2014 年第 3 期。

③ 法拉比:《幸福之路》,载《阿拉伯哲学名著译介》,丁士仁译,中国社会科学出版社,2014年,第 98 页。

④ 〔德〕鲍吾刚:《中国人的幸福观》,江苏人民出版社,2009 年,第 7—11 页。

⑤ 〔美〕尼古拉斯·布宁、余纪元编著:《西方哲学英汉对照辞典》,人民出版社,2001 年,第 636、1059—1060 页。

德(moral/morality)的纯粹性和先天性,道德成为人的最根本(自由)规定,德性是一种(意志)道德力量,对抗着违背义务的感性冲动和偏好。中国文化中的"道德"由"道"和"德"合成。儒家的"道"侧重伦理和政治的规范意义;道家的"道"侧重于形而上学的描述意义,道指形上实体和客观普遍的规律,道德是仁义、伦理和政治的模范;①佛家的"道"为"道谛",其含义为断灭和超脱"苦""集"的因果关系而证得涅槃的修行方法。② "德"者,尊道、得道也。所以,道德的历史文化含义大致包含:一般的德性、卓越、人的本质规定、形上本原和终极价值。由此可见,与幸福一样,道德也是一种"好"(good),但道德是最好的"好"(the best good),最好的"好"即是最高价值,"凡曰善者,固是好。然方是好事,未是极好处。必到极处,便是道理十分尽头,无一毫不尽,故曰至善……至善是极好处……至善是个最好处……善,须是至善始得……至善……事理当然之极也"(《朱子语类·十四》)③,因此最好的"好"即是至善,也唯有至善才能作为最高价值。所以"道德"不是认识意义上的"好"——幸福,而是价值意义上的"好",是基于最高价值的判断和行动,是位于"善-恶"关系中的"善"——good in good and evil。当个人精神对全体采取价值态度时,全体向它显现为价值性的存在状态,此即是道德的场域,"一个人深具敬意地投身于摆在他面前的价值世界,亦即投身于善,他就是伦理意义的善人"④。

在精神哲学看来,幸福与道德分别来自对全体的认识态度和价值态度,前者在描述全体的好,后者在评判全体的善,由此两者的同一性难题转变为:价值上的"善"及其活动如何与认识上、事实上的"好"及其活动一致? 幸福的生成逻辑是"每一个'我'好了,全体才是好的",道德则为"全体好了,每一个'我'之好才有保障且是正当的";如果每一个"我"都只是"为我"追求幸福,那么全体之幸福将会被撕裂,最终每一个"我"的幸福亦会落空,因此单纯追求幸福是无法获得幸福的,需要"我"具有一种"为他"之"好"奉献的精神,以全体之善为最终根据,评判每一个"我"之幸福的正当性;然而,在非全

---

① 韦政通:《中国哲学辞典大全》,台北:水牛出版社,1989年,第652—661页。
② 慈怡:《佛光大辞典》,高雄:佛光山出版社,1988年,第1840页。
③ 朱熹:《朱子全书》(第14册),上海古籍出版社,2002年,第441—442页。
④ 〔德〕布鲁格:《西洋哲学辞典》,项退结编译,台北:先知出版社,1976年,第222页。

体层面,幸福可以包含道德领域和非道德领域,甚至不道德领域,它们都可能成为获取幸福的因子,当道德带来的幸福远小于从不道德、非道德引发的幸福,道德将成为"我"获取更大幸福的阻碍;虽然道德行为在其自身即是自足的,但是对于道德行动的主体而言,因其道德性而享有了相应的幸福,才是更圆满的。

三、德福同一性的精神哲学样态

精神哲学的精髓在于:如何精神地理解"一"或"全体"。依据"一""同一性"的三大类型,以及道德和幸福的精神哲学解析,生成了德福同一性的经验、超验和先验三大样态。德福的经验同一性是指在经验世界寻求二者的现实同一性,悬置或不承认超越维度,它只具有现时的、相对的、局部的有效性和合理性,因此精神必然要求突破这种同一性的限度。但它会走向另一个极端,把同一的希望完全寄托于超验的存在者——神,因为神能将道德与幸福在彼岸世界彻底地统一起来,由此人失去了统一德福的自主能动性。而德福的先验同一性强调人的主动能力与非人格化的形上本原之间的结合,在无限的道德生活和道德行动中迫近二者的同一。

随着个人精神的不断成长,经验世界不断地展开,道德概念和幸福概念在不同阶段形成了不同的内涵,它们在不同的"经验性全体"中获得确定性。通过个人精神的作用,经验性的全体显现为家庭、组织、国家、生命共同体和生态共同体。家庭的事实基础是"伦",其合道理性根据是"伦"之"理",因此家庭是一个天然的伦理共同体,又由于家庭成员的德性得自家庭伦理的培育、熏陶和内化,因此家庭整体的伦理与家庭成员的德性、道德是一体的;若家庭成员不以家庭整体的伦理要求为意识内容和行动目标,不去做出真实的道德行动,那么家庭整体和家庭成员都将变得不幸福,因为"伦"和"伦"之"理"不但是家庭的价值根据,而且是其存在基础,没有"伦理"和家庭成员之道德,家庭不仅无法趋向更善更好,更将面临分裂和消亡;所以,在家庭整体和家庭成员的"自我意识"生成之前,家庭中的伦理即是其道德,伦理道德即是其幸福,三者是完全一致的。与此同时,家庭只是经验生活的一个环节,它作为一个整体,其德福同一性必须以社会生活为前提,在诸个人精神的共识性联系中,形成了规则共同体;规则的作用是为了保障个人的幸福,但规则以道德价值为基础;对个人来说,规则既是一种客观的强制力量也是一种真实的保护力量,个人在认同和承认规则的时候,形成规则意识,继而转化为其内在的公共品质——公德;之所以需要规则,是为了使人与人之间的联系具有正当性和合道理性,以平等的人格原则为基础,去尊重每一个人,把他人当成一个真正的人来对待。在经验世界中,人的生命是其存在的必要基础和价值之载体,同样,具有生命的存在者被人伤害乃至于被杀死,则其价值被人类人为地否定了;因此必须纠正人类中心主义,人类要尊重一切具有生命的物种,尽量不通过暴力手段伤害或结束其生命——最小伤害原则,因为人与其他生物共处于一个生命共同体之中。生态危机甚至生态灾难使人类认识到,其自身实际上生活在一个与其他一切事物处于普遍联结的"生态共同体"里;在个人与生物和非生物环境的关联中,个人运用"道德的方式"对待它们,个人的行为才具有道德性,其实质为,个人将每一生物和非生物环境中的每个因子设定为"主体",与它们建立"平等"的联系,细致地考察它们之于生态系统的作用,继而促进人类与生态共同体的良性互动。

德福之超验同一性建立的基础为:绝对地信仰神。一个人即使在其一生中都在做尘世中所谓的善行或道德的事,但是如果他不信仰神,那么他也不会被赐予最终的幸福(blessed)。一方面,有一个全能且公正的神存在,祂能完全洞察人,并完全客观地按照人自身的动机和行为进行审判;另一方面,人之自然生命的终结并不是人的彻底消亡,其灵魂或灵性生命必须在神面前接受最终的审判;因此,信仰神、遵循神的戒律和灵魂对审判的承受是德福超验同一性的基本要素,由于神的戒律是神颁布的,人的灵魂是神赋予的,所以绝对地信仰神才最根本的前提。对于信仰神的人来说,人无法单凭自己的力量完成自身的德福同一,原因在于:其一,道德的根本规定性不在人身上,因为人无法确知"什么是善本身",不能保证自己的意念和行动是绝对善的,因此他无法作为完全的道德主体;其二,人的幸福总是与人的个体感触相关联,只要个体的差异性存在,那么幸福概念永远充满歧义性;其三,人不具有将德福精确地统一起来的能力,因为人在其有限的生命周期中,人之德性永远处于未完成状态,并且无法彻知他人的道德动机,无法对他人进行绝对客观的道德评价。虽然人无法完满地定义什么是道德和善,但是神可以,人只需绝对地相信神的言语和启示经典是全善的,自然能做出道德行动和善行来,因为行为过程的保证者是神,神为这类行为的全善性、道德性负责。没有任何一种幸福可以与神之赐福、恩典相提并论,没有神之劳作、恩赐和博爱,就没有人的生命、意志和感受能力,人之幸福更是无从谈起,没有神预先赐福于人,人不会存在于这个世间,而且神之赐福是永恒常在的。一个人无论多么地缺乏尘世的幸福,但他只做荣耀神的事——真正的道德行动,他必将获得神的恩典和赐福,在此永恒神圣的幸福中实现德福的完全同一。然而,如果人不具有不同于自然生命的另外一种生命——属灵生命,那么死亡之人也无法消受永恒幸福,人的属灵生命来自神,满足属灵生命的需求才是人对于神的使命。综上所述,由神确立的道德和幸福才是无条件正确的,凭借神的大能,人在自己的属灵生命中实现了德福的终极同一性。既然神是无所不能的,那么祂为什么不将“信仰神”这个命令直接植入人的心灵中,反倒将自由意志赋予了人?或者说,既然神是全善的,祂为什么不把人造成纯善的?因为人之自由意志恰恰给人去行恶留下了缺口。如果人的视听言动都被神预先决定了,那么人之善恶就与人无关,只是神之自娱自乐。在人看来,最宝贵的理念是自由,神宁愿不创造完美的人,也要把自由能力赋予人。由于人是自由的存在者,甚至人类拥有背离神(全善)的自由,因此人既可能做出善行,又可能做出恶行;世间众多恶的存在说明,神并没有强迫人必须立即信仰祂,祂给先知降下启示,通过启示经典和言语来引导而不是强制人类弃恶从善。虽然神尊重人的自由权利,但祂不会放任人去作恶;祂不急于惩罚不信仰者的恶行,是为了给不信仰者戒恶从善、忏悔赎罪的机会,也即是说,神之所以宽容不信仰者,是为了捍卫人的自由权利;由于人拥有自由意志以及自由行动的能力和权利,人才能对自身的恶行负完全的责任。由于善只能来自神,因此人行善只是在显现神的全善,是在荣耀神而不是在彰显人的高贵。

先验同一性是从人、人的精神而不是神出发来寻求事物之间的同一性。从全体或人对全体进行理解的精神哲学观点看来,道德与幸福要达到最大程度的一致性,必须具备三大基本条件:最普遍的道德、最普遍的幸福和最普遍的同一法则。传统中国文化的三大主干正好对此进行了最彻底的思考,三者的结合可以形成德福先验同一性的一种范型。在探讨道德(善性、善行)与幸福的一致性方面,毫无疑问,儒家将道德置于了绝对的优先地位;没有道德、德性和德行,一定没有资格享有幸福,即使享受了这类幸福也是不正当的和偶然的,得之侥幸,失之必然;一个人幸福与否,不是通过道德之外的东西来衡量的,也即是说,在德福的同一性问题上,儒家最关注幸福是否具备相应的道德资格;原因在于,儒家用道德和价值性的眼光审视全体,使全体成为价值性的全体,据此道德概念在全体层面获得了最大的普遍性;因此儒家视野下的世界是道德世界,其所建立的世界观是道德世界观;由此,幸福被道德化,因而幸福不在道德领域之外,道德行为的完全实现即是最大最圆满的幸福。与儒家将其最高概念和世界的本原设定为价值性的不同,道家的终极概念是事实性的,它强调"事实"或"真"的自然呈现,最大的"事实"便是道;道化身为种种存在者是一个自然而然的过程,存在者亦是自然如此地存在着,因此道家的世界是一个事实世界;因为从道的角度承认每一个存在者的存在,每一个存在者在存在意义上是平等的,这是最大的事实;每一个存在者都在道这里获得了事实层面上的肯定,而且它们能按照自己的本性自然地存在着,此即是事实意义上的好,并且是能够通向全体的好;尤其是对于人而言,领悟道及其基本规律,继而追求与道合一,将是人的最好存在状态,如是,人成为最幸福的存在者。在寻求道德与幸福的同一性方面,佛教最独特的贡献在于,通过"因果报应"准确地说是"善恶业报"这样一条客观规律来保证二者的完全同一;善恶业报作为善恶因果律,其客观效力必然能实现德福的一致性,如果没有达成这一目的,此规律便决不会停止其作用;由此,德福同一性的圆满实现不以"有情众生"的今生今世为限度,而以善恶业报这一规律是否将自身的必然性力量完全释放为终极前提;因此有情众生必须将自己的存在形态向过去和未来两个方向延伸,否则便不存在承受善恶业报规律的主体或载体(正因"无我",所以更要生发同体大悲之菩提心);而且善恶业报规律包含着严格的奖惩效力,有情众生若能行善便可进入善道,继而升入极乐清净世界,成菩萨成佛,若作恶就堕入恶道,受地狱、轮回之苦,成鬼成畜生。所以,佛教以善恶业报规律、超人生的主体、轮回流转的奖惩机制为理论核心,开创性地思考、解释和从学理上解决了德福的同一性难题。

四、结论

德福的三大同一性样态都是个人精神与全体的相互作用中生成的,它们之间不存在绝对的对立关系,而是形成了一个有生命力的体系,其经验同一性与现实(市场、政治)生活、现代科学技术最为相关,因此最容易给人的道德生活和幸福感提供新的补充与挑战,其超验同一性和先验同一性与人的神圣性最为密切,它们能促使人去过一种高贵的生活;从经验世界向神圣世界的推廓和提升符合精神的"超越之路",神圣生活落实为经验生活是与精神的"演绎之路"一致的,二者的结合才是人的完整生活;由此,德福的三大同一性必须一体融通才能系统地解决德福困境。

"心为太极"说在朱子学中的诠释

焦德明[*]

  "心为太极"说是北宋哲学家邵雍提出的,在其所著《观物外篇·下之中》有"心为太极,又曰道为太极"^①的说法。朱子在《易学启蒙》卷之二《原卦画第二》解释"易有太极"时,曾对此说加以引用:"太极者,象数未形而其理已具之称,形器已具而其理无联之目,在河图、洛书,皆虚中之象也。周子曰'无极而太极',邵子曰'道为太极',又曰'心为太极',此之谓也。"^②此说遂进入朱子的易学思想体系。但是,由于朱子以"理"释太极,所以"心为太极"之说似乎与朱子思想不能相合。如果朱子思想中不能容纳"心为太极"之说,那么应该如何理解朱子的引用?如果能够容纳此说,又应该如何加以理解和诠释?本文即试图对此问题做一初步的讨论。

一、邵雍的"心为太极"说与朱子的易学诠释

  虽然朱子学中的"心为太极"说很少有人讨论,但邵雍的"心为太极"说则早已引起了重视。朱伯崑先生在《易学哲学史》中就多次讨论"心为太极"说,而以下面这段概括最为最完备:

>   邵子的"心为太极"说,后有两种解释:一是邵伯温和蔡元定的解释,以此心为圣人之心,即人心;一是朱熹的解释,以理为太极,以理具

---

 * **焦德明**,1989 年 8 月生,2019 年 7 月至今在哲学与文化研究所工作。
 ① ［宋］邵雍著:《邵雍集》,中华书局,2010 年,第 152 页。
 ② ［宋］朱熹撰:《朱子全书》,第 1 册,朱杰人,严佐之,刘永翔主编,上海古籍出版社;合肥:安徽教育出版社,2002 年,第 218 页。以下简称《全书》。

于心,解释"心为太极"。胡氏取邵蔡说,以人心为太极。此说亦本于俞琰说:"环中者,六十四卦,环其外,即太极居其中也。在易为太极,在人为心。人知心为太极,则可以语道也。"但俞氏则以生理学和心理学上的心为太极。而胡氏依邵雍的"心法"和"环中"说,指出此心即人心中的数学法则,太极即图中一中之数,因此,心和太极是一回事。胡氏并不赞成邵氏的"心为太极"说,但他揭露了此说的理论思维的特征,亦是清初考据学派在易学史上的一个贡献。[1]

其中"胡氏"指胡渭。这段话囊括了易学史上对"心为太极"说的主要诠释。按照朱伯崑先生的概括,历史上对于"心为太极"的理解可分为两大派:第一派认为心就是太极,以邵伯温、蔡元定、俞琰、胡渭为代表;第二派以理具于心来解心为太极,以朱子为代表。第一派中又以对心的不同理解而分为三类:邵、蔡主张逻辑法则的心[2],俞琰主张心理学和生理学的心[3],胡渭以邵蔡为主,但也吸收了俞琰的说法,加以综合。虽然朱伯崑先生最赞同胡渭,但邵雍本人的说法的确过于简略且缺乏语境,因而即使借助后世学者的诠释也很难理解其本义。[4]

尽管朱子的理解与第一派四人不同,但我们在俞琰的说法中也看到了朱子的影响,可以说朱子还有一种与"理具于心"不同的"环中说"。俞琰曰:"人之一身即先天图也。心居人身之中,犹太极在先天图之中。朱紫阳谓中间空处是也。图自复而始,至坤而终,终始相连如环,故谓之环。环中者,六十四卦环于其外,而太极居其中也。在易为太极,在人为心,人之心为太极,

---

[1] 朱伯崑:《易学哲学史》,第 4 册,昆仑出版社,2005 年,第 324 页。

[2] 参见《易学哲学史》,第 2 册,第 178 页。

[3] 参见《易学哲学史》,第 3 册,第 42 页。

[4] 参见《易学哲学史》,第 2 册,第 179 页。此外,朱伯崑先生特别指出,"心为太极",这个心是宇宙的心还是个人的心,是一个值得争论的问题。朱先生的看法是,邵雍所谓"心为太极"的心,虽然是数学和逻辑的心,但也还是个人主观的心。参见《易学哲学史》,第 2 册,第 182 页。而郑万耕则认为是圣人之心。见氏著《易学与哲学》,上海科学技术文献出版社,2013 年,第 140 页。刘宗贤则认为是"天地之心"。见氏著《陆王心学研究》,山东人民出版社,1997 年,第 43 页。但其实,个人主观表象中的数学和逻辑内容,也不能被看作只是主观的,例如弗雷格和胡塞尔对心理主义的拒斥表明,它们也具有客观性。

则可以语道矣。"①在这里,俞琰将人身与先天图加以类比,太极处先天图之中,心处人身之中,所以可以说"心为太极"。但这里的问题是,俞琰所引述的朱子观点,是仅仅表明朱子认为先天图的中空处是太极呢,还是说朱子也认为人身与先天图可以类比呢? 俞琰所引述的朱子观点不是原文,但我们在胡方平的《易学启蒙通释》中发现了两段与此类似的语录:

> 此明图之所谓太极也。图从中起者,心法也。心为太极,而万化万事生于心。图之中亦为太极,而仪象卦生于中也。林学履问:"图皆从中起,万化万事生于心,何也?"朱子曰:"其中间白处便是太极,三十二阳、三十二阴便是两仪;十六阴、十六阳便是四象;八阴八阳便是八卦。"又曰:"太极,中间处处便是他,自说图从中起,今不合被方图在中间塞却,待取出放外。他两边生者,即是阴根阳、阳根阴,这个有对,从中出则无对。"②

其中林学履所问一段,出自黄义刚所录③;"又曰"后面是陈文蔚所录,文字略有不同④。在这里,朱子把"心为太极"与"先天之学,心法也。故图皆从中起,万化万事生于心也"这句话结合起来理解。太极指的只是先天图的中间空白处,"中"的意义是最重要的,"心为太极""心法也"两句话中的"心"也只是"中心方位"的意思,并没有后来俞琰所说的"在人为心"的意义。此外,在解释河图洛书的时候,朱子有"太极虚中"的说法:"《河图》之虚五与十者,太极也……《洛书》而虚其中五,则亦太极也……"⑤这里虚中的"中",指的也是图的中心方位,《河图》的中间方位的数是五和十,《洛书》的中间方位的数是五。"虚"则是隐去不算的意思。《河图》诸数隐去五和十不算,《洛书》诸

---

① 《易外别传》,转引自《易学哲学史》,第 3 册,第 39 页。
② 《易学启蒙通释》卷上,通志堂经解本。
③ [宋]黎靖德编:《朱子语类》,第 4 册,中华书局,1986 年,第 1616 页。
④ 问:"先天图阴阳自两边生,若将坤为太极,与太极图不同,如何?"曰:"他自据他意思说,即不曾契勘濂溪底。若论他太极,中间虚者便是。他亦自说'图从中起',今不合被横图在中间塞却。待取出放外,他两边生者,即是阴根阳,阳根阴。这箇有对,从中出即无对。"文蔚录。见《朱子语类》,第 4 册,第 1613 页。
⑤ 朱熹:《易学启蒙》卷之一,《全书》,第 1 册,第 215 页。

数隐去五不算,其和皆为四十,而其中阳数与阴数的和又皆为二十,所谓"必皆虚其中也,然后阴阳之数均于二十而无偏耳。"①所以前者可象太极,后者可象两仪。由此引申,又有可象四象、八卦者。可见,朱子在解释易学图式时,经常怀有以中心方位象征"太极"的观念,没有与人身上的心相类比的意思,仅仅是对易图的解释而已。后来胡渭以中训极,来理解"心为太极",也不是朱子的理解。② 显然,这种理解与以"理具于心"来解太极的观点有很大差异。朱伯崑先生虽然关注到"环中说"对后世学者理解"心为太极"一句的影响,但却没能把朱子本人的两种观点放在一起加以比较,分析其异同,不得不说是一个遗憾。

---

① 朱熹:《易学启蒙》卷之一,《全书》,第 1 册,第 214 页。

② 胡渭也继承了朱子的"环中说"和俞琰"在人为心"的补充,但是更将"中"与"极"字相联系。当然,胡渭并不是第一个从"中"来理解太极的。例如朱震《汉上易传》就有:"极,中也;太极,中之至欤?"见朱震:《汉上易传》,上海古籍出版社,1989 年,第 242 页。只是胡渭这里明确引用了"心为太极"。在《易图明辨》中,胡渭对"图从中起"为什么可以来说太极,又补充了一个理由,那就是"极皆训中"。他说:"《书·洪范》:'五皇极。'《传》云:'极,中也。'《汉·律历志》'太极元气,函三为一。极,中也。'极皆训中。不从此训,自朱子始。邵子曰:'先天学,心法也。故图皆从中起。'又曰:'心为太极。'可见极即中,中即心,从中起谓从太极起也。《观物》诗云:'天向一中分造化,人于心上起经纶。'亦即此意。天地万物之理,有一不本于太极者乎? 有一不具于人心者乎? 故曰:'吾终日言而未尝离乎是。'"见胡渭:《易图明辨》,北京:中华书局,2008 年,第 173 页。但就像胡渭自己所说"不从此训,自朱子始",朱子是不承认这一点的。朱子不以中训极,集中表现在《皇极辨》一文。当然,《皇极辨》作于淳熙十六年,而《易学启蒙》完成于淳熙十三年,而朱子在《皇极辨》之前也曾用"大中"一词,只是在《皇极辨》以后才改为"至极"。见朱熹:《答梁文叔》,《全书》,第 22 册,第 2025 页。那么,是否有可能,将"中"与"极"勾连起来,是朱子理解"心为太极"的一种考虑呢? 皇极,确实与太极有关,《皇极辨》中说《洛数》九数而五居中,《洪范》九畴而皇极居五"。按照朱子的理解,《洪范》本《洛书》而作,《洛书》虚其中五即是太极。虽然朱子在后来的《皇极辨》中才改用"至极"之说,但极与中的关系,有所谓"至极之义,标准之名,常在物之中央,而四外望之以取正焉者,故以极为在中之准则可,而便训极为中则不可"(《皇极辨》)的说法。这样的看法却不一定是自淳熙十六年才开始形成的。早在乾道年间,朱子与张栻等人讨论中庸名义时,就对"程子所说在中之义"有所辩论,那时朱子就主张"所谓在中之义,犹曰在里面底道理尔,非以在中之'中'字解未发之'中'字也"。见朱熹:《答张南轩》,《全书》,第 21 册,第 1339 页。所以《或问》中说是"独立而不近四旁,心之体、地之中也",也就是《皇极辨》中所说的"常在物之中央"的意思。而且黄义刚、陈文蔚所录两段都只是简单地说一个方位,而没有"极皆训中"的意思。

二、朱子后学中的"禀赋说"诠释

尽管我们看到,朱子的"环中说"似乎仅仅局限在易学的讨论中,不涉及其理学或哲学思想的主体部分。但前面提到朱子以理为太极,以理具于心,解释"心为太极",这便是朱子对心为太极的第二个解释。这种说法在朱子本人的思想中也是存在的,在朱子后学的演绎中甚至具有广泛的影响。因此我们有必要详细加以讨论。由于理具于心说的是一种先天的禀赋,我们把这种说法称为"禀赋说":

> 或问:"康节云:'道为太极。'又云:'心为太极。'道,指天地万物自然之理而言;心,指人得是理以为一身之主而言?"曰:"固是。但太极只是个一而无对者。"①

这一段话收录在《语类》卷一百一《邵子之书》,但由于没有标明记录者。从内容来看,对"心为太极"的"心"的理解,是出自弟子所说,朱子只是给予认可。尽管如此,这个说法还是形成了对"心为太极"的一个强有力的解释系统。例如,熊节在《性理群书句解》卷十六解《观物外篇》下时②,就采用了这个说法,而且是直接照搬《语类》中的原句;陈淳在《北溪字义》卷下"太极"一节,也采用了此说③。尽管《语类》中的原话没有记录者,但熊节、陈淳两位及门弟子都加以引用,可见此说并非是空穴来风。因此,"心为太极"的确可以离开易学的讨论,从心性论上加以诠释。但陈淳的说法值得注意。"万理总会于吾心",还可以说是心具众理,但"此心浑沦是一个理",便直接肯定心就是理了。朱子的确曾用"浑沦"或"浑然"形容一种浑而为一的未分化状

---

① [宋]黎靖德编:《朱子语类》,第 7 册,中华书局,1986 年,第 2549 页。

② 《性理群书句解》卷十六:"心为太极",心,指人得是理以为一身之主而言。"又曰道为太极",道,指天地万物自然之理而言。见《影印文渊阁四库全书》,第 709 册,台北:台湾学生书局,1986 年,第 242 页。

③ "人得此理具于吾心,则心为太极。所以邵子曰:"道为太极",又曰:"心为太极"。谓道为太极,言道即太极,无二理也。谓心为太极,只是万理总会于吾心,此心浑沦是一个理耳。"见[宋]陈淳:《北溪字义》,中华书局,1983 年,第 45 页。

态。而此处可见,陈淳更用浑沦形容心,似乎是将心直接等同于理的浑然相,这多少有一些"心即理"的味道。

另外一些朱子后学则多从"理一分殊"的角度来理解"道为太极"和"心为太极"的关系。"道为太极"是从天上说,"心为太极"是从人上说。从天上说,太极是"统体一太极";在人物上说,是"物物一太极"。例如《性理大全·卷一·太极图》引胡安之云:

> 萍乡胡氏曰:"先师文公有云:'无极即是无形,太极即是有理'。今虽多为之词,无以易此言矣。""然则邵子所谓'道为太极'、'心为太极'何耶?"曰:"先师所释以名义言之也;邵子'道为太极',以流行者言之也;'心为太极',以统会者言之也。流行者,万物各具一理;统会者,万理同出一原。不知统会,无以操存,不识流行,无以处物。①

与此类似,真德秀在《西山读书记》卷十七有云:"邵子曰:'道为太极。'又曰:'心为太极。'愚按:道为太极,言道即太极,无二理也。心为太极,谓万理总会于吾心,是浑然一太极。以此理而应事物,千变万化各适其当,则又一事一物之太极矣。"②程若庸在《斛峰书院讲义》说:"'道为太极',造化之枢纽,万物统体一太极也。'心为太极',品汇之根柢,一物各统体一太极也。"③以上三种说法又略有不同。胡安之以"道为太极"为流行,是各具一太极;"心为太极"为统会,是统体一太极;真德秀也认为"心为太极"是统会。而程若庸则完全相反,以"道为太极"为统体,"心为太极"为各具。对于程若庸的太极说,陈荣捷先生十分重视,他在《元代之朱子学》一文中认为,"在思想史方面,程若庸之说较之其他三家(刘因、吴澄与许谦)更具重要,良以其他三家殊无创义。若庸则确以太极与心为一"④。但陈荣捷并未考虑到这里的说

---

① 《性理大全》卷一《太极图》,《影印文渊阁四库全书》,第 710 册,台北:学生书局,1986 年,第 21 页。

② 《西山读书记》卷十七,《影印文渊阁四库全书》,第 705 册,台北:学生书局,1986 年,第 514 页。

③ [清]黄宗羲著:《宋元学案》,第 4 册,中华书局,1986 年,第 2818—2819 页。

④ 陈荣捷:《朱学论集》,台北:学生书局,1988 年,第 307 页。

法乃是与《易学启蒙》中所引的"心为太极"一语有关,他只是说"吾人须知若庸来自饶鲁之江西一脉,若庸之说至吴澄造其极。①吴澄也的确是主张"心为太极"的。②陈荣捷认为,许衡"移其意于道德之自我……太极在我"之说是阻碍了太极思想之发展。是不是阻碍,我们尚无法判断,但是与朱子本义有极大不同,却是显而易见的。以禀赋而言,太极是理,人得此理以为性,应该说性为太极。所以朱子曰:"性犹太极也,心犹阴阳也。"③而后学诸家以"心为太极"来说禀赋,便有混淆心性关系之嫌。例如,陈普《石堂先生遗集》卷八答问中有《问明德是心是性》一段,其中也有"心为太极"的说法,但直接说心就是性,④这一点朱子本人恐怕并不能接受。

可见,"心为太极"的"禀赋说"实是由弟子发端,在获得朱子的认可后,逐渐在朱子后学中风靡起来,取代"环中说"成为对于"心为太极"的主要理解。然而这种诠释从一开始就带有认心即理的色彩,最终在程若庸、吴澄等人那里发展为以太极与心为一的说法,与心学中的太极观念合流。⑤问题在于,朱子以理具于心来解"心为太极",本来就是一种曲折的说法,毕竟"具"字与"为"字不同,不能表示前后二者的等同。由此可见,禀赋说在朱子后学中的发展,似乎已经超出了朱子本来的哲学框架,因此如何理解这一说法还需要进一步的诠释。

---

① 陈荣捷:《朱学论集》,台北:学生书局,1988 年,第 307 页。

② "吴澄继承了邵雍的'心为太极'的思想,以'道'为心之体,以'神'为心之用,此体用合一之心,即'太极'。"见吴立群:《吴澄理学思想研究》,上海大学出版社, 2011 年,第123 页。

③ [宋]黎靖德编:《朱子语类》,第 1 册,中华书局,1986 年,第 87 页。

④ "若夫心,则人之知觉居身之中为身之主。人之应物裁事,皆心之为,故不能不与性命为异体,而有动静之分。然其无人不有,无事不本,历万变而无或移,达诸日月所照而无不同者,盖性与妙合而为之主故也。如此,则**直谓之性亦可**,故曰'心为太极'。"见陈普:《石堂先生遗集》卷八,《续修四库全书》,第 1321 册,上海古籍出版社,2003 年,第 397 页。

⑤ 邵雍"心为太极"说也被认为与心学的太极观念有直接关联,例如唐君毅说:"邵康节、胡致道,皆尝谓心为太极;陆象山更谓太极皇极之极,只是中,中之所指即理,而理不外心。缘此而如明末之刘蕺山、李二曲等将此周子之无极、太极之言,纯扣在一心上解释,亦有可通。以心之虚灵不昧,固原亦兼通有理与无形二义也。"见唐君毅:《原太极上》,《中国哲学原论·导论篇》,九州出版社,2016 年,第 345 页。

三、现代学者的"境界说"诠释

除了"环中说"和"禀赋说"以外，现代学者还发现在朱子学中尚有对"心为太极"的第三种诠释，那就是"境界说"。首先发现朱子在境界上说"心为太极"的是贺麟。在《朱熹与黑格尔太极说之比较观》一文中，贺麟说：

> 朱子的第一种太极观认太极为理，谈理附带谈理所凝聚的气。因此建筑他的宇宙观，中间经过一短时期，认太极为天命流行之机，或理之赋予人与物的性。朱子立即修正此说，而过渡到他认太极为心的根本学说。而这个具有太极资格的心，并不是泛泛的心，乃是主乎身，一而不二，为主不为客，命物而不命于物的心，又是天地快然生物，圣人温然爱物的仁心，又是知性知天，养性事天的有存养的心……我们现在已明白看出朱子有所谓第二种太极观，认太极为心，或内心最高的境界……①

贺麟认为，朱子有两种太极观，一种以太极为理，一种以太极为心。而以太极为心，就是以太极为一种境界。对于贺麟的说法，也有反对的声音。张荫麟曾撰文《关于朱熹太极说之讨论》与贺麟商榷，他认为"贺君没有把这两说的关系说明，很容易使读者误会，朱子曾经改变了他的太极说，或至少曾有两种不能贯通的太极说"②。这样便是把以理为太极和以心为太极的矛盾挑明了。在《与张荫麟先生辩太极说之转变》一文中，贺麟再次确认他指出朱子之太极有两义："（一）太极指天地万物之理言；（二）太极指心与理一之全体或灵明境界言。"③而实际上，贺麟更重视的是这里的第二义，并以之为自己的新发现。但我们可以看出，这就是历史上"心为太极"之说。贺麟之所以会认为朱子认心为太极，主要是因为他跳出了只以理气关系论太极

① 贺麟：《贺麟选集》，吉林人民出版社，2005 年，第 218 页。
② 张荫麟：《张荫麟全集》，中卷，清华大学出版社，2013 年，第 1172 页。
③ 张荫麟：《张荫麟全集》，下卷，清华大学出版社，2013，第 1668 页。原载《新动向》第 1 卷第 4 期，1938 年 8 月 1 日。

的思维定式。贺麟所指出的第二种太极观（心与理一之全体），对于我们理解朱子学内何以能够产生"心为太极"的境界说，是大有启发的。① 贺麟也提到，具有太极资格的心，也是圣人温然爱人利物的仁心。而仁心，在朱子的思想中，正是心与理一的心。朱子在解释《论语》《孟子》中许多与"仁"有关的内容时，经常以仁来说本心②。朱子又有"浑然天理便是仁"的说法。朱子说"圣人之心，浑然一理，而泛应曲当"③，就是指圣人之心表现得完全合乎天理。更有甚者，朱子曾经提到"仁者心便是理""仁者理即是心，心即是理""心纯是这道理"的说法：

> 蔡行夫问"仁者不忧"一章……洪庆问："先生说是如何？"曰："仁者心便是理，看有甚事来，便有道理应他，所以不忧。人所以忧者，只是卒然遇事，未有一个道理应他，便不免有忧。"方子录云："仁者理即是心，心即是理。有一事来，便有一理以应之，所以无忧。"恪录一作："仁者心与理一，心纯是这道理。看甚么事来，自有这道理在处置他，自不烦恼。"④

这一段语录涉及的弟子颇多，意思也没有矛盾。因此，这段语录基本上是可信的。因此，朱子对仁者境界的描述可以开启一种从境界上来说"心为太极"的可能性。仁者的境界，心即是理，那么在这个意义上来说"心为太极"，也是完全可以成立的。

对"心为太极"的境界有深入讨论的学者，则要数杨儒宾。他注意到《朱子语类》中有一段弟子赵致道和林正卿问"心"的语录，而朱子在"心为太极"与"心具太极"之间摇摆不定，只能说心之一字，有时可以用来指称心与理合

---

① 当然，贺麟之所以会如此理解太极，恐怕与他将朱子的太极与黑格尔的绝对加以类比有关。黑格尔认为绝对既是实体也是主体，故而贺麟以心与理合一为太极，可能是受到了黑格尔这种观念的影响。

② 例如，朱子说"仁者，本心之全德"（《四书章句集注》，131 页）"仁者，人之本心也"（《朱子语类》，866 页）"人之心本仁"（《朱子语类》，881 页）"心自是仁"（《朱子语类》，785 页），"心自是仁底物事"（《朱子语类》，1406 页）等等，不一而足。

③ 朱熹《论语集注》卷二，《四书章句集注》，中华书局，1983 年，第 72 页。

④ 《朱子语类》，中华书局，1986 年，第 985 页。查语录姓氏，在绍熙四年癸丑(1193)。

起来的总体,有时则单指心之当体自身。因此,要问心与太极的关系,似乎就要看从哪个角度来说心,因此不能轻易做出判断。① 朱子这种左右为难却又无法在终极上肯定心即理的态度,被杨儒宾划入冥契主义的一种次类型。他认为朱子一方面肯定意识可以冥契终极本体,但是始终强调二者之间有极细的差距:

> 朱子的"心-理关系"也许可以代表一种类型,或一种次类型,此类型的体证思想虽然强调"意识可冥契的会合上帝、梵天、道云云的终极实体"。在独特的冥契的境界下,人可以体验到某种无限的自我。而凡是心学传统对"本心"所作的描述,比如:无方所、万物为一、与天同大、不可言说、法乐无穷、永恒之感等等,这些语言几乎也都可以原封不动移到这里,说明这样的境界。但这种类型的体证哲学因为强调最高存有的超越性,祂总有某部分的"他性"(otherness),永远无法契近,所以意识与祂总有些极精微的差距。朱子的道心与太极"极细"的差别,就像艾克哈特在人的冥契境界与上帝之间划开了极细微的"一小点"一样……由于在心体流行的境界,心与理的距离微小到难以察觉,所以当朱子面对理论上很容易回答的"心为太极"或"心具太极"此有意义的质问时,他却支支吾吾,说不出口。"心为太极"表示本心可以和太极同一,"心具太极",则显示心有体现太极的功能,但本质不一样。在体验豁然贯通的那一时刻,体验者确实感到无能所、人我之别,纯为一体,亦即容易感觉"心为太极"。但在理论上,心与太极两者是有质的差别的,在心境上所呈现的境界原则上不可能等于境界本身,只是那差别是极不可能以知觉辨识出来的"一小点"。这"一小点"影响极大,但朱子是

---

① 致道谓"心为太极",林正卿谓"心具太极",致道举以为问。先生曰:"**这般处极细,难说**。看来心有动静:其体则谓之易;其理则谓之道;其用则谓之神。"直卿退而发明曰:"先生道理精熟,容易说出来,须至极。"贺孙问:"'其体则谓之易',体是如何?"曰:"体不是'体用'之'体',恰似说'体质'之'体',犹云'其质则谓之易'。理即是性,这般所在,当活看。如'心'字,各有地头说。如孟子云:'仁,人心也。'仁便是人心,这说**心是合理说**。如说'颜子其心三月不违仁',是心为主而不违乎理。就地头看,始得。"见《朱子语类》,中华书局,1986年,第84页。

否因此即"别子为宗",可能就要看祖宗家法如何判定了。①

这也是一种典型的"境界说"。但不得不说,这样的结论仅仅能够确定朱子代表一种"类型",却并不能加以说明,究竟是陆王心学的类型还是朱子的类型更加合理。"冥契境界与上帝之间划开"的那"极细的一小点",究竟应该怎么理解,也尚未得到有效的解释。但杨儒宾比较肯定的一件事是,在理论上心与太极有质的差别,只是在境界中很那辨识出来。但是我们仍然可以追问,既然二者有质的差别,为何在境界中却很难辨识? 如果在境界中我们无法辨识二者,又如何说二者必然有质的差别? 其实,朱子的仁论也可以为禀赋说提供一定的依据。朱子后学纷纷采用禀赋说来理解"心为太极",恐怕也与《仁说》中所谓"天地以生物为心者也,而人物之生又各得夫天地之心以为心者也"②的说法有关。《仁说》从"心"说禀赋,而不从"性"说,而且人物各得天地之心,与"物物一太极"在模式上也十分类似。因此,从"境界说"反过来看"禀赋说",似乎二者可以同时在仁论的角度上得到成立。但是此二者与朱子在易图诠释中所采取的"环中说"又是什么关系呢? 这恐怕就需要进一步对三种说法加以比较与综合了。

四、三种诠释的比较与综合

以上我们总结出朱子学范围内理解"心为太极"的三种说法:一种是解释易图的"环中说",一种是朱子后学的"禀赋说",一种是现代学者发现的"境界说"。这三种说法之间是什么关系呢? 前文我们只是大致梳理出三种说法的主要内容,尚未对它们在哲学上的意义加以判定。本节我们就通过讨论它们的哲学意义来做一番比较与综合。

其实,"心为太极"这句话,从字面上来看可以有两种理解模式,一种是以心说太极,心为能诠,太极为所诠;另一种是以太极说心,太极为能诠,心

---

① 这段文字选自杨儒宾教授2017年秋在清华大学所做系列讲座的讲稿《理学工夫论》,可能会与其正式出版的形态略有出入。

② 《朱子全书》,第23册,第3279页。

为所诠。如果是以心说太极,就是以太极为解说的目的,太极具有心的某种性质。如果是以太极说心,就相反以心为解说的目的,心具有太极的某种性质。显然,朱子在《启蒙》中引用邵雍此说,其目的是为了解说太极,因为太极具有心的某种性质(中间方位),所以可以通过心来理解。而后面我们看到的禀赋说,则已经发生了掉转,开始以心为解说的目的。在"境界说"中,虽然贺麟总结的是两种太极观,但境界本身是以心为主,所以也可以看作以太极说心。因此我们可以说,"心为太极"在易学中是以太极为主,而进入到理学体系中则转变为以心为主了。

以心说太极,在前面我们已经用"中心方位"解释过了。而以太极说心,心所具有的是太极的什么性质呢? 清初朱子学者陆世仪曾经对"心具太极"与"心为太极"各自的理路加以说明,就点出了这里的深层次含义:

> 荆豫章问:朱子言性为太极,心为阴阳,邵子则谓心为太极,如何分别? 曰:须要看各人立言之意。朱子是分别心与性,性是理,心是气,故曰性为太极,心为阴阳。邵子是将心对阴阳刚柔动静说,故曰心为太极,又曰道为太极。朱子言心以气血言,邵子言心以神明言,其诗曰"天向一中分造化,人从心上起经纶",以人心对天地之中言,故谓之为太极。《皇极经世》图中所谓一动一静之间也。[1]

陆世仪认为,心所具有的太极的性质,就是超越阴阳刚柔动静的意义,即《皇极经世》图中所谓"一动一静之间"[2]。陆世仪认为朱子的看法不同。但其实,朱子也这样说"太极"。朱子认为"太极在阴阳里"[3],反对在阴阳之上有一个无形影底物事为太极,就是以太极为超越动静阴阳,而又不离动静

---

[1] 《思辨录辑要》卷二十八人道类,正谊堂丛书,福州正谊书局左氏增刊本。

[2] 《易学哲学史》第 2 册,第 135 页引用了蔡元定的《经世衍易图》(原载《性理大全》)曰:"一动一静之间这,易之所谓太极也。动静者,易所谓两仪也"。朱伯崑先生认为蔡氏此说本于《观物内篇》中邵雍所谓"一动一静交,而天地之道尽之矣"的说法,可见以"一动一静之间"为太极,也是邵雍本人的看法。

[3] "某前日说,只从阴阳处看,则所谓太极者,便只在阴阳里;所谓阴阳者,便只是在太极里。而今人说阴阳上面别有一个无形无影底物是太极,非也。"见《朱子语类》第六册,第2437 页。

阴阳的"一动一静之间"者,也就是"一阴一阳之谓道","动静无端,阴阳无始"。实际上我们可以说,这就是宇宙最根本的活动性原理。这个原理被张祥龙称之为"二对生":"这些关于太极的表述中最关键处是一个二项对生、相辅相成的发生结构,可简单称之曰'二对生'的结构。说它是'动/静'对生也好,'阴/阳'对生也好,或'柔/刚'对生也好,总之是一个'互为其根'的原本发生的机制。""无自身实体性的太极(无极而太极)只能从最基本的二项对生的区别性特征中来获得自己的存在,所以动静、阴阳具有终极的发生性、不测性、穿透性和圆成性。如果这么看,太极就不可能是偏于任何一侧的,而只能生存于两者的相对、相辅、相交与相生之中。"①而这种太极观念,应该说与解释易图的"环中说"是相符合的。在"环中说"中,太极作为虚中之象,正体现出这种"无自身实体性",也是不离阴阳两仪四象八卦而有。故而可以说"环中说"背后所体现的太极就是"一动一静之间"的太极。从这一点我们也可以看出,朱子的太极观念并不只来自濂溪与伊川,也直接继承邵雍。因此可以说朱子在引用"心为太极"一句时,在根本上与邵雍是分享共同的太极观念的。

与陆世仪所说相反,朱子也并非不从这个角度来说心。《朱子文集》卷六十七有《太极说》一篇②,这是一个比较另类的文字③,虽题名为《太极说》,但通篇没有出现"太极"二字。此篇文字发挥阴阳、动静、天人、通复、性情、中和、寂感等各种范畴的对立与统一,卒归于心之妙。而从这个结构来看,能够贯穿阴阳动静,在天只有太极,能够贯穿性情、寂感,在人只有心。陈淳在《北溪文集》中还有"心也者,丽阴阳而乘其气"④的说法,也是将心与阴阳对言。也就是说,在朱子眼中,心似乎也具有"无自身实体性"的"二对生"的

---

① 张祥龙:《周敦颐的〈太极图说〉、〈易〉象数及西方有关学说》,见吴展良编《东亚近世世界观的形成》,台北:台大出版中心,2007 年,第 122、137 页。

② 朱熹:《太极说》,《朱子全书》,第 23 册,第 3274 页。

③ 相比《太极图说解》,它的出镜率很低,不仅没有被师友弟子间加以重视,而且引起了是否是伪作的争论。有关此篇《太极说》是否是朱子所作的问题,田智忠教授曾有文章予以讨论,最后还是认为此文是朱子所作。见田智忠、陈亚洲:《朱子文献中的"太极说"所指考论》,《周易研究》,2017 年第 3 期,第 67—73 页。

④ 《北溪大全集》卷六《详寤寐动静》,《影印文渊阁四库全书》,第 1168 册,台北:学生书局,1986 年,第 545 页。

性质,也即超越种种对立而保持自身的单一性。因此我们可以说朱子也能以"将心对阴阳刚柔动静说"的方式来说"心为太极"。而这时,以心说太极而作为所诠的太极,就又作为能诠反过来说心了,用太极阴阳的活动性原理补充说明了心的活动性原理。

那么"心为太极"与"性为太极,心为阴阳"是否绝对矛盾呢? 现代新儒家大师马一浮给出了这样一种理解:"心本象太极,当其寂然,唯是一理,无象可得。动而后分阴阳,斯命之曰气,而理即行乎其中,故曰'一阴一阳之谓道'。"①按照马一浮的说法,"性为太极,心为阴阳"只能解释"动而后分阴阳"以后的心性关系,当其寂然之时,就完全可以说心为太极。性始终为太极,心则在寂然时为太极,在有动后为阴阳,这并不一定符合朱子的原义。因为在中和新说以后,朱子以未发为阴静,已发为阳动,心在寂然不动时也不是太极,而只是阴静。若"心为阴阳"表明心是形而下者,那么我们可以说心为阴阳这句话本身就是无效的。因为在形而下的意义上,心不是未发就是已发,不是阳动,就是阴静,心不可能同时既是动又是静,既阳又是阴。但是心贯已发未发而为阴阳动静之全体,这本身也就意味着心超越阴阳动静之对待,而在"二对生"结构中无自身之实体性。从这个角度说"心为太极"也是完全成立的。也就是说因为太极与阴阳处在"二对生"的机制中,所以"心为阴阳"与"心为太极"二者竟根本不是矛盾的命题。

但是禀赋说中的"太极",其内涵要超过太极的这种作为活动性原理的性质。禀赋说的意义在于强调心所具有的实体性内容,即道德性的善、道德性的天理。而禀赋说之所以看起来与环中说有矛盾,就因为对太极的这两种理解之间有某种矛盾。也就是说,在纯粹的活动性原理与实体性的道德内容之间,在数学逻辑与伦理道德之间,似乎有一条不可逾越的鸿沟。而对于心,我们也产生了逻辑的心与道德的心两种理解。朱伯崑先生认为,邵雍所谓"心为太极"的心是数学的心,或逻辑的心。这个心也可以称为"道心",但并不是朱子理学中所谓无私欲的心。② 唐君毅先生也认为邵雍的心是"客观的观物心","与我之主体之自己之一切道德实践不相干","不免有异于儒

---

① 马一浮:《复性书院讲录》,《马一浮全集》,第 1 册,第 349 页。
② 见《易学哲学史》,第 2 册,第 179 页。

学传统"。① 我们可能会用"心具太极"去说实体性的道德内容,用"心为太极"来表达心的活动性原理。因此我们会怀疑禀赋说的表达方式只能用"具"而不是"为"。但是,且不管邵雍的心是否缺少道德意义,朱子的道德心却不能说缺乏逻辑和数学的法则。在朱子那里二者并非是分裂的。在朱子看来,太极既然既是所以一阴一阳者,又是天理,那么太极就既是活动性原则,也是实体原则。因此,一方面"心具太极",所具就不仅是实体性的道德原则,也具有活动性原理;另一方面"心为太极",就不仅是活动性原理,也是实体性的道德原则。故而人的心是太极的现实性,也同时具备实体原则和活动性原则。因此可以说"环中说"与"禀赋说"二者并不矛盾,"禀赋说"为"环中说"填入了实体内容,而"环中说"为"禀赋说"提供了活动性原则。因此,这两种说法是相辅相成的。而相辅相成的结果,就是体现为第三种之"境界说"。因为所谓心与理一的境界,实际上就是在实体性内容中能够体会到活动性原则,在活动性原则中能够发挥实体性内容。因此,"境界说"正是两种原则的统一。

五、结语

以上我们分别讨论了朱子学范围内理解"心为太极"的三种说法,并经过比较,给予了一种综合的解释。境界说的问题即在于从本体过渡到境界之过程是否能够圆融无碍。这正是杨儒宾所担心的那一点。但这里的问题不是一个理论问题,而是一个实践的问题。学者若不把太极阴阳等概念只当成是一套宇宙论自然哲学的建构而忽视它与身心修养之间的关系,那么我们就可以说"心为太极"还有第四种理解,即"工夫说":提出"心为太极",是为提示学者在自家身上体贴太极观念,从身心之动静阴阳去理解太极之动静阴阳,化与己无关的客观概念作身心修养的工夫指津。在身心工夫上体认太极观念,在清代朱子学的背景下曾一度十分流行,如陆陇其在《太极论》中说:"论太极者,不在乎明天地之太极,而在乎明人身之太极。明人身之太极,则天地之太极在是矣。"耿介在《太极图义》中说:"我辈今日看太极

---

① 唐君毅:《中国哲学原论·导论篇》,中国社会科学出版社,2005 年,第 272 页。

图,若只说如何是无极,如何是太极,如何是阴阳、五行,纵使探讨精深,终与我无干涉。此处需要体认。所谓太极者,人心之理也。阴阳者,人心之一动一静也。五行者,人心之仁义礼智信也。万物者,人心之酬酢万变也……"后来罗泽南在《人极衍义》中也说:"太极之在天地,远而难明者也;太极之在吾身,近而易见者也。"①如此,"心为太极"就是本体、境界与工夫的合一。

(本文发表于《周易研究》2020 年第 1 期)

---

① 见徐世昌等编纂:《清儒学案》,中华书局,2008 年,第 467、455、6552 页。

后 记

江苏省社会科学院哲学与文化研究所，前身为 1960 年成立的"中国科学院江苏分院哲学研究所"。后来，名称屡有变化：1980 年江苏省社会科学院建院时名为"江苏省社会科学院哲学研究所"，1997 年改名为"江苏省社会科学院哲学与文化研究所"。掐指算来，到 2020 年，本所成立正好是 60 周年了，依中国传统的算法恰是一甲子。此时我忝为所长，本拟这年 7 月办一纪念活动，后未果。经与前辈、前任所长以及同侪商量，遂决定出版一论文集，一人一文，以齿相叙，递为年轮，以志存念。

由于岁月荏苒，人事变化，本文集不是"全集"，并未收齐曾先后在本所工作过的同事之作；所收的文章，因有的作者已过世，我代为选定，限于见识，或不是作者的代表作，也难称其心仪文字。编辑的初衷，意在聚文忆旧，留痕于后人，故大部分文章为发表过的旧作，少数篇章为新构。

在编辑过程中，得到了各方的支持与帮助。老所长虞友谦不辞年高，亲笔撰序。老所长陈刚，常电话指导，关切选文质量，编纂体例。曾先后任本院副院长，并直接分管本所的著名学者樊和平、王月清教授，也热情赐文支持。本所同仁，不论在职、退休或调离的，都大力襄助。令人感动的是，已辞世同仁的家属，也想方设法地给予帮助。此外，院老干部处、人事处和图书馆也提供了及时的指导和帮助，在此一并深表感谢。

这里还要特别致谢在编选过程中，本所的年轻学者——陆月宏、李宁、李昕、孙钦香、焦德明、杨明辉、任春强、蒋阳等，付出了许多努力和辛劳；尤其是焦德明博士，倾心竭力，着意并着力于前辈同事生平事迹的查询、核对，以及文章的选择、下载、编排、加注。

南京大学出版社的胡豪先生，为本文集的出版，也给予了热情支持。由于我的学识和能力所限,《年轮》文集编选不当之处,恳请批评指正。

抚《年轮》而颇生感慨,内中好多昔日的前辈和同事已作古。虽说人生聚散为常态,但睹文思人,当年"我们在一起"的论学场景,仍历历在目。吾生也晚,1985 年我入职本所时,周围都是"老成人"。他们经历曲折,故事各有篇章,每次所会,除学术的谠论雅言外,映显人生百态的种种往事,常是耳边的话题。当时就想:如果将他们的故事,口述成书,将会是一部生动的当代学术画像。可惜,俯仰之间,人生多变,随着故事主人的相继离世,许多记忆永远沉默,永远尘封了。在此意义上,这本《年轮》,只是记录了本所学术共同体的一个小细节;但希望滴水折射太阳,前辈和同事的努力和追求,能融入时代的大记忆中。

铁打的营盘,流水的兵。新老有更替,人事有流迁,但愿本所甲子再抖擞,在民族复兴、国家强盛的时代大潮中,生生不息,兴旺昌盛,为党和人民的哲学社会科学事业,做出新的贡献。

胡发贵